Afrika Jahrbuch 1987

Af- A - I - 45

Afrika

Jahrbuch 1987

Politik, Wirtschaft und Gesellschaft in Afrika südlich der Sahara

Herausgeber:
Institut für Afrika-Kunde
Rolf Hofmeier

Leske + Budrich, Opladen 1988

CIP-Titelaufnahme der Deutschen Bibliothek

Afrika-Jahrbuch ... : Politik, Wirtschaft u. Gesellschaft in
Afrika südl. d. Sahara / Hrsg.: Inst. für Afrika-Kunde. -
Opladen : Leske u. Budrich.
Erscheint jährl. – Aufnahme nach 1987 (1988)

© 1988 by Leske Verlag + Budrich GmbH, Opladen
Druck und Verarbeitung: Druckhaus Beltz, Hemsbach
Printed in Germany

Jahrbuch Afrika

Das Institut für Afrika-Kunde in Hamburg legt hiermit im 25. Jahr seines Bestehens erstmals ein Jahrbuch über Afrika vor, das zukünftig regelmäßig im Frühjahr erscheinen und einen kompakten und präzisen Überblick über alle wesentlichen Ereignisse des gerade abgelaufenen Jahres ermöglichen soll.

Behandelt werden alle 48 Länder Afrikas südlich der Sahara, während die nordafrikanischen Staaten in dem parallel erscheinenden "Jahrbuch Nahost" erfaßt werden. Diese Abgrenzung erfolgt ausschließlich aus Gründen der Praktikabilität und beinhaltet keine Aussage zur Zusammengehörigkeit aller afrikanischen Staaten.

Im Zentrum des Jahrbuchs steht die Darstellung der Entwicklungen des Berichts- jahres in den einzelnen Ländern. Sie erfolgt nach einheitlichem Schema und bietet in jedem Artikel einen Überblick über Innenpolitik, Außenpolitik und sozio-ökonomische Entwicklungen. Alle Länderartikel werden ergänzt durch einen vorangestellten Block mit den wichtigsten Grunddaten und eine kompri- mierte Chronologie der wesentlichen Ereignisse des abgelaufenen Jahres.

Länderübergreifende Entwicklungen und Aktivitäten zwischenstaatlicher Organi- sationen werden in zusätzlichen Artikeln über die vier Hauptregionen und in einem einleitenden Gesamtüberblick behandelt, der außerdem in geraffter Form die besonders herausragenden Ereignisse Revue passieren läßt und in einen konti- nentalen Gesamtzusammenhang stellt.

Vorangestellt sind eine Darstellung der deutsch-afrikanischen Beziehungen im Berichtsjahr sowie Themenartikel, in denen Probleme und Vorgänge, die beson- dere Aufmerksamkeit erregten, analysiert werden. Diese Einzelanalysen können sowohl Entwicklungen bestimmter Länder wie generelle länderübergreifende Problematiken aufgreifen. Eine Titelliste ermöglicht einen schnellen Überblick über deutschsprachige Neuerscheinungen sozial- und wirtschaftswissenschaftlicher Literatur über Afrika.

Das Jahrbuch wendet sich an einen sehr breit gestreuten Kreis von Afrika-Inter- essenten in unterschiedlichen Bereichen, die eine handliche und kompetente Aufbereitung der zentralen aktuellen Entwicklungen benötigen. Ein Anspruch auf enzyklopädische Erfassung aller Details wird angesichts des selbst gewählten Jahrbuch-Umfangs bewußt nicht erhoben. Das Jahrbuch soll vielmehr eine Orientierungshilfe im unübersichtlichen Geflecht zeitgeschichtlicher Abläufe darstellen und sich im Laufe der Jahre als wegweisendes Referenzwerk erweisen.

Inhalt

Abkürzungsverzeichnis

FLS	Frontlinienstaaten
FOSIDEC	Fonds de Solidarité et d'Intervention pour le Développement de la Communauté Economique de l'Afrique de l'Ouest (Ouagadougou)
GATT	General Agreement on Tariffs and Trade (Genf)
IAEO	International Atomic Energy Agency (Wien)
IDA	International Development Association (Washington)
IFAD	International Fund for Agricultural Development (Rom)
IFC	International Finance Corporation (Washington)
ILO	International Labour Organization (Genf)
IOC	Indian Ocean Commission (Port Louis)
IWF	Internationaler Währungsfonds (Washington)
KBO	Organization for the Management and Development of the Kagera River Basin (Kigali)
KfW	Kreditanstalt für Wiederaufbau (Frankfurt/Main)
MRU	Manu River Union (Freetown)
MULPOC	Multinational Programming and Operational Centres
OAMCAF	Organisation Africaine et Malgache du Café (Paris)
OAU	Organization of African Unity (Addis Abeba); auch: OUA
OCI	Organisation de la Conférence Islamique (Jeddah); auch: OIC
OECD	Organization for Economic Cooperation and Development (Paris)
OIAC	Organisation Interafricaine du Café (Abidjan)
OIC	Organization of the Islamic Conference (Jeddah); auch: OCI
OMVG	Organisation de Mise en Valeur du Fleuve Gambie (Dakar)
OMVS	Organisation pour la Mise en Valeur du Fleuve Senegal (Dakar)
OPEC	Organization of Petroleum Exporting Countries (Wien)
OUA	Organisation de l'Unité Africaine (Addis Abeba); auch: OAU
PTA	Preferential Trade Area for Eastern and Southern Africa (Lusaka)
RENAMO	Resistência Nacional de Moçambique
RGW	Rat für gegenseitige Wirtschaftshilfe (Moskau); auch: COMECON
SACU	Southern African Customs Union (Pretoria)
SADCC	Southern African Development Coordination Conference (Gaborone)
SWAPO	South West African People's Organization (Luanda)
SZR	Sonderziehungsrechte
UDEAC	Union Douanière et Economique de l'Afrique Centrale (Bangui)
UMOA	Union Monétaire Ouest-Africaine (Dakar)
UN	United Nations (New York); auch: UNO
UNCTAD	United Nations Conference on Trade and Development (Genf)
UNDP	United Nations Development Programme (New York)
UNESCO	United Nations Educational, Scientific and Cultural Organization (Paris)
UNHCR	United Nations High Commissioner for Refugees (Genf)
UNICEF	United Nations Children's Fund (New York)
UNIDO	United Nations Industrial Development Organization (Wien)
UNITA	União Nacional para a Independência Total de Angola (Jamba / Angola)
UNO	United Nations Organization (New York); auch: UN
USAID	US Agency for International Development (Washington)
WHO	World Health Organization (Genf)
ZAR	Zentralafrikanische Republik
ZK	Zentralkomitee

Erläuterungen zu den Grunddaten

Allen Länderartikeln ist ein kurzer Block mit den wichtigsten Grunddaten vorangestellt. Die Zahlenangaben zur Bevölkerung und zu den verschiedenen Wirtschaftsindikatoren beziehen sich im Regelfall, soweit nicht anders angegeben, auf das Jahr 1985. Mit dem Ziel einer besseren Vergleichbarkeit und der Gewährleistung einer einheitlichen Umrechnung von den unterschiedlichen nationalen Erhebungen wurden sie überwiegend aus den neusten Veröffentlichungen der Weltbank (Weltentwicklungsbericht 1987 und Weltbankatlas 1987) entnommen; nur in wenigen Ausnahmefällen entstammen sie anderen Quellen (DAC-Bericht 1987 der OECD oder nationale Angaben). Zahlen zu neueren Wirtschaftsentwicklungen werden - soweit verfügbar - in den Textbeiträgen angeführt.

Die Schulbesuchsquote gibt den Anteil aller Schüler (unabhängig vom Alter) in Relation zur Gesamtzahl aller Kinder und Jugendlichen in der Altersgruppe von sieben bis 17 Jahren an. Die Anteile am Bruttoinlandsprodukt (BIP) verdeutlichen die relativen Anteile des Primärsektors (Landwirtschaft, Forstwesen, Fischerei, einschließlich Subsistenzwirtschaft), des Sekundärsektors (Industrie und Handwerk, Bergbau, Bauwirtschaft, Strom- und Wasserversorgung) und des Tertiärsektors (Dienstleistungen und alle anderen Wirtschaftsbereiche) an der volkswirtschaftlichen Wertschöpfung. Die Prozentangaben zu den Hauptexportprodukten geben den Anteil an den Gesamtausfuhren des Landes an.

Die Währungsangaben beziehen sich auf den Stand zum Jahresbeginn 1988 und sind Heft 1/1988 der Zeitschrift Africa Economic Digest entnommen. Die Umrechnungskurse sind in Relation zum US-Dollar angegeben; für die Berechung des Wechselkurses zur DM ist ein Kurs von $ 1=DM 1,59 zugrunde zu legen.

Die Angaben über Staats- bzw. Regierungschef und Staatspartei bzw. führende politische Gruppierung geben ebenfalls den zu Jahresbeginn 1988 geltenden Zustand wieder.

Afrika 1987 - Das Jahr im Überblick

Zwischen Krise und Neubeginn

Über ein Vierteljahrhundert nach Erreichung der politischen Unabhängigkeit der meisten afrikanischen Staaten zu Beginn der 60er Jahre befindet sich Afrika erneut in einer wichtigen Phase der Neuorientierung auf nahezu allen Gebieten des politischen, wirtschaftlichen und gesellschaftlichen Lebens. Nach den weitgehend von sichtbaren materiellen Fortschritten und einem ungetrübten Optimismus bezüglich schneller und umfassender Entwicklungserfolge geprägten 60er und 70er Jahren war mit Beginn der 80er Jahre das Erscheinungsbild Afrikas zunehmend mit Hungerkatastrophen, Flüchtlingselend, Bürgerkriegen und anhaltender Verschlechterung der allgemeinen Lebensbedingungen in Verbindung gebracht worden. In- und außerhalb Afrikas gewann ein Gefühl von Rat- und Hilflosigkeit im Hinblick auf Möglichkeiten einer schnellen Überwindung der wirtschaftlichen und sozialen Krisen immer mehr die Oberhand. Im globalen Kontext ging der Stellenwert Afrikas - trotz der hohen Zahl selbständiger staatlicher Einheiten - wirtschaftlich wie politisch zurück. In allerjüngster Zeit kam als neuestes Debakel und auch als weitere Spielart einer vorurteilsbelasteten Diskreditierung Afrikas noch die tatsächlich erhebliche Bedrohung durch die Krankheit AIDS hinzu (siehe hierzu den Hintergrundartikel in diesem Band).

Von der politischen Führergeneration der frühen 60er Jahre befinden sich heute nur noch wenige Veteranen in ihren Ämtern: Félix Houphouët-Boigny in der Côte d'Ivoire, Dawda Jawara in Gambia, Hastings Banda in Malawi und Kenneth Kaunda (der OAU-Vorsitzende 1987/88) in Zambia sowie König Hassan II von Marokko (das 1984 aus der OAU austrat) und Julius Nyerere zwar noch als Vorsitzender der Staatspartei von Tanzania, aber nicht mehr als Präsident. Hinzu kommen die Führer einiger "Nachzügler"-Staaten, die erst erheblich später ihre politische Unabhängigkeit erlangten: Hassan Gouled in Djibouti, Aristides Pereira auf den Kapverden, Manuel Pinto da Costa in São Tomé und Principe und Robert Mugabe in Zimbabwe. In den weitaus meisten Staaten liegt hingegen die politische Verantwortung inzwischen in den Händen neuer Führungspersönlichkeiten, die überwiegend auch einer ganz anderen, jüngeren Generation angehören. Angesichts des sehr niedrigen Durchschnittsalters der afrikanischen Bevölkerung hat auch der größere Teil der heutigen Gesamtbevölkerung die Kolonialzeit und die Erlangung der Unabhängigkeit nicht mehr selbst bewußt erlebt.

Trotz der unübersehbaren, mit Sicherheit noch sehr lange wirksamen - und zu Unrecht von vielen äußeren Kritikern heutiger Verhältnisse unverhältnismäßig unterbewerteten - strukturellen Hinterlassenschaften der langen Epoche der Kolonisierung befindet sich Afrika dennoch heute vor ganz neuen Herausforderungen und Problemen. Durch die Wirtschafts- und Verschuldungskrise sind die afrikanischen Staaten erneut - wenn auch in veränderter Form - in eine nahezu unausweichliche Abhängigkeit von externen Einflußfaktoren geraten. Da es - jedenfalls bei Gültigkeit der gegebenen weltwirtschaftlichen und globalpolitischen Verhältnisse - ohne massive äußere Unterstützung anscheinend kein Entkommen aus dem Teufelskreis der negativen Entwicklung geben kann, damit aber nolens volens eine Akzeptierung der Ratschläge bzw. Forderungen der Hilfsgeber in bezug auf bestimmte wirtschafts- und allgemeinpolitische Verhaltensweisen verbunden ist, wird von einigen Beobachtern dieser jüngeren Entwicklungen bereits von einer faktischen Rekolonisierung Afrikas gesprochen. Eine besonders prominente - in dieser Dimension vor wenigen Jahren noch unvorstellbare - Rolle sowohl als Kreditgeber wie als Hort bestimmter ordnungspolitischer Leitvorstellungen haben inzwischen der Internationale Währungsfonds (IWF) und die Weltbank eingenommen.

Vor diesem Hintergrund befindet sich Afrika derzeit in einem schwierigen Prozeß der Neubesinnung und auf einer vorläufig noch unsicheren Suche nach eigenen, längerfristig tragfähigen Lösungen für die sozialen, wirtschaftlichen und politischen Probleme. In den meisten Ländern ist kurzfristig zunächst die Rehabilitierung der in den letzten Krisenjahren heruntergewirtschafteten Einrichtungen erforderlich, mittel- bis längerfristig muß es darüber hinaus aber um einen tatsächlichen Wiederaufbau, um tiefgreifende Umstrukturierung und um eine Neuorientierung gehen. Die meisten afrikanischen Regierungen haben in jüngster Zeit bereits erhebliche und häufig politisch schwierige Reformmaßnahmen eingeleitet. Neue Anstrengungen und Hoffnungen sind an vielen Stellen zu erkennen. Möglicherweise hat Afrika zur Mitte der 80er Jahre den Tiefpunkt seiner Abwärtsentwicklung erreicht und kann nun beginnen, sich mit neuem Schwung und mit realistischerer Anpassung an die gegebenen Verhältnisse um eine Wiedergewinnung gesellschaftlicher und wirtschaftlicher Dynamik zu bemühen. Dafür sind aber nicht nur afrikanische Eigenanstrengungen erforderlich. Eine massive internationale Unterstützung ist eine ebenso unabdingbare Voraussetzung; trotz mancher neuer Initiativen ist diese vorläufig aber noch weit hinter vielen vor internationalen Gremien gemachten Versprechungen und hinter den Erwartungen der Afrikaner zurückgeblieben.

Gemessen an den vielen Hoffnungen und Erwartungen für eine grundlegende Umkehr des negativen Entwicklungstrends der letzten Jahre war auch 1987 für Afrika wiederum ein schwieriges und enttäuschendes, aber zumindest kein ausgesprochen katastrophales Jahr. Es bleibt abzuwarten, ob manche vorsichtige Anzeichen für einen breiteren Neubeginn sich als genügend dauerhaft erweisen können.

Innenpolitische Entwicklung einzelner Staaten

Im Vergleich zu manchen Vorjahren kam es 1987 nur zu wenigen signifikanten Veränderungen der politischen Szenerie im sub-saharischen Afrika. Trotz des oberflächlichen Anscheins von relativer Ruhe und Kontinuität waren jedoch Anzeichen tieferliegender offener oder potentieller Konflikte und innenpolitischer Spannungen in vielen Ländern nicht zu übersehen.

Die ohne Zweifel spektakulärste Veränderung war der Putsch in Burkina Faso (15.10.), bei dem Staatschef Thomas Sankara von seinem engsten Kollegen im Revolutionsrat gestürzt wurde und den Tod fand. In seiner vierjährigen Amtszeit war Sankara nicht nur durch unkonventionelles Auftreten und sozialrevolutionäre Rhetorik, sondern auch aufgrund praktischer Taten für viele im Land selbst und weit darüber hinaus zu einem Hoffnungsträger für progressive Entwicklungsperspektiven und zum Prototyp einer neuen Generation afrikanischer Führer geworden (bzw. auch stilisiert worden); gleichzeitig stieß er aber auch auf erhebliche Vorbehalte bei konservativen Staatsführern in einigen westafrikanischen Nachbarländern und bei westlichen Regierungen. Kam der Umsturz für die meisten außenstehenden Beobachter auch höchst überraschend, so hatten sich doch schon seit längerem deutlich zunehmende Spannungen innerhalb des Revolutionsregimes angedeutet (siehe hierzu den Hintergrundartikel zu Burkina Faso). Wesentlich undramatischer war dagegen der Sturz des Staatspräsidenten von Burundi, Jean-

Baptiste Bagaza, der am 3.9. während seiner Teilnahme am Gipfeltreffen der Frankophonie in Quebec von einem Militärrat für abgesetzt erklärt wurde. Auch diesem Schritt war eine längere Phase innenpolitischer Spannungen vorausgegangen; jedoch änderte der Wechsel des Staatschefs nichts wesentliches am Charakter des Regierungssystems. Am 10.11. starb nach längerer Krankheit der langjährige Staatschef von Niger, General Seyni Kountché, dessen Nachfolge im Zeichen der Kontinuität von Oberst Ali Seibou angetreten wurde.

Durch Wahlen bestätigt wurden die Regierungen von Djibouti, Gambia, den Komoren, Mauritius und den Seychellen. Dabei gehören Mauritius und Gambia zu der kleinen Gruppe afrikanischer Länder mit pluralistischen Mehrparteiensystemen, während in Djibouti und auf den Seychellen Einheitsparteien existieren und von dem autoritären Regime auf den Komoren nur mühsam eine Fassade von demokratischen Wahlen hergestellt werden konnte. In der Zentralafrikanischen Republik wurden nach Einführung einer neuen Verfassung erstmals wieder Wahlen im Rahmen eines Einparteisystems abgehalten. Auch im Königreich Swaziland mit seinem einzigartigen politischen System gab es Parlamentswahlen im Zeichen eines Neuanfangs.

Zu wichtigen Veränderungen der politischen Strukturen kam es in Äthiopien und Zimbabwe. Im ersten Fall wurde ein seit dem Sturz des kaiserlichen Regimes im Jahr 1974 anhaltender Prozeß durch die Ausrufung der Volksrepublik und die erstmalige Wahl eines Parlaments zu einem vorläufigen Abschluß gebracht (siehe hierzu den Hintergrundartikel zu Äthiopien), während in Zimbabwe die Unabhängigkeitsverfassung von 1980 entscheidend verändert und nach langen und mühsamen Auseinandersetzungen schließlich eine Vereinigung der beiden wichtigsten Parteien (ZANU und ZAPU) zu einer Einheitsfront beschlossen wurde. In Nigeria, das seit Jahresende 1983 vom Militär regiert wird, wurden erste Entscheidungen für das zukünftige politische System und eine in fünf Jahren vorgesehene Rückkehr zu einer Zivilregierung vorgelegt.

Mehrere Länder hatten unter weiterhin anhaltenden Bürgerkriegen bzw. unter bewaffneten Aktivitäten verschiedener Guerilla- und Dissidentengruppen zu leiden. Dies betraf insbesondere - wenn auch in sehr unterschiedlicher Form - Äthiopien, Angola, Moçambique, Sudan, Tschad, Uganda und Zimbabwe. Während in den ersten vier Fällen bis zum Jahresende 1987 noch nicht einmal Ansätze für eine baldige Befriedung dieser schon lange existierenden Konfliktherde zu erkennen waren, deuteten sich in den letzteren drei Fällen immerhin Hoffnungen auf eine Verbesserung der schwierigen Lage an. Bekanntgewordene, aber fehlgeschlagene Putschversuche gegen die jeweiligen Regierungen gab es in Ghana, im Kongo, auf den Komoren, in Mauretanien und Sierra Leone. Eine deutliche Zunahme innenpolitischer Spannungen - aus sehr verschiedenen Gründen - wurde darüber hinaus vornehmlich in Guinea, Kenya, Liberia, Madagaskar, Senegal und Zambia sichtbar.

Die internationale Aufmerksamkeit richtete sich auch weiterhin überwiegend auf die Entwicklungen in Südafrika. Dabei war im Kern keine wesentliche Veränderung der Konfliktsituation in dem Apartheidstaat festzustellen: bei Parlamentswahlen der weißen Bevölkerungsminderheit wurde zwar die regierende Nationale Partei mit deutlicher Mehrheit bestätigt, doch trotz anhaltendem Ausnahmezustand und weiterer Verfeinerung von Sicherheits- und Zensurmechanismen gelang es dem Machtapparat der Regierung nicht, die Potenz des schwarzen Widerstandes nennenswert einzudämmen oder zurückzudrängen, selbst wenn

oberflächlich die offene Manifestation des gewaltsamen Protests gegen die Staatsgewalt im Vergleich zu den Vorjahren spürbar reduziert werden konnte. Die
gesamte innere Situation der Republik Südafrika behielt unverändert ihren extrem
konfliktbeladenen, potentiell explosiven Charakter (siehe hierzu den Hintergrundartikel). Auch im weiterhin völkerrechtswidrig von Südafrika kontrollierten
Namibia brachte das Jahr keine wesentlichen Veränderungen der schon jahrelang
festgefahrenen Lage im Hinblick auf die innere politische Situation des Territo-
riums und auf die Herbeiführung einer international akzeptierten Unabhängigkeit.

Zwischenstaatliche Beziehungen und Konflikte

Die wesentlichen schon länger bestehenden Konflikte behielten auch 1987 unverändert ihre Gültigkeit. Zwischen Libyen und dem Tschad war es bereits zur
Jahreswende 1986/87 und dann später im Verlauf des Jahres erneut zu heftigen
militärischen Auseinandersetzungen im Streit um den Aouzou-Streifen gekommen, bis schließlich ein Waffenstillstand und eine Neuaufnahme von Vermittlungsbemühungen der OAU erreicht werden konnte (siehe den Hintergrundartikel
im "Jahrbuch Nahost"). Auch die bereits seit vielen Jahren existierende Konstellation äußerst gespannter Beziehungen zwischen den Staaten am Horn von Afrika
blieb mehr oder weniger unverändert: dies gilt sowohl für den Streit zwischen
Äthiopien und Somalia um bisher nie aufgegebene somalische Gebietsansprüche
auf Teile des äthiopischen Ogaden wie für die wechselseitigen Anschuldigungen
zwischen Äthiopien und dem Sudan wegen direkter oder zumindest indirekter
Unterstützung für die südsudanesischen Guerillas der SPLA auf der einen und
die regionalen Befreiungsbewegungen für Eritrea und Tigray auf der anderen
Seite.

Ein neues Element bedeuteten dagegen die sich während des Jahres erheblich
verschärfenden Spannungen zwischen Kenya und Uganda, die im Dezember in
mehrtägigen Schießereien zwischen Sicherheitskräften beider Seiten kulminierten.

Im südlichen Afrika setzte Südafrika seine Doppelstrategie von "Zuckerbrot
und Peitsche" gegenüber den Nachbarstaaten der Region unverändert fort. Das
Element der Destabilisierung wurde insbesondere in Angola (hier sogar mit direk-
tem südafrikanischem Truppeneinsatz) und in Moçambique weiterhin massiv
spürbar, in Form verschiedener Einzelaktionen aber auch in Botswana, Lesotho,
Swaziland, Zambia und Zimbabwe. Gleichzeitig setzte Südafrika jedoch auch
seine Politik einer (unterschiedlich engen) technisch-wirtschaftlichen Kooperation
mit allen Ländern der Region - mit Ausnahme von Angola - fort und versuchte
sie, wo immer möglich, noch weiter zu intensivieren. Im Sinne einer Präventiv-
strategie zum Unterlaufen möglicher weiterer Verschärfungen internationaler
Wirtschaftssanktionen bemühte sich Südafrika verstärkt um den Ausbau möglicher
Brückenköpfe in anderen afrikanischen Staaten (insbesondere im Hinblick auf
Abwicklung des Außenhandels und Aufrechterhaltung von Verkehrsverbindungen). Dies galt im unmittelbaren Einflußbereich vor allem für Lesotho und Swaziland und darüber hinaus für verschiedene Inselstaaten im Indischen Ozean
(Komoren, Mauritius, Seychellen) ebenso wie für das zentralafrikanische Äquatorial-Guinea und die Côte d'Ivoire (Einräumung von Landerechten für die südafrikanische Fluggesellschaft).

Weitere Einzelheiten zwischenstaatlicher Beziehungen und der Aktivitäten
verschiedener Regionalorganisationen mit jeweils begrenzter subregionaler Mitgliedschaft werden in den vier Regionalartikeln (West-, Zentral-, Östliches und
Südliches Afrika) behandelt.

Gesamtafrikanische Organisationen und Aktivitäten

Die alle unabhängigen Staaten des Kontinents - mit Ausnahme Südafrikas und des 1984 wegen des Westsahara-Konflikts ausgetretenen Marokko - umfassende Organisation der Afrikanischen Einheit (OAU) hielt 1987 ausnahmsweise zwei Gipfeltreffen ab, neben dem regulären 23. Jahresgipfel im Juli noch ein Sondertreffen zur Schulden- und Wirtschaftskrise Ende November (s.u.), das ursprünglich schon für September vorgesehen worden war, aber dann wegen mangelnder Vorbereitung verschoben werden mußte. Beide Treffen erhielten nur eine relativ begrenzte internationale Aufmerksamkeit; sie waren - im Vergleich zu manchen Vorjahren - auch weitgehend frei von besonderen Konfrontationen zwischen verschiedenen Lagern von Mitgliedsstaaten. Die Zahl der anwesenden Staats- bzw. Regierungschefs fiel bei beiden Treffen deutlich niedriger aus als bisher normalerweise üblich gewesen war. Daraus wurde von manchen Beobachtern ein nachlassendes Interesse und eine skeptische Einschätzung der Nützlichkeit der OAU-Konferenzen abgeleitet. Der OAU-Vorsitz ging vom kongolesischen Präsidenten Denis Sassou-Nguesso, der im Februar und Mai mehrere westeuropäische Länder und im April die VR China besucht hatte, auf Zambias Präsidenten Kenneth Kaunda über, einen der wenigen noch verbliebenen Staatschefs aus der Gründerphase der frühen 1960er Jahre (allerdings kein OAU-Gründungsmitglied, da Zambia 1963 noch nicht unabhängig war). Die Wahl Kaundas wurde wesentlich mit seiner Führungsrolle und Seniorität im südlichen Afrika (u.a. Vorsitz der Frontlinienstaaten) begründet, nachdem im Vorfeld über Ambitionen von Ägyptens Präsident Hosni Mubarak und Nigerias Staatschef Ibrahim Babangida auf den OAU-Vorsitz spekuliert worden war. Bei der Ministerratssitzung im Februar hatte es heftige Kontroversen über die Art und Weise der Behandlung der schwierigen Finanzlage und in diesem Zusammenhang über die Amtsführung des seit 1985 als OAU-Generalsekretär fungierenden Idé Oumarou aus Niger gegeben.

Wesentliche Themen des regulären OAU-Gipfels waren die anhaltende Wirtschafts- und Verschuldungskrise des Kontinents (wobei eine vertiefte Debatte auf das spätere Sondertreffen verschoben wurde), Bemühungen um eine Aufrechterhaltung der OAU-Vermittlungsanstrengungen im Konflikt zwischen dem Tschad und Libyen (Gabuns Präsident Bongo bot seinen Rücktritt als Vorsitzender des Ad-hoc-Komitees an, übernahm dann aber doch ein neues Mandat für ein auf die Ebene der Staatschefs angehobenes Komitee) sowie - eindeutig im Mittelpunkt stehend - die internationale Dimension des Südafrika-Konflikts. Besonders die USA, Großbritannien und die Bundesrepublik Deutschland wurden dafür kritisiert, im April im UN-Sicherheitsrat ein Veto gegen die Verhängung verbindlicher umfassender Wirtschaftssanktionen gegen Südafrika eingelegt zu haben, die USA außerdem für die Verknüpfung der Namibia-Frage mit der Anwesenheit kubanischer Truppen in Angola. Die Abschlußresolution verdammte die Apartheid und forderte in allgemeiner Form Wirtschaftssanktionen, dennoch wurden aber keine eigenen, für die OAU-Mitgliedsstaaten verbindlichen Maßnahmen beschlossen.

Das Befreiungskomitee der OAU bemühte sich weiterhin im Rahmen seiner bescheidenen Möglichkeiten bei regulären Treffen im Januar und Juli in Arusha (Tanzania) um eine Koordinierung und Mobilisierung der Unterstützung für die Befreiungsbewegungen für Namibia und Südafrika. Am 2.11. nahm die neugeschaffene OAU-Menschenrechtskommission unter Vorsitz des Juristen Nguema Izak aus Gabun ihre Arbeit auf; OAU-Generalsekretär Oumarou warnte bei dieser Gelegenheit vor den Schwierigkeiten der Behandlung dieser äußerst heiklen Materie. Ein ungewöhnlich hochrangig (Anwesenheit von sieben Staats- bzw. Regierungschefs) besetztes Treffen des OAU-Koordinationsbüros, das zwischen den Gipfeltreffen das höchste Gremium der OAU darstellt, am 11.3. in Kairo (erstmals außerhalb von Addis Abeba) diente vornehmlich der Behandlung des zu diesem Zeitpunkt akuten Tschad-Konflikts.

Die meisten anderen zwischenstaatlichen Organisationen - soweit sie nicht ausschließlich wirtschaftlichen Zwecken dienen (wie z.B. ECA und AfDB) und daher weiter unten abgehandelt werden - haben subregionalen Charakter und erscheinen daher in den entsprechenden Regionalartikeln. Wesentliche neue Initiativen und Entwicklungen im Bereich der regionalen Zusammenarbeit hat es nicht gegeben. Ausnahmen bilden lediglich eine Vielzahl meist sehr spezialisierter technischer, wirtschaftlicher und kultureller Organisationen vornehmlich der frankophonen Staaten in allen Teilen des Kontinents, die auch nach der Selbstauflösung der OCAM (Organisation Commune Africaine et Mauricienne) im März 1985 noch für einen gewissen Zusammenhalt dieser Länder sorgen, sowie die lockere Gruppierung der fünf portugiesischsprachigen Staaten, die trotz großer - einer engeren praktischen Kooperation entgegenstehender - geographischer Entfernung um die Aufrechterhaltung gewisser Gemeinsamkeiten und eines geschlossenen Auftretens auf internationaler Bühne bemüht sind. Die Ministerkommission trat im Januar in Luanda zusammen, während das 8. Gipfeltreffen im Mai in Maputo stattfand, nachdem die Außenminister aller fünf Staaten kurz vorher bei einem gemeinsamen Besuch in Lissabon ihre Vorstellungen von einer neuen Form der Zusammenarbeit mit der ehemaligen Kolonialmacht zum Ausdruck gebracht hatten.

Ende Juni fand in Brazzaville mit Unterstützung von OAU, UNESCO und UNDP der erste Kongreß afrikanischer Wissenschaftler statt, bei dem eine Pan-Afrikanische Wissenschafts- und Technologie-Union (UPST) gegründet wurde. Eine Woche später schloß sich in Arusha eine von UNESCO initiierte Ministerkonferenz über Wissenschaft und Technologie bei der Entwicklung Afrikas an. Bei beiden Veranstaltungen wurden die besonderen Schwierigkeiten und Defizite der afrikanischen Staaten in bezug auf eine Nutzung und Weiterentwicklung gerade der naturwissenschaftlich-technologischen Bereiche deutlich herausgestellt.

Die 5. Generalversammlung der All-Afrikanischen Kirchenkonferenz (Sitz des Sekretariats ist Nairobi) im August in Lomé unterstrich durch die Wahl des südafrikanischen Bischofs Tutu zum Vorsitzenden die überragende Bedeutung, die ein Engagement für die Lösung der Rassenfrage in Südafrika für alle christlichen Kirchen in Afrika hat.

Anfang August fanden mit 7000 Athleten und Offiziellen aus 45 Ländern - bei geringem internationalem Echo - in Nairobi die 4. All-Afrikanischen Spiele statt, die wegen der Schwierigkeiten und Kosten der Ausrichtung mehrfach verschoben worden waren. Die letzten Spiele waren 1978 in Algier veranstaltet worden.

Afrika und die internationale Politik

Herausragende internationale Beachtung fand Afrika insbesondere durch die anhaltende Debatte über das Pro und Contra von Wirtschaftssanktionen gegen Südafrika. Nachdem sowohl die USA wie die EG 1986 ein sehr begrenztes Bündel von Sanktionen beschlossen hatten, gab es hier 1987 keine wesentlichen neuen

Entwicklungen. Hingegen erließen viele andere Staaten neue Sanktionsmaßnahmen oder verschärften bereits bestehende, so z.b. die skandinavischen Länder (die einen praktisch vollständigen Handelsboykott verordneten) und (infolge amerikanischen Drucks) auch Israel. Trotz dieser Zunahme von Sanktionserlassen schien aber in einigen westlichen Ländern der politische Druck und die Bereitschaft zu wirksamer Verschärfung von Sanktionen bereits wieder erheblich nachzulassen. Auch das Treffen der gemeinsamen AKP-EG Parlamentarierversammlung Anfang Februar in Arusha stand neben dem Hauptthema der regionalen Zusammenarbeit weitgehend im Zeichen der Debatte über die Haltung zu Südafrika. Das AKP-Sekretariat forderte vom EG-Ministerrat wiederholt eine gemeinsame Diskussion über Südafrika, die aber 1987 nicht mehr zustande kam.

Verschiedene prominente Politiker führender westlicher Industrieländer besuchten Afrika im Laufe des Jahres. US-Außenminister Shultz, der im Januar sechs vorwiegend pro-westliche Staaten (Senegal, Kamerun, Kenya, Nigeria, Côte d'Ivoire, Liberia) bereiste, war der ranghöchste amerikanische Besucher auf dem Kontinent seit mehreren Jahren. Er benutzte die Gelegenheit, demonstrativ die Unterstützung der tschadischen Regierung gegen Angriffe Libyens zu unterstreichen, betonte die Notwendigkeit einer Eindämmung libyscher Eskapaden in der gesamten Region und hob die Anwendung strikter marktwirtschaftlicher Prinzipien beim Bemühen um die Überwindung der afrikanischen Wirtschaftskrise hervor. Besuche des kanadischen Premierministers Mulroney Ende Januar in Zimbabwe (dabei auch ein gemeinsames Gespräch mit den Präsidenten von Botswana und Zambia) und in Senegal (dabei auch Treffen mit den Staatschefs von Mali und Mauretanien) standen vornehmlich im Zusammenhang mit der später im Jahr vorgesehenen Gastgeberrolle Kanadas für die Gipfeltreffen sowohl des Commonwealth wie der Frankophonie. Auch die Reise von Bundeskanzler Kohl im November nach Kamerun, Moçambique und Kenya konnte als Zeichen eines neu erwachten Interesses am afrikanischen Kontinent gewertet werden (siehe den Artikel zur deutschen Afrikapolitik). Ungewöhnlich schwach im Vergleich zu anderen Jahren war 1987 die höchstrangige französische Präsenz mit Besuchen von Premierminister Chirac im März in Kamerun und Senegal, im Juli in Brazzaville bei der Generalversammlung der Vereinigung französischsprachiger Bürgermeister und im November in Réunion sowie von Präsident Mitterrand im Dezember in Djibouti.

Schon allein aufgrund ihres zahlenmäßigen Gewichts spielten die afrikanischen Länder eine wichtige Rolle bei den kurz hintereinander in Kanada stattfindenden Gipfeltreffen der Staats- und Regierungschefs der frankophonen Staaten (Anfang September in Quebec) und des englischsprachigen Commonwealth (Mitte Oktober in Vancouver). Dem zweiten Gipfeltreffen der Frankophonie (nach der Premiere Anfang 1986 in Versailles) war im Juli ein Vorbereitungstreffen in Bujumbura vorausgegangen, bei dem es einige Verunsicherungen über die französischen Absichten und über die Zukunft dieser neuen Initiative gegeben hatte. In Quebec waren 22 afrikanische Länder vertreten (davon 14 durch ihre Staatschefs), nur Algerien und Kamerun nahmen nicht teil. Neben der Betonung der französischen Sprache als einigendem Band wurde von afrikanischer Seite die Einbeziehung technisch-wirtschaftlicher Entwicklungsprobleme und die Notwendigkeit einer diesbezüglichen Zusammenarbeit und äußeren Unterstützung vorgebracht. Eine mögliche Rivalität zwischen Frankreich und Kanada um die Führungsrolle bei der Frankophonie deutete sich an, blieb aber vorläufig offen. Das nächste Treffen soll im März 1989 in Dakar - und somit erstmals in Afrika - stattfinden. Die Commonwealth-Konferenz, an der mit Moçambique erstmals ein Nicht-Mitglied als Beobachter teilnahm, wurde neben der Behandlung allgemeiner Wirtschafts- und Entwicklungsprobleme vornehmlich von der Diskussion über die Haltung zu Südafrika dominiert. Die britische Premierministerin Thatcher blieb mit ihrem Widerstand gegen die Verhängung von Wirtschaftssanktionen isoliert, gab aber ihre Position nicht auf. Zur weiteren Verfolgung des Südafrikaproblems wurde ein Außenministerkomitee aus acht Staaten unter Vorsitz Kanadas eingesetzt, an dem Großbritannien eine Beteiligung verweigerte.

Das jährliche franko-afrikanische Gipfeltreffen, das seit der Initiative von Präsident Pompidou 1973 abwechselnd in Frankreich und Afrika abgehalten wird, fand im Dezember in Antibes statt. Vertreten waren 20 frankophone und 17 nicht-frankophone afrikanische Staaten, davon 14 durch den jeweiligen Staatschef. Von den frankophonen Ländern Afrikas gar nicht erst eingeladen waren Algerien, Kamerun und Madagaskar. Mehrere Staatschefs wichtiger frankophoner Staaten nahmen nicht persönlich teil, darunter insbesondere Abdou Diouf aus Senegal und Félix Houphouet-Boigny aus Côte d'Ivoire. Das Treffen wurde allgemein als ruhig und ohne besondere Höhepunkte angesehen. Von einigen Beobachtern wurde deshalb erneut die Nützlichkeit dieser mit erheblichem Pomp zelebrierten Treffen in Frage gestellt, deren Anwesenheitsliste jedoch der der OAU-Gipfeltreffen meist nur unwesentlich nachsteht. Im Mittelpunkt der Beratungen standen die prekäre Wirtschaftslage und die hohe Verschuldung der meisten afrikanischen Länder, von deren Seite Forderungen nach einem Schuldenerlaß erhoben wurden. Präsident Mitterrand sprach sich dafür aus, den ärmsten Ländern die Schulden zu erlassen; dies könne aber nicht für alle Entwicklungsländer gelten und erfordere jeweils eine Einzelfallprüfung.

Im Kontext der globalen Ost-West-Auseinandersetzung und im Hinblick auf die Interessen der Großmächte waren weiterhin nur einige Brennpunkte in Afrika von herausgehobener Bedeutung, nämlich die schon traditionellen Konfliktzonen im südlichen Afrika und am Horn von Afrika sowie die immer wieder für Unruhe sorgenden Aktivitäten Libyens und allenfalls noch die Frage der Militärpräsenz im Indischen Ozean (US-Stützpunkt auf Diego Garcia, französische Marineeinheiten, ständig wiederkehrende - aber unzutreffende - Gerüchte über sowjetische Einrichtungen auf den Seychellen). Vor dem spektakulären amerikanisch-sowjetischen Gipfeltreffen zwischen Reagan und Gorbatschow Anfang Dezember in Washington war viel über die Einbeziehung auch der sog. Regionalkonflikte (neben Afghanistan und Zentralamerika insbesondere auch Angola) in die Gespräche spekuliert worden, aber offensichtliche Ergebnisse waren zunächst nicht erkennbar. Die meisten westlichen Beobachter gelangten in der jüngsten Zeit zu dem Eindruck, daß die Sowjetunion im Rahmen der generellen politischen Veränderungen stark an einer deutlichen Verringerung ihres bisherigen Engagements in Afrika, d.h. insbesondere in Angola und Äthiopien, interessiert sei. Dem steht in Angola die äußerst komplizierte Verknüpfung verschiedener Akteure und Problemfelder (kubanische Truppen und sowjetische Militärhilfe zur Stützung der angolanischen Regierung, südafrikanische und amerikanische Unterstützung für die UNITA-Rebellen, Verknüpfung der kubanischen Truppenpräsenz mit dem Namibiaproblem und - indirekt - mit dem internen Konflikt in Südafrika) entgegen, die bisher eine schrittweise Problementflechtung und eine Rücknahme des militärischen Engagements aller Seiten verhindert hat. Am Horn von Afrika ist die unmittelbare Konfrontation der externen Mächte seit längerem wesentlich geringer, das sowjetische (und geringere kubanische) Engagement in Äthiopien und das amerikanische in Somalia und Sudan eher defensiv lediglich auf die Aufrechterhaltung des regionalen status quo ausgerichtet. Durch massive militärische und politische Unterstützung der Regierung des Tschad brachten Frankreich und die USA ihre Bereitschaft zum Ausdruck, libyschen Expansionsaktivitäten in diesem Land und im weiteren regionalen Umfeld Einhalt zu gebieten. Im übrigen blieb die unverkennbare französische Machtpräsenz in seinen traditionellen frankophonen Einflußgebieten in Afrika unverändert erhalten.

Die Sozialistische Internationale hielt Mitte Oktober unter Vorsitz von Willy Brandt eine Ratstagung in Dakar ab, der eine Konferenz über Demokratie und Entwicklung vorausging. Senegals Präsident Diouf ist einer der Vizepräsidenten der SI, die senegalesische Sozialistische Partei (PS) außerdem einer der wesentlichen Träger des afrikanischen SI-Ablegers Inter-Africaine Socialiste (mit Sekretariat in Tunis). Die Tagung unterstrich die Bedeutung von Demokratisierung und Einhaltung der Menschenrechte für den Entwicklungsprozeß in Afrika und bekräftigte die Unterstützung für die Frontlinienstaaten im südlichen Afrika und alle demokratischen Befreiungskräfte in Südafrika.

Auf Initiative des nigerianischen Außenministers Akinyemi kam Mitte März in Lagos erstmals ein Treffen von internationalen Mittelmächten aus allen Kontinenten zusammen (aus Afrika waren neben dem Gastgeber Algerien, Ägypten, Senegal und Zimbabwe vertreten). Beim zweiten Treffen dieses Lagos-Forums am 1.9. nahmen nach Austritt Zimbabwes noch 15 Staaten teil. Ihre Absicht ist, eine gemeinsame Interessenbasis dieser Staaten außerhalb der Großmachtblöcke und der auf über 100 Mitglieder angewachsenen Blockfreienbewegung zu finden. Wieweit es hierfür ein dauerhaft tragfähiges Fundament geben kann, bleibt abzuwarten. Eine solche Sonderrolle entspricht sicherlich einem weit verbreiteten Selbstverständnis in Nigeria - auch wenn der Initiator Akinyemi vor Jahresende 1987 als Minister abgelöst wurde.

Bei der 8. Gipfelkonferenz der Blockfreienbewegung im September 1986 in Harare hatte Zimbabwes Ministerpräsident Mugabe deren Vorsitz und damit Zimbabwe die Koordinierungsrolle für die Bewegung übernommen. Am 24.1. erfolgte durch Indiens Premierminister Rajiv Gandhi der formelle Start des beim Harare-Gipfel beschlossenen Afrika-Fonds der Blockfreienbewegung, der den Frontlinienstaaten im Umfeld Südafrikas eine besondere Unterstützung zukommen lassen soll. Am 2.10. nahm in Genf die ebenfalls in Harare initiierte Süd-Kommission unter Vorsitz des ehemaligen tanzanischen Präsidenten Julius Nyerere offiziell die Arbeit auf, nachdem Nyerere auf umfangreichen Reisen viele blockfreie Staaten in allen Kontinenten besucht hatte. Die Kommission soll sich um neue Wege und Realisierungschancen für eine verstärkte Süd-Süd-Kooperation bemühen.

Enttäuschungen für Afrika brachten die Niederlagen der afrikanischen Kandidaten bei Wahlen für die Spitzenpositionen von zwei wichtigen UN-Sonderorganisationen. Insgesamt fühlen sich die afrikanischen Staaten in internationalen Organisationen deutlich unterrepräsentiert. Der Senegalese Amadou Mahtar M'Bow war in zwei Amtszeiten als UNESCO-Generaldirektor zu einer äußerst umstrittenen Figur geworden; mit dem Vorwurf übermäßiger anti-westlicher Politisierung und Bürokratisierung hatten sich die USA, Großbritannien und Singapur 1984/85 aus der UNESCO zurückgezogen. Trotz ursprünglich bekundeter Rückzugsabsicht bewarb sich M'Bow auf Initiative des OAU-Vorsitzenden

Kaunda im Oktober doch um eine neue Amtszeit und zog erst nach mehreren entscheidungslosen Wahlgängen wegen des anhaltenden Widerstandes gegen seine Person die Kandidatur zurück. Wesentlich eindeutiger verlor im November der afrikanische Kandidat Moise Mensah aus Benin die Wahl bei der FAO gegen den bisherigen Generaldirektor Saouma.

Wirtschafts- und Entwicklungspolitik

Die seit Anfang der 80er Jahre deutlich gewordene Wirtschaftskrise der meisten afrikanischen Länder hielt auch 1987 nahezu unvermindert an. Selbst einige bisher weithin als wirtschaftliche Musterländer angesehene Staaten wie Côte d'Ivoire, Kamerun, Kenya und Malawi hatten mit erheblichen, bisher ungewohnten Schwierigkeiten zu kämpfen. Erst sehr allmählich wird eine internationale Wahrnehmung der spezifischen Natur der afrikanischen Verschuldungssituation erkennbar. Im abgelaufenen Jahr kam es diesbezüglich zu wichtigen neuen Initiativen, deren praktische Auswirkungen für eine effektive Verbesserung der Krisenlage sich erst noch erweisen müssen (siehe den Artikel über Verschuldungsprobleme und Strukturanpassungsprogramme).

Nach vorläufigen Berechnungen der ECA (Economic Commission for Africa) der Vereinten Nationen am Jahresende belief sich das gesamtwirtschaftliche Wachstum aller afrikanischen Länder (ohne Südafrika, aber einschließlich der nordafrikanischen Staaten) 1987 auf 1,5%; dies war eine geringfügige Verbesserung gegenüber 1,2% in 1986, aber erheblich niedriger als die ursprünglich erwartete Wachstumsrate von mindestens 2%. Die landwirtschaftliche Produktion nahm sogar nur um etwa 1% zu, gegenüber 3% in 1986 und 2,5% in 1985. Die Getreideproduktion ging gegenüber dem relativ zufriedenstellenden Vorjahr mit allgemein guten Ernten nach Angaben der FAO gar um rd. 15% zurück. Bei einer Bevölkerungswachstumsrate von rund 3% bedeuten diese Zahlen ein weiteres Absinken des durchschnittlichen Pro-Kopf-Einkommens und eine Verschlechterung der Nahrungsmittelversorgung. 23 Länder - gegenüber 30 im Jahr davor - wiesen ein wirtschaftliches Wachstum von 3% oder darüber auf. Insgesamt war also 1987 erneut ein ausgesprochen enttäuschendes Jahr für die afrikanischen Volkswirtschaften.

Trotz einer leichten Erholung der Erdölpreise auf dem Weltmarkt und teilweise sogar beträchtlichen Preissteigerungen einiger Metalle (insbesondere Kupfer) sank der Gesamtwert aller afrikanischen Exporte nochmals um 5,7% gegenüber dem Vorjahr auf rd. $ 45 Mrd. ab und lag damit um nahezu 30% unter dem Wert von 1985, da einige klassische tropische Exportprodukte wie Kaffee, Kakao und Tee erhebliche Preiseinbrüche auf dem Weltmarkt hinnehmen mußten. Von den agrarischen Exportprodukten hatten vornehmlich Baumwolle, Zucker und Palmöl eine verhältnismäßig günstige Preissituation erlebt. Die afrikanischen Erdölproduzenten konnten ihre Einnahmen gegenüber dem besonders katastrophalen Vorjahr immerhin wieder etwas steigern, die OPEC-Mitglieder um 16,2% und die restlichen Länder um rund 35%. Trotz eines gewissen Anstiegs der gängigen internationalen Rohstoffindices (als gewogener Durchschnitt einer ganzen Palette von Rohstoffen) ist das historische Tief der Rohstoffpreise für die meisten afrikanischen Länder im Kern unverändert gültig geblieben. Die Aufrechterhaltung des Gesamtumfangs aller afrikanischen Importe von rd. $ 53 Mrd. bedeutete eine Vergrößerung des Handelsbilanzdefizits des Kontinents gegenüber der restlichen Welt. Aggregierte Zahlen der Zahlungsbilanzen aller afrikanischen Länder liegen noch nicht vor, doch deuten alle Indizien darauf hin, daß das Defizit der gesamtafrikanischen Leistungsbilanz noch weiter zugenommen hat.

Auch internationale Rohstoffabkommen konnten keine wesentliche Verbesserung für die Produzentenländer bringen. Das Kakao-Abkommen ist schon seit längerem praktisch funktionsunfähig; der Hauptproduzent Côte d'Ivoire entzieht sich beharrlich einer Kompromißlösung aller Erzeuger- und Verbraucherländer. Beim Kaffee-Abkommen wurde 1987 das System der Zuteilung fester Quoten wieder eingeführt, das Anfang 1986 im Zeichen eines kurzlebigen Preisbooms aufgegeben worden war. Angesichts der harten Auseinandersetzungen innerhalb der OPEC über Preis- und Mengenabsprachen im heftig umkämpften Ölgeschäft ergriff Nigeria die Initiative für einen Zusammenschluß der afrikanischen Erölproduzenten, um deren Gewicht gegenüber der OPEC zu stärken. Ende Januar wurde in Lagos die APPA (African Petroleum Producers Association) gegründet, an der sich Algerien, Angola, Benin, Gabun, Kamerun, Kongo, Libyen und Nigeria beteiligten. Ägypten nahm zunächst als Beobachter teil; bei der ersten Ministerkonferenz in Algier im Juli kam es dann wegen eines libyschen Protests zu einem Konflikt über Ägyptens Beitrittswunsch zur APPA.

Gegen Jahresende wuchs erneut die Besorgnis über bevorstehende Dürre- und Hungerkatastrophen eines ähnlichen Ausmaßes wie in den Jahren 1983-85 in verschiedenen Teilen des Kontinents. Besonders dramatisch ist die Lage in Ländern, in denen naturbedingte Ernteausfälle mit Bürgerkriegen und größeren Flüchtlingsproblemen zusammenfallen, da dann äußere Hilfsmaßnahmen besonders schwer durchzuführen sind. Die befürchtete Heuschreckenplage machte sich wesentlich weniger stark bemerkbar als zum Jahresanfang erwartet worden war. Nach Vorausschätzungen des Welternährungsprogramms der UN benötigen die 15 am härtesten betroffenen Länder für das Erntejahr 1987/88 Nahrungsmittelhilfe im Gesamtumfang von 2,7 Mio. Tonnen. Die FAO ging für 1988 für alle afrikanischen Länder von einem Nahrungsmittelhilfebedarf von 4,6 Mio. Tonnen (46% höher als 1987) aus. Weitaus die größten Probleme gibt es in Äthiopien, Moçambique, Angola und Sudan. Daneben ist der westafrikanische Sahelgürtel (von Mauretanien über Mali, Burkina Faso, Niger bis zum Tschad) erneut in erheblichem Ausmaß von Dürre und Ernteausfällen betroffen; in unterschiedlichem Umfang gilt dies auch für Botswana, Malawi, Zambia und Zimbabwe im südlichen Afrika sowie für Teile von Somalia, Tanzania, Uganda und Zaire.

Praktisch alle Länder sahen sich in den letzten Jahren mit der Notwendigkeit drastischer wirtschaftspolitischer Veränderungen konfrontiert, um einen Ausweg aus der Krisensituation zu suchen, völlig unabhängig davon, ob nun die Verursachungsfaktoren eher externer oder interner Natur waren bzw. dahingehend interpretiert wurden. Angesichts der gravierenden Strukturprobleme waren nahezu alle Länder auf umfassende externe Unterstützung bei der Realisierung ihrer Wirtschaftserholungsprogramme angewiesen. Über die schon traditionelle Entwicklungshilfe weit hinausgehend, erhielten IWF und Weltbank eine dramatisch angewachsene Bedeutung (und Verantwortung), da sie als Finanzpolizisten des geltenden Weltwirtschaftssystems die unbestrittene Meinungsführerschaft bei der Beurteilung von Wirtschaftsprogrammen der afrikanischen Regierungen einnehmen und damit über die Unterstützungsbereitschaft der Gebergemeinschaft für diese Maßnahmen entscheiden. Nachdem es in der ersten Hälfte der 80er Jahre noch zu heftigem Widerstand gegen die Ratschläge und Politik des IWF gekommen war, hatten 1987 mehr als die Hälfte aller afrikanischen Länder ein formelles Programm mit dem IWF. Aber selbst in den Ländern, mit denen kein formelles IWF-Abkommen bestand, hatte der Fonds indirekt eine große Bedeutung.

Kaum ein afrikanisches Land kann sich derzeit diesem Einfluß entziehen. Erhebliche Konflikte über die sozialpolitischen Auswirkungen der IWF-Auflagen wurden im Laufe des Jahres besonders in Madagaskar, Somalia und Zambia (nach Unruhen im Dezember 1986) deutlich, wobei im letzten Fall die Regierung ein bestehendes Abkommen mit dem IWF stornierte, während nach dem von der Regierung verfügten Abbruch des somalischen Devisenauktionssystems das IWF-Programm bis auf weiteres ruht. Nigeria einigte sich zwar mit dem IWF über ein Beistandsabkommen, nahm aber wegen innenpolitischer Kontroversen um den IWF keine Ziehung vor. Auch Kamerun versuchte wegen der politischen Brisanz, trotz IWF-konformer Wirtschaftspolitik, den Abschluß eines formellen IWF-Abkommens zu vermeiden. Angola, das als einziges afrikanisches Land bisher noch nicht Mitglied war, stellte Aufnahmeanträge bei IWF und Weltbank, die aber bei den USA auf eine ablehnende Haltung stießen. Vier Länder - Liberia, Sierra Leone, Sudan und Zambia - befinden sich seit längerem in Zahlungsrückstand gegenüber dem IWF im Hinblick auf fällige Rückzahlungen früherer Kredite, woraufhin sie vorläufig von der Inanspruchnahme neuer Mittel ausgeschlossen sind (mit Ausnahme von Sierra Leone, gegenüber dem man eine entsprechende Entscheidung immer wieder hinauszögerte).

Afrikas Verschuldung und Wirtschaftskrise standen auch im Mittelpunkt eines Sondergipfeltreffens der OAU Ende November und einer internationalen Konferenz der ECA Mitte Juni in Nigerias designierter neuer Hauptstadt Abuja. Bei beiden Gelegenheiten kam die starke Enttäuschung über das Ausbleiben einer spürbaren internationalen Unterstützung für die in den meisten Ländern vorgenommenen Reformmaßnahmen deutlich zum Ausdruck. Trotz aller Absichtserklärungen bei der UN-Sondergeneralversammlung über Afrikas Wirtschaftsprobleme im Mai 1986 ist bisher praktisch kein realer Zuwachs des Ressourcentransfers nach Afrika zustandegekommen; ein vom UN-Generalsekretär im September vorgelegter Zwischenbericht über den Fortschritt des UN-Aktionsplans für Afrikas Wirtschaftserholung gelangte zu einer ausgesprochen pessimistischen Einschätzung bezüglich der von außen zur Verfügung stehenden Unterstützung. Schon Anfang April hatte der UN-Generalsekretär eine internationale Beratungsgruppe zur Behandlung der Finanzprobleme der afrikanischen Länder eingesetzt, deren Vorschläge aber erst für Februar 1988 erwartet wurden. Noch Anfang Dezember ergriff auch die Weltbank eine wichtige neue Initiative bei einer Geberkonferenz in Paris, bei der Einverständnis über ein internationales Sonderprogramm für verschuldete Niedrigeinkommensländer in Afrika mit einem Volumen von etwa $ 2,9 Mrd. zusätzlicher Mittel für die Jahre 1988-90 erreicht wurde. Entgegen manchen Erwartungen war die Abschlußresolution des OAU-Sondergipfels, bei dem enttäuschenderweise nur zehn Staats- bzw. Regierungschefs anwesend waren, ausgesprochen moderat; die bestehenden Schuldenverpflichtungen wurden durchaus als gültig anerkannt, von einer einseitigen Schuldenverweigerung war nicht die Rede. Die wichtigsten Empfehlungen beinhalteten die Einberufung einer internationalen Afrika-Schuldenkonferenz 1988, ein zehnjähriges Moratorium für den gesamten Schuldendienst, Umschuldungen für mindestens fünf Jahre mit Rückzahlungsfristen von 50 Jahren, Umwandlung aller bilateralen Kredite in verlorene Zuschüsse und erhebliche Erleichterungen bei der Inanspruchnahme von IWF-Mitteln.

Wichtigstes Ergebnis der Jahreskonferenz der African Development Bank im Juni in Kairo war die geplante Verdreifachung des Grundkapitals auf

$ 19,6 Mrd., um zukünftig ein entsprechend größeres Ausleihvolumen zu ermöglichen. Die 50 afrikanischen Mitgliedsstaaten der AfDB können ihre zusätzlichen Kapitalanteile über zehn Jahre einzahlen, die 26 nicht-afrikanischen Mitglieder ihre Anteile über fünf Jahre. Das Gesamtvolumen bestehender Ausleihungen nahm 1987 auf $ 2,15 Mrd. zu (gegenüber $ 1,64 Mrd. im Vorjahr). Da gegenwärtig 20 Staaten wegen Zahlungsrückständen aus früheren Programmen nicht für Neuausleihungen berücksichtigt werden können, hat sich ein Trend zugunsten der nordafrikanischen und zu Lasten der subsaharischen Staaten in Bezug auf die Kreditnehmer verstärkt. Am 5.11. sagten die nichtafrikanischen Mitgliedsstaaten ein auf $ 2,7 Mrd. erhöhtes Finanzvolumen für die Dreijahresperiode 1988-90 für den African Development Fund zu, der zu Vorzugsbedingungen Kredite an die ärmeren afrikanischen Staaten vergibt.

Im September hielten die Mitgliedsstaaten der Franc-Zone (derzeit neben Frankreich 14 afrikanische Länder) ihre jährliche Plenarversammlung in Paris ab. Auch Guinea und Guinea-Bissau bemühen sich um eine Aufnahme in diesen Währungsverbund, während Gambia trotz häufig angestellter Überlegungen davor zurückschreckt. Angesichts des rapiden Währungsverfalls des Dollar gegenüber dem Franc ergaben sich für einige Länder der Franc-Zone erhebliche außenwirtschaftliche Probleme. Zeitweilig gab es sogar Gerüchte über die Absicht der Côte d'Ivoire, aus der Franc-Zone auszuscheiden, um die Vorteile einer Abwertung gegenüber den wichtigsten Weltwährungen in Anspruch zu nehmen. Letzten Endes überwogen aber doch die Vorzüge der Zugehörigkeit zu einer stabilen Währung, deren Wert vom französischen Schatzamt garantiert wird.

Rolf Hofmeier

Chronologie Gesamtafrika 1987

08.-15.01.	Besuche von US-Außenminister Shultz in Senegal, Kamerun, Kenya, Nigeria, Côte d'Ivoire, Liberia
11.-13.01.	Franko-afrikanische Begegnungen über Unternehmungen und Entwicklung in Libreville mit 600 Teilnehmern aus 27 afrikanischen und ozeanischen Ländern
21.01.	Eröffnung des Treffens der Ministerkommission der portugiesischsprachigen afrikanischen Länder in Luanda
21.-22.01.	Generalversammlung der 1986 gegründeten UACOM (Union Africaine de la Communication) in Dakar
22.-24.01.	47. Treffen des OAU-Befreiungskomitees in Arusha
24.01.	Start des Afrika-Fonds der Blockfreienbewegung in Neu-Delhi durch Indiens Premierminister Rajiv Gandhi
26.-28.01.	Gründungstreffen der APPA (African Petroleum Producers Association) in Lagos
27.-29.01.	27. Generalversammlung der URTNA (Union des Radiodiffusions et Télévisions d'Afrique) in Dakar
27.01.-01.02.	Staatsbesuche des kanadischen Premierministers Mulroney in Zimbabwe und Senegal
02.-05.02.	Treffen der gemeinsamen AKP-EG Versammlung in Arusha
23.02.-01.03.	45. Treffen des OAU-Ministerrates in Addis Abeba
11.03.	Treffen des OAU-Koordinationsbüros in Kairo
16.-18.3.	OAU/ECA-Treffen afrikanischer Handelsminister in Addis Abeba zur Vorbereitung auf UNCTAD VII
16.-18.03.	Treffen internationaler Mittelmächte in Lagos
26.-27.03.	5. Gipfelkonferenz der Staatschefs der Mitgliedsländer von Air Afrique in Niamey
02.04.	Ernennung einer internationalen Beratungsgruppe über Finanzprobleme afrikanischer Länder durch den UN-Generalsekretär in New York
12.04.	10. Treffen der OAU-Kommission für Arbeitsfragen in Arusha
Mitte April	10. Konferenz der UPA (Union of African Parlaments) in Bamako
22.-27.04.	13. ECA-Jahrestreffen der afrikanischen Planungs- und Wirtschaftsminister in Addis Abeba
01.05.	Treffen von afrikanischen Gesundheitsministern zum AIDS-Problem in Kairo

12.-15.05.	Gemeinsamer Besuch der Außenminister der 5 portugiesischsprachigen Länder in Lissabon
21.-22.05.	7. Gipfeltreffen der portugiesischsprachigen afrikanischen Länder in Maputo
29.05.	Symposium über Wohnungsprobleme in Afrika in Kigali, organisiert von Shelter Africa
01.06.	2. afrikanisches Regionaltreffen der Internationalen Vereinigung französischsprachiger Parlamentarier (AIPLF) in Abidjan
01.-06.06.	9. Kongreß der UPDEA (Union des Producteurs, Transporteurs et Distributeurs d'Energie Electrique en Afrique) in Brazzaville
09.-11.06.	Jahreskonferenz der AfDB (African Development Bank) in Kairo
10.06.	Eröffnung eines Treffens der Informationsminister der Blockfreienbewegung in Harare
14.-17.06.	14. Treffen der AIO (African Insurance Organisation) in Brazzaville
15.-19.06.	ECA-Konferenz zur Schuldenkrise Afrikas in Abuja (Nigeria)
22.-25.06.	10. Treffen der afrikanischen Zentralbankgouverneure in Libreville
25.-30.06.	1. Kongreß afrikanischer Wissenschaftler in Brazzaville mit Unterstützung von OAU, UNESCO, UNDP. Gründung einer Pan-Afrikanischen Wissenschafts- und Technologie-Union (UPST)
06.-15.07.	Konferenz über Wissenschaft und Technologie bei der Entwicklung Afrikas (CASTAFRICA II) in Arusha, initiiert von UNESCO
07.-10.07.	Treffen von Ministern frankophoner Staaten in Bujumbura zur Vorbereitung auf späteres Gipfeltreffen der Frankophonie in Quebec
13.-14.07.	3. Generalversammlung der UACOM in Abidjan
14.-15.07.	48. Treffen des OAU-Befreiungskomitees in Arusha
21.-24.07.	46. Treffen des OAU-Ministerrates in Addis Abeba
22.-24.07.	7. Generalversammlung der Internationalen Vereinigung französischsprachiger Bürgermeister (AIMF) in Brazzaville
23.-24.07.	1. Ministerkonferenz der APPA in Algier
27.-30.07.	23. OAU-Gipfeltreffen in Addis Abeba
30.07.	Treffen der Union Afrikanischer und Mauritianischer Entwicklungsbanken (UAMBD) in Dakar
01.-12.08.	4. All-Afrikanische Spiele in Nairobi
17.-25.08.	5. Generalversammlung der All-Afrikanischen Kirchenkonferenz in Lomé, Wahl von Bischof Tutu aus Südafrika zum Vorsitzenden
01.09.	2. Treffen des Lagos-Forums internationaler Mittelmächte
01.-04.09.	2. Konferenz der Staats- und Regierungschefs frankophoner Staaten in Quebec
21.-22.09.	Plenarversammlung der Mitglieder der Franc-Zone in Paris
21.-23.09.	3. Treffen der Informationsminister der portugiesischsprachigen Länder in Bissau
02.10.	Formelle Arbeitsaufnahme der 28-köpfigen Süd-Kommission der Blockfreienbewegung in Genf (Vorsitzender Tanzanias Ex-Präsident Nyerere)
13.-17.10.	26. Treffen der Staats- und Regierungschefs des Commonwealth in Vancouver
15.-16.10.	Ratstagung der Sozialistischen Internationale (SI) in Dakar im Anschluß an eine Konferenz über Demokratie und Entwicklung
02.11.	Gründungstreffen der OAU-Menschenrechtskommission in Addis Abeba
05.11.	Treffen der nicht-regionalen Mitglieder der AfDB in Den Haag mit neuen Zusagen für den African Development Fund (ADF)
30.11.-01.12.	Sondergipfeltreffen der OAU zur Schulden- und Wirtschaftskrise Afrikas in Addis Abeba
03.-04.12.	Geberkonferenz unter Führung der Weltbank in Paris über ein Sonderprogramm für verschuldete Niedrigeinkommensländer in Afrika
10.-12.12.	14. Franko-Afrikanisches Gipfeltreffen in Antibes (Frankreich)

Deutsch-afrikanische Beziehungen

In der Wahrnehmung der bundesdeutschen Öffentlichkeit erhielt Afrika insbesondere gegen Jahresende - mit einer Fortsetzung im ersten Quartal 1988 - eine wesentlich größere Aufmerksamkeit als normalerweise üblich (abgesehen von der besonderen Medienbeachtung 1984/85 wegen der damaligen Dürre- und Hungerkatastrophe). Führende deutsche Politiker unternahmen in kurzer Abfolge aufmerksam beachtete Reisen nach Afrika: Außenminister Genscher Ende Oktober und Bundeskanzler Kohl im November 1987, denen Bayerns Ministerpräsident Strauß im Januar und Bundespräsident von Weizsäcker im März 1988 folgen sollten. Dadurch entstand bei manchen Beobachtern der (allerdings weitgehend mißverständliche) Eindruck der bewußten Aktivierung einer koordinierten deutschen Afrikapolitik. Gleichzeitig ging die wirtschaftliche Bedeutung Afrikas für die Bundesrepublik weiter erheblich zurück, während der Kontinent wie schon seit längerem deutlicher Schwerpunkt der entwicklungspolitischen Aktivitäten blieb.

Auswirkungen von Bundestagswahl und Regierungsbildung

Die Bestätigung der Regierungskoalition aus CDU, CSU und FDP bei den Bundestagswahlen vom 25.1. und die anschließende Bildung einer nur geringfügig veränderten Regierungsmannschaft bedeuteten eine weitgehende Kontinuität der Gesamtpolitik und damit auch der Außen- und der Afrikapolitik. Trotz der oft kolportierten Ambitionen von Franz Josef Strauß auf das Außenministerium erreichte Außenminister Hans-Dietrich Genscher sogar eine vollständigere Kontrolle über das Auswärtige Amt (AA) als zuvor, da nun erstmals beide Staatsministerpositionen von FDP-Politikern übernommen wurden. Zuständig für die Dritte Welt wurde Staatsminister Helmut Schäfer, der bis dahin außenpolitischer Sprecher der FDP-Bundestagsfraktion gewesen war und sich noch 1986 durch Forderungen nach wenigstens einigen Sanktionen gegen Südafrika - trotz deren vollständiger Ablehnung durch die Regierung - hervorgetan hatte. Von den beiden einzigen Veränderungen im Kabinett betraf eine das Bundesministerium für Wirtschaftliche Zusammenarbeit (BMZ): der bisherige Entwicklungsminister Jürgen Warnke wechselte ins Verkehrsministerium und das BMZ wurde vom Kabinettsneuling Hans Klein (CSU) übernommen, bisher außenpolitischer Sprecher der CDU/CSU-Fraktion und für enge Kontakte zu seinem Parteichef Franz Josef Strauß - und auch für ähnliche Ansichten zu Afrika - bekannt. Klein hatte sich bis dahin zwar nicht speziell mit Entwicklungspolitik, aber doch mit den außenpolitischen Aspekten der Beziehungen zur Dritten Welt befaßt. Seine Ernennung wurde weithin als Schachzug von Strauß interpretiert, um auf diese Weise wenigstens einen indirekten Einfluß auf die Außenpolitik gegenüber den Ländern der Dritten Welt nehmen zu können. Parlamentarischer Staatssekretär im BMZ blieb der erfahrene und seit 1982 im Amt befindliche Volkmar Köhler (CDU), der sich insbesondere viel mit Afrika beschäftigt hatte.

Bei den Koalitionsverhandlungen zwischen CDU, CSU und FDP wurden gegen Ende aus Zeitknappheit außenpolitische Fragen nur noch kurz gestreift, aber weder ausdiskutiert noch in die offizielle Koalitionsvereinbarung aufgenommen. Dies stand im Gegensatz zu den vorherigen Forderungen der CSU nach Festlegung klarer Richtlinien, da sie die Streitereien innerhalb der Koalition über verschiedene außenpolitische Fragen - insbesondere auch Südafrika und Namibia - auf den Verzicht auf derartige Richtlinien zum Zeitpunkt der letzten Regierungsbildung im Frühjahr 1983 zurückführte. Meinungsverschiedenheiten über die Haltung zu Südafrika und Namibia - insbesondere zwischen CSU und FDP - wurden jedoch auch diesmal lediglich zur Kenntnis genommen, aber es wurde kein Versuch zur Festlegung einer gemeinsamen Position als Richtschnur für die neue Regierung unternommen. Auch die relevanten Passagen in der am 18.3. von Bundeskanzler Kohl im Bundestag vorgetragenen Regierungserklärung waren absichtlich sehr allgemein gehalten, um keine Einengungen der praktischen Regierungsarbeit zu präjudizieren. Generell zur Dritten Welt hieß es in der Regierungserklärung:

"Mit einem gerechten Interessenausgleich zwischen Nord und Süd wollen wir zum Frieden in der Völkergemeinschaft beitragen. Unsere Beziehungen zu den neuen politischen Schwerpunkten der Dritten Welt müssen über Handelsaustausch und Entwicklungshilfe hinausgehen. Wir wünschen mit diesen Ländern einen umfassenden und stetigen politischen Dialog zwischen gleichberechtigten Partnern als ein wichtiges Element unserer Zusammenarbeit. Ich möchte in diesem Zusammenhang den Beitrag von Entwicklungsländern zur internationalen Diskussion über die Sicherung des Weltfriedens ausdrücklich würdigen. Wir unterstützen das Bestreben der Entwicklungsländer nach Unabhängigkeit, ihren Wunsch nach Selbstbestimmung und nach eigenständiger Gestaltung der wirtschaftlichen und sozialen Entwicklung entsprechend ihrer eigenen kulturellen Tradition. Echte Blockfreiheit und regionale Zusammenarbeit sind wichtige Elemente in den internationalen Beziehungen. Die Welt von morgen wird nur dann in Frieden, Freiheit und Stabilität leben können, wenn es gelingt, Hunger und Not zu verringern, das Wohlstandsgefälle zwischen Nord und Süd abzubauen und - wo immer möglich - Menschenrechte durchzusetzen. Wir gewähren weiterhin jenen Asyl, die aus politischen, rassischen oder religiösen Gründen verfolgt werden. Wir können aber die wirtschaftlichen Probleme der Welt nicht durch Einwanderung in die Bundesrepublik Deutschland lösen. Für die Menschen in der Welt, die hungern und wirtschaftliche Not leiden, ist und bleibt die beste Hilfe die Hilfe vor Ort. Nach der Neuorientierung der letzten Jahre haben wir unserer Hilfe jetzt folgende Schwerpunkte gegeben: Konzentration auf die Ärmsten, Sicherung der Ernährung aus eigener Kraft, mehr Spielraum für Selbsthilfe, stärkere Berücksichtigung der Rolle der Frau im Entwicklungsprozeß, Bildung und Ausbildung, losgelöst von unangebrachten westlichen Vorbildern, Schutz der Umwelt auch in der Dritten Welt und Hilfe für Maßnahmen zu Strukturanpassungen. Wir wollen Rückflüsse aus der Kapitalhilfe schrittweise wieder zur Finanzierung neuer Maßnahmen einsetzen. Ohne wirtschaftliche Dynamik und wachsende Produktivität werden jedoch Armut und wirtschaftliche Rückständigkeit in der Dritten Welt nicht zu überwinden sein. Wir vertrauen deshalb auch hier vor allem auf private Initiative und auf die Leistungsfähigkeit offener und freier Märkte..."

Speziell zu Afrika sagte der Kanzler:

"Afrika bleibt ein wichtiges Feld unserer Außen- und Entwicklungspolitik. Die Staaten Afrikas brauchen Frieden. Sie bedürfen unserer Unterstützung, um ihre Aufgaben für die Zukunft aus eigener Verantwortung zu lösen. Gemeinsam mit unseren europäischen Partnern und westlichen Verbündeten werden wir auch künftig dafür eintreten, daß in Südafrika Apartheid und Rassendiskriminierung mit friedlichen Mitteln überwunden und die Menschenrechte allen Bürgern dieses Landes in gleicher Weise gewährt werden. Südafrika bedarf einer politischen und gesellschaftlichen Ordnung, die es auch der schwarzen und farbigen Bevölkerungsmehrheit ermöglicht, die politischen Geschicke des Landes mitzubestimmen. Die Bundesregierung appelliert an alle Beteiligten, den friedlichen Weg des Dialogs zu gehen. Wir werden diesen Dialog nach Kräften fördern. Unsere Maßnahmen zugunsten der von der Apartheid betroffenen Bevölkerung werden wir verstärken und die Mittel dafür erhöhen." (zit. nach: Deutscher Bundestag, Plenarprotokoll 11/4)

Nach langem internen Disput hatten die Schwesterparteien CDU und CSU sich zwar grundsätzlich auf ein gemeinsames Wahlprogramm geeinigt, aber die CSU fügte einige Absätze hinzu, die in der CDU-Version nicht erschienen; die wichtigste Ergänzung betraf einige dezidierte Aussagen zu Südafrika:

"Nur auf dem Weg der Evolution und nicht auf dem Weg der Revolution und der Gewalt lassen sich auch die drängenden Fragen der Republik Südafrika lösen. Wir lehnen weißen Rassismus ebenso ab wie schwarzen Rassismus. Darum sind wir entschiedene Befürworter des Abbaus der Apartheid. Dabei gilt es jedoch klar zu trennen zwischen der gesellschaftlichen und der politischen Apartheid. Beim Abbau der gesellschaftlichen Apartheid sind entscheidende Fortschritte erzielt worden. Ungleich schwieriger ist die Überwindung der politischen Apartheid. Für die Republik Südafrika gilt, daß eine von außen aufgezwungene Formalgleichheit entsprechend der Maximalforderung "ein Mann eine Stimme" weder der Gerechtigkeit noch der Freiheit dient, sondern dem Chaos den Weg bahnt und so die mühsam von allen Bevölkerungsgruppen, auch den Schwarzen, erworbenen zivilisatorischen, wirtschaftlichen und sozialen Errungenschaften in kurzer Zeit zerstören würde. Damit würde die Gefahr eines Blutbades heraufbeschworen, wie es der afrikanische Kontinent noch nie erlebt hat. Deshalb warnen wir vor schönklingenden aber tödlich wirkenden naiven Fehleinschätzungen. Auch in Südafrika begänne der Kampf der Stämme gegeneinander. Darum sehen wir unsere Aufgabe darin, Helfer beim Ringen um Frieden und Ausgleich zu sein, statt Handlanger revolutionärer Strategien, deren Verantwortungslosigkeit sich hinter wohlklingenden Begriffen verbirgt, bei näherem Zusehen und sorgfältiger Analyse aber eindeutig die Handschrift Moskaus erkennen lassen." (zit. nach: Afrika-Post, Heft 1/87)

Wegen der besonderen Rivalität zwischen Franz Josef Strauß und Hans-Dietrich Genscher und deren Auseinandersetzungen über verschiedene Grundfragen der Außenpolitik und wegen Strauß' langjährigem persönlichen Interesse an Südafrika und Namibia wurde allerdings im Wahlkampf mehr über Probleme des südlichen Afrika gestritten, als es dem allgemeinen öffentlichen Interesse und dem der meisten anderen Politiker entsprach. Die Angriffe der CSU auf die von Außenminister Genscher betriebene Politik brachten nicht nur tatsächlich bestehende tiefgreifende Differenzen in der Sache zum Ausdruck, sondern wurden auch als Reflexion der Strauß nachgesagten Ambitionen auf eine Übernahme des Auswärtigen Amts gedeutet. Insofern spielte Südafrika eine - wenn auch untergeordnete - Rolle im Wahlkampf, wobei es jedoch vornehmlich eine Instrumentalisierung für die generelle innenpolitische Wahlauseinandersetzung - zwischen Regierung und Opposition, aber insbesondere auch zwischen CSU und FDP - ging. In der Endphase des Wahlkampfs nutzten die Oppositionsparteien die Gelegenheit, die Regierung wegen deren vermuteter Mitverantwortung für die Lieferung von U-Boot-Bauplänen an Südafrika, die im November 1986 bekanntgeworden war, vehement anzugreifen (s.u.). Darüber hinaus spielte Afrika wie gewohnt kaum eine Rolle im Wahlkampf.

Deutsch-afrikanische Besuchsdiplomatie

Nachdem abgesehen von den Entwicklungsministern Offergeld und Warnke in den 80er Jahren lediglich Bundespräsident Karl Carstens 1983 Afrika (Côte d'Ivoire und Niger) besucht und die jahrelange Zurückhaltung bei verschiedenen afrikanischen Regierungen bereits zu Unverständnis und Enttäuschung geführt hatten, schienen prominente deutsche Politiker plötzlich Afrika entdeckt zu haben. Durch die kurz aufeinander folgenden Politikerreisen entstand in der Öffentlichkeit der Eindruck einer bewußt abgestimmten und auf neue Aktivitäten ausgerichteten Afrikapolitik, was jedoch weitgehend an der Realität vorbeiging, da die verschiedenen Reisen schon länger unabhängig voneinander geplant worden waren und überdies weder der tatsächliche Spielraum noch der ernsthafte politische Wille zur Verfolgung einer eigenständigen deutschen Afrikapolitik als sonderlich ausgeprägt anzusehen sind. Insofern wurden insbesondere auch auf afrikanischer Seite Erwartungen geweckt, die in der Folgezeit nur sehr schwer einzulösen sein werden.

Bundeskanzler Kohl besuchte vom 15.-21.11. Kamerun, Moçambique und Kenya. Dies war seine erste Reise nach Afrika (abgesehen von Ägypten) und nach dem Besuch Helmut Schmidts 1978 in Nigeria und Zambia erst die zweite offizielle Reise eines deutsches Bundeskanzlers nach Afrika. Ursprünglich war eine Reise Kohls nach Kamerun und Zambia schon für November 1985 geplant gewesen, dann aber - vermutlich wegen Unsicherheiten über die Südafrika-Frage - abgesagt worden. Die Auswahl Kameruns und Kenyas als pro-westlicher und wirtschaftlich vergleichsweise erfolgreicher, überwiegend marktwirtschaftlich ausgerichteter Länder hatte schon längere Zeit festgestanden, während Moçambique erst kurzfristig zusätzlich in das Besuchsprogramm aufgenommen wurde. Die Aufenthalte in Kamerun und Kenya wurden von beiden Seiten als Bestätigung der traditionell guten politischen, wirtschaftlichen und entwicklungspolitischen Beziehungen angesehen; der kurze Arbeitsaufenthalt in Moçambique, der erste Besuch eines westlichen Regierungschefs (abgesehen von der Ex-Kolonialmacht Portugal) in Maputo, sollte dagegen ein bewußtes positives Zeichen für eine Unterstützung dieses besonders krisengeplagten und indirekt unter dem Südafrika-Konflikt leidenden Landes setzen. Im Verlauf der Reise bezeichnete der Kanzler die Apartheid als "eine der Ursachen für die Spannungen im südlichen Afrika" und verurteilte in bezug auf Moçambique auch entschieden den Terror, "der das Land seit Jahren bedroht und die Existenzgrundlage seiner Menschen zerstört". Er forderte die südafrikanische Regierung dazu auf, endlich den politischen Dialog mit allen Kräften - einschließlich des ANC - aufzunehmen, lehnte aber weiterhin die Anwendung wirtschaftlicher Sanktionen als Heuchelei und unwirksam vehement ab und hob hervor, daß die Bundesregierung nur den "friedlichen Weg des Dialogs" und den "evolutionären Wandel" unterstützen wolle. Offen blieb dabei, in welcher Weise sie hierzu konkret einen Beitrag leisten will bzw. kann. Einerseits glaubte daraufhin Südafrikas Präsident P.W. Botha, den Kanzler in einem Brief "auf die Realitäten im südlichen Afrika aufmerksam machen" zu müssen, während andererseits der ANC die Sanktionsablehnung als "Indifferenz nicht weit vom Rassismus" charakterisierte. Vor der Reise hatte Bundeskanzler Kohl von seinen Beratern offensichtlich erst mühsam von der außenpolitischen Nützlichkeit und Überfälligkeit eines Afrikabesuchs überzeugt werden müssen, aber er genoß dann die Begeisterung der Bevölkerung in den besuchten Ländern in vollen Zügen.

Kurz vorher hatte Außenminister Genscher vom 28.10.-1.11. anläßlich einer in Dakar abgehaltenen Konferenz aller in den Staaten südlich der Sahara tätigen deutschen Botschafter den Senegal besucht und dabei am 29./30.10. noch einen Kurzbesuch in Angola eingeschoben. Trotz seiner ausgedehnten Reiseaktivitäten war Genscher in seinen langen Amtsjahren bisher kaum im subsaharischen Afrika gewesen (zuletzt bei der Unabhängigkeitsfeier von Zimbabwe 1980). Die Botschafterkonferenz - ursprünglich schon für April 1986 vorgesehen, aber von Genscher im letzten Augenblick wegen der Libyen-Krise abgesagt - war die erste dieser Art seit 1975, bei der die deutschen Botschafter gemeinsam mit Spitzenbeamten der Zentrale des AA über allgemeine Perspektiven der deutschen Afrikapolitik - aber auch über die Schwierigkeiten ihrer Arbeitsbedingungen - diskutierten. Wesentliche neue politische Impulse gingen davon jedoch, soweit erkennbar, nicht aus. Der offizielle Besuchsteil Genschers im Senegal bestätigte die problemlosen Beziehungen mit diesem Land, während die Visite in Luanda ein deutliches Signal für verbesserte Beziehungen mit Angola (kurz darauf wurde eine eigene Botschaft in Bonn eröffnet) und Unterstützung für dessen allmähliche Öffnung zum Westen geben sollte. Konkrete Ergebnisse des Besuchs wurden allerdings noch nicht sichtbar. Das AA plädiert für die Aufnahme eines Entwicklungshilfeprogramms für Angola, stößt aber dabei hinsichtlich des Abschlusses eines dafür notwendigen Rahmenabkommens auf hinhaltenden Widerstand im BMZ, weil sich das AA bislang der vom BMZ gewünschten Entwicklungshilfe an Namibia widersetzt.

Im Zusammenhang mit dem Kanzlerbesuch in Maputo entstand der Vorschlag, daß bald darauf Franz Josef Strauß im Auftrag Kohls ebenfalls Moçambique und auch Südafrika besuchen sollte, um einen Vermittlungsversuch zwischen beiden Ländern zu unternehmen. Diese Reise fand dann schließlich - begleitet von einer heftigen innenpolitischen Kontroverse - in der zweiten Januarhälfte 1988 statt, nachdem Strauß bei einem überraschenden Besuch in Moskau in der letzten Dezemberwoche auch schon dort u.a. über die Probleme im südlichen Afrika gesprochen hatte. Der Gedanke eines Strauß-Besuchs in Moçambique war jedoch keineswegs völlig neu, sondern schon einmal ernsthaft für die zweite Jahreshälfte 1985 erwogen worden.

Unabhängig von den anderen Reisen hatte Bundespräsident Richard von Weizsäcker schon länger - in Fortführung seiner Reisen nach Asien und Lateinamerika - eine Afrikareise geplant, die ihn im März 1988 nach Mali, Nigeria und Zimbabwe und zu einem kurzen Zwischenaufenthalt nach Somalia führen sollte.

AA-Staatsminister Schäfer unternahm seine erste Auslandsreise im Mai demonstrativ in das südliche Afrika nach Angola, Botswana und Lesotho und sprach sich dabei für deutsche Entwicklungshilfe an Angola aus, nachdem er schon bei Amtsantritt für einen Ausbau der politischen Beziehungen mit den schwarzafrikanischen Ländern plädiert hatte. Entwicklungsminister Klein fand 1987 noch keine Gelegenheit für einen Besuch in Afrika, sollte aber den Bundespräsidenten bei dessen bevorstehender Reise begleiten. Der Parlamentarische Staatssekretär im BMZ, Köhler, vertrat die Bundesregierung im Februar bei der SADCC-Konferenz in Gaborone (Botswana) sowie im Juni bei der Jahrestagung der AfDB in Kairo und begleitete den Bundeskanzler bei dessen Afrikareise im November.

Im Gegensatz zur Entdeckung Afrikas durch deutsche Politiker war die Reihe hochrangiger afrikanischer Besucher in der Bundesrepublik 1987 ungewöhnlich gering. An oberster Stelle stand der offizielle Besuch des kongolesischen Präsidenten und amtierenden OAU-Vorsitzenden Denis Sassou-Nguesso vom 14.-18.5., bei dem neben bilateralen Fragen der Entwicklungszusammenarbeit insbesondere die brennendsten gesamtafrikanischen Probleme (südliches Afrika, Tschad, Horn von Afrika, Westsahara) erörtert wurden. Der Besuch war ein Ergebnis des generellen Bemühens der Bundesregierung, die jeweiligen OAU-Vorsitzenden während ihrer Amtszeit in der Bundesrepublik zu empfangen. Am 4.3. war Zaires Präsident Mobutu im Rahmen einer ausgedehnten Weltreise zu einem kurzen, als privat deklarierten Besuch in Bonn, bei dem er von Kohl, Genscher und von Weizsäcker zu Gesprächen über Verschuldung und über Menschenrechte empfangen wurde. Der äthiopische Vizepräsident Fisseha Desta besuchte Anfang November bei einer Rundreise durch Westeuropa auch Bonn, wobei er sich besonders um eine neuerliche Verstärkung von Nahrungsmittelhilfe und eine Wiederaufnahme regulärer Entwicklungshilfe bemühte, während Rwandas Präsident Juvenal Habyarimana Anfang Oktober lediglich Rheinland-Pfalz als "Partnerland" Rwandas einen Besuch abstattete. Weniger protokollarisch beachtet, finden aber darüber hinaus ständig Besuche afrikanischer Fachminister in Bonn statt.

Verschärfte Kontroversen über Südafrika

Südafrika blieb mit weitem Abstand das strittigste und am stärksten die öffentliche Aufmerksamkeit erregende Thema, wobei der überwiegende Teil der Kontroversen im politischen Raum - zwischen Opposition und Regierung, aber insbesondere auch zwischen den Regierungsparteien - primär ein Reflex der allgemeinen innenpolitischen Auseinandersetzung und allenfalls sekundär Ausdruck eines tatsächlichen Interesses an den Entwicklungen in Südafrika war, während letzteres beim Engagement verschiedener gesellschaftlicher Gruppen (v.a. in den Kirchen) deutlich im Vordergrund stand.

Zu einer scharfen Polemik führte im Mai das Glückwunschschreiben - das einzige eines führenden westlichen Politikers - von Franz Josef Strauß an Südafrikas Präsident Botha zum Wahlerfolg seiner Partei, was Staatsminister Schäfer vom AA als "erschreckende Blindheit" kritisierte. Nach eigener Aussage befand sich Strauß dabei jedoch in völliger Übereinstimmung mit dem Bundeskanzler; vom "Bayern-Kurier" der CSU wurde dem AA sodann "blauäugige Dummheit" vorgeworfen und daß es sich "mehr und mehr der Linie des kommunistischen ANC" annähere. Anfang Dezember nahm der CSU-Staatssekretär im BMZ, Siegfried Lengl, an den Feierlichkeiten zur zehnjährigen "Unabhängigkeit" des Homelands Bophuthatswana teil; auf Vorhaltungen der Opposition erklärte dazu Staatsminister Schäfer im Bundestag, daß nach Kenntnis des AA Lengl nicht im Auftrag der Bundesregierung, sondern privat gereist sei, während BMZ-Minister Klein später diese Reise als in seinem Auftrag erfolgt bezeichnete.

Die im November 1986 bekanntgewordene Tatsache, daß in den Jahren 1984/85 die staatseigene Kieler Howaldtswerke-Deutsche Werft AG (HDW) und das Ingenieurkontor Lübeck (IKL) unter Umgehung des UN-Waffenembargos Konstruktionspläne für einen modernen U-Boot-Typ an Südafrika geliefert hatten, spielte im Bundestagswahlkampf eine gewisse Rolle. Die Oppositionsparteien erzwangen die Einsetzung eines parlamentarischen Untersuchungsausschusses zur Aufklärung des von ihnen so genannten "U-Boot-Skandals". Der Ausschuß mußte jedoch Mitte Februar 1987 (nachdem u.a. auch Bundeskanzler Kohl, Außenminister Genscher, Finanzminister Stoltenberg und Wirtschaftsminister Bangemann gehört worden waren) wegen Ablaufs der Legislaturperiode ohne Vorlage eines Abschlußberichtes seine Arbeit einstellen, aber einige Monate später konnte ein neu konstituierter Untersuchungsausschuß die Arbeit fortsetzen. Der Ausschuß hatte große Schwierigkeiten bei der Beweisaufnahme und der Rekonstruktion der tatsächlichen Vorgänge, da die Manager der angeschuldigten Firmen aus juristischen Gründen von ihrem Zeugnisverweigerungsrecht Gebrauch machten und auch die Herausgabe von wesentlichen Teilen der einschlägigen Firmenakten an den Ausschuß verweigerten. Trotz langwieriger prozeduraler Auseinandersetzungen kam daher der Ausschuß bis zum Jahresende 1987 nicht wesentlich voran. Abgesehen von den konkreten - bisher nicht befriedigend offengelegten - Details auf der Ebene der beteiligten Firmen drehte sich die politische Kontroverse im wesentlichen um den Grad der Involvierung höchstrangiger Politiker in dieses zwielichtige Waffengeschäft. Während der Kanzler und alle Vertreter der Regierungsseite darauf bestanden, daß die gesamte Angelegenheit von der Regierung absolut korrekt wahrgenommen und niemals eine Genehmigung für den Export der U-Boot-Pläne gegeben worden seien, war doch weithin der Eindruck entstanden, daß führende Regierungspolitiker und Spitzenbeamte zumindest ein erstaunliches Maß an stillschweigender Tolerierung an den Tag gelegt hatten und offensichtlich nicht sehr aktiv darum bemüht waren, die Abwicklung dieses lukrativen Waffenexportgeschäfts zu unterbinden. Strauß äußerte auch Zweifel an der rechtlichen Verbindlichkeit des UN-Waffenembargos von 1977 als Grundlage für bundesdeutsche Bestimmungen.

Während im Vorjahr im Bundestag fünf Aussprachen zu Südafrika (ein-schließlich Namibia) stattgefunden hatten, kam es 1987 lediglich zu einer Debatte am 9.12. Sprecher der Regierungsparteien lehnten die von SPD und Grünen erhobenen Forderungen nach weitergehenden Sanktionen ab und wiesen die Vorwürfe der Oppositionsparteien wegen der Behandlung der U-Boot-Affäre zurück; Staatsminister Schäfer als Vertreter der Bundesregierung verwies auf das weiterhin gültige feste Fundament der Südafrikapolitik, das in Antworten auf Anfragen aus dem Bundestag (u.a. vom 21.12.83, 14.4.86 und 27.5.86) festgehalten sei. Eine ursprünglich für Ende November vorgesehene öffentliche Anhörung zu Südafrika im Auswärtigen Ausschuß des Bundestages wurde von den Abgeordne-ten der CDU/CSU-Franktion verhindert; stattdessen wollten Vertreter aller fünf Parteien zunächst im Februar 1988 eine Informationsreise in das südliche Afrika durchführen, um Repräsentanten eines möglichst breiten Spektrums aller ver-schiedenen Konfliktparteien zu einem Parlaments-Hearing in Bonn einzuladen, von dem man sich einen Beitrag zu einer Konfliktbeilegung versprach. Als Folge der Verstimmungen in Afrika wegen der Strauß-Reise im Januar wurde diese Informationsreise jedoch zum vorgesehenen Termin abgesagt, da die Bereitschaft auf afrikanischer Seite zu Gesprächen mit der Delegation geschwunden war.

Nachdem es im Juli im Zusammenhang mit einer Reise von Arbeitsminister Norbert Blüm nach Chile zu heftigen koalitionsinternen Auseinandersetzungen mit der CSU über seine deutliche Verurteilung der dortigen Menschenrechtsver-letzungen gekommen war, wurde Südafrika ebenfalls in die kontroverse Debatte einbezogen, als Blüm ankündigte, er wolle bald auch nach Südafrika fahren und sich dort in ähnlicher Weise für die Einhaltung der Menschenrechte engagieren. Zeitweise war sogar geplant, daß Mitte September auch CDU-Generalsekretär Heiner Geißler gemeinsam mit Blüm Südafrika besuchen werde. Diese demon-strativen Gesten eines Engagements für eine weltweite Durchsetzung der Men-schenrechte waren vornehmlich im Zusammenhang mit Bemühungen um ein neues Profil der CDU zu sehen, stießen aber auf massiven Einspruch der CSU. Bundeskanzler Kohl sah sich schließlich zu einer Eindämmung des vehementen öffentlichen Streits gezwungen und intervenierte gegen Blüms Reiseabsichten nach Südafrika, womit er dessen Glaubwürdigkeit einen Schlag versetzte. Bis Jahresende 1987 kam die fest angekündigte Reise Blüms jedenfalls nicht zustan-de. Anfang Oktober beschuldigten die prominenten FDP-Vorstandsmitglieder Gerhart Baum und Burkhard Hirsch nach Rückkehr von einer 14-tägigen Infor-mationsreise durch das südliche Afrika die südafrikanische Regierung der "massi-ven, andauernden, planvollen Verletzung der grundlegenden Menschenrechte" und setzten sich für einen wesentlich schärferen äußeren Druck - allerdings nicht für umfassende Wirtschaftssanktionen - ein.

Im Oktober hielt sich Mangosuthu Buthelezi, der Chefminister des Homelands KwaZulu, auf Einladung von Wirtschaftskreisen in der Bundesrepublik auf und sprach sich dabei nachdrücklich gegen Wirtschaftssanktionen und für eine Über-windung der Apartheid mit friedlichen Mitteln aus. Buthelezi, dessen Inkatha-Bewegung seit Jahren von der CDU-nahen Konrad-Adenauer-Stiftung unterstützt wird, wurde hochrangig vom Bundeskanzler, Außenminister und von Bayerns Ministerpräsidenten empfangen. Zum wiederholten Male nahm Mitte November Südafrikas Außenminister Roelof Botha am Internationalen Symposium der CSU-nahen Hanns-Seidel-Stiftung in München teil und sprach dabei vom Willen zur Ausweitung der Demokratie und von der Akzeptierung des Endes der weißen

Vorherrschaft; auch zwei Minister der Übergangsregierung Namibias nahmen an dieser Veranstaltung teil. Verschiedentlich forderten CSU-Abgeordnete und eine Delegation der bayerischen Jungen Union insbesondere eine Anerkennung des Homelands Bophuthatswana und Unterstützung bei der Schaffung eines schwarzen Mittelstands in Südafrika.

Während des Wahlkampfes und in der unmittelbar folgenden Phase bis zum Abschluß der Regierungsbildung gab es mehrfach Anzeichen für ein besonders vorsichtiges Verhalten von Außenminister Genscher aus Rücksichtnahme auf die innenpolitische Situation. Nach einer äußerst ungewöhnlichen öffentlichen Attacke von Strauß im August 1986 gegen die Absicht, den Afrika-Beauftragten des AA und engen Genscher-Vertrauten H.-G.Sulimma zum nächsten Botschafter in Südafrika zu ernennen, wurde der Posten mehrere Monate vakant gehalten und erst im April mit I.Stabreit, einem zuletzt im Bundeskanzleramt tätigen Diplomaten, besetzt.

Bei Abstimmungen im UN-Sicherheitsrat im Februar und April über Resolutionen zur Verhängung von Wirtschaftssanktionen gegen Südafrika wurde von der Bundesrepublik (neben dem Veto der USA und Großbritanniens) ein "Nein" abgegeben, abweichend von der Stimmenthaltung der meisten anderen westlichen Staaten. Auch bei der UN-Menschrechtskonferenz im März in Genf wurde gegen eine Resolution gestimmt, die die Menschenrechtsverletzungen in Südafrika anprangerte.

Wirtschaftsbeziehungen mit Südafrika

Weiterhin am meisten umstritten waren die Wirtschaftsbeziehungen zu Südafrika. Alle Regierungsvertreter blieben bei ihrer strikten Ablehnung von Wirtschaftssanktionen als einem sinnvollen Mittel der Politik gegenüber Südafrika; diese Haltung wurde auch von Bundeskanzler Kohl während seiner Afrikareise ohne Zugeständnisse an dortige Forderungen deutlich gemacht. Es wurde immer wieder herausgestellt, daß die im September 1986 von der EG erlassenen Sanktionen entgegen der eigenen Überzeugung und lediglich im Interesse der Erhaltung eines europäischen Minimalkonsenses akzeptiert worden seien. Von verschiedenen Europa-Abgeordneten wurden ernsthafte Zweifel an der Einhaltung selbst dieser Beschlüsse vorgebracht, wobei eine klare Beweisführung von den zuständigen Behörden nicht gerade erleichtert wurde. Wirtschaftsminister Bangemann entledigte sich offensichtlich einer verbalen Pflichtübung, als er - gegen erhebliche Widerstände aus der Koalition - im August mit Bezug auf die EG-Beschlüsse in einem Brief an die Spitzenverbände der Wirtschaft in Form einer Selbstverpflichtung zur Unterlassung von Neuinvestitionen in Südafrika aufforderte. Der Bundesverband der Deutschen Industrie bezeichnete es als "richtig und angemessen", daß Bonn auf weitere Eingriffe verzichtet habe; Ersatzinvestitionen zur Aufrechterhaltung der derzeitigen Wirtschaftstätigkeit seien damit ausdrücklich gestattet. Unter Verweis auf die Statistik der Deutschen Bundesbank versuchte der BDI den Eindruck zu erwecken, daß der Bestand deutscher Direktinvestitionen bereits "beinahe dramatisch" zurückgegangen sei (von einem Wert von DM 2,48 Mrd. Ende 1983 auf DM 1,18 Mrd. Ende 1985), ohne dabei jedoch auf den Wertverlust des Rand gegenüber der DM einzugehen. Nach den Angaben des Wirtschaftsministeriums gingen allerdings auch in den Jahren 1984 bis 1986 weiterhin beträchtliche Nettotransfers für Direktinvestitionen nach Südafrika (s.u.).

Für beträchtliche Aufregung unter deutschen Wirtschaftskreisen in Südafrika sorgte eine Rede des Geschäftsträgers der deutschen Botschaft Ende Oktober vor der deutsch-südafrikanischen Handelskammer, bei der er die Wirtschaft aufforderte, sich für eine Änderung der unhaltbaren wirtschaftlichen und politischen Verhältnisse und für eine Respektierung der Menschenrechte einzusetzen. Auch bei den Hauptversammlungen verschiedener Banken (insbesondere der Deutschen Bank und der Dresdner Bank) wurde deren Südafrika-Geschäft noch stärker als in den Vorjahren kritisch zur Diskussion gestellt. An der im März getroffenen Umschuldungsvereinbarung der südafrikanischen Regierung mit Vertretern von 34 internationalen Großbanken, die einen Zahlungsaufschub von drei Jahren gewährte, waren von deutscher Seite die Deutsche Bank, die Dresdner Bank und die Bayerische Vereinsbank beteiligt. Auch die bundeseigene Kreditanstalt für Wiederaufbau sah keinen Anlaß, die Finanzierung deutscher Exportaufträge nach Südafrika nicht fortzuführen. Trotz Interventionsversuchen verschiedener SPD-regierter Kommunen und auch des NRW-Ministerpräsidenten Johannes Rau hielt die von allen Energieversorgungsunternehmen getragene "Technische Vereinigung der Großkraftwerksbetreiber" daran fest, Mitte November in Johannesburg eine Sondertagung auf Einladung der südafrikanischen ESCOM zu veranstalten.

Der DGB-Vorsitzende Ernst Breit nahm im Juli am zweiten Kongreß des Gewerkschaftsdachverbandes COSATU teil und setzte sich anschließend für eine Verschärfung internationaler Sanktionen ein, selbst wenn man damit zunächst demjenigen Lasten aufbürde, dem man helfen wolle. In einem ausführlichen öffentlichen Brief versuchte daraufhin Südafrikas Bonner Botschafter, Breits Mandat für derartige Fragen in Zweifel zu ziehen. Im Oktober rief der DGB die deutschen Verbraucher zum Boykott von südafrikanischen Waren, insbesondere von Nahrungsmitteln, auf. Gegenüber früheren Jahren war in weiten Gewerkschaftskreisen eine deutliche Zunahme des Südafrika-Engagements festzustellen. Erleichtert reagierten Geschäftsführung wie Betriebsrat von Mercedes, als ein hartnäckiger zweimonatiger Arbeitskampf bei der Tochterfirma in Südafrika Anfang Oktober beigelegt werden konnte.

Außerhalb des engeren Bereichs der Politik stellten verschiedene Gruppen innerhalb der evangelischen Kirche auch weiterhin die aktivsten Kräfte dar, die sich für Bewußtseinsänderungen im Verhalten zu Südafrika und für die Ausübung eines schärferen Drucks einsetzten. Allerdings blieb dies innerhalb der Kirche keineswegs unumstritten, sondern rief auch Widerstand gegen eine vermeintliche Überschreitung der kirchlichen Aufgabenstellung hervor. In jedem Falle blieb Südafrika damit ein wichtiges, kontrovers diskutiertes Thema, das auch den 22. Evangelischen Kirchentag im Juni in Frankfurt wesentlich bestimmte, an dessen Rande die bisher größte Anti-Apartheid-Demonstration in der Bundesrepublik mit 30-40 000 Teilnehmern stattfand. Schon im Vorfeld hatte es monatelange erbitterte Debatten über die Bankverbindung der Kirchentagsorganisation mit der Deutschen Bank gegeben, die erheblich im Kreditgeschäft mit Südafrika engagiert ist und es immer wieder abgelehnt hatte, allgemeinpolitische Forderungen in finanzielle Umschuldungsverhandlungen einzubringen. Das Kirchentagspräsidium beugte sich schließlich im März dem Druck einer Vielzahl kirchlicher Südafrika-Gruppen, die eine Teilnahme am Kirchentag verweigern wollten, und kündigte das Konto bei der Deutschen Bank; dieser Schritt wiederum wurde vom Rat der EKD (Evangelische Kirche in Deutschland) als unangemessen kritisiert. Bei der EKD-Synode Anfang November in Berlin sorgte das Thema Südafrika erneut für Sprengstoff. Die vom zuständigen Synodalausschuß vorbereitete Entschließung sprach sich - in sehr vorsichtigen Formulierungen - für kirchliche Aktionen gegen im Südafrika-Geschäft führend tätige Banken aus, doch wurde dies nach langer, quälender Debatte zu dem Kompromiß entschärft, bis zur nächsten Synode nochmals zu prüfen, wie dafür gesorgt werden kann, daß die Anlage kirchlichen Vermögens das Apartheid-System nicht stützt. Während der Synode wurde auch angekündigt, daß die EKD die bisherige finanzielle Unterstützung für drei "weiße" deutsche Kirchen in Südafrika und Namibia einstellen und zum Jahresende auslaufende Verträge nicht verlängern wolle.

Exemplarische Bedeutung für die Schwierigkeiten von Boykottaktionen gegen Südafrika auf wissenschaftlichem Gebiet erhielt die Durchführung des 11. Weltkongresses der Archäologie Anfang September in Mainz; damit erreichte dieses Thema erstmals eine gewisse bundesdeutsche Öffentlichkeit. Von einigen Seiten wurde ein strikter akademischer Boykott gegen alle südafrikanischen Wissenschaftler gefordert, während dagegengehalten wurde, daß die akademische Freiheit nicht geteilt und einzelne Wissenschaftler nicht wegen der Politik ihrer Regierung ausgeschlossen werden dürften.

Anhaltende Differenzen über die Behandlung Namibias

Die seit ihrer Bildung innerhalb der konservativ-liberalen Regierungskoalition bestehenden Auffassungsunterschiede zu Namibia hielten unvermindert an. Da bei den Koalitionsverhandlungen nach der Bundestagswahl keine Zeit für eine detaillierte Klärung geblieben war, einigte man sich lediglich auf die Einsetzung einer Namibia-Kommission aus Vertretern aller drei Koalitionsparteien, die über den Ausbau der Nicht-Regierungsbeziehungen und über den Umfang der Hilfe an Namibia entscheiden sollte. Nach ersten Ankündigungen sollte diese Kommission schon Anfang April zusammentreten, tatsächlich geschah dies aber bis Ende des Jahres nicht. Damit blieben auch weiterhin völlig unterschiedliche Erwartungen und Forderungen bezüglich der faktischen Handhabung der Namibia-Frage nebeneinander bestehen.

Schon das Fehlen jeglicher Aussage zu Namibia in der Regierungserklärung von Bundeskanzler Kohl gab Anlaß zu stark abweichenden Interpretationen. Im Entwurf hatte es ursprünglich geheißen, die Überführung Namibias in die Unabhängigkeit sei überfällig und habe auf der Grundlage der Resolution 435 des UN-Sicherheitsrates zu erfolgen; die Bundesregierung setze sich hierfür ein. Die Streichung dieser Passage aus der vorgetragenen Regierungerklärung wurde von vielen Beobachtern als Erfolg von Strauß gegenüber Genscher angesehen, vom AA dagegen ausschließlich mit der Notwendigkeit der Straffung des Textes begründet. In einem Interview begrüßte Strauß jedoch ausdrücklich, "daß der Kanzler in seiner Regierungserklärung diese 'heilige Kuh' [d.h. die Resolution 435] nicht noch einmal durch's Dorf getrieben hat."

Der Streit geht schon seit Jahren um das Festhalten an der Resolution 435 (die u.a.Wahlen unter UN-Aufsicht vorsieht) von 1978, um die Haltung zur seit 1985 in Windhoek etablierten "Übergangsregierung" und besonders um die Frage der Gewährung deutscher Entwicklungshilfe - und deren konkrete Modalitäten - vor Erreichung einer international akzeptierten Unabhängigkeit. Bisher handelt die Regierung nach der Devise, daß Unterstützung ausschließlich über Kirchen und Nicht-Regierungsorganisationen abgewickelt wird, nicht aber über staatliche

Institutionen und direkt an die Übergangsregierung Namibias. Diesbezüglich gibt es offensichtlich weniger Streit zwischen den Koalitionsparteien, als häufig behauptet wird, und auch keinen Einspruch des AA. Strauß, Klein und verschiedene Parlamentarier aus allen Bundestagsparteien (außer den Grünen) fordern dagegen ein weit größeres Hilfsprogramm in Zusammenarbeit mit der faktischen Regierungsgewalt in Windhoek, entgegen den außenpolitischen Bedenken von Genscher und dem AA, konnten sich damit aber bisher noch immer nicht durchsetzen. Nach der Ernennung von Klein und der Aufgabenstellung für die vorgesehene Namibia-Kommission sah es zunächst so aus, als stünde eine entscheidende Veränderung bevor. Vorläufig hat sich aber an der bisherigen Praxis nichts geändert und das AA seinen ablehnenden Standpunkt gegen jegliche Aufweichung durchsetzen können. Insbesondere von Strauß und anderen CSU-Sprechern wird auch immer stärker das Festhalten der Bundesregierung an Resolution 435 als überholt und den heutigen Verhältnissen unangemessen kritisiert. Außenminister Genscher hat sich dagegen für eine Wiederbelebung der sog. Kontaktgruppe der fünf westlichen Staaten aus dem Jahr 1977 eingesetzt.

Offensichtlich in Erwartung einer grundlegenden Veränderung der bisherigen Regierungspositionen und auch aus Verärgerung über eine gegenüber früher distanziertere und vorsichtigere Haltung von Außenminister Genscher zeigte die SWAPO wachsenden Unmut und verschärfte bei verschiedenen Gelegenheiten die Form ihrer Angriffe gegen die Bundesregierung ganz erheblich. Für besondere Aufregung sorgten Anfang Mai im Anschluß an ein Seminar des UN-Rates für Namibia in Bonn, Gewaltandrohungen des SWAPO-Geschäftsführers Moses Garoeb gegen mögliche deutsche Projekte und Entwicklungsexperten, die später auch von SWAPO-Chef Nujoma in verschärfter Form wiederholt wurden. Daraufhin forderten mehrere Bundestagsabgeordnete von CDU/CSU die Schließung des SWAPO-Büros in Bonn, wofür jedoch das AA keinen Anhaltspunkt erkennen konnte. Trotz wiederholter Dementis der Bundesregierung hielt die SWAPO vor verschiedenen internationalen Gremien an ihrer Behauptung fest, die Bundesregierung plane in Zusammenarbeit mit Südafrika die Lagerung von Atommüll in Wüstengebieten Namibias. Am 31.10. stimmte die Bundesregierung im UN-Sicherheitsrat für Resolution 601, die den UN-Generalsekretär zu neuen Anstrengungen für einen Waffenstillstand in Namibia ermächtigt.

Entwicklungspolitische Akzentsetzungen

Neben den stark innenpolitisch geprägten Kontroversen über Südafrika und Namibia sowie den mit breitem Presseecho verfolgten Politikerreisen konnten andere afrikanische Vorgänge wie üblich kaum besondere Aufmerksamkeit auf sich ziehen. Dabei finden wichtige regelmäßige staatliche Aktivitäten der Bundesrepublik in nahezu allen afrikanischen Ländern im Bereich der Entwicklungshilfe statt, denn Afrika ist seit Jahren deutlich der Schwerpunktkontinent der deutschen Entwicklungshilfe. Auch von den im BMZ-Haushalt für 1988 veranschlagten Neuzusagen waren wieder 42% für Afrika vorgesehen, wobei die Gesamthöhe des Haushaltsansatzes mit DM 6,85 Mrd. gegenüber 1987 praktisch unverändert blieb, damit aber deutlich hinter der früheren mittelfristigen Finanzplanung zurückstand. Als besondere Ungereimtheit wurde von der Opposition in der Haushaltsdebatte kritisiert, "daß die Verpflichtungsermächtigungen [d.h. bindende Zusagen für zukünftige Jahre] für die Länder südlich der Sahara ausgerechnet jetzt, nachdem wichtige Teile der Bundesregierung ihr Herz für Afrika entdeckt haben, gegenüber dem Vorjahr abgesenkt wurden."

Als wichtiges neues entwicklungspolitisches Instrument kam 1987 erstmals ein Ansatz für Strukturhilfe zur Anwendung. Die bilateralen Strukturhilfemittel sollen vorwiegend in Form einer Kofinanzierung im Zusammenhang mit Strukturanpassungskrediten der Weltbank eingesetzt werden. Für den Sammeltitel "Allgemeine Warenhilfe und Strukturhilfe" standen 1987 im Haushalt DM 375 Mio. zur Verfügung, für 1988 wurden DM 600 Mio. angesetzt. Der Schwerpunkt der Strukturhilfen liegt eindeutig in Afrika (im ersten Jahr vorgesehen waren u.a. Ghana, Malawi, Tunesien und Zaire). Die Wirkungsweise dieses neuen Instruments ist umstritten: es bietet den großen Vorteil einer schnellen Verfügbarkeit für dringliche Importbedarfe der Empfängerländer (im Gegensatz zur langwierigen traditionellen Projekthilfe), kann aber - in Verbindung mit Weltbankprogrammen - auch zur Durchsetzung stringenter wirtschaftspolitischer Auflagen verwendet werden.

In seltener Einmütigkeit sprachen sich alle vier Fraktionen des Bundestages am 10.12. in einem gemeinsam vorgelegten Antrag, der auf eine Initiative der Grünen zurückging, für ein Soforthilfeprogramm der Bundesregierung - unter Einbeziehung von Nichtregierungsorganisationen - zur Bekämpfung der erneut drohenden Hungersnot in Äthiopien aus.

Entwicklung der Wirtschaftsbeziehungen

Dem Trend der letzten Jahre folgend, ging die außenwirtschaftliche Bedeutung Afrikas für die Bundesrepublik 1987 noch weiter zurück. Hatten die Einfuhren aus allen afrikanischen Ländern 1980 noch 7,8% der globalen deutschen Importe ausgemacht, so war dieser Anteil 1987 mit 3,3% (1986: 4,0%) auf ein neues Tief gefallen. Auf der Ausfuhrseite sah es nicht anders aus: von einem Höchstanteil Afrikas von 6,3% im Jahr 1981 an den Gesamtexporten war bis 1987 ein Rückgang auf nur noch 2,6% (1986: 3,1%) zu verzeichnen. Nicht nur die relativen Anteile, sondern auch die absoluten Werte des Außenhandelsvolumens sind seit 1985 erheblich gefallen (ein Teil des Rückgangs ist allerdings auf die Aufwertung der DM gegenüber dem Dollar zurückzuführen). Erstmals erzielte die Bundesrepublik 1987 gegenüber Afrika sogar einen (geringen) Ausfuhrüberschuß von DM 360 Mio., während in den Vorjahren die Gesamtheit der afrikanischen Länder noch stets einen beträchtlichen Handelsüberschuß und damit einen Nettodevisengewinn aus dem Handel mit der Bundesrepublik hatte erreichen können.

Bei Disaggregierung der Zahlen für den Gesamtkontinent wird deutlich, daß insbesondere die schwarzafrikanischen Staaten übermäßig starke Einbrüche zu verzeichnen hatten. Während bei den deutschen Einfuhren die fünf nordafrikanischen Staaten von 1986 auf 1987 ihren Anteil von 1,4% unverändert halten konnten und derjenige Südafrikas von 0,72 auf 0,55% zurückging, verzeichneten alle 46 schwarzafrikanischen Länder zusammen einen Rückgang von 1,9 auf nur noch 1,35% 1987. Auf der Ausfuhrseite ging der Anteil Nordafrikas von 1,3 auf 1% zurück, derjenige Südafrikas stieg trotz Sanktionsdebatte sogar noch von 0,8 auf 0,86% an, und der Anteil Schwarzafrikas sank von 0,95 auf lediglich noch 0,76% ab. Gegenüber Südafrika konnte die Bundesrepublik 1987 einen beträchtlichen Ausfuhrüberschuß von über DM 2,3 Mrd. erzielen, während die Handelsdefizite gegenüber Nordafrika gut DM 0,4 Mrd. und gegenüber Schwarzafrika rd. DM 1,5 Mrd. (1986 noch DM 3 Mrd.) betrugen.

Die traditionell sehr ungleichgewichtige Verteilung der einzelnen Länder im Außenhandel mit Afrika blieb unverändert erhalten. Nur fünf Länder (Südafrika,

Ägypten, Libyen, Algerien, Nigeria) waren auf der Einfuhrseite für 60% des Gesamtvolumens und auf der Ausfuhrseite für einen Anteil von 68% verantwortlich. Südafrika war 1986 wie 1987 in beiden Richtungen der führende Handelspartner in Afrika.

Auch bei den Hermes-Exportbürgschaften des Bundes machten sich die zunehmenden Schwierigkeiten des Afrika-Geschäfts deutlich bemerkbar. Von dem zum Jahresende 1986 gültigen Gesamtobligo für versicherte Exportgeschäfte von etwa DM 158 Mrd. entfielen 4,7% auf Nigeria (das damit an 5. Stelle der Länderrangliste stand), 3,6% auf Libyen, 3,5% auf Algerien, 3,4% auf Südafrika und 2,3% auf Ägypten. Wegen Zahlungsausfällen als Folge von Verschuldungskrise, Devisenmangel und notwendig werdenden Umschuldungen wurden bei Hermes 1987 Gewährleistungen in Gesamthöhe von DM 2,4 Mrd. fällig. Davon gingen allein DM 2,06 Mrd. auf das Konto politischer Schäden und Umschuldungen, wovon wiederum 88% auf nur acht Länder entfielen. Diese Liste säumiger Schuldner führte mit weitem Abstand Nigeria mit DM 658 Mio. (1986 schon DM 240 Mio.) an, außerdem waren aus Afrika Ägypten mit DM 142 Mio. und Libyen mit DM 96 Mio. dabei. Wegen erheblicher Zahlungsrückstände und des erhöhten Ausfallrisikos waren zur Jahresmitte 1987 elf afrikanische Länder vollständig von einer Hermes-Deckung ausgeschlossen, während diese im Falle zwölf weiterer Länder nur unter Ausnahmeregelungen gewährt wurde. Dies bedeutete ein erhebliches Erschwernis für deutsche Firmen, auf den afrikanischen Märkten neue Exportaufträge zu gewinnen.

Die deutschen Direktinvestitionen in Afrika sind ebenfalls seit Jahren rückläufig. Die Nettotransferleistungen für Direktinvestitionen (d.h. Neuinvestitionen abzüglich Rückflüssen) in allen Ländern des Kontinents mit Ausnahme von Südafrika hatten sich 1984 noch auf DM 301,2 Mrd. (Anteil von 3,25% an allen Auslandsinvestitionen) belaufen, waren dann aber 1985 mit -195,6 Mrd. DM und 1986 mit -95,2 Mrd. DM sogar negativ ausgefallen, d.h. Kapitalabzüge (besonders aus Ägypten und Somalia) überwogen gegenüber der Vornahme neuer Investitionen. Lediglich nach Südafrika gingen in den letzten drei Jahren auch weiterhin Nettodirektinvestitionen von DM 171,2 Mio., 137,9 Mio. und 231,4 Mio. Nach den zunächst nur ohne Länderaufgliederung vorliegenden Zahlen für das erste Halbjahr 1987 zeichnete sich ab, daß die Investitionen in Afrika gegenüber der Vergleichsperiode des Vorjahres noch weiter von DM 159 Mio. auf 148 Mio. zurückgegangen sind, wobei allerdings noch nicht erkennbar war, wie die Aufteilung zwischen Südafrika und dem restlichen Kontinent aussah. *Rolf Hofmeier*

Außenhandel der Bundesrepublik Deutschland (in Mio. DM)

	Einfuhren		Ausfuhren	
	1986	1987	1986	1987
Nordafrika (fünf Länder)	5 737	5 842	6 880	5 404
Republik Südafrika	2 989	2 242	4 192	4 553
Schwarzafrika (46 Länder)	8 004	5 519	5 039	4 007
Afrika	16 730	13 603	16 111	13 964
Welt	413 747	409 470	526 363	527 018

Quelle: Statistisches Bundesamt

Gerhard Heilig

AIDS in Afrika: Ursachen und Perspektiven

1 Merkmale der AIDS-Infektion

Um die gesellschaftlichen Konsequenzen der AIDS-Epidemie in Afrika abschätzen zu können, sind drei Merkmale einer HIV-Infektion von Bedeutung: *Erstens* verhält sich ein AIDS-Virus im menschlichen Organismus prinzipiell anders als die meisten üblichen Viren, mit denen wir täglich in Kontakt kommen (z.b. die Grippe-Viren). Das HIV (Human Immunodeficiency Virus) legt sich nämlich i.d.R. nach der Erstinfektion gewissermaßen erst auf die Lauer. D.h., es kann jahrelang in den T4-Zellen des menschlichen Organismus, die das Zusammenspiel der verschiedenen spezialisierten Abwehrmechanismen regulieren, überwintern, ohne daß der Infizierte irgendwelche spektakulären Krankheitssymptome hätte. Dennoch kann der Infizierte während dieser Zeit das Virus weitergeben. Man nimmt heute an, daß diese sog. Latenzzeit i.d.R. etwa zehn Jahre beträgt. In dieser Zeit büßt das Virus offenbar nichts von seiner Gefährlichkeit ein. Es verhält sich wie eine Zeitbombe, deren Zünder jederzeit ansprechen kann. Dies geschieht wahrscheinlich dann, wenn die T4-Zellen durch irgendeine andere Infektion immunologisch stimuliert werden. In diesem Moment beginnt sich das AIDS-Virus explosionsartig zu vermehren, wobei durch die neu entstehenden Viruspartikel die Plasmamembran beim Verlassen der Zelle regelrecht durchlöchert wird. Die Folge: Der T4-Lymphozyt stirbt. Warum es den AIDS-Viren nach Jahren der Ruhe gelingt, sich mit einem Schlage so stark zu vermehren, ist eine der grundlegenden Fragen der AIDS-Forschung. Diese lange Latenzperiode einer HIV-Infektion ist deshalb von besonderer Bedeutung für unsere Fragestellung, weil durch sie das wahre Ausmaß der Epidemie verschleiert wird. Die heutige Zahl der AIDS-Kranken in Afrika entspricht folglich keineswegs der gegenwärtigen Ausbreitung der Seuche, sondern der epidemiologischen Situation Ende der 70er Jahre. Wir dürfen also nicht aus der *heutigen* Zahl der AIDS-Fälle auf die Ausbreitung dieser tödlichen Infektion schließen. Entscheidend ist die Zahl der Virusträger.

Die *zweite* unter gesellschaftlichen Gesichtspunkten wichtige Eigenschaft einer HIV-Infektion liegt darin, daß nach heutigem Wissensstand der menschliche Organismus keine Chance zu haben scheint, das Virus aus eigener Kraft abzuwehren. Noch vor wenigen Jahren glaubten viele Experten, daß nur ein kleiner Teil der Infizierten (vielleicht 5 bis 17%) das Endstadium der AIDS-Krankheit erreichen würde. Heute gehen jedoch fast alle führenden AIDS-Forscher davon aus, daß mindestens 60% an der tödlichen Immunschwäche erkranken werden. Viele Forscher, unter ihnen der Mitentdecker des Virus, Robert Gallo, befürchten gar, daß - ohne Therapie - praktisch *alle* Infizierten mit der Zeit an AIDS sterben werden. Wegen der offenbar fehlenden körpereigenen Abwehrmöglichkeiten gegen das AIDS-Virus kommt der Entwicklung einer Impfung bzw. einer Therapie entscheidende Bedeutung zu. Leider ist gegenwärtig nicht absehbar, ob und wann beides zur Verfügung stehen wird. Welcher Weg zum Erfolg führen

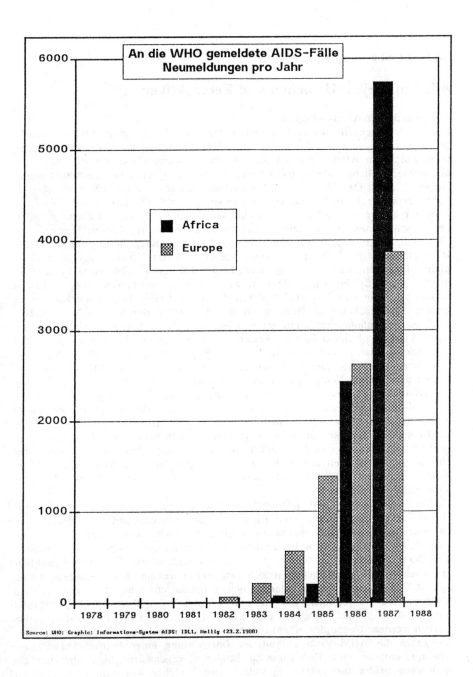

An die WHO gemeldete AIDS-Fälle
Neumeldungen pro Jahr

Africa
Europe

Source: WHO; Graphic: Informations-System AIDS: IDL1, Hellig (23.2.1988)

wird, bzw. ob es überhaupt eine für die Massenanwendung geeignete Impfung bzw. Therapie geben wird, dürfte vor allem davon abhängen, in welchem Umfang bei dem AIDS-Virus durch Veränderungen der Hüllproteine neue Virusvarianten auftreten. Gelingt es der Forschung allerdings nicht, *sehr bald* ein Mittel zur Bekämpfung des Virus zu finden, dann muß man im schlimmsten Fall damit rechnen, daß alle heute Infizierten über kurz oder lang an der erworbenen Immunschwäche sterben werden.

Ein *drittes*, gesellschaftlich relevantes Merkmal der HIV-Infektion betrifft die möglichen Übertragungswege. Obwohl bis vor kurzem auch hierüber noch beträchtliche Verwirrung herrschte, scheint heute klar zu sein, daß es vier *hauptsächliche* Möglichkeiten der Ansteckung gibt: 1. den homo- und heterosexuellen Geschlechtsverkehr, 2. die Übertragung von infiziertem Blut und Organtransplantationen, 3. die Übertragung des Virus von der infizierten Mutter auf ihr Kind, vor, während und nach der Geburt (über die Muttermilch) und 4. die Infektion bei Drogensüchtigen und medizinischem Personal durch infizierte Spritzen.

Die Wahrscheinlichkeit, durch eine Blutkonserve oder Organtransplantation mit dem AIDS-Virus infiziert zu werden, ist heute in den hochentwickelten Industrieländern praktisch gleich Null. Völlig anders sieht die Situation dagegen in Afrika aus. Fehlendes medizinisches Know-how, unzureichende Laborausrüstung und ungenügende finanzielle Mittel verhindern dort nach wie vor den lückenlosen Test von Spenderblut. Noch im März 1986 hatten lediglich neun Länder in Afrika (lokale) Möglichkeiten, einen (ELISA-) Test auf HIV-Antikörper in Blutseren durchzuführen. Die wichtigste Erkenntnis der letzten Monate in bezug auf die Übertragungswege ist, daß die HIV-Infektion *primär* durch sexuelle Kontakte übertragen wird - und zwar durch *hetero-* genauso wie durch *homosexuellen* Verkehr. AIDS ist also keine Homosexuellen-Seuche, wie man zunächst glaubte. Lediglich der häufige Partnerwechsel in der Homosexuellenszene und risikoreiche Sexualpraktiken haben die schnelle Ausbreitung des Virus in dieser Bevölkerungsgruppe begünstigt. Dies zeigen epidemiologische Studien in Afrika, die belegen, daß dort etwa die Hälfte aller Infizierten Frauen sind. Sexuelle Abstinenz, strenge Treue dem oder den Partner(n) gegenüber oder konsequente Benutzung von Kondomen schützen ziemlich sicher vor einer Ansteckung. Das bedeutet, daß die Infektion im Prinzip eingedämmt werden könnte, wenn sich im sexuellen Bereich bestimmte Verhaltensänderungen allgemein durchsetzen ließen.

2 Neuere Daten über Aids in Afrika

Wie zuvor erläutert, ist die Zahl der Virusträger weit wichtiger zur Abschätzung des weiteren Verlaufs der Epidemie als die Zahl der AIDS-Kranken. Würde man den Durchseuchungsgrad einer Bevölkerung kennen, ließe sich (unter Annahme fehlender Therapie) einigermaßen genau abschätzen, wieviele Menschen in den nächsten Jahren an der tödlichen Immunschwäche erkranken werden. Leider gibt es weltweit keine verläßlichen Daten über die Zahl der bereits infizierten Personen. 1986 schätze die WHO, daß zwischen 5 und 10 Mio. Menschen (vor allem in Afrika, den USA und Europa) das AIDS-Virus in sich tragen. Heute befürchtet man, daß es bereits 1990 weltweit etwa 100 Mio. AIDS-Infizierte geben wird. Für Afrika sind folgende Daten verfügbar:
1. Die offiziell an die WHO weitergeleiteten Zahlen über die aufgetretenen *AIDS-Fälle.* 2. Ergebnisse von Einzelstudien zur *Ausbreitung des AIDS-Virus.*

Dabei handelt es sich um Stichproben bei bestimmten Problemgruppen (wie Prostituierten bzw. deren Kunden, geschlechtskranken Patienten sowie schwangeren Frauen), die auf das Vorhandensein des Virus getestet wurden. 3. Ergebnisse von *Testserien an Blutkonserven.* 4. Eine Reihe von *klinischen Studien*, bei denen Patienten mit bestimmten Krankheiten auf das HIV getestet wurden. Diese Studien versuchen u.a. zu klären, ob es in Afrika spezielle Varianten des Virus bzw. Krankheitsverläufe gibt.

Beginnen wir mit den offiziellen Daten über die Häufigkeit von AIDS, die von den Regierungen der einzelnen afrikanischen Länder freiwillig an die Weltgesundheitsorganisation gemeldet werden. Die meisten AIDS-Fälle wurden dabei für Uganda (2369), Tanzania (1608) Kenya (964) und Rwanda (705) ausgewiesen. Burundi und Zambia meldeten bis Ende 1987 zwischen 500 und 700 Fälle. 250 bis 400 wurden aus Zimbabwe, Zaire, ZAR, VR Kongo und Côte d'Ivoire gemeldet. Ansonsten registrierte die WHO nur für Ghana mehr als 100 AIDS-Fälle. Insgesamt meldeten 38 der 50 afrikanischen Staaten das Auftreten von AIDS.

Gewichtet man die Zahl der AIDS-Erkrankungen mit der Bevölkerung und ordnet die Länder nach der Häufigkeit der AIDS-Fälle je 100 000 Einwohner, dann zeigt sich, daß Uganda, die VR Kongo, Burundi und Rwanda am schwersten von der Seuche betroffen sind. Dort sind von 100 000 Einwohnern bereits zehn bis 15 an AIDS erkrankt oder gestorben. Zum Vergleich: in der Bundesrepublik Deutschland sind zur Zeit drei AIDS-Fälle je 100 000 der Bevölkerung registriert (Stand: 29.2.88).

Allerdings sollte man sich davor hüten, die Informationen aus Afrika für bare Münze zu nehmen. Es kann kein Zweifel darüber bestehen, daß diese offizielle AIDS-Statistik, die auf freiwilligen Meldungen basiert, das wahre Ausmaß der Seuche in Afrika beträchtlich unterschätzt. So schreibt selbst die WHO, die auf die nationalen Empfindlichkeiten der Mitgliedsländer Rücksicht zu nehmen hat, daß die Meldungen über die Zahl der AIDS-Fälle primär den Grad der Problemwahrnehmung und den Ausbauzustand der jeweiligen nationalen Registriersysteme widerspiegeln. Noch 1986 meldeten die afrikanischen Länder lediglich 1033 AIDS-Fälle. Nach inoffiziellen Schätzungen gab es zu dieser Zeit jedoch in Afrika mindestens 100 000 AIDS-Kranke. 1985 erhielt die WHO aus Afrika sogar nur Meldungen über 20 AIDS-Fälle, und 1984 behaupteten praktisch alle Länder, sie seien AIDS-frei.

Ein Grund für die viel zu niedrigen offiziellen AIDS-Statistiken für Afrika sind die vielfach fehlenden diagnostischen Kapazitäten. Deshalb muß davon ausgegangen werden, daß ein beträchtlicher Teil der tödlich verlaufenden Lungenentzündungen bzw. der unspezifischen, schweren Erkrankungen des Magen-Darm-Traktes in Wahrheit AIDS-Fälle sind Dies würde im übrigen auch die ungewöhnlich hohe Mortalität in afrikanischen Krankenhäusern erklären, an der sich - trotz Verbesserung der medizinischen Versorgung - in den letzten Jahrzehnten wenig geändert hat. Zu berücksichtigen ist ferner, daß etliche afrikanische Regierungen anfangs offenbar bewußt das Ausmaß des Problems verschleiert haben, um ihre Tourismusindustrie vor dem Bankrott zu bewahren.

Inzwischen haben die afrikanischen Regierungen aber ihre Informationspolitik grundlegend geändert und umfangreiche Programme gestartet, um ihre Bevölkerung aufzuklären und die Epidemie einzudämmen. Eines der ersten Länder war Zaire, dessen Regierung in weiser Voraussicht umfangreichen Forschungsprojekten mit internationaler Beteiligung zustimmte und damit unser Wissen um die Gefahr einer AIDS-Epidemie wesentlich erweiterte.

Tab. AIDS-Fälle in Afrika nach den Daten der WHO vom 31.1.88
(Länder sortiert nach der Zahl der AIDS-Fälle pro 100 000 Einwohner)

	Meldedaten an die WHO	AIDS-Fälle je 100 000 Einwohner	Anzahl der AIDS-Fälle
Uganda	31.10.87	15,1	2369
Kongo	13.11.86	14,4	250
Burundi	15.10.87	12,3	569
Rwanda	30.11.86	11,5	705
ZAR	31.10.86	9,9	254
Zambia	09.12.87	8,0	536
Tanzania	17.10.87	7,1	1608
Kenya	10.11.87	4,7	964
Zimbabwe	28.08.87	4,3	380
Côte d'Ivoire	20.11.87	2,6	250
Gambia	16.03.87	2,2	14
Guinea-Bissau	20.11.87	1,8	16
Kapverden	30.04.87	1,2	4
Botswana	10.10.87	1,2	13
Gabun	06.07.87	1,1	13
Swaziland	01.07.87	1,1	7
Ghana	25.05.87	1,1	145
Zaire	30.06.87	1,0	335
Senegal	13.10.87	0,4	27
Burkina Faso	30.06.87	0,4	26
Südafrika	10.12.87	0,3	93
Kamerun	05.03.87	0,3	25
Malawi	13.11.86	0,2	13
Réunion	10.06.87	0,2	1
Tunesien	06.12.87	0,2	11
Lesotho	27.11.87	0,1	2
Mauritius	15.09.87	0,1	1
Liberia	12.06.87	0,1	2
Benin	18.05.87	0,1	3
Guinea	12.11.87	0,1	4
Angola	26.09.86	0,1	6
Sudan	23.08.87	0,1	12
Äthiopien	04.12.87	0,1	19
Moçambique	08.12.87	0,03	4
Algerien	01.06.87	0,02	5
Tschad	13.11.86	0,02	1
Nigeria	22.05.87	0,01	5
Ägypten	06.07.87	0,002	1
Madagaskar	25.04.87	-	-
Sierra Leone	03.11.87	-	-
Mauritanien	13.11.86	-	-
Togo	13.11.86	-	-
Seychellen	13.11.86	-	-
Komoren	13.11.86	-	-
Mali	08.09.87	-	-

===

Zusammen   8693

Quelle: WHO: Weekly Epidemiological Records (5.2.1988) 6

Weitere Informationsquellen über die Ausbreitung der HIV-Infektion in Afrika sind Einzelstudien an ausgewählten Populationen bzw. Tests von Blutkonserven. In den Population Reports, Series L, No. 6, vom Juli/August 1986 (Issues in World Health) wurden Untersuchungen aus 15 afrikanischen Ländern zusammengestellt. U.a. wurde über folgende Untersuchungen berichtet:

1. (Repräsentative) *Haushaltsstichproben* für eine bestimmte Region, bei der alle Mitglieder des Haushalts auf das AIDS-Virus getestet wurden (z.B. in Kamerun, in der ZAR, in Kongo und in Äquatorial-Guinea). Dabei wurde festgestellt, daß in Brazzaville (Kongo) 5% der getesteten Bevölkerung bereits Träger des HIV waren.

2. Untersuchungen bestimmter *Problemgruppen* wie Prostituierte, Barfrauen und Patienten von Spezialkliniken für Geschlechtskrankheiten (z.B. in Kamerun, Kenya, Zaire und Tanzania). Dabei wurde festgestellt, daß teilweise ein erschreckend hoher Anteil dieser Bevölkerungsgruppen mit dem AIDS-Virus infiziert ist. So waren bereits 1985 fast 70% der 535 untersuchten Prostituierten in Nairobi (Kenya) HIV-positiv. In Zaire konnte (1985) bei 27% der 376 untersuchten Prostituierten das AIDS-Virus nachgewiesen werden, in Tanzania bei über 30% der (78 untersuchten) Barfrauen. Auch bei Patienten von Spezialkliniken für Geschlechtskrankheiten zeigte sich ein hoher Durchseuchungsgrad 30-40% der 400 in Zambia getesteten geschlechtskranken Patienten (überwiegend Männer) waren 1985 bereits mit dem AIDS-Virus infiziert (aber auch 17% einer "gesunden" Kontrollgruppe).

3. Eine weitere Art von Untersuchungen waren *Tests an schwangeren Frauen in Geburtskliniken sowie an Kindern in den ersten Lebensmonaten*, die aus unterschiedlichen Gründen in Krankenhäuser eingewiesen wurden (u.a. in Kamerun, Gabun, Malawi, Mauritius, Nigeria, Rwanda, Uganda, Zaire und Zambia) . Hier waren die Ergebnisse besonders erschreckend. Muß man bei Prostituierten, Barfrauen und geschlechtskranken Patienten wohl von einem spezifischen "Expositionsrisiko" ausgehen, so dürften die Patientinnen von Geburtskliniken und kranke Kinder in ihrer Ansteckungswahrscheinlichkeit doch eher repräsentativ für die Bevölkerung sein. Dennoch waren bis zu 14% der Wöchnerinnen HIV-positiv. Dieses Ergebnis ergab eine Studie an einer (keineswegs kleinen) Stichprobe von 1011 Frauen im Alter von 16-25 Jahren in einer Geburtsklinik im Kampala (Uganda) im Jahre 1986. In Zaire testete man 368 Kinder im Alter von zwei bis 14 Jahren, die wegen verschiedener Krankheiten in das Mama Yemo Hospital (in Kinshasa) eingewiesen wurden. 11% trugen das AIDS-Virus in sich.

4. Eine weitere Gruppe von Untersuchungen bezog sich auf *medizinisches Personal* an Krankenhäusern. In Zaire untersuchte man 1986 alle 2348 Beschäftigten des Mama Yemo Hospitals. 6% waren mit dem AIDS-Virus infiziert. Wenn man bedenkt, daß medizinisches Personal eigentlich am gründlichsten über die Möglichkeiten einer HIV-Infektion aufgeklärt sein müßte, sind diese Ergebnisse ebenfalls sehr besorgniserregend.

5. Viele Studien untersuchten, wie hoch der Anteil HIV-Positiver unter *Blutspendern bzw. in eingefrorenen Blutseren* ist. Bereits 1986 war von 370 "gesunden" Blutspendern am Mulgao & Mysambia Hospital in Kampala (Uganda) mehr als jeder Zehnte Träger des AIDS-Virus. Die Analyse von Blutseren gibt nicht nur Aufschlüsse über die *gegenwärtige* Ausbreitung des HIV, sondern erlaubt auch eine Abschätzung früherer Stadien der Epidemie. Einige Forscher glauben, durch diese Studien auch den Ursprung der Seuche in Afrika identifizieren zu können. Jedenfalls scheint festzustehen, daß in Uganda bereits vor 1973 HIV-infiziertes Blut gespendet wurde.

Zusammenfassend kann man feststellen, daß bereits diese Studien aus den Jahren 1985 und 1986 ein erschreckendes Bild der HIV-Epidemie in Afrika ergaben. In bestimmten Regionen Zentral- und Ostafrikas war bereits vor zwei bis drei Jahren offenbar die Mehrheit der Prostituierten mit dem AIDS-Virus infiziert. Wenn man bedenkt, daß damals das Problembewußtsein längst nicht so ausgeprägt war wie heute, muß man für ihre Kunden (und natürlich für die Prostituierten selbst) wohl das Schlimmste befürchten. Noch erschreckender erscheint mir, daß bereits vor gut einem Jahr bei einzelnen Geburtskliniken in Uganda fast ein Siebtel der Wöchnerinnen HIV-positiv war. Da das Virus von der infizierten Schwangeren mit hoher Wahrscheinlichkeit auf das Kind übertragen wird, ist zu befürchten, daß ein signifikanter Prozentsatz der Kleinkinder in Uganda schon die tödliche Gefahr des HIV in sich trägt.

Neuere Studien zeichnen ein noch viel deprimierenderes Bild: Im Januar 1987 erschien in der Zeitschrift AIDS-Forschung, Nr. 1, ein Übersichtsartikel über die Seuche in Afrika. Danach sind in den Städten Zentral- und Ostafrikas bereits 10-20% der Bevölkerung im geschlechtsreifen Alter, bis zu 30% der Geschlechtskranken und bis zu 70% der weiblichen Prostituierten mit dem AIDS-Virus infiziert. Es wird vorausgesagt, daß in diesen Epidemiegebieten in den nächsten zehn Jahren etwa 70% (!) der Bevölkerung mit dem HIV infiziert sein werden. Von diesen HIV-Trägern dürften pro Jahr etwa 7% Krankheiten entwickeln, die mit AIDS zusammenhängen (d.h. den sog. "AIDS Related Complex"). Innerhalb von fünf Jahren, so ist zu befürchten, werden 30% der infizierten Schwangeren an AIDS erkranken. Von den infizierten Kindern, so wird geschätzt, entwickeln pro Jahr 12% AIDS bzw. Krankheiten des "AIDS-Related Complex". Im schlimmsten Fall, d.h. wenn die Epidemie nicht unter Kontrolle gebracht werden kann und wenn auf absehbare Zeit keine Therapie und keine Impfung zur Verfügung stehen, muß damit gerechnet werden, daß in Zentral- und Ostafrika weite Gebiete einen beträchtlichen Bevölkerungsrückgang erleiden. In Uganda sind mittlerweile bis zu 24% aller Wöchnerinnen HIV-positiv; in Zentral- und Ostafrika rechnet man inzwischen mit jährlich 1 Mio. Neuinfektionen und 10 000 AIDS-Fällen.

Eine einfache Überschlagsrechnung zeigt die Dimension dieser Probleme auf: Dabei nehmen wir an, daß in Zentral- und Ostafrika 5% der *städtischen* Bevölkerung mit dem AIDS-Virus infiziert sind. Nach der vorliegenden epidemiologischen Literatur ist dies eher ein unterer Schätzwert. Bei einer urbanen Bevölkerungsgröße von ca. 30 Mio. in Ostafrika und 24,5 Mio. in Zentralafrika (d.h. zusammen 54,5 Mio.) wären danach *bereits heute* allein in diesen beiden Regionen über 2,5 Mio. Menschen mit dem AIDS-Virus infiziert. Nehmen wir weiter an, daß 60% davon in den kommenden zehn Jahren an der tödlichen Immunschwäche AIDS erkranken und sterben werden, dann würde die Seuche im nächsten Jahrzehnt in Zentral- und Ostafrika etwa 1,5 Mio. Opfer fordern.

Freilich könnte es auch viel schlimmer kommen. Angenommen, die *höchste* Schätzung zur Ausbreitung der Epidemie würde sich bewahrheiten, dann könnte sich die Bevölkerung Afrikas in gut zehn Jahren (von heute 553) auf knapp 300 Mio. verringern. Dies wären fast 600 Mio. Menschen weniger als nach der UN-Prognose von 1982 für das Jahr 2000 zu erwarten wären, Afrika würde in diesem Fall vor einer "demographischen Katastrophe" stehen, die durchaus mit den Bevölkerungsverlusten in Europa durch die Pestepidemien vergleichbar wäre.

3 Ursachen der raschen Ausbreitung des AIDS-Virus in Schwarzafrika

War die Zahl der AIDS-Fälle, bezogen auf die Bevölkerung, noch bis vor kurzem in den USA am höchsten, so kann heute kein Zweifel mehr darüber bestehen, daß Schwarzafrika die am schwersten betroffene Weltregion ist. Selbst nach den *offiziellen* Zahlen der WHO liegen mehrere schwarzafrikanische Länder an der Spitze der Rangliste der am schwersten von der AIDS-Seuche betroffenen Länder (vgl. Tab.). So kamen z.b. auf 100 000 Einwohner in Uganda 15,1 AIDS-Fälle (USA 14,8).

Forscht man nach den Gründen für die schnelle Ausbreitung des AIDS-Virus bzw. den hohen Durchseuchungsgrad der schwarzafrikanischen Bevölkerung, stößt man in der Literatur vor allem auf folgende Hypothesen:

1. Das AIDS-Virus scheint schon seit längerer Zeit in bestimmten Gebieten Zentralafrikas aufzutreten. Einzelne Studien wiesen Antikörper gegen dieses Virus in Blutproben aus den späten 50er und 60er Jahren nach. Allerdings gab es kritische Stimmen gegen den dabei verwendeten Test (den sog. ELISA-Test), dem vorgeworfen wurde, er würde unter afrikanischen Bedingungen häufig zu "falsch positiven" Resultaten führen. Dagegen scheinen sich Studien bestätigt zu haben, die das Virus in Blutproben aus den frühen 70er Jahren fanden. Hier wurden "positive" Ergebnisse beim ELISA-Test durch andere Tests bestätigt. Die weitere Forschung muß klären, wie lange sich das AIDS-Virus schon in Schwarzafrika ausbreiten konnte. Sollte sich bestätigen, daß diese Infektionskrankheit bereits seit den späten 50er oder 60er Jahren in Afrika vorkommt und womöglich sogar in Schwarzafrika ihren Ursprung hat, würde dies die weite Verbreitung erklären. Afrika hätte dann gewissermaßen nur einen traurigen *zeitlichen Vorsprung vor anderen Epidemiegebieten* Es sollte in diesem Zusammenhang nicht unerwähnt bleiben, daß *einzelne* Wissenschaftler und Intellektuelle den Ursprung der Seuche in Laboratorien der amerikanischen Rüstungsindustrie vermuten. Nach ihrer Auffassung ist das AIDS-Virus ein durch Genmanipulation künstlich erzeugtes, biochemisches Kampfmittel, das bei der geheimen Erprobung an Homosexuellen außer Kontrolle geraten ist. Die große Mehrheit der AIDS-Forscher lehnt diese These jedoch entschieden ab. Untersuchungen des HIV-Genoms belegen nämlich, daß das AIDS-Virus zu einer ganzen Familie von Retro-Viren gehört, die alle von einem Tiervirus (STLV-III) abstammen.

2. Mehrere epidemiologische Studien haben in Ost- und Zentralafrika die weite Verbreitung der HIV-Infektion unter Prostituierten nachgewiesen. Bereits vor ein bis zwei Jahren waren, wie bereits erwähnt, bis zu 70% der Prostituierten in Nairobi HIV-positiv. Da inzwischen sicher ist, daß eine Übertragung des AIDS-Virus sowohl vom Mann auf die Frau als auch von der Frau auf den Mann möglich ist, stellt die *Prostitution eine Infektionsquelle erster Ordnung* dar. Da sie speziell in ost- und zentralafrikanischen Städten weit verbreitet ist und von Männern aller sozialen Schichten in Anspruch genommen wird, dürfte sie eine zentrale Ursache für die schnelle Ausbreitung in den Städten dieser Region sein.

3. Die Prostitution, genauer gesagt, die hohe Mobilität der Prostituierten, könnte auch eine Ursache für die schnelle Verbreitung der Seuche in fast allen schwarzafrikanischen Ländern sein. Außerdem ist zu berücksichtigen, daß in Schwarzafrika in den letzten Jahren eine enorme *"Land-Stadt-Wanderung"* stattgefunden hat, durch die viele junge Erwachsene aus den traditionellen Bindungen (und Kontrollen) der dörflichen Gemeinschaft gerissen wurden. Diese jungen Erwachsenen aus ländlichen Gebieten versuchten, in den Städten Arbeit und damit

Anschluß an die Modernisierung zu finden. Häufig endete dieser Versuch in den Slums der explosiv wachsenden Städte, in Arbeits- und Perspektivlosigkeit. Wahllose Sexualität ist dabei offenbar für viele zum Ventil der Frustration geworden. Es gibt jedoch noch ein härteres Indiz für die Bedeutung der Mobilität bei der AIDS-Ausbreitung in Afrika: Bereits 1982 beobachtete man in Zambia eine ungewöhnliche Zunahme von Patienten mit Kaposi-Sarkom. Diese in Afrika endemische Krebserkrankung schreitet normalerweise nur sehr langsam fort und läßt sich verhältnismäßig gut behandeln. Bei den Patienten in Zambia wurde jedoch eine äußerst aggressive Form des Kaposi-Sarkoms registriert, wie sie im Endstadium der AIDS-Erkrankung auftritt. Folglich dürfte es bereits 1982 Patienten gegeben haben, die viele Jahre zuvor mit dem AIDS-Virus infiziert wurden. Epidemiologische Studien ergaben, daß die betroffenen Patienten häufig Verbindungen zum sog. "Kupfergürtel" zwischen Zaire und Zambia hatten. Dieses Gebiet ist ein wirtschaftliches Zentrum in Zentralafrika. Offenbar trug also die *hohe grenzüberschreitende Arbeitsmobilität zum zentralafrikanischen Kupfergürtel* schon sehr früh zur Ausbreitung der Seuche bei. Schließlich fällt auf, daß sich die AIDS-Epedemie in Ostafrika offenbar besonders schnell entlang den *Fernverkehrsrouten* ausbreitet.

4. *Häufig wechselnde Sexualkontakte* sind in Schwarzafrika nicht nur Ausdruck übernommener westlicher Dekadenz, sondern auch ein Bestandteil der eigenen Kultur, der in der Polygamie seinen traditionellen Ausdruck findet. In vielen ländlichen Gebieten ist es z.B. üblich, daß Ehemänner einige Monate nach der Geburt eines Kindes keine sexuellen Kontakte mit ihrer Frau (bzw. ihren Frauen) haben ("post partum taboo"), sondern zu Prostituierten gehen oder mit der (einer) Frau ihres Bruders schlafen. Wir müssen auch in Rechnung stellen, daß *bestimmte Sexualpraktiken* in Schwarzafrika ein erhöhtes Infektionsrisiko mit HIV mit sich bringen könnten. In einer kürzlich durchgeführten Kohortenstudie an Homosexuellen in den USA wurde gezeigt, daß passiver Analverkehr der Hauptmodus einer HIV-Übertragung ist. Dadurch wurde zweifelsfrei bewiesen, daß bestimmte Sexualpraktiken die Wahrscheinlichkeit einer AIDS-Infektion dramatisch erhöhen können. Es wäre zu klären, ob Häufigkeit, Dauer und Intensität heterosexueller Koituspraktiken in Schwarzafrika ebenfalls ein erhöhtes Infektionsrisiko darstellen. Schließlich muß darauf hingewiesen werden, daß *Homosexualität* (und damit der Hauptrisikofaktor) in Afrika keineswegs unbekannt ist (was bisweilen behauptet wird). Die Zeitschrift The African Guardian, No. 18, vom 14.5.87 veröffentlichte kürzlich einen längeren Artikel über die Homosexuellen-Szene in Nigeria, in dem u.a. auch die Behauptung zurückgewiesen wurde, Homosexualität sei durch den Einfluß westlicher Dekadenz in Afrika entstanden. Ca. 5% der männlichen Studenten sollen nach diesem Artikel in Nigeria homosexuelle Erfahrungen gemacht haben.

5. Eine weitere mögliche Ursache der schnellen regionalen Ausbreitung des AIDS-Virus könnte in den unzähligen *inner- und zwischenstaatlichen Konflikten* liegen, die den schwarzafrikanischen Subkontinent in den letzten Jahrzehnten erschüttert haben. Besonders in Uganda herrschte während und nach der Diktatur Idi Amins staatliches Chaos. Miteinander rivalisierende Söldnergruppen durchstreiften plündernd und vergewaltigend das Land, zerstörten die Infrastruktur und verübten blutige Massaker an der Zivilbevölkerung. Auch in anderen Ländern Schwarzafrikas wie z.B. Moçambique könnten hochmobile Rebellengruppen und die durch ihre Überfälle auf Dörfer und Städte ausgelösten Flüchtlingsströme

zur Verbreitung des Virus unter der Bevölkerung beigetragen haben. Bevorzugtes Operationsgebiet der oft lange Zeit von ihrer Familie getrennten, zumeist jüngeren Rebellen sind entlegene Gegenden. Dies würde erklären, warum - entgegen amtlichen Statistiken - auch in bestimmten ländlichen Gebieten inzwischen eine hohe Verbreitung des HIV festgestellt werden kann.

6. Die im allgemeinen relativ schlechte *gesundheitliche Situation* der Menschen in Schwarzafrika wird ebenfalls als Grund der schnellen Ausbreitung des AIDS-Virus angesehen. Insbesondere die *weite Verbreitung von Geschlechtskrankheiten* z.B. in Zentralafrika könnte die Ansteckungsgefahr erhöht haben. Die von der Krankheit teilweise zerstörten oder geschwächten Schleimhäute der Genitalien erhöhen das Verletzungs- und damit das Infektionsrisiko beim Geschlechtsverkehr. Auch die immer noch weite Verbreitung von (Infektions-) Krankheiten wie Gelbfieber, Malaria, Sichelzellenanämie, Bilharziose und Cholera könnte die Immunlage eines großen Teils der Bevölkerung so verschlechtern, daß das AIDS-Virus leichter übertragen werden kann. In diesem Zusammenhang muß auch das *wenig rationale Verhalten afrikanischer Patienten* angesprochen werden, die häufig eine Therapie nur dann für sinnvoll halten, wenn sie mit der Verabreichung eines Spritze verbunden ist. Dies ist u.a. ein Grund dafür, daß in Schwarzafrika Medikamente weit häufiger als in den westlichen Industrieländern durch Injektionen gegeben werden. Natürlich erhöht dies die Gefahr von Nadelstichinfektionen mit dem AIDS-Virus. Allerdings erfordern bestimmte, in Schwarzafrika weit verbreitete tropische Krankheiten, wie z.B. die Sichelzellenanämie und schwere Malaria bei Kindern, *Bluttransfusionen*, was zwangsläufig ebenfalls das Infektionsrisiko steigert. Schließlich sind auch erhebliche Zweifel an der *hygienischen Situation* in Krankenhäusern, ländlichen Krankenstationen und Arztpraxen angebracht, wo aus Geldmangel, fehlendem Problembewußtsein und unzulänglicher technischer Ausrüstung wohl nicht immer mit sterilen Instrumenten gearbeitet wird.

7. Ein Aspekt der gesundheitlichen Situation in Schwarzafrika, dem in jüngster Zeit verstärkte Aufmerksamkeit in Zusammenhang mit der AIDS-Ausbreitung beigemessen wird, sind die häufigen *Impfprogramme* (besonders für Kinder). Es mehren sich die Stimmen, die in ihnen unter den gegenwärtigen Bedingungen eher eine Gefahr als einen Nutzen sehen. Noch bis vor kurzem hat z.B. die UNESCO Impfprogramme für Kinder unterstützt, um die nach wie vor hohe Kindersterblichkeit in weiten Teilen Schwarzafrikas zu senken. Heute muß befürchtet werden, daß Impfungen die Immunlage der Kinder schwächen und so eine HIV-Infektion erleichtern bzw. das bereits im Körper schlummernde Virus "wecken" und damit die Krankheit auslösen. Kürzlich gab das Beratungskomitee für Impfungen beim Zentrum für Seuchenkontrolle der USA Empfehlungen für die Impfung von HIV-infizierten Kindern. Danach sollten Kinder und junge Erwachsene, die eine Immunschwäche im Zusammenhang mit einer AIDS-Krankheit haben, nicht mit Lebendimpfstoff (wie z.B. bei der normalen Polio-, Masern- oder Mumps-Impfung) geimpft werden. Ferner berichtet das Komitee auch über Bedenken gegen eine Verwendung von inaktivierten Impfstoffen, die das Immunsystem stimulieren (z.B. die Impfungen gegen Diphterie, Tetanus etc.). Diese Impfungen könnten bei HIV-Trägern die geschwächte Immunabwehr weiter belasten und dadurch den Verlauf der AIDS-Krankheit beschleunigen. Allerdings geht das Komitee davon aus, daß die potentiellen Risiken durch die Vorteile der Impfung (mit Nichtlebend-Impfstoff) aufgewogen werden.

8. Eine letzte Gruppe von möglichen Ursachen der schnellen Verbreitung des AIDS-Virus in Schwarzafrika betrifft einige vergleichsweise exotische Übertragungswege. So ist zwar experimentell (!) eine *Übertragung des HIV durch Mükkenstiche* nachgewiesen worden. Einige Autoren vermuteten daraufhin, daß dies die schnelle Ausbreitung in Teilen Schwarzafrikas erklären könnte. Neuere Studien scheinen diese These jedoch zu widerlegen. So bliebe unerklärlich, weshalb sich das AIDS-Virus in anderen mückenverseuchten Gegenden der Dritten Welt nicht so schnell ausgebreitet hat. Vereinzelt wurde auch darauf hingewiesen, daß die traditionelle *Klitorisbeschneidung* der Frauen mit primitiven, unsterilen Instrumenten für die Epidemie mitverantwortlich sein könnte. Die Epidemiezentren decken sich jedoch *nicht* mit jenen Regionen in Schwarzafrika, in denen dieser Brauch vor allem gepflegt wird. Einen etwas anderen Stellenwert könnten traditionelle Praktiken der *rituellen Beschneidung* bzw. sonstige (blutige) Manipulationen am Körper haben. In vielen ländlichen Gegenden Schwarzafrikas bestehen die Initiationsriten der Männer (und Frauen) aus Techniken, bei denen die Haut mit unsterilen Instrumenten geritzt und zur Narbenbildung angeregt wird. Die Massai - ein Stamm in Ostafrika - stellen aus rituellen Gründen allerhand mit ihren Ohrläppchen an: Sie werden durchlöchert, gedehnt und häufig über den oberen Rand des Ohres gestülpt. Daß dies nicht ganz ohne Blutvergießen (und damit nicht ohne Infektionsrisiko) vor sich geht, kann man sich leicht vorstellen. In diesem Zusammenhang ist schließlich auch die *traditionelle Medizin* zu nennen, die von der Geburtshilfe bis zu kleinen Operationen ein breites Spektrum von Heilbehandlungen praktiziert, bei denen ein Blutkontakt mit dem AIDS-Virus möglich ist. In Schwarzafrika hatte Ende der 70er, Anfang der 80er Jahre sogar eine Art Wiederbelebung der traditionellen Medizin stattgefunden. Speziell in Uganda war das moderne Gesundheitssystem während der Diktatur Idi Amins fast vollständig zerschlagen worden. Die Ärzte wurden ermordet oder ins Ausland vertrieben. So blieb der geschundenen Bevölkerung gar nichts anderes übrig, als bei ihren traditionellen Heilern Hilfe zu suchen. Gegen eine Verbreitung des AIDS-Virus durch die traditionellen Heiler spricht jedoch, daß die höchste Verbreitung der HIV-Infektion zunächst in den "modernen", urbanen Gebieten auftrat und nicht auf dem flachen Land, wo die traditionelle Medizin bzw. Praktiken der rituellen Beschneidung verbreitet sind.

4 Soziale, wirtschaftliche und demographische Konsequenzen der AIDS-Epidemie in Schwarzafrika

Die demographischen und gesellschaftlichen Konsequenzen der AIDS-Epidemie in Afrika sind heute in ihrem Ausmaß noch nicht absehbar: Alles wird davon abhängen, ob die weitere Ausbreitung des Virus bald gestoppt werden kann und ob in absehbarer Zeit eine Therapie und Impfung bereitstehen. Dennoch ist zu befürchten, daß sich auch dann eine Reihe von demographischen, wirtschaftlichen und sozialen Konsequenzen (wegen des bereits schon heute sehr hohen Ausbreitungsgrades der HIV-Infektion) nicht mehr vermeiden lassen.

1. Die im Weltmaßstab auch heute noch außerordentlich niedrige Lebenserwartung von knapp 50 Jahren in Afrika (bzw. 48 Jahren in Schwarzafrika) wird in nächster Zeit im besten Fall weiterhin auf diesem niedrigen Niveau bleiben. Wahrscheinlicher ist jedoch, daß es zu einem deutlichen *Anstieg der Sterblichkeit* bei jungen Erwachsenen und Kleinkindern kommt, so daß die durchschnittliche Lebenserwartung (im Gegensatz zu den Trends der letzten zwei Jahrzehnte) wie-

der sinkt. Vor allem der zu erwartende erneute Anstieg der Säuglings- und Kindersterblichkeit wirft schwerwiegende demographische Probleme auf. Jahrzehntelang haben Wissenschaftler der westlichen Industrienationen den Afrikanern (allerdings ohne großen Erfolg) gepredigt, sie sollten durch Familienplanungsprogramme ihr enormes Bevölkerungswachstum bremsen. Die AIDS-Epidemie in Schwarzafrika dürfte die Protagonisten der Familienplanung in Schwarzafrika zu einer Überprüfung ihrer Empfehlungen zwingen. Es könnte sein, daß gerade eine *pronatalistische* Bevölkerungspolitik sinnvoll wäre, um den zu erwartenden demographischen Problemen entgegenzutreten.

2. Da von der AIDS-Krankheit junge Männer und Frauen im Verhältnis zu anderen Bevölkerungsgruppen überproportional betroffen sind, könnte es zudem zu einem *Rückgang der Fruchtbarkeit* kommen. Schon seit Jahren beobachten die Demographen übrigens einen "Gürtel vergleichsweise niedriger Fruchtbarkeit" in den tropischen Gebieten Zentralafrikas. Dieses Phänomen könnte möglicherweise außer mit der weiten Verbreitung von Geschlechtskrankheiten auch durch die nun bekannt werdenden Zahlen zur AIDS-Ausbreitung in dieser Region erklärt werden.

3. Steigende Sterblichkeit und sinkende Fruchtbarkeit werden zumindest zu einer Verlangsamung des Bevölkerungswachstums in Zentral- und Ostafrika führen. Nach den neuesten Zahlen ist aber auch ein *deutlicher Bevölkerungsrückgang* nicht auszuschließen.

4. Durch die Altersselektivität der HIV-Epidemie dürfte es in den nächsten zehn bis 15 Jahren zu einer *Gewichtsverschiebung in der Altersstruktur* der betroffenen Bevölkerung kommen. Da vorwiegend die sexuell aktive Bevölkerung von der HIV-Infektion betroffen ist, könnte es (beim Fehlen einer Therapie und Impfung) zu einer prozentualen Verringerung im Anteil dieser Altersgruppen kommen. Dies ist deshalb besonders problematisch, weil es sich dabei vor allem um die wirtschaftlich produktive Altersgruppe der Bevölkerung handelt.

5. Die Altersselektivität der AIDS-Epidemie wird noch verstärkt durch eine *räumliche Selektivität*, die offenkundig soziale und entwicklungspolitische Implikationen aufweist. Wie alle Studien zeigen, konzentriert sich die Epidemie nach wie vor auf die städtischen Gebiete bzw. auf Regionen, in denen sich wirtschaftliche Entwicklungszentren befinden. Damit sind besonders Bevölkerungsgruppen betroffen, die man als Entwicklungseliten bezeichnen könnte. Die noch tief in den Traditionen lebende ländliche Bevölkerung ist dagegen (auch wegen der teilweise sehr dünnen Besiedlung) seltener mit dem HIV in Kontakt gekommen.

6. Da die Zahl der AIDS-Fälle in Afrika auf jeden Fall in die Größenordnung von Millionen steigen dürfte (selbst wenn die weitere Ausbreitung des Virus sofort gestoppt werden könnte), kommt auf die Gesundheitssysteme afrikanischer Länder eine *Kostenlawine* zu, die diese kaum aus eigener Kraft bewältigen können. AIDS-Kranke benötigen eine intensive medizinische Versorgung, schon um dem Kranken das Sterben zu erleichtern. Außerdem kommt es im Verlauf der Immunkrankheit zu einer fortschreitenden Anfälligkeit für alle Arten von (normalerweise harmlosen) Infektionskrankheiten, die bei einem HIV-Infizierten behandelt werden müssen, soll das Leben der Patienten verlängert werden. In den USA kalkuliert man einen jährlichen finanziellen Aufwand von mindestens DM 90 000 pro AIDS-Patient (wobei die volkswirtschaftlichen Verluste durch "verlorene" Ausbildungskosten, Ausfall der Arbeitskraft etc. noch gar nicht mitberücksichtigt sind). Selbstverständlich kann niemand erwarten, daß unter

afrikanischen Verhältnissen eine ähnlich aufwendige Pflege wie in den USA möglich ist. Aber selbst wenn in Afrika nur ein Zehntel der Pflegekosten der industrialisierten Länder eingesetzt werden soll, müßten pro Jahr Gelder in Milliardenhöhe bereitstehen. Schon die Kosten zum lückenlosen Test von Blutkonserven dürften die afrikanischen Gesundheitsbudgets schwer belasten. So muß für einen Standard-ELISA-Test mit rd. DM 7 gerechnet werden, ein konfirmatorischer Westen-Blot-Test kostet rd. DM 75. Angenommen, 10% der afrikanischen Bevölkerung müßten getestet werden, würde dies einem Kostenaufwand von rd. DM 400 Mio. nur für den Screening Test (mit ELISA) entsprechen.

7. Die HIV-Epidemie wird große Teile Schwarzafrikas im ökonomischen *Entwicklungsprozeß um Jahrzehnte zurückwerfen*. Selbst wenn es gelingt, die Seuche bald einzudämmen, und selbst wenn eine Therapie (und Impfung) gegen die Krankheit bald zur Verfügung steht, wird ein beträchtlicher Teil der Haushaltsmittel afrikanischer Staaten in den Gesundheitssektor fließen müssen. Diese Gelder fehlen dann natürlich in anderen Entwicklungsbereichen, wie z.B. in der Landwirtschaft, der Industrie oder für den Ausbau der Infrastruktur.

8. Da Schwarzafrika seit mehr als einem Jahrzehnt unter einer chronischen Krise seiner Nahrungsmittelproduktion leidet, ist nicht auszuschließen, daß es durch die AIDS-Epidemie wieder häufiger zu *Hungersnöten* kommt. Viele Länder können nämlich ihre Bevölkerung längst nicht mehr aus der eigenen Produktion ernähren, sondern sind auf Nahrungsmittelimporte angewiesen, die mit wertvollen Devisen auf dem Weltmarkt gekauft werden müssen. Die enormen Ausgaben zur Eindämmung der HIV-Epidemie dürften den Spielraum afrikanischer Regierungen für Nahrungsmittelimporte weiter einengen. Durch eine starke Dezimierung der agraren *Erwerbs*bevölkerung könnte sich ein weiterer Akkumulationseffekt einstellen. Der völlige Zusammenbruch des Agrarsektors und eine folgenschwere Verringerung der Grundnahrungsmittelproduktion wären dann nicht auszuschließen. Gerade die Dezimierung der Bevölkerung im erwerbsfähigen Alter war ja auch ein Charakteristikum der europäischen Pestepidemie im 14. Jh., die eine Zerstörung landwirtschaftlicher Produktionssysteme bewirkte und in der Folge weitere Bevölkerungsrückgänge auslöste. Dies wäre eine mögliche *indirekte* Folge der "AIDS-Katastrophe", die über die tatsächliche Seuchenmortalität hinausginge und einen Zusammenbruch wirtschaftlicher, sozialer und demographischer Subsysteme auslösen könnte.

Die Eindämmung der AIDS-Epidemie ist in Afrika also nicht nur eine *medizinische* Herausforderung. Die demographischen, wirtschaftlichen und sozialen Probleme dieser Seuche sind zwar erst in Umrissen erkennbar, aber bereits heute ist absehbar, daß im Gefolge der AIDS-Ausbreitung enorme finanzielle, organisatorische und sozio-demographische Schwierigkeiten auf die Länder Schwarzafrikas zukommen. Die Liste von Entwicklungsproblemen dieser Region ist um ein weiteres Problem verlängert worden. Es könnte sein, daß es bald alle anderen in den Hintergrund drängt.

Vom Autor gekürzte und überarbeitete Fassung seines Artikels "Demographie und gesellschaftliche Aspekte einer AIDS-Pandemie in Afrika südlich der Sahara". In: Afrika Spectrum 22(1987)1. S. 23-45

Weiterführende Literatur

Biggar, R.J. et al.: ELISA HTLV Retrovirus Antibody Reactivity Associated with Malaria and Immune Complexes in Healthy Africans. In: The Lancet 1 (7. Sept. 1987), S. 520-523

Biggar, R.J.: The AIDS-Problem in Africa. In: The Lancet 1 (11. Jan. 1986), S. 79-83

Buchanan, D.J. / Dowing, R.G. / Tedder, R.S.: HTLV-III Andtibody Positivity in Zambian Copper Belt. In: The Lancet 1 (1986), S. 155

Clavel, F. et al.: Human Immunodeficiency Virus Type 2 Infection Associated with AIDS in West Africa. In: The New England Journal of Medicine 316 (7. May 1987), S. 1180-1185

Clumeck, N. et al.: Heterosexual Promiscutity among African Patients with AIDS. In: New England Journal of Medicine 313 (1985) 3, S. 182-183

Fleming, A.F.: AIDS in Africa - an Update. In: AIDS-Forschung 3 (1987) 3, S. 116-138

Mann, J.: AIDS in Africa. In: New Scientist 26 (March 1987), S. 40-43

Mann, J. et al.: Condome Use and HIV Infection among Prostitutes in Zaire. In: The New England Journal of Medicine 316 (5. Febr. 1987) 6, S. 345

Mann, J.M.: The Global AIDS Situation. In: World Health Statistical Quarterly 40 (1987), S. 185-192

Ndibe, O. et al.: The Nigerian Gay League. In: The African Guardian 2 (14.5.1987) 18, S. 8-12

Sabatier, Renée / Forman, Martin: The Panos Institute: AIDS and the Third World. Revised and Updated Version. Published in Association with the Norwegian Red Cross, London 1987 (Panos Dossier. 1)

Saxinger, W.C. et al.: Evidence for Exposure to HTLV-III in Uganda before 1973. In: Science 227 (1984) 4690, S. 1036-1038

Thomas Siebold

Kein Licht am Ende des Tunnels?

Afrika im Zeichen von Verschuldungskrise und Strukturanpassungsprogrammen

Mittlerweile ist es Weltbank-amtlich: Die afrikanische Schuldenkrise ist in ihren Auswirkungen für die Schuldnerländer ungleich verheerender als die Lateinamerikas. V.a. für die ärmsten Länder hat die Schuldendienstbelastung schier unerträgliche Ausmaße angenommen. Dabei sind die afrikanischen Schulden in absoluten Zahlen vergleichsweise gering: Der gesamte Kontinent stand bei westlichen Gläubigern 1987 mit ca. $ 200 Mrd. in der Kreide, weniger als die beiden lateinamerikanischen Großschuldner Brasilien und Mexiko zusammen. Auf das Afrika südlich der Sahara entfielen davon nur etwa $ 100 Mrd., von denen gingen rund $ 24 Mrd. auf das Konto Nigerias.

Die Zahlungsunfähigkeit afrikanischer Schuldner kann das Weltwährungs- und -finanzsystem nicht aus den Angeln heben - dies ist der Grund, warum das afrikanische Schuldenproblem erst spät ins Blickfeld der westlichen Öffentlichkeit geriet. Akut war es schon lange. Die lange Liste der Umschuldungsoperationen, denen sich afrikanische Länder 1980 und 1981 unterziehen mußten, belegt, daß es in Afrika schon vor dem August 1982 lichterloh brannte, jenem Zeitpunkt, als mit der Beinahe-Pleite Mexikos die Schuldenprobleme der Dritten Welt zum ersten Mal international Schlagzeilen machten.

Graphik 1: Verhältnis von Schulden zu Exporten
(subsaharisches Afrika im Vergleich zu allen Entwicklungsländern)

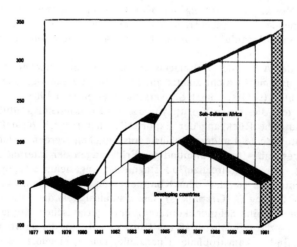

Quelle: Vereinte Nationen, Department of International Economic and Social Affairs

Seitdem ist die Schere zwischen Verschuldung und Exporten vor allem für die schwachen, wenig diversifizierten Ökonomien Schwarzafrikas größer geworden (s. Graphik 1). Kaum ein afrikanisches Land, für das der Schuldendienst nicht unerträglich geworden wäre. Nach Weltbank-Angaben verschlang er 1987 im Durchschnitt über 50% der Exporterlöse, für viele Länder mit niedrigem Einkommen lag die Quote noch weit darüber. Auf der von der OAU Ende November 1987 nach Addis Abeba einberufenen Schuldenkonferenz wurden für den Sudan und die Komoren Schuldendienstquoten von 204% genannt, für Zambia 100%, für Madagaskar 87% und für Togo 54%. Solche Zahlen spiegeln die Belastung afrikanischer Gesellschaften durch den Schuldendienst-Aderlaß noch unzureichend: Sie lassen außer acht, daß in Volkswirtschaften, in denen für einen großen Teil der Bevölkerung die Grundbedürfnisbefriedigung nicht gesichert ist, jeder erwirtschaftete Dollar, der für den Schuldendienst verwendet werden muß, bei der Bekämpfung der absoluten Armut fehlt - der Schuldendienst ist in den Ländern Afrikas ungleich direkter mit Hunger und Elend verknüpft als in den Ländern Asiens und Lateinamerikas.

Schrumpfende Exporteinnahmen durch Rohstoffpreisverfall

Sprunghaft gestiegene Schuldendienstquoten spiegeln allerdings nicht stark gestiegene Kreditaufnahmen - der Ressourcenzufluß stagnierte -, sondern den dramatischen Rückgang der Exporterlöse. 1986, dem Jahr, in dem die Vereinten Nationen feierlich ein Aktionsprogramm zur Überwindung der afrikanischen Wirtschaftskrise verabschiedeten, schrumpften die Exporteinnahmen des Kontinents nach ECA-Schätzungen um 29% gegenüber dem Vorjahr, von 64 auf 45,6 Mrd. $. Der Rückgang war vor allem das Ergebnis eines zusammenbruchartigen Rohstoffpreisverfalls, der die Weltmarktnotierungen für viele afrikanische Exportgüter real auf die Niveaus von Anfang der 50er Jahre brachte. Durch eine vergleichsweise schleppende Exportnachfrage und steigende Preise für Importgüter verstärkt, gerieten die Zahlungsbilanzen der afrikanischen Ökonomien unter extremen Druck.

Wie groß der Anteil des Weltmarkts an der abermals verschärften Wirtschaftskrise Afrikas ist, macht nicht zuletzt ein Blick auf die Entwicklung der Terms of Trade augenfällig (s. Graphik 2): Sie verschlechterten sich 1986 um 32%; für viele Länder bedeutete dies einen Verlust von 5% des Bruttoinlandsprodukts!

Der dramatische Rückgang der Exporterlöse hätte durch zusätzliche Entwicklungshilfeleistungen und andere Zuflüsse ausgeglichen werden sollen, doch nichts dergleichen geschah - trotz vollmundiger Erklärungen der internationalen Gebergemeinschaft. Der Ressourcenzufluß stagnierte; angesichts steigender Rückzahlungsverpflichtungen standen dem Kontinent von Jahr zu Jahr weniger Finanzmittel zur Verfügung (s. Graphik 3). Die Tatenlosigkeit der internationalen Gemeinschaft, stellte eine Schuldenkonferenz im nigerianischen Abuja im Juni 1987 bitter fest, habe dazu geführt, daß die Dürrekatastrophe der Jahre 1983-85 durch eine nicht minder katastrophale finanzielle Dürre abgelöst worden sei. "Da herrscht große Enttäuschung, und das Gefühl, verraten zu werden, wächst", faßte ECA-Exekutivsekretär Abebayo Adedeji die Stimmung in den afrikanischen Hauptstädten zusammen, ein Jahr nach dem die Vereinten Nationen ihr Wiederaufbauprogramm für Afrika aufgelegt hatten.

Graphik 2: Terms of Trade (Verhältnis von Exporterlösen zu Importpreisen)

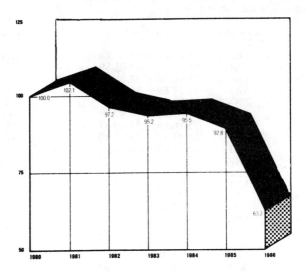

Quelle: Weltbank

Graphik 3: Kapitalzufluß nach Afrika
(Netto-Transfer nach Abzug des Schuldendienstes)

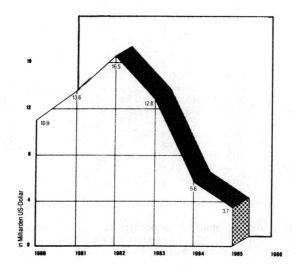

Quelle: Weltbank

Tab.: IWF-Bereitschaftskreditabkommen, Abkommen der Erweiterten Fonds
Fazilität und der Strukturanpassungsfazilität, die 1987 für subsaharische
Länder in Kraft waren

	Kreditart	Laufzeit	Mio. SZR
Burundi	SBA	08.08.86 - 31.03.88	21,0
	SAF	08.08.86 - 07.08.89	27,1
Côte d'Ivoire	SBA	23.06.86 - 22.06.88	100,0
Gabun	SBA	22.12.86 - 31.12.88	98,7
Gambia	SBA	17.09.86 - 16.10.87	5,1
	SAF	17.09.86 - 16.09.89	10,9
Ghana	SBA	15.10.86 - 14.10.87	81,8
	EFF	06.11.87 - 05.11.90	245,4
	SAF	11.11.87 - 10.11.90	129,9
Guinea	SBA	03.02.86 - 02.03.87	33,0
	SBA	29.07.87 - 28.08.88	11,6
	SAF	29.07.87 - 28.07.90	36,8
Guinea-Bissau	SAF	14.10.87 - 13.10.90	4,8
Kongo	SBA	29.08.86 - 28.04.88	22,4
Madagaskar	SBA	17.09.86 - 16.02.88	30,0
	SAF	31.08.87 - 30.08.90	42,2
Mali	SBA	08.11.85 - 31.03.87	22,7
Mauretanien	SBA	26.04.86 - 25.04.87	12,0
	SAF	22.09.86 - 21.09.89	21,5
Moçambique	SBA	04.05.87 - 03.05.88	10,0
	SAF	08.06.87 - 07.06.90	38,7
Niger	SBA	05.12.86 - 04.12.87	10,1
	SAF	17.11.86 - 16.11.89	21,4
Nigeria	SBA	30.01.87 - 31.01.88	650,0
Senegal	SBA	10.11.86 - 09.11.87	34,0
	SAF	10.11.86 - 09.11.89	54,0
	SBA	26.10.87 - 25.10.88	21,3
Sierra Leone	SBA	14.11.86 - 13.11.87	23,2
	SAF	14.11.86 - 13.11.89	36,8
Somalia	SBA	29.06.87 - 28.02.89*	33,2
	SAF	29.06.87 - 28.06.90*	28,1
Tansania	SBA	28.08.86 - 27.02.88	64,2
	SAF	30.10.87 - 29.10.90	67,9
Togo	SBA	09.06.86 - 08.04.88	23,0
Tschad	SAF	30.10.87 - 29.10.90	19,4
Uganda	SAF	15.06.87 - 14.06.90	63,2
ZAR	SBA	23.09.85 - 22.03.87	15,0
	SAF	01.06.87 - 31.05.90	19,3
	SBA	01.06.87 - 31.05.88	8,0
Zaire	SBA	25.05.86 - 27.03.88	214,2
	SBA	15.05.87 - 14.05.88	100,0
	SAF	15.05.87 - 14.05.90	184,8
Zambia	SBA	21.02.86 - 28.02.88**	229,0

Quelle: IMF Survey

SBA = Stand-by Arrangement, Bereitschaftskreditabkommen
EFF = Extended Fund Facility, Erweiterte Fonds Fazilität
SAF = Structural Adjustment Facility, Strukturanpassungsfazilität

* im September 1987 abgebrochen
** im Mai 1987 abgebrochen

Afrika folgt den Rezepten von IWF und Weltbank

Den Regierungen der afrikanischen Länder kann kaum vorgeworfen werden, das heraufziehende Schulden- und Finanzierungsdebakel, wie so häufig in der Vergangenheit, allein externen Faktoren angelastet und darüber die Hände in den Schoß gelegt zu haben. Bereits in dem auf dem OAU-Gipfel im Juli 1985 verabschiedeten "Priority Programme for Economic Recovery 1986-90", das ein knappes Jahr später in das Wiederaufbauprogramm der Vereinten Nationen einfloß, hatten sich die afrikanischen Führer zu ihrer Verantwortung bei der Überwindung der Wirtschaftskrise bekannt. Die Selbstverpflichtung zur Durchführung weitreichender Wirtschaftsreformen wurde seitdem nicht nur auf zahlreichen Konferenzen wiederholt, der Ankündigung folgten auch Taten.

1987 waren in nicht weniger als 24 Ländern Afrikas südlich der Sahara IWF-gestützte Stabilisierungs- und Anpassungsprogramme in Kraft (s.Tab.), in fast allen anderen wurde über solche Reformprogramme verhandelt. Ob nackte Verzweiflung angesichts der wirtschaftlichen Probleme oder plötzliche Einsicht in die Angemessenheit der von IWF und Weltbank favorisierten wirtschaftlichen Rezepte - immer mehr afrikanische Regierungen folgen den lange erhobenen westlichen Forderungen nach mehr Marktwirtschaft und weniger Staatsintervention, nach wirtschaftlicher Liberalisierung und weniger Kontrolle, nach Förderung der Privatwirtschaft und Rücknahme staatswirtschaftlicher Aktivitäten.

Als gelte es, ihre ideologische Läuterung vor aller Welt zu demonstrieren, haben sich selbst Länder wie Guinea-Bissau und Moçambique, denen bislang eine stramm kommunistische Orientierung nachgesagt werden konnte, auf einen Pakt mit dem IWF eingelassen. Die von Angolas Präsident dos Santos im August 1987 öffentlich gemachten Pläne, es solle die kriegsgebeutelte Ökonomie durch mehr Raum für private Initiative wieder auf die Beine und ein Aufnahmeantrag beim Währungsfonds gestellt werden, wären drei Jahre zuvor vom gleichen Politbüro vermutlich noch als Häresie gebrandmarkt worden.

Eingedenk des neuen Trends hat sich vor allem die Weltbank immer wieder für ihre Schützlinge stark gemacht und versucht, die Geberländer für den Erfolg der Reformprogramme mit in Anspruch zu nehmen. "In der Vergangenheit", schrieb der damalige Weltbank-Präsident Clausen 1986 im Vorwort zur vierten Fortschreibung des Berg-Reports ('Financing Adjustment with Growth in Sub-Saharan Africa 1986-90'), "hat die Bank argumentiert, daß die Verfügbarkeit von Ressourcen nur ein Element sei, um Afrikas Entwicklung voranzubringen: der politische Wille der afrikanischen Führer ... sei ebenso entscheidend. Jetzt gibt es wachsende Anzeichen dafür, daß viele afrikanische Länder diesen politischen Willen haben. (...) Indes, die von vielen afrikanischen Ländern unternommenen größeren Strukturreformen haben keine ausreichende Geberunterstützung erhalten."

Unterstützung hätte durch Erleichterungen beim Schuldendienst und durch mehr Finanzmittel zu günstigeren Bedingungen kommen sollen. Auf beiden Feldern waren 1987 Fortschritte zu verzeichnen, doch ob sie ausreichend waren, um den ständig wachsenden Problemdruck zu mindern, ist mehr als zweifelhaft.

Der Westen zeigt wenig Entgegenkommen

Die Forderungen der afrikanischen Länder zur Lösung des Schuldenproblems sind seit langem bekannt: Zinsabschläge bei den Altschulden, längere Rückzahlungsfristen und mehr tilgungsfreie Jahre, Umwandlung bilateraler Regierungskredite

und daraus resultierender Zinsverpflichtungen in Schenkungen, Rückzahlungs-
möglichkeit in lokaler Währung, Umwandlung von Schulden in Beteiligungen an
Unternehmen. Doch obwohl sich auch in den Gläubigerländern die Einsicht
durchsetzt, daß ein gut Teil der Schulden uneinbringlich bleiben wird, stehen die
meisten von ihnen umfassenden Entschuldungsmodellen weiterhin ablehnend
gegenüber. Kanada, Großbritannien, Frankreich, die Bundesrepublik, die Niederlande und die skandinavischen Länder haben, wie von der Weltbank immer wieder gefordert, in unterschiedlichem Ausmaß Regierungskredite erlassen; die USA
sehen in einem Schuldenerlaß nach wie vor ein nachgerade heiliges Prinzip welt-
wirtschaftlicher Beziehungen verletzt.

So kann es nicht verwundern, daß der Vorschlag des britischen Schatzkanzlers
Nigel Lawson auf der Tagung des gemeinsamen Entwicklungsausschusses von IWF
und Weltbank im April 1987, bilaterale Entwicklungshilfekredite in Schenkungen
umzuwandeln und die übrigen offiziell garantierten Schulden Afrikas mit redu-
zierten Zinsen über bis zu 20 Jahre (bei 10 Freijahren) umzuschulden, ebenfalls
auf den Widerstand der USA stieß. Auch andere Industrieländer haben sich gegen
eine - von der Weltbank entschieden befürwortete - Herabsetzung der Zinsen auf
Regierungskredite gewandt. Die Begünstigung einer ganzen Ländergruppe würde
das Prinzip der Einzelfallprüfung durchbrechen und weitere Schuldner auf den
Plan rufen, lautet das (wenig überzeugende) Argument.

Immerhin haben die Industrieländer im Kommuniqué des Weltwirtschafts-
gipfels im Juni 1987 in Venedig endlich zugestanden, daß der Pariser Club - das
Forum, auf dem die Gläubigerländer öffentliche und öffentlich garantierte
Verbindlichkeiten umschulden - längere Rückzahlungsfristen gewährt. Und
tatsächlich spiegeln Umschuldungsabkommen der jüngeren Vergangenheit günstigere Bedingungen: Moçambique und Somalia wurden Rückzahlungsfristen von 20
Jahren eingeräumt, Senegal 16 Jahre, Mauretanien, Uganda und Zaire 15 Jahre;
auch die rückzahlungsfreien Perioden wurden verlängert. Das Prinzip, daß bereits
umgeschuldete Verbindlichkeiten nicht noch einmal umgeschuldet werden, hat
der Pariser Club fallen gelassen, und während früher i.d.R. nur 80% der Fällig-
keiten eines 12- bis 18monatigen Zeitraums umgeschuldet wurden, sind es heute
fast immer 100%.

Umschuldungen: Schuldenerleichterungen durch Schuldenvermehrung

So wichtig die Aufgabe ehemals eherner Umschuldungsgrundsätze sein mag, zur
Lösung der Schuldenprobleme sind die Zugeständnisse völlig unzureichend. Nach
wie vor folgen Umschuldungen einem Prinzip, das ein ghanaischer Finanzminister
einmal mit der Formel "Schuldenerleichterung durch Schuldenvermehrung" auf
den Begriff gebracht hat. Denn auf die umgeschuldeten Beträge ist ein "Morato-
riumszinssatz" zu zahlen, der die Gesamtheit der Rückzahlungsverpflichtungen
deutlich erhöht. Nach einer drei- bis fünfjährigen (rückzahlungsfreien) Atempause werden mithin nicht nur Tilgungen und ursprünglich vereinbarte Zinsen
ratenweise fällig, sondern dazu noch die Umschuldungszinsen.

Zaire mußte zwischen 1975 und 1985 sechsmal beim Pariser Club und einmal
beim Londoner Club, dem Umschuldungs-Forum der Banken, vorstellig werden.
Die Verschuldung des Landes wuchs in dieser Zeit von 1,7 auf 4,8 Mrd. $; 660
Mio. $ oder 14% der Zunahme gingen auf das Konto der Umschuldungen, waren
kapitalisierte Zinsen. Das Beispiel des auch heute am Rande der Zahlungsunfähigkeit manövrierenden Landes zeigt, was gleichermaßen für alle anderen afrika-

nischen Umschuldungen gilt: Es wäre sinnvoller gewesen, auf Moratoriumszinsen zu verzichten und damit den Zwang zu immer neuen Umschuldungen zu vermindern. So aber wächst in vielen afrikanischen Ländern die Verschuldung schneller als das Bruttoinlandsprodukt - ohne daß sich dies durch entsprechend hohe Zuflüsse bemerkbar machen würde und mit dem Effekt, daß Kreditgeber und private Investoren angesichts der bedrohlichen Verschuldungsdaten dringend benötigtes Kapital zurückhalten.

Auf die intransigente und letztlich irrationale Haltung der Gläubiger gegenüber Forderungen nach einer Reduzierung der Schuldenlast haben die afrikanischen Schuldner bislang erstaunlich moderat reagiert. Immer wieder haben sie ihren Willen bekräftigt, mit den Gläubigern zu einer einvernehmlichen Lösung des Problems zu kommen. Die von Côte d'Ivoire, Nigeria, Zaire und Zambia ausgesprochenen einseitigen Beschränkungen des Schuldendienstes widersprechen dem nicht; sie spiegeln eher total entleerte Kassen als den Willen, den Gläubigern die Stirn zu bieten. Auf dem OAU-Schuldengipfel Anfang Dezember 1987 haben die afrikanischen Länder einmal mehr eine Schuldenzurückweisung verneint und stattdessen vorgeschlagen, die Verbindlichkeiten des Kontinents nach einem zehnjährigen Moratorium über 40 Jahre zinslos umzuschulden. Doch die Gläubiger haben nicht einmal einer seit dem OAU-Gipfel von 1985 gestellten Forderung entsprochen: eine gemeinsame Konferenz zur Verschuldung Afrikas abzuhalten.

Mehr Mittel für Länder mit Strukturanpassungsprogrammen
Was dem Kontinent an Schuldenerleichterungen vorenthalten wird, könnte durch zusätzliche Mittel zu konzessionären Bedingungen ausgeglichen werden. Allerdings läßt die vom Entwicklungskomitee der OECD (DAC) Anfang Dezember 1987 geäußerte Erwartung, die Entwicklungshilfeleistungen der Mitgliedsländer würden (nach einer enttäuschenden Steigerung 1986 um real 1,4%) kaum mehr als 2% wachsen, für die Zukunft nur wenig hoffen. Immerhin hat die Weltbank auf einer von ihr einberufenen Konferenz der 17 wichtigsten Geberländer, ebenfalls Anfang Dezember 1987, $ 2,9 Mrd. eingeworben, die 1988-90 den ärmsten Ländern der Region zusätzlich zu den bereits zugesagten Mitteln als konzessionäre Kredite und Schenkungen zugute kommen sollen.

Diese bilateral vergebenen Hilfsleistungen werden von der Weltbank-Tochter IDA gestützte Anpassungsmaßnahmen kofinanzieren. Die IDA wiederum beabsichtigt, nachdem die achte Wiederauffüllung ihres Budgets nach langem Zögern des US-Kongresses endlich abgeschlossen ist, ihre besonders zinsgünstigen Mittel nunmehr zu 50% an die Länder südlich der Sahara zu vergeben; 70% davon sollen in die "von Schulden bedrängten Länder" ("debt distressed countries") mit niedrigem Einkommen fließen und vorrangig Strukturanpassungsmaßnahmen finanzieren - die Weltbank hat eine neue Zielgruppe entdeckt. In den Genuß des finanziellen Segens kommen jedoch nur Länder, deren Wirtschaftspolitik das Gütesiegel des IWF trägt. Ende 1987 waren 15 Länder derart qualifiziert (Gambia, Ghana, Guinea, Guinea-Bissau, Madagaskar, Malawi, Mauretanien, Moçambique, Niger, São Tomé & Principe, Senegal, Tanzania, Togo, Uganda und Zaire), von sieben weiteren wurde erwartet, daß sie sich in näherer Zukunft den Vorgaben des Fonds (erneut) unterordnen würden (Äquatorial-Guinea, Komoren, Mali, Sierra Leone, Somalia, Sudan und Zambia).

Ein Pakt mit dem IWF war und ist für die Schuldnerländer die conditio sine qua non, um in nenneswertem Umfang von Erleichterungen und neuen Mittelzuflüssen profitieren zu können - ohne IWF-Abkommen keine Umschuldungen, weder im Pariser noch im Londoner Club, keine Strukturanpassungskredite der Weltbank (selbst bei Projektkrediten hält sich die Schwesterorganisation des Fonds dann zurück) und keine von der Weltbank organisierten Geberkonferenzen mit entsprechenden Zusagen. Mit dem Fonds ein Kreditabkommen zu schließen, war in der Vergangenheit allerdings für viele afrikanische Länder nicht nur in politischer und sozialer Hinsicht eine kostspielige Angelegenheit: Die Bedingungen eines IWF-Bereitschaftskredits - Rückzahlung über drei bis fünf Jahre, marktübliche Zinsen - sind für die finanzschwachen Ökonomien Afrikas alles andere als angemessen.

Ein neues Problem: Rückzahlung der IWF-Kredite
Länder, die sich 1983 zu einem Fonds-gestützten Programm durchgerungen hatten, mußten 1986 mit der Rückzahlung der IWF-Kredite beginnen. Ihre Zahlungsbilanzprobleme hatten sich bis dahin kaum gebessert; neue IWF-Kredite standen aber nur noch in eingeschränktem Umfang zur Verfügung, da die Länder ihre Quote für Kreditaufnahmen beim Fonds weitgehend ausgeschöpft hatten; so kam es zum Nettotransfer an den IWF. 1986 zahlten die Länder Afrikas $ 1,84 Mrd. an den Fonds, konnten aber nur $ 970 Mio. an Zuflüssen verbuchen. Eine groteske Situation: Während sich der Kontinent auf härteste Anpassungsmaßnahmen einließ, die - darüber waren sich alle Beteiligten zumindest rhetorisch einig - von erheblichen externen Finanzmitteln unterstützt werden sollten, zahlte er an jene Institution, die die Anpassungsprogramme formulierte, den erklecklichen Betrag von $ 970 Mio.

Um dieser sich lange abzeichnenden Entwicklung entgegenzusteuern, hatte der Fonds im März 1986 ein neues Kreditfenster, die "Strukturanpassungsfazilität" (SAF) geschaffen. Mit ihr sollte Ländern mit niedrigem Einkommen wenigstens die Hoffnung gegeben werden, das zu erreichen, was der Baker-Plan den hochverschuldeten Dritte-Welt-Staaten versprach: durch neue Kapitalzuflüsse Wachstum in Gang zu setzen und damit aus den Schuldenproblemen gleichsam herauszuwachsen. Die Kredite der neuen Fazilität, die nur vergeben werden, wenn sich ein Land auf ein mindestens dreijähriges Anpassungsprogramm einläßt, haben (bei fünfeinhalb tilgungsfreien Jahren) eine zehnjährige Laufzeit und tragen 0,5% Zinsen - sind also wesentlich günstiger als die herkömmlichen IWF-Kredite.

Aus dem Nettotransfer an den IWF einen Transfer in die Länder Afrikas zu machen, war die Finanzausstattung der SAF mit $ 4,2 Mrd. jedoch viel zu gering; die Zugangshöhe mußte auf maximal 63,5% (zunächst 47%) der IWF-Länderquoten beschränkt werden. Nach langem Antichambrieren bei den Industrieländern gelang IWF-Chef Camdessus Ende 1987 die Aufstockung der Fazilität auf $ 11,4 Mrd. - ohne einen Finanzbeitrag der USA, die sich angesichts eines multilateralen Institutionen ablehnend gegenüberstehenden Kongresses kategorisch verweigerten. Der Kreditplafond der "Erweiterten Strukturanpassungsfazilität" (ESAF) beträgt nun 250% der Quote. Dies bedeutet z.B. für Ghana, dem 1987 ein SAF-Kredit in Höhe von $ 180 Mio. zugesagt wurde und das trotzdem deutlich mehr an den Fonds zahlte als es erhielt, unter der ESAF bis zu $ 780 Mio. aufnehmen zu können. Die schier unerfüllbaren Rückzahlungsverpflichtungen an den IWF in den nächsten Jahren könnten damit für Ghana, wie für einige andere

ESAF-berechtigte Länder, vergleichsweise günstig refinanziert werden; die dringend benötigte Finanzinjektion für die afrikanischen Ökonomien wird aber auch von der Erweiterten Strukturanpassungsfazilität nicht kommen können. Obschon die Schaffung und Erweiterung der Strukturanpassungsfazilität unter dem Gesichtspunkt der Sicherung der Rückzahlungsfähigkeit schlicht unabdingbar war, sind ihre Kredite mit weiteren und schärferen Bedingungen verknüpft. Was der Direktor des Europabüros der Weltbank, Maurice P. Bart, über die Strukturanpassungskredite der Weltbank erklärt, gilt auch für die in enger Kooperation zwischen Fonds und Bank vergebenen Kredite der Strukturanpassungsfazilität des IWF: "Regierungen, die solche Darlehen ... beantragen, müssen rückhaltlos reformwillig sein."

Die Trennung der Aufgaben zwischen IWF und Weltbank wird unscharf
Die institutionalisierte Zusammenarbeit der beiden Schwesterorganisationen in Sachen Strukturanpassungsfazilität markiert den vorläufigen Endpunkt einer zunehmenden Konvergenz der Aufgabenfelder von Fonds und Bank, die spätestens 1980 begann und zu einer explosionsartigen Verschärfung der Konditionalität (der an Kredite geknüpften Bedingungen) geführt hat. Damals begab sich die Weltbank mit der Einführung ihrer "Strukturanpassungskredite" auf das bis dahin dem IWF vorbehaltene Terrain der Zahlungsbilanzsanierung. Drei- bis fünfjährige Programme sollen den "Strukturwandel", die "Anpassung" des Produktionsapparates an (veränderte) Weltmarktbedingungen ermöglichen und so den Zahlungsbilanzausgleich mittel- bis langfristig herstellen - ein indirektes Eingeständnis der beiden Washingtoner Institutionen, daß mit den kurzfristigen IWF-Stabilisierungsprogrammen in vielen Dritte-Welt-Ländern nichts auszurichten ist.

Die Stoßrichtung der Weltbank-Auflagen unterscheidet sich nicht von denen des Fonds, auch die Bank verlangt z.B. die Aufhebung von Preiskontrollen, kostendeckende Preise für öffentliche Güter und Dienstleistungen und die Förderung der Exportproduktion. Einige Auflagen gehen jedoch darüber hinaus, betreffen genau bezeichnete institutionelle Reformen und Maßnahmen zur Förderung bestimmter Wirtschaftssektoren. So beschränkt sich die Weltbank z.B. nicht auf die Forderung nach einer Erhöhung der landwirtschaftlichen Erzeugerpreise, sondern verlangt zugleich etwa eine Reform des Vermarktungssystems oder den Ausbau der ländlichen Entwicklungsbanken (und präsentiert dazu detaillierte Pläne).

Nicht von ungefähr kamen aus der Dritten Welt bald Klagen über eine "doppelte Konditionalität". Länder, die ihre Probleme längerfristig therapiert sehen und in den Genuß der neuen Kreditart kommen wollen, müssen sich nicht nur den Auflagen der Weltbank, sondern auch des IWF unterwerfen - ein Weltbank-Strukturanpassungskredit ist zwar nicht de jure aber de facto an ein IWF-Abkommen geknüpft. Mit der Schaffung der IWF-Strukturanpassungsfazilität, deren Kredite sowohl der IWF als auch die Weltbank mit Auflagen versehen, wurde die "doppelte Konditionalität" gleichsam institutionalisiert: Der Fonds steckt mit seinen Vorgaben den makroökonomischen Rahmen ab, den die Weltbank mit sektoralen und mikroökonomischen Auflagen ausfüllt.

An dieser eine eigenständige Wirtschaftspolitik nahezu auf Null reduzierenden Konditionalität vorbeizukommen, ist für die armen Länder des afrikanischen Kontinents im Zeichen der sich zuspitzenden Verschuldungskrise kaum noch möglich. Denn Länder, die mit Fonds und Weltbank brechen, laufen Gefahr,

durch den dann ausbleibenden Mittelzufluß auch gegenüber den beiden Institutionen in Rückstand zu geraten, von ihnen für "nicht kreditberechtigt" ("ineligib-
le") erklärt und dadurch, mit unabsehbaren Folgen, zu weltwirtschaftlichen
Paria-Nationen zu werden. Liberia, Sudan und Zambia, denen dieses Schicksal
widerfahren ist, werden eher über kurz als über lang erneut den Canossa-Gang
zum Währungsfonds antreten müssen.

Hat sich mit den für "Strukturanpassung" vergebenen neuen Kreditarten vor
allem für die afrikanischen Länder mit niedrigem Einkommen die Konditionalität
ungleich verschärft, so sind mit ihnen doch zugleich Instrumente geschaffen
worden, die den krisengeschüttelten Ökonomien eher gerecht werden können als
die auf kurzfristigen Zahlungsbilanzausgleich fixierten traditionellen Bereitschaftskreditabkommen des IWF. Die neuen Kredite finanzieren "mittelfristige
Strukturanpassungsprogramme" - IWF und Weltbank erkennen damit an, daß den
Zahlungsbilanzkrisen der afrikanischen Länder strukturelle Entwicklungskrisen
zugrunde liegen, die nicht kurzfristig zu beheben, sondern nur durch ein Paket
abgestufter, aufeinander bezogener Maßnahmen über einen längeren Zeitraum zu
therapieren sind. Nicht zufällig ist der Terminus "IWF-Stabilisierungsprogramm"
im afrikanischen Kontext in den vergangenen Jahren fast ganz verschwunden.

Abgestufter umgesetzt, präziser aufeinander bezogen und in einigen Bereichen
detaillierter, sind die Maßnahmen der Strukturanpassungsprogramme doch im
wesentlichen die der herkömmlichen IWF-Programme. Kein Wunder: Das Credo
der beiden Bretton-Woods-Organisationen - Sanierung der Entwicklungsländer-
Ökonomien durch ihre Integration in den Weltmarkt, durch die verstärkte Anwendung marktwirtschaftlicher Prinzipien und durch das Zurückdrängen des
Staates zugunsten der Privatwirtschaft - hat sich nicht verändert.

Wie bittere Ironie der Geschichte erscheint es, daß just in dem Moment, in
dem das Gros der afrikanischen Länder sich auf die von IWF und Weltbank
ausgegebenen Maximen einläßt und auf private Initiative und Investitionen baut,
privates Kapital den Kontinent geradezu flieht. Konnte Schwarzafrika bei Direktinvestitionen nach OECD-Schätzungen 1982 noch einen Nettozufluß von
$ 1,5 Mrd. verbuchen, so wurde daraus 1984 und 1985 ein Abfluß von $ 300
bzw. 90 Mio. Staatlich garantierte Exportkredite schrumpften von $ 2 Mrd. (1980)
auf $ 0,4 Mrd. (1986); Banken, die nur in wenigen Ländern in größerem Umfang
engagiert sind, drosselten die Kreditzufuhr ebenso.

Privatisierung - eine Rechnung, die nicht immer aufgeht

Das rückläufige Interesse privaten ausländischen Kapitals an einem Engagement
in Afrika ist auch ein Grund dafür, daß die von IWF und Weltbank initiierten
Privatisierungen von Staatsunternehmen bislang eher schleppend vorangekommen
sind. Die Privatisierungsvorhaben basieren auf dem Kalkül, daß der private
Sektor viele staatlichen Unternehmen übertragene Aufgaben besser, d.h. effekti-
ver und mit größeren Wohlfahrtseffekten, erfüllen kann als öffentliche und
daß mit dem Verkauf notorisch zuschußbedürftiger, weil defizitärer Betriebe der
angespannte Staatshaushalt entlastet wird. Die Rechnung geht vielerorts nicht auf:
Nicht nur zeigen sich private in- wie ausländische Investoren wenig geneigt,
heruntergewirtschaftete und überdimensionierte Fabriken zu kaufen, häufig fehlt
es auch an unternehmerischem Potential, das die offerierten Anreize nutzen
könnte. So zeigen die Erfahrungen, daß der Staat in den Jahren nach der Unabhängigkeit aus gutem Grund in großem Stil überall in Afrika den Part eines

Unternehmers übernahm und in nahezu allen Bereichen der Volkswirtschaften öffentliche Unternehmen schuf - häufig allerdings mit hohen entwicklungspolitischen Kosten.

"Strukturanpassung" kann in dieser Situation sinnvollerweise nicht heißen, diese Kosten zu minimieren, indem dem Staat die Unternehmerrolle ganz entzogen wird. Viele Güter und Dienstleistungen würden überhaupt nicht mehr angeboten, vor allem aber hätte ein solches Unterfangen tiefgreifende politische Rückwirkungen: Nirgendwo sonst in der Dritten Welt ist politische Herrschaft so eng mit den via Staatsunternehmen zu beschaffenden und zu verteilenden Ressourcen verknüpft wie in Afrika, dienen öffentliche Unternehmen so sehr der Versorgung der herrschenden Schichten und ihrer Klientel, mithin der Herrschaftssicherung.

Die Dimensionen eines Ausverkaufs staatlicher Unternehmen langsam erkennend, hat die Weltbank - sie ist in diesem Bereich der Strukturanpassung federführend - das Privatisierungskonzept modifiziert. Nicht allein Schließung oder Privatisierung lauten jetzt die Optionen für defizitäre Staatsunternehmen, saniert wird u.a. durch Restrukturierung, durch Einsetzung ausländischen Managements, durch "performance contracting" (den Abschluß von Verträgen zwischen Regierung und Staatsunternehmen, mit denen die Unternehmen auf bestimmte, überprüfbare Leistungen verpflichtet werden), durch Umwandlung in "joint ventures" und durch "leasing" an ausländische Interessen. Vor allem die letztgenannte Möglichkeit wird in der jüngeren Vergangenheit verstärkt genutzt, um zum einen die Zurückhaltung ausländischer Investoren beim Erwerb von Beteiligungen und zum anderen den Widerstand bei vielen Regierungen, nationalen Besitz zu veräußern, zu umgehen.

Als besonders erfolgreiches Beispiel für "leasing" führen IWF und Weltbank gern ein togolesisches Stahlwerk an, das der US-amerikanische Geschäftsmann John Moore sanierte. Moore schloß mit der togoischen Regierung einen ihm alle Freiheiten bei der Geschäftsführung einräumenden zehnjährigen "leasing"-Vertrag und gründete eine Betreibergesellschaft, an der er zu 49% neben internationalen Entwicklungsbanken private togoische Investoren (von Ministerialbeamten bis zu reichen Marktfrauen) beteiligte - eine Versicherung gegen Enteignung. Bereits Ende 1984, weniger als ein Jahr nach der Übernahme, arbeitete das 1979 eröffnete, notorisch defizitäre $ 42 Mio.-Werk, das seine weit über dem togoischen Bedarf liegende Jahreskapazität von 44 000 t nie mehr als zu 20% ausgeschöpft hatte, mit Profit. Moore hatte das auf die Verarbeitung von (importierten) Stahlbarren ausgelegte Werk derart umgestellt, daß es auch die in Westafrika dank maroder Eisenbahnen aus der Kolonialzeit reichlich vorhandenen Schienen verarbeiten konnte, hatte durch ein aggressives Marketing neue Exportmärkte in den Nachbarländern erschlossen, hatte, um nicht von schwerfälligen und zahlungsunwilligen Bürokratien abhängig zu werden, den Verkauf des Stahls auf sieben Verteiler begrenzt - und über 300 Arbeiter entlassen.

Entlassungen: ein typisches Merkmal von Strukturanpassungsprogrammen
Entlassungen als Folge der Sanierung von Staatsunternehmen und des öffentlichen Dienstes allgemein gehören zu den wesentlichen Merkmalen afrikanischer Strukturanpassungsprogramme. Tatsächlich sind öffentlicher Dienst und Staatsunternehmen in Afrika häufig grotesk überbesetzt, diente die Schaffung immer neuer Stellen in der Vergangenheit vielfach eher dazu, ein soziales Netz zu ersetzen als

neue gesellschaftliche Aufgaben zu erfüllen. Entlassungen großer Teile der öffentlich Bediensteten tragen jedoch nicht automatisch zu mehr Effizienz und zum Budgetausgleich bei: Nicht nur schwillt durch die Entlassungen das Heer der Arbeitslosen weiter an, wird die kaufkräftige Nachfrage vermindert und dadurch die Produktion (eine wesentliche Steuerquelle) entmutigt, auch kann die Leistungsfähigkeit staatlicher Instanzen bis zur völligen Lähmung beeinträchtigt werden. Im Niger z.B. wurde, Weltbank-Vorgaben folgend, der Personalbestand der Getreidevermarktungsbehörde 1986 so weit ausgedünnt, daß die Buchführung zusammenbrach. Die fehlenden Staatdiener wurden durch ausländische Experten ersetzt - und damit nur andere Ausgabenkonten belastet.

Entlassungen sind jedoch nur ein Aspekt viel umfassenderer Sparmaßnahmen, die die öffentliche Hand im Zuge eines Strukturanpassungsprogramms im Regelfall vornehmen muß. Massive Kürzungen im Gesundheits- und Bildungsbereich gehören dazu ebenso wie tiefe Schnitte ins soziale Netz, etwa die Aufhebung von Subventionen für Grundnahrungsmittel - anders sind die Vorgaben von IWF und Weltbank für das Budgetdefizit häufig nicht einzuhalten. Von den oftmals verheerenden sozialen Folgen solcher Sparmaßnahmen ganz abgesehen, zeitigen sie vielfach auch in ökonomischer Hinsicht kontraproduktive Wirkungen: Wenn beispielsweise für die öffentlichen Verkehrsmittel keine Ersatzteile angeschafft werden können und dringende Erneuerungsinvestitionen unterbleiben, verschlechtern sich mit dem Verfall der Verkehrsinfrastruktur zugleich die Arbeits- und Absatzmöglichkeiten der Bevölkerung, wird die Expansion des privaten Sektors - wesentliches Ziel des Strukturanpassungspakets - behindert. Und die bereits geringe Effizienz der staatlichen Dienste sinkt weiter, wenn - wie vielerorts geschehen - Lohnangleichungen, die die durch Abwertungen verursachten Preissteigerungen auffangen sollen, erst mit großer Verzögerung stattfinden und nur einen Teil des Kaufkraftverlustes ausgleichen. Die staatlich Bediensteten werden durch die Reallohnverluste dann geradezu gezwungen, in noch größerem Maße als bisher während der Arbeitszeit anderen Beschäftigungen nachzugehen, ihnen anvertraute Ressourcen für private Zwecke zu verwenden oder ihre Position für andere illegale Geschäfte zu nutzen.

Erhöhungen der Erzeugerpreise erreichen nicht immer ihr Ziel

Selbst eine vergleichsweise unstrittige Maßnahme wie die Erhöhung der Erzeugerpreise für landwirtschaftliche Exportprodukte erreicht nicht immer ihr Ziel - die Steigerung der Exporte - und kann, wie das Beispiel Malawi zeigt, höchst unerwünschte Nebeneffekte zeitigen: Die Erhöhung der Produzentenpreise für Erdnüsse führte bei gleichzeitigen Subventionskürzungen für den beim Maisanbau verwendeten Dünger zu einer Verlagerung der Erzeugung auf Erdnüsse. Mit dem Rückgang der Maiserzeugung für den inländischen Verbrauch verschlechterte sich die Nahrungsmittelversorgung. Damit nicht genug: Die erhöhte Exportproduktion setzte sich nicht, obschon durch eine Abwertung der Landeswährung unterstützt, in entsprechend höhere Exporteinnahmen um, weil die traditionellen Exportwege durch das kriegsgeschüttelte Moçambique nicht genutzt werden konnten und so die Kosten für Transport und Versicherung auf 40% des Warenwertes gestiegen waren.

Die umstrittenste Maßnahme der Strukturanpassungsprogramme ist die Abwertung der Landeswährung. Ziel der Rücknahme des Wechselkurses auf ein vom IWF als "realistisch" angesehenes Niveau ist v.a., die Wettbewerbsfähigkeit der

Exporte zu verbessern und die Subventionierung der Importe zu vermindern, um damit den Ausgleich der Zahlungsbilanz zu erreichen. Bei agrarischen und mineralischen Rohstoffen, Afrikas Hauptexportgütern, bleibt eine Abwertung jedoch ohne Wirkung auf die Absatzchancen, denn die Preise dieser Güter werden an internationalen Rohstoffbörsen in britischen Pfund und US-Dollar und nicht in afrikanischen Landeswährungen notiert. Allerdings vergrößert eine Abwertung die Gewinnspanne der inländischen Produzenten (sie erhalten pro exportierter Einheit einen größeren Gegenwert in Landeswährung) und schafft so einen Anreiz, das Angebot zu erhöhen. Ob das erhöhte Angebot zu annehmbaren Preisen auf dem Weltmarkt abgesetzt werden kann, ist jedoch längst nicht sicher. Der katastrophale Verfall der Rohstoffpreise in den vergangenen Jahren (s. Graphik 4) hat einmal mehr gezeigt, daß die Rohstoffmärkte und damit Afrikas Deviseneinnahmen weit mehr von der Nachfrage der Abnehmerländer als vom Angebot der Produzentenländer bestimmt werden.

Graphik 4: Rohstoffpreise (Index: 1980=100)

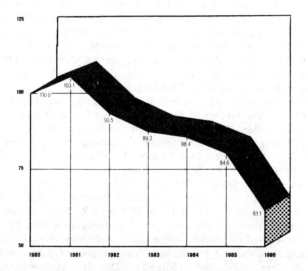

Quelle: Weltbank

Gegen die exportstimulierenden Effekte der Abwertung steht ihre verteuernde Wirkung bei den Importen. Im Zusammenspiel mit dem Abbau außenwirtschaftlicher Kontrollen können durch sie für den Binnenmarkt produzierende Unternehmen in existenzbedrohende Schwierigkeiten geraten: durch die Abwertung sind sie plötzlich nicht mehr in der Lage, die drastisch gestiegenen Importrechnungen für Vorprodukte und Ersatzteile zu begleichen, durch die außenwirtschaftliche Liberalisierung sind sie gegenüber ausländischen, auf dem Inlandsmarkt erscheinenden Anbietern nicht konkurrenzfähig - Strukturanpassung bedeutet für solche Betriebe und ihre Beschäftigten häufig Ruin.

Nicht nur Vorprodukte und Ersatzteile, alle Importe, auch Nahrungsmittel und andere Konsumgüter verteuern sich um den Prozentsatz der Abwertung (und häufig noch darüber hinaus). Wenn, wie fast immer, gleichzeitig Preiskontrollen für inländisch produzierte Güter aufgehoben, die Preise für staatliche Güter und Dienstleistungen nachhaltig erhöht und die Subventionen bei Grundgütern gestrichen werden, entsteht - typischerweise zu Beginn eines Anpassungsprogramms - ein Inflationsschub, der nicht nur, aber v.a. die unteren Bevölkerungsschichten in den Städten trifft. Sie sind auch die Hauptleidtragenden der durch die Sparmaßnahmen verursachten Verschlechterung der staatlichen Dienstleistungen, sei es im Bildungs-, Gesundheits- oder Transportwesen.

Soziale und politische Kosten der Strukturanpassungsprogramme

Daß es angesichts der für einige soziale Gruppen existenzbedrohenden Konsequenzen der Anpassungsprogramme zu Streiks, manchmal auch zu Unruhen kommt, kann nicht weiter verwundern: Die Erhöhung des Preises für Maismehl um 125% trieb im Dezember 1986 die Minenarbeiter im zambischen Kupfergürtel auf die Straße, 17 Tote blieben zurück, als der Aufstand schließlich niedergeschlagen war; in Madagaskar führte 1987 der mit der Privatisierung der Reisvermarktung verbundene drastische Anstieg der Reispreise vor allem im südlichen Teil der Insel zu Hungerrevolten, derer die Staatsmacht nur durch den blutigen Einsatz einer militärischen Sondereinheit Herr werden konnte. Es zeugt von der großen Leidensbereitschaft, aber auch von der mangelnden Konfliktfähigkeit der die Kosten der Anpassung tragenden Unterschichten, daß es in der jüngsten Vergangenheit nicht mehr derartige Meldungen gab.

V.a. die Unruhen in Zambia, die Präsident Kaunda zwangen, den vom IWF dekretierten Pfad wirtschaftlicher Sanierung zu verlassen, haben die Weltbank und schließlich auch den IWF veranlaßt, den sozialen und politischen Dimensionen ihrer Anpassungsprogramme stärkere Beachtung zu schenken als bisher. Langsam setzt sich bei beiden Organisationen nicht nur die Erkenntnis durch, daß bisher "die ärmsten Teile der Bevölkerung die größte Last der wirtschaftlichen Anpassung getragen haben" (IWF-Chef Camdessus vor den Vereinten Nationen), sondern auch, daß die sozialen Kosten der Programme Regierungen in eine Lage manövrieren können, in der der von IWF und Weltbank vorgegebene Kurs politisch nicht mehr durchzuhalten ist. Die Schlußfolgerung von IWF und Weltbank daraus lautet jedoch nicht "Anpassung" des Anpassungskonzepts an die wirtschaftlichen, sozialen und politischen Bedingungen Afrikas, sondern "soziale Abfederung" der herkömmlichen Programme. Das den Maßnahmenpaketen zugrundeliegende Konzept samt seiner ordnungspolitischen Implikationen wird, trotz zahlreicher Hinweise auf seine - vorsichtig formuliert - begrenzte Wirksamkeit, nicht in Frage gestellt; allein die vor allem in der Anfangsphase der Programme auftretenden hohen sozialen Kosten sollen durch kompensatorische Maßnahmen minimiert werden.

"Leider weiß man über die soziale Wirkung [von Anpassungsmaßnahmen] nicht besonders viel im voraus", muß der für Afrika zuständige Weltbank-Vizepräsident Edward Jaycox im Interview einräumen. "Es ist unglaublich, wie wenig darüber bekannt ist, ... wie die soziale Seite [der Anpassung] gemanagt werden kann." Immerhin können IWF und Weltbank bei der Bestandsaufnahme der sozialen Kosten ihrer Programme auf Studien der Internationalen Arbeitsorganisation (ILO) und des Kinderhilfswerks der Vereinten Nationen (UNICEF) zurückgreifen. Beide Organisationen haben in den vergangenen Jahren (zusammen mit dem UNDP und dem World Food Programme) die Washingtoner Finanzinstitutionen immer wieder gedrängt, Maßnahmen zum Schutz der besonders gefährdeten Bevölkerungsgruppen in ihre Anpassungsprogramme aufzunehmen. Es war der stellvertretende Exekutivdirektor von UNICEF Richard Jolly, der 1985 als Forderung an IWF und Weltbank die Formel von der "Anpassung mit menschlichem Gesicht" ausgab. Er war es auch, der immer wieder darauf hinwies, daß es absurd ist, anzunehmen, die wirtschaftliche Dynamik eines Landes könne wiederhergestellt werden, wenn ein großer Teil der Arbeitskräfte unterernährt und ohne die einfachsten Produktionswerkzeuge ist.

Spät haben der IWF und vor allem die Weltbank auf die Anstöße reagiert. Zunächst müsse ein großes Forschungsdefizit geschlossen werden, erklärt Jaycox: "Wir wissen, daß es gefährdete Gruppen gibt und daß sie betroffen sein werden, aber wir wissen nicht genau, was dagegen zu tun ist. Wir müssen das Budget unter Kontrolle bringen, aber wir wollen nicht diese Resultate [wie in Zambia]. Wie kann man sicherstellen, daß Subventionen den wirklich Armen und Gefährdeten zugute kommen? Das sind große Fragen."

"Ergänzungsprogramme" zur Linderung der Folgen von Anpassungsmaßnahmen
Die Bank werde den Regierungen künftig verstärkt dabei helfen, die Effizienz der Sozialausgaben im Hinblick auf die Armen zu verbessern, heißt es aus Washington. Darüber hinaus würden in Zusammenarbeit mit anderen Institutionen und nichtstaatlichen Organisationen "Ergänzungsprogramme" zu den Strukturanpassungsprogrammen in den Bereichen Ernährung und Beschäftigung entwickelt. Ein Beispiel für derartige flankierende Maßnahmen bietet Gambia: Dort wurde eine Beratungsstelle eingerichtet, die einigen ausgewählten, aus dem Staatsdienst Entlassenen durch Schulung und Kredite die Möglichkeit eröffnen soll, sich selbständig zu machen. Die Weltbank räumt selbst ein, daß solche Maßnahmen Gefahr laufen, die Ärmsten nicht zu erreichen.

Aber selbst wenn Wege gefunden werden, die Kosten der Anpassungspakete für die ärmsten Bevölkerungsteile zu vermindern - sicher ist, daß derartige "Ergänzungsprogramme" eines deutlich höheren externen Finanzierungsbeitrages bedürfen als die internationalen Geber Afrika bislang zu geben bereit waren. Erst höhere Kapitalzuflüsse würden - wenn man der Logik der Bretton-Woods-Institutionen folgt - die Notwendigkeit einer restriktiven Politik mit allen ihren negativen Folgen für Beschäftigung, Einkommen und Wachstum reduzieren, würden es erlauben, die Umsetzung der Maßnahmenpakete über einen längeren Zeitraum zu strecken und sie damit sozial verträglicher zu machen und würden die Finanzierung der Sozialprogramme für die Ärmsten ermöglichen.

Im Dezember 1987 hat die Weltbank zusammen mit dem UNDP und der Afrikanischen Entwicklungsbank eine "regionale Projektfazilität" mit zunächst $ 10 Mio. geschaffen, die ausdrücklich dazu dienen soll, die negativen sozialen Wirkungen von Anpassungsprogrammen zu lindern. Auch wenn es gelingen sollte, den Fonds durch die Beteiligung weiterer Geber wie geplant auf $ 50 - 60 Mio. aufzustocken, gleicht sein Finanzvolumen angesichts des afrikanischen Bedarfs dem sprichwörtlichen Tropfen auf dem heißen Stein. Nur wenig deutet darauf hin, daß der rückläufige Trend bei den Kapitalzuflüssen umgekehrt und die finanzielle Dürre, unter der der Kontinent von Jahr zu Jahr mehr zu leiden hat, überwunden werden könnte.

Oder doch? Im Februar 1988 fand eine Geberkonferenz in Genf statt, auf der
für das zum Testfall für die gesamte subsaharische Region aufgewertete ghanaische Anpassungsprogramm Finanzmittel für ein "Programme of Action to Miti-
gate the Social Costs of Adjustment" (PAMSCAD), ein Aktionsprogramm zur
Linderung der sozialen Kosten der Anpassung, eingeworben werden sollten - ein
bis dahin einmaliger Fall. $ 85 Mio. kamen zusammen; zusätzlich zu den bereits
bewilligten Mitteln in den nächsten zwei bis drei Jahren auszuzahlen, ist dies für
Ghana eine nicht unerhebliche Summe. Wenigstens im Falle Ghanas haben endlich auch die Geber ihren Test bestanden und können die Opfer des Anpassungsprogramms hoffen, daß sich ganz hinten am Ende des Tunnels etwas Licht zeigt.

Weiterführende Literatur

Addison, Tony / Demery, Lionel: Milderung der Armut bei Struktureller Anpas-
    sung. Besteht Handlungsspielraum? In: Finanzierung und Entwicklung
    (Dezember 1987) 4, S. 41-43
Africa Report: Africa's Economics, Debt, Exports, and Development, Novem-
    ber-December 1987; darin u.a. Beiträge zum Aktionsprogramm der Verein-
    ten Nationen, zur Verschuldung, zur Privatisierung, Länderberichte sowie
    ein Interview mit Edward Jaycox, Weltbank-Vizepräsident für Afrika
Bell, Michael W. / Sheehy, Robert L.: Strukturanpassungshilfen für Länder mit
    geringem Einkommen. In: Finanzierung und Entwicklung (Dezember
    1987) 4, S. 6-9
Development: Seeds of Change: Africa. Recovery and Development (Journal of
    the Society for International Development) 1987:2/3
Havnevik, Kjell J. (Ed.): The IMF and the World Bank in Africa. Conditionality,
    Impact and Alternatives, Uppsala 1987
Haynes, Jeff / Parfitt, Trevor W. / Riley, Stephen: Debt in Sub-Saharan Africa:
    The Local Politics of Stabilisation. In: African Affairs 88 (July 1987) 344, S.
    343-366
Hodd, Michael: Africa, the IMF and the World Bank. In: African Affairs 86 (July
    1987) 344, S. 331-342
Hoeven, Rolph van der: External Shocks and Stabilisation Policies. In: Internatio-
    nal Labour Review 126 (March-April 1987) 2, 133-150
Huang, Yukon / Nicholas, Peter: Die sozialen Kosten der Anpassung. In: Finan-
    zierung und Entwicklung (Juni 1987) 2, S. 22-24
Klein, Thomas M.: Schuldenerleichterungen für Afrika. Ein neuer Ansatz der
    öffentlichen Gläubiger im Pariser Club. In: Finanzierung und Entwicklung
    (Dezember 1987) 4, S. 10-13
Köhler, Volkmar: Strukturanpassung in Afrika. Der Konfektionsanzug paßt nicht
    überall. In: Entwicklung + Zusammenarbeit (1988) 1, S. 4-5
Lachenmann, Gudrun: Die gesellschaftliche Problematik der Strukturanpassungs-
    politik in Afrika. In: vierteljahresberichte (September 1987) 109, S. 275-292
Mohs, Ralf M.: Structural Adjustment Programmes in Sub-Saharan Africa. In:
    Intereconomics (January/February 1988), S. 25-28
United Nations, Report of the Secretary General: Progress in the Implementation
    of the United Nations Programme of Action for African Economic Re-
    covery and Development, 1986-1990, New York, September 1987

Stefan Brüne

Ideologie, Politisches Regime und Entwicklung – Die Demokratische Volksrepublik Äthiopien

"Wenn die Revolution gut ist für das Volk, bin auch ich für die Revolution" - mit diesen Worten soll Kaiser Haile Selassie, auf dem Weg ins Militärgefängnis, das Ende der äthiopischen Monarchie kommentiert haben (Kapuściński 1986: 187). Inzwischen liegt der Sturz des Negus fast anderthalb Jahrzehnte zurück, und der Streit darüber, ob die äthiopische Revolution, wenn sie denn eine war, dem Land neue Entwicklungsperspektiven eröffnet hat, hält an. Sind die politisch-institutionellen Reformen, mit denen radikale Militärs aus dem feudal geprägten Kaiserreich innerhalb weniger Jahre eine "sozialistische Repubulik" gemacht haben, Ausdruck eines kohärenten und zukunftsweisenden Entwicklungskonzeptes? Zeichnet sich in Äthiopien, dem ersten afrikanischen Agrarstaat, der von einer "Arbeiterpartei" regiert wird, eine Alternative zu abhängig-kapitalistischer Entwicklung ab? Oder verbirgt sich hinter der Gründung der "Volksrepublik" v.a. der Pragmatismus einer Militärführung, die die Waffenlieferungen aus der Sowjetunion nicht gefährden will? Hat in Äthiopien eine kleine Gruppe machtbewußter Militärs, gestützt auf die amharisch dominierte Bürokratie, die Staatsmacht usurpiert?

Die Selbstauflösung des DERG stellt eine wichtige Zäsur dar. Sie bietet Anlaß, erneut nach dem politischen Charakter und den Entwicklungsleistungen eines Regimes zu fragen, das äußerst umstritten ist. Da die aktuelle Äthiopien-Berichterstattung weitgehend von tagespolitischen Ereignissen und dem Reiz- und Symbolwert einer marxistisch legitimierten Politik lebt, soll hier der Schwerpunkt auf der *Struktur* des gesellschaftlichen Transformationsprozesses liegen, der jetzt mit der Verabschiedung einer sozialistischen Verfassung ein vorläufiges Ende gefunden hat. Dabei sind zwei Fragen von besonderer Bedeutung: Wird die jüngere äthiopische Entwicklung zu Recht als "Revolution" charakterisiert? Und: Welche Bedeutung hat die ideologische Selbstdarstellung für die Gesellschaftspolitik und das Regierungshandeln des Regimes?

Die Revolution: Struktur und Anspruch

Wenn man unter Revolution einen von einer Massenbewegung getragenen, illegal und gewaltsam herbeigeführten radikalen Umbruch im Bereich der Institutionen, der Ideologie, der Eigentumsverhältnisse, der Sozialstruktur und der Elitezusammensetzung versteht, spricht zunächst alles für die These von der äthiopischen Revolution. Der radikale Militärrat, der Haile Selassie nach landesweiten Protesten im September 1974 entmachtete, kann für sich in Anspruch nehmen, ein machtpolitischer Garant tiefgreifender Reformen gewesen zu sein. Während sich der sozialrevolutionäre Anspruch vieler afrikanischer Regime in einer populistischen Rhetorik erschöpft, haben die "sozialistischen" Militärs in Äthiopien die politischen, sozialen und wirtschaftlichen Strukturen des Landes grundlegend verändert. Schon bald nach der Übernahme der staatlichen Regierungsgewalt entsprachen die Militärs, die zunächst einen "spezifisch äthiopischen Sozialismus" propagierten, der wichtigsten Forderung der antikaiserlichen Opposition und verfügten ein radikales Agrarreformgesetz. Die entschädigungslose Enteignung der ländlichen Böden und die Aufhebung traditioneller Tributverpflichtungen und Pachtverhältnisse entzog der unter Haile Selassie dominierenden Sozialgruppe ihre herkömmlichen Privilegien und machte sie funktionslos: Die landbesitzende

Aristokratie verlor die ökonomische Grundlage ihrer politischen Macht. Wenig später folgte die städtische Bodenreform. Miets- und Zweithäuser wurden in Regierungseigentum überführt und die - ebenfalls entschädigungslose - Verstaatlichung städtischen Grund und Bodens bereitete den Immobilienspekulationen der "absentee landlords" ein Ende. Gleichzeitig wurden Banken, Versicherungen und 70 größere, überwiegend von ausländischem Kapital kontrollierte Unternehmen verstaatlicht. Innerhalb weniger Monate hatten unerwartet radikale Nationalisierungsmaßnahmen, von denen nur kleine und mittlere Industrie- und Handelsunternehmen ausgenommen waren, dazu geführt, daß es keine gesellschaftliche Schicht mehr gab, deren staatspolitischer Einfluß in feudalen Herrschaftsprivilegien oder privatem Kapitalbesitz gründete. Damit gewann die politische Sphäre an Bedeutung und - gegenüber der nationalen Ökonomie - an Autonomie.

Die Durchführung der Bodenreformen und die Ausweitung der staatlichen Wirtschaftstätigkeit machte neue Formen der Herrschaftssicherung und -organisation erforderlich. Hier zeigte sich allerdings bald, daß die tatsächliche Gestaltung der Machtverhältnisse, trotz der Massenunterstützung, die die Militärs anfänglich hatten, zu einer ausschließlichen Angelegenheit einer hermetisch abgeschlossenen Führungselite wurde. Die ökonomische Umverteilungspolitik fand keine Entsprechung im politischen Bereich, da die regierenden Militärs nicht bereit waren, Repräsentanten der Arbeiter, Bauern und Intelligenz einen institutionell garantierten Einfluß auf zentralstaatliche Entscheidungsprozesse und Machtstrukturen einzuräumen. Den Forderungen ziviler Gruppierungen nach Einberufung eines Volkskongresses, Presse- und Meinungsfreiheit und institutionell regulierten Formen der Konfliktregelung begegnete der Militärrat, der anonym blieb und seine Entscheidungen streng geheim traf, mit Gewalt und staatlichem Terror. Öffentliche Kritik, Demontrationen und Streiks galten als "konterrevolutionär", und Gewerkschaften, Berufsverbände und private Wohlfahrtsverbände wurden einer direkten Staatskontrolle unterworfen.

V.a. die Auflösung des Gewerkschaftsverbandes CELU und die willkürliche Verhaftung vieler Intellektueller, die demokratische Rechte einforderten, war es, die Teile der Opposition veranlaßte, ebenfalls zu Mitteln der Gewalt zu greifen. Die innenpolitischen Konflikte eskalierten, und dem Regime, das sich nach heftigen internen Auseinandersetzungen mit der UdSSR verbündete und seither auf den "wissenschaftlichen" Sozialismus beruft, gelang es nur durch Einschüchterung und staatlichen Terror, die Opposition nachhaltig zu schwächen. Im Verlauf dieses Prozesses, der als "Roter Terror" (1977/78) in die äthiopische Geschichte eingegangen ist, kamen etwa 200 Regierungsfunktionäre und 5000-10 000 mutmaßliche oder tatsächliche Angehörige der Opposition ums Leben.

Die nachrevolutionären Auseinandersetzungen trugen Züge eines Bruderkampfes. Nicht nur die zivile Opposition, sondern auch die regierenden Militärs legitimierten ihre Politik als "sozialistisch" und reklamierten ein marxistisches Selbstverständnis. Nicht die radikale Agrarreform, sondern deren militaristische Implementierung, nicht die Verstaatlichung der Industrie, sondern der Mangel an Mitbestimmung, nicht das *Programm*, sondern die diktatorische *Praxis* des Regimes provozierte Kritik und Widerstand. Der exklusive Machtanspruch der Militärs und der auffällige Widerspruch zwischen dem demokratischen Anspruch des Regimes und seinem machtpolitischen Rigorismus macht die Frage nach dem revolutionären Charakter des Regimes zu einer Frage des Maßstabs. Die meisten Autoren ziehen es vor, von der "Revolution von oben", der "steckengebliebenen

Revolution" oder - moralische Variante - von der "verratenen Revolution" zu sprechen. Hinter diesen Formulierungen verbirgt sich die Erkenntnis, daß die Ergebnisse revolutionärer Umbrüche selten den Ansprüchen und Erwartungen der Revolutionäre entsprechen. Moderne Revolutionen kennen eine thermidorianische Phase, die in der Errichtung einer straffen Zentralgewalt endet. Damit läßt sich jedoch nicht erklären, warum die bewaffneten Kämpfe zwischen dem "sozialistischen" Regime und "sozialistischen" Gruppierungen wie der EPLF und TPLF auf ein und derselben ideologischen Basis geführt werden. Westliche Beobachter haben auf diese "innermarxistischen" Auseinandersetzungen gelegentlich mit Unverständnis reagiert. Die folgenden Abschnitte versuchen, die Gründe für die ungebrochene Attraktivität des Marxismus für die äthiopischen Eliten aufzuzeigen.

Strukturwandel der Unterentwicklung

Die Hoffnungen, die sich in Äthiopien mit sozialistischen Ideen verbinden, haben historische Wurzeln. Der äthiopische Vielvölkerstaat entstand in seinen heutigen Grenzen erst um die Jahrhundertwende und konnte, wenn man von dem italienischen Intermezzo (1935-41) und dem völkerrechtswidrig annektierten Eritrea (1962) absieht, seine staatliche Souveränität gegen koloniale Bedrohungen behaupten. Die wirtschaftliche und gesellschaftliche Entwicklung des äthiopischen Kaiserreichs war daher lange von internen, d.h. ethnisch-regionalen und feudal geprägten Machtkonstellationen und Interessengegensätzen bestimmt. Als sich die USA und Großbritannien 1947 in den Pentagon-Talks auf eine gemeinsame Äthiopienpolitik verständigten, stand nicht die wirtschaftliche Erschließung des rohstoffarmen Landes durch ausländisches Kapital, sondern die institutionelle und militärische Stärkung der Zentralgewalt im Mittelpunkt. Erst als Haile Selassie, inzwischen zum wichtigsten militärischen Verbündeten der USA in Afrika avanciert, in den späten 50er Jahren ausländischem Kapital günstige Investitionsmöglichkeiten bot, entwickelte sich - vergleichsweise spät und zögernd - ein bescheidener, kapitalistisch organisierter Sektor, der in den 60er Jahren hohe Zuwachsraten aufwies. Das beschleunigte wirtschaftliche und soziale Wachstum des modernen Sektors wurde dann zu Beginn der 70er Jahre im Gefolge der ersten Ölkrise durch eine kurze und schwere Rezession unterbrochen. Erst in dieser Phase wurden die antifeudalen Proteste der Intelligenz und anderer städtischer Gruppierungen, deren Situation sich weniger schnell verbesserte als sie erwartet hatten, massenwirksam. Sozialistische Ideeen gewannen, insbesondere an der Universität und in den wenigen städtischen Zentren, an Popularität. Zu diesem Zeitpunkt war Äthiopien eines der ärmsten und rückständigsten Länder der Erde. Knapp 90% der Bevölkerung lebten auf dem Land. Die jährlichen Pro-Kopf-Einkommen lagen bei US$ 83 (1973) und waren in Afrika nur im Tschad niedriger. Die durchschnittliche Lebenserwartung lag bei 30 Jahren. Gleichzeitig kontrollierten Adel und Kirche rd. zwei Drittel der von Kleinbauern und -pächtern bewirtschafteten Agrarflächen. Unter diesen Bedingungen waren die "sozialistischen" Programme der antikaiserlichen Opposition nicht Ausdruck des Protestes gegen ein entwickeltes, die nationale Ökonomie dominierendes Kapitalverhältnis, sondern Reaktion auf ein frühes Stadium abhängig-kapitalistischer Entwicklung. Die "sozialistische" Argumentation der antikaiserlichen Opposition richtete sich einerseits gegen die sozialen Folgen eines von ausländischem Kapital kontrollierten und beschleunigten Kommerzialisierungsprozesses und andererseits gegen die als entwicklungshemmend empfundene Dominanz des einheimischen Feudaladels. Der antikaiserliche Marxismus war keine Entwicklungs-, sondern eine Anti-Status-quo-Ideologie, in der sich antifeudale, antikapitalistische und egalitäre Ansprüche zu einem sozialrevolutionären Nationalismus fügten. Nach dem Sturz des Kaisers wurde bald deutlich, daß eine antifeudale Agrarreform und die Nationalisierung der größeren Industrieunternehmen allein die langfristigen Strukturprobleme nicht zu lösen vermochten. Zwar gelang es, die interne ökonomische Ungleichheit durch egalitäre Maßnahmen (Landumverteilung, Lohnpolitik, überdurchschnittliche Senkungen der niedrigen Mieten) zu verringern, aber das wichtigste ökonomische Problem - die Bereitstellung finanzieller und technischer Mittel für die Steigerung der landwirtschaftlichen und industriellen Produktion - blieb bestehen. Auch die Struktur der außenwirtschaftlichen Abhängigkeit blieb unverändert. An dem Zwang zum Agrarexport und der Abhängigkeit von Energie- und Technologieimporten vermochte die Regierung, die an Industrialisierungszielen festhielt, nichts zu ändern. Es zeigte sich, daß es unter den Bedingungen weltmarktabhängiger Industrialisierung in unterentwickelten Agrargesellschaften v.a. zwei Faktoren sind, die den Handlungsspielraum nationaler Politik ausmachen und für die Entwicklungserfolge ausschlaggebend sind: die Agrarpolitik und der Rückhalt, den eine Regierung in der Bevölkerung findet.

Wenn Äthiopien heute vor größeren wirtschaftlichen und politischen Problemen steht als zu Beginn der Revolution, liegt das in erster Linie an der diktatorischen Politik eines Regimes, das seine machtpolitischen Interessen durch eine bürokratisch-zentralistische Entwicklungsdiktatur abzusichern versucht. Seit der Machtübernahme des Militärs sind die innenpolitischen Konfliktkonstellationen von einem nur scheinbar widersprüchlichen Nebeneinander von linksnationalistischen Wirtschaftsreformen und diktatorischer Machtsicherungspolitik geprägt. Der DERG war immer dann zu unnachgiebiger Politik und kompromißloser Gewalt entschlossen, wenn die politischen Forderungen der Opposition nach Demokratie oder Dezentralisierung die zentralstaatlich-autoritären Herrschaftsformen in Frage stellten. Hinter diesen politischen Fronten verbirgt sich ein Strukturkonflikt, der im Kern in unterschiedlichen Interessen des Staates und der Bauern gründet. Die zentralstaatlichen Machthaber haben nach der Agrarreform ein preis- und steuerpolitisches Instrumentarium geschaffen, das die Abschöpfung eines beträchtlichen Teils des kleinbäuerlichen Mehrproduktes garantiert. Aus diesen Mitteln werden die wachsende staatliche Bürokratie, die immensen Militärausgaben des Regimes, die staatlichen Subventionen der städtischen Nahrungsmittelpreise und der Strukturwandel der Landwirtschaft finanziert. Die Weigerung des Regimes, angesichts dieses - für alle vorindustriellen Staatsgesellschaften typischen und *unumgänglichen* - Verteilungskonflikts institutionalisierte Formen der Konfliktregelung zuzulassen, ist einer der Hauptgründe für den Teufelskreis von Repression und neuen sozialen Gegensätzen. Bewaffnete Konflikte und hohe Militärausgaben bedingen sich gegenseitig. Der Erwerb von weiteren Waffen und Ersatzteilen verschlingt einen Großteil der knappen Devisen und das wenige inländische Kapital und zwingt zur Ausweitung der Agrarexporte auf Kosten der Nahrungsmittelproduktion. Neue politische und soziale Konflikte sind die Folge und führen zu einer weiteren Militarisierung der innergesellschaftlichen und Arbeitsbeziehungen. Die Selbstauflösung des DERG vermag diesen Teufelskreis kaum zu durchbrechen. Die Gründung der Volksrepublik muß vor allem als Versuch gelten, der Herrschaft eines Regimes, das keine soziale Basis hat, eine breitere institutionelle Grundlage zu geben.

Die Volksrepublik

"Ich, Mengistu Haile Mariam, Generalsekretär der Arbeiterpartei Äthiopiens, Präsident der Demokratischen Volksrepublik Äthiopien und Befehlshaber der Streitkräfte Äthiopiens, übernehme die historische Verantwortung vor dieser Shengo (der Nationalversammlung, S.B.) und dem Volk Äthiopiens. Ich gelobe feierlich, die Freiheit und Einheit Äthiopiens zu verteidigen, mich gewissenhaft und energisch um den Aufbau des Sozialismus, um die Bewahrung des Wohlergehens und um das Streben nach Gleichheit der Nationalitäten zu bemühen und immer mit Entschlossenheit für die Ehre, für Fortschritt und Gedeihen und für die Einheit Äthiopiens zu arbeiten." (Beifall) (Monitor-Dienst 173/87 vom 11.9.87)

Der am 10.9.87 geleistete Eid des neuen und alten äthiopischen Staatschefs markierte das Ende eines mehrstufigen, von den Militärs sorgsam geplanten und kontrollierten Wandels der politischen Strukturen. Nachdem 1979 auf Drängen der osteuropäischen Verbündeten eine Kommission zur Bildung der äthiopischen Arbeiterpartei (COPWE) ins Leben gerufen worden war, war 1984 anläßlich aufwendiger Feierlichkeiten zum 10. Jahrestag der Revolution die Äthiopische Arbeiterpartei (WPE) gegründet worden. Das Statut der "marxistisch-leninistischen Avantgardepartei" bestimmte den Vorsitzenden des Provisorischen Militärischen Verwaltungsrates, Oberstleutnant Mengistu Haile Marian, zum Generalsekretär. Politische und soziologische Analysen der rd. 50 000 Mitglieder zählenden "Arbeiterpartei" zeigen, daß das Militär ein deutliches Übergewicht hat. Von den 2000 Delegierten des Gründungskongresses waren weniger als 20% Arbeiter. Die Bauern stellten 10%, Militär und Bürokratie 69% der Parteitagsdelegierten (Indian Ocean Newsletter 1985: 9ff.). In den engeren Führungsgremien der Partei dominierten DERG-Mitglieder. 1986 wurde dann der Entwurf einer an osteuropäischen Vorbildern orientierten Verfassung zur Diskussion gestellt, über den - nach geringfügigen Änderungen (Akzeptanz der Mehrehe u.a.) - Anfang 1987 in einem Volksentscheid befunden wurde. Die Wahlen zur Nationalversammlung fanden im Juni statt. In den meisten Wahlkreisen standen drei von Parteigremien sorgfältig ausgewählte Kandidaten zur Wahl. Zunächst hatte lediglich Mengistu keine Gegenkandidaten. Nachdem den höchsten Repräsentanten der drei wichtigsten Religionsgemeinschaften (Äthiopisch-orthodoxe Kirche, Islam, Mekane Jesu Kirche) kurz vor den Wahlen ebenfalls eine Kandidatur nahegelegt worden war, sorgte eine unsichtbare Regie jedoch dafür, daß auch in deren Wahlkreisen die ursprünglich vorgesehenen Gegenkandidaten zurücktraten.

Formal ist die Shengo, die Nationalversammlung, das höchste Machtorgan der Volksrepublik. Ihre Bedeutung sollte allerdings nicht überschätzt werden. Sie tritt nur einmal im Jahr zusammen und muß angesichts der Tatsache, daß die eigentlichen politischen Entscheidungen im Staatsrat fallen, v.a. als Repräsentations- und Akklamationsorgan gelten, das, wenn überhaupt, Beschlüsse der öfter zusammentretenden Ausschüsse billigt. Die wichtigen politischen Entscheidungen fallen im Staatsrat, von dessen 22 Mitgliedern allerdings nur acht dem Politbüro und drei (davon einer als Kandidat) dem ZK angehören. Dem Kabinett, dessen politischer Einfluß eher gering zu veranschlagen ist, gehören 20 Minister und fünf Vizeminister an, die für mehrere Ressorts gleichzeitig zuständig sind. Bezeichnend ist, daß Mengistu in seinem siebenstündigen Rechenschaftsbericht anläßlich der Proklamation der Volksrepublik mehrfach betonte, daß die Shengo das höchste Organ im Staate sei. Dieser Hinweis wurde als unausgesprochene Hintanstellung des Politbüros und der Partei gewertet. Wenn diese Interpretation zutrifft, hieße das, daß der Staat über der Partei steht und nicht umgekehrt (wie in den Ländern des osteuropäischen Sozialismus). Osteuropäische Diplomaten sollen in diesem Zusammenhang Zweifel am sozialistischen Charakter der Republik geäußert und von einer "nationalistischen Diktatur" Mengistus gesprochen haben. Insgesamt fällt, insbesondere an der Staatsspitze, eine große persönliche Kontinuität ins Auge. In den wichtigsten Entscheidungsgremien der "Zivilregierung" dominieren ehemalige DERG-Mitglieder. Mengistu vereinigt als Präsident der Republik unangefochten die meiste Macht auf sich. Fikre Selassie Wogderess, der als gemäßigt pro-sowjetisch gilt, wurde Ministerpräsident und Fisseha Desta, einer der wenigen Intellektuellen des DERG und kein Marxist, wurde stellvertretender Staatschef.

Trotz des ungebrochenen Einflusses des Militärs und früherer DERG-Mitglieder auf die zentralstaatliche Ebene wäre es irreführend, die mit der Gründung der Volksrepublik verbundenen politisch-institutionellen Veränderungen als Kosmetik abzutun. Der englische Politikwissenschaftler Clapham (1987:3) bezweifelt wohl zu Recht, daß das neue Regime noch als Militärregime klassifiziert werden kann. Zwar kontrolliert das Militär nach wie vor die zentralen Machtstrukturen, aber insgesamt müssen die jetzt erfolgten Veränderungen als Versuch gewertet werden, die Legitimation der Regierung durch die systematische Inkorporation ziviler Kräfte zu erhöhen. Das bedeutet zwar nicht, daß die äthiopische Arbeiterpartei ihrem Namen gerecht werden könnte, aber sie stellt mittlerweile v.a. in den Verwaltungsregionen einen eigenständigen und wichtigen Einflußfaktor dar. In den Regionen werden nur noch die Posten der ersten Parteisekretäre mit ehemaligen DERG-Mitgliedern besetzt. Auch auf Kreis- und Bezirksebene dominieren Angehörige der Intelligenz und der Verwaltung die lokalen Parteiführungen. Rd. 13 000 lokale Kader, die ihre Ausbildung überwiegend in der UdSSR und den politischen Schulen in Addis Abeba erhalten haben, garantieren die Durchsetzung zentraler Beschlüsse im Sinne der Parteispitze. Viele von ihnen sind angewiesen, die Umsiedlungs- und Verdorfungsprogramme zu überwachen bzw. die Stadtviertelvereinigungen zu kontrollieren. Pausewang (1987:13) unterscheidet hier zwischen dem "intellektuellen, politisch und ideologisch motivierten Typ" und den "Politkommissaren", die Gefallen an der Machtausübung finden. In den zentralen Parteigremien überwiegen marxistische Intellektuelle, die die blutigen Machtkämpfe der ersten Revolutionsjahre überlebt und sich im richtigen Moment mit den Militärs arrangiert haben.

Angesichts der fortschreitenden Institutionalisierung des Regimes verliert die Frage, ob Militär oder Partei die staatlichen Entscheidungsstrukturen dominieren, zunehmend an Bedeutung. Angesichts der strukturellen Verflechtung von Staat und Wirtschaft, wie sie für alle vorindustriellen Staatsnationen Afrikas charakteristisch ist, darf der zivilmilitärische Gegensatz ohnehin nicht überschätzt werden. Die Politik des äthiopischen Militärs kann nicht hinreichend aus seinen ökonomischen und machtpolitischen Sonderinteressen erklärt werden. Auch Versuche, die Rolle des Militärs aus der jeweiligen Allianz der Streitkräfte mit einer bestimmten Klasse zu erklären, greifen zu kurz. Die Politik des Regimes scheint eher von einem etatistischen Entwicklungs- und Modernisierungsdenken geprägt, das mit dem Versuch einhergeht, die politischen und wirtschaftlichen Entscheidungsspielräume der Bevölkerung zugunsten zentralisierter Machtbefugnisse einzuschränken und eine Verwaltung zu schaffen, die in der Lage ist, Staats- und

Wirtschaftsraum zur Deckung zu bringen. Die Folge ist eine durchgängige Kontrolle, Militarisierung und staatliche Durchdringung aller Lebensbereiche. Hier, in einer Politik, die traditionelle Hierarchievorstellungen mit einer umfassenden Ausweitung der zentralstaatlichen Kontroll- und Organisationskapazität verbindet, liegt die eigentliche "Entwicklungsleistung" des nachrevolutionären Regimes. Diese Politik der nachholenden Staatenbildung, mit der sich im Bewußtsein vieler Staats- und Regierungsfunktionäre ein genuiner Entwicklungswille verbindet, stützt sich auf die klassischen Herrschaftsmittel des frühmodernen Staates: das Militär, die Bürokratie und Repression. Die Zahl der äthiopischen Staatsangestellten hat sich seit der Revolution vervielfacht und das Militär verschlingt inzwischen mehr als 50% der laufenden Haushaltsausgaben.

Die autoritäre und zentralistische Planungsherrschaft des Regimes wird durch das Selbstverständnis einer politischen Klasse begünstigt, das seine historischen Wurzeln in einer amharisch geprägten Feudalkultur hat, die keinen öffentlichen Widerspruch duldet. Hinzu kommt das Elitebewußtsein einer politischen Klasse, die von der Vorstellung lebt, ihre formale Ausbildung qualifiziere sie zu entscheiden, was im Interesse der Entwicklung unwissender und rückständiger Bauern getan werden müsse. Besonders deutlich wird dies am Beispiel der Umsiedlungs- und Verdorfungspolitik. Die Regierung hat 1984, auf dem Höhepunkt der letzten Hungersnot, damit begonnen, Bauern aus den dürre- und kriegsgeschädigten Nordregionen in die potentiell fruchtbareren südlichen Landesteile umzusiedeln. Allein 1986 sollen 600 000 Menschen umgesiedelt worden sein. Mengistu hat im März vor dem ZK der Arbeiterpartei von Plänen gesprochen, weitere 7 Millionen Menschen umzusiedeln. Gleichzeitig hat ein großangelegtes Verdorfungsprogramm begonnen. Bis Juli 1987 sollen über 8 Millionen Menschen in zentralen Dürfern zusammengefaßt worden sein. Nach übereinstimmenden Berichten ausländischer Organisationen und Beobachter sind die genannten Maßnahmen vielfach unter Zwang durchgeführt worden. Pausewang (1987:9ff.), der kürzlich Gelegenheit hatte, in den ländlichen Gebieten Äthiopiens zu forschen, spricht von einer "riesigen Kommunikationslücke" zwischen den Bauern und den staatlichen Entscheidungsträgern. Die ursprünglich als lokale Selbstverwaltungsorgane gegründeten Bauernvereinigungen seien zu einflußlosen Akklamations- und Ausführungsorganen geworden. Während viele Regimefunktionäre davon überzeugt seien, Äthiopien praktiziere lokale Demokratie, klagten die Vorsitzenden der Bauernvereinigungen über die staatlichen "Kommandostrukturen". Auf der mittleren Verwaltungsebene hat das allgemeine politische Klima zu einer passiv abwartenden Haltung geführt. In den Ministerien ist die Furcht vor der Geheimpolizei, in der viele vom Kaiser rekrutierte Sicherheitsbeamte Dienst tun, groß. Auch an der Universität, die sich dem Einfluß der Politik bislang weitgehend hatte entziehen können, wächst der Einfluß des Regimes. 1985 wurde erstmals ein Parteifunktionär zum Präsidenten bestellt. Die drei Abteilungen (nationale Sprachen, Fremdsprachen, bildende Künste), denen die staatliche Zensur obliegt, arbeiten effektiv. Der inzwischen in die USA geflohene frühere Leiter der halbstaatlichen Relief and Rehabilitation Commission (RRC), die mit der Koordination und Durchführung der Hungerhilfe beauftragt ist, berichtet, es sei ihm 1984 untersagt gewesen, die inländischen Medien über das wahre Ausmaß der Hungerkatastrophe zu informieren. Die nächtliche Ausgangssperre existiert mittlerweile seit über zwölf Jahren, und willkürliche Verhaftungen und Folter halten an. Es liegt in der Logik einer Politik, die sich vorwiegend der Repression bedient und

die politisches Bewußtsein mit Gesinnung verwechselt, daß sie einerseits ein-
schüchtert und opportunistische Verhaltensweisen begünstigt und andererseits eine
Vielfalt von Widerstandsformen provoziert. Während die Bauern vor allem passiv
reagieren, haben sich bislang 28 Botschafter, 48 weitere Diplomaten, drei Mini-
ster und Generäle, drei Regierungskommissare und sechs Regionalgouverneure ins
Ausland abgesetzt. Weite Teile der städtischen Bevölkerung haben sich von der
Politik abgewandt, während mehrere regionale Widerstandsbewegungen (siehe
Karte) das Regime durch bewaffneten Widerstand zu schwächen suchen.

Operationsgebiete von Widerstandsbewegungen

Quelle: The Indian Ocean Newsletter

Der vorauseilende Sozialismus

In der entwicklungstheoretischen Diskussion galten die Ideologie und die soziale Herkunft der politischen Klasse lange Zeit als wichtigstes Kriterium für die Analyse ihrer Politik. Die äthiopische Erfahrung zeigt, daß dies nur begrenzt richtig ist. Der bisherige Verlauf der äthiopischen Revolution stützt vielmehr die These, nach der Modernisierungsversuche mit staatlichem Eigentum an Produktionsmitteln und revolutionär-sozialistischem Selbstverständnis sich als despotisch erweisen. Das äthiopische Regime war nur in der Anfangsphase seiner Herrschaft erfolgreich, als es ihm gelang, die Beseitigung feudaler Entwicklungshemmnisse mit einer erhöhten Verteilungsgerechtigkeit zu verbinden. Selbst wenn man die extrem ungleiche Verteilung der Machtgewichte, wie sie für vorindustrielle Staatsgesellschaften aufgrund ihrer soziologischen Struktur kennzeichnend ist, in Rechnung stellt, wird man dem äthiopischen Regime den Vorwurf nicht ersparen können, die Strukturprobleme des Landes durch seine rigorose Machtpolitik verschärft zu haben. Wenn es dem Regime nicht gelungen ist, den revolutionären Impetus der frühen Revolutionsjahre für langfristige wirschaftliche Erfolge zu nutzen, liegt dies nicht nur - wenn auch sicher zu einem Teil - an widrigen weltwirtschaftlichen und klimatischen Bedingungen. Angesichts der politischen Selbstprivilegierung einer kleinen Machtelite, die an etatistische Modernisierungsvorstellungen gebunden ist, kommt man um den Vorwurf gegenüber dem äthiopischen Regime nicht umhin, maßgeblich zu Hunger, Flüchtlingselend, bewaffneten Konflikten und wirtschaftlichem Niedergang beigetragen zu haben.

Dies schließt einen genuinen Entwicklungswillen nicht aus. Im Unterschied zu kleptokratischen Regimen, die eine Politik der ökonomischen Selbstprivilegierung betreiben, scheinen Partei und Militär in Äthiopien ernsthaft um die Entwicklung des Landes bemüht. Die Strukturreformen, die das Regime in den ländlichen Gebieten durchführt, sind nicht nur militärpolitisch motiviert, sondern auch Ausdruck des - allerdings wenig erfolgreichen - Versuchs, die Bevölkerung zu mobilisieren. Man wird deshalb durchaus von einem entwicklungsorientierten Regime sprechen können. Hier erhält auch die Ideologie eine Bedeutung, die über die Funktion der Machtsicherung hinausgeht. Der Sozialismus des Regimes ist nicht nur Heuchelei, sondern auch Beschwörungsformel. Er soll den Strukturwandel der Landwirtschaft legitimieren und gleichzeitig die sozialen und politischen Konflikte, die durch diesen Wandel entstehen, entschärfen. Die sozialistische Selbstdarstellung der Staatsführung hat seit dem Sturz des Kaisers einen Funktionswandel erfahren. Sie ist von einer antifeudalen Protest- und Reformideologie zur Legitimationsform für ein zentralstaatlich-bürokratisches Entwicklungsmodell geworden. Nicht die Inhalte der Ideologie sind entscheidend, sondern ihre formale Anerkennung. Der auf niedrigem ideologischem Niveau vorgetragene Regierungsmarxismus reguliert den öffentlichen Diskurs, indem er grundsätzliche Kritik ausgrenzt und es den Massen erlaubt, auf symbolische Art und Weise an der staatlichen Macht zu partizipieren. Auffälligstes Merkmal dieses Sozialismus ist es, daß er einen Gegensatz in den Mittelpunkt seiner Argumentation stellt, den es im vorindustriellen Äthiopien erst in Ansätzen gibt: den zwischen Kapital und Arbeit. Hier kommt dem Sozialismus die Bedeutung einer vorauseilenden Ideologie zu, die den Versuch einer etatistischen Modernisierung legitimieren soll. Gleichzeitig wird der zentrale *soziale* Konflikt, vor dem die äthiopische Gesellschaft heute steht, der zwischen Staat und Bauern, auf ein *technisches* Problem reduziert. Es handelt sich, in den Worten Mesfin Wolde Mariams (1984:179), um einen Tierarzt-Sozialismus: Der Arzt kennt die Krankheit des Patienten, aber der kann nicht sprechen.

Weiterführende Literatur

Amnesty International: Ethiopia: Political Imprisonment and Torture, London 1986 (AI Index: AFR 25/09/86)

Botbol, Maurice (Hg.): Ethiopia: Political Power and the Military, Paris 1985 (Indian Ocean Newsletter Publication)

Brüne, Stefan: Äthiopien - Unterentwicklung und radikale Militärherrschaft. Zur Ambivalenz einer scheinheiligen Revolution, Hamburg 1986 (Hamburger Beiträge zur Afrika-Kunde. 26)

Constitution Drafting Commission: The Draft Constitution of the People's Republic of Ethiopia (PDRE), Addis Abeba 1986

Clapham, Christopher: The Ethiopian Government: Character, Capability and Responsiveness. Konferenzpapier aus: Crisis in the Horn of Africa: Causes and Prospects / The Urban Institute and the Woodrow Wilson International Center, Washington D.C. 1987

Ders.: Transformation and Continuity in Revolutionary Ethiopia, Cambridge 1988

Cohen, John M.: Integrated Rural Development. The Ethiopian Development and the Debate, Uppsala 1987

Cohen, Roberta: Ethiopia. Censorship costs lives. In: Index on Censorship (Mai 1987), S. 15-18

Gilkes, Patrick: The Ethiopian Army. Ideology and Morale - Myth and Reality. Konferenzpapier aus: The Ethiopian Left and the Revolution, New York 1987

Glucksmann, André / Wolton, Thierrey: Politik des Schweigens, Stuttgart 1987

Harbeson, John: The Ethiopian Transformation. Revolution in a Traditional Polity, Boulder 1987

Henze, Paul: Marxismus-Leninismus in Äthiopien. Politische Sackgasse und wirtschaftlicher Niedergang, Ebenhausen 1987 (Stiftung Wissenschaft und Politik - Arbeitspapier. 2520)

Kapuściński, Ryszard: König der Könige, Frankfurt/Main 1986

Mengistu, Hailemariam: Report of the Provisional Military Administrative Council. Submitted to the Inaugural Session of the National Shengo, Addis Abeba 1987

Pausewang, Siegfried: Participation in Social Research. Experience in Rural Ethiopia. DERAP Working Paper A 370 / Chr. Michelsen Institute, Bergen 1987

Rahmato, Dessalegn: Agrarian Reform in Ethiopia, Uppsala 1984

Wolde Mariam, Mesfin: Rural Vulnerability to Famine in Ethiopia: 1958-1977, Neu Delhi 1984

Wubneh, Mulatu / Abate Yohannis: Ethiopia: Transition and Development in the Horn of Africa, Boulder 1987

Erich Schmitz

Die Revolution verliert ihr Idol
Der Sturz Thomas Sankaras in Burkina Faso

Am 15.10.87 wurden in Burkina Faso während eines blutigen Putsches der Staatschef Thomas Sankara und einige seiner Getreuen ermordet, der regierende Conseil National de la Révolution (CNR) aufgelöst und durch ein Regime ersetzt, das sich die Bezeichnung "Volksfront" (Front populaire) gab. Allerdings gehören drei der vier Initiatoren und Träger des bisherigen revolutionären Prozesses seit 1983 auch wieder zu den Schlüsselpersönlichkeiten des neuen Volksfront-Regimes. Die neuen Machthaber beteuern, die Zielsetzungen der Revolution von 1983 weiter zu verfolgen, den revolutionären Prozeß aber von den unter Sankara erfolgten Abweichungen und Verirrungen zu befreien. Dennoch sind Zweifel angebracht, ob mit dem Tod Sankaras nicht ein erneuter Versuch einer sozialrevolutionären Bewegung gescheitert ist, die sich bemühte, der entwicklungspolitischen Forderung nach einer stärkeren Berücksichtigung und Förderung des ländlichen Raumes nachzukommen. Solche Versuche hatte es zuvor bereits durch Nasser in Ägypten, unter der Militärregierung in Peru nach 1968, in Tanzania, in Ghana und mehreren asiatischen Entwicklungsländern gegeben. Thomas Sankara hat mit seinem Charisma und seiner linkspopulistischen Vorgehensweise in Burkina Faso und weit darüber hinaus Hoffnungen geweckt, daß eine solche zielgerichtete Politik neuen Typs tatsächlich umgesetzt werden kann. Sollte es sich trotz aller rhetorischen Beteuerungen des neuen Regimes erweisen, daß die Schwerpunkte der neuen Volksfront-Politik von den ursprünglichen Zielsetzungen der Revolution von 1983 abweichen, wäre dies gerade in der entwicklungspolitisch schwierigen Lage Schwarzafrikas ein herber Rückschlag.

1 Vier Jahre Herrschaft des Nationalen Revolutionsrats
1.1 Anstöße und positive Ergebnisse
Die Politik des CNR unter Sankara zeichnete sich aus durch eine intensive und zielgerichtete Konzentration der knappen Ressourcen dieses Staates, der zu den ärmsten der Welt zählt, auf die Förderung des ländlichen Raumes bei gleichzeitiger Beschneidung der Vorteile des städtischen Lebens. Dies war innerhalb von vier Jahren durch unterschiedliche Maßnahmen erreicht worden. So wurden z.B. die Ausgaben des Staatshaushaltes für öffentliche Bedienstete, die 1984 61,4% betragen hatten, 1987 auf 46% der Gesamtausgaben begrenzt. Durch zahlreiche Einschränkungen hatte sich die Kaufkraft der städtischen Angestelltenschicht von 1983 bis 1987 um 30 bis 40% vermindert. Gleichzeitig waren durch umfangreiche Anreize die nationale Agrarproduktion angekurbelt sowie begleitend-fördernde Maßnahmen wie der Bau von Anti-Erosions-Wällen, Wasser-Rückhalte-Becken und Talsperren in die Wege geleitet und umfangreiche Programme zur Erhaltung und Regenerierung des lebenswichtigen Baumbestandes initiiert worden. Als Folge dieser Maßnahmen und begünstigt durch ergiebigere Regenfälle als in den vorangegangenen Jahren stieg die einheimische Agrarproduktion zwischen 1984 und 1986 um 70% und übertraf mit einem Überschuß von 20 000 t 1986/87 bereits den Eigenbedarf. Die für den Export wichtige Baumwollernte hatte seit 1983 verdoppelt werden können.

Im sozialen Bereich sind v.a. die Verbesserungen im Gesundheitswesen hervorzuheben: Durch den Aufbau von 7500 Gesundheitsposten, die in die Eigenverantwortlichkeit der Dorfbevölkerung gestellt sind, und durch eine großangelegte Impfaktion für 2,5 Mio. Kinder im Alter von sieben bis 14 Jahren gegen die wichtigsten Infektionen (Meningitis, Masern, Gelbfieber) sind wesentliche Verbesserungen erreicht worden, die in anderen Staaten nicht in so kurzer Zeit hätten durchgeführt werden können. Darüber hinaus ist die Einschulungsquote von 12% (1984) auf 23% (1987) gesteigert worden, wenn auch aufgrund innenpolitischer Gegebenheiten die Qualität der schulischen Ausbildung insgesamt Schaden genommen hat, nachdem etwa 1400 Lehrer 1984 nach einem Streik entlassen und durch "revolutionäre", aber schlecht ausgebildete Kräfte ersetzt worden waren.

Außer in diesen Bereichen gab es zahlreiche weitere Anstöße zur Verbesserung der Lebenssituation der Burkinaber. Alphabetisierungskampagnen wurden initiiert, Verbesserungen der allgemeinen Hygiene propagiert, öffentlicher Wohnungsbau gefördert. Zur Verbesserung der Außenhandelssituation des Landes wurden eine umfangreiche Importsubstitution eingeleitet, der Verkauf von Luxusgütern drastisch eingeschränkt und der Alkoholverkauf erheblich erschwert. Hinter all diesen Maßnahmen stand das Bestreben, der Bevölkerung zu verdeutlichen, daß sie zu einem wesentlichen Teil selbst in der Lage sei, ihre Lebensumstände entscheidend zu verbessern. Diese und andere Initiativen (wie z.B. der für alle öffentlichen Bediensteten verbindliche wöchentliche Massensport, das für sie verpflichtende Tragen einheimischer Baumwollkleidung, die Schließung von Nachtlokalen, das Verbot von Polygamie, Prostitution und Bettelei) verdeutlichten aber auch den hohen moralischen Anspruch der Revolutionäre um Sankara, das auch durch den neuen Staatsnamen gesetzte programmatische Ziel (Burkina Faso = Land der ehrenwerten Menschen) in möglichst kurzer Zeit zu erreichen. Die hierbei zutage tretende Ungeduld der Staatsspitze verleitete sie hingegen auch zu einigen überstürzten Aktionen, die sich bald als Fehler oder als nicht durchführbar erwiesen und ebenso schnell wieder fallengelassen wurden. Dazu zählten das Verbot, Mieten zu erheben und die Forderung nach einem autofreien Arbeitstag.

1.2 Probleme

Die verschiedensten Aktionen und Kampagnen waren nicht nur wegen ihres mehr oder weniger großen wirtschaftlichen Erfolges von Bedeutung, sie dienten zu einem erheblichen Teil auch dem Aufrütteln einer bislang wenig aktivierten Bevölkerung und der Mobilisierung des nach Ansicht des CNR wichtigsten Potentials des Landes, der Arbeitskraft und dem Selbsthilfewillen der Bevölkerung. Dabei lief die Regierung jedoch Gefahr, daß ein zunächst durchaus vorhandener positiver Mobilisierungseffekt in sein Gegenteil umschlagen konnte. Dies v.a., wenn deutlich wurde, daß die angestrebten wirtschaftlichen Erfolge nicht ganz so schnell zu erreichen sind wie die staatliche Propaganda zu suggerieren versuchte, oder wenn die betroffenen Bevölkerungsgruppen erkennen, daß die zahlreichen Kampagnen und "Kampfformen" gegen verschiedenste Mißstände im Land noch nicht - wie von der Regierung in voluntaristischem, rhetorisch überhöhtem Überschwang getan - bereits mit Siegen über diese Mißstände gleichgesetzt werden können.

Besonders heikel war bei diesen Maßnahmen das Verhältnis zwischen dem Nationalen Revolutionsrat und den ihn unterstützenden Komitees zur Verteidigung der Revolution (Comités de Défense de la Révolution = CDR) auf der einen Seite und den städtischen Bevölkerungsgruppen, die erhebliche Einschränkungen ihrer im Vergleich zur Landbevölkerung relativen Besserstellung hinzunehmen hatten, auf der anderen Seite. Die Maßnahmen zur Beschneidung der städtischen Privilegien konnten nur realisiert werden, weil es dem Staatschef durch sein unzweifelhaftes Charisma und seine rhetorische Begabung gelungen war, in der ersten Phase die städtischen Bevölkerungsgruppen für sich und die Zielsetzungen der Revolution einzunehmen. Darüber hinaus waren die traditionellen Interessenvertretungen der urbanen Bevölkerung, Parteien und Gewerkschaften, weitgehend ausgeschaltet worden. Neben den Angestellten hatten auch die städtischen Händler erhebliche Einbußen hinzunehmen und waren durch die verfügten Importbeschränkungen an einer empfindlichen Stelle getroffen worden. Unmut regte sich ebenfalls bei den Muslimen, die durch einige Maßnahmen (Verbot der Polygamie, allgemeine politische und soziale Besserstellung der Frau) wesentliche Interessen ihrer Religionsgemeinschaften nicht vertreten sahen.

An die Stelle der alten Interessenvertretungen waren die Revolutionskomitees getreten, die auf allen Ebenen die Interessen der Bevölkerung wahrnehmen sollten und damit zusätzlich die Daseinsberechtigung gewerkschaftlicher Organisationen in Frage stellten. Andererseits brach innerhalb der CDR-Struktur ein möglicher demokratischer Willensbildungsprozeß unterhalb der obersten Entscheidungsebene ab, so daß es ins Ermessen des Nationalen Revolutionsrates gestellt war, welche politischen Vorstellungen aufgenommen und in den obersten Gremien als diskussions- und entscheidungswürdig behandelt werden sollten.

Die Politik des Nationalen Revolutionsrates wurde wesentlich bestimmt durch die Vorstellungen der in ihm vertretenen vier wichtigsten Militärs. Neben dem Staatschef Thomas Sankara waren das der Staats- und Justizminister Blaise Compaoré, der Verteidigungsminister Jean-Baptiste Lingani und der Wirtschaftsminister Henri Zongo. Sie hatten den Staatsstreich von 1983 geplant und durchgeführt und in den vier Jahren die beherrschenden Positionen im CNR innegehabt, die sie auch bei den jährlichen Regierungsumbildungen als Koordinatoren der nationalen Politik beibehielten, während sich alle anderen Regierungsmitglieder für vier Wochen als Initiatoren und Organisatoren ländlicher Entwicklungsprojekte bewähren mußten. Hinter dieser Vierergruppe waren jedoch im CNR einige ideologisch fixierte und vielfach rivalisierende politische Linksgruppen vertreten, deren politische Vorstellungen in zahlreichen Detailfragen auseinandergingen. In dem Maße, in dem die vier Offiziere in diese Gruppendifferenzen einbezogen und ihre grundlegenden Übereinstimmungen aufgeben würden, war nicht nur die Konsistenz der nationalen Politik in Frage gestellt, sondern das Regime, das durch die Loyalität dieser Vierergruppe getragen wurde, insgesamt in seinem Bestand gefährdet.

1.3 Zusammensetzung und Veränderungen des Nationalen Revolutionsrates

Nach den spärlich verfügbaren Informationen setzte sich der CNR aus folgenden politischen Gruppierungen zusammen:
1. Organisation Militaire Révolutionnaire (OMR). Sie ist die Nachfolgeorganisation des Regroupement des Officiers Communistes (ROC), die Vertretung der Armee im CNR. In ihr sind die wichtigsten militärischen Führer vertreten. Über Struktur, Funktionen und Führungspersönlichkeiten der OMR ist kaum etwas bekannt, außer, daß die vier "historischen" Initiatoren der burkinabischen Revolution Sankara, Compaoré, Lingani und Zongo ihre Spitze bilden.
2. Union des Luttes Communistes Restructurée (ULC-R). Die 1984 von den regierenden Militärs wiedergegründete politische Gruppierung zählte nach dem Ausscheiden der moskaunahen Ligue Patriotique pour le Développement (LIPAD) zu den wichtigsten zivilen Stützen des Regimes. Die ideologische Ausrichtung der

pro-chinesischen Gruppierung ist auf die Ausschöpfung des revolutionären Potentials der Bauern und des ländlichen Milieus gerichtet. Ihre führenden Vertreter sind der Autor des Discours d'orientation politique vom 2.10.83, Valère Somé, und Basile Guissou, der mehrere Ministerämter bekleidete. Ideologisch unterschiedliche Positionen führten im Sommer 1986 zu einem Machtkampf um die Besetzung der Revolutionskomitees der Universität Ouagadougou, in deren Folge die ULC-R zersplitterte und erheblich an politischem Einfluß im Revolutionsrat verlor. Mit dieser Absplitterung und der Verweigerung der Unterstützung für Sankara durch die neugebildete ULC und nach dem schon früher erfolgten Bruch mit der LIPAD sowie der wachsenden Opposition der Gewerkschaften verlor die Regierung Sankaras die wichtigsten Pfeiler ihrer zivilen Unterstützung, ohne daß dies durch starken Rückhalt bei neugegründeten Organisationen - etwa die der Bauern - hätte wettgemacht werden können.
3. Union des Communistes Burkinabé (UCB). Sie wurde von den Militärs 1985 gegründet, um die ideologischen Auseinandersetzungen zwischen moskautreuer LIPAD, pro-chinesischer ULC-R und der pro-albanischen GCB zu neutralisieren. Diese Linksgruppierung ohne eindeutige ideologische Fixierung sollte möglicherweise die Keimzelle einer zu bildenden Einheitspartei darstellen. Sie wurde vom Rektor der Universität Ouagadougou, Clement Ouédraogo, geführt, dem der Wirtschaftswissenschaftler Tombiana Taladiye und der Generalsekretär der CDR, Pierre Ouédraogo, als weitere Führungspersönlichkeiten nahestanden. Eine Gruppe von Militärs und Vertrauten um Sankara, insbesondere Pierre Ouédraogo, versuchten auf diese Gruppe Einfluß zu nehmen und über sie ihre Machtposition im Revolutionsrat zu verstärken. Ihre wachsende Bedeutung wurde bei der letzten Regierungsumbildung unter Sankara im September 1987 u.a. durch die umstrittene Ernennung Lamiens zum Transportminister und die Entlassung der ULC-R-Führer Somé und Guissou deutlich.
4. Groupe des Communistes Burkinabé (GCB). Sie ist eine Abspaltung der die Militärregierung Sankaras nicht unterstützenden pro-albanischen Parti Communiste Révolutionnaire Burkinabé (PCRB) und die kleinste im CNR vertretene Gruppierung.
5. Union des Marxistes-Léninistes du Burkina (UMLB). Diese Gruppierung, die von Sankaras Pressesprecher Bamouni geführt wurde, wird gelegentlich als Bestandteil des CNR erwähnt. Über sie ist weiter nichts bekannt.
Bereits seit 1985 kursierten Vorstellungen zur Gründung einer Einheitspartei, die die Unterstützung der politischen Aktion des CNR intensivieren sollte. Diese Pläne stießen sowohl bei ULC-R wie bei GCB auf wenig Gegenliebe, da diese Gruppierungen um ihren Einfluß als eigenständige politische Organisationen fürchten mußten. Der erneute Hinweis Sankaras am 4.8.87 auf eine Überwindung der Gruppeninteressen und Meinungsverschiedenheiten innerhalb des CNR mögen als neuer Vorstoß in Richtung auf eine Einheitspartei aufgefaßt und diese ideologisch fixierten Gruppierungen zu verstärkten Aktivitäten animiert haben.

2 Hintergründe des Putsches vom 15.10.87

Im Laufe des Jahres 1987 wurde die grundlegende Übereinstimmung der Vierergruppe durch zahlreiche innenpolitische Entwicklungen in Frage gestellt. Dabei spielte die erneut aufflammende Auseinandersetzung mit den in Burkina traditionell starken Gewerkschaftsverbänden - auf ihren Druck hin war bereits das erste post-koloniale Regime Maurice Yaméogos im Januar 1966 gestürzt worden - eine besondere Rolle. In dem Maße, in dem die charismatische Ausstrahlung Sankaras auf die städtischen Bevölkerungsgruppen nachließ, rührte sich Kritik an der Regierung - v.a. wegen der Beschneidung der städtischen Privilegien - auch wieder über die noch bestehenden gewerkschaftlichen Kanäle und ihre in der Öffentlichkeit bekannten Führer, die im Oktober 1986 als politische Gefangene amnestiert worden waren. Auseinandersetzungen zwischen ihnen, einzelnen Komitees zur Verteidigung der Revolution und Teilen der Regierung anläßlich der traditionellen Mai-Feierlichkeiten 1987 führten zur erneuten Verhaftung der wichtigsten Gewerkschaftsführer, zu denen v.a. Soumane Touré, Salif Kaboré und Adama Touré zählten. Bei dem Streit innerhalb der Regierung hinsichtlich ihrer Behandlung und des weiteren Vorgehens gegen sie handelte es sich jedoch letztlich um eine Machtauseinandersetzung zwischen den im CNR und in der Regierung vertretenen verschiedenen Personen und Gruppierungen. Auch standen Rolle und Kompetenzen, die der Organisation der Revolutionskomitees im Rahmen der Regierungspolitik zukommen sollten, zur Diskussion. Die Hauptkonfliktlinie verlief zwischen dem Anspruch der CDR und ihres Generalsekretärs Pierre Ouédraogo, Verhaftungen vornehmen und durchsetzen zu können, und dem Anspruch des Justizministers Blaise Compaoré, hierüber die Fachaufsicht und letzte Entscheidungsgewalt zu haben. Da auf diese Weise zum ersten Mal einer größeren Öffentlichkeit deutlich wurde, daß die Mitglieder der Vierergruppe unterschiedlicher Meinung waren und sich zunehmend auf verschiedene Gruppierungen im Nationalen Revolutionsrat stützten, stellte sich mit diesen Auseinandersetzungen auch die persönliche Machtfrage zwischen den Mitgliedern der Vierergruppe. Das Tabu, daß keine Meinungsverschiedenheiten zwischen den vier historischen Führern der burkinischen Revolution nach außen dringen durften, war gebrochen. Die Differenzen wurden auch von Präsident Sankara anläßlich der Rede zum Jahrestag der Revolution am 4.8.87 kaum verklausuliert angesprochen. Die Tatsache, daß die übliche jährliche Regierungsumbildung und die damit verbundenen Machtverschiebungen innerhalb des CNR nicht wie bisher an diesem Tag, sondern erst einen Monat später in die Wege geleitet wurden, mochte ein weiteres Indiz für den internen Machtkampf sein. Parallel dazu kursierten regierungskritische Flugblätter in Ouagadougou und Bobo-Dioulasso und Gerüchte über einen bevorstehenden Sturz des Präsidenten.

Die Auseinandersetzung spitzte sich Anfang Oktober wesentlich zu über die Frage der Beendigung der ideologischen Meinungsverschiedenheiten der einzelnen Gruppierungen durch Gründung einer Einheitspartei. Gleichzeitig versuchte Sankara, der keine direkte Kommandogewalt über einzelne Armeeteile besaß, seine labil gewordene Machtbasis durch die Aufstellung einer Sicherheitspolizei zu verbessern, die einem Vertrauten des Präsidenten unterstellt werden sollte. In beiden Fällen, so schien es, stand Sankara mit seiner Meinung gegen Compaoré und wichtige Gruppen des Nationalen Revolutionsrates, betrieb aber dennoch in der ihm weitgehend ergebenen Regierung die Realisierung seiner Vorstellungen. Der Putsch am 15.10.87 erfolgte nach offizieller Version, um einer Verhaftungswelle, die Sankara gegen seine Gegenspieler im CNR für denselben Abend geplant hatte, zuvorzukommen. Die dabei entstandene Schießerei in der Nähe des Präsidentenpalastes forderte nach offiziellen Angaben, die aber im wesentlichen als korrekt angenommen werden können, zwölf Tote, darunter Thomas Sankara, die in der Nacht vom 15.10. auf den 16.10.87 auf einem Armenfriedhof am Stadtrand von Ouagadougou verscharrt wurden. Die Gesamtzahl der Opfer des Putsches dürfte 40 Personen nicht überstiegen haben.

Bei der Einschätzung und Bewertung des blutigen Putsches interessieren v.a. die Fragen, ob auswärtige Mächte als Drahtzieher oder direkte Unterstützer der Oktober-Ereignisse anzunehmen sind und ob die verbleibenden drei Initiatoren der burkinabischen Revolution den Sturz Sankaras gemeinsam und von langer Hand durchgeführt haben oder ob sie - zumindest in Teilen - von den Ereignissen überrollt worden sind. Obwohl bislang keine hinreichend gesicherten Erkenntnisse vorliegen, deuten wesentliche Hinweise auf eine eher negative Beantwortung der Ausgangsfragen hin.

Trotz der zeitweise angespannten Beziehungen Burkinas zu einzelnen Nachbarstaaten und zur westlichen Welt, trotz der familiären Bande des Staatschefs Compaoré zu hochrangigen Persönlichkeiten der Côte d'Ivoire und der unangemessen scharfen ivorischen Reaktion auf die Andeutung einer Verwicklung in die burkinabischen Ereignisse (die Wochenzeitschrift Jeune Afrique wurde bis auf weiteres verboten) sowie trotz der schnellen diplomatischen Anerkennung des neuen Regimes durch Togo, erscheint eine direkte Einmischung einer auswärtigen Macht in den Staatsstreich eher unwahrscheinlich zu sein. Die Beziehungen Burkinas zu seinen unmittelbaren Nachbarn hatten sich - bis auf Togo - nach weitreichenden anfänglichen Irritationen auf ein normales Maß aufmerksamer Neutralität eingespielt. Der Grenzkonflikt mit Mali war durch die Vermittlung des ivorischen Staatspräsidenten Houphouët-Boigny und die beiderseitige Anerkennung des Schiedsspruches des Internationalen Gerichtshofes in Den Haag entschärft. Gelegentliche "atmospärische" Störungen der diplomatischen Beziehungen - wie z.B. die Desavourierung eines ivorischen Vermittlungsvorhabens durch Sankara nach dem gescheiterten Putsch gegen den togoischen Staatspräsidenten General Eyadéma zwischen Ghana, Togo und Burkina oder die Nichtberücksichtigung Sankaras bei der fälligen Neubesetzung des Präsidenten der Wirtschaftsgemeinschaft westafrikanischer Staaten (ECOWAS) - waren durch kompensatorische Handlungen wie die Beauftragung Sankaras durch die OAU, Vermittlungsmöglichkeiten im Tschad-Konflikt zu erkunden, wieder bereinigt worden. Die Beziehungen zu den westlichen Staaten - insbesondere zu Frankreich und den USA - hatten sich nach anfänglich deutlicher Distanzierung in den letzten Jahren wieder belebt und auf einem Niveau gegenseitigen Respekts eingespielt. Sie beließen dem afrikanischen Staat weiterhin die Möglichkeit, "neutralistische" Dritt-Welt-Positionen vehement zu vertreten, nötigten ihm gleichzeitig aber Anerkennung für die wieder verstärkten, umfangreichen westlichen Unterstützungsmaßnahmen ab. Noch eine Woche vor dem Putsch war eine französische Zusage über Hilfeleistungen in Höhe von F CFA 465 Mio. erfolgt. Zugleich konnte Burkina aber auch eine gewisse Enttäuschung über die unzureichenden Hilfsmaßnahmen der sozialistischen Staaten wie auch der ideologischen Verbündeten in der Dritten Welt - z.B. Libyens - nicht verhehlen. Doch nicht nur die relative Beschwichtigung anderer Staaten, die anfänglich über Inhalt und Zielrichtung der burkinabischen Revolution beunruhigt waren, dürfte sie von einer direkten Einmischung abgehalten haben. Auch angesichts der undurchsichtigen Lage unterschiedlicher kleiner, ideologisch fixierter Linksgruppen, die den Nationalen Revolutionsrat in Burkina Faso bildeten und unterstützten, und der nicht völlig zu durchschauenden Loyalitäten einzelner Teile der kleinen Armee zu diesen Gruppierungen, war der Ausgang eines Putschversuches in hohem Maße ungewiß. V.a. war für die interessierten Staaten völlig unklar, welche der verschiedenen politischen Gruppierungen sich im Anschluß daran durchsetzen und welche Richtung eingeschlagen würde.

Auch hinsichtlich der Frage nach einer langfristigen Planung des Putsches überwiegen Hinweise, die eher auf einen relativ kurzfristigen Putschplan schließen lassen, bei dem möglicherweise der Tod des Staatspräsidenten - zumindest von Compaoré - nicht einkalkuliert war. So deutet zwar die gleichzeitige Besetzung des Präsidentenviertels und der Rundfunkstation durch die Putschisten auf eine exakte Planung hin, aber schon die Unterschiede im Ton und in der Bewertung Sankaras zwischen den ersten im Radio verlesenen Kommuniqués, in denen er als "Verräter der Revolution, Renegat und chaotischer Autokrat" bezeichnet wurde, und späteren Verlautbarungen, in denen diese Verunglimpfungen weitgehend zurückgenommen wurden, lassen auf erhebliche Unsicherheiten schließen. Darüber hinaus war der neue Staatschef in den Tagen und Wochen nach dem Putsch in der Öffentlichkeit nahezu nicht präsent und ließ sich durch eigenartig unpräzise Verlautbarungen entschuldigen. Er repräsentierte keineswegs einen triumphierenden Militärführer, der nach einem erfolgreich durchgeführten Putsch endlich die Staatsgeschäfte zu übernehmen in der Lage ist.

Eingedenk dieser Umstände drängt sich die Vermutung auf, daß der Putsch eine Folge verschiedener politischer Entwicklungen und Differenzen im Nationalen Revolutionsrat war, die Anfang Oktober 1987 zu einer Konstellation führten, in der sich alle Beteiligten v.a. auch in ihrer persönlichen Sicherheit bedroht fühlten und die sie zu schnellem Handeln antrieb:
- Die grundsätzliche Übereinstimmung der Vierergruppe war aufs tiefste erschüttert. Ein Ausgleich der Meinungsverschiedenheiten zwischen Sankara und den drei anderen Militärs war offensichtlich nicht mehr ohne größere Schwierigkeiten zu erreichen. Während im Verständnis der drei anderen Sankara aufgrund seiner Popularität und seines Charismas zur öffentlichen Identifikationsfigur eines revolutionären Prozesses ausersehen war, der von allen gemeinsam zu steuern sei, führte der Bruch in den gemeinsamen Zielsetzungen zu eigenmächtigem Handeln des in der traditionellen Hierarchie am höchsten Plazierten, des Staatspräsidenten. Die spontane, unkonventionelle und lockere Art, die in der Anfangszeit der Revolution Sankaras Handeln kennzeichnete und dem Umgestaltungsprozeß erhebliche Impulse verlieh, wandelte sich in dieser Phase zu einer deutlichen Belastung für das Vertrauensverhältnis zwischen den vier Führern. V.a. war es für Sankara in der angespannten Situation nicht mehr möglich, Entscheidungen, die sich als falsch erwiesen hatten, oder die nicht durchsetzbar waren, ohne Gesichtsverlust ebenso spontan und unprätentiös wie früher wieder zurückzunehmen.
- Erst in dieser Phase konnten es die verschiedenen politischen Gruppierungen im Nationalen Revolutionsrat mit einiger Aussicht auf Erfolg versuchen, die Differenzen zwischen den führenden Militärs zur Verbesserung der eigenen Machtposition auszunutzen. Die Machtverschiebung zwischen den Gruppen bei der letzten Regierungsumbildung im September 1987 und die nicht kollegial abgesprochene Auswahl von - nach Angaben des neuen Staatschefs Compaoré - wenig qualifizierten, aber Sankara völlig ergebenen Ministern führte zu einer weiteren Eskalation.
- Die institutionelle Schwäche des Staatsaufbaus und die nicht eindeutig definierten Zuständigkeiten verschiedener Staatsorgane erschwerten eine geregelte Lösung der entstandenen Konflikte. Die Kompetenzen von CNR und Regierung waren nicht eindeutig abgegrenzt: Dies wurde v.a. in der Frage der Aufstellung einer Sankara unterstellten Sicherheitspolizei deutlich. Trotz seiner Minderheitsposition im CNR ließ sich Sankara dieses Vorhaben von der ihm ergebenen Regierung am

14.10.87 genehmigen. Dies war der unmittelbare Anlaß für den Putsch am darauffolgenden Tag. Genausowenig wie die Abgrenzung zwischen Revolutionsrat und Regierung waren Aufgabenstellung und Funktionen der Revolutionskomitees eindeutig festgelegt. Zwar hatten sich die CDR weitgehend auf die Funktion des Transmissionsriemens einer (einheitlichen) Regierungspolitik beschränkt. Als sich aber Revolutionskomitees der Hauptstadt im Mai 1987 erneut juristische und polizeiliche Kompetenzen anmaßten, indem sie Gewerkschaftsfunktionäre aus eigenem Antrieb verhafteten, wurde schlagartig deutlich, daß im Konfliktfall die Möglichkeiten einerseits des Generalsekretärs der Revolutionskomitees und andererseits des Nationalen Revolutionsrates und der Regierung, unmittelbare Weisungs- und Entscheidungsbefugnisse über Aktivitäten der CDR auszuüben, nicht klar definiert waren.

Die fehlende institutionelle Vernetzung sowie klare Kompetenzabgrenzung und Zuordnung der zentralen Staatsorgane waren die entscheidenden Determinanten dafür, daß der politische Konflikt zwischen den Führern der burkinabischen Revolution und den hinter ihnen stehenden Gruppierungen kaum noch anders als durch einen - allerdings nicht unbedingt blutigen - Putsch gelöst werden konnte.

3 Perspektiven der Volksfront-Regierung in Burkina
3.1 Zielsetzungen und Probleme

Die Ermordung Sankaras - ob mit oder ohne Billigung des neuen Staatschefs sei dahingestellt - hat wesentlich zur schnellen vordergründigen Stabilisierung der politischen Macht des neuen Regimes beigetragen. Mit dem Tod der charismatischen Identifikationsfigur der Revolution war eine wesentliche Zielrichtung des innenpolitischen Protestes verlorengegangen, so daß die Machtübernahme Compaorés von großen Teilen der Bevölkerung fast apathisch zur Kenntnis genommen wurde. Zaghafte Ansätze zu einer Stellungnahme für Sankara, z.B. an der Universität Ouagadougou, bewirkten genausowenig wie die Militärrebellion gegen Compaoré in Koudougou. Allerdings stießen auch die Aufforderungen zu Unterstützungsmärschen *für* das neue Regime - anders als unter Sankara - auf nahezu keine Resonanz. Eine zusätzliche Irritation entstand dadurch, daß sich die Volksfront auch politisch-programmatisch nicht von ihrer Vorgänger-Regierung absetzte und lediglich von einem Zurechtrücken (rectification) des revolutionären Prozesses sprach, der von den Abirrungen und Verfehlungen Sankaras gesäubert werden sollte. Die Berufung des Volksfront-Regimes auf die - wenig konsistente - ideologische Grundlage der vergangenen Revolution, den Discours d'orientation politique vom 2.10.83, erfolgte ebenso wie die weitere Verwendung bestimmter revolutionärer Symbole bis hin zu der üblichen Schlußformel "La Patrie ou la Mort, nous vaincrons!" Die Revolution, die durch den Tod Sankaras ihrer Identifikationsfigur beraubt war, hatte somit auch nicht durch eine neue Programmatik an Identität gewinnen können. Die von der neuen Regierung verkündeten Veränderungen hatten sich ebenfalls schon in der Ansprache Sankaras zum 5. Jahrestag der Revolution am 4.8.87 angekündigt, der damals den Akzent weniger auf mobilisierende Aktionen als auf die politische Konsolidierung des bisher Erreichten gelegt hatte. Generell spricht sich die neue Staatsführung für offenere, demokratischere Entscheidungsprozesse und für eine stärkere Dezentralisierung der politischen Macht aus. In diesem Zusammenhang sollen sowohl die bestehenden Massenorganisationen (der burkinabischen Frauen, Bauern, Jugendlichen und Honoratioren) wie auch die Komitees zur Verteidigung der Revolution, die in

Zukunft keine polizeilichen Aufgaben mehr wahrnehmen dürfen, neue Funktionen innerhalb des politischen Prozesses erhalten. Eine erste Sofortmaßnahme bestand in der Entlassung aller Provinzgouverneure (Hauts-Commissaires), die bislang vom Nationalen Revolutionsrat eingesetzt worden waren und in der Aufforderung an die Provinzparlamente, neue Provinzgouverneure zu wählen. Darüber hinaus wurde aber auch betont, daß die Agrarreform beschleunigt und in Zukunft eine vernünftigere, gemäßigtere Außenpolitik betrieben werden solle. Die Einberufung eines Volkskongresses für Januar 1988 war dazu ausersehen, nach einer kritischen Bilanzierung der bisherigen vierjährigen revolutionären Erfahrung die Leitlinien für das zukünftige politische Programm der Regierung zu entwerfen.

In seiner Neujahrsansprache am 31.12.87 hat der Staatschef Compaoré noch einmal die wesentlichen Leitlinien seiner Politik bekräftigt: Durch ein umfassenderes Mitspracherecht gesellschaftlicher Gruppen soll mehr Demokratie und auch eine größere Transparenz der politischen Entscheidungsstrukturen erreicht werden. Insbesondere die größten gesellschaftlichen Gruppen, die Frauen und die Jugend, sollen verstärkt in den politischen Prozeß mit einbezogen werden. Dadurch soll zu einer größeren Einheit des burkinabischen Volkes beigetragen werden, die durch den Abbau sozialer Ungleichgewichte noch verstärkt werden soll. An konkreten Maßnahmen wurden eine Überarbeitung des Beamtenrechts, die Anhebung der Gehälter der öffentlichen Bediensteten zwischen 4% für die höheren und 8% für die niedrigeren Gehaltsgruppen und die Aufhebung des Zwangssparens zur Verbesserung des Gesundheitsdienstes verkündet.

Der Volkskongreß, zu dem neben den Delegierten der Revolutionskomitees, Vertreter der großen Massenorganisationen, eine Vertretung der Burkinaber im Ausland und auch zahlreiche Gewerkschaften eingeladen worden waren, fand vom 8. bis 10.1.88 in Ouagadougou statt. Die zahlreichen Erklärungen, Reden und Resolutionen berufen sich einerseits auf die Revolution vom August 1983 und bedauern die "tragischen" und "schmerzhaften" Ereignisse im Zusammenhang mit dem Staatsstreich vom Oktober 1987. Sie bestätigen andererseits aber den von der neuen Staatsführung eingeschlagenen Kurs, wie er in der Neujahrsansprache Compaorés betont worden war. Allerdings sind dabei erhebliche Unstimmigkeiten festzustellen. So betonen die Resolutionen einerseits Schwerpunkte des bisherigen CNR-Regimes wie die bevorzugte Förderung des ländlichen Raumes und die beschleunigte Fortführung der Agrar- und Bodenreform, andererseits wird aber den Belangen städtischer Mittel- und Oberschichten Rechnung getragen. Hierzu zählen größere Liberalisierungsmaßnahmen im Handel und im Wohnungsbau, wie die Förderung von Privatinitiativen in diesen Bereichen und in der Industrie, sowie die Abschaffung von Bestimmungen, die die individuelle Freiheit des einzelnen einschränken können. Sie bekräftigen damit den von der neuen Regierung eingeschlagenen Kurs, Maßnahmen durchzuführen, die geeignet sind, die latente Unzufriedenheit der städtischen Bevölkerungsgruppen, die sich in zunehmendem Widerstand geäußert hatte, zu besänftigen. Hierzu zählen die Aufhebung der als lästig empfundenen Vorschriften insbesondere für die städtische Angestelltenschicht, wie etwa die Verpflichtung zu Massensport, dem Tragen einer einheimischen Baumwollkleidung oder zu Ideologieprüfungen im Rahmen schulischer und universitärer Examina. Zusätzlich wurde eine Reform des öffentlichen Dienstes und auch die Wiedereinstellung der entlassenen Lehrer versprochen, trotz der damit verbundenen höheren Belastungen für die öffentlichen Haushalte.

Darüber hinaus sollten alle politischen Häftlinge entlassen werden. Außerdem wurden der städtischen Bevölkerung weitere Vergünstigungen eingeräumt - wie z.b. die Senkung des Bierpreises und die Aufhebung des Einfuhrstopps für Obst und Gemüse - und die Schaffung neuer Produktionsmöglichkeiten und damit neuer Arbeitsplätze im städtischen Bereich versprochen. Der politische Schwenk zu einer stärkeren Berücksichtigung der Interessen und Belange der städtischen Bevölkerungsgruppen einschließlich ihrer Interessenvertretungen, der Gewerkschaften, wird hier deutlich.

Inkonsistenzen in den politischen Zielsetzungen der neuen Volksfront-Regierung sind jedoch unübersehbar, wenn neben diesen Liberalisierungsmaßnahmen in anderen Resolutionen verstärkte Staatsintervention und eine radikale Umgestaltung der Gesellschaft gefordert und das Prinzip des demokratischen Zentralismus betont wird. Ähnliches läßt sich bei der Bewertung der zukünftigen Rolle der politischen Institutionen feststellen. Auf der einen Seite steht die Forderung nach einer Art korporativen Verfaßtheit der Gesellschaft, in der nationale Einheitsorganisationen für bestimmte gesellschaftliche Gruppen den "revolutionären Elan der Individuen" der jeweiligen Bevölkerungsgruppen aufnehmen und politisch umsetzen sollen. In diesem Zusammenhang steht auch der Aufruf zu einer größeren Vereinheitlichung schon bestehender Organisationen wie der Gewerkschaftsbewegung als der Interessenvertretung aller Arbeiter. Andererseits müßte durch eine politische Aufwertung der gesellschaftlichen Organisationen die politische Rolle und Funktion der CDR-Struktur partiell unterhöhlt, in jedem Falle aber neu definiert werden. Erste Ansätze hierzu finden sich in der im März 1988 erfolgten Auflösung der bisherigen Komitees zur Verteidigung der Revolution und ihrer Ablösung durch Revolutionskomitees (Comités révolutionaires), denen partiell neue Aufgaben und v.a. die Entwaffnung der bisherigen CDR zugewiesen wurden. Politische Konflikte bei der Bewertung dieser unterschiedlichen Konzeptionen scheinen hier vorprogrammiert zu sein und werden sich nicht so ohne weiteres durch ein zu schaffendes Koordinationskomitee bewältigen lassen.

Auch die an sich sinnvolle Forderung nach einer größeren Dezentralisierung der politischen Macht und einer regionalspezifischen Ausrichtung der staatlichen Dienstleistungen - insbesondere im Bereich der Agrarförderung - kann sich in der momentan noch instabilen politischen Lage und angesichts der ethnischen und politischen Heterogenität des Landes für das Volksfront-Regime als problematisch erweisen. Andererseits fällt der schon fast beschwörende Appell der staatlichen Führung zur Einheit und Geschlossenheit der gesellschaftlichen Gruppen auf, was mittelfristig durchaus in Versuche münden könnte, die politisch relevanten Gruppen in einer Einheitspartei zusammenzufassen.

In der Außenpolitik unternimmt die Regierung Compaorés große Anstrengungen, die - bis auf Togo und Côte d'Ivoire - deutliche Reserviertheit der afrikanischen Nachbarstaaten angesichts der Ermordung Sankaras durch eine intensive Reisediplomatie der höchsten Staatsrepräsentanten zu überwinden. Darüber hinaus wird aber das Ziel einer neutralistischen Außenpolitik nicht zuletzt dadurch dokumentiert, daß einerseits eine freundlichere Haltung gegenüber Frankreich eingenommen wird - so z.B. bei der UN-Abstimmung über die Unabhängigkeit Neukaledoniens, bei der sich Burkina der Stimme enthalten hat, während es in den vergangenen Jahren stets gegen Frankreich stimmte -, andererseits der Staatschef Compaoré im Januar 1988 einen betont freundschaftlichen Staatsbesuch in Libyen durchführte und hier die bekannten "anti-imperialistischen" Parolen wiederholte.

3.2 Ausblick

Trotz einer vordergründigen innenpolitischen Stabilisierung der politischen Macht des Volksfront-Regimes bei relativer Apathie großer Teile der Bevölkerung Burkinas und einer sich abzeichnenden Normalisierung der außenpolitischen Beziehungen ist die politische Zukunft der Regierung Compaorés in Burkina Faso durch drei Hypothesen erheblich belastet:

1. Das Volksfront-Regime wird weiterhin mit dem Makel seiner "Erbsünde" leben müssen, sich über die Ermordung Sankaras und seiner Getreuen an die Macht geputscht zu haben, was es innen- wie außenpolitisch erheblich belastet. Insbesondere erscheint dies vielen Burkinabern als ein kaum wiedergutzumachender Makel, da sie mit Stolz darauf verweisen konnten, in ihrer kurzen politischen Geschichte - im Unterschied zu vielen anderen schwarzafrikanischen Staaten - ohne größeres Blutvergießen ausgekommen zu sein.

2. Dem Regime fehlt darüber hinaus eine charismatische Persönlichkeit, die - ähnlich wie Sankara - in der Lage ist, auch in schwierigen politischen Situationen große Teile der Bevölkerung zu mobilisieren und für die Ziele der Regierung zu begeistern. Die gegenwärtigen Führer des Regimes verfügen zwar über erheblichen Rückhalt in der Armee, haben jedoch nur eine geringe Ausstrahlung in der Öffentlichkeit.

3. Sowohl die Inkonsistenzen der politischen Programmatik wie auch latente Konflikte zwischen verschiedenen politischen Gruppierungen und Persönlichkeiten in der politischen Führung sind nicht bewältigt. Zwar wurde der Tendenz entgegengearbeitet, unterschiedliche politische Zielvorstellungen durch eigenständige Gruppierungen durchzusetzen. So wurde die den früheren CNR mittragende Organisation Militaire Révolutionaire (OMR) aufgelöst, und in die neue Regierung wurden nur vier Militärs aufgenommen. Auch der Einfluß der eher ideologisch fixierten ULC-R und GCB, obwohl diese letzte Gruppe den Außenminister Jean Marc Palm stellt, konnte zugunsten der weniger festgelegten Union des Communistes Burkinabé, die drei Minister stellt, darunter den Rektor der Universität in Ouagadougou, Clement Ouédraogo, zurückgedrängt werden. Doch halten sich einerseits wichtige politische Persönlichkeiten mit einer öffentlichen Unterstützung des neuen Regimes zurück, andererseits weisen die zahlreichen Verhaftungen hochrangiger Persönlichkeiten - Amnesty International spricht von 40 Verhaftungen bekannter Politiker seit dem 15.10.87 - und die Gründung von Exilgruppen und politischen Widerstandsvereinigungen auf die labile politische Position des gegenwärtigen Regimes hin.

Angesichts dieser Gegebenheiten und der momentanen Kräftekonstellation scheint es für das Regime unabdingbar zu sein, zur Verbreiterung seiner Machtbasis die Unterstützung zusätzlicher organisierter politischer Gruppierungen zu suchen. Dies wird mit größter Wahrscheinlichkeit kaum dazu führen können, die innere Konsistenz des politischen Programms der Regierung zu verbessern. Eine solche Ausweitung der Machtbasis wird nur durch Zugeständnisse an die Gruppen zu erreichen sein, die von bereits gut organisierten politischen Gruppierungen vertreten werden, d.h. vornehmlich durch Zugeständnisse an die ohnehin schon eher privilegierten und zu solchen Organisationsformen befähigten städtischen Bevölkerungsgruppen. Die Masse der armen ländlichen Bevölkerung, die etwa 90% der Gesamtbevölkerung ausmacht, wird - trotz aller Beteuerungen - durch solche Zugeständnisse keine Erleichterungen und Verbesserungen ihrer

Lebensbedingungen erwarten dürfen. Die ersten konkreten Maßnahmen der Regierung Compaoré deuten bereits in diese Richtung. Der sicherlich in vielen Einzelpunkten der Durchführung zu kritisierende Versuch des CNR-Regimes, eine entwicklungspolitisch sinnvolle, neue Politik der konsequenten Bevorzugung des ländlichen Raums bei Hintanstellung der Interessen der urbanen Bevölkerungsgruppen durchzusetzen, ist letztlich an der Uneinigkeit der vier militärischen Führer und am Widerstand organisierter städtischer Interessen gescheitert, gegen die es durch die neu aufgebauten Strukturen der Revolutionskomitees, der Bauern-, Frauen-, Jugendlichen- und Honoratiorenverbände noch kein ausreichendes, politisch wirksames Gegengewicht gab. Ohne eine Identifikationsfigur vom Schlage Sankaras und ohne seine Mobilisierungskraft werden die Zielsetzungen der Revolution von 1983 von der gegenwärtigen Regierung kaum weitergeführt werden können. Sie wird sich - so ist zu erwarten - der in vielen Aspekten fatalen Politik anderer schwarzafrikanischer Regierungen annähern, deren nicht zuletzt aus Gründen des Machterhalts einseitige Förderung der "modernen" (haupt-)städtischen Sektoren für große Teile der ländlichen Bevölkerung verheerende Auswirkungen hat.

Weiterführende Literatur
Adriamirado, Sennen: Sankara, le rébelle, Paris 1987
Brisset, Claire: Une nouvelle forme de mobilisation sociale au Burkina-Faso. In: Le Monde Diplomatique (Mai 1987), S. 30-31
Hillebrand, Ernst: Burkina Faso und die Ära Sankara: Versuch einer Bilanz. Arbeitspapier der Stiftung Wissenschaft und Politik, Ebenhausen 1988
Labazée, Pascal: De la Révolution à la "Rectification" au Burkina Faso. L'encombrant héritage de Thomas Sankara. In: Le Monde Diplomatique (Nov. 1987), S. 15
Le Burkina Faso. In: Politique Africaine (Dec. 1985) 20
Martin, Guy: Idéologie et praxis dans la révolution populaire du 4 aout 1983 au Burkina Faso. In: Genève-Afrique 24 (1986) 1, S. 35-62
Otayek, René: The Revolutionary Process in Burkina Faso: Breaks and Continuities. In: John Markakis / Waller, Michael (Eds.): Military Marxist Regimes in Africa, London 1986, S. 82-100
Savonnet-Guyot, Claudette: Etat et sociétés au Burkina, Essai sur le politique africain, Paris 1986
Schmitz, Erich: Außerschulische Jugendförderung in ländlichen Gebieten von Entwicklungsländern. München, Köln, London 1985 (Forschungsberichte des Bundesministeriums für wirtschaftliche Zusammenarbeit. 69)
Ders.: Thomas Sankara und die burkinabische Revolution. Ein Staatschef und eine Politik neuen Typs. In: Afrika-Spectrum 22 (1987) 2, S. 157-179

Gerald Braun:

Südafrika im Ausnahmezustand

1 Pretoria in der Offensive

1987 war am Kap der Hoffnung das Jahr der Konterrevolution. Die Militärs um Staatspräsident P.W. Botha schickten sich in einem Rollback an, den Rassenkonflikt auf ihre Weise zu lösen. Das seit dem Soweto-Aufstand von 1976 instabile Gleichgewicht von Reform, Repression und Aufruhr verschob sich weiter - zugunsten der Repression.

Im Innern bemühte sich die Botha-Regierung, ihre verzweifelt schmale Legitimationsbasis durch Entpolitisierung der schwarzen Mittelklasse zu verbreitern. Parallel dazu wurden der Ausbau des staatlichen Sicherheitsapparats vorangetrieben, subtilere und selektivere Techniken des Terros gegen Regimekritiker (oder wen man dazu erklärt) entwickelt.

Im südlichen Afrika baute Pretoria weiter an seinem defensiven Imperium. Mit einer regionalen Vorwärtsverteidigung zwang Südafrika die Nachbarstaaten zu enger Zusammenarbeit in Sicherheitsfragen, Angola ausgenommen. Ihr Ziel: Die endgültige Eliminierung südafrikanischer Befreiungsbewegungen auf dem Subkontinent.

International verlor die Sanktionsbewegung ab Mitte des Jahres an Schwungkraft. Mehr noch: Die westliche Bankengemeinschaft räumte dem Apartheidstaat ein weiteres Mal einen Aufschub bei der Rückzahlung seiner Auslandsschulden ein und verbesserte damit seine Kreditwürdigkeit. Schließlich legten drei Westmächte im UN-Sicherheitsrat 1987 erneut ein Veto gegen umfassende und verbindliche Südafrika-Sanktionen ein: Die USA, Großbritannien und die Bundesrepublik Deutschland.

Alles zusammen erklärt, warum Pretorias Gegenoffensive auf breiter Front Erfolge zeitigte, zumindest vorerst. Am 24. Februar 1988 verkündete Adriaan Vlok, Minister für Recht und Ordnung, ein Dekret, das 17 weiteren Anti-Apartheid-Organisationen sämtliche politischen Aktivitäten in der Öffentlichkeit verbietet. Seither ist die schwarze Opposition in Südafrika de facto gebannt. Pretorias Prätorianer gewannen mehrere Schlachten, aber nicht den Krieg.

2 Konzepte der Konterrevolution

Wenn die Regierung entschlossen ist, eines nicht zu tun, dann sich selbst um die Macht zu bringen. Oberste Maxime burischer Politik ist und bleibt, das Überleben des 'weißen Stammes' zu sichern - trotz steigender Kosten. 'Anpassung der Vorherrschaft an neue Gegebenheiten ja, Übergabe der Macht nein' gleicht im Grund einer Quadratur des Kreises: Es gilt, eine konterrevolutionäre Strategie zu entwickeln, die weiße Vorherrschaft garantiert, von der schwarzen Mehrheit zumindest hingenommen und international akzeptiert wird.

Unter den Bedingungen des Ausnahmestaats, so Präsident P.W. Botha bei der Parlamentseröffnung im Februar 1988, bedeutet dies: Herstellung von 'Ruhe und Ordnung', wirtschaftliche Entwicklung und - vielleicht später - politische Reformen. Knapper kann man jene Counter-Insurgency-Stragien nicht umreißen, die sich in der Dritten Welt 'bewährt' haben, von Chile bis Malaya. Die Revolution kann, so die Überzeugung des Sicherheits-Establishments, auf Dauer verhindert werden, wenn es gelingt, den Widerstand *politisch* zu besiegen. Dies bedeutet gleichzeitig Befriedung und Kontrolle der schwarzen Bevölkerung, Reform und Repression.

Die jüngsten Reformvorhaben der Botha-Regierung zielen in drei Richtungen:
- Um 'Herz und Verstand' städtischer Schwarzer zu gewinnen, werden Militärs als Ingenieure, Ärzte und Lehrer in den Townships eingesetzt; eine Entwicklungsarmee in Uniform oder - wie neuerdings auch formuliert wird - die Streitkräfte als Service-Einrichtung. Parallel dazu versucht man mit massiven Finanzspritzen die materiellen Lebensbedingungen in den Ghettos zu verbessern. Diverse Arbeitsbeschaffungsprogramme liefen an, auch Maßnahmen zum Infrastrukturausbau (Straßen- und Elektrizitätsversorgung), der Wohnungsbau wird staatlich gefördert und im laufenden Finanzjahr 1987/88 stiegen die Bildungsausgaben für Schwarze nominal um 40% (freilich von niedrigem Niveau aus).
- Eine Reihe von Gesetzen, die den Apartheid-Architekten noch sakrosankt waren, wurde aufgehoben oder geändert; in jüngster Zeit etwa der "Influx Control Act" (den man durch Regulierungen über 'orderly urbanization' ersetzte). Neuerdings können städtische Schwarze aus den sog. unabhängigen Homelands auf Antrag die südafrikanische Staatsbürgerschaft wiedererlangen. Mit anderen Worten: Von den 9 Mio. Schwarzen, die im Zuge der Bantustan-Politik zu Ausländern im eigenen Land gemacht wurden, können nach Angaben der Regierung ca. 1,75 Mio. wieder Südafrikaner werden. Für 1988 steht eine Modifizierung des "Group Areas Act" auf der Agenda, nachdem in Kapstadt und Johannesburg bereits verschiedene gemischte Gebiete ('grey areas') bestehen.
- Schließlich bemüht sich die Regierung weiterhin, kooptative politische Strukturen für die schwarze Mehrheit aufzubauen, ohne dadurch das Machtmonopol der weißen Minderheit zu gefährten. Auf nationaler Ebene soll ein geplanter National Statutory Council (NSC) zur Diskussion über eine neue Verfassung dienen. Auf regionaler Ebene sollen die Regional Services Councils (RSCs) weiter ausgebaut werden, nachdem die ersten acht RSCs Mitte 1987 installiert wurden. Auf der lokalen Ebene bestehen bereits schwarze Gemeinde- und Stadträte (die sog. Community and City Councils).

Dieses Reform-Paket des Regimes zielt insgesamt auf Schaffung einer entpolitisierten schwarzen Mittelklasse, die wirtschaftlich etwas zu verlieren hat und daher 'vernünftig' genug ist, nicht das Apartheidsystem, sondern ihre ärmeren schwarzen Landsleute als Hauptgegner zu betrachten. "Atomisierung und Kontrolle der Beherrschten sichert weiße Herrschaft." (G.Chaliand).

'Reform' ist eine Seite der Konterrevolution, Repression ist die andere. Bevor die Regierung ihr 'Herz und Verstand'-Programm in die Wege leitete, hatte sie in den unruhigen Townships militärisch gewissermaßen das Terrain vorbereitet. Unter dem Schutz des Ausnahmezustands ging der Sicherheitsapparat generalstabsmäßig gegen vermeintlich unbelehrbare Regimekritiker vor. Der revolutionäre Ansturm (revolutionary onslaught) sollte mit eiserner Faust zerschlagen werden. Hinter ihm stehen aus Pretorias Perspektive die 'Terroristen' des kommunistisch gelenkten African National Congress. Auch Anti-Apartheid-Organisationen wie UDF (United Democratic Front) und AZAPO (Azanian People's Organisation), Kirchen - etwa der Südafrikanische Kirchenrat SACC - und Gewerkschaften, vor allem COSATU, gelten als Moskaus Frontorganisationen am Kap.

Armee-Einheiten und Polizeikräfte besetzten die Ghettos und kämmten sie in 'search-and hit'-Aktionen systematisch durch. Konservativen Schätzungen zufolge wurden 1986/87 26 000 Personen in Sicherheitshaft genommen, darunter mehr als 10 000 Kinder und Jugendliche.

Die Zielgruppen der Säuberungs-Aktionen waren Pretorias Feindbild entsprechend: Politische und Community-Aktivisten (46% aller Verhafteten), darunter Township-Gruppen, Bürgerrechtsorganisationen und Frauenvereinigungen, die UDF- und AZAPO-Mitglieder sind oder ihnen nahestehen; Schüler-, Studenten- und Lehrerverbände (33%), darunter auch Mitglieder des National Education Crisis Comittee (NECC); Gewerkschaftsfunktionäre und -mitglieder (16%), v.a. COSATU-Gewerkschaften litten unter Massenverhaftungen; Priester, Ordensschwestern und Kirchenmitarbeiter (4%), darunter zwei ganze Kongregationen.

Rechtlich abgesichert wurden diese Aktionen durch extensive Nutzung vor allem des "Internal Security Act", der u.a. der Polizei die Verhängung von Vorbeugehaft bis zu 180 Tagen ohne formelle Anklageerhebung gestattet. Schließlich gewährt das Ausnahmerecht den Sicherheitsorganen Indemnität gegen rechtliche Verfolgung, sofern diese im 'guten Glauben' handeln, den Beweis für 'bösen Glauben' hat der Kläger zu führen.

Eine weitere Verschärfung der Medienzensur schirmte den Apparat gegenüber der Öffentlichkeit ab. Berichte über das Vorgehen der Sicherheitskräfte wurden verboten, dann auch die Anwesenheit von Journalisten in den Ghettos zu beruflichen Zwecken. Die Zensur zielt auf dreierlei:

(1) Die Weltöffentlichkeit über das Ausmaß der staatlichen Repression und des Widerstands im unklaren zu halten. Pretoria hofft auf diese Weise, Sanktionen, Boykotte und andere internationale Aktionen verhindern zu können.

(2) In Südafrika der weißen Wählerschaft durch ideologische Kontolle einen Zustand der 'Normalität' zu suggerieren, um negative Reaktionen (Auswanderung, Kapitalflucht, Kriegsdienstverweigerung) zu vermeiden.

(3) Schließlich versucht der Staat, Individuen und Gruppen, die Widerstand leisten, mundtot zu machen.

3 Das Management der Gewalt

Der Notstandsstaat in Permanenz kann nicht mehr den Entscheidungen von Politikern überlassen bleiben. Kontroll- und Entscheidungskompetenzen wurden daher im National Security Management System (NSMS) zentralisiert unter Kontrolle einer neuen Klasse uniformierter Sozialingenieure: Pretorias Prätorianer.

An der Spitze des NSMS steht der State Security Council (SSC). Der SSC wurde zur Kommandozentrale der Konterrevolution. Er ist eine Art inneres Kabinett, das von Staatspräsident P.W.Botha geleitet wird. Im Staatssicherheitsrat haben die Militärs die Mehrheit. Das NSMS umfaßt eine komplexe Schattenadministration mit mehr als 500 regionalen und lokalen Sicherheitskomitees im ganzen Land. Diese (Militär-) Administration existiert neben der verfassungsmäßigen Verwaltung und operiert an ihr vorbei. Zusammensetzung und Tätigkeit sind geheim. Ungefähr folgendes Bild läßt sich machen: Auf regionaler Ebene wurden zwölf Joint Management Centres eingerichtet, deren Einflußbereiche in etwa mit den militärischen Kommandobezirken zusammenfallen. In ihnen arbeiten ca. 60 Offiziere und Beamte, die oberste Befehlsgewalt hat in der Regel ein General der Streitkräfte oder der Polizei. Den regionalen Zentren unterstehen auf subregionaler Stufe 60 Joint Management Centres, auf lokaler Ebene 448 sog. Mini-Joint-Management Centres. Neben örtlichen Polizeioffizieren und Verwaltungsbeamten gehören ihnen Feuerwehrkommandanten an, Mitglieder der Bürgerwehr, aber auch Farmer, Handwerker und Vertreter von Elternvereinigungen. Schwarze Mitglieder, etwa Gemeinde- und Stadträte, werden nach Bedarf kooptiert.

Die Zentren arbeiten als ein konterrevolutionäres Frühwarnsystem. Sie sammeln sicherheitsrelevante Informationen, identifizieren Bedürfnisse und unzufriedene Gruppen und suchen nach materiellen Verbesserungen, bevor es zu größeren Gewaltausbrüchen unter der schwarzen Ghettobevölkerung kommt. Umgekehrt haben die Angehörigen dieses Systems überall dort Widerstand zu brechen, wo er sich nach zwei Jahren Ausnahmezustand noch regt.

4 Die Kontrolle der Revolution

Unter der Wucht der Gegenoffensive brach der Widerstand weitgehend zusammen. Der Regierung gelang es durch massive Militärpräsenz und unter Einsatz staatlichen Terrors, die Kontrolle über die Townships wiederherzustellen - zumindest vorerst. Selbst die Organisation offiziellen Protests und gewaltloser Verweigerung ist für die Apartheid-Opposition nicht mehr möglich. Die Organisatoren wurden verhaftet oder in den Untergrund gezwungen.

Glaubten viele Aktivisten 1986 noch 'revolution is round the corner', so ist eine Ernüchterung, bisweilen Resignation unverkennbar. Ein Indiz hierfür scheint zu sein, daß der Slogan "liberation now, education later", der die massenhaften Schüler- und Studentenstreiks begleitete, inzwischen umgedreht wurde: "education now, liberation later".

In der Hochphase des Aufstands war die Zerstörung der lokalen Verwaltungsstrukturen und die Vertreibung schwarzer Kollaborateure weitgehend gelungen. Nicht hingegen gelang es, auf Dauer befreite Gebiete zu schaffen und eine revolutionäre Verwaltung aufzubauen. Die Straßenkomitees, Ansätze zu einer alternativen Polizei, Gerichtsbarkeit und Erziehung konnten sich nur in wenigen Teilzellen halten. Mehr noch: Dem Regime gelang es, über das National Security Management System ein weitverzweigtes Spitzel- und Überwachungsnetz aufzubauen; eine Voraussetzung für jede erfolgreiche Counter-Insurgency-Strategie. Neuerdings operiert man mit organisierter Willkür. Scheinbar alles geht im Südafrika des Ausnahmezustands. Manche Führer des Widerstands werden verhaftet, andere nicht; manche Mietboykotteure verjagt, andere dürfen bleiben. Diese Schreckensherrschaft setzt die Township-Bevölkerung unter enormen physischen und psychischen Druck, wird für sie praktisch unkalkulierbar. Die Folge ist nicht selten eine Art Selbstblockade des schwarzen Widerstands.

Pretoria spielten bei seinem Kampf gegen die Revolutionäre verschiedene Faktoren in die Hände: Mangelnde Organisation und Koordination des 'people's war', Konflikte zwischen rivalisierenden Gruppen um die Macht und wachsender Widerstand gegen die Anarchie in den Ghettos. Die verbreitete Willkür der jungen Revolutionäre ('comrades'), die gegen tatsächliche oder vermeintliche Kollaborateure mit dem berüchtigten 'necklacing' vorgingen, spaltete die schwarze Gemeinschaft. (Inzwischen ist auf Befehl des ANC das 'necklacing' eingestellt worden). Nachdem man die Polizisten aus den Townships verjagt hatte und die lokalen Verwaltungsstrukturen nicht mehr funktionierten, stieg die Verbrechensrate in den Ghettos an. Teile der drangsalierten Bevölkerung forderten die Rückkehr der schwarzen Polizei, die Wiederherstellung von Ruhe und Ordnung. Mit wachsendem wirtschaftlichen Niedergang, steigender Arbeitslosigkeit und sozialem Verfall wurden die Townships für Patronage, Kooptation und Gewalt immer anfälliger.

Die Regierung schuf sich mit den sog. Vigilantengruppen neue, subtilere Instrumente der Repression. Sie haben mit dem weißen Sicherheitsapparat eines gemein: Beide gehen rücksichtslos gegen Anti-Apartheid-Aktivisten vor. Die Vigilanten rekrutieren sich aus Kollaborateuren, umgedrehten UDF- und AZAPO-Anhängern, verbitterten Opfern revolutionärer Gewalt, Analphabeten anderer Ethnien, Arbeitslosen und Kriminellen. In dreiwöchigen Schnellverfahren wurden viele von ihnen zu schwarzen Hilfspolizisten gemacht ('Kitskonstables' bzw. 'Instant'-Polizei). Beide Gruppierungen operieren im Schutz der in vielen Ghettos stationierten Armee-Einheiten und der Polizei. Vigilantengruppen besorgen die Arbeit der Regierung in Pretoria. Im Kampf gegen die revolutionären 'comrades' beseitigen sie deren revolutionäres Regime in den Townships. In neuester Zeit werden Vigilanten auch als Schutztruppen und Leibwächter für die verhaßten schwarzen Stadt- und Gemeinderäte eingesetzt.

Besonders undurchsichtig ist die Rolle dieser Gruppierungen in den Kämpfen zwischen UDF/COSATU-Anhängern und Inkatha-Mitgliedern in Natal/KwaZulu, wo um regionale Vorherrschaft, ideologische Richtung und internationale Legitimation ein lokaler Krieg geführt wird. Inkatha hat traditionellen Rückhalt v.a. im ländlichen KwaZulu. Die Zulu-Bewegung ist pro-westlich, gegen internationale Sanktionen und operiert im System - beispielsweise durch Mitarbeit in der Joint Executive Authority. Inkatha vertritt nach außen eine Strategie gewaltlosen Widerstands - auch gegen die Unabhängigkeit des 'Homelands' KwaZulu-, etwa durch Konsumentenboykotte und Protestdemonstrationen. Allerdings sind derartige Aktionen gegen das Regime in Pretoria bislang nicht bekanntgeworden. Auch scheut sich Inkathaführer G.M.Buthelezi nicht, militante Inkatha-Kader ('Impis') gegen schwarze Gruppen- vor allem UDF- und COSATU-Mitglieder - einzusetzen, wenn seine Herrschaftsposition in KwaZulu gefährdet erscheint. Umgekehrt versuchen UDF und COSATU bedingungslos, Inkatha-Terrain zu gewinnen. Selbst Gegner wie der ANC attestieren der Zulu-Bewegung, daß sie trotz Rückgangs in der Popularität eine wichtige politische Kraft in Südafrika ist. Inkatha gibt an, 1,5 Mio. Mitglieder zu haben (von denen allerdings viele praktisch zum Eintritt gezwungen wurden). Die Regierung interveniert nach dem 'Teile-und-herrsche'-Prinzip in diesem Konflikt u.a. durch Vigilantengruppen und Einsatz von 'agents provocateurs', überwiegend, wenn nicht ausschließlich, zugunsten Inkathas. Die Zulu-Bewegung blieb beim Generalangriff der Regierung auf die Opposition im Februar 1988 ausgespart, was Inkatha in der schwarzen Bevölkerung weiter diskreditieren dürfte.

1987 war für die UDF ein besonders hartes Jahr. 1983 als multirassische Protest- und Widerstandsbewegung gegründet, umfaßt sie nach eigenen Angaben inzwischen etwa 800 Anti-Apartheid-Organisationen mit ca. 3 Mio. Mitgliedern. Die UDF ist die wichtigste politische Organisation der Schwarzen in Südafrika. Sie versuchte gleichsam aus der Not eine Tugend zu machen, indem sie ein nur lockeres Bündnis unterschiedlichster Gruppierungen schloß. Als langfristiges Ziel gilt ihr die Vereinigung aller Systemgegner zum gemeinsamen gewaltlosen Kampf für ein nicht-rassisches, demokratisches Südafrika. Damit bezieht sich die UDF auf die Freiheitscharta. Zwar steht man bewußt in der Tradition der Kongreßbewegung der 50er Jahre, aber als breite Sammlungsbewegung verschiedenster Organisationen und Weltanschauungen geht die UDF weit über den ANC hinaus. Diese Tatsache hindert die Regierung allerdings nicht daran, die UDF als Frontorganisation bzw. Surrogat des ANC zu sehen. Trotz Verhaftung des größeren

Teils der UDF-Führung gegen Jahresmitte (75% aller Verhafteten in Südafrika sind UDF-Mitglieder) gelang es, die eine oder andere Kampagne zu initiieren. So wies die UDF die Regional Services Councils und den geplanten National Statutory Council als 'Spielzeugtelefone' (toy phones) zurück und unterlief damit die Kooptationspolitik der Regierung. Wichtige Initiativen im Jahre 1987 waren v.a. die Gründung des South African Youth Congress (SAYCO) und des UDF-Women's Congress.

Auch viele wichtige Aktivisten der Black Consciousness-Bewegung AZAPO wurden (im September) festgenommen. AZAPO ist es allerdings bislang nicht gelungen, ihre einstmalige Position im schwarzen Widerstand zurückzuerobern, die sie Mitte der 70er Jahre unter dem charismatischen Black Consciousness-Führer Steve Biko hatte. 1987 jährte sich sein Tod in Sicherheitshaft zum zehnten Mal.

Ungeachtet gewisser Rückschläge - wie der Zerschlagung seiner im Untergrund existierenden Kommandostruktur in der westlichen Kapregion - bleibt der ANC das eigentliche Zentrum des Widerstands in Südafrika. Er ist geradezu zum Mythos der schwarzen Revolution geworden, und die Regierung tut alles, um ihn aufzuwerten. Ziel der ANC-Aktionen ist nicht der militärische Sieg. Vielmehr will man die weiße Minderheit in eine hoffnungslose "no-win-situation' zwingen. Durch Massenmobilisierung, Generalstreiks und Guerilla-Aktionen sollen die Moral der Weißen untergraben und das Apartheid-Regime international isoliert werden.

Trotz des Ausnahmezustands eskalierte zunächst die Guerilla-Offensive. 1985 waren 136 Attacken zu verzeichnen, 1986 228 Angriffe. Ab Mitte 1986 wurden nahezu täglich Aktionen registriert, wobei es sich überwiegend um Handgranatenanschläge handelte. Allem Anschein nach gingen 1987 die Guerilla-Aktionen zurück. Der ANC schaffte weder den Übergang von der 'armed propaganda' zum 'people's war' - noch stellten die Attacken eine ernsthafte Bedrohung des weißen Sicherheitsapparats dar. Tatsächlich hat Pretoria seine Machtmittel noch lange nicht aufgebraucht. Dafür konnte der ANC auf internationalem Parkett deutliche Erfolge erzielen (u.a. Treffen von ANC-Führer O.Tambo mit US-Außenminister Shultz und mit westlichen Wirtschaftsmanagern). Mitte des Jahres kursierten Spekulationen, der ANC wolle eine Exilregierung bilden.

5 Kontinuität und Wandel des Widerstands

Die Tatsache, daß die Regierung den Widerstand weitgehend zum Schweigen brachte, bedeutet nicht, daß die schwarze Bevölkerung den Status quo akzeptiert. Ebensowenig sollte Friedhofsruhe mit Normalität verwechselt werden.

Ein klares Zeichen für die anhaltende Verweigerung der städtischen Schwarzen war 1987 die Auflösung fünf weiterer Town Councils im Transvaal, nachdem 1985/86 38 dieser Stadt- und Gemeinderäte zusammengebrochen waren. Pretorias Versuch, lokale kooptative Strukturen zu schaffen, scheiterte. Auch gelang es dem Regime bislang nicht, einigermaßen glaubwürdige schwarze Vertreter für den National Statutory Council zu präsentieren. Die Mietboykotte in zahlreichen Townships dauern an - trotz des gezielten Einsatzes staatlicher Schlägertrupps gegen Boykotteure und anschließender Vertreibung. Inzwischen sind die aufgelaufenen Mietschulden so hoch, daß die am Existenzminimum lebende Bevölkerung ihre Schulden gar nicht mehr zurückzahlen könnte, selbst wenn sie es wollte.

Schließlich hatte die Kasernierung und Enthauptung politischer Organisationen schwarzer Verweigerung ungewollte Konsequenzen für Pretoria: zum einen verlieh sie dem Widerstand gleichsam anarchistische Züge, zum anderen politisierte sie die schwarzen Gewerkschaften, Frauenvereinigungen und englischsprachigen Kirchen mehr denn je. Alle drei Gruppierungen haben ihre Arbeit immer auch als politische begriffen, als Engagement für Entrechtete, Ausgebeutete und Unterdrückte. Dies gilt schon deshalb, weil der schwarzen Bevölkerung Südafrikas demokratische Kanäle politischer Selbstbestimmung - Wahlen, Parteien, Parlamente - verwehrt werden. Alle drei dürften in Zukunft zu den wichtigsten Kontrahenten der Regierung werden. "In Südafrika" - so Erzbischof Tutu im Februar 1988 - "sind jetzt die Kirchen gefordert, die Aufgaben der von der Regierung mundtot gemachten Opposition zu übernehmen." Schwarze Gewerkschaften sind seit Jahren die bestorganisierteste und dauerhafteste Kraft auch des Widerstandes. Trotz staatlicher Repression und Kontrolle - Verhaftungen, Durchsuchung von Büros, Offenlegung von Finanz- und Mitgliederlisten etc. - haben sie basisdemokratische Strukturen in Betrieben aufbauen können und ausgefeilte Strategien in Arbeitskämpfen entwickelt. Seit ihrer Zulassung 1979, ein Element weißer 'Reform'-Politik, wuchs die Mitgliederzahl schwarzer Gewerkschaften auf 1,35 Mio. (1986), das sind 13,5% der abhängig Beschäftigten Südafrikas. Die Zahl der Streiks stieg von 101 (1979) auf 793 (1986). Im gleichen Zeitraum wuchs die Zahl der verlorenen Mann-Tage von 100 000 auf etwa 1 Mio. Diese Angaben beziehen sich nur auf 'shop-floor'-Konflikte. Bei politisch motivierten Arbeitskämpfen gingen 1986 nochmals 3,5 Mio. Mann-Tage verloren, möglicherweise 6 Mio. (exakte Zahlen liegen nicht vor). Die Anlässe variieren: Die Verhängung des Ausnahmezustands, die weißen Wahlen im Mai 1987, der Kampf um Anerkennung des 1. Mai als Tag der Arbeit, der Jahrestag von Soweto am 16. Juni, die Verhaftung von Gewerkschaftsführern und lokale Proteste bei Begräbnissen von Polizeiopfern.

Trotz Ausnahmezustands und anhaltender Rezession stieg die Zahl der organisierten Arbeiter 1986/87 weiter an - und die Militanz der Arbeiterbewegung scheint ungebrochen, was nicht notwendigerweise bedeutet, daß ihre Aktionen erfolgreich waren. Im Gegenteil: Trotz wachsender Gewerkschaftsmacht besteht der Eindruck, daß 1987 nicht mehr so viele Arbeitskämpfe gewonnen wurden wie noch zwei oder drei Jahre zuvor. Die Gründe: Verstärkte Massenentlassungen der Unternehmen, etwa bei Anglo-American und Mercedes, und die Existenz konkurrierender Gewerkschaftsverbände, vor allem COSATU, die Black Consciousness Gewerkschaft CUSA/AZACTU und die Inkatha-Gewerkschaft UWUSA, deren Führung teilweise aus Geschäftsleuten besteht.

Im Zentrum der organisierten schwarzen Arbeiterschaft steht COSATU, ein 1985 gegründeter Dachverband, der nach eigenen Angaben 712 000 zahlende Mitglieder hat, mit der UDF alliiert und daher wesentlicher Adressat staatlicher Repressionsmaßnahmen ist. 1986/87 waren 80% der verhafteten Gewerkschaftsführer COSATU-Mitglieder. Und im Februar 1988 verbot Law and Order-Minister Vlok COSATU sämtliche "politischen" Aktivitäten. Die Definitionsmacht liegt beim Staat.

Auch die Bedeutung von Frauenorganisationen im Kampf um ein demokratisches Südafrika dürfte in Zukunft zunehmen. Hierfür sprechen eine Reihe von Gründen:

- Schwarze Frauen beginnen sich zunehmend gewerkschaftlich zu organisieren. 1986 wurde die South African Domestic Workers Union (SADWU) gegründet. SADWU ist Mitglied von COSATU und hat 60 000 Mitglieder. COSATU versucht auch, Arbeitnehmer im Agrarsektor zu organisieren, in dem 16% aller schwarzen Frauen arbeiten.
- Schwarze Frauen stehen aber auch in den Ghettos, z.T. unbeabsichtigt, an der Front des Widerstands. Es sind ihre Kinder, denen der Staat im Ausnahmezustand den Krieg erklärte und die unter Verhaftungen und Folter besonders zu leiden hatten. Lokale Frauengruppen haben daher Boykottaktionen gegen die Besetzung der Townships initiiert, Kampagnen für bessere Erziehung und gegen Mieterhöhungen durchgesetzt. Ein Teil dieser Gruppen gründete 1987 die Frauenorganisation der UDF. 'Graswurzel'-Aktionen und organisierter Protest sind allerdings in Ausnahmesituationen nur noch schwer möglich, in denen "schwarze Kinder von weißen Kinder-Soldaten erschossen werden" (so eine schwarze Frauenrechtlerin).

6 Zur Dialektik der Konterrevolution
Pretoria gelang es ein weiteres Mal, den Ausbruch der Revolution zu verhindern, allerdings zu wachsenden gesellschaftlichen und moralischen Kosten.

Eine systemimmanente Schwäche der Botha-Strategie ist der Widerspruch zwischen Reform und Repression, sprich: zwischen Kooptation auf konstitutioneller und Gewalt auf der Sicherheitsebene. Beide Teilstrategien stehen offenkundig in einem antagonistischen Verhältnis zueinander. Je mehr Gewalt das Regime anwenden muß, um so weniger Zustimmung kann es zu seinem Kooptationsmodell erwarten. Zynisch formuliert: Pretoria produziert Märtyrer, nicht Sympathisanten. Und das weiße Regime muß Gewalt anwenden, weil alle Kooptationsversuche von der Mehrheit der schwarzen Bevölkerung bislang massiv zurückgewiesen wurden. Dies schließt nicht aus, daß langfristig eine Entpolitisierung von Teilen der schwarzen Mittelklasse über eine Coca-Cola- und Video-Kultur gelingt.

Ein weiterer Widerspruch besteht in der trivialen, aber dennoch richtigen Erkenntnis, daß volkswirtschaftlich gesehen die Botha-Regierung vor der Wahl zwischen 'Butter und Kanonen' steht. Wirtschaftliche Entwicklungsprogramme für die schwarze Mittelklasse kosten Geld - und dieses fehlt, weil es zunehmend in den Ausbau des Sicherheitsapparats investiert werden muß. Ob der angesagte neokonservative New Deal in der Wirtschaftspolitik - Privatisierung und Deregulierung der staatskapitalistischen Wirtschaft ('Buren'-Sozialismus) - jene privaten Ressourcen mobilisieren wird, die Pretoria sich davon erhofft, ist zumindest zweifelhaft. Private Unternehmer treten selten an, um soziale Zwecke zu erfüllen. Und die größte Wirtschaftskrise Südafrikas in der Nachkriegszeit ist kaum dazu angetan, diese Erfahrung zu widerlegen. Tatsächlich ist das Pro-Kopf-Einkommen inzwischen auf den Stand von 1976 zurückgefallen, die Inflationsrate pendelt um 18% und die Zahl schwarzer Arbeitsloser wird auf 4 Mio. geschätzt - mit steigender Tendenz. Selbst ein mittelfristiger Konjunkturaufschwung wird die langfristigen Strukturprobleme des Landes nicht lösen.

Ein weiteres kommt hinzu: Kaum war es gelungen, in den schwarzen Zentren, den Townships und Ghettos, gewaltsam Ruhe und Ordnung herzustellen, brachen Revolten an der schwarzen Peripherie aus. Herrschafts-, Ressourcen- und Staatsklassenkonflikte erschütterten die 'Homelands' - von Lebowa über die Transkei bis nach Bophuthatswana. Nicht gelöst, aber unter Kontrolle gebracht wurden sie durch ein bewährtes Mittel: Das Homeland-Militär übernahm de facto die Macht. Pretoria mußte mehr als ihm lieb war wirtschaftlich, finanziell und militärisch intervenieren, um seine Satelliten notdürftig zu stabilisieren.

Für weiße Vorherrschaft langfristig noch kritischer könnte ein Machtverfall des weißen politischen Spektrums sein. Paradoxerweise löste die Botha-Strategie im 'weißen Stamm' jene Erosionstendenzen aus, die sie eigentlich hatte verhindern wollen. So gelang es der regierenden Nationalen Partei bei den Parlamentswahlen 1987, weite Teile der englischsprachigen Wähler hinter sich zu versammeln, und gleichzeitig das Afrikanerdom traumatisch zu spalten. Rechte Dissidenten denunzierten P.W.Bothas 'adapt or die' als 'adapt and die'. Linke Dissidenten die wenigen "kritischen Moralisten" (H.Adam) - forderten nicht Modernisierung, sondern Abschaffung von Apartheid. Die Bedeutung dieser Dissidenten sollte nicht dramatisiert werden, insbesondere nicht für den schwarzen Widerstand: "Der größte Fehler, den die schwarze Welt jemals begangen hat", so Steve Biko schon 1971, "war es anzunehmen, daß alle Gegner der Apartheid gleichzeitig Verbündete seien." Dennoch sind Fluktuationen in der weißen Wählerschaft nicht bedeutungslos. Immer noch bestehen in der weißen Politik Restbestände von Demokratie, freilich einer "Herrenvolk-Demokratie". Die Regierung muß bei ihren Entscheidungen die weiße Wählerschaft und ihre politischen Mobilisierungsinstanzen im Auge behalten, um wiedergewählt zu werden. Die erkennbare Blockade der Modernisierung von Apartheid durch die erstarkte Conservative Party schließt allerdings nicht aus, daß die nächsten Wahlen verschoben werden, möglicherweise auf Dauer.

Auch erfolgreiche Konterrevolutionen haben ihren Preis. Regime, die sich auf der Siegerstraße wähnen, sehen wenig Anlaß zu echten Verhandlungen mit dem Kontrahenten: Der Erfolg der Konterrevolution blockiert friedlichen Systemwandel - und kann doch den Status ex-ante nicht wiederherstellen.

7 Die Pathologie des Sicherheitsstaates

Keine Regierung hat die Überlebenspolitik der weißen Minderheit effizienter betrieben als die Regierung P.W. Botha - und keine hat damit katastrophalere Konsequenzen ausgelöst. Der Ausnahmestaat in Permanenz schafft die Voraussetzungen für einen schleichenden Staatsstreich des Militärs, und es pflegt selten freiwillig in die Kasernen zurückzukehren. Die Armee wird zur Avantgarde der Konterrevolution, der Bürger muß zum Wehr-Bürger werden, allzeit bereit, seinen Beitrag zur Bekämpfung der "swart gevaar" zu leisten. "Wir befinden uns in einem totalen Krieg" - so Verteidigungsminister General Malan bereits 1977 - "der totale Krieg ist nicht nur eine Angelegenheit des Militärs, er geht jeden an." Er legitimiert die Einschränkung fundamentaler Menschenrechte und begründet den Einstieg des Militärs in die Kontrolle der Gesellschaft. Mehr noch: Indem der Sicherheitsstaat vermeintlich Sicherheit schafft, weckt er auf allen Seiten Überlebensängste und damit ein extremes Sicherheitsbedürfnis. Wirklichkeit kann dann nur noch unter Drohperspektiven wahrgenommen werden. Die Formierung einer geschlossenen Gesellschaft, die abweichendes Verhalten nicht mehr toleriert und den Gegner zum Feind macht, löst nach aller Erfahrung pathologische Lernprozesse aus. Und dies bei allen Beteiligten. Nur der total unmenschliche Feind rechtfertigt den Einsatz total unmenschlicher Vernichtungsmittel. Dies verheißt - falls dieser Befund stimmen sollte - für die Zukunft Südafrikas wenig Gutes.

Weiterführende Literatur

Ansprenger, Franz: Der African National Congress - ANC. Geschichte und aktuelle Politik einer Befreiungsbewegung für die Republik Südafrika, Bonn 1987

Braun, Gerald: Pretorias Prätorianer. Militär und Militarisierung in Südafrika. In: Der Überblick (1987) 4

Hanf, Theodor: Konflikte im südlichen Afrika. In: Schwarz, Hans-Peter / Kaiser, Karl (Hg.): Weltpolitik. Strukturen - Akteure - Perspektiven, 2. Aufl., Bonn 1987

Kühne, Winrich: Black Politics in South Africa and the Outlook for Meaningful Negotiations / Hrsg. v.d. Stiftung Wissenschaft und Politik, Ebenhausen 1987

Moss, Glenn / Obery, Ingrid (Eds.): South African Review 4, Johannesburg 1987

Pintar, Rüdiger: Die Eskalation des Konflikts in Südafrika / Hrsg. v. Forschungsinstitut der Friedrich-Ebert-Stiftung, Bonn 1987

Von der Ropp, Klaus Freiherr: Südafrika: Die abermals vertagte Revolution. In: Außenpolitik 38 (1987) 4

ENTWICKLUNGEN IN LÄNDERN UND REGIONEN

Westafrika

Wichtigste Veränderung im regionalpolitischen Kräftespiel war der mit der Ermordung von *Präsident Sankara* eingeleitete *Staatsstreich in Burkina Faso* (15.10.). Die neuen Ansätze seiner Politik (vgl. den Hintergrundartikel zum Sturz Sankaras) und seine unorthodoxen, radikalen Standpunkte, die er medienwirksam zu vermitteln verstand, hatten die Zusammenarbeit mit den konservativen Kollegen in den Nachbarstaaten belastet. Überdies zählte er in Westafrika zu den wenigen offiziellen Gesprächspartnern von Staatschef Khadhafi, die den libyschen Standpunkt im Tschadkonflikt unterstützten. Damit hatte er sich in sensiblen Fragen der herrschenden Meinung im "frankophonen Club", wie sie insbesondere vom ivorischen Präsidenten Houphouët-Boigny artikuliert wurde, widersetzt.

Eine enge Zusammenarbeit verband Sankara dagegen mit dem populistischen Regime des ghanaischen Präsidenten Rawlings. Beide Staaten waren von Togo der Beteiligung an dem Putschversuch gegen Präsident Eyadéma (23./24.9.86) bezichtigt worden, hatten den Vorwurf jedoch scharf zurückgewiesen. Der Versuch von Houphouët-Boigny, diesen Streitfall auf einer Konferenz mit den Präsidenten von Burkina Faso, Ghana und Togo in Yamoussoukro beizulegen (10.1.), mußte kurzfristig wieder abgesagt werden, da nach Meldungen aus Ouagadougou über einen Putschversuch in Burkina Faso neue Auseinandersetzungen mit Togo drohten.

Mit seinem harten Durchgreifen im "Diawara-Skandal" (s.u. CEAO) und mit Maßnahmen wie dem zugunsten der burkinabischen Produzenten erlassenen Fruchtimportverbot hatte Sankara die Interessen einflußreicher Gruppen in den frankophonen Nachbarstaaten verletzt. V.a. für junge Intellektuelle war er in Zeiten anhaltender Wirtschaftskrise dagegen zum Hoffnungsträger für einen neuen Entwicklungsweg geworden. Der Tod dieses charismatischen Staatschefs löste in ganz Westafrika starke Betroffenheit aus.

Die neuen Machthaber in Ouagadougou bemühten sich schon bald auf diplomatischem Wege und durch Entsendung von Sondermissionen v.a. in westafrikanische Länder, aber auch nach Libyen und Algerien sowie nach Frankreich um Anerkennung. Zu den ersten Maßnahmen gehörte die Aufhebung des von der Sankara-Regierung verfügten Importverbots. Noch vor Jahresende unterstrich *Präsident Compaoré* durch seine Besuche in Benin, Togo, Niger und Mali, die erste Auslandsreise im neuen Amt (26.-29.12.), daß es ihm zunächst um die *Wiederherstellung der guten Beziehungen zu den frankophonen Nachbarstaaten* ging. Besondere Erfolge erzielte er dabei in Togo sowie in Mali, das mit Burkina Faso noch Ende 1985 in einen Grenzkrieg verwickelt war. Mit beiden Ländern wurde vereinbart, die vor längerer Zeit gegründeten gemeinsamen Ausschüsse zu reaktivieren. Damit waren wesentliche Voraussetzungen für eine Verbesserung der regionalen Zusammenarbeit im herkömmlichen Rahmen der frankophonen Staaten geschaffen worden.

Die erneute Eskalation des *Tschadkonflikts* zu Beginn des Jahres veranlaßte - über den zuständigen Ad-hoc-Ausschuß der OAU hinaus - den unmittelbar betroffenen Anrainerstaat Nigeria, aber auch Staaten wie Côte d'Ivoire, Togo und Burkina Faso zu gesonderten Schlichtungsversuchen. Trotz wiederholter Treffen mit den Konfliktparteien blieben sie jedoch ohne sichtbaren Erfolg.

Die *wirtschaftliche Entwicklung* der Region war durch erneute *Rückschläge* bestimmt. Gegenüber den überdurchschnittlichen Ergebnissen des Vorjahres fiel die Ernte wegen zu geringer Regenfälle nach Schätzungen der FAO (17.12.) um rd. 10% zurück. Am stärksten betroffen waren die an sich schon benachteiligten Sahelländer, darunter v.a. Niger, Mali, Burkina Faso und Mauretanien, mit einem Rückgang der Getreideernte um bis zu 20% (Niger). Demgegenüber sahen sich die Küstenstaaten und hier insbesondere Côte d'Ivoire mit einem drastischen Preisverfall ihrer landwirtschaftlichen Exportprodukte konfrontiert. Auch die jahrelang begünstigten Erdölexportländer wie Nigeria mußten von neuem hinnehmen, daß ihre Ausfuhrerlöse nicht ausreichten, um ihren dringendsten Einfuhrbedarf zu decken und zugleich ihren wachsenden Schuldendienstverpflichtungen nachzukommen. Unabhängig von ihrer jeweiligen politischen Orientierung waren alle Staaten der Region gezwungen, die zur Sanierung ihrer Wirtschaft in Gang gebrachten *Strukturanpassungsprogramme* fortzuführen. Hierfür blieben sie auf die Unterstützung von IWF und Weltbank sowie die Hilfe bzw. neue Kredite der westlichen Industrieländer und anderer Geber wie des Europäischen Entwicklungsfonds und der arabischen Hilfefonds angewiesen.

Wichtigste Handelspartner sind weiterhin die *Länder der EG*, der alle 16 Staaten Westafrikas assoziiert sind. Eine herausragende Position nimmt *Frankreich* ein, das mit den neun frankophonen Staaten der Region durch ein enges Netz von Verträgen und intensive politische, wirtschaftliche und kulturelle Beziehungen verbunden ist. Rückgrat der systemstabilisierenden militärischen Zusammenarbeit sind die französischen Stützpunkte in Senegal und Côte d'Ivoire, deren Verbände - wie zuletzt 1986 in Togo geschehen - schnell durch Einheiten aus den zentralafrikanischen Militärbasen Frankreichs verstärkt werden können. Ständige Kontakte zwischen den Streitkräften sind zudem durch die Zusammenarbeit bei der Ausbildung und durch französische Materiallieferungen gewährleistet. Ein weiteres Instrument bilden gemeinsame Manöver, wie sie im Januar in Senegal und Ende November in Côte d'Ivoire veranstaltet wurden. Auch in Nigeria, dem mit Abstand größtem Markt in Westafrika, behauptete Frankreich neben Großbritannien und der Bundesrepublik als Wirtschaftspartner eine führende Rolle.

Neue Akzente setzten die *USA* mit der Afrikareise von Außenminister Shultz (Jan.); es war seit dem stark beachteten Besuch von Präsident Carter in Lagos (1978) die erste eines Repräsentanten der amerikanischen Führungsspitze. Von Kamerun und Kenya abgesehen, konzentrierte sich Shultz auf die westafrikanische Region: Senegal, Nigeria, Côte d'Ivoire und Liberia. Das verstärkte amerikanische Interesse zeigte sich auch in der Entsendung einer Kongreß-Delegation sowie verschiedener Wirtschaftsdelegationen und in der Wahl von Abidjan als Standort der ersten amerikanischen Handelsmesse in Afrika südlich der Sahara. Darüber hinaus ist festzuhalten, daß vier der sechs an das Worldnet, das Fernsehsatellitenprogramm des US-AID, angeschlossenen afrikanischen Länder (28.10.) in Westafrika liegen: Côte d'Ivoire, Liberia, Niger, Nigeria.

Demgegenüber beschränkte sich die *UdSSR* darauf, ihre relativ schwache Präsenz in Westafrika durch Schritte wie die Entsendung einer Militärdelegation nach Benin, die Übergabe von Küstenwachbooten in Guinea und die Beteiligung an der staatlichen Fluggesellschaft in Mali aufrechtzuerhalten. Während der zeitweiligen Spannungen im Verhältnis zwischen Liberia und den USA gelang es, die seit 1985 durch Liberia abgebrochenen diplomatischen Beziehungen voll wiederherzustellen (5.6.). Die Ernennung eines sowjetischen Botschafters in Monrovia folgte am 9.10.

Nur begrenzte Erfolge hatten die Versuche *Israels*, die 1973 von den meisten afrikanischen Staaten abgebrochenen diplomatischen Beziehungen wiederherzustellen. Nach Zaire, Liberia, Kamerun und Côte d'Ivoire schloß sich am 9.6. auch Togo den Befürwortern an. In Nigeria wurden dagegen Gespräche mit dem israelischen Außenminister als einer der Gründe genannt, die Ende des Jahres zur Ablösung von Außenminister Akinyemi geführt hatten.

Regionale Organisationen

Wichtigste Regionalorganisation ist die 1975 gegründete, alle 16 westafrikanischen Staaten umfassende *Economic Community of West African States* (ECOWAS). Wie in den Vorjahren wurde die angestrebte wirtschaftliche Integration durch strukturelle, konjunkturelle und politische Probleme verzögert. Hierzu gehören: die starken Ungleichgewichte (allein auf Nigeria entfielen 1985 rd. 57% der Gesamtbevölkerung und 76% des BSP der Region), die Zugehörigkeit zu verschiedenen Währungszonen, die kritische Wirtschaftslage und die Schuldenkrise aller Mitgliedsstaaten sowie das Festhalten an konkurrierenden subregionalen Strukturen.

An der 10. Gipfelkonferenz der ECOWAS in Abuja (7.-9.7.) nahmen nur die Hälfte der Staatschefs (im Vorjahr: elf) teil: Benin, Burkina Faso, Côte d'Ivoire, Gambia, Kapverden, Mali, Nigeria, Togo. Zu den wesentlichen Beschlüssen gehörte die Verabschiedung eines *Economic Recovery Programme (ERP)*, das für 136 regionale und nationale Entwicklungsprojekte 1987–89 Investitionen in der Größenordnung von $ 926 Mio. vorsah. Es soll zu rd. 70% durch internationale Geber finanziert werden. Die Konzeption dieses schwerpunktmäßig auf die Entwicklung des Straßennetzes ausgerichteten Programms ($ 400 Mio.) orientierte sich offenbar am erfolgreichen Vorbild des projektbezogenen Ansatzes der SADCC. Außerdem wurden die Gründung einer westafrikanischen Frauenorganisation und der West African Health Organization (WAHO) beschlossen, in der die bisherige West African Health Community (WAHC) der englischsprechenden Staaten und die Organisation de Coordination et de Coopération pour la Lutte Contre les Grandes Endémies (OCCGE) der französischsprechenden Staaten Westafrikas zusammengefaßt werden sollen. Zu Schwierigkeiten kam es bei der Wahl des neuen Vorsitzenden. Die Kandidatur des burkinabischen Präsidenten wurde v.a. auf Betreiben von Côte d'Ivoire und Togo abgelehnt und an seiner Stelle der nigerianische Gastgeber für eine dritte Amtszeit gewählt. Diese ungewöhnliche Lösung war offenbar kurz zuvor auf der Westafrika-Reise Präsident Babangidas vorbereitet worden. Die nächstjährige ECOWAS-Konferenz wurde nach Lomé einberufen.

Unterhalb der ECOWAS-Ebene gibt es *zahlreiche weitere Organisationen*, die sich um die Förderung der regionalen Zusammenarbeit bemühen. Sie sind Ausdruck der besonders differenzierten Strukturen und der unterschiedlichen nationalen Interessen in Westafrika. Ihre Zahl wird von Mitarbeitern der ECOWAS z.Zt. auf 35 geschätzt. Die *Koordinierung* der von diesen Organisationen geplanten Programme im Interesse einer eigenständigen Entwicklung durch Bildung von gemeinsamen Märkten sieht außer der ECOWAS auch das 1977 auf Initiative der ECA entstandene Multinational Programming and Operational Centre of West Africa als seine Aufgabe an. Auf der Ministerkonferenz des *MULPOC* am 18.2. wurde bekanntgegeben, daß das Zentrum künftig zusätzliche Mittel vom UNDP erhalten wird. Die Konferenz forderte die Mitglieder erneut zu verstärkter Kooperation auf.

Die bedeutendste der subregionalen Organisationen ist die 1970 gegründete und seit 1974 funktionierende *Communauté Economique de l'Afrique de l'Ouest* (CEAO). Mitglieder sind: Benin, Burkina Faso, Côte d'Ivoire, Mali, Mauretanien, Niger und Senegal (Beobachter: Guinea und Togo). Auch die CEAO verfolgt das Ziel der wirtschaftlichen Integration. An der 12. Gipfelkonferenz in Nouakchott nahmen mit Ausnahme der Präsidenten Kountché (Niger) und Diouf (Senegal) alle Staatschefs teil. Mit der Verabschiedung eines Reorganisationsplans unternahmen sie einen neuen Anlauf zur Dynamisierung der Gemeinschaft. Der Plan diente v.a. der Sanierung und der stärkeren Einbindung des Fonds de Solidarité et d'Intervention pour le Développement de la Communauté (FOSIDEC), der durch Unterschlagungen des ehemaligen ivorischen Ministers und Geschäftsmannes Diawara die Hälfte der Einlagen (F CFA 6,5 Mrd.) verloren hatte (1984). Dieser Skandal, in den u.a. auch der aus Senegal stammende ehemalige Generalsekretär der CEAO verwickelt war, hatte die Aktivitäten der Gemeinschaft über Jahre lahmgelegt. Die Konferenz verabschiedete darüber hinaus den um 9,5% gekürzten laufenden Haushalt der CEAO in Höhe von F CFA 1,1 Mrd. und wählte Präsident Kérékou (Benin) für eine Amtszeit von nunmehr zwei Jahren zum Vorsitzenden.

Die Mitgliedsstaaten der CEAO und Togo haben sich zusätzlich durch den *Accord de Non-Aggression et d'Assistance en Matière de Défense* (ANAD) auch im militärischen Bereich zur Kooperation verpflichtet. Eine Ausnahme bildet Benin, das zusammen mit Guinea in dieser Institution nur als Beobachter mitwirkt. Die 8. Staatschefkonferenz des ANAD (21.4.) bestätigte den mauretanischen Präsidenten Taya in seinem Amt als Vorsitzender. Des weiteren wurde (u.a.) ein Zusatzprotokoll über die Gründung eines Comité Régional d'Assistance en Matière de Protection Civile (CRAPC) unterzeichnet.

Der seit 1959 bestehende *Conseil de l'Entente*, die älteste Regionalorganisation (Mitglieder: Benin, Burkina Faso, Côte d'Ivoire, Niger, Togo), hat 1987 nur ein informelles Staatscheftreffen am Rande der Gipfelkonferenz der Air Afrique durchgeführt. Der Rat verfügt über den Fonds d'Entraide et de Garantie des Emprunts (FEGECE), dessen Budget auf der Verwaltungsratssitzung am 19.12. für 1988 auf rd. F CFA 1,3 Mrd. veranschlagt wurde. Die Mittel sollen v.a. für Projekte der ländlichen Entwicklung eingesetzt werden.

Andere Formen der regionalen Zusammenarbeit
Über die Regionalorganisationen hinaus haben die Anrainerstaaten der großen Flüsse und des Tschadsees zur Entwicklung dieser Gebiete und zur besseren Koordinierung mit den Geberorganisationen besondere Zusammenschlüsse gebildet.

Die *Organisation pour la Mise en Valeur du Fleuve Sénégal* (OMVS) (Mitglieder: Mali, Mauretanien und Senegal) wird nach Fertigstellung des Diama- (1986) und des Manantali-Staudamms (1988) in die zweite Phase ihrer Entwicklung eintreten. Dennoch konnte die diesjährige 9. Staatschefkonferenz erst im dritten Anlauf in Bamako durchgeführt werden (26.-27.10.). Die vorangegangenen Versuche waren an den Auseinandersetzungen über die Trassenführung und die Eigentumsregelung der vom Manantali-Damm nach Mauretanien und Senegal geplanten Stromleitung gescheitert. Eine prinzipielle Einigung konnte erst in informellen Gesprächen am Rande der frankophonen Gipfelkonferenz in Quebec (2.-4.9.) erzielt werden. Auf dieser Basis vermochten die Staatschefs in Bamako weitere Grundsatzentscheidungen zu treffen. So wurde erneut die Notwendigkeit bekräftigt - trotz der Bedenken der Geberorganisationen gegen das Schiffahrtsprojekt -, alle drei Teile des für die zweite Phase vorgesehenen Senegal-Entwicklungsprogramms durchzuführen: die Nutzung des Manantali-Staudamms für die Stromerzeugung, die Einführung der Bewässerungswirtschaft auf einer Fläche von ca. 400 000 ha in Senegal und Mauretanien sowie die Schiffbarmachung des Stromes bis Kayes in Mali. Außerdem wurde der Beitritt Guineas, das der Vorgängerorganisation der OMVS bis 1972 angehört hatte, grundsätzlich gebilligt.

Die *Organisation pour la Mise en Valeur du Fleuve Gambie* (OMVG), der außer Gambia Guinea, Guinea-Bissau und Senegal angehören, ist dagegen noch um die Finanzierung umfassender Staudamm- und anderer Projekte bemüht. Zu diesem Zweck führte der gambische Staatschef Jawara als Vorsitzender der OMVG auf verschiedenen Reisen Gespräche mit Geberorganisationen (vgl. Länderartikel Gambia). Sie erbrachten aber noch keinen Durchbruch, da es den Mitgliedern der OMVG bis zum Jahresende noch nicht gelungen war, sich auf eine von Gebern wie dem Europäischen Entwicklungsfonds geforderte Prioritätenliste zu einigen.

Die 12. Sitzung des Ministerrates der *Mano River Union* (MRU) in Freetown zeigte, daß diese von Guinea, Liberia und Sierra Leone gegründete Organisation v.a. mit internen Problemen beschäftigt war. Die Mitgliedsstaaten wurden aufgefordert, 50% ihrer Ende 1986 auf $ 6 Mio. geschätzten Beitragsrückstände einzuzahlen, um die Funktionsfähigkeit des Sekretariats und die Durchführung von Projekten wieder zu gewährleisten. Ohne offizielle Begründung wurden die drei Spitzenfunktionäre der MRU entlassen. Ein am 21.11. veröffentlichter Prüfungsbericht deckte für die Jahre 1983-85 grobe Unregelmäßigkeiten in der Geschäftsführung auf. Wegen der Finanzprobleme mußte der Haushalt, der 1986 mit $ 3,5 Mio. veranschlagt worden war, drastisch reduziert werden. Die weitere Existenz der MRU hängt nach Ansicht von Beobachtern über den Erfolg der beschlossenen Reorganisationsmaßnahmen hinaus wesentlich davon ab, ob sich die Staatschefs der Mitgliedsstaaten wieder stärker als in den letzten Jahren für die Arbeit der Organisation engagieren. Ihr letzter gemeinsamer Schritt war die Unterzeichnung eines Nichtangriffs- und Sicherheitspaktes (20.11.86) in Monrovia, der u.a. auch die Einsetzung eines gemischten Ausschusses zur Kontrolle von Oppositionellen und Straftatverdächtigen vorsah. Die Mitglieder verpflichteten sich, dafür zu sorgen, daß auf ihrem jeweiligen Territorium keine Basis für subversive Tätigkeiten gegen die beiden Partnerstaaten errichtet wird.

Auf einer gemeinsamen Gipfelkonferenz in N'Djamena (28.10.) haben zwei seit längerem durch den Tschadkonflikt bzw. durch Dürre und andere interne Probleme gelähmte Organisationen umfassende Reorganisationsmaßnahmen angekündigt und um internationale Unterstützung beim Schutz des Tschadsees und beim Aufbau einer gemeinsamen Verkehrsinfrastruktur gebeten: die *Autorité du Bassin du Niger* (ABN; Mitglieder: Benin, Burkina Faso, Côte d'Ivoire, Guinea, Kamerun, Mali, Niger, Nigeria und Tschad) sowie die *Commission du Bassin du Lac Tchad* (CBLT; Mitglieder: Niger, Nigeria, Kamerun und Tschad). Die zunehmende Zahl der Grenzzwischenfälle hatte die Mitglieder der CBLT veranlaßt, für den 8.-9.6. eine Konferenz über Sicherheitsprobleme im Tschadsee-Gebiet nach Maiduguri (Nigeria) einzuberufen. Sie einigten sich auf die Einführung neuer Grenzkontrollmaßnahmen und beauftragten die CBLT mit der Durchführung einer Expertenkonferenz über Fragen der Grenzdemarkation. *Harald Voss*

Chronologie Westafrika 1987

Januar	US-Außenminister Shultz in Dakar (8.-9.1.), Lagos (12.1.), Abidjan (12.-13.1.), Monrovia (14.1.)
12.-17.01.	Ouagadougou: Gründungskongreß der Federation of Writers' Associations from West Africa
28.-30.01.	22. Ministerratssitzung des CILSS
03.-04.02.	7. OMVG-Gipfelkonferenz in Banjul
12.-13.02.	A.o. Ministerratskonferenz der UMOA in Yamoussoukro zusammen mit der BCEAO und der BOAD über Verschuldungsprobleme
21.02.	25. Ministerkonferenz der CEBV (Communauté économique du bétail et de la viande du Conseil de l'Entente) in Cotonou
24.02.	Conakry: Treffen der Verkehrsminister von Côte d'Ivoire, Gambia, Guinea, Liberia, Senegal: Vertragsprotokoll über Seekabelverbindung Abidjan - Conakry - Dakar
13.03.	Offizielle Inbetriebnahme des Fernmeldenetzes der Autorité de Développement Integré de la Région du Liptako Gourma
25.03.	Niamey: Informelles Staatscheftreffen des Conseil de l'Entente am Rande der Air Afrique-Gipfelkonferenz
25.-28.03.	Freetown, ECOWAS: Ministerkonferenz über Tourismus. Grundsatzbeschluß über die Gründung der WAANTA (West African Association of National Tourism Associations)
30.03.	Abidjan: Ministertreffen der UMOA: Verschuldungsprobleme
06.04.	Lomé: Erstes Treffen des Comité supérieur des transports terrestres der ECOWAS begonnen (1970 vom Entente-Rat gegründet und später auf ECOWAS übertragen)
20.-21.04.	Monrovia: 16. Jahresversammlung der WARDA (West Africa Rice Development Association)
20.-21.04.	Nouakchott: 12. Gipfelkonferenz der CEAO und 8. Gipfelkonferenz des ANAD
27.04.	Eröffnung der 1. ECOWAS-Sozialminister-Konferenz in Dakar
30.04.-02.05.	Nouakchott: 12. Verwaltungsratssitzung der ABAO (Association des Banques de l'Afrique de l'Ouest)
Juni/Juli	Westafrika-Reise des nigerianischen Präsidenten Babangida (Togo 22.-23.6.), Senegal 23.-25.6., Côte d'Ivoire 25.-26.6., Benin 4.-5.7.)
02.07.	CILSS-Appell an internationale Gemeinschaft: Heuschreckengefahr
07.-09.07.	Abuja: 10. ECOWAS-Gipfelkonferenz
05.-06.10.	Conakry: 2. Sitzung des Verwaltungsausschusses der OTAO (Organisation des Travailleurs de l'Afrique de l'Ouest)
14.10.	Conseil de l'Entente: Treffen der gemischten Kommission mit Frankreich in Paris
26.-27.10.	Bamako: 9. Gipfelkonferenz der ABN und der CBLT
07.12.	Treffen der Justitzminister der lusophonen Staaten in Bissau
20.12.	Außenministertreffen der Unterzeichner des Freundschaftsvertrages (1983) in Algier (Algerien, Mauretanien, Tunesien)

Benin

Fläche: 112 622 km², *Einwohner:* 4,04 Mio., *Hauptstadt:* Porto Novo (*Regierungssitz:* Cotonou), *Amtssprache:* Französisch, *Schulbesuchsquote:* 37%, *Wechselkurs:* $ 1= Franc CFA 268, *Pro-Kopf-Einkommen:* $ 270, *BSP:* $ 1,08 Mrd., *Anteile am BIP:* 48% - 16% - 36%, *Hauptexportprodukte (1983):* Erdöl 41%, Baumwolle / Kakao (Reexport aus Nigeria), Kaffee, pflanzliche Öle 31% *Staats- und Regierungschef:* Mathieu Kérékou, *Einheitspartei:* Parti de la Révolution Populaire du Bénin (PRPB)

Niedrige Rohstoffpreise, der dadurch bedingte Rückgang der Ausfuhrerlöse und wachsende Schuldendienstverpflichtungen haben die seit Mitte der 80er Jahre anhaltende Wirtschaftskrise der VR Benin weiter verschärft. Die von der Regierung verfügten Sparmaßnahmen trugen zur Erhöhung der sozialen Spannungen bei und führten wie bereits zwei Jahre zuvor im März erneut zu Studentendemonstrationen. Mehr denn je war das Land auf ausländische Hilfe und die Unterstützung von IWF und Weltbank angewiesen. Die Politik der Öffnung zum Westen wurde daher fortgesetzt, ohne dabei die Beziehungen zu den sozialistischen Staaten zu vernachlässigen. Auf regionaler Ebene wurden die Beziehungen zu westlich orientierten Nachbarstaaten wieder enger geknüpft.

Innenpolitik

Mit Beginn des Jahres ist General Kérékou offiziell aus der Armee ausgeschieden und steht seitdem als ziviler Präsident an der Spitze des Staates. 1987 war für ihn ein Jahr der Feiern und Paraden: 16.1. 10. Jahrestag ("Tag der Märtyrer") des gescheiterten Putschversuchs ausländischer, vor allem französischer Söldner gegen das Kérékou-Regime; 26.8. 10. Jahrestag der Einführung des Grundgesetzes; 26.10. 15. Jahrestag der "Revolution" (Machtergreifung). Daß Kérékou in dem zuvor immer wieder durch gewaltsame Umstürze erschütterten Land so lange wie keiner seiner Vorgänger die Macht behaupten konnte, wird nicht zuletzt auf die wirksame Arbeit des kleinen Kreises seiner persönlichen Berater und des von nordkoreanischen "Beratern" unterstützten Sicherheitsapparates zurückgeführt.

Am 13.2.87 erfolgte eine umfassende *Kabinettsumbildung*, bei der fünf Minister, darunter Außenminister Frédéric Affo sowie Wirtschafts- und Finanzminister Hospice Antonio, den Nationalen Exekutivrat verließen sowie Verkehrsminister Gado Giriguissou und Handelsminister Souley Dankoro ihre Ressorts tauschten. Neuer Außenminister wurde Guy-Landry Hazoumé, der frühere Botschafter Benins in den USA. Hervorzuheben ist weiter die Rückkehr von Martin Dohou Azonhiho, der in den Fraktionskämpfen der herrschenden Elite als Gegner linker Ideologen wie der Liguisten (Ligue Internationale de la Défense des Droits du Peuple) 1982 abgesetzt worden war und jetzt das Ressort für ländliche Entwicklung und Genossenschaften übernommen hat. Die als "technische Umbildung" deklarierte Maßnahme gilt als Versuch, einen besseren Ausgleich zwischen unterschiedlichen regionalen Interessen in Nord- und Südbenin sowie zwischen Militärs und Zivilisten zu gewährleisten. Betroffen waren vor allem die wirtschaftlich relevanten Ministerien. Sie wurden so besetzt, daß der Weg für einen *pragmatischen wirtschaftspolitischen Kurs* des sich seit 1974 zum Marxismus-Leninismus bekennenden Regimes geebnet wurde.

Auch die Regierungsumbildung vermochte die durch offenkundige Korruption führender Funktionäre noch verstärkte allgemeine politische Apathie nicht zu ändern. Aus *Protest* gegen die Verschlechterung der Lebensbedingungen riefen *Studenten* der Abomey-Calavi Universität in der Nähe von Cotonou einen Streik

(17.3.) aus, der jedoch schon bald durch die Polizei unterdrückt wurde. Das
Politbüro der Einheitspartei PRPB sah in dem Streik das Werk einer kleinen
Gruppe von "anarchistischen Studenten" und drohte den "subversiven Kräften" in
der Universität mit scharfen Gegenmaßnahmen. Durch die Einführung eines
Gesetzes gegen "Zauberei, Magie ... und andere, die öffentliche Ordnung gefähr-
denden Praktiken" (vorgesehenes Strafmaß: zehn bis zwanzig Jahre Zwangsarbeit,
Todesstrafe) wurde das Instrumentarium zur Wahrung der inneren Sicherheit
weiter verstärkt.

Außenpolitik

Die fortdauernden Finanzprobleme bestimmten weiterhin die außenpolitischen
Beziehungen. Als wichtigster Handelspartner und ergiebigste Quelle für Hilfeleistungen blieb trotz der sozialistischen Orientierung des Regimes wie schon seit
Anfang der 80er Jahre die ehemalige Kolonialmacht *Frankreich* der bevorzugte
Partner. Das galt auch für die sich seit dem Besuch des französischen Generalstabschefs im November 1986 verstärkende militärische Zusammenarbeit. Ein
neues Zeichen für die Kooperation mit westlichem Privatkapital wurde mit dem
Beitritt zur International Finance Corporation (IFC) gesetzt. Nach dem Besuch
einer britischen Delegation kam es zur Unterzeichnung eines Investitionsförde-
rungsabkommens mit Großbritannien.

Über den Ausbau der Beziehungen zu den westlichen Industriestaaten wurde
die Zusammenarbeit mit den *sozialistischen Staaten* nicht vernachlässigt. Hervorzuheben sind hier einmal der Besuch einer sowjetischen Militärdelegation, der zu
neuen Hilfezusagen geführt haben soll, und zum anderen die Einweihung der mit
Pekinger Hilfe errichteten Textilfabrik in Lokassa. Sie ist nach der Fertigstellung
des Sportstadiums in Cotonou und der Zigaretten- und Zündholzfabrik in Ouidah
das dritte größere Projekt der VR China.

In Afrika hatte die *Wiederherstellung gutnachbarlicher Beziehungen* Vorrang.
Die gemeinsamen Besuche der Grenzregionen durch die Innenminister im März
und des Staudammprojekts der von Benin und Togo gebildeten Communauté
électrique du Bénin (CEB) am Mono (17.4.87) brachten den Willen zum Ausdruck, die durch den Putschversuch und Bombenattentate in Togo seit dem
letzten Jahr belasteten Beziehungen wieder zu verbessern. Im Verhältnis zum
östlichen Nachbarland Nigeria war bereits mit der Aufhebung der Grenzsperre
durch die Babangida-Regierung im März 1986 ein für den Transithandel Benins
existenzbedrohendes Hindernis ausgeräumt worden. Der Besuch des nigerianischen Präsidenten im Juli 1987 bot Gelegenheit, die Lösung weiterer Probleme
anzugehen. Hierzu gehören die während des Ölbooms in den 70er Jahren als
"Joint Ventures" mit Blick auf den nigerianischen Markt errichtete Zuckerfabrik
in Savé und das Zementwerk in Onigbolo, die durch die Rezession in Nigeria in
eine mittlerweile chronische Absatzkrise geraten sind, sowie die Kooperation in
Fragen der inneren Sicherheit. Freundschaftsbesuche des mauretanischen und des
neuen burkinabischen Präsidenten, gefolgt von Verhandlungen mit Mauretanien
und der Sitzung des gemeinsamen Ausschusses mit Ghana, dienten der Förderung
der bilateralen Zusammenarbeit.

Darüber hinaus ist Benin durch die Mitgliedschaft in der OAU und in den
meisten westafrikanischen *Regionalorganisationen*, darunter vor allem ECOWAS,
CEAO und UMOA, eng in das Netzwerk der interafrikanischen Beziehungen
einbezogen. Es gehört zu den Gründungsmitgliedern der am 26.1.87 in Lagos

gebildeten Association of African Petroleum Producers (APPA). Auf der Gipfelkonferenz der CEAO in Nouakchott (20./21.4.1987) hat Präsident Kérékou
außerdem für zwei Jahre den Vorsitz der Organisation übernommen.

Sozio-ökonomische Entwicklung

Im Mittelpunkt der Wirtschaftspolitik stand die Fortführung des 1982 von der
Regierung eingeleiteten *Sanierungsprogramms* für die 53 öffentlichen Unternehmen, von denen zunächst rd. die Hälfte wegen Korruption und Ineffizienz entweder aufgelöst oder zusammengelegt worden waren. 1984 war darüber hinaus
nach Gesprächen mit IWF und Weltbank mit einer Reform des Planungsapparates
begonnen worden. Die Ende 1985 auf dem 2. Kongreß der Einheitspartei bekanntgegebenen Verhandlungen über einen Standby-Kredit und eine Unterstützung des IWF für Strukturanpassungsmaßnahmen haben bisher kein konkretes
Ergebnis erbracht. Offensichtlich ist die Regierung nicht bereit, die Bedingungen
des IWF zu akzeptieren. Mit einem aus eigener Initiative lancierten Reformprogramm für den öffentlichen Sektor hat sie jedoch damit begonnen, wesentliche
der vom IWF geforderten Voraussetzungen zu erfüllen. Sie wird hierbei von der
Weltbank unterstützt, die im Dezember über die IDA einen 15 Mio. $-Kredit für
Strukturanpassungsmaßnahmen des öffentlichen Sektors bewilligt hat. Er ist Teil
des bisher umfassendsten Reformprogramms, das sich auf insgesamt $ 31,5 Mio.
beläuft. Mit Hilfe ausländischer Consultingfirmen sollen die verbliebenen öffentlichen Unternehmen geprüft und saniert und der privaten Initiative ein breiterer
Raum eingeräumt werden.

Die ehrgeizigen Ziele des Rahmenplanes 1981-90 konnten nicht erreicht
werden. Statt der vorgesehenen jährlichen Wachstumsrate von 7% waren in den
letzten Jahren negative Raten zu verzeichnen (Schätzungen 1985: 5%, 1986: 6,2%).
Wegen der anhaltenden Depression in Nigeria und der ungünstigen Entwicklung
der Rohstoffpreise wird auch für 1987 nicht mit einer wesentlichen Verbesserung
gerechnet. Auch die *Leistungsbilanzsituation blieb kritisch*. Das Defizit stieg von
$ 58 Mio. 1985 auf $ 153 Mio. 1986. Die Außenverschuldung hatte Ende 1986
$ 890 Mio. erreicht, die Schuldendienstquote belief sich 1986 auf 63%.

Harald Voss

Chronologie Benin 1987

16.-20.01.	Besuch des Vizepräsidenten der Demokratischen VR Korea
13.02.	Umfassende Kabinettsumbildung
14.02.	Verabschiedung des Haushalts 1987: Steigerung des Betriebshaushalts um 5,5% gegenüber dem Vorjahr auf F CFA 47,8 Mrd.
30.03.-01.04.	Besuch des mauretanischen Oberst Mauya Ould Sid Ahmed Taya
20.-21.04.	Staatschef Kérékou wird auf der 10. Gipfelkonferenz der CEAO in Nouakchott (Mauretanien) zum amtierenden Präsidenten dieser Organisation gewählt
23.04.	Amnesty International fordert die Freilassung von politischen Häftlingen
04.-05.07.	Besuch des nigerianischen Präsidenten Babangida
10.-27.08.	Außerordentliche Sitzung der Revolutionären Nationalversammlung: Verabschiedung eines Nachtragshaushalts (15.8.), der die Betriebsausgaben für 1987 auf F CFA 56 Mrd. (Einnahmen 50 Mrd.) ansetzt; Verabschiedung des Gesetzes gegen "retrograde Praktiken" (Zauberei usw.)
08.-10.09.	Besuch des Außen- sowie des Finanz- und Wirtschaftsministers in Frankreich
27.11.	Unterzeichnung eines Investitionsförderungsgesetzes mit Großbritannien
26.12.	Besuch des neuen Präsidenten von Burkina Faso, Campaoré

Burkina Faso

Fläche: 274 122 km², *Einwohner:* 7,9 Mio., *Hauptstadt: Ouagadougou, Amtssprache: Französisch, Schulbesuchsquote:* 13%, *Wechselkurs:* $ 1=Franc CFA 268. *Pro-Kopf-Einkommen:* $ 150. *BSP:* $ 1,08 Mrd., *Anteile am BIP:* 45% - 22% - 33%, *Hauptexportprodukt: Baumwolle* 38%, *Staats- und Regierungschef: Blaise Compaoré, Regierungsgremium: Front Populaire*

Der Militärputsch vom 15.10., bei dem Staatschef Thomas Sankara den Tod fand, die anschließenden Bemühungen um eine Konsolidierung der Innenpolitik und Verbesserung der Beziehungen zu den Nachbarländern sowie erste Schritte auf dem Weg zur Sanierung der Wirtschaft bestimmten das Jahr 1987 (vgl. den Beitrag über das Sankara-Regime und die Hintergründe seines Sturzes).

Innenpolitik

Die *innenpolitische Krise* zeichnete sich deutlich nach dem 1.5. ab, als mehrere Gewerkschaftsmitglieder verhaftet wurden, nachdem sie im April in einem Memorandum die soziale Situation der Arbeiter beklagt und eine Rückkehr zu demokratischen und gewerkschaftlichen Freiheiten gefordert hatten. Im Mai wurden Jean Bilia, Sekretär der Lehrergewerkschaft SNEA, und Ende Mai Soumane Touré, Generalsekretär der Conféderation syndicale burkinabè (CSB) verhaftet. Weitere Festnahmen von Gewerkschaftsführern und Mitgliedern der marxistisch-leninistischen Ligue patriotique pour le développement (LIPAD) folgten. Divergenzen unter den führenden Persönlichkeiten der Regierung lieferten weiteren Zündstoff. Im Gegensatz zu Justizminister Blaise Compaoré waren Pierre Ouédraogo, Generalsekretär der Comités de Défense de la Révolution (CDR), und Thomas Sankara selbst für eine Säuberung der Gewerkschaften.

Die (jährliche) *Regierungsneubildung* Anfang September schwächte die Union des luttes communistes restructurée (ULC-R), während die Pierre Ouédraogo nahestehende Union des communistes burkinabè (UCB) gestärkt wurde. Die Konfrontation zwischen beiden Fraktionen wuchs. Hinzu kam die von Sankara ausgelöste Debatte über die Einführung eines Einparteisystems.

Am Tag des *Militärputsches* und Todes Sankaras (15.10.) wurde die Front populaire unter Führung des Justizministers und zweiten Mannes des Sankara-Regimes, Blaise Compaoré, ins Leben gerufen und die bis dahin tätige oberste Regierungsinstanz, der Conseil National de la Révolution (CNR), aufgelöst. Sankara wurde vorgeworfen, für den Abend des 15.10. während einer Konsultativkonferenz des CNR die Verhaftung und Exekution aller Revolutionäre, die Ergebenheit bzw. Rücktritt ablehnten, geplant zu haben.

Wenig später kam es zur Bildung eines Triumvirats aus Compaoré und den beiden anderen Führern des bisherigen CNR, dem Verteidigungsminister Jean-Baptiste Lingani und dem Wirtschaftsminister Henri Zongo. Zu den ersten Versprechungen im Rahmen der Kurskorrektur der Revolution ("rectification") gehörten die Wiedereinstellung aller 1984 wegen Streiks entlassenen Lehrer und die Freilassung aller politischen Gefangenen.

Die am 31.10. gebildete *Regierung* umfaßt 22 Minister und fünf Staatssekretäre, darunter vier Militärs: Staatschef Compaoré, Jean-Baptiste Lingani (Verteidigung und Sicherheit), Henri Zongo (Wirtschaft) und Hien Kilimité (Sport). Zum Generalsekretär der Comités de Défense de la Révolution (CDR) wurde Capt. Arsène Bongnéssan Yé ernannt. Die Regierung bestand damit aus Soldaten, Technokraten und Vertretern linker Gruppen. Das Militär wurde durch Sportminister

Hien Kilimité vertreten, die Groupe communiste burkinabè (GCB) durch Außenminister Jean-Marc Palm. Die Union des communistes burkinabè (UCB) unter Erziehungsminister Clément Ouédraogo erhielt drei Ressorts. Mit der Aufhebung der Ausgangssperre (23.12.) einher gingen die Verhaftung einer Anzahl von Vertrauten Sankaras und einflußreicher Mitglieder der ULC-R, darunter des ehemaligen Bildungsministers Valère Somé, sowie die Gründung einer Pro-Sankara-Exilopposition in Havanna (Rassemblement démocratique et populaire, RDP), die in Flugblättern die Ablösung Compaorés forderte.

Außenpolitik

Trotz der revolutionären Rhetorik des Sankara-Regimes und der Freundschaft mit Libyen blieben die Beziehungen zu *Frankreich* und den *USA* freundlich. Die USA standen in der Höhe ihrer Entwicklungshilfeleistungen sogar noch vor Frankreich, das sich von der neuen Regierung eine Verbesserung der Beziehungen erhoffte, da Präsident Mitterrand häufig eine der Zielscheiben für Attacken gegen den Imperialismus war. So blieb Burkina auch den franko-afrikanischen Gipfeltreffen fern. Sehr eng waren die Beziehungen zu *Ghana* (sieben Tage Staatstrauer für Sankara und posthum höchste Auszeichnung mit dem "Order of the Star") mit Integrationsbestrebungen im militärischen, politischen und sozio-ökonomischen Bereich. Ghana hatte seinerzeit die Machtübernahme Sankaras (4.8.83) materiell und logistisch unterstützt. Neben Libyen waren die Beziehungen auch zu anderen revolutionären Ländern - wie Nicaragua gut.

Das Verhältnis zu *Togo* war bis zum Tode Sankaras gespannt, da Burkina an einem Umsturzversuch im September 1986 beteiligt gewesen sein sollte. Dasselbe ließ sich von der *Côte d'Ivoire* sagen, die die Beziehungen Burkinas zu Libyen und Ghana argwöhnisch betrachtete. Gerüchte über eine Beteiligung der Côte d'Ivoire am Putsch wurden von Compaoré dementiert.

Ende Dezember führten Reisen den neuen Machthaber Compaoré nach Benin, zu dem enge Beziehungen unterhalten wurden, Togo, mit dem eine neue Ära der Zusammenarbeit beginnen sollte, Niger und Mali. Mit diesen Ländern sollten die gemeinsamen Kooperationskommissionen reaktiviert werden.

Sozio-ökonomische Entwicklung

Trotz strenger wirtschaftspolitischer Maßnahmen verschlechterte sich die *Wirtschaftslage* 1987 weiter, so daß selbst die Gehälter der 26 000 Funktionäre, die die Hälfte des Staatshaushalts verschlangen, aus Krediten finanziert werden mußten. Die Verschuldung des Landes, dessen Wirtschaft im wesentlichen staats- bzw. gemischtwirtschaftlich orientiert war, belief sich auf F CFA 350 Mrd., die jährliche Tilgung auf F CFA 18 Mrd., was ein Viertel der Budgeteinnahmen bzw. 40% der Exporterlöse ausmachte. Die Weltbank stufte 1985 Burkina als drittärmstes Land der Welt mit einem Pro-Kopf-Einkommen von $ 150 ein. Über 80% der Bevölkerung leben von der Subsistenz-Landwirtschaft, über 2 Mio. arbeiten im Ausland, vorwiegend in der Côte d'Ivoire.

Die *Politik der nationalen Selbstversorgung* ("Consommons burkinabè!") wurde im April bekräftigt durch ein Einfuhrverbot von Früchten und Gemüse, was die Kritik der CEAO-Staaten, besonders der Côte d'Ivoire und Malis, hervorrief. Die Besteuerung von Bier und das seit Anfang 1987 für Funktionäre obligatorische Tragen der nationalen Baumwolltracht "faso dan fani" waren der Versuch zur Schaffung eines lokalen Substitutionsmarktes. Der Erfolg dieser Maßnahmen war jedoch gering.

Einer der ersten *wirtschaftspolitischen Schritte der Compaoré-Regierung* war die Abschaffung des Einfuhrverbots für Früchte und Gemüse und die Senkung der Preise für lokal hergestelltes Bier (Nov.). Gleichzeitig wurden die Erzeugerpreise für die wichtigsten Agrarprodukte erhöht. Hauptexportartikel war Baumwolle mit einem Anteil von 40% an den Deviseneinnahmen. Die Produktion lag 1987 bei 150 000 t (Verdoppelung gegenüber 1983) und dürfte 1988 180 000 t erreichen, d.h. die eigene Verarbeitungskapazität übersteigen. Der Fünfjahresplan 1986-90 mit einem jährlichen Volumen von F CFA 112 Mrd. hat die Schwerpunkte Agrar- und Wasserwirtschaft sowie Bekämpfung der Desertifikation.

Klaus Hemstedt

Chronologie Burkina Faso 1987

22.01.	Kultur- und Informationsabkommen mit Libyen
07.02.	Beschluß des Nationalen Revolutionsrates zur Gründung der Commission du peuple chargée de la prévention contre la corruption (CPPC)
21.-28.02.	10. panafrikanische Filmfestspiele in Ouagadougou
10.03.	Verbot des öffentlichen Bettelns. Bettler werden in sog. Cours de solidarité zusammengefaßt
28.03.	Unterzeichnung eines Grenzabkommens mit Niger
30.03.-04.04.	Zweite nationale Konferenz der Comités de défense de la révolution (CDR) in Dédougou mit dem Thema: "L'édification d'une économie nationale indépendante"
06.-07.04.	Besuch von Präsident Sankara in Libyen. Khadhafi verleiht Sankara den Rang eines Oberst
11.04.	Gründung der Union nationale des paysans du Burkina (UNPB)
11.04.	Besuch von Präsident Sankara in Tamale (Ghana)
19.-20.04.	Besuch von Präsident Sankara in Kapverden
13.06.	Wiederwahl des ehemaligen Staatschefs und Generals Sangoulé Lamizana zum Präsidenten der Union nationale des anciens du Burkina (UNAB)
04.08.	4. Jahrestag der Machtübernahme durch den Conseil national de la révolution (CNR), in dem folgende Tendenzen vertreten sind: Organisation militaire révolutionnaire (OMR), Union des luttes communistes restructurée (ULC-R), Union des communistes burkinabè (UCB), Groupe communiste burkinabè (GCB)
10.-11.08.	Besuch von Präsident Sankara in Libyen zur Klärung der Tschad-Problematik im Auftrag der OAU
26.08.	Jährliche Auflösung der Regierung
04.09.	Bildung der neuen Regierung. Rückkehr von Watamou Lamien, früher Informations- und Kulturminister, jetzt Minister für Transport und Telekommunikation. Spaltung des Außen- und Kooperationsministeriums: Außenminister wird Léandre Bassole, Kooperationsminister Youssouf Ouedraogo
22.09.	Aufnahme diplomatischer Beziehungen zu Guyana
15.10.	Militärputsch und Tod von Präsident Sankara
31.10.	Bildung der neuen Regierung
26.-29.12.	Besuche von Präsident Compaoré in Benin, Togo, Niger und Mali

Côte d'Ivoire

*Fläche: 322 462 km², Einwohner: 10 Mio., **Hauptstadt:** Yamoussoukro (faktisch Abidjan), **Amtssprache:** Französisch, **Schulbesuchsquote:** 52%, Wechselkurs: $ 1=Franc CFA 267,88, **Pro-Kopf-Einkommen:** $ 620, BSP: $ 6,25 Mrd., Anteile am BIP: 36% - 26% - 38%, **Hauptexportprodukte:** Kakao 30,2%, Kaffee 21,1%, Erdölprodukte 8,9%, Rundholz 4,4%, **Staats- und Regierungschef:** Felix Houphouët-Boigny. **Einheitspartei:** Parti Démocratique de la Côte d'Ivoire - Section du Rassemblement Démocratique Africain (PDCI-RDA)*

Die innenpolitische Entwicklung wurde weiterhin durch die autokratische Herrschaft von Präsident Houphouët-Boigny bestimmt, der den Zeitpunkt für eine demokratische Öffnung in Richtung auf ein Mehrparteiensystem noch nicht für gekommen hielt. Richtlinie der Außenpolitik blieben die Beschlüsse des letzten Parteikongresses (1985). Sie sahen einen Ausbau der Beziehungen mit allen Staaten vor, die zu einer Zusammenarbeit ohne Einmischung in die inneren Angelegenheiten bereit sind. Der dramatische Rückgang der Rohstoffpreise erzwang eine Fortsetzung der rigiden Sparpolitik. Sie führte zu einer Verschärfung der sozialen Spannungen und veranlaßte die Regierung zu einem befristeten Moratorium der Schuldendienstzahlungen an die ausländischen Gläubiger.

Innenpolitik

Nach 27-jähriger Herrschaft von Präsident Houphouët-Boigny mehren sich die Zeichen, daß die letzte Phase seines autokratischen Regimes begonnen hat. Der inzwischen offiziell 82 Jahre alte Staatschef hat sich dennoch auch 1987 noch nicht bereitgefunden, seine *Nachfolge* eindeutig zu regeln. Der auch von französischer Seite mit großer Aufmerksamkeit bedachte zehntägige Frankreichbesuch Konan Bédiés, des Präsidenten der Nationalversammlung und damit protokollarisch des zweiten Mannes im Staate, hat jedoch die Spekulationen über diese Frage von neuem angeregt. Das große persönliche Ansehen, das Houphouët-Boigny unter seinesgleichen in Afrika genießt, zeigte sich beim Begräbnis seiner Schwester am 19.3., als nicht weniger als acht afrikanische Staatschefs, der Generalsekretär der OAU und 15 offizielle Delegationen in Yamoussoukro kondolierten. In den fest in staatlicher Hand befindlichen Medien feierte der Personenkult der "Vaters der Nation", des "Weisen von Afrika", des "Friedensapostels" neue Triumphe. Unüberhörbar waren zugleich die Appelle an die *Einheit der Nation*.

Die *zunehmenden sozialen Spannungen* konnten damit jedoch nicht abgebaut werden. Der Ministerrat stellte am 7.1. fest, daß "Banditentum" und "Kriminalität" in bestimmten Kakao- und Kaffeeanbaugebieten zugenommen hätten und beschloß verschärfte Sicherheitsmaßnahmen. Auf einer Veranstaltung Anfang August in Treichville, einem der ärmeren Stadtviertel von Abidjan, räumte der Minister für Innere Sicherheit, General Oumar N'Daw, ein, daß "Sicherheit" für die ivorische Regierung "eine nationale Priorität" geworden sei. Im März wurden im Zusammenhang mit Aktivitäten der *Parti Républicain de Côte d'Ivoire* (PRCI), einer 1975 von Oppositionellen an der Universität Lyon gegründeten Partei, die sich seit 1980 vergeblich um ihre Zulassung bemüht, etwa 30 Personen verhaftet. Wegen der geringen Bedeutung dieser reformorientierten Partei waren ihre von den ivorischen Medien nicht beachteten Aktionen von den Behörden bis dahin geduldet worden. Einzige andere Partei ist, soweit bekannt, die im Untergrund arbeitende radikale *Front Populaire Ivorien* des seit 1982 im Exil lebenden Universitätsprofessors Laurent Gbagbo.

Einen monatelangen Konflikt lösten die Auseinandersetzungen in der *Sekundarschullehrer-Gewerkschaft* aus (Syndicat National des Enseignants du Secondaire de Côte d'Ivoire, SYNESCI). Im Unterschied zu den anderen Gewerkschaften ist die SYNESCI dem Gewerkschaftsbund (Union Générale des Travailleurs de Côte d'Ivoire, UGTCI) nicht angeschlossen und hatte ihre Forderungen z.B. 1983 auch mit einem nationalen Streik durchzusetzen versucht. Auf dem 15. SYNESCI-Kongreß wurde - offenbar unter starkem Druck von außen - die der Bildungspolitik der Regierung kritisch gegenüberstehende Führung nach einem umstrittenen Wahlverfahren für abgesetzt erklärt. Vom "konservativen" Flügel war ihr u.a. vorgeworfen worden, die Gewerkschaft in eine politische Oppositionsbewegung umfunktionieren zu wollen. Drei Mitglieder des alten Vorstandes wurden Anfang September festgenommen und nach langen Verzögerungen, die auf Meinungsverschiedenheiten in der Regierung schließen lassen, am 4.12. zu Gefängnisstrafen von vier bis sechs Monaten verurteilt. Weitere elf SYNESCI-Mitglieder wurden verhaftet und zur "Umerziehung" in ein Militärlager geschickt (31.10.)

Präsident Houphouët-Boigny benutzte einen Empfang der neuen Gewerkschaftsführung in Gegenwart des Politbüros der PDCI kurz vor Beginn des neuen Schuljahres, um die Lehrer vor einem Streik zu warnen (14.9.). Er erklärte, er werde Streit und Unordnung nicht zulassen und warnte davor, ihn vor die Wahl zwischen Unordnung und Unrecht zu stellen: er werde in einem solchen Fall nicht zögern, *"à choisir l'injustice"*. Bei gleicher Gelegenheit bekräftigte er, daß er den Zeitpunkt für die Einführung eines nach der Verfassung möglichen Mehrparteiensystems noch nicht für gekommen hält.

Im *Regierungsapparat* kam es zu zwei Veränderungen: am 12.11. wurde der seit 1983 amtierende Minister für ländliche Entwicklung, Gilles Laubhouet-Vally, ohne Angabe von Gründen entlassen. Sein Ressort wurde Landwirtschaftsminister Denis Bra Kanon unterstellt. Ebenfalls ohne Begründung erfolgte am 17.12. überraschend auch die Entlassung des Marineministers und Politbüro-Mitglieds Lamine Fadika. Er gehörte zu den jüngeren Technokraten im Kabinett und hatte in den elf Jahren seiner Amtszeit den ivorischen Schiffahrtsinteressen auch international Beachtung verschafft. Das Marineministerium gehört seit seiner Absetzung zum Verantwortungsbereich des Verteidigungsministers.

Nur als ein Zwischenspiel erwies sich die *Entführung des Ministers für Verkehr und öffentliche Arbeiten*, Aoussou Koffi, durch zwei französische Geschäftsleute (16.8.). Der Fall soll nach Gesprächen mit den Entführern durch Überweisung einer namhaften Summe auf ein Schweizer Konto schnell beigelegt worden sein. Seine Bedeutung liegt darin, daß es sich bei Koffi um einen engen Verwandten des Präsidenten handelt und daß die Transaktion Schattenseiten der engen Verflechtung von Geschäftsleuten und Politikern in der Côte d'Ivoire deutlich machte. Um korrupte Praktiken einzudämmen und die Effizienz zu steigern, hatte Präsident Houphouët-Boigny bereits am 5.3. seine Minister angewiesen, die Verantwortung für alle Bauvorhaben auf die Direction et Contrôle des Grands Travaux zu übertragen.

Außenpolitik

Wichtigster Partner blieb die ehemalige Kolonialmacht *Frankreich*, zu der sich die Beziehungen seit dem Amtsantritt der konservativen Regierung Chirac 1986 wieder enger gestaltet haben. Frankreich ist nicht nur größter Handelspartner und Hilfegeber, sondern unterhält nach wie vor in der Nähe des Flughafens Port Bouët bei Abidjan eine ständige Militärgarnison. Wie zuletzt vor zwei Jahren fanden vom 24.-26.11. nordwestlich von Yamoussoukro wieder gemeinsame Militärmanöver statt, die auch der Erprobung neuen französischen Materials durch die ivorischen Streitkräfte dienten. Angesichts zunehmender Konkurrenz versuchte die französische Regierung durch eine gezielte Reisediplomatie, die bilateralen Beziehungen weiter zu vertiefen. Zur besseren Koordinierung wurde am 20.10.

mit Frankreich ein Abkommen über die Gründung eines gemeinsamen Großen Kooperationsausschusses unterzeichnet, der 1988 in der Côte d'Ivoire zu seiner ersten Sitzung zusammentreten soll. Diesen Bestrebungen um eine Intensivierung der Beziehungen stehen andere Entwicklungen gegenüber, die langfristig zu einem Rückgang des französischen Einflusses führen können. Hierzu gehört v.a. die im Rahmen der Sparmaßnahmen und aus beschäftigungspolitischen Gründen seit 1983 verfolgte "Ivorianisierungspolitik", die in wenigen Jahren die Zahl der ausländischen, d.h. v.a. französischen, Fachleute um mehr als die Hälfte vermindert hat. Auf Beschluß des Kabinetts (19.11.) soll die Beschäftigung ausländischer Experten im kommenden Jahr weiter eingeschränkt werden.

Auch die *US-Regierung und amerikanische Firmen* waren an einem stärkeren Engagement in diesem Land interessiert, dessen pro-westliche Regierung mit ihrer anti-libyschen Haltung und unternehmerfreundlichen Politik für die Reagan-Administration ein bevorzugter Partner in Afrika sein mußte. Das kam beim Besuch des amerikanischen Außenministers zum Ausdruck (12.-13.1.). Bei Gesprächen mit Vertretern des US-Verteidigungsministeriums wurde gleichzeitig eine engere militärische Zusammenarbeit, v.a. bei der Ausbildung von ivorischen Offizieren auf amerikanischen Kriegsschulen vereinbart. Im Mai fand in Abidjan die *erste amerikanische Handelsmesse* im subsaharischen Afrika statt.

Besuche des *israelischen Premierministers* (18.-20.6.) und eines *sowjetischen Vizeministers* (Ende April) zeigten das ivorische Interesse daran, die mit diesen Staaten nach rd. 13- bzw. siebenjähriger Unterbrechung 1986 wieder aufgenommenen diplomatischen Beziehungen für einen Ausbau der Zusammenarbeit zu nutzen. Die im Vorjahr mit der diplomatischen Anerkennung von Ländern wie Kuba, Albanien, Tschechoslowakei, Ungarn und Nordkorea (VR China: 1983) erkennbar gewordene Tendenz zur Verbreiterung der außenpolitischen Basis wurde mit der Aufnahme der Beziehungen zu *Nicaragua* (23.4.) fortgesetzt.

Für Aufsehen sorgte die nach monatelangen diskreten Verhandlungen bekanntgewordene Entscheidung, den *South African Airways* über die seit 1977 gewährten Landerechte hinaus auch für den wöchentlichen Flug London - Johannesburg und der privaten französischen Fluggesellschaft UTA für die Route Paris - Johannesburg Verkehrsrechte in Abidjan einzuräumen (November). Protesten v.a. von Ghana wurde mit dem Hinweis auf die traditionelle ivorische *Politik des Dialogs* begegnet, die nach amtlicher ivorischer Auffassung größere Erfolgschancen beim Abbau der Apartheid bietet als die von der überwiegenden Mehrheit der afrikanischen Staaten geforderte und durch Beschlüsse der OAU sanktionierte Boykottpolitik.

Von ihrer *absoluten Außenseiterposition* in dieser Streitfrage abgesehen, verfügte die Côte d'Ivoire wegen ihres besonderen *Gewichts als größter Kakao- und drittgrößter Kaffeeproduzent der Welt* und wegen der Rolle ihres *Präsidenten als* "Doyen" des frankophonen Afrika in den interafrikanischen Beziehungen v.a. in Westafrika über eine einflußreiche Position. *Regional- und Rohstoffabkommen* wie die Cocoa Producers Alliance (Lagos), die Organisation Interafricaine de Café (Abidjan) und die Organisation Africaine et Malgache du Café (Paris) wurden gezielt zur Verstärkung des ivorischen Verhandlungsgewichts eingesetzt. Ohne erkennbare Ergebnisse blieben die Versuche Houphouët-Boignys, wie 1985 beim Grenzkrieg zwischen Mali und Burkina Faso, weitere Beiträge zur *Schlichtung interafrikanischer Konflikte* zu leisten (vgl. Regionalartikel Westafrika).

Berichte über eine ivorische Beteiligung am Sturz des burkinabischen Präsidenten Sankara, die v.a. im Nachrichtenmagazin Jeune Afrique (Paris) erschienen waren, wurden in Abidjan vehement dementiert und führten - erstmalig seit der Unabhängigkeit - zum Verbot der Zeitschrift und anderer Produkte ihres Verlags in der Côte d'Ivoire (9.11.).

Sozio-ökonomische Entwicklung

Schon zu Beginn des Jahres ging die Regierung davon aus, daß nach den günstigen Ergebnissen der beiden Vorjahre mit einem offiziell geschätzten realen Wachstum des BIP von 4,9% (1985) und 5,4% (1986) 1987 ein Rückgang auf etwa 1% einkalkuliert werden müßte. Ursache war v.a. der starke Preisverfall auf den internationalen Rohstoffmärkten, von dem Kakao und Kaffee, die beiden Hauptexportprodukte des Landes, besonders betroffen waren. Die Regierung sah sich daher gezwungen, an ihrer seit 1982 in enger Zusammenarbeit mit Weltbank und IWF durchgeführten *strengen Sparpolitik*, die nur 1986 vorübergehend gelockert werden konnte, festzuhalten. Der am 6.1. verabschiedete laufende Haushalt sah gegenüber dem Vorjahr nur eine Steigerung um rd. 4,8% auf F CFA 480,9 Mrd. ($ 1,58 Mrd.) vor (Inflationsrate 1986: 6,6%). Der Investitionshaushalt wurde dagegen um 5,2% auf F CFA 145,9 Mrd. ($ 478,3 Mio.) zurückgefahren. Ziel des *Investitionsprogramms* war die Produktionsförderung insbesondere in der Landwirtschaft, die Verbesserung der Infrastruktur sowie eine ausgewogenere Regionalentwicklung.

Angesichts der Konjunkturlage und des Festhaltens der Regierung an den Erzeugerpreisen für Kaffee und Kakao konnte die Absatzorganisation der Landwirtschaft, die Caisse de Stabilisation et de Soutien des Prix et des Productions Agricoles, die noch 1986 einen Zuschuß von F CFA 25,2 Mrd. geleistet hatte, zum Ausgleich des Haushalts nicht mehr herangezogen werden. Die Deckungslücken sollten stattdessen durch erhebliche *Steuer- und Abgabenerhöhungen* u.a. auf Reiseinfuhren und Treibstoffe ausgefüllt werden. Für die Bevölkerung bedeutete das eine weitere *Verschlechterung der Lebensbedingungen* bei gleichzeitig *wachsender Arbeitslosigkeit* v.a. unter jüngeren Ivorern. Auch die vorsichtigen Budgetdispositionen erwiesen sich schon bald als völlig überholt. Nachdem die Kakaopreise bereits 1986 um 12% zurückgegangen waren, kam es wegen der anhaltenden Überproduktion, zu der v.a. das "Comeback" Brasiliens und Ghanas sowie der rasche Aufstieg der neuen Produzenten in Südostasien wie Malaysia beigetragen hatten, schon nach wenigen Monaten zu einem Preissturz. Durch die fortdauernde Baisse auch der anderen Agrarexportprodukte verfügte die Côte d'Ivoire über keine Kompensationsmöglichkeiten. Da sich Proteste gegen "das verantwortungslose Spiel internationaler Spekulanten", die "den brutalen und skandalösen Preisverfall" der wichtigsten Exportprodukte des Landes organisieren und fördern, so Houphouët-Boigny am 25.2., als wirkungslos erwiesen, entschloß sich der "afrikanische Musterschüler" von Weltbank und IWF, ein unübersehbares Signal zu setzen. Am 25.5. gab Finanz- und Wirtschaftsminister Koné auf einem Treffen mit internationalen Gläubigern in Paris bekannt, daß die Côte d'Ivoire wegen des Preisverfalls ihrer Agrarexportprodukte ihren Schuldendienstverpflichtungen bis 1989 nicht mehr nachkommen könne. Das hiermit verkündete *Moratorium* wurde am 28.5. in Abidjan offiziell bestätigt. Zugleich wurde dem IWF zu verstehen gegeben, daß sich die Côte d'Ivoire seit Jahren um die Einhaltung der Auflagen des Fonds bemüht habe und daher zu weiteren Einschränkungen nicht mehr in der Lage sei. Den Verlautbarungen der ivorischen Regierung war klar zu entnehmen, daß es ihr nicht um eine Konfrontation mit den internationalen Finanzorganisationen ging, sondern um eine *"Umschuldung der Umschuldung"*. Mit dem Dementi der "tendenziösen" Gerüchte über eine Abwertung des CFA-Franc sorgte Houphouët-Boigny dafür, daß bekannt wurde, in Abidjan ist angesichts der Krise auch über den Verbleib in der Franc-Zone nachgedacht worden.

Die Höhe der Auslandsschulden wurde Ende 1986 auf F CFA 2450 Mrd. ($ 8,3 Mrd.) geschätzt, die Höhe der Schuldendienstverpflichtungen nach den Umschuldungsvereinbarungen von 1986 auf F CFA 349 Mrd. (1987), 379 Mrd.

(1988) und 389 Mrd. (1989). Trotz der Herausforderung, die in der Verkündung des Moratoriums lag, *zeigten IWF und Weltbank Verständnis* für die besondere Situation der Côte d'Ivoire. Besuche des IWF-Generaldirektors (27.-28.6.), des Präsidenten der Weltbank (10.-21.7.) und des Generaldirektors der IFC (28.-30.6.) signalisierten, daß diese Institutionen das afrikanische Land, das ihre Auflagen zu erfüllen bemüht und in drei Strukturanpassungsprogrammen den Empfehlungen der Weltbank gefolgt war, auch weiterhin fördern wollten. Schließlich war es jetzt durch externe Faktoren wie die Überproduktion an Kakao in Schwierigkeiten geraten, die Experten der Weltbank durch Förderung der Kakaoproduktion in Ghana wenigstens z.T. selbst mit herbeigeführt hatten. Die *Umschuldungsgespräche* zogen sich in die Länge, da sich sowohl mit der Weltbank als auch mit dem Pariser und dem Londoner Club Meinungsverschiedenheiten über die Konditionen ergaben. Das gleiche galt für die Verhandlungen mit dem IWF über ein weiteres Bereitschaftskreditabkommen. Die Differenzen mit der Weltbank konnten in Gesprächen mit ihrem Vizepräsidenten Ende Oktober ausgeräumt werden und führten zur Freigabe der *2. Tranche des Strukturanpassungskredits* ($ 150 Mio.). Damit haben sich auch die Aussichten für die Umschuldungsverhandlungen mit dem Londoner und dem Pariser Club verbessert. Mit dem IWF wurde eine Absichtserklärung für ein neues Bereitschaftskreditabkommen unterzeichnet (5.11.). Die Aussichten der Côte d'Ivoire auf den Abschluß günstigerer Umschuldungsabkommen und die Gewährung neuer Kredite haben sich mit dem Besuch des französischen Kooperationsministers (16.-17.11.) weiter verbessert. Er sagte eine zusätzliche französische Hilfe von FF 1,6 Mrd., einschließlich Projektfinanzierung sogar von FF 3,6 Mrd. ($ 625 Mio.), zu.   *Harald Voss*

Chronologie Côte d'Ivoire 1987

12.-13.01.	Besuch von US-Außenminister Shultz
20.01.	Inkrafttreten des am 15.1.85 mit der Arabischen Republik Ägypten unterzeichneten Freundschafts- und Kooperationsabkommens
Ende Feb.	Weltbank gibt nach längerem Zögern 1. Tranche ($ 100 Mio.) des 3. Strukturanpassungskredits frei
Anf. April	Aufnahme der diplomatischen Beziehungen zu Nicaragua bekanntgegeben
23.-25.04.	Seminar der 194 regionalen Generalsekretäre der PDCI-RDA, das erste seit dem PDCI-Kongreß im Oktober 1985
23.05.	Houphouët-Boigny empfängt den tschadischen Außenminister
25.05.	Finanz- und Wirtschaftsminister Koné in Paris: Moratorium der Schuldenzahlungen
02.-04.06.	Besuch des chinesischen Außenministers
06.06.	Ministerrat beschließt Gründung eines gemeinsamen Ausschusses mit Frankreich
ab 07.06.	Konan Bédié, Präsident der Nationalversammlung, besucht auf Einladung des Bürgermeisters von Bordeaux, Chaban-Delmas, Frankreich. Treffen mit Premierminister Chirac
17.06.	Tschad-Präsident Habré auf dem Weg in die USA: Zwischenaufenthalt Yamoussoukro
16.06.	Houphouët-Boigny dementiert Gerüchte über Abwertung des Franc CFA
18.-20.06.	Besuch des israelischen Premierministers
15.-17.07.	Besuch des französischen Außenministers
20.07.	Ministerrat bekräftigt ivorischen Willen, den Dialog mit den internationalen Finanzinstitutionen fortzusetzen
23.07.	15. SYNESCI-Kongreß (Syndicat National des Enseignants du Secondaire de Côte d'Ivoire)
18.08.	Houphouët-Boigny empfängt in Abidjan Minister Compaoré mit einer Botschaft des burkinabischen Präsidenten Sankara
Anf. Sept.	Gründung von Selbstverteidigungsausschüssen gegen Banditentum nahe der Ghana-Grenze
20.10.	Unterzeichnung eines Abkommens über die Gründung eines Großen Gemischten Kooperationsausschusses mit Frankreich, 1. Sitzung 1988
23.10.	Houphouët-Boigny empfängt den Vizepräsidenten der Weltbank
01.11.	Wechsel in der Armeeführung: drei neue Generäle
12.11.	Regierungsumbildung
04.12.	Verurteilung von drei Lehrergewerkschaftlern zu vier bis sechs Monaten Gefängnis
11.-12.12.	14. franko-afrikanische Gipfelkonferenz in Antibes. Ivorischer Vertreter: Staatsminister Mathieu Ekra
15.12.	Vorlage eines Sparhaushalts für 1988 (Gesamtvolumen F CFA 637 Mrd.)
17.12.	Regierungsumbildung

Gambia

Fläche: 11 295 km², Einwohner: 737 000, Hauptstadt: Banjul, Amtssprache: Englisch, Schulbesuchsquote: 34%, Wechselkurs: $ 1=Dalasi 7,25, Pro-Kopf-Einkommen: $ 230, BSP: $ 170 Mio., Anteile am BIP (1986/87): 26% - 9% - 65%, Hauptexportprodukte (1984): Erdnußöl 27%, Erdnüsse 24%, Staats- und Regierungschef: Sir Dawda K. Jawara, Regierungspartei: Progressive People's Party (PPP)

Bei den Parlaments- und Präsidentschaftswahlen im März erhielten, wie erwartet, die regierende PPP und Präsident Dawda K. Jawara eine breite Mehrheit. Die Regierung sah darin ein Mandat, mit ihrem IWF-gestützten wirtschaftlichen Reformprogramm fortzufahren.

Innenpolitik

Nach einem mit großem Einsatz geführten Wahlkampf ging die bisher regierende PPP von Präsident Jawara aus den *Wahlen* vom 11.3. mit 59% der Stimmen als Sieger hervor. Obwohl ihr Stimmenanteil gegenüber den Wahlen 1982 um 14% sank, konnte sie in 31 der insgesamt 36 Wahlkreise die Mehrheit und damit auch 31 Parlamentssitze gewinnen, drei mehr als vorher. Die National Convention Party (NCP) unter Sheriff Mustapha Dibba erhielt 25% (1982: 20%) der Stimmen und fünf Parlamentssitze (vorher vier). Die im März 1986 gegründete Gambia People's Party (GPP) unter dem ehemaligen Vizepräsidenten Hassan Musa Camara, dem gute Chancen eingeräumt worden waren, ging mit 15% der Stimmen leer aus. Da sowohl Camara als auch Dibba in ihren Wahlkreisen verloren, ist keiner der Oppositionsführer im Parlament vertreten. Die im August 1986 gegründete, marxistisch beeinflußte People's Democratic Organisation for Independence and Socialism (DOI) stellte nur in fünf Wahlkreisen Kandidaten auf und erhielt 1% der Stimmen. Die *Präsidentschaftswahlen* gewann Sir Dawda K. Jawara mit 59% der Stimmen, mußte gegenüber 1982 mit 73% jedoch eine erhebliche Einbuße hinnehmen. Sheriff Mustapha Dibba erhielt 28%, Hassan Musa Camara 13% der Stimmen. Die Wahlbeteiligung war mit 80% wesentlich höher als 1982. Wahlanfechtungen von 23 Kandidaten der Opposition wurden vom Obersten Gerichtshof aus meist formalen Gründen zurückgewiesen. Das neue Kabinett, das von Präsident Jawara erst am 13.5. gebildet wurde, zeigte keine wesentlichen Veränderungen. Vier Minister wurden neu ernannt, fünf Minister schieden aus, darunter der Minister für Wirtschaftsplanung und industrielle Entwicklung, der seinen Parlamentssitz verloren hatte. Vizepräsident Bakary Darbo, der das Erziehungsressort dazubekam, und Finanzminister Sheriff Sisay blieben auf ihren Posten.

Außenpolitik

Die Außenpolitik ist wesentlich geprägt vom Verhältnis zu *Senegal*, mit dem Gambia seit 1.2.82 in der Konföderation Senegambia verbunden ist. Dem Drängen Senegals nach Realisierung der vorgesehenen Wirtschafts- und Währungsunion steht Gambia, das auf Wahrung seiner Souveränität bedacht ist und das vom Schmuggel mit Senegal nicht unerheblich profitiert, mit hinhaltender Taktik gegenüber. (Näheres zu Senegambia s. unter Senegal). Reisen von Präsident Jawara nach China, zur EG sowie nach Saudi-Arabien und Kuwait dienten der Einwerbung von Finanzmitteln für bilaterale Projekte und für Staudammprojekte im Rahmen der Organisation de Mise en Valeur du Fleuve Gambie (OMVG), deren Vorsitzender Präsident Jawara 1987/88 ist.

Sozio-ökonomische Entwicklung

Die Durchführung des mit dem IWF und der Weltbank abgestimmten dreijährigen *Economic Recovery Programme* (1985/86-1988/89) forderte v.a. von der städtischen Bevölkerung erhebliche Einschränkungen und brachte umfangreiche Entlassungen im öffentlichen Dienst, dem wichtigsten Arbeitgeber, mit sich. Dafür konnten die vom IWF festgesetzten makro-ökonomischen Kriterien erfüllt werden. Das BSP stieg 1986/87 um 5,3%, was einem Einkommenszuwachs pro Kopf von 2% entspricht, das Haushaltsdefizit konnte eingedämmt und die Außenrückstände verringert werden, der Wechselkurs des Dalasi (D), der seit Januar 1986 floatet und zunächst erheblich an Wert verloren hatte, stabilisierte sich. Andererseits stieg die Inflationsrate 1986/87 auf 46,2% und war damit höher als je zuvor. Das Haushaltsdefizit 1987/88 wird auf 12,5% des BSP geschätzt, die öffentliche und öffentlich garantierte Schuld wuchs 1986 um 23,6% auf $ 22,4 Mio.

An wirtschaftspolitischen Maßnahmen sah der Haushaltsplan 1987/88 eine Steuerreform, die Senkung von Importzöllen und die Senkung des Ankaufpreises für Erdnüsse von D 1800 auf D 1500 pro t vor. Die Ankaufspreise, die 1986/87 um 43% erhöht worden waren, um Produktionsanreize zu schaffen, lagen erheblich über den Weltmarktpreisen, so daß dem für den Ankauf zuständigen Gambia Produce Marketing Board ein Zuschuß aus Budgetmitteln von D 83 Mio. ($ 11,1 Mio.) gewährt werden mußte. Da die Ankaufspreise in Senegal nach wie vor höher sind, wird damit gerechnet, daß ein Teil der Ernte 1987/88 über die Grenze geschmuggelt wird. Die Senkung der Importzölle soll ein Ansteigen der Staatseinnahmen durch höhere, für den Reexport in Nachbarländer vorgesehene Importe bewirken.

Im September 1986 hatte der IWF einen Bereitschaftskredit von SZR 5,1 Mio. für 13 Monate, eine kompensatorische Finanzierungsfazilität von SZR 4,7 Mio. und eine Strukturanpassungsfazilität von SZR 8 Mio. für drei Jahre gewährt. Die Auszahlung der 2. Tranche der Strukturanpassungsfazilität in Höhe von SZR 5,1 Mio. wurde Ende 1987 vom IWF genehmigt. Von dem ebenfalls 1986 gewährten Strukturanpassungskredit der Weltbank von $ 37 Mio. wurde im Mai 1987 die 2. Tranche ausbezahlt. Im Rahmen der 1986 mit dem Pariser Club getroffenen Vereinbarungen nahmen einige Staaten, darunter die BRD, 1987 *Umschuldungen* vor. Mit dem Londoner Club der Gläubigerbanken wurden im August 1987 Umschuldungsverhandlungen geführt. Im Jahr 1986/87 erhielt Gambia ausländische Hilfe in Höhe von $ 44,5 Mio., was als Beweis für ein erneuertes Vertrauen der Geber angesehen wird. Impulse für die wirtschaftliche Entwicklung, die fast ausschließlich von der Erdnußproduktion abhängt, erhofft sich die Regierung vom Tourismus und von der Fischerei.   *Marianne Weiss*

Chronologie Gambia 1987

19.01.	Auflösung des Parlaments, vorher Anhebung der Zahl der zu wählenden Abgeordneten von 35 auf 36
11.03.	Parlaments- und Präsidentschaftswahlen
10.-16.04.	Staatsbesuch Präsident Jawaras in China
11.05.	Beginn der neuen Amtszeit Präsident Jawaras, Amnestie für 24 nach dem Putschversuch von 1981 verurteilte Häftlinge
13.05.	Regierungsbildung
26.06.	Verabschiedung des Staatshaushaltes 1987/88
10.11.	Rückkehr Jawaras vom Commonwealth-Gipfel in Kanada (13.-17.10.), einem privaten Aufenthalt in der BRD und einer Reise zur EG nach Brüssel
Dezember	Besuch Jawaras in Saudi-Arabien und Kuwait

Ghana

Fläche: 238 537 *km²,* *Einwohner:* 12,7 Mio., *Hauptstadt:* Accra, *Amtssprache:* *Englisch,* **Schulbesuchsquote:** 57%, **Wechselkurs:** $ 1=Cedi 176, **Pro-Kopf-Einkommen:** $ 390, **BSP:** $ 4,96 Mrd., **Anteile am BIP:** 41% - 15% - 43%, **Hauptexportprodukte:** Kakao 63%, Gold 16%, Holz 5%, **Staats- und Regierungschef:** Jerry John Rawlings, **Oberstes politisches Organ:** Provisional National Defence Council (PNDC)

Innenpolitik

Studentenproteste gegen die von der Regierung angekündigte Reform des Bildungswesens weiteten sich zu einer gesellschaftlichen Machtprobe aus. Auf die Herausforderung reagierte das Regime zunächst mit Repression, schlug aber, als es sich einer breiten Ablehnungsfront aus Studenten, Gewerkschaften und gesellschaftlichen Organisationen gegenübersah und ein knapp verhinderter Putschversuch die schmale Basis seiner Herrschaft vorführte, in der zweiten Hälfte des Jahres konziliantere Töne gegenüber seinen Kritikern an.

Die von der Weltbank unterstützte *Reform des Bildungswesens* zielte u.a. auf eine verbesserte Primar- und Sekundarschulausbildung und -versorgung; sie sollte v.a. durch Einsparungen bei den Universitäten erreicht werden. Im Februar demonstrierten Studenten gegen die Einführung von Gebühren und den Abbau von Nahrungsmittelsubventionen, die - so ihr Argument - die Universitätsausbildung zu einem Privileg der Reichen machen würde. Obwohl die Regierung beteuerte, daß noch keine Entscheidung gefallen sei, rissen die *Proteste* nicht ab: Anfang März demonstrierten Studenten in Legon, wenig später in Cape Coast. Staatschef Rawlings versicherte ihnen am 14.3. in Cape Coast persönlich, daß die Regierung nicht die Absicht habe, im folgenden akademischen Jahr Subventionen zu streichen. Trotz dieser Versicherung und eines Demonstrationsverbots gingen am 20.3. Studenten der Universität Kumasi auf die Straße. Die Universität wurde daraufhin bis zum 15.4. geschlossen. Der Konflikt eskalierte weiter, als die Behörden einen der Studentenführer, Kakraba Cromwell, angeblich wegen Rauschgiftschmuggels im Jahre 1982, festsetzten. Einen aus Solidarität mit ihrem Führer ausgerufenen zweitägigen Vorlesungsboykott beantwortete die Regierung mit der Schließung der Universität Legon am 8.5.

Eine neue Dimension gewann die Auseinandersetzung, als drei Tage später der regierungskontrollierte People's Daily Graphic namentlich genannte *Intellektuelle* des New Democratic Movement (NDM) und der Kwame Nkrumah Revolutionary Guards (KNRG) bezichtigte, die eigentlichen Drahtzieher der Konfrontation zu sein und dabei zerstörerische Ziele zu verfolgen. (Beide Organisationen hatten in den Anfangstagen des Regimes zu dessen wichtigsten Unterstützern gezählt, später aber die Regierungspolitik zunehmend kritisiert.) NDM und KNRG verwahrten sich in einer gemeinsamen Erklärung gegen die Vorwürfe, insistierten aber auf ihrer Kritik am Regime und forderten es auf, sich freien und demokratischen Wahlen zu stellen. Am 17.5. wurden Akoto Ampaw, Kwesi Aduamankwah und Kwesi Pratt wegen "aufrührerischer Aktivitäten", am 21./22.7. Kwame Karikari, Yao Graham, John Ndebugre und Ralph Kugbe *verhaftet* - allesamt führende Mitglieder des NDM bzw. der KNRG und einige von ihnen ehemalige hohe Funktionsträger des Regimes.

Der zweiten Verhaftung war am 4.6. ein Überfall von Regime-Unterstützern (angeblich Mitglieder des June 4 Movement) auf das TUC-Hauptquartier in Accra vorausgegangen, mit dem gegen die vorgebliche Kontrolle des Gewerk-

schaftsdachverbandes durch NDM und KNRG protestiert werden sollte. Eine
daraufhin vom TUC für den 8.6. geplante Protestdemonstration wurde verboten,
eine Diskussionsveranstaltung des TUC am folgenden Tag durch brutalen Polizei-
einsatz verhindert. Die Gewerkschaften, die sich in den ersten Monaten des
Jahres, v.a. in ihren Stellungnahmen zum Budget, ungewöhnlich zurückgehalten
hatten, reagierten mit einer scharfen, weit ausholenden Erklärung: Die Schuldigen
der Vorfälle müßten belangt werden, weitere Angriffe würden die Beziehungen
beeinträchtigen und Vergeltungsmaßnahmen nach sich ziehen; die Entlassungs-
welle im öffentlichen Sektor müsse gestoppt werden, bis genügend neue Arbeitsplätze geschaffen worden seien; die Verhaftungen ohne Anklage seien grobe
Verletzungen der Menschenrechte, die Betroffenen müßten freigelassen werden;
die Ankündigung, Wahlen zu Bezirksversammlungen abzuhalten, sei zu begrüßen,
doch müßten gleichzeitig Schritte in Richtung auf eine vom Volk gewählte
Regierung unternommen werden.

Nahezu zeitgleich zu den Ereignissen um den TUC wurde ein offensichtlich
für den 4.6. - Jahrestag der ersten Machtergreifung Rawlings' (1979) - geplanter
Putschversuch bekannt, der, wäre er zur Ausführung gekommen, allen Anzeichen
nach eine ernste Bedrohung für das Regime des PNDC hätte werden können.
Bereits im Februar hatte der Fund von drei zunächst nicht zuzuordnenden
Schlauchbooten am Strand von Kong und Prampam das Gespenst eines neuerli-
chen Putschversuchs von Dissidenten und Söldnern heraufbeschworen. Am 8.6.
erklärte der Generalinspekteur der Polizei, daß eine gegen die Regierung gerichtete Verschwörung aufgedeckt worden sei, in der vorangegangenen Nacht seien
verschiedene Personen verhaftet und Waffen und Flugblätter sichergestellt
worden.

Ohne daß die verhafteten Intellektuellen freigelassen wurden, versuchte das
Regime spätestens ab Ende August, die Konfrontation mit den Studenten und der
organisierten Arbeiterschaft durch *teilweises Entgegenkommen* abzubauen und
zumindest ihre Duldung zu erreichen. Die Regierung kündigte an, daß ab Mitte
September die Universitäten wieder geöffnet würden und acht Studenten, die im
Juni bei Demonstrationen festgenommen und relegiert worden waren, ihre Studien wieder aufnehmen könnten. Dem TUC kam die Regierung entgegen, indem
sie die Besteuerung der Lohnzuschläge für die Fahrt zum Arbeitsplatz und das
Kantinenessen wieder aufhob und höhere Entschädigungen für die aus dem
öffentlichen Dienst Entlassenen versprach.

Der letztgenannte Punkt - *Entlassungen und Entschädigungen* - wurde zu
einem wesentlichen Thema der durch den Willen zur Kooperation geprägten
Auseinandersetzungen zwischen Gewerkschaften und Regierung in der zweiten
Jahreshälfte. Der TUC konzedierte, daß im öffentlichen Sektor gespart und die
Zahl der Beschäftigten reduziert werden müsse, kritisierte aber, daß die Versprechungen der Regierung, neue Arbeitsplätze zu schaffen und Entschädigungen zu
zahlen, häufig nicht eingehalten wurden. Man kam schließlich prinzipiell überein,
in bestimmten Sektoren Entlassungen auszusetzen, bis prompte und ausreichende
Entschädigungszahlungen sichergestellt sein würden.

Wie von Rawlings in seiner Silvesterrede 1986 angekündigt, wurde am 1.7. die
Grobstruktur der im letzten Viertel 1988 erstmals zu wählenden *Bezirksversammlungen* (district assemblies) veröffentlicht. Danach sollen zwei Drittel der Mitglieder durch allgemeine Wahlen ermittelt, ein Drittel durch traditionelle Autoritäten
und gesellschaftlich relevante Organisationen bestimmt werden. Die Bezirksver-

sammlungen sollen die höchsten politischen und administrativen Organe des Bezirks werden, exekutive Macht erhalten und eigene Budgets und Entwicklungsprogramme erarbeiten, die jedoch von der Zentralregierung gebilligt werden müssen. Mit den Wahlen versucht die Regierung offensichtlich, sich ein politisches Mandat für das auch von PNDC-Unterstützern immer stärker kritisierte wirtschaftliche Wiederaufbauprogramm zu beschaffen und gleichzeitig den Regime-Kritikern in der ghanaischen Mittelklasse, die weiterhin die Rückkehr zur Demokratie fordern, Wind aus den Segeln zu nehmen. Die geringe Resonanz der mit großem finanziellen Aufwand betriebenen Kampagne zur Popularisierung der Wahlen und die bescheidenen Ergebnisse der im Oktober und November vorgenommenen Registrierung der Wähler legen die Vermutung nahe, daß die Regierung ihren Zielen bislang nicht nähergekommen ist.

Ebenfalls in der Silvesterrede 1986 angekündigt war die schließlich am 20.4. vorgenommene *Kabinettsumbildung*. Ein Ministerium für Mobilisierung und Produktivität wurde neu geschaffen und mit George Adamu besetzt. Kofi Sam verlor an E.Appiah-Korang das Ministerium für Arbeit und Wohnungsbau wegen Unregelmäßigkeiten bei der Beschaffung und Verteilung von Zement; dessen vormaliges Ministerium für Energie wurde von Ato Ahwoi, der zugleich Vorsitzender des interministeriellen Sekretariats für das Strukturanpassungsprogramm wurde, übernommen.

Auch 1987 setzten die Behörden den *Feldzug gegen Korruption* und die übrige, durch die weiterhin angespannte wirtschaftliche Situation genährte Kriminalität fort. Wegen Veruntreuung öffentlicher Gelder und bewaffneten Raubs wurden hohe Gefängnisstrafen, häufig auch Todesstrafen verhängt - und vollstreckt.

Außenpolitik

Unbeschadet der großen Abhängigkeit des Wiederaufbauprogrammms von Kapitalzuflüssen aus dem Westen, setzte Ghana seine *dezidiert blockfreie Außenpolitik* fort und pflegte ostentativ seine Beziehungen zum Ostblock und zu sozialistischen Ländern der Dritten Welt. Besuche hochrangiger Regierungsdelegationen führten zu Kooperations- bzw. Handelsabkommen mit den beiden koreanischen Staaten, Rumänien, Polen und der DDR; in einem Freundschaftsabkommen mit der Sowjetunion (März) wurde u.a. die Rehabilitierung der Goldmine in Tarkwa vereinbart. Nicaraguas Außenminister D'Escoto stattete Ghana im April einen viertägigen Besuch ab; im August nahm Ghana diplomatische Beziehungen zu Afghanistan auf. Staatschef Rawlings unternahm im September eine sechstägige Reise nach Libyen und Algerien. Die prominentesten afrikanischen Besucher Accras waren der zambische Premier Musokotwane (im März) und der ugandische Staatschef Museveni (im Oktober).

Die Beziehungen zu den *USA*, 1985 als Folge einer Spionageaffäre auf einem Tiefpunkt angelangt, verbesserten sich nach dem Besuch des US-Unterstaatssekretärs für afrikanische Angelegenheiten, James Bishop, und der Berufung des neuen US-Botschafters Stephen Lyne. Allerdings hinderten die Aussichten auf einen größeren US-Finanzbeitrag zum Wiederaufbauprogramm Außenminister Asamoah nicht, bei einem Iran-Besuch im April die "aggressiven US-Drohungen" gegenüber der Dritten Welt und die Manöver der US-Flotte im Persischen Golf scharf zu verurteilen.

Die seit jeher schwierigen Beziehungen zu *Togo* blieben gespannt. Weil das Eyadema-Regime eine ghanaische Beteiligung an einem Putschversuch in Togo behaupten zu können glaubte, war im September 1986 die ghanaisch-togoische Grenze geschlossen worden. Am 2.2. öffnete Togo die Grenze wieder, doch Ghana folgte dem Beispiel erst am 23.5. und nicht ohne darauf hinzuweisen, daß zahlreiche Versuche, das PNDC-Regime zu destabilisieren, von togoischem Territorium aus geplant und unternommen worden seien. Die Beziehungen zur Côte d'Ivoire verschlechterten sich in der Folge des offenbar für den 4.6. vorbereiteten, aber vorher entdeckten Putschversuchs. Das PNDC-Regime fand Hinweise, daß er von ghanaischen Dissidenten in Abidjan geplant worden war. Diesen nicht ihr Handwerk zu legen, warf die ghanaische der ivorischen Regierung vor.

Sehr vorsichtig reagierte Ghana auf den Putsch in *Burkina Faso* am 15.10. Obschon Staatschef Rawlings mit dem ermordeten Revolutionsführer Sankara eng befreundet und die politische Rhetorik beider Regime nahezu identisch gewesen war, enthielt sich Ghana einer bewertenden Stellungnahme. Die Grenze zu Burkina wurde einige Tage geschlossen, Staatstrauer für Sankara ausgerufen, der "Märtyrer der Revolution" posthum mit dem höchsten ghanaischen Orden dekoriert, der "Redemption Circle" in Accra in "Sankara Circle" umbenannt, im übrigen aber alles unterlassen, was ein Arrangement mit dem neuen Machthaber hätte erschweren können. Dieses wurde offensichtlich schnell, bei dem Besuch einer ghanaischen Delegation am 29.10. in Ouagadougou, erreicht.

Sozio-ökonomische Entwicklung

Die Wirtschafts- und Sozialpolitik stand im Zeichen des seit 1983 verfolgten, von *IWF und Weltbank gestützten Wiederaufbauprogramms* (Economic Recovery Programme). Anzeichen einer wirtschaftlichen Konsolidierung waren wie im Vorjahr in nahezu jedem Bereich der Ökonomie zu erkennen, obschon das anvisierte Wachstum des BIP um 5% aufgrund von Ausfällen bei der Nahrungsmittelproduktion nach vorläufigen Schätzungen um einen knappen Prozentpunkt verfehlt wurde. Die sozialen Kosten der Strukturanpassungspolitik versuchte die Regierung eingedenk der potentiellen Rückwirkungen in Grenzen zu halten und fand dabei in stärkerem Maße finanzielle und politische Unterstützung bei multilateralen Organisationen als in den Jahren zuvor. Um dem zum Testfall für die gesamte subsaharische Region gewordenen Wiederaufbauprogramm zum Erfolg zu verhelfen, machten bi- und multilaterale Geber erhebliche finanzielle Zusagen, die die bis dahin unsichere Finanzierung des Programms und die Refinanzierung der erheblichen Schuldendienstverpflichtungen in günstigerem Licht erscheinen lassen.

Meinungsverschiedenheiten zwischen Regierung und IWF über die Erhöhung des Mindestlohns verzögerten die Vorlage des *Budgets 1987* um sieben Wochen - und zeigten erneut, wie schwierig es ist, die Vorgaben des Fonds mit den Ansprüchen der Bevölkerung in Einklang zu bringen. Das Budget brachte *Lohn- und Gehaltserhöhungen* um 25% für den öffentlichen Sektor; der Prozentsatz wurde von dem aus Arbeitgebern, Gewerkschaften und Regierung gebildeten Tripartite Committee später als Obergrenze für den privaten Sektor übernommen. Der Mindestlohn wurde von 90 auf 112 Cedi pro Tag erhöht - die Gewerkschaften hatten 150 Cedi gefordert -, noch immer nicht ausreichend, um eine kleine Flasche Bier zu erstehen. Durch die vergleichsweise hohen Lohnkostensteigerungen absorbierte das Budget der laufenden Ausgaben weiterhin das Gros der Gesamtausgaben; die ursprünglich geplante deutliche Steigerung der Investitionsausgaben mußte um des Haushaltsausgleichs willen erneut zurückgestellt werden und blieb im Budgetansatz bei geringen 16,6%.

Auf der Einnahmenseite projektierte der Haushalt eine nominale Steigerung um 49%, die v.a. durch die Abwertung erreicht werden sollte. Diese war mit der Widervereinheitlichung des seit September 1986 gespaltenen Wechselkurses verbunden: Mit dem 20.2. wurde der für Transaktionen im Zusammenhang mit Öl, Medikamenten, Kakao und für Schuldendienstzahlungen geltende Wechselkurs von $ 1 = 90 Cedi abgeschafft und der Kurs des Cedi fortan ganz von den wöchentlichen *Devisenauktionen* bestimmt. Die Parität zum Dollar fiel im Berichtszeitraum, im Vergleich zu den Devisenauktionssystemen anderer subsaharischer Länder durchaus undramatisch, von 150 Cedi auf 176 Cedi - u.a. Resultat eines Auktionssystems, das es der Zentralbank ermöglicht, den Kurs noch nach Abgabe der Gebote durch eine Erhöhung oder Verknappung des Devisenangebots zu beeinflussen. Mit der allmählichen Abwertung schrumpfte der Abstand zum Schwarzmarktkurs erheblich; Importlizenzschiebereien und andere illegale Aktivitäten mit der nationalen Währung - seit Jahren eine erhebliche Belastung für die offizielle Ökonomie und damit für das Budget - verloren damit an Attraktivität.

Der durch die Abwertung verursachten Erhöhung der Benzinpreise (um 24 bis 26%) begegnete die Regierung mit einer Verdoppelung der Lohnzuschläge für Transport und der Abschaffung der Importsteuern auf Nutzfahrzeuge - ein Zeichen dafür, daß sich die Regierung verstärkt bemühte, die sozialen und politischen Implikationen der Strukturanpassungspolitik zu antizipieren und entsprechende Maßnahmen zu ergreifen.

Lob erntete die Regierung für ihre Politik auf der seit 1983 vierten, unter Vorsitz der Weltbank abgehaltenen *Geberkonferenz* am 6. und 7.5. in Paris. Von "einem der ambitioniertesten Reformprogramme im subsaharischen Afrika" war im Kommuniqué die Rede; die Geber belohnten den Musterschüler mit Zusagen von über $ 800 Mio. - ghanaische Regierung und Weltbank hatten um $ 575 Mio. nachgesucht. Dennoch blieben die Schwierigkeiten mit der Auszahlung der Hilfsleistungen bestehen. Die Gründe dafür lagen, wie in den Vorjahren, in einem zu geringen Anteil schnell auszahlbarer Programmhilfen, in umständlichen Auszahlungsprozeduren der Geber, einer schwerfälligen ghanaischen Administration und in der anhaltenden, durch die vom IWF verfügten Obergrenzen für das inländische Kreditvolumen erzeugten Liquiditätskrise, die es vielfach erschwerte, den notwendigen Geldwert in Cedis zu mobilisieren.

Immerhin gelang es durch den Beitrag der bilateralen Geber, zwei bereits im April vergebene Strukturanpassungskredite der Weltbank in Höhe von insgesamt $ 115 Mio. und einen im November gewährten, den bis dahin laufenden Bereitschaftskredit ablösenden, dreijährigen Kredit der Erweiterten Fonds Fazilität des IWF in Höhe von $ 176 Mio., die praktisch unerfüllbaren *Schuldendienstverpflichtungen* (1987: $ 459 Mio., 1988: $ 597 Mio.) - Resultat der seit 1983 aufgenommenen mittelfristigen IWF-Kredite - wenigstens teilweise zu refinanzieren. Trotz der hohen vom IWF zugesagten Mittel wird Ghana in den nächsten Jahren ein Nettozahler an den IWF sein. Da die 1987 aufgenommenen Kredite deutlich längere Laufzeiten (und die mit "Strukturanpassung" etikettierten Hilfen auch deutlich günstigere Zinssätze) haben, besteht, sofern sich die Exporterlösprojektionen als realistisch erweisen, die Chance, die durch die IWF-Bereitschaftskredite der Vorjahre verursachte Schuldenklemme Anfang der 90er Jahre zu überwinden. Ein anderer Aspekt des 1987 von IWF und Weltbank auf Ghana niedergegangenen Kreditsegens besteht in einer die ghanaische Wirtschaftspolitik auf absehbare Zeit umfassend und detailliert bindenden Konditionalität, die den Raum für eigenständige wirtschaftspolitische Entscheidungen nahezu auf Null reduziert hat.

Der von der Weltbank im April genehmigte Strukturanpassungskredit macht u.a. die *Reform der staatseigenen Unternehmen* zur Bedingung; Mitte des Jahres legte die Regierung einen entsprechenden Plan vor. Danach sollen die Subventionen für den Sektor über die nächsten drei bis fünf Jahre auslaufen, bestimmte Unternehmen sollen dreijährige Verträge mit der Regierung schließen, in denen die von den Betrieben zu erbringenden Leistungen spezifiziert werden, 30 der 181 staatseigenen Betriebe sollen liquidiert, vollständig privatisiert oder in Joint Ventures umgewandelt werden. Beobachter erwarten, daß der Verkauf von notorisch defizitären, ghanaischen Bedingungen nicht angepaßten Unternehmen schwierig, wenn nicht unmöglich sein wird, ferner, daß die Regierung weiterhin bei jeder Maßnahme, die größere Entlassungen nach sich zieht, sehr vorsichtig agieren wird - die Gewerkschaften haben ihren Widerstand gegen Massenentlassungen immer wieder bekräftigt.

Die strikte Befolgung der Konditionalität von IWF und Weltbank verhalfen Ghana zu größerem *Vertrauen bei privatem Kapital*: Unter dem 1985 verabschiedeten Investment Code wurden einige Investitionen getätigt; die britische Exportkreditversicherung ECGD erhöhte ihre Deckungszusagen um 40%.

Nach vorläufigen Schätzungen konnte die *Produktion* in nahezu allen Wirtschaftssektoren *gesteigert* werden; spät einsetzender Regen führte jedoch zu einer hinter den anvisierten Wachstumsraten zurückbleibenden Nahrungsmittelproduktion und zwang die Regierung, ein Notimportprogramm aufzulegen. Das Ziel, die Inflationsrate auf 15% zu begrenzen, wurde allen Anzeichen nach deutlich verfehlt.

Thomas Siebold

Chronologie Ghana 1987

10.-13.01.	Besuch der britischen Staatsministerin im Außenministerium Lynda Chalker führt zu Demonstrationen gegen die britische Haltung zur Apartheid in Südafrika
02.02.	Wiedereröffnung der ghanaisch-togoischen Grenze durch Togo
20.02.	Vorlage des Budgets 1987: Wiedervereinheitlichung des Wechselkurses; 25%ige Lohnerhöhungen
März	Studentenproteste an verschiedenen Hochschulen gegen die Reform des Bildungswesens
14.04.	Vergabe von zwei Weltbank-Strukturanpassungskrediten in Höhe von insgesamt $ 115 Mio.
20.04.	Kabinettsumbildung
06.-07.05.	Die vierte von der Weltbank geleitete Geberkonferenz in Paris ist mit Zusagen von über $ 800 Mio. sehr erfolgreich
08.05.	Schließung der Universität Legon als Reaktion auf einen Vorlesungsboykott der Studenten
11.05.	Massive Angriffe im regierungskontrollierten People's Daily Graphic gegen das New Democratic Movement und die Kwame Nkrumah Revolutionary Guards
17.05.	Verhaftung von drei führenden Linksintellektuellen: Akoto Ampaw, Kwesi Aduamankwah und Kwesi Pratt
23.05.	Wiedereröffnung der ghanaisch-togoischen Grenze von der ghanaischen Seite
04.06.	Überfallartige Demonstration von Regime-Unterstützern beim TUC-Hauptquartier in Accra; erheblicher Sachschaden; eine für den 8.6. geplante Gegendemonstration wird verboten
08.06.	Ein offenbar für den 4.6. geplanter, aber zuvor entdeckter Putschversuch wird der Öffentlichkeit bekanntgegeben
09.06.	TUC-Diskussionsveranstaltung wird durch brutalen Polizeieinsatz verhindert
01.07.	Regierung legt Plan für die im letzten Viertel 1988 zu wählenden Bezirksversammlungen vor
21./22.07.	Verhaftung weiterer Linksintellektueller: Kwame Karikari, Yao Graham, John Ndebugre und Ralph Kugbe
15.09.	Wiedereröffnung der Universitäten
26.10.	Besuch des ugandischen Staatschefs Museveni
09.11.	Vergabe eines dreijährigen IWF-Kredits der Erweiterten Fonds Fazilität ($ 332 Mio.) und eines Kredits der IWF-Strukturanpassungsfazilität ($ 176 Mio.)

Guinea

Fläche: 245 857 km², Einwohner: 6 Mio., Hauptstadt: Conakry, Amtssprache: Französisch, Schulbesuchsquote: 20%, Wechselkurs: $ 1= Franc Guinéen 440, Pro-Kopf-Einkommen: $ 320, BSP: $ 1,95 Mrd., Anteile am BIP: 40% - 22% - 38%, Hauptexportprodukt: Bauxit/Alumina 97%, Staats- und Regierungschef: Lansana Conté, Oberstes politisches Organ: Comité Militaire de Redressement National (CMRN)

Die Verhängung der Todesstrafe aufgrund umstrittener Gerichtsverfahren gegen zahlreiche Protagonisten des Sékou-Touré-Regimes und gegen mutmaßliche Teilnehmer am Putschversuch von 1985 provozierte innenpolitische Unruhe. Dadurch wurde die Durchsetzung einschneidender, von IWF und Weltbank geforderter Wirtschaftsreformen erschwert. Außenpolitisch stand das Jahr im Zeichen der verstärkten Integration in die westafrikanische Region.

Innenpolitik
Das regierende Militärkomitee CMRN unter General Lansana Conté ließ nach seiner Machtübernahme im April 1984 und nach dem gescheiterten Staatsstreich vom Juli 1985 zahlreiche Regimegegner verhaften. Es wurde behauptet, daß der Anführer des Putschversuchs, Diarra Traoré, und Mitglieder der Familie Sékou Tourés während der Haft exekutiert worden seien. Die Unklarheiten über das Schicksal der politischen Gefangenen sowie die schlechten Verhältnisse im Zivilgefängnis von Conakry, die durch einen Ausbruch von über 400 Häftlingen im Februar ans Tageslicht gebracht worden waren, ließen bei vielen Guineern Befürchtungen aufkommen, daß das Versprechen der Regierung, die *Menschenrechte* zu achten, nicht eingelöst würde. Die wirtschaftlichen Härten v.a. für die von Stellenstreichungen betroffenen oder bedrohten Angestellten im öffentlichen Dienst trugen ferner dazu bei, daß die *Kritik an der Regierung* zunahm. Die seit dem Putschversuch von 1985 gärende Unzufriedenheit unter den Malinké flakkerte im April bei Studentenunruhen in Kankan auf.
    Am 6.5. gab die Militärregierung die *Todesurteile für 58 politische Gefangene* bekannt. Nach Angaben der Wochenzeitschrift Jeune Afrique waren sie das Ergebnis einer im Mai 1986 eingesetzten Untersuchungskommission. Im Gegensatz dazu gab die Regierung an, geheime Prozesse durchgeführt zu haben. Damit wollte das Regime offensichtlich den Behauptungen über die Exekution von politischen Gegnern entgegentreten. Als die Gerüchte jedoch nicht verstummten, gab Präsident Conté gegen Ende des Jahres in einem Presseinterview bekannt, daß einige Gefangene vor ihrer Verurteilung in der Haft gestorben seien. Unter ihnen hätten sich Diarra Traoré und Siaka Touré, der Kommandant des unter Sékou Touré berüchtigten Foltergefängnisses Camp Boiro, befunden. Andere Berichte sprachen von ethnisch begründeten Racheakten an den Gefangenen als Folge der durch die Repression des Touré-Regimes aufgebauten Ressentiments. Sowohl Diarra Traoré als auch Siaka Touré gehörten zu den Malinké, der Volksgruppe Sékou Tourés.
    In den nach der Verkündung der Todesurteile entstandenen *innenpolitischen Spannungen* wechselten sich in Conakry Demonstrationen für und gegen die Regierung ab. Eine Maßnahme zur Beruhigung der Situation hätte eine das ganze Jahr über erwartete Kabinettsumbildung sein können, die die in Flugblättern kritisierte Sousou-Dominanz im Kabinett durch eine stärkere Beteiligung der Fulbe und Malinké abgeschwächt hätte. Conté nahm die Möglichkeit, eine breitere Basis für seine Politik in der Bevölkerung zu schaffen, jedoch nicht wahr. In seiner Rede zum 29. Jahrestag der Unabhängigkeit am 2.10. beschuldigte er die sich aus Malinké zusammensetzende *Oppositionsgruppe Mandingo Union*, die

nationale Einheit des Landes zu untergraben. Daraus läßt sich schließen, daß die Mandingo Union für die Regierung eine größere Bedrohung darstellt als zunächst zugegeben. Zum Jahreswechsel wurden, einem Dekret vom 31.12. entsprechend, 65 politische Gefangene freigelassen, unter ihnen die Witwe Sékou Tourés und ihr Sohn.

Außenpolitik

Nachdem Präsident Conté sich seit seiner Machtübernahme hauptsächlich um Probleme im eigenen Land zu kümmern gehabt hatte, suchte er 1987 v.a. die *Beziehungen zu den Nachbarstaaten* zu festigen. Conté traf die Präsidenten Malis, Senegals, Guinea-Bissaus und Sierra Leones. Es fanden außerdem zahlreiche Zusammenkünfte auf unterer Ebene statt. Mit Liberia wurden Verhandlungen über die gemeinsame Ausbeutung der Eisenerzvorkommen an der liberianisch-guineischen Grenze, am Mont Nimba, geführt. Im Zuge der Politik der regionalen Integration in die westafrikanische Region kündigte Conté auf der 9. Gipfelkonferenz der OMVS (Organisation pour la Mise en Valeur du Fleuve Senegal) Guineas baldigen Beitritt zu dieser Organisation an.

Im Verhältnis zu den Ostblockstaaten bemühte sich Guinea weiterhin um Kontinuität der Beziehungen. Im Mai wurde eine auf Regierungsebene operierende guineisch-sowjetische Entwicklungskommission eingesetzt. Mit Kuba wurde Anfang des Jahres ein Kulturabkommen unterzeichnet. Eine für Dezember als Gegenbesuch zu Mitterrands Aufenthalt in Conakry Ende 1986 geplante *Reise Contés nach Frankreich*, während der er u.a. am franko-afrikanischen Gipfel teilnehmen wollte, wurde offensichtlich aus Furcht vor Unruhe in der guineischen Armee kurzfristig *abgesagt*. V.a. aus wirtschaftlichen Erwägungen heraus hat Conté gute Gründe, die Beziehung zu Frankreich zu pflegen und weiter zu festigen.

Sozio-ökonomische Entwicklung

Im März fand unter Vorsitz der Weltbank die erste *Geberkonferenz* für Guinea in Paris statt. Guinea stellte dabei sein nationales Wiederaufbauprogramm für 1987-1991 vor, das den Schwerpunkt auf die Verbesserung der Infrastruktur, insbesondere des Straßennetzes, legt. Die für öffentliche Investitionen im Zeitraum 1987-1989 benötigten $ 670 Mio. wurden von den Gebern zugesagt, des weiteren $ 200 Mio. für den Ausgleich der Zahlungsbilanz 1988/89.

Obwohl die Regierung wahrscheinlich nicht in der Lage sein wird, die vorgegebenen Leistungskriterien ganz zu erfüllen, genehmigte der IWF Ende Juli einen neuen *Bereitschaftskredit* mit einer Laufzeit von 13 Monaten in Höhe von $ 14,7 Mio., der sich an einen abgelaufenen Kredit von $ 41,9 Mio. anschloß. Darüber hinaus gewährte der Fonds Guinea einen dreijährigen 46,7 Mio. $-Kredit seiner *Strukturanpassungsfazilität*. Die Weltbank stellte für den gleichen Zeitraum einen *Strukturanpassungskredit* über $ 50 Mio. zur Verfügung und griff Guinea im Laufe des Jahres mit kurzfristig zur Verfügung gestellten IDA-Krediten unter die Arme. Bilateral ist Frankreich der mit Abstand größte Geldgeber.

Probleme gab es mit der Umsetzung des von IWF und Weltbank geforderten Reformprogramms. Die Geber kritisierten v.a. das langsame Tempo seiner Durchführung, was zu einer Aufschiebung der Auszahlung der zweiten Tranche eines Strukturanpassungskredites der Weltbank vom Februar 1986 führte. Insbesondere der von der Weltbank geforderte *Personalabbau im öffentlichen Dienst* um die Hälfte schritt nur mühsam voran, nachdem durch die Liquidierung der meisten Staatsbetriebe und durch Umbesetzungen bis Ende 1986 zunächst 10 000 Stellen gekürzt worden waren (bei einem Ziel von 30 000). Ende November 1987 erreichte die Regierung schließlich das vom IWF gesetzte Ziel von weiteren 10 000 Entlassungen. Der personell übersetzte Staatsdienst wird zu einer immer größeren Last für die prinzipiell reformwillige Regierung. Der Großteil der unter Sékou Touré vielfach ohne besondere Qualifikationen rekrutierten Staatsangestellten ist mit der Durchführung des Wiederaufbauprogramms überfordert. Anstatt weitere Stellenstreichungen durchzusetzen, kündigte das Regime am 31.12. eine *Gehaltserhöhung* für das Militär und einen Teil der Beamtenschaft um 80% an. Anfang des Jahres war bereits der Ausgleich für die gestiegenen Lebenshaltungskosten für Beamte um die Hälfte angehoben (Inflation 1986: 72%) und ein zusätzlicher Fahrgeldzuschuß gewährt worden; im Juni hatte die Regierung das Basisgehalt um 80% erhöht.

An der *Privatisierungskampagne* als wesentlichstem Teil der wirtschaftlichen Liberalisierung kritisierten die Geber die Unklarheit der Auswahlkriterien für Käufer, die weiten Spielraum für Korruption ließ. Die Verspätung des Programms ist u.a. auf die immer noch rudimentären rechtlichen und institutionellen Rahmenbedingungen zurückzuführen, die auch das neue Investitionsgesetz vom Januar erst in Ansätzen schaffen konnte. Von den 45 für die Privatisierung vorgesehenen Industrieunternehmen gingen in den ersten drei Monaten neun in die Hände privater Eigner über, von denen als erstes die von Coca Cola und Stella Artois übernommene Getränkefirma Bonagui SA ihren Betrieb aufnahm.

Die Liberalisierung des Agrarmarktes und die Erhöhung der Erzeugerpreise hatte v.a. wegen des unzureichenden Straßennetzes bisher nicht den erhofften Erfolg. Einen Schritt in Richtung auf den Abbau von Subventionen und die Liberalisierung der Preise tat die Regierung am 31.12. mit der Ankündigung einer Benzinpreiserhöhung um 79%.

Ein erster Erfolg der wirtschaftlichen Reformen war die *Kursstabilisierung* des Anfang 1986 eingeführten *Franc Guinéen*. Der in wöchentlichen Devisenauktionen ermittelte Kurs pendelte im Berichtsjahr um FG 440 für $ 1. Trotzdem lagen die Aussichten Guineas für eine Rückkehr in die Franc-Zone noch in weiter Ferne.

Mitte des Jahres brachten die guineische Regierung und das Halco-Konsortium, die, zusammengeschlossen in der CBG (Compagnie des Bauxites de Guinée), die größte Bauxitmine betreiben, nach langwierigen Verhandlungen ein *neues Bauxitpreisabkommen* zum Abschluß. Es wurde erwartet, daß dessen Inkrafttreten am 1.1.88 einen Rückgang der Deviseneinnahmen zur Folge haben würde, da der Weltmarktpreis für Bauxit gefallen ist. Guineas Deviseneinnahmen sind zu 90% von diesem Rohstoff abhängig, allein 60% dieser Einnahmen kommen von der CBG.   *Volker Seuber*

Chronologie Guinea 1987

03.01.	Bekanntmachung eines neuen Investitionsgesetzes
14.01.	Präsident Vieira von Guinea-Bissau in Conakry
18./19.03.	Erste Geberkonferenz für Guinea in Paris unter dem Vorsitz der Weltbank
26.03.	Verabschiedung eines französisch-guineischen Entwicklungsplanes über $ 600 Mio. für 1987-89
10.04.	Treffen Präsident Contés mit dem sierraleonischen Präsidenten Momoh
24.04.	Arbeitsbesuch des malischen Präsidenten Traoré in Conakry
06.05.	Das CMRN gibt die Verhängung von 58 Todesurteilen bekannt
09.-12.06.	Präsident Conté besucht den Senegal
19.08.	Bekanntgabe des neuen Bauxitpreisabkommens der Regierung mit dem Halco-Konsortium. Die Exportsteuer für Bauxit wird beibehalten
01.09.	Beendigung eines Staatsbesuchs Contés in Guinea-Bissau
24.12.	Auslieferung zweier Vorpostenboote für die guineische Marine durch die Sowjetunion
31.12.	Ankündigung einer Gehaltserhöhung für das Militär und einen Teil der Beamtenschaft um 80% sowie einer Benzinpreiserhöhung um 79%; ein Dekret verfügt die Freilassung von 65 politischen Gefangenen

Guinea-Bissau

Fläche: 36 125 km², *Einwohner: 886 000*, *Hauptstadt: Bissau*, *Amtssprache:*
Portugiesisch, *Schulbesuchsquote: 34%*, *Wechselkurs: $ 1=Peso 780, Pro-Kopf-Ein-*
kommen: $ 170, BSP: $ 150 Mio., *Anteile am BIP: 57% - 11% - 33%, Hauptex-*
portprodukte (1983): Erdnüsse 40%, Fisch 24%, Staats- und Regierungschef: Gen.
João Bernardo Vieira, Einheitspartei: Partido Africano da Independência de Guiné
e Cabo Verde (PAIGC)

Die katastrophale Wirtschaftslage veranlaßte Präsident João Bernardo Vieira, die
Unterstützung von IWF und Weltbank zur Durchführung eines einschneidenden
wirtschaftlichen Reformprogrammes zu suchen und Ende November die Aufnahme in die Franc-Zone zu beantragen. Zweifel am Erfolg des Programmes scheinen zu verstärkten innenpolitischen Spannungen in dem in den letzten Jahren von
wiederholten echten oder angeblichen Putschversuchen betroffenen Staat beigetragen zu haben.

Innenpolitik
Der 4. ordentliche *Parteitag der PAIGC* vom 10.-14.11.86 hatte dem wirtschaftlichen Reformprogramm zwar zugestimmt, dennoch bestanden v.a. beim linken
Parteiflügel Vorbehalte. In dem Bemühen, die Unterstützung des Parteiapparates
für die Reformpläne zu sichern, entließ Präsident Vieira bei einer *Regierungsum-*
bildung am 27.2. den Staatsminister für Justiz, Vasco Cabral, einen der angese-
hensten, dem pro-sowjetischen Flügel zugerechneten Politiker, damit er sich ganz
seinen Aufgaben als ständiger Sekretär des ZK der PAIGC widmen könne. Cabral
gilt als enger Mitarbeiter Vieiras.
   Berichte von Anfang Mai über die Verhaftung von 20 angeblich dem Vizepräsidenten des Staatsrates und Heeresminister Jafai Camara und dem Sicherheitsminister José Perreira nahestehenden Offizieren wegen Verschwörung gegen
Präsident Vieira wurden von der Regierung als unbegründet bezeichnet. Auf
Spannungen innerhalb der Regierung läßt jedoch eine in Portugal veröffentlichte
Meldung schließen, daß Präsident Vieira Mitte Juni vor einem längeren Kran-
kenhausaufenthalt in Paris nicht Vizepräsident Camara sondern Vasco Cabral zum
interimistischen Präsidenten, und nicht Sicherheitsminister Perreira sondern den
Kommandanten der Präsidentengarde zum interimistischen Oberbefehlshaber des
Heeres bestellt haben soll. Gerüchten über einen Putschversuch trat Präsident
Vieira nach seiner Rückkehr aus Paris Anfang August entgegen.

Außenpolitik
Die nach der Unabhängigkeit engen Kontakte zur Sowjetunion, die insbesondere
Militärhilfe leistete, wurden zunehmend durch *Beziehungen zum Westen* abgelöst.
Wichtigster Handelspartner ist Portugal, während Frankreich nach Schweden zu
einem der Hauptgeberländer aufstieg und auch im militärischen Bereich Fuß zu
fassen suchte. Die militärischen Kontakte zu Senegal, das seinerseits mit Frankreich kooperiert, wurden durch den Besuch einer Offiziersdelegation von
Guinea-Bissau unter Führung von Generalstabschef José Marques Vieira beim
senegalesischen Generalstab Ende November unterstrichen. Gute Kontakte bestehen zum Nachbarland Guinea sowie zu den lusophonen Staaten Afrikas. Bei
einem Staatsbesuch des moçambiquanischen Präsidenten Chissano in Guinea-
Bissau wurde ein Abkommen über die Zusammenarbeit der Parteien PAIGC und
FRELIMO unterzeichnet.

Sozio-ökonomische Entwicklung

Der Rückgang der Wertschöpfung der Industrie um 20%, der Bauwirtschaft um 15%, des Handels und Verkehrs um 10% hatte 1986 trotz eines Produktionszuwachses der Landwirtschaft um 4,2% ein Schrumpfen des BIP um 1% zur Folge. Die unzureichende Versorgung sowohl mit Konsum- als auch mit Ausrüstungsgütern, ein hohes Außenhandelsdefizit (Importen für $ 60 Mio. standen 1986 Exporte für $ 10 Mio., überwiegend Cashew- und Erdnüsse, gegenüber), der zunehmende Verfall der Währung, eine Auslandsverschuldung Ende 1985 von $ 253 Mio., ein für 1986 veranschlagter Schuldendienst von $ 15,7 Mio. hatten die Regierung im August 1986 veranlaßt, in Abstimmung mit IWF und Weltbank ein wirtschaftliches Sanierungsprogramm in die Wege zu leiten. Nach einer weitgehenden Liberalisierung des Außenhandelssystems 1986 erfolgte am 3.5. eine Abwertung des Peso von GP 265=$ 1 auf GP 650=$ 1. Gleichzeitig wurden die Preise für Brennstoffe und Elektrizität erheblich erhöht. Zum Ausgleich für inflationäre Auswirkungen wurden die Gehälter der Staatsbediensteten um 25% angehoben, doch sollen zur Sanierung des Staatshaushaltes innerhalb von zwei Jahren ein Drittel der Stellen im öffentlichen Dienst abgebaut werden.

Als Ergebnis dieser Bemühungen gewährte die Weltbank am 22.5. einen Strukturanpassungskredit von $ 15 Mio., auszahlbar in zwei Raten bis Juli 1989 als Teil einer Strukturanpassungshilfe von $ 46,4 Mio., die vom IWF sowie bilateralen und multilateralen Gebern mitgetragen wird. Zusätzlich wurden von der Weltbank Kredite von $ 4,2 Mio. für ein Bevölkerungs-, Gesundheits- und Ernährungsprojekt sowie $ 3,7 Mio. für ein landwirtschaftliches Dienstleistungsprojekt zur Verfügung gestellt. Am 14.10. folgte nach Billigung eines dreijährigen Wirtschafts- und Finanzprogrammes (Juli 1987 - Juni 1990) die Gewährung der erwarteten Strukturanpassungsfazilität des IWF von insgesamt SZR 4,8 Mio. Damit war der Weg frei für Verhandlungen mit dem Pariser Club, der am 27.10. den betroffenen Regierungen Umschuldungen über 20 Jahre mit zehn Freijahren empfahl. Der umgeschuldete Betrag soll $ 42 Mio. betragen. Mit Portugal, dem gegenüber Schulden von $ 50 Mio. bestanden hatten, war bereits Ende 1986 eine Umschuldung vereinbart worden.   *Marianne Weiss*

Chronologie Guinea-Bissau 1987

27.02.	Regierungsumbildung
03.05.	Abwertung des Peso, Erhöhung der Preise für Brennstoffe und elektrischen Strom
21.-22.05.	Teilnahme von Präsident Vieira am Gipfeltreffen der lusophonen Staaten in Maputo
22.05.	Genehmigung eines Strukturanpassungskredites durch die Weltbank
Juni	Unterzeichnung eines Kooperationsabkommens mit Marokko zur Ausbildung von Verwaltungspersonal
01.09.	Beendigung eines Staatsbesuchs des Präsidenten von Guinea, Lansana Conté
07.-09.10.	Staatsbesuch des Präsidenten von Moçambique, Joaquim Chissano
14.10.	Gewährung einer Strukturanpassungsfazilität durch den IWF
22.10.	Unterzeichnung des Protokolls eines Abkommens mit Libyen über Zusammenarbeit in den Bereichen Wirtschaft, Wissenschaft und Technik
24.-26.11.	Besuch einer Offiziersdelegation beim senegalesischen Generalstab
November	Antrag auf Aufnahme in die Franc-Zone
10.-12.12.	Teilnahme von Präsident Vieira am franko-afrikanischen Gipfel in Antibes (Frankreich)

Kapverdische Inseln

Fläche: 4033 km², Einwohner: 327 000, Hauptstadt: Praia, Amtssprache: Portugiesisch, Schulbesuchsquote: 57%, Wechselkurs: $ 1=Escudo Caboverdeano 73,42, Pro-Kopf-Einkommen: $ 430, BSP: $ 140 Mio., Anteile am BIP (1981): 18% - 25% - 57%, Hauptexportprodukte (1986): Fisch 74%, Staatschef: Aristides Maria Pereira, Einheitspartei: Partido Africano da Independência de Cabo Verde (PAICV)

Innenpolitische Stabilität, Flexibilität nach außen bei konsequenter Blockfreiheit und eine pragmatische Wirtschaftspolitik kennzeichnen die Entwicklung dieses Staates, der zu seinem Überleben auf ausländische Hilfe angewiesen ist.

Innenpolitik

Im Vorgriff auf den 1988 fälligen Parteitag der PAICV erörterte Premierminister Pedro Pires in einer Rede vor der Nationalversammlung Mitte des Jahres die künftige Orientierung der Einheitspartei und ihre Rolle für die Herbeiführung des notwendigen politischen und sozialen Wandels, die vom Staatsapparat nicht geleistet werden könne. Als vorrangig gelten Reformen der Agrarverfassung, der Verwaltung und des Erziehungssystems.

Kurzfristige Unruhe brachte im Juli eine Demonstration in Mindelo, bei der mehrere Personen festgenommen wurden. Anlaß der Demonstration war die Entlassung eines leitenden Bankangestellten wegen Veröffentlichung eines regierungskritischen Artikels in Zusammenhang mit einem von der einflußreichen katholischen Kirche abgelehnten neuen Gesetz zum Schwangerschaftsabbruch.

Außenpolitik

Auf der Grundlage strikter *Neutralität* sind die Kapverden um gute Beziehungen sowohl zum Osten - deutlich an der Unterzeichnung einer Übereinkunft über kulturelle und wirtschaftliche Kooperation mit der UdSSR im März 1987 und einer Reise des Premierministers nach Nordkorea im August -, als auch zum Westen, der das Land mit Nahrungs- und Entwicklungshilfe versorgt, wie zu den Staaten Afrikas und Lateinamerikas bemüht. Einer Reise von Präsident Aristides Pereira nach Brasilien und Argentinien im April, bei der v.a. die Intensivierung der Handelsbeziehungen erörtert wurde, war im März die Unterzeichnung eines militärischen Kooperationsabkommens mit Brasilien vorausgegangen. Obwohl Gegner des südafrikanischen Apartheidregimes, versucht Präsident Pereira eine Vermittlerrolle zwischen Angola, Namibia und Südafrika einzunehmen und bekundete Anfang des Jahres 1987 erneut die Bereitschaft seines Landes, wie schon 1984 als Ort für Verhandlungen zu dienen.

Sozio-ökonomische Entwicklung

Der am 19.12.86 von der Nationalversammlung verabschiedete *zweite nationale Entwicklungsplan (1986-1990)* war kurz zuvor einer Konferenz der Geberländer vorgelegt worden, die, von den entwicklungspolitischen Anstrengungen des Landes beeindruckt, ihre weitere Unterstützung zusagten. Von den im Entwicklungsplan vorgesehenen öffentlichen Investitionen von Esc CV 31,2 Mrd. sollen 90% (= $ 431,6 Mio.) durch ausländische Hilfe finanziert werden. Außerdem sind $ 58,8 Mio. zum Ausgleich der Zahlungsbilanz erforderlich. Die Exporte decken nur etwa 5% der Importe, wobei sich die Differenz bis 1990 vergrößern wird, da zur Erreichung der vorgesehenen Wachstumsrate des BIP von 5% jährlich ein

Ansteigen der Importe um 5% erforderlich ist, während die Exporte nur um 2,4% jährlich wachsen. Hinzu kommen steigende Schuldendienstleistungen. Ein wesentlicher Beitrag zum *Zahlungsbilanzausgleich* wird durch Überweisungen der im Ausland lebenden ca. 600 000 Kapverdianer - d.s. fast doppelt so viele wie im Inland - erbracht, die mit $ 34,3 Mio. jährlich etwa ein Drittel der Importkosten decken. Die Zahlungen werden in den nächsten Jahren allerdings leicht zurückgehen. Einen weiteren wichtigen Posten bilden die Einnahmen aus der Benutzung des internationalen Flughafens auf der Insel Sal durch ausländische Fluggesellschaften. Die Einstellung der Flüge der South African Airways (SAA), die auf Sal Landerechte hat, nach den USA infolge der 1986 verhängten Sanktionen brachten für die Kapverden Einnahmeverluste von $ 300 000 mtl. Ein Teil davon soll durch die Eröffnung einer Fluglinie Sal-Boston/Mass. am 23.4.87 durch die kapverdische Fluggesellschaft TACV wieder eingebracht werden.

Nachdem das Land jahrelang unter den Auswirkungen anhaltender Dürre gelitten hatte mit der Folge, daß 80% des Nahrungsmittelbedarfs importiert werden mußten - wovon ein erheblicher Teil als *Nahrungsmittelhilfe* zur Verfügung gestellt wurde - konnte 1986 nach ausreichenden Regenfällen eine Rekordernte verzeichnet werden, die um 300% über den als normal angesehenen Ernteergebnissen lag und 12 000 t Mais (1985: 1323 t) und 6000 t Bohnen (1985: 3000 t), die Hauptnahrungsmittel, erbrachte. Dem stand ein Verbrauch 1986 von 43 500 t Mais und 7235 t Bohnen gegenüber. Obwohl etwa ein Viertel der Investitionen des Entwicklungsplanes für ländliche Entwicklung vorgesehen sind, bleibt das Land, dessen Nahrungsmitteldefizit struktureller Art ist, weiterhin auf Nahrungsmittelhilfe angewiesen. Weitere Prioritäten des Entwicklungsplanes liegen in der Förderung der Fischerei, dem Ausbau des Verkehrsnetzes, dem Aufbau des Tourismus sowie der Schaffung von Arbeitsplätzen. Bei einem Bevölkerungswachstum von jährlich 3% ist es allerdings unmöglich, eine ausreichende Zahl von Arbeitsplätzen für die nachrückenden Arbeitsuchenden zu schaffen, so daß dem Problem der *Arbeitslosigkeit* letztlich nur durch Abwanderung begegnet werden kann. Auf Anregung von in Brasilien lebenden Kapverdianern kaufte ein staatliches kapverdisches Versorgungsunternehmen Mitte des Jahres 11 000 ha Land in Paraguay zur land- und forstwirtschaftlichen Nutzung.   *Marianne Weiss*

Chronologie Kapverdische Inseln 1987

06.-12.02.	Staatsbesuche Präsident Pereiras in Mauretanien (6.-9.) und Marokko (9.-12.)
20.02.	Unterzeichnung eines Rahmenabkommens mit Nigeria über wirtschaftliche, wissenschaftliche und technische Zusammenarbeit
25.02.	Unterzeichnung eines indikativen Kooperationsprogrammes 1987-1990 durch die Schweiz
26.02.	Landeverweigerung für Flugzeuge der Santa Lucia Airways wegen des Transports amerikanischer Waffen für die UNITA in Angola
18.03.	Unterzeichnung einer Übereinkunft über wissenschaftliche und technische Kooperation mit der UdSSR
20.03.	Verabschiedung eines Gesetzesentwurfes für ein neues Arbeitsrecht
21.03.	Unterzeichnung eines Abkommens über militärische Kooperation mit Brasilien
01.-03.04.	Besuch Präsident Pereiras in den Niederlanden und Unterzeichnung eines Entwicklungshilfeabkommens über $ 10,8 Mio. für 1987-1990
22.-30.04.	Staatsbesuch Präsident Pereiras in Brasilien (22.-28.) und Argentinien (28.-30.)
10.-13.05.	Staatsbesuch des moçambiquanischen Präsidenten, Joaquim Chissano
21.-22.05.	Teilnahme Präsident Pereiras am Gipfeltreffen der lusophonen Staaten in Maputo
24.07.	Demonstrationen in Mindelo
August	Besuch von Premierminister Pires in Nordkorea
September	Besuch von Premierminister Pires in der Schweiz
10.-12.12.	Teilnahme einer Ministerdelegation an der franko-afrikanischen Gipfelkonferenz in Antibes (Frankreich)

Liberia

Fläche: 111 400 km², Einwohner: 2,2 Mio., Hauptstadt: Monrovia, Amtssprache: Englisch, Schulbesuchsquote: 53%, Wechselkurs: $ 1=$ 1, Pro-Kopf-Einkommen: $ 470, BSP: $ 1,04 Mrd., Anteile am BIP: 37% - 28% - 36%, Hauptexportprodukte: Eisenerz 64%, Kautschuk 18%, Staats-und Regierungschef: Samuel Kanyon Doe, Regierungspartei: National Democratic Party of Liberia (NDPL)

Im Mittelpunkt der Ereignisse stand die politisch und wirtschaftlich enge Verflechtung des Landes mit den USA, die der Regierung in Monrovia die mißbräuchliche Verwendung gewährter Unterstützungsgelder sowie allgemein korrupte Praktiken und eine dadurch bedingte Unfähigkeit zur Rückzahlung vorwarfen. Die daraufhin erfolgte Entsendung amerikanischer Finanzexperten mit dem Auftrag, ein effizientes System der Haushaltskontrolle in Liberia einzuführen, sorgte für weitere Spannungen bis hin zur Neubesetzung von Regierungsämtern und wirtschaftlichen Schlüsselpositionen.

Innenpolitik

In der *ersten Kabinettsitzung* des Jahres am 20.1. trat Präsident Samuel Kanyon Doe Gerüchten über eine unmittelbar bevorstehende Regierungsumbildung entgegen und bezeichnete sie als "eine Art von Sabotage". Die politischen Hauptziele des Jahres seien nationale Aussöhnung und wirtschaftliche Stabilität. Bei Parlaments-Nachwahlen gewann die von Doe geführte NDPL am 18.1. alle sechs Sitze in der gesetzgebenden Versammlung. NDPL-Mitglied Kwai Johnson wurde zum Bürgermeister von Monrovia gewählt. Verschiedene Hinweise auf angebliche Unregelmäßigkeiten bei der Stimmabgabe wurden vom Leiter des Wahlausschusses für unbegründet erklärt.

In einer Ansprache zum 50. Jahrestag des Bestehens der gesetzgebenden Versammlung ermahnte Präsident Doe am 13.2. zur nationalen Einheit trotz bestehender Parteienvielfalt und machte Mängel in der Finanzverwaltung, veraltete Methoden der Wirtschaftsprognose sowie korrupte Praktiken für die ökonomische Misere verantwortlich. Zur Überwindung des toten Punktes in den Bemühungen um eine nationale Aussöhnung zwischen Regierung und Opposition schlug der Vorsitzende der oppositionellen United People's Party (UPP), Gabriel Baccus Matthew, dem Präsidenten am 20.2. direkte Verhandlungen mit den Parteiführern anstatt mit den Kandidaten vor.

Am 25.3. nahm Präsident Doe eine *größere Kabinettsumbildung* vor. Entlassen wurden die Minister für Arbeit (John Mayson), für ländliche Entwicklung (John Kpolleh), für Planung und Wirtschaft (Paul Jeffy) und für Post- und Fernmeldewesen (Oscar Quiah). Der vormalige Finanzminister, Robert Tubman, erhielt das weniger bedeutende Arbeitsministerium und machte so Platz für John Bestman, zuvor Zentralbank-Gouverneur. Robert Johnson stieg vom Budgetdirektor in das Planungsministerium auf, dessen scheidender Chef das Amt des Zentralbank-Gouverneurs übernahm. Der freigewordene Posten des Budgetdirektors wurde mit Emmanuel O. Gardiner besetzt. Eine weitere bedeutende Ernennung war die von Emmanuel Bowier, bislang Referent für Öffentlichkeitsarbeit an der liberianischen Botschaft in Washington, zum Informationsminister. Bowier hatte sich als getreuer Anhänger von Präsident Doe und als konsequenter Verteidiger der Interessen Liberias gegenüber der restriktiven amerikanischen Kreditpolitik erwiesen. Mit der Regierungsumbildung wollte Doe v.a. Mitarbeiter seines Vertrauens in wirtschaftliche Schlüsselpositionen bringen und auf diese Weise ein Gegengewicht gegen die von den USA oktroyierten Finanzprüfer schaffen. Einige Tage nach diesem Revirement wurde der bisherige Informationsminister, Momolu Getaweh, mit dem Amt des Kabinettsdirektors betraut.

Informationsminister Bowier warnte die Herausgeber lokaler Presseorgane am 15.5. vor der Veröffentlichung sensationeller Berichte, die nur Unruhe erzeugten. Die Regierung habe nicht die Absicht eines Eingriffs in die Pressefreiheit, solange die Journalisten nicht ihren Freiraum mißbrauchten, indem sie ihre irreführende Berichterstattung fortsetzten. Der nationale Presseverband forderte das Ministerium am 18.7. auf, die Beziehungen zur Presse zu verbessern und die Journalisten vor allem bei der Bekämpfung der Korruption wirksamer zu unterstützen. Außerdem verlangte der Presseverband ein Mitspracherecht bei der Akkreditierung von Journalisten. Unterdessen hatte Präsident Doe ein gegen die Zeitungen Sun Times und Footprints Today verhängtes Druckverbot wieder aufgehoben.

Präsident Doe entließ am 15.8. den erst kurz im Amt befindlichen Minister für Handel, Industrie und Verkehr, Emmanuel Shaw, angeblich wegen dessen versteckter Kritik an der neuen Regierungspolitik der offenen Tür und ersetzte ihn durch den Finanzexperten David Fahrat. Fast gleichzeitig mußte Außenminister Bernard Blamo seinen Dienst quittieren, nachdem er als ehemaliger Direktor der National Port Authority (NPA) wegen des ungeklärten Verbleibs öffentlicher Gelder vor einen Untersuchungsausschuß zitiert worden war. Zu seinem Nachfolger wurde wenig später der Ressortchef für Planung und Wirtschaft, Rudolph Johnson, ernannt, an dessen Stelle Elijah Taylor trat. Am 24.9. wurde Blamo unter dem Vorwurf der Bestechlichkeit in Haft genommen. Ende Oktober fiel auch Arbeitsminister Robert Tubman der Anti-Korruptions-Kampagne des Staatschefs zum Opfer und wurde durch Peter Naigow ersetzt, der bis zu diesem Zeitpunkt Minister ohne Geschäftsbereich war. Zum Chef des neu geschaffenen Ressorts für Transport wurde McLead Darpoh ernannt.

Außenpolitik

Auf einer Reise durch mehrere afrikanische Länder machte *US-Außenminister Shultz* am 14.1. für sechs Stunden in Monrovia Station. Offizielle Beobachter erklärten anschließend, Shultz habe seine Unzufriedenheit mit der Entwicklung der bilateralen Beziehungen und seine Besorgnis über einen 4 Mio. US$-Waffenkauf von Rumänien zum Ausdruck gebracht. Präsident Doe bat den Außenminister um die noch ausstehende amerikanische Wirtschaftshilfe, die Finanzierung des Agrarprogramms "Grüne Revolution" und generell um Mitwirkung bei der Überwindung der wirtschaftlichen Misere des Landes. Etwa 200 Menschen demonstrierten gegen den Besuch von Shultz, darunter Mitglieder der University of Liberia Students Union (ULSU) und der Liberian National Students Union (LNSU), deren Vorsitzender den Kurzbesuch als eine wohlkalkulierte Täuschung der liberianischen Öffentlichkeit bezeichnete. Shultz verurteilte die Wirtschaftspolitik von Präsident Doe und forderte die Einschränkung der Haushaltsausgaben sowie die Aufstellung eines Austeritätsprogramms. Bis zur Regelung des liberianischen Schuldenproblems hat die US-Regierung eine bereits für 1986 zugesagte Finanz- und Militärhilfe (US$ 10,2 Mio. bzw. US$ 5 Mio.) zurückgestellt, da Liberia mit seinen Zahlungsrückständen gegen das Brooke-Amendment des amerikanischen Auslandshilfegesetzes verstoßen hat. Die Erklärung von Außenminister Shultz, Liberia habe in der Respektierung der Menschenrechte Fortschritte gemacht, löste in Liberia wie auch in den USA heftige Proteste aus. Ein Bericht unabhängiger amerikanischer Juristen über Menschenrechtsverletzungen in Liberia wurde von Präsident Doe energisch zurückgewiesen. Eine *amerikanische Regierungsdelegation* unter Leitung des Westafrika-Referenten im State Department, Howard Walker, hielt sich vom 9.-16.2. in Monrovia auf, "um die Bilanz der langjährigen Freundschaft zwischen den beiden Ländern und ihrer Vorteile für Liberia zu ziehen". Ein Beweggrund der Reise war vermutlich die amerikanische Sorge um die Gefährdung wichtiger US-Interessen (bestehend u.a. in militärischen Anlagen und der Möglichkeit, den Radiosender Voice of America in Afrika zu verbreiten). Aufgrund einer Übereinkunft mit der US Agency for International Development (USAID) wurden ab März 17 amerikanische Finanzexperten für eine geplante Dauer von drei Jahren in Monrovia erwartet, wo sie die gesamten Staatsausgaben überprüfen und ein wirksames Verfahren der Haushaltskontrolle einführen sollten. Die Maßnahme stand im Zusammenhang mit dem Vorwurf des Mißbrauchs der dem Lande gewährten US-Wirtschaftshilfe und sollte u.a. dazu dienen, das Vertrauen ausländischer Geldgeber und Privatinvestoren wiederzugewinnen. Das oppositionelle Movement for Justice in Africa (MOJA) forderte daraufhin das amerikanische Volk auf, die in Liberia operierenden "Kolonialagenten" zurückzurufen, da ihre Anwesenheit "die souveränen Rechte des Landes" verletze. In seiner Anhörung vor dem amerikanischen Senate Foreign Relations Committee am 17.3. verwies der designierte US-Botschafter in Liberia, James K. Bishop, in diesem Zusammenhang auf die für Afrika einmalige historisch gewachsene Beziehung seines Landes zu Liberia, dessen "einziger ausländischer Partner" die USA seien.

Präsident Doe ratifizierte am 1.3. den im November 1986 unterzeichneten *Nichtangriffs- und Sicherheitspakt mit Sierra Leone und Guinea*. Der Sprecher des Repräsentantenhauses, Samuel D. Hill, würdigte bei dieser Gelegenheit die seit Aufnahme diplomatischer Beziehungen stattfindende gutnachbarliche Zusammenarbeit zwischen den drei Ländern. Liberia und die *Sowjetunion* beschlossen am 5.6., ihre diplomatischen Beziehungen nach zweijähriger Unterbrechung wieder aufzunehmen. Außenminister Blamo zufolge ist Liberia bereit, die belastenden Vorgänge der Vergangenheit zu vergessen, vorausgesetzt, die erneuerten Kontakte würden von gegenseitigem Respekt und vom Grundsatz der Nichteinmischung in die inneren Angelegenheiten des anderen Landes getragen.

Sozio-ökonomische Entwicklung

Die *Wirtschaft* befindet sich weiterhin in einer *ernsten Krise* mit chronischem Devisenmangel, bedingt u.a. durch sinkende Exporte der Hauptausfuhrgüter Eisenerz und Kautschuk. Infolge der hohen Außenverschuldung - insgesamt US$ 1,4 Mrd. - und erheblicher Zahlungsrückstände haben IWF und Weltbank seit 1985/86 keine neuen Kredite mehr zur Verfügung gestellt und überdies im Dezember ihre Büros in Monrovia geschlossen. Die Zahlungsrückstände gegenüber dem IWF betrugen im Berichtsjahr US$ 165 Mio., gegenüber der Weltbank mehr als US$ 6,5 Mio. und gegenüber Handelsbanken sowie bilateralen Institutionen zusammen US$ 325 Mio. Präsident Doe ersuchte IWF und Weltbank dringend um die Einräumung eines tilgungsfreien Zeitraums von fünf bis zehn Jahren; während eines solchen Moratoriums würde die "Grüne Revolution" soweit fortgeschritten sein, daß durch vermehrte Exporte von Agrarprodukten eine spürbare Verbesserung der Devisenlage zu erwarten sei.

Von den USA erhielt Liberia im Juni eine erneute Unterstützung von US$ 18 Mio., da die Regierung im Vormonat gerade noch rechtzeitig eine fällige Schuldenrate an die USA beglichen hatte. Zum größeren Teil ist der Betrag allerdings für die Deckung der Kosten vorgesehen, die durch den Einsatz der amerikanischen "Opex" (Operational Experts) entstehen. Der liberianische Kongreß ratifizierte das im Februar getroffene *Abkommen mit der USAID* über die Entsendung der 17 Finanzexperten am 10.9., woraufhin die Berater wenig später in Monrovia eintrafen. Präsident Doe stattete sie mit weitreichenden Vollmachten aus, die es ihnen ermöglichen, im Rahmen eines dreijährigen Sanierungsprogramms effizient am wirtschaftlichen Wiederaufbau mitzuwirken. Die USA sind für Liberia weit vor der Bundesrepublik Deutschland und Japan der wichtigste Wirtschaftspartner. Die US-Kredithilfe belief sich von 1980 bis 1986 insgesamt auf US$ 377 Mio., davon US$ 167 Mio. für die Finanzierung von Entwicklungsprojekten. Dies ist mehr als jedes andere afrikanische Land südlich der Sahara in diesem Zeitraum pro Kopf seiner Bevölkerung von den USA erhalten hat.

Der Zentralbank-Gouverneur schlug am 27.7., dem 140. Jahrestag der Unabhängigkeitserklärung, die Einsetzung eines nationalen Planungsrates unter Vorsitz Präsidenten vor. Nach Jeffys Ansicht ist eine Sanierung der Wirtschaft nicht möglich ohne nachhaltige Erhöhung der Produktion und des Inlandskonsums in den Bereichen Landwirtschaft, Industrie und Bergbau. Um die notwendigen ausländischen Kredite und Investitionen zu erhalten, sei eine strenge finanzielle Disziplin der öffentlichen Hand wie auch des Privatsektors unerläßlich.

Günter Wiedensohler

Chronologie Liberia 1987

14.01.	Besuch von US-Außenminister George Shultz
18.01.	Ergebnis der Parlaments-Nachwahlen
20.01.	Regierungserklärung von Präsident Doe
09.-16.02.	Besuch einer US-amerikanischen Regierungsdelegation
13.02.	Politische Grundsatzerklärung von Präsident Doe
01.03.	Ratifikation eines Nichtangriffspaktes mit Sierra Leone und Guinea
25.03.	Größere Kabinettsumbildung
15.05.	Maßnahmen der Pressezensur
05.06.	Wiederaufnahme diplomatischer Beziehungen mit der Sowjetunion
17.-18.06.	Besuch einer israelischen Regierungsdelegation
18.07.	Presseverband bittet Informationsministerium um Unterstützung
15.08.	Kleinere Regierungsumbildung
24.09.	Entlassener Außenminister unter Korruptionsanklage
28.10.	Arbeitsminister fällt Anti-Korruptions-Kampagne zum Opfer
12.11.	Ankunft amerikanischer Finanzexperten

Mali

Fläche: 1 240 000 km², Einwohner: 7,5 Mio., Hauptstadt: Bamako, Amtssprache:
Französisch, Schulbesuchsquote: 17%, Wechselkurs: $ 1=Franc CFA 267,88, Pro-
Kopf-Einkommen: $ 140, BSP: $ 1,07 Mrd., Anteile am BIP: 50% - 13% - 37%,
Hauptexportprodukt (1983): Baumwolle 44%, Staats- und Regierungschef: Moussa
Traoré, Einheitspartei: Union Démocratique du Peuple Malien (UDPM)

Zwei Ereignisse bestimmten das Berichtsjahr: Der außerordentliche Parteikongreß
der UDPM im März mit der Verabschiedung eines nationalen Verhaltenskodexes
und einschneidende Maßnahmen zur Liberalisierung der Wirtschaft.

Innenpolitik

Der zweite außerordentliche *Parteikongreß* zum 8. Jahrestag der Gründung der
Einheitspartei UDPM vom 28.-31.3. in Bamako konnte die Position von Staatspräsident Moussa Traoré stärken. Neben der Verabschiedung der "Charte d'orientation nationale et de conduite de la vie publique", deren Handhabung Traoré -
unterstützt von einer Sonderkommission - überlassen wurde, erhielt Traoré freie
Hand in der Bekämpfung von Korruption, unlauterer Bereicherung, Sanierung
der Wirtschaft, Revitalisierung der Partei und "Moralisierung des öffentlichen
Lebens". Die Sonderkommission aus 18 Mitgliedern (14 Zivile, vier Militärs) wird
vom Politsekretär der Partei, Djibril Diallo, präsidiert. Ein weiterer Beschluß des
Kongresses betraf die Reduzierung des Conseil national von 300 auf 100 Mitglieder sowie der militärischen Repräsentanz in diesem Gremium von 72 auf 22.

Das Anti-Korruptionsgesetz wurde bereits Ende Januar verabschiedet und ein
Untersuchungsausschuß ins Leben gerufen, der sich aus Repräsentanten der
Frauen-, Jugend- und Gewerkschaftsorganisationen sowie aus ausgewählten
Fachleuten zusammensetzt. Anfang Dezember wurden neun Personen wegen
Unterschlagung öffentlicher Gelder im Rahmen der Kampagne zur "Moralisierung
des öffentlichen Lebens" zum Tode verurteilt (die Todesstrafe wird bei Unter-
schlagungen ab F CFA 10 Mio. verhängt).

Im Februar kam es *im Rahmen der Wirtschaftsreform* zu einer *Regierungsumbildung*, bei der drei Ministerien neu besetzt wurden: Soumana Sacko (Finanzen
und Handel), Antioumane N'Diaye (Staatsbetriebe) und Cheikh Oumar Doumbia
(Verkehr und öffentliche Arbeiten). Dieser Schritt dokumentierte einen politischen Wandel und die Bereitschaft, sich der IWF-Disziplin zu unterwerfen, waren
doch seit der Unabhängigkeit fast ausnahmslos alle industriellen Entwicklungsprojekte vom Ostblock finanziert worden (UdSSR, China, Nordkorea). Finanzminister Sacko galt als Bewunderer der USA, wo er studiert hatte. Sein Amtsvorgänger Dianka Kaba Diakité, ein Protégé von Madame Mariam Traoré, die über
bedeutenden wirtschaftlichen Einfluß verfügt, erschien nicht geeignet, die IWF-
Auflagen in die Tat umzusetzen. Doch schon Ende August trat Finanz- und
Handelsminister Sacko wegen mangelnder Unterstützung für seine unkonventio-
nellen Methoden bei der Bekämpfung von Steuerhinterziehung und Korruption
wieder zurück. Aber auch sein Nachfolger Alhousseyni Touré blieb energisch um
eine Sanierung der staatlichen Finanzen bemüht.

Außenpolitik

Neben der aktiven Mitwirkung in Regionalorganisationen, der bedeutenden Rolle
in dem Nichtangriffs- und Verteidigungsabkommen der CEAO (Accord de non-
agression et d'assistance en matière de défense, ANAD) und in der OMVS (Orga-

nisation pour la mise en valeur du fleuve Sénégal; Fertigstellung des Manantali-Staudamms 1988) wurde wie bisher eine *blockfreie Außenpolitik* praktiziert. Die Beziehungen zu *Frankreich* waren eng und von starker finanzieller und anderer Hilfe geprägt. Im April besuchte Präsident Traoré *Abu Dhabi*, mit dem seit 1974 ausgedehnte Wirtschaftsbeziehungen über den FADEA (Fonds d'Abou Dhabi pour le développement économique arabe) bestehen. Auch im kulturellen Bereich setzten sich beide Staaten im Rahmen der OCI (Organisation de la Conférence Islamique) für eine arabisch-afrikanische Zusammenarbeit ein. Gemeinsam mit Libyen finanzierten die Vereinigten Arabischen Emirate das Islamische Kultur-zentrum in Bamako, das im April eingeweiht wurde.

Ende April unternahm Traoré eine Reise nach *Guinea*, zu dem sehr enge Beziehungen - bis hin zu Integrationsbestrebungen - bestehen. Anläßlich eines Arbeitsbesuchs Traorés Anfang Dezember in *Nigeria* wurde die Gründung einer gemischten Kommission vereinbart. Die Reaktivierung der Kooperationskommis-sion mit *Burkina Faso* war das Ergebnis des Besuchs seines neuen Präsidenten, Blaise Compaoré, Ende Dezember in Bamako. Beide Länder bekräftigten das Urteil des Internationalen Gerichtshofes von 1986 hinsichtlich ihrer gemeinsamen Grenze. Mit *Mauretanien* kam es Mitte des Jahres zu zeitweiligen Grenzstreitig-keiten, die aber vorerst beigelegt werden konnten.

Sozio-ökonomische Entwicklung

Im Vordergrund der Bemühungen um eine grundlegende Wirtschaftsreform stand weiterhin die strukturelle *Sanierung der defizitären Staatsbetriebe*. Hierbei arbei-tete die Weltbank im Rahmen der technischen Hilfe u.a. mit chinesischen Mana-gern zusammen. Die Fluggesellschaft Air Mali wurde Ende des Jahres in ein malisch-sowjetisches Gemeinschaftsunternehmen umgewandelt. Weitere wirt-schaftspolitische Ziele beinhalteten eine Verfeinerung der staatlichen Interven-tionsmethoden und die staatliche Förderung der Privatinitiative, den weiteren Aufbau der Agroindustrie durch private und des Bergbaus durch staatliche oder gemischtwirtschaftliche Unternehmen sowie die Förderung privater Klein- und Mittelbetriebe. Mitte Dezember wurden konkrete gesetzgeberische Maßnahmen ergriffen, um in einer ersten Phase 13 von 40 staatseigenen Unternehmen der Privatisierung zu öffnen. Eine rigorose Personalpolitik führte Anfang Dezember zum Beschluß, ein Drittel der insgesamt 947 Beschäftigten der Banque de déve-loppement du Mali freizusetzen und das Kapital durch Ausgabe von Anteilsschei-nen an den privaten Sektor von F CFA 5 Mrd. auf 12 Mrd. zu erhöhen.

Eine Einigung mit dem IWF über ein Strukturanpassungsprogramm konnte dennoch bisher nicht erzielt werden, obwohl mit der Auflösung und Teilprivati-sierung von Staatsbetrieben die Erfüllung der IWF-Konditionen angestrebt wurde. Eine ebenfalls geforderte drastische Reduzierung der Beschäftigten im öffentli-chen Dienst wurde nur im Ansatz realisiert (erste freiwillige vorzeitige Pensionie-rungen im August) und hätte bei voller Durchführung erhebliche soziale Proble-me mit sich gebracht. Der Rücktritt von Finanz- und Handelsminister Sacko mußte als Rückschlag für die gesteckten wirtschaftspolitischen Ziele interpretiert werden.

Das im September 1985 mit Hilfe der USA eingeleitete *Wirtschaftsreformpro-gramm* wurde verstärkt fortgeführt. Es sieht Investitionen von $ 18 Mio. inner-halb von drei Jahren mit dem Ziel der Förderung der Privatinitiative durch Steuerentlastung, Umschichtung des Budgets und Personalabbau im öffentlichen

Dienst vor. Der *Wirtschaftsplan 1987-1991* beinhaltet neben einer allgemeinen Wirtschaftsreform die Nahrungsmittelselbstversorgung und Bekämpfung der Desertifikation.

Die allgemeine Wirtschaftslage war gekennzeichnet durch hohe Auslandsverschuldung, Krise der Staatsfinanzen, schlechte Ergebnisse des öffentlichen Sektors und der Landwirtschaft (Dürre, Heuschreckenplage), Schwäche der Privatwirtschaft und den teilweisen Zusammenbruch des Bankwesens. Löhne und Gehälter wurden Monate verspätet gezahlt, was zu Streiks von Arbeitern sowie Angestellten im Gesundheitswesen führte. Im November drohte ein Streik im Bildungswesen.

Die Produktion des Hauptexportprodukts *Baumwolle* lag 1986/87 bei etwa 165 000 t (1985/86 bei 183 000 t). Die Getreideernte entwickelte sich gut mit 1,67 Mio. t 1985/86 und 1,78 Mio. t 1986/87 bei einem Eigenbedarf von etwa 1,6 Mio. t. Der Gesamtwert der Exporte ist von F CFA 89 Mrd. 1984 erheblich auf 66 Mrd. 1986 zurückgegangen, so daß auch die Importe auf F CFA 152 Mrd. 1986 (gegenüber 188 Mrd. 1985) zurückgenommen werden mußten. Aufgrund des Anstiegs der Baumwollpreise und verringerter Nahrungsmittelimporte war für 1987 eine beträchtliche Reduzierung des Handelsbilanzdefizits zu erwarten.

Klaus Hemstedt

Chronologie Mali 1987

19.01.	Annahme des Gesetzes zur Schaffung der Commission spéciale d'enquête sur les crimes d'enrichissement illicite et la corruption (offizielle Einsetzung am 6.4.)
20.02.	Regierungsumbildung. Drei Ministerien werden im Rahmen der Wirtschaftsreform neu besetzt: Finanzen und Handel (Soumana Sacko), Staatsbetriebe (Antioumane N'Diaye), Verkehr und öffentliche Arbeiten (Cheikh Oumar Doumbia)
25.02.	Auflösung der Staatsbetriebe SONETRA (Société nationale d'entreprise et de travaux publics), LPM (Librairie populaire du Mali), OCINAM (Office cinématographique national du Mali), EMAB (Entreprise malienne du bois)
14.03.-04.04.	Erste Industrie- und Handwerksmesse in Bamako
28.-31.03.	Außerordentlicher Parteikongreß der UDPM in Bamako
01.-14.04.	Durchführung der zweiten Volkszählung nach 1976 mit Hilfe der UNO
08.-10.04.	Staatsbesuch von Präsident Traoré in Abu Dhabi
24.-25.04.	Besuch von Präsident Traoré in Guinea
27.08.	Rücktritt von Finanz- und Handelsminister Soumana Sacko. Sein Nachfolger wird Alhousseyni Touré (29.08.)
16.09.	Verabschiedung verschiedener wirtschaftspolitischer Maßnahmen: Progressive Liberalisierung der Preise, Teilprivatisierung des Staatssektors (SOMIEX, Société malienne d'importation et d'exportation), Bildung einer gemischten Gesellschaft Air Mali, Reform des OPAM (Office des produits agricoles du Mali) und der Caisse autonome d'amortissement
05.12.	Besuch von Präsident Traoré in Nigeria
Mitte Dez.	Verabschiedung des Gesetzes zur Teilprivatisierung der Staatsbetriebe SOMIEX, Compagnie malienne des textiles, Société des ciments du Mali, Pharmacie populaire du Mali, Editions imprimeries du Mali, Tanneries du Mali, Industrie textile du Mali. Teilweise oder gänzlich zur Privatisierung freigegeben: Société d'exploitation des produits d'arachide du Mali, Société d'équipement du Mali, Société des conserves alimentaires du Mali, Société malienne d'etudes et de construction de matériel agricole, Entreprise malienne de maintenance, Huilerie cotonnière du Mali

Mauretanien

Fläche: 1 030 700 km², Einwohner: 1,7 Mio., Hauptstadt: Nouakchott, Amtsspra-chen: Arabisch und Französisch, Schulbesuchsquote: 25%, Wechselkurs: $ 1=Ouguiya 75,07, Pro-Kopf-Einkommen: $ 410, BSP: $ 700 Mio., Anteile am BIP: 29% - 25% - 47%, Hauptexportprodukte (1986):Fischereierzeugnisse 59%, Eisenerz 40%, Staats- und Regierungschef: Maouya Ould Sid' Ahmed Taya, Regierungsgremium: Comité Militaire de Salut National (CMSN)

Bürgermeisterwahlen als erster Schritt zur Demokratisierung des politischen Lebens, die Bereitschaft zur Förderung der Emanzipation der Frau und ein Putschversuch kennzeichneten das Berichtsjahr. Daneben konnte das Wirtschafts-programm Erfolge verbuchen (siehe auch den Beitrag im parallel erschienenen "Jahrbuch Nahost").

Innenpolitik

Die am 19. und 26.12.86 unter dem Militärregime des CMSN begonnenen demo-kratischen Gemeindewahlen fanden am 21.1. ihre Fortsetzung bei den *Bürgermei-sterwahlen* in 13 Gemeinden. Politische Parteien blieben jedoch weiterhin verbo-ten. Als erste Frau seit der Machtübernahme durch das Militär zog Khadijatou Bint Ahmed Ende Mai als Ministerin für Bergbau und Industrie ins Kabinett ein. Dieser Schritt folgte auf eine Rede vom März 1986, in der Präsident Taya zur Emanzipation der Frau aufrief und ihr das Recht auf Bildung, Beruf und politi-sche Verantwortung zusprach. Ein Finanzskandal in Millionenhöhe, in den der lokale Fischereiflottenbesitzer H'Meida Ould Bouchraya sowie Wirtschafts- und Finanzminister Mohamed Salem Ould Lekhal, Fischereiminister Sidi Ould Cheikh Abdallahi und Zentralbankgouverneur Dieng Boubou Farba verwickelt waren, löste Ende September eine größere *Regierungsumbildung* aus. Alle drei verloren ihren Posten. Weitere Veränderungen vollzogen sich im Justiz-, Handels- und Verkehrsministerium. Das jetzt selbständige Informationsministerium übernahm Mohamed Haibetna Ould Sidi Haiba, Rektor der Universität von Nouakchott.

Am 22.10. wurde ein von Militärs aus der unmittelbaren Umgebung Präsident Tayas unternommener *Putschversuch* vereitelt. Wie bekannt wurde, sollten Präsi-dent Taya und andere führende Politiker ermordet und die République du Walo, benannt nach einem Tal des Senegalflusses, ausgerufen werden. Gegen 51 Perso-nen wurde am 18.11. der *Prozeß* unter Ausschluß der Öffentlichkeit eröffnet. Die meisten der Angeklagten waren Militärs und alle vom schwarzafrikanischen Volk der Toucouleur, unter ihnen Col. Anne Amadou Babali, Direktor der mauretani-schen Versicherungsgesellschaft und ehemaliger Innenminister. In Dakar sprachen die Forces de libération africaine de Mauritanie (FLAM), eine Untergrundbewe-gung schwarzer Intellektueller, vom rassistischen Charakter der maurischen Justiz und vom andauernden Problem der Koexistenz der beiden Rassen. Sie forderten eine internationale Kommission zur Überprüfung der Haftbedingungen für schwarze politische Gefangene. Nach Darstellung der FLAM wurden über 1000 Personen nach dem Putschversuch verhaftet und brutal gefoltert. Drei der An-geklagten wurden am 3.12. zum Tode verurteilt und am 6.12. hingerichtet; es handelte sich um die Leutnants Ba Seydi (Kommandant der Marinebasis von Nouakchott), Sarr Amadou und Sy Saidou. Zu verschärfter Haft wurden 18 Personen verurteilt, darunter Sy Bocar, stellvertretender Kabinettsdirektor des Präsidenten, Ali Moctar, Kommandant der Präsidentengarde, Dia Abderrahmane und Diop Djibril, ehemaliger Direktor für Staatssicherheit. Neun Angeklagte erhielten 20 Jahre, fünf zehn Jahre Zwangsarbeit. Freigesprochen wurde Anne Amadou Babali, der jede Mitwirkung am Putschversuch bestritt, jedoch zugab, vorher konsultiert worden zu sein.

Außenpolitik
Die Außenpolitik folgte weiterhin den Prinzipien der *Blockfreiheit*. Der Ausbau
der Beziehungen zu den Maghreb-Staaten dominierte und soll über einen Freund-
schaftsvertrag mit Algerien und Tunesien zur Schaffung des *"Grand Maghreb
Arabe"* führen. In der *Westsahara-Problematik* bewahrte sich Mauretanien seine
propagierte Neutralität. Trotz der algerischen Unterstützung der Westsahara-
Befreiungsorganisation Polisario wurden die Wirtschaftsbeziehungen - besonders
auf den Gebieten Energie und Fischerei - weiter ausgebaut. Mit Marokko, mit
dem seit 1977 ein Verteidigungsbündnis besteht, wurde die Zusammenarbeit auf
wirtschaftlicher, wissenschaftlicher und kultureller Ebene im Rahmen der Großen
Gemischten Kommission fortgesetzt, obwohl der Bau der sechsten Verteidigungs-
mauer Marokkos in der Westsahara (in der Nähe der strategisch wichtigen Eisen-
erz-Bahnlinie zwischen den Erzminen von Zouerate und dem Hafen von Noua-
dhibou) Mitte April Anlaß zu Spannungen gab.

Enge Beziehungen bestanden auch zu den *westafrikanischen Ländern* sowie zu
den *Golf-Staaten*, die zu den bedeutendsten Geberländern zählen. Die Anfang des
Jahres durch Präsident Taya erreichte friedliche Beilegung der CEAO-Krise,
ausgelöst durch den Finanzskandal beim Solidaritätsfonds FOSIDEC, machte das
CEAO-Gipfeltreffen Ende April in Nouakchott möglich. Bei dem gleichzeitigen
Gipfel des Verteidigungsbündnisses ANAD wurde Taya zum Vorsitzenden bis
1989 gewählt. Im Rahmen der OMVS gelang im September eine Einigung mit
Senegal über den Verlauf der Stromleitung vom Manantali-Staudamm. Die weite-
ren Beziehungen zu Senegal wurden über die Große Gemischte Kommission für
Zusammenarbeit geregelt.

Als Mitglied der Arabischen Liga hatte sich Mauretanien erfolglos bemüht, im
Golfkrieg zwischen Iran und Irak zu vermitteln. Ende Juni kam es zum *Abbruch
der 20jährigen diplomatischen Beziehungen zu Iran*, dem obstinate Weigerung zu
Friedensverhandlungen mit Irak vorgeworfen wurde. Sympathien bestanden für
Irak, mit dem im April Kooperationsvereinbarungen getroffen wurden (Anteile
an der Erzbergbaugesellschaft SNIM-SEM, der Kupfermine SAMIN und dem
Fischereiunternehmen SAMIP). Die 1979 wegen des Friedensabkommens mit
Israel abgebrochenen diplomatischen Beziehungen zu *Ägypten* wurden Mitte
November wieder aufgenommen.

Das Verhältnis zu *Frankreich* blieb von besonderer Bedeutung: Es war als
Lieferant für militärische Ausrüstung und Ausbildung auch der wichtigste
nicht-arabische Handelspartner. Zunehmende Bedeutung gewann *Spanien*, das
sich in den Bereichen Agrarwirtschaft, Gesundheits- und Erziehungswesen engagierte. Mit der *UdSSR* bestanden Fischereiabkommen, die *VR China* leistete Hilfe
auf dem Gesundheits- und Infrastruktursektor.

Sozio-ökonomische Entwicklung
Den Rahmen der Wirtschaftsentwicklung, die auch 1987 durch Dürre, Heuschrek-
kenplage, die Auswirkungen des Westsaharakonflikts und die internationale Wirtschaftskrise beeinflußt wurde, bildete die zweite Phase des *Programme de redressement économique et financier 1985-1988 (PREF)*, das u.a. eine jährliche Wachstumsrate von 4%, die Reduzierung des Zahlungsbilanzdefizits auf weniger als 10%
des BSP sowie einen ausgeglichenen ordentlichen Haushalt vorsieht. Das Programm, das vom IWF genehmigt wurde und deutlich seine Handschrift trägt, war
bisher mit Wachstumsraten von 3,1% 1985, 4% 1986 und um 3% 1987 erfolgreich

und ermöglichte Mitte Juni eine *Umschuldung im Rahmen des Pariser Clubs*. Der IWF gewährte im Mai ein Darlehen in Höhe von SZR 10,1 Mio. ($ 13 Mio.) als zweite Tranche der Strukturanpassungsfazilität. Die Gesamtsumme des dreijährigen Engagements beläuft sich auf SZR 21,5 Mio., davon wurden 1986 bereits SZR 6,8 Mio. gewährt. Die *Weltbank* genehmigte im Juni einen Strukturanpassungskredit in Höhe von $ 50 Mio.

Die Prioritäten des *Wirtschaftsreformprogramms* waren weiterhin die Verbesserung der Staatsfinanzen durch strenge Kontrolle der öffentlichen Ausgaben und Verbesserung des Steuereinzugssystems. Andere Maßnahmen betrafen die Effektivierung des Managements staatlicher Betriebe, die stärkere Berücksichtigung der Privatwirtschaft, die Liberalisierung der Preise für den privaten Verarbeitungssektor, die Vereinfachung der Außenhandelsbestimmungen und die Neuorganisation des Bankwesens.

Eisenerz und Fischerei bilden weiterhin die beiden Säulen der mauretanischen Wirtschaft, obwohl die Nachfrage nach Erz wegen der europäischen Stahlkrise stark zurückging und Preissenkungen bis zu 11% gegenüber 1986 verzeichnet wurden. 1986 exportierte die SNIM-SEM (Société nationale d'industrie et des mines - Société d'économie mixte) 8,9 Mio. t gegenüber 9,3 Mio. t 1985. Ein 92,2 Mio. $-Rehabilitierungsprogramm der SNIM-SEM mit Beteiligung der Weltbank strebte die internationale Wettbewerbsfähigkeit des Unternehmens durch Verbesserung des Managements und Senkung der Produktionskosten an. Neue Finanzierungsverhandlungen mit der EG, EIB, CCCE und arabischen Fonds fanden Anfang Juni in Paris statt.

War der Bergbausektor mit rd. 6000 Beschäftigten der größte Arbeitgeber außerhalb der Staatsverwaltung, so überschritt seit 1984 der Exportwert der Fischereierzeugnisse den der Erzausfuhr. Das Land verfügt über einen der reichsten Fischgründe der Welt (jährlicher Fang von 600 000 t ohne Gefahr der Überfischung möglich). Zentrales Problem war bisher die nationale Kontrolle über die Ausbeutungsrate. Die im April von der Regierung verabschiedete neue Fischereipolitik sah neben einer Limitierung und Neuverteilung der Ressourcen besonders die Förderung der Kleinfischerei vor (bisher zu 98% industrieller Fischfang). Fischereiabkommen wurden mit Algerien, Frankreich, Rumänien, der UdSSR und der EG unterzeichnet. Die wichtigsten Joint Ventures bestanden mit Algerien (ALMAP), Libyen (SALIMAUREM), Rumänien (SIMAR), der UdSSR (MAUSOV) und Südkorea (COMACOP).   *Klaus Hemstedt*

Chronologie Mauretanien 1987

10.01.	Arbeitsbesuch von Senegals Präsident Abdou Diouf
21.01.	Bürgermeisterwahlen in 13 Gemeinden
31.01.	Treffen von Staatschef Taya mit den Präsidenten Diouf (Senegal) und Traoré (Mali) sowie dem kanadischen Ministerpräsidenten Mulroney im Rahmen der OMVS in Dakar.
06.-09.02.	Staatsbesuch des kapverdischen Präsidenten Pereira
09.03.	Regierungsumbildung
30.03.-01.04.	Arbeitsbesuch von Staatschef Taya in Benin. Bildung einer Großen Gemischten Kommission
20.-21.04.	12. Gipfeltreffen der CEAO in Nouakchott
27.04.	Offizielle Wiederinbetriebnahme der Erdölraffinerie der SOMIR in Nouadhibou in Anwesenheit der Staatschefs Taya und Chadli (Algerien)
26.05.	Regierungsumbildung
28.06.	Abbruch der diplomatischen Beziehungen zum Iran
01.07.	Aufnahme diplomatischer Beziehungen zu Kolumbien
21.09.	Regierungsumbildung
22.10.	Vereitelung eines Putsches
17.11.	Wiederaufnahme der diplomatischen Beziehungen zu Ägypten
03.12.	Todesurteil gegen drei Putschisten, Hinrichtung am 6.12.

Niger

Fläche: 1 267 000 km², *Einwohner:* 6,4 Mio., *Hauptstadt:* Niamey, *Amtssprache:* *Französisch,* *Schulbesuchsquote:* 17%, *Wechselkurs:* $ 1=Franc CFA 267,88, *Pro-Kopf-Einkommen:* $ 200, *BSP:* $ 1,25 Mrd., *Anteile am BIP:* 47% - 16% - 37%, *Hauptexportprodukt (1984):* Uran 71,9%, *Staatschef:* Ali Seibou, *Regierungsgremium:* Conseil Militaire Suprême (CMS)

Die Verabschiedung der Nationalen Charta hat grundlegende Rechte der Bürger im Rahmen der "Entwicklungsgesellschaft" fixiert und den Weg zur Einführung ganz eigenständiger demokratischer Institutionen geebnet, während der Fünfjahresplan 1987-1991 sowie eine internationale Konferenz mit Repräsentanten der Geberländer neue entwicklungspolitische Akzente setzten. Der Tod des seit 1974 die Macht ausübenden Staatschefs Seyni Kountché und die Übernahme des Präsidentenamtes durch Oberst Ali Seibou brachten einen erkennbaren Einschnitt im politischen System.

Innenpolitik
Nach einer umfangreichen Wahlkampagne haben sich im Juni 96,9% der stimmberechtigten Nigrer (die weitaus meisten von ihnen Erstwähler) für die neue *Nationalcharta* entschieden, die den Beginn der Rückkehr zu demokratischen Institutionen darstellen und ein erster Schritt auf dem Wege zu einer regulären Verfassung sein soll. Die Charta bedeutet noch nicht die Beteiligung des Volkes am politischen Entscheidungsprozeß, wohl aber den vorsichtigen Versuch einer allmählichen Abkehr von der seit 1974 bestehenden Militärherrschaft. Auffallend an dem nigrischen Experiment ist, daß hier versucht wird, eine demokratische Republik ohne die in westlichen Demokratien üblichen Attribute einer solchen Regierungsform aufzubauen. Nach offiziellen Erklärungen soll Niger sich weder an westlichen noch an östlichen Modellen orientieren, sondern einen "afrikanischen Weg der Entwicklung und Mitbestimmung" gehen. Der verstorbene Präsident Seyni Kountché hatte für seine nationale Zukunftsvision den Begriff der *"Entwicklungsgesellschaft"* geprägt. Unter diesem Leitwort hatte sich der praktisch alleinherrschende Oberste Militärrat (Conseil Militaire Suprême) zu einer Füllung des "juristischen Vakuums" entschlossen, das durch die Suspendierung der Verfassung nach dem Militärputsch von 1974 entstanden war. Mit der Ausarbeitung der Charta war der Nationale Entwicklungsrat (Conseil National de Développement) beauftragt, ein Konsultativorgan, das sich aus Vertretern der Berufsverbände, der Frauen- und Jugendbewegung, des Islams und der Kommunalregierungen zusammensetzt. Allerdings hatte das Militär den Spielraum für die Formulierungen genau abgesteckt: Ein Mehrparteienstaat wurde ebenso ausgeschlossen wie allgemeine, freie Wahlen; außerdem soll die Armee ihre besondere Rolle auch unter einem neuen Grundgesetz beibehalten und keineswegs die Macht an eine zivile, parlamentarisch kontrollierte Regierung abgeben. Erhalten blieben auch die weitreichenden Kompetenzen der Präfekten und Unterpräfekten, die alle dem Militär angehören. Ihr Einfluß nimmt noch dadurch zu, daß ihnen die Steuerhoheit und die Entscheidungsbefugnis über Infrastrukturprojekte verliehen worden ist. Die Bedeutung der neuen konstitutionellen Aktivitäten dürfte v.a. in der Mobilisierung der bislang vernachlässigten ländlichen Bevölkerungsmehrheit liegen, ohne deren Mitwirkung eine echte Entwicklung undenkbar ist.

Von den grundlegenden Neuerungen der Charta sind zu erwähnen: die Dezentralisierung der politischen und ökonomischen Entscheidungsprozesse, das Recht der Regionen auf eine ausgewogene Wirtschaftsentwicklung, die unternehmerische Freiheit wie auch die Freiheit der Presse und Veröffentlichung. Die tragenden Säulen der Entwicklungsgesellschaft sind der Jugendbund Samariya, die Agrargenossenschaften und die Frauenorganisationen. Vertreter dieser Gruppen sollen von der Dorfebene an über die Kommunal-, die Kreis- und die Bezirksräte bis hin zum Nationalen Entwicklungsrat beratend und mitbestimmend tätig werden. General Seyni Kountché, Staatschef seit 1974, starb am 10.11. im Alter von 56 Jahren nach schwerer Krankheit in einem Pariser Hospital. Schon am Tage vor dem Ableben Kountchés wurde sein Vetter und langjähriger enger Vertrauter Oberst Ali Seibou, 47 Jahre alt, per Akklamation zum Interimspräsidenten des *Obersten Militärrats* ernannt. Dieses zehnköpfige Gremium vereint alle legislativen und exekutiven Befugnisse bis - so das Dekret Nr. 1 vom 25.4.74 - "die Umstände eine Rückkehr zu normalen Verhältnissen gestatten". Ali Seibou war seit dem Staatsstreich, der Kountché 1974 an die Macht brachte, Stabschef der nationalen nigrischen Streitkräfte. Er gehört wie sein Amtsvorgänger der ethnischen Gruppe der Djerma Songhai an, die etwa 15% der Gesamtbevölkerung ausmacht und seit 1960 die Politik bestimmt. Die Djerma Songhai sind die Garanten der traditionellen Bindung des Landes an Frankreich und streng darauf bedacht, die stärker nach Nigeria orientierten Haussa (etwa 55% der Bevölkerung) von der Macht auszuschließen.

Ali Seibou, inzwischen neuer Präsident Nigers - der dritte seit Erlangung der Unabhängigkeit 1960 -, gab am 20.11. eine *Umbildung der Regierung* bekannt sowie die Freilassung des unter Hausarrest stehenden ehemaligen Präsidenten Hamani Diori, desgleichen die Amnestierung von 88 weiteren Personen, von denen 15 an Putschversuchen gegen Seyni Kountché beteiligt waren. Die neue Regierung umfaßt 24 statt bisher 21 Ministerien. Premierminister bleibt Hamid Agabid aus dem Volk der Tuareg; geblieben sind auch Außenminister Sani Bako, Planungsminister Almoustapha Soumaila und der Minister für öffentliche Einrichtungen und Staatsunternehmen, Maina Moussa Boukar. Der langjährige Finanzminister, Boukary Adji, ist durch Oberstleutnant Mamadou Beidari ersetzt worden, der vorher das Ressort für öffentlichen Dienst und Arbeit innehatte. Insgesamt gehören dem Kabinett einschließlich des Präsidenten sieben Militärs (zwei mehr als zuvor) und 17 Zivilisten an. Wie sein Amtsvorgänger ist Präsident Seibou zugleich Verteidigungs- und Innenminister. In seiner ersten offiziellen Ansprache sagte das neue Staatsoberhaupt, er wolle den von Kountché eingeschlagenen Weg weiterverfolgen; die einzige Revolution, die stattfinden werde, sei die der Befreiung des Landes von der Unterentwicklung. Anläßlich des 29. Jahrestages der Unabhängigkeit verkündete Präsident Seibou am 9.12. eine Amnestie für alle Delinquenten, die aus politischen Gründen zu Haftstrafen verurteilt worden waren. Bei dieser Gelegenheit bekräftigte er seine Absicht, die bürgerlichen Freiheiten zu respektieren, eine wahrhafte nationale Aussöhnung herbeizuführen und die Arbeiten an der künftigen Verfassung voranzutreiben.

Außenpolitik
Im *Grenzkonflikt Libyen/Tschad* wahrte Niger strikte *Neutralität* trotz einer gewissen Wachsamkeit gegenüber Libyen, das sich in der Rolle eines Beschützers der weißen Minderheit im Sahel sieht. In verschiedenen Erklärungen Kountchés um die Jahreswende 1986/87 hieß es, Niger werde keiner der beiden Streitparteien Überflug- oder Landerechte gewähren und es niemals zulassen, daß ausländische Truppen nigrisches Gebiet benutzten, um andere anzugreifen. In bilateralen Kontakten mit anderen afrikanischen Staaten setzte sich Niger für eine friedliche Lösung des Konflikts zwischen Libyen und dem Tschad ein. Die nach dem Machtwechsel in *Burkina Faso* regierende Volksfront hat am 21.10. freundschaftliche Kontakte mit Niger aufgenommen und dem Präsidenten Kountché eine Botschaft der "Brüderlichkeit und des Friedens" übermittelt.

Sozio-ökonomische Entwicklung

In Niger werden heute wieder grundlegende Fragen über eine bessere Entwicklungspolitik gestellt und Hoffnungen auf eine erweiterte Produktionsbasis und auf die Stärkung der autonomen Entwicklungskräfte gesetzt. Unter Mitwirkung der lokalen Institutionen hat die Regierung einen *Fünfjahresplan 1987-1991* erstellt, der die Fehlschläge der Vergangenheit analysiert und eine Reihe bisheriger Entwicklungstabus aufgreift. So spricht die Regierung trotz der konservativ-islamischen Prägung des Landes offen vom Vorrang der Bevölkerungspolitik und Familienplanung. Auch sei es erforderlich, der Landwirtschaft finanzielle und technische Produktionsanreize zu geben, die Eigeninitiative und den Privatsektor zu fördern, die Interventionen des Staates auf das Notwendigste zu beschränken, unrentable Staatsbetriebe zu privatisieren oder zu schließen und nicht zuletzt eine den Erfordernissen des Landes entsprechende Schulbildung zu gewährleisten.

In einer gemeinsamen *Konferenz mit Repräsentanten der Geberländer* Anfang April in Niamey betonte Planungsminister Almoustapha Soumaila, die Finanziers müßten ein Mitspracherecht haben und ihre Überlegungen in die Entwicklungsstrategie einbringen können. Die Geber haben deutliche Schwerpunkte auf die Organisation und Diversifizierung der Landwirtschaft wie auch auf den industriellen Aufbau und die Verbesserung des sozialen Bereichs gesetzt. Allerdings wurden auch Bedenken geäußert, ob die nigrische Regierung den Willen und die politische Fähigkeit besitze, die eingeleiteten Strukturanpassungen fortzusetzen und die schwierigen Reformen auf dem Gebiet der öffentlichen Verwaltung, des Steuerwesens, des Ausbildungs- und Gesundheitssektors effektiv durchzuführen. Weiter nahmen die Experten Anstoß an dem von einer kleinen Gruppe reicher Kaufleute kontrollierten informellen Sektor, der mehr als 60% des BSP ausmacht und dem Staat einen Einnahmeausfall von jährlich $ 50 Mio. oder rd. 20% des gesamten Steueraufkommens verursacht.

Nigers hauptsächliche Entwicklungshilfegeber vereinbarten am 1.7. in Genf unter den Auspizien von UNDP Hilfszusagen in Höhe von $ 350 Mio. zur Finanzierung des Entwicklungsplanes 1987-1991 wie auch zur Unterstützung eines detaillierten Strukturanpassungsprogramms. Der IWF gab Ende November die Freigabe der zweiten Tranche im Wert von SZR 10,1 Mio. einer seit November 1986 über drei Jahre laufenden Strukturanpassungsfazilität bekannt, deren Gesamtumfang sich auf SZR 25,9 Mio. beläuft, von denen SZR 6,74 Mio. bereits zur Finanzierung des Wirtschaftsprogramms 1986/87 in Anspruch genommen wurden. Nigers IWF-Quote betrug SZR 33,7 Mio.; die Zahlungsrückstände gegenüber dem Fonds erreichten bereits den Wert von SZR 67,8 Mio. Der IWF fand sich in seiner kreditpolitischen Haltung gegenüber Niger durch die substantielle Budgethilfe der Geberländer wie auch durch die Ankündigung Präsident Seibous bestätigt, er werde die Politik seines Vorgängers fortsetzen.

Günter Wiedensohler

Chronologie Niger 1987

05.01.	Verabschiedung des Fünfjahresplans 1987-1991
19.01.	Neutralitätserklärung in dem Grenzkonflikt Libyen/Tschad
27.03.	Unterzeichnung eines Grenzabkommens mit Burkina Faso
30.03.	Entwicklungspolitische Konferenz in Niamey mit Vertretern der Geberländer
25.05.	Besuch von Tschads Außenminister Gouara Lassou
14.06.	Volksabstimmung über die Nationale Charta
01.07.	Hilfszusagen über US$ 350 Mio. im Rahmen des UNDP
23.07.	Bekanntgabe des Ergebnisses des Referendums über die Nationale Charta
21.10.	Offizieller Besuch von Vertretern der neuen Volksfront Burkina Fasos
09.11.	Ernennung von Oberst Ali Seibou zum Interimspräsidenten des Conseil Suprême Militaire
10.11.	Tod von Staatschef General Seyni Kountché
14.11.	Ernennung von Ali Seibou zum neuen Staatspräsidenten
20.11.	Regierungsumbildung
09.12.	Verkündung einer Generalamnestie für politische Häftlinge

Nigeria

Fläche: 923 768 km², *Einwohner:* 99,7 Mio., *Hauptstadt: Abuja (faktisch Lagos).*
Amtssprache: Englisch. Schulbesuchsquote: 59%, Wechselkurs: $ 1=Naira 4,14.
Pro-Kopf-Einkommen: $ 760, BSP: $ 75,9 Mrd., Anteile am BIP: 36% - 32% -
32%, Hauptexportprodukte: Erdöl 97%, Staats- und Regierungschef: General
Ibrahim Babangida, Oberstes Exekutivorgan der Militärregierung: Armed Forces
Ruling Council (AFRC)

1987 war das Jahr wichtiger Vorentscheidungen. Sie betrafen vor allem die zukünftige politische Ordnung des nach wie vor von Militärs regierten Landes. Mit
der Bekanntgabe ihres politischen Programmes stellte die Babangida-Administration die Weichen für die Rückkehr des 100-Millionen-Staates zur Demokratie.
Außenpolitisch bekräftigte Nigeria seinen Führungsanspruch in Afrika und
versuchte, ihn durch spektakuläre Initiativen zu untermauern. Im Ringen um eine
Lösung der wirtschaftlich-sozialen Strukturprobleme wurde das Wirtschaftsreformprogramm der nigerianischen Regierung vor allem mit Unterstützung der
Weltbank fortgeführt. Aus dem Dilemma, einerseits den Erwartungen von Weltbank, IWF und westlichen Gläubigerländern durch Fortführung ihres rigorosen
Sanierungsprogramms zu entsprechen und andererseits die sozialen Kosten dieser
Politik in erträglichen Grenzen zu halten, konnte sich die Regierung auch 1987
nicht befreien. Erneute Unruhen in verschiedenen Teilen des Landes waren
Warnzeichen, daß bei weiter sinkendem Lebensstandard vor allem in den Städten
die Grenzen der Belastbarkeit überschritten werden könnten.

Innenpolitik
Gesellschaftlich-politische Polarisierung
Gleich zu Jahresbeginn erhellte die Veröffentlichung eines Buches schlaglichtartig
die noch immer vorhandene Virulenz der regionalen Interessengegensätze in
Nigeria. Es handelte sich um die Biographie über Chukwuma Kaduna Nzeogwu.
Er war einer der fünf, überwiegend aus dem Südosten des Landes stammenden
Majore, die bei ihrem blutigen Putschversuch 1966 u.a. Ahmadu Bello, den
konservativen Premierminister Nordnigerias, in Kaduna erschossen und damit den
dominierenden Politiker des Nordens und zugleich einen führenden Vertreter des
Islams in Afrika beseitigt hatten. Das war der Auftakt für die erste, über drei-
zehn Jahre währende Periode der Militärherrschaft in Nigeria gewesen, zu der
auch die fast dreijährige Zeit des Bürgerkrieges mit seinen mehr als 1 Mio.
Opfern vornehmlich unter der Zivilbevölkerung (1967-1970) gehörte.
     In der wachsenden Flut der Memoirenliteratur über diese Epoche erregte die
Nzeogwu-Biographie vor allem durch das politische Gewicht des Autors und den
Zeitpunkt der Veröffentlichung besonderes Aufsehen. Als Autor zeichnete der
aus Südwestnigeria kommende ehemalige General Olusegun Obasanjo. Er hatte
von 1976-1979 die Militärregierung geleitet und war der bisher einzige Staatschef
Nigerias, der nicht gewaltsam abgelöst wurde, sondern sein Amt einem aus allgemeinen Wahlen hervorgegangenen Nachfolger übergeben konnte. Inzwischen hat
er als Großfarmer ein Millionenvermögen erworben und ist u.a. durch seine
Berufung in die Eminent Persons Group des Commonwealth zur Schlichtung des
Südafrika-Konflikts auch international hervorgetreten. Daß dieser Mann den
Gegner im Bürgerkrieg vom Stigma der Verfolgung partikularistischer Sonderinteressen ("Igbo-Verschwörungstheorie") zu befreien und die mit dem Mord an
führenden Politikern verbundene Einführung der Militärherrschaft als Kampf

gegen ausufernde Korruption moralisch zu rechtfertigen versuchte und das Werk darüber hinaus ausgerechnet am 15.1., dem 21. Jahrestag des "Majorputsches", der Öffentlichkeit präsentierte, war eine Provokation.

Sicher lag hierin auch eine Antwort an jene konservativ-feudalen Kräfte, die schon seit längerem auf verschiedenen Ebenen darum bemüht sind, die vielfältigen Gruppen im Norden unter Berufung auf Ahmadu Bello zusammenzubringen, um ihre Interessen damit um so wirksamer vertreten zu können. Sie hatten genau ein Jahr zuvor, am 20. Jahrestag des "Majorputsches", in Kaduna und kurz danach in London ein monumentales Werk über Ahmadu Bello und die von ihm verkörperten Werte medienwirksam lanciert. Mit dieser Biographie war bezeichnenderweise nicht ein nigerianischer Wissenschaftler, sondern John N. Paden, ein amerikanischer Politologe und ausgewiesener Kenner der politischen Kultur Nordnigerias, beauftragt worden. Um eine breitere Öffentlichkeit zu erreichen und die auf diesem Sektor des Medienmarktes bestehende Vorherrschaft der Medienkonzerne in Lagos, der "Lagos-Achse", zu brechen, war Ende 1986 in Kaduna das Nachrichtenmagazin Hotline aufgekauft und reorganisiert worden. Auf die Gruppe der jüngeren Intellektuellen zielte die Gründung des Gamji Memorial Club an der Ahmadu Bello Universität in Zaria (24./25.1.87). "Gamji" bezieht sich auf Ahmadu Bello, den Sardauna von Sokoto, der damit in Hausa als Aufrechter und Unsterblicher bezeichnet wird.

Führende Kreise in Nordnigeria sahen in der Nzeogwu-Biographie Obasanjos eine Bedrohung durch einflußreiche Kräfte im Süden und reagierten mit einem Proteststurm, der am 6.3. mit der symbolischen Verbrennung des Buches während einer vom Gamji Memorial Club veranstalteten Massenkundgebung auf dem Gelände der Universität Zaria (Kaduna State) einen Höhepunkt erreichte.

Am gleichen Tage brachen an einem College in Kafanchan, einer der wenigen mehrheitlich von Christen bewohnten Städte in Kaduna State, rd. 180 km südöstlich von Zaria, Unruhen zwischen christlichen und muslimischen Studenten aus. Sie griffen am Wochenende auch auf das Stadtgebiet über und forderten neben großen Sachschäden vorwiegend unter der muslimischen Bevölkerung mehrere Todesopfer. Nur wenige Tage später, am 11.3., brannten muslimische Jugendliche in Kaduna und anderen Städten dieses Bundesstaates wie Zaria, Funtua und Katsina Kirchen und Häuser von Christen nieder. Die Ordnung konnte erst nach mehreren Tagen und nur durch massive Gegenmaßnahmen (Massenverhaftungen, Ausgehverbot, Einsetzung eines Sondergerichtshofes) wiederhergestellt werden.

"Religiöse" Unruhen haben seit den "Maitatsine Riots" in Kano (Dez. 1980) eine blutige Spur durch verschiedene Städte in Nordnigeria gezogen und insgesamt mehrere tausend Opfer gefordert. Sie waren von radikalen islamischen Sekten getragen, die aus der zunehmenden Zahl der in absoluter Armut lebenden Menschen immer wieder neuen Zuzug erhielten. Ihr Protest richtete sich gegen den Reichtum und die Abkehr der traditionellen und der neuen islamischen Eliten vom richtigen Glauben und nahm in den Auseinandersetzungen mit den Sicherheitskräften des Staates immer wieder gewaltsame Formen an.

Mit den Unruhen von Kafanchan und Kaduna State haben diese "religiösen" Auseinandersetzungen eine neue Qualität erhalten: Sie wurden nicht wie bisher zwischen islamischen Gruppen ausgetragen, sondern führten zu gewaltsamen Konfrontationen von Christen und Muslimen. Hierzu hat sicher der noch immer nicht beigelegte Konflikt über den Eintritt Nigerias in die Organisation der Islamischen Konferenz (OIC) (9.1.86) beigetragen. Er hatte leidenschaftliche

Kontroversen zwischen den Führern der islamischen Organisationen und den christlichen Kirchen ausgelöst. Sie drohten das in der Verfassung verankerte Prinzip der Religionsfreiheit in Frage zu stellen. Darüber hinaus verschärften sie die an sich schon vorhandenen regionalen Spannungen zwischen Nord und Süd, da die Muslime vor allem im hohen Norden die überwiegende Mehrheit der Bevölkerung stellen, der Schwerpunkt der christlichen Bevölkerung jedoch im Süden liegt. Um eine Eskalation des Konflikts zu vermeiden, bekräftigte die nigerianische Regierung ihr Festhalten am Grundsatz der Religionsfreiheit und versuchte, die religiösen Spannungen durch die Einsetzung eines je zur Hälfte aus Muslimen und Christen bestehenden Council for Religious Affairs zu entschärfen (29.6.). In der Islamischen Konferenz zeigte sie nur ein niedriges Profil, indem sie sich z.B. auf dem OIC-Treffen in Kuwait im Januar nur auf Botschafterebene vertreten ließ.

In einer bundesweiten Rundfunk- und Fernsehansprache machte Präsident Babangida deutlich (17.3.), daß die Ausschreitungen im Bundesstaat Kaduna nach den Erkenntnissen der Regierung nicht nur als eine religiöse Krise zu bewerten waren, sondern "eher als das zivile Gegenstück eines Staatsstreichversuchs gegen die Bundesmilitärregierung und die nigerianische Nation." Außer der sehr allgemeinen Angabe, daß es hier um eine sorgfältig geplante Aktion einer Gruppe von machthungrigen Manipulatoren ging, die die Auseinandersetzungen im Kafanchan für ihre Zwecke mißbraucht hatten, enthielt die Rede keine konkreteren Hinweise. Auch die Verhandlungen des Sondergerichtshofes brachten bis zum Jahresende keine Aufklärung über die möglichen Anstifter der zumeist jugendlichen Gewalttäter.

Massenarmut und Arbeitslosigkeit bilden den Nährboden für die anhaltend hohe Kriminalität. Der zu Beginn des Jahres in Benin City (Bendel State) durchgeführte Prozeß gegen die Anini-Bande gab durch die detaillierte Berichterstattung der Massenmedien einer breiteren Öffentlichkeit Einblick in die Welt des organisierten Verbrechens und deren Verbindungen bis in die örtliche Polizeiführung. Auch die öffentliche Hinrichtung von überführten Tätern aus beiden Lagern (14.2., 29.3.) verfehlte offensichtlich den gewünschten Abschreckungseffekt. In verschiedenen Teilen des Landes lösten andererseits Übergriffe der Polizei spontane Tumulte aus. Die Schärfe der sozialen Spannungen in den städtischen Zentren zeigte sich, als es in Lagos nach der Erschießung von zwei Personen bei einer Verkehrskontrolle zu schweren Ausschreitungen kam, die drei Tage lang ganze Stadtviertel lahmlegten (17.-19.11.).

Politisches Büro: Nigeria auf dem Weg in den Sozialismus?

Das innenpolitische Programm der Regierung verzögerte sich zunächst. Schon wenige Monate nach der Machtübernahme (August 1985) hatte sie im Januar 1986 bekanntgegeben, daß Nigeria ab 1.10.90 wieder von einer Zivilregierung geleitet werden soll. Um die Fehler zu vermeiden, die beim Redemokratisierungsprogramm von 1975-79 gemacht worden waren und schon 1983 zum Zusammenbruch der 2. Republik geführt hatten, sollten in einem möglichst breit angelegten Diskussionsprozeß mit allen Bevölkerungs- und Interessengruppen die Ursachen für das Scheitern der bisherigen Systeme festgestellt und Vorschläge für eine neue politische Ordnung ausgearbeitet werden. Mit der Organisation wurde ein aus 17 Mitgliedern, vorwiegend Sozialwissenschaftlern, bestehendes Politisches Büro unter Leitung des Pro-Chancellor der Universität Benin, Prof. Samuel

Cookey, betraut. Sein Bericht sollte bis Ende 1986 fertiggestellt werden. Wegen Meinungsverschiedenheiten und des Ausscheidens von zwei Mitgliedern verzögerte sich die Vorlage jedoch bis zum 27.3.87.

Wichtigstes Ergebnis war die Empfehlung, ein sozialistisch orientiertes Präsidialsystem einzuführen. Weitere Kernpunkte waren: die Beschränkung auf zwei politische Parteien und die Erweiterung der föderalen Struktur von bisher 19 auf 25 Bundesstaaten, eine weitere Reduzierung des Einflusses der traditionellen Herrscher, die Schaffung einer neuen politischen Kultur durch Massenmobilisierung, die Durchführung einer Volkszählung sowie ein detaillierter Zeitplan für den Übergang zur Zivilregierung bis 1990. In einem abweichenden Minderheitsvotum wurde die Verlängerung der Übergangsperiode um zwei Jahre für notwendig gehalten.

Der Plan der Regierung, den Bericht des Politischen Büros vertraulich zu behandeln, wurde durch die Veröffentlichung der Empfehlungen im Nachrichtenmagazin Newswatch durchkreuzt. Die Regierung reagierte am 6.4. mit dem Verbot des Magazins, das durch Dekret vom 10.4. rückwirkend ab 6.4. für ein halbes Jahr in Kraft gesetzt wurde. Damit war die Glaubwürdigkeit des Regimes, das seinen Staatsstreich gegen die vorangegangene Militärregierung auch mit der Wiedereinführung der Menschenrechte und der Meinungsfreiheit begründet hatte, an einem entscheidenden Punkt getroffen. Hinzu kam, daß der Herausgeber dieses regimekritischen Magazins, Dele Giwa, im Vorjahr durch eine Briefbombe ermordet worden war. Einen Gradmesser für die Empörung, die dieses Attentat ausgelöst hatte, war die Entscheidung des nigerianischen Nobelpreisträgers Wole Soyinka, zur Erinnerung an Dele Giwa einen jährlich an dessen Todestag (19.10.) zu verleihenden Gedächtnispreis "für mutige und aufklärende Berichterstattung" zu stiften. Als erster Preisträger wurde Dele Giwa posthum ausgezeichnet. Die Regierung trug dem Protest Rechnung, indem sie das Verbot des Magazins vorfristig aufhob (27.8.). Mögliche Verwicklungen von Mitarbeitern des staatlichen Sicherheitsdienstes in den Mordfall konnten wegen des schleppenden Ermittlungsverfahrens bis Ende 1987 nicht aufgeklärt werden.

Parallel zum Politischen Büro war im August 1986 in der neuen Hauptstadt Abuja ein Seminar über die nationale Frage in Nigeria veranstaltet worden. Um für die Entscheidungsfindung über alternative Vorschläge zu verfügen, wurde am 12.1. ein Ausschuß zur Umsetzung der Empfehlungen des Seminars eingesetzt (Implementation Committee). Unter Vorsitz eines Universitätsprofessors, Prof. J.E. Inikori, gehörten ihm weitere Professoren, im Unterschied zum Politischen Büro aber auch zwei ehemalige höhere Offiziere der nigerianischen Streitkräfte, die Generalmajore J.M.B.Haruna und R.M.Dumoje, an. Ihr Bericht wurde am 19.5. übergeben.

Um dem "Gesamtinteresse der Nation und den gesellschaftlichen Realitäten" Rechnung zu tragen und die Streitkräfte in die Entscheidung einzubinden, wurde eine Überarbeitung der Empfehlungen des Politischen Büros für notwendig gehalten. Am 31.3. kam es daher zur Bildung eines weiteren, diesmal mehrheitlich mit höheren Offizieren besetzten Ausschusses. Unter dem Vorsitz von Generalmajor Paul Omu, dem Kommandeur des Command and Staff College der nigerianischen Streitkräfte in Jaji bei Kaduna sowie Mitglied des AFRC, gehörten ihm zwei Vertreter des Heeres sowie je einer der Marine und der Luftwaffe, drei Professoren und die Sekretärin der politischen Abteilung des Cabinet Office an. Innerhalb kurzer Zeit verständigte sich der Ausschuß auf den Entwurf eines Weißbuches, der am 18.5. der Regierung übergeben wurde.

Auf dieser Basis begann das letzte Stadium der Beratungen im AFRC, dem obersten Gremium der Militärregierung. Gerade in diesen Wochen verstärkten sich auch die Bemühungen von Kräften aus dem Umfeld der drei großen Parteien der 1. und 2. Republik, sich erneut zu formieren und zu profilieren. Wegen des seit 1984 geltenden Verbots politischer Betätigung wurden hierfür wie schon in den 70er Jahren die verschiedensten Anlässe wahrgenommen. Einen solchen Anlaß bot z.b. der Tod von Chief Obafemi Awolowo, des seit den Tagen der Unabhängigkeitsbewegung herausragenden Politikers aus dem Yorubavolk, am 9.5. Die sich über mehrere Wochen hinziehenden Gedenkfeiern und vor allem das Staatsbegräbnis am 6.6. in Ikenne (Ogun State), an denen Hunderttausende von Menschen teilnahmen, entwickelten sich auch zu Treffen führender Politiker.

Ebenfalls am 6.6. versammelten sich in Kaduna in der Lugard Hall, bis 1966 der Sitz des Parlamentes der Nordregion, traditionelle Herrscher und führende Persönlichkeiten aus den zehn Nordstaaten. Äußerer Anlaß für dieses Northern Elders Meeting waren die Unruhen im Bundesstaat Kaduna und die Beratung von Maßnahmen zur Förderung der religiösen Toleranz. Vor allem der Beschluß, einen aus 56 Mitgliedern bestehenden Lenkungsausschuß, das Committee of Elders, zu bilden (10.6.), wurde weithin als ein erster Schritt zu politischer Organisation verstanden. Für Mitte Juli wurde auch ein Treffen von etwa 50 Persönlichkeiten aus den südöstlichen Bundesstaaten Anambra und Imo gemeldet. U.a. soll dort auch über die Frage beraten worden sein, ob nach dem Muster des Northern Committee of Elders auch im Süden ein solches Gremium gebildet werden könnte.

Das politische Übergangsprogramm der Militärregierung: Verlängerung bis 1992
Nach langen Beratungen im AFRC gab Präsident Babangida in einer Rundfunkansprache an die Nation am 1.7. die Entscheidung der Militärregierung über die politische Zukunft Nigerias bekannt. Als wichtigste Punkte sind hervorzuheben: Die vom Politischen Büro für notwendig gehaltene ideologische Festlegung wurde abgelehnt. Nach Auffassung der Militärs sollte sich eine Ideologie erst im Laufe der Zeit entwickeln. Damit wurde die von den Sozialwissenschaftlern der Cookey-Commission empfohlene sozialistische Orientierung Nigerias verworfen. Dagegen hielt der AFRC wegen des umfassenden Aufgabenkatalogs eine zweijährige Verlängerung der Übergangsperiode für unumgehbar. Auch die 3. Republik soll eine Präsidialverfassung mit einem Zweikammersystem (Senat und Repräsentantenhaus) erhalten. Um ein Ausufern des Parteienstreites zu vermeiden, wurde die Zahl der politischen Parteien auf zwei beschränkt. Während das Prinzip der Religionsfreiheit erneut bekräftigt wurde, sollen die traditionellen Herrscher auf Aufgaben im Bereich der Lokalverwaltung beschränkt werden. Die Empfehlung zur Gründung neuer Bundesstaaten wurde im Prinzip angenommen, die Entscheidung hierüber jedoch vertagt. Außerdem wurde folgender Zeitplan beschlossen:

3.	Quartal 1987	Gründung der folgenden Organisationen: Directorate of Social Mobilization; National Electoral Commission (NEC); Constitution Review Committee (CRC)
4.	Quartal 1987	Kommunalwahlen ohne Zulassung politischer Parteien
1.	Quartal 1988	Gründung eines Nationalen Ausschusses für Bevölkerungsfragen und einer Verfassunggebenden Versammlung

2.	Quartal 1988	Abschluß des Strukturanpassungsprogramms (SAP)
3.+4.	Quartal 1988	Konsolidierung des SAP
1.	Quartal 1989	Verkündung der neuen Verfassung
2.	Quartal 1989	Aufhebung des Verbots der parteipolitischen Betätigung
3.	Quartal 1989	Zulassung von zwei politischen Parteien
4.	Quartal 1989	Kommunalwahlen auf parteipolitischer Basis
1.	Quartal 1990	Wahl der Parlamente und der Regierungen der Bundesstaaten
3.	Quartal 1990	Zusammentritt dieser Versammlungen
4.	Quartal 1990	Amtseinführung der Regierungen in den Bundesstaaten
1.-3.	Quartal 1991	Volkszählung
4.	Quartal 1991	Kommunalwahlen
1.+2.	Quartal 1992	Wahlen für die Nationalversammlung und den Senat
3.+4.	Quartal 1992	Präsidentenwahlen. Endgültiger Rückzug der Streitkräfte aus der Regierungsverantwortung

Wesentliche Neuerung gegenüber dem Übergangsprogramm der 70er Jahre sind außer der Einführung eines Zweiparteiensystems die Betonung der lokalen Ebene durch die mehrfachen Kommunalwahlen sowie das Auseinanderziehen der Wahlen auf Staaten- und auf Bundesebene. Dadurch ist vorprogrammiert, daß Nigeria zwei Jahre lang (1990-92) von Militärs (Bundesregierung) und Politikern (Bundesstaaten) gemeinsam regiert werden wird.

Mit der Eröffnung der Mass Mobilization Campaign for Economic Recovery, Self Reliance and Social Justice (MAMSER) am 25.7., der Einsetzung der National Electoral Commission (NEC) am 10.8., des Directorate of Social Mobilization am 2.9. und des Constitution Review Committee (CRC) am 7.9. wurde der für 1987 geplante institutionelle Rahmen wie vorgesehen geschaffen. Außerdem entschied sich der AFRC nicht zuletzt aus Kostengründen für die Gründung von nur je einem neuen Bundesstaat im Norden und im Süden (23.9.): Teilung des bisherigen Bundesstaates Kaduna in Kaduna State und Zaria State sowie des bisherigen Bundesstaates Cross River in Cross River State und Akwa Ibom State.

Von noch nicht zu übersehender Tragweite war der gleichzeitig bekanntgegebene "Politikerbann", durch den gewährleistet werden soll, daß 1992 eine neue, von den verhängnisvollen Machtkämpfen und der Korruption der 1. und 2. Republik unbelastete Politikergeneration die Führung übernehmen kann. Betroffen sind alle Politiker und führenden Amtsinhaber seit der Unabhängigkeit des Landes (1960), einschließlich der gegenwärtigen Militäradministration, da ihnen allen bis 1992 das passive Wahlrecht entzogen worden ist. Schon gleich nach Bekanntgabe wurden Zweifel laut, ob die von Babangida angestrebte politische Erneuerung auf diese Weise bewerkstelligt werden kann.

Die Kommunalwahlen fanden am 12.12. statt. Die rege Wahlbeteiligung wurde von vielen Beobachtern als Erfolg und Zustimmung für das Programm der Babangida-Administration bewertet. Die organisatorische Vorbereitung und Durchführung war jedoch so miserabel, daß der Nationale Wahlausschuß offensichtlich die Übersicht verloren hatte und u.a. im Bundesstaat Lagos die Wahlen annullieren mußte (16.12.). Das weckte Erinnerungen an frühere Wahldebakel und das Versagen der Politiker in Nigeria. Eine bessere Rechtfertigung für die Notwendigkeit einer Verlängerung der Übergangszeit bis 1992 konnte sich die Militärregierung nicht wünschen.

Noch im Dezember wurden einige Veränderungen im Regierungsapparat vorgenommen. Am 15.12. ernannte der AFRC fünf neue Militärgouverneure in den Bundesstaaten. Am 21.12. folgte eine Kabinettsumbildung. Sie betraf vor allem die für Finanzen, Planung und Verkehr zuständigen Ressorts. Das bisherige Planungsministerium wurde dem neuen Finanz- und Planungsministerium eingegliedert, das in Händen von Chu Okongwu verblieb. Dafür wurden die Zentralbank und das Haushaltsbüro der Verantwortung des Finanzministeriums entzogen und direkt dem Präsidialamt unterstellt, das dadurch seine Machtstellung erheblich erweitert hat. Am meisten Aufsehen erregte die Ablösung von Außenminister Bolaji Akinyemi, der seine akademische Laufbahn wiederaufgenommen hat, durch den früheren Arbeitsminister Generalmajor Ike Nwachukwu.

A u ß e n p o l i t i k
Streben nach Weltgeltung und neuer Realismus

Herausragendes außenpolitisches Ereignis war das auf Initiative des nigerianischen Außenministers einberufene 1. Treffen des "Konzerts der Mittelmächte" in Lagos (16.-18.3.), auf dem das Lagos Forum gegründet und Nigeria zum Vorsitzenden gewählt wurde. Ein zweites Treffen folgte am 1.9. ebenfalls in Lagos. Das Lagos Forum besteht nach dem Austritt Zimbabwes aus 15 Mitgliedsstaaten aus allen Teilen der Dritten Welt und aus neutralen und blockfreien Staaten Europas. Es soll in der internationalen Politik zwischen den beiden großen Machtblöcken eine Vermittlerrolle übernehmen. Auch wenn die Auswahlkriterien für die Mitgliedschaft und die Rolle des Forums z.B. gegenüber der Blockfreienbewegung noch umstritten sind, hat es den internationalen Status Nigerias sicher erhöht.

Als Vorsitzender in der OPEC hat Nigeria darüber hinaus in der Erdöldiplomatie neue Initiativen ergriffen. Auf einer Konferenz in Lagos wurde am 26.1. die Gründung der African Petroleum Producers' Association (APP) beschlossen. Sie soll den afrikanischen Erdölproduzenten einen stärkeren Einfluß in der OPEC verschaffen. Am 1.12. wurde Nigerias Erdölminister Alhaji Rilwanu Lukman in Wien zum vierten Mal zum Vorsitzenden der OPEC gewählt.

Auch in der Afrika-Politik wurden neue Ansätze verfolgt. Hierzu gehört vor allem die Gründung des Technical Aid Corps (TAC) am 7.10. In seinem Rahmen sollen einige hundert nigerianische Hochschulabsolventen in afrikanischen, aber auch in außerafrikanischen Ländern als Entwicklungshelfer eingesetzt werden. Mit der Entsendung einer Gruppe von 17 nigerianischen Helfern nach Sierra Leone (Anfang Dez.), die dort eine medizinische Ausbildungsstätte aufbauen werden, sollen bisher insgesamt 144 nigerianische Spezialisten in acht afrikanischen Ländern (Angola, Gambia, Äquatorial-Guinea, Kenya, Lesotho, Moçambique, Zimbabwe, Seychellen) sowie in Jamaika tätig sein.

Besondere Aktivität entfaltete Nigeria auch bei der Förderung der regionalen Zusammenarbeit in Afrika. So schaltete sich Präsident Babangida als Vorsitzender der ECOWAS durch seine Reisen in eine Reihe von frankophonen Mitgliedsstaaten (22.-26.6., 4.-5.7.) aktiv in die Vorbereitung der Gipfelkonferenz dieser Organisation in Abuja (7.-9.7.) ein. Durch Staatsbesuche wurden darüber hinaus die bilateralen Beziehungen zu den Nachbarstaaten Benin und Kamerun, die zeitweilig durch kleinere Grenzzwischenfälle gestört waren, sowie zu Kenya vertieft. Mit besonderer Aufmerksamkeit wurden die südafrikanischen Aktivitäten in Äquatorial-Guinea verfolgt, die als eine unmittelbare Bedrohung der nigerianischen Interessen angesehen wurden.

Eine weniger glückliche Hand hatte Außenminister Akinyemi mit einem am Rande der UN-Vollversammlung in New York geführten Gespräch mit seinem israelischen Kollegen. Die im Zusammenhang damit gebrachte Meldung einer israelischen Zeitung über die bevorstehende Wiederaufnahme der seit 1973 abgebrochenen diplomatischen Beziehungen zwischen beiden Ländern löste vor allem in Nordnigeria einen Proteststurm aus (4.10.). Bereits Anfang des Jahres hatte die Konferenz der Ulama in Kano die "zunehmende Westorientierung" und die "israelische Beeinflussung" der nigerianischen Außenpolitik kritisiert. Auch die im August von Akinyemi erhobene Forderung nach einer nigerianischen Atombombe stieß in Nigeria auf Widerspruch. Schließlich wurde noch sein Angebot eines nigerianischen Beitrages zur Lösung des Angola-Konflikts durch die scharfe Zurückweisung der angolanischen Regierung gegenstandslos (24.11.). Das Revirement im nigerianischen Außenministerium bildete vor diesem Hintergrund keine Überraschung.

Sozio-ökonomische Entwicklung

Die ökonomische Entwicklung wurde weiterhin von außenwirtschaftlichen Faktoren bestimmt: der hohen Auslandsverschuldung (Ende Oktober 1987: $ 23,45 Mrd.) und der extremen Abhängigkeit vom Erdöl (über 90% der Ausfuhrerlöse und über 70% der Einnahmen des Bundeshaushalts). Nigeria bleibt damit auf Gedeih und Verderb von der Konjunkturlage des Welterdölmarktes abhängig. Ende 1986 war es der OPEC gelungen, sich auf eine Erhöhung des Richtpreises auf $ 18 pro Faß zu einigen. Da sich der Preis auf diesem Niveau einspielte, Nigeria aber Mühe hatte, seine volle Quote abzusetzen, beliefen sich die Haushaltseinnahmen im 1. Halbjahr 1987 mit N 5,7 Mrd. nur auf 74% des Ansatzes. Die Ausfuhrerlöse in Höhe von $ 6,32 Mrd. (1986) hatten nicht ausgereicht, um die 1987 fälligen Schuldendienstleistungen, die von der Weltbank auf rd. $ 3,5 Mrd. geschätzt wurden, fristgerecht zu erfüllen.

Bereits Ende 1986 hatte Nigeria daher mit den privaten und staatlichen Gläubigern informelle Vereinbarungen über eine Umschuldung unterzeichnet. Die Bereitstellung neuer Kredite verzögerte sich jedoch, u.a. wegen der noch ausstehenden Regelung für nichtversicherte kurzfristige Handelsverbindlichkeiten. Als Haupthindernis hatte sich jedoch die unter dem Druck einflußreicher Interessengruppen und der öffentlichen Meinung in Nigeria erzwungene Weigerung der Babangida-Administration erwiesen, ein Bereitschaftskreditabkommen mit dem IWF und die damit verbundenen Auflagen zu akzeptieren. Am 30.1. wurde jedoch schließlich eine solche auf ein Jahr befristete Fazilität in Höhe von $ 825 Mio. bewilligt (das entsprach 76,5% der nigerianischen Quote beim IWF). Wegen der innernigerianischen Opposition hat die Babangida-Administration diese Fazilität aber bis Ende 1987 nicht in Anspruch genommen. Dennoch war mit dem IWF-Abkommen eine wichtige Voraussetzung für die weiteren Schuldenverhandlungen geschaffen worden. So konnte das Umschuldungsabkommen mit dem Londoner Club am 23.11. endgültig unterzeichnet werden.

Mit ihrem Mitte 1986 verkündeten Strukturanpassungsprogramm war die Militärregierung den Wünschen von IWF und Weltbank weit entgegengekommen. Es sieht bis Mitte 1988 umfassende Liberalisierungsmaßnahmen, die Privatisierung von öffentlichen Unternehmen, eine stärkere Nutzung der einheimischen Ressourcen und verstärkte Anreize für ausländisches Privatkapital vor. Bislang wichtigster Schritt war die mit Unterstützung durch Weltbankkredite erfolgte

Freigabe des Devisenmarktes, durch die die von IWF und Weltbank seit Jahren
geforderte Abwertung des Naira auf fast ein Viertel des Vorjahreswertes durchgesetzt werden konnte. Wegweisend waren außerdem die Abschaffung der Importlizenzen und die
Öffnung der nigerianischen Börse für den internationalen Kapitalmarkt. Wegen
der noch ungeklärten Schuldenregelung und der noch geltenden nationalistischen
Investitionsvorschriften aus den 70er Jahren ("Nigerianisierungsdekrete") haben
sich Hoffnungen auf verstärkte Auslandsinvestitionen bisher allerdings nicht
erfüllt. Immerhin konnten aber seit langem geplante Infrastrukturprojekte wie der
Bau der Erdgaspipeline Escravos-Lagos in Angriff genommen werden; gewisse
Fortschritte wurden auch beim Aufbau der neuen Bundeshauptstadt Abuja erzielt.
    Die Abwertung des Naira hat den von der Regierung angestrebten Struktur-
wandel beschleunigt. Während die seit dem Erdölboom vernachlässigte landwirtschaftliche Exportproduktion begünstigt wurde, hat sich die Lage des auf ausländische Vorprodukte angewiesenen verarbeitenden Gewerbes weiter verschlechtert.
Die im 1. Halbjahr 1987 immer noch geringe Kapazitätsauslastung (rd. 33%) hat
ebenso wie die rigorose Sparpolitik im öffentlichen Dienst zu einer weiteren
Zunahme der Arbeitslosenzahl beigetragen. Sie belief sich nach amtlichen Schätzungen 1986 auf rd. 3 Mio. (d.h. in den Städten eine Rate von etwa 10%, in den
ländlichen Gebieten von 4%), nach denen des Gewerkschaftsbundes auf fast
5 Mio. Auch die 1987 eingeleiteten Beschäftigungsmaßnahmen haben, soweit
bisher erkennbar, keine wesentliche Änderung gebracht und damit eine weitere
Verschärfung der sozialen Spannungen nicht verhindern können.
    In diesem sozialen Klima stieß der von der Regierung im Sinne des IWF
geplante Abbau der Treibstoff-Subventionen auf starken Widerstand. Völlig
überraschend reihte sich auch der ehemalige Staatschef Obasanjo in die Front der
Gegner ein und verurteilte die zu hohen sozialen Kosten des Strukturanpassungsprogramms der Babangida-Administration in schärfster Form (26.11.). Seine Rede
löste eine wochenlange Kontroverse in den Medien aus. Dem wachsenden Protest
der Gewerkschaften versuchte die Militärregierung durch Verhaftung der Führung des Nigerianischen Gewerkschaftsbundes zu begegnen (15.12.). Der durch
die Unruhen in Lagos (17.-19.11.) noch verstärkte gesellschaftliche Gegendruck
erwies sich aber als so stark, daß die Regierung die Gewerkschaftler bereits am
21.12. wieder aus der Haft entließ und im neuen Haushalt (31.12.) auf einen
Abbau der Subventionen verzichtete, obwohl die Verhandlungen über eine Verlängerung des IWF-Abkommens damit sicher wesentlich erschwert werden mußten.   *Harald Voss*

Chronologie Nigeria 1987

05.01.	Sultan von Sokoto mahnt zu religiöser Toleranz
09.01.	Nigeria verurteilt Kampfhandlungen in Tschad und bietet Vermittlung in Abstimmung mit OAU an
12.01.	Besuch des US-Außenministers Shultz in Lagos
16.01.	Präsident Babangida empfängt UN-Botschafter Libyens; Kommunique: Für "afrikanische Lösung" des Tschadkonfliktes und Rückzug aller nicht-tschadischen Streitkräfte
18.01.	Kulturabkommen mit Japan
21.01.	Der ursprünglich für 15 Monate verhängte "Nationale Wirtschaftsnotstand" wird per Dekret bis Ende 1988 verlängert
25.01.	Konferenz des Rates der Ulama in Kano
26.01.	Gründung der African Petroleum Producers'Association (APPA) in Lagos
29.-31.01.	Staatsbesuch von Präsident Obiang Nguema (Äquatorial-Guinea)

30.01.	IWF bewilligt bis zum 31.1.88 eine Standby-Fazilität von SZR 650 Mio. (= $ 825 Mio.), das entspricht 76,5% der nigerianischen Quote beim IWF in Höhe von SZR 849,5 Mio.
30.01.	Kooperationsabkommen mit Nordkorea
04.02.-05.03.	Präsident Babangida zur Operation im amerikanischen Hospital in Paris-Neuilly
27.02.	Verkehrsminister: Richtlinien für eine nationale Schiffahrtspolitik beschlossen. National Maritime Authority soll noch 1987 eingerichtet werden
Februar	Nigeria unterstützt den Afrikanischen Gewerkschaftsbund in Accra mit Material im Wert von $ 250 000
06.03.	Ausbruch von Unruhen zwischen Christen und Muslimen in Kafanchan (Kaduna State), die in den nächsten Tagen auf andere Städte im Bundesstaat Kaduna übergreifen. Gouverneur verhängt Sperrstunde (11.-16.3.)
08.03.	Verleihung des König-Feisal-Preises für Verdienste um den Islam an den früheren Großkadi der Nordregion, Sheikh Abubakar Mahmud Gumi (Malam), in Riyadh
16.-18.03.	1. Treffen des "Concert of Medium Powers" in Lagos, Gründung des Lagos Forum
17.03.	Babangida-Rede: Unruhen in Kaduna State seien das Werk von Zivilisten, die einen Staatsstreich planten
23.-24.03.	Paraphierung eines Umschuldungsabkommens mit der britischen Regierung
23.-26.03.	4. Sitzung des gemeinsamen nigerianisch-bulgarischen Ausschusses in Lagos
26.03.	Paraphierung eines Umschuldungsabkommens mit Frankreich
31.03.	Verteidigungsminister und Vorsitzender der Joint Chiefs of Staff, Generalmajor Domkat Bali, erklärt in Enugu, daß die noch inhaftierten Generale Buhari und Idiagbon (1984- Aug.1985 Staatschef bzw. Generalstabschef) nicht vor ein Gericht gestellt werden
09.04.	Treffen der Militärgouverneure der zehn Nordstaaten beginnt
15.04.	Konsularabkommen mit der DDR
16.04.	Auszahlung der 2. und letzten Tranche ($ 200 Mio.) des Weltbank-Strukturanpassungskredits (1. Tranche gezogen im Nov. 1986)
01.05.	Aufhebung des seit zehn Jahren bestehenden Verbots gewerkschaftlicher Betätigung für Chief Michael Imoudou und zehn andere führende Gewerkschafter
Anfang Mai	Verzicht auf Dekret zur Einschränkung des Mindestlohns wendet Streikdrohung ab
02./03.05.	Grenzzwischenfall mit Kamerun in Borno State
09.05.	Tod des Politikers Chief Obafemi Awolowo – Gedächtnisfeiern werden zu Massenveranstaltungen; Staatsbegräbnis in Ikenne (Ogun State) am 6.6.
Mitte Mai	Grenzzwischenfall mit Benin in Sokoto State
18.05.	Unterzeichnung des am 24.3. in London paraphierten Umschuldungsabkommens mit Großbritannien
06.06.	Northern Elders Meeting in Kaduna
22.-26.06.	Babangida-Besuche in Togo, Senegal und Côte d'Ivoire
29.06.	Gründung des 24 Mitglieder zählenden Religious Affairs Council
30.06.	Aufhebung des seit dem 29.9.86 bestehenden zweiten Devisenmarktes (Second-Tier Foreign Exchange Market, SFEM) und Einführung eines freien Devisenmarktes (Foreign Exchange Market, FEM)
01.07.	Babangida-Rede: Programm für die Rückkehr zur Zivilregierung 1987-92; Vorlage des Weißbuches über den Bericht des Politischen Büros
04./05.07.	Babangida-Besuch in Benin
07.-09.07.	Gipfelkonferenz der ECOWAS in Abuja
10.07.	Spontane Ausschreitungen aus Protest gegen Übergriffe der Polizei in Minna (Niger State)
07.08.	Präsident Chissano von Moçambique in Abuja
13.08.	3. Treffen des nigerianisch-tschechischen Ausschusses
14.08.	Treffen des Generalstabschefs mit der Führung des nigerianischen Gewerkschaftsbundes
Mitte August	Außenminister fordert für Nigeria die Atombombe
01.09.	2. Treffen des Lagos Forum (vgl. 16.-18.3.)
Anfang Sept.	3. Konsultationstreffen der Gouverneure der zehn Nordstaaten
08.09.	Ratifizierung eines Kooperationsabkommens mit Liberia
21.09.	Richtlinien für die Energiepolitik: Bekenntnis zur ausschließlich friedlichen Nutzung der Kernenergie
23.09.	Babangida-Rede: Erweiterung der Föderation um zwei auf insgesamt 21 Bundesstaaten; allen führenden Politikern und Amtsinhabern seit 1960 einschließlich der amtierenden Militäradministration wird bis 1992 das passive Wahlrecht entzogen
25.09.	Nationaler Wahlausschuß rechnet für die Kommunalwahlen am 12.12. mit rd. 55 Mio. Wahlberechtigten
27./28.09.	Besuch des Armee-Stabschefs in Kamerun

01.10.　　　27. Unabhängigkeitstag: Der frühere Staatschef Gowon (1966-75) erhält rückwirkend ab 1.2.77 wieder den Generalsrang. Beförderungen für die Führungsspitze: Präsident Babangida (General), Generalstabschef Augustus Aikhomu (Vizeadmiral), Vorsitzender der Vereinigten Stabschefs Domkat Bali (Generalleutnant) sowie die Stabschefs der Armee (Sani Abacha), Luftwaffe (Ibrahim Alfa) und Marine (Patrick Koshoni) (Generalleutnant, Luftmarschall, Vizeadmiral) sowie der Adjutant des Präsidenten (U.K.Bello) (Oberstleutnant)

04.10.　　　Israelische Zeitung meldet nach israelisch-nigerianischem Außenministergespräch am Rande der UN-Vollversammlung in New York, daß die seit 1973 unterbrochenen diplomatischen Beziehungen zwischen beiden Ländern wiederhergestellt werden sollen. Keine Bestätigung durch das israelische Außenministerium; Dementi durch Luftwaffenstabschef Alfa am 20.10.

07.10.　　　Gründung des Technical Aid Corps (TAC) in Lagos (vgl. Anfang Dez.)

19.10.　　　Zur Erinnerung an den am 19.10.86 durch eine Briefbombe in Lagos ermordeten Herausgebers des Newswatch-Nachrichtenmagazins stiftet der Nobelpreisträger Wole Soyinka den Preis für "Courageous and Investigative Journalism" in Nigeria. 1. Preisträger: Dele Giwa

21.-25.10.　　Babangida-Besuch in Kenya

26.10.　　　Nationaler Wahlausschuß rechnet jetzt mit 68 Mio. Wahlberechtigten

27.10.　　　Babangida-Besuch in Tschad

02.11.　　　Nationaler Wahlausschuß: insgesamt wurden 77 Mio. Wählerkarten ausgegeben

03.11.　　　Abkommen über gemeinsame Verbrechensbekämpfung mit den USA

16.-19.11.　　Treffen der traditionellen Herrscher in Abuja

17.-19.11.　　Unruhen in Lagos

23.11.　　　Umschuldungsabkommen mit dem Londoner Club

23.11.　　　Luftverkehrsabkommen mit Benin

26.11.　　　Obasanjo-Rede aus Anlaß der Präsentation der Memoiren seines früheren Außenministers Joe Garba: Forderung nach Haftentlassung der Generale Buhari und Idiagbon (vgl. 31.3.) und scharfe Kritik an den zu hohen sozialen Kosten des Strukturanpassungsprogramms der Babangida-Administration

04.-06.12.　　Besuch des Präsidenten Traoré von Mali; Gründung eines gemischten Kooperationsausschusses

08.-10.12.　　Babangida-Besuch in Kamerun

09.12.　　　Erdölminister Alhaji Rilwanu Lukman in Wien zum vierten Mal zum Vorsitzenden der OPEC gewählt

09.12.　　　Unterzeichnung eines Luftverkehrsabkommens mit Kenya

11.12.　　　Präsident Babangida empfängt Stabschef des französischen Heeres; in der gleichen Woche Besuch des tschechoslowakischen Verteidigungsministers

12.12.　　　Kommunalwahlen

15.12.　　　Obasanjo-Pressekonferenz in Washington: Kritik an den Militärregimen in Westafrika, "soldiers should leave politics to politicians"

15.12.　　　Verhaftung von Gewerkschaftsführern, die am 21.12. wieder freigelassen werden

18.12.　　　Handelsabkommen mit Kenya

21.12.　　　Regierungsumbildung

31.12.　　　Haushaltsrede von Präident Babangida

Senegal

Fläche: 196 192 km², *Einwohner:* 6,56 Mio., *Hauptstadt:* Dakar, *Amtssprache:* Französisch, *Schulbesuchsquote:* 33%, *Wechselkurs:* $ 1= Franc CFA 267,88, *Pro-Kopf-Einkommen:* $ 370, *BSP:* $ 2,4 Mrd., *Anteile am BIP:* 19% - 29% - 52%, *Hauptexportprodukte (1986):* Fische u. *Fischereiprodukte* 27%, *Erdnußprodukte* 12%, *Phosphate* 11%, *Staats- und Regierungschef:* Abdou Diouf, *Regierungspartei:* Parti Socialiste (PS)

Das Jahr 1987 stand im Zeichen der Vorbereitung auf die Präsidentschafts- und Parlamentswahlen Ende Februar 1988. Die regierende PS sah sich einer in 16 Parteien zersplitterten Opposition gegenüber, von der allerdings nur wenige Parteien die Absicht bekundeten, bei den Wahlen zu kandidieren. Zu ihrem Wortführer machte sich Abdoulaye Wade, Generalsekretär der Parti Démocratique Sénégalais (PDS) und vehementester Gegner von Präsident Abdou Diouf. Trotz scharfer Kritik am Wirtschaftsprogramm der Regierung gelang es der Opposition nicht, sich zu einigen. Schwerwiegender als die Auseinandersetzungen mit der Opposition waren die Unruhen, die von den Studenten und der Polizei ausgingen. Wirtschaftspolitisch verfolgte die Regierung im Rahmen der 1984 verkündeten neuen Agrarpolitik und der 1986 proklamierten neuen Industriepolitik den vom IWF auferlegten Kurs, der durch Liberalisierung der Wirtschaft, Desengagement des Staates zugunsten des privaten Sektors und Exportorientierung gekennzeichnet ist. Bemerkenswert war die intensive öffentliche Diskussion der vorgesehenen Maßnahmen.

Innenpolitik

Beim 11. ordentlichen *Parteitag der PS* am 20./21.12.86 wurde Diouf für weitere vier Jahre als Generalsekretär der Partei bestätigt und galt damit als Präsidentschaftskandidat für die 1988 fälligen Wahlen. In seiner Parteitagsrede übte er heftige Kritik an der Clanbildung und den Machtkämpfen innerhalb der Partei, die zu einer Lahmlegung der Parteiarbeit führten. Da Diouf, der innerhalb des Verwaltungsapparates aufgestiegen war, über keine politische Basis verfügt, waren zu seiner Unterstützung schon vor den Wahlen 1983 zahlreiche außerparteiliche Gruppierungen geschaffen worden, als deren bedeutendste die Groupe de Rencontres et d'Echanges pour un Sénégal Nouveau (GRESEN) anzusehen ist, die seit Juli 1985 von dem allgemein anerkannten, parteilosen Erziehungsminister Prof. Iba der Thiam geleitet wird und sich besonders an die intellektuelle Elite wendet. Zur Förderung der Wiederwahl von Diouf entstand im September 1987 die Gruppierung Abdou no dooy (= auf Abdou vertrauen wir), zu deren Wortführern ebenfalls Iba der Thiam gehört. Ähnliche Ziele verfolgt das im August gegründete Mouvement de Solidarité pour la Réélection de Abdou Diouf (MSRA) unter der Leitung von Serigne Cheikh Ahmed Tidiane Sy, eines bekannten religiösen Würdenträgers und Geschäftsmannes. Diese Solidaritätsgruppen könnten Ansätze für eine neue, über die erstarrten Parteistrukturen hinausgehende politische Dynamik bilden. Präsident Diouf selbst bereiste in der zweiten Jahreshälfte alle Landesteile, um Entwicklungsprojekte einzuweihen und Kontakte mit der Bevölkerung aufzunehmen.

Entscheidend für einen Wahlerfolg ist jedoch nach wie vor die Haltung der religiösen Führer der islamischen Bruderschaften, um deren Gunst sich sowohl Regierungspartei wie Opposition bemühen. Obwohl das Verhältnis der Regierung zum Oberhaupt der Mouriden in den letzten Jahren nicht reibungslos verlaufen war, setzten sich die Generalkhalife der beiden bedeutendsten Bruderschaften, der Tidjania und der Mouriden, für eine Wiederwahl Dioufs ein.

Trotz der Kritik der *Oppositionsparteien* am wirtschaftlichen Reformprogramm der Regierung und am Diktat des IWF galten die gemeinsamen Bemühungen weniger wirtschaftspolitischen Fragen als der *Forderung nach einer Änderung
des Wahlgesetzes* (Zulassung von Parteikoalitionen, Vertreter der Opposition als
Beisitzer bei den Wahlen, Wahrung des Wahlgeheimnisses, gleiche Sendezeiten
aller Parteien in den Medien u.a.), die jedoch von Diouf strikt abgelehnt wurde.
Verschiedene Ansätze der Opposition, eine gemeinsame Plattform zu finden,
gingen über verbale Äußerungen kaum hinaus. Im Februar wurden auf einer
gemeinsamen Pressekonferenz von elf der 15 Oppositionsparteien unter Vorsitz
von Abdoulaye Wade die Gewaltherrschaft der Regierung und die Verletzung der
verfassungsmäßigen Freiheiten scharf angegriffen. Ein weiterer Versuch, gemeinsam aufzutreten, erfolgte im Oktober, als Wade im Namen eines von zehn Oppositionsparteien unterstützten Comité national pour la révision du code électoral
die Forderung nach einer Revision des Wahlgesetzes wiederholte. Wade, der beim
Nationalkonvent der PDS im Januar 1987 eine Kandidatur bei den Wahlen 1988
abgelehnt hatte, sofern das Wahlgesetz nicht geändert würde, erklärte sich im
Juni überraschend bereit, für die PDS und als einziger Kandidat der Opposition
bei den Präsidentschaftswahlen anzutreten. Unterstützt wurde seine Kandidatur
von Abdoulaye Bathily, dem Generalsekretär der marxistischen Ligue Démocratique - Mouvement pour le Parti du Travail (LD-MPT), die sich im Juli 1985 mit
der PDS und drei weiteren Oppositionsparteien (AJ-MRDN, OST, UDP) in der
Alliance Démocratique Sénégalaise (ADS) zusammengeschlossen hatten. Dies
hinderte den Generalsekretär der maoistischen And Jef - Mouvement Révolutionnaire pour la Démocratie Nouvelle (AJ-MRDN), Landing Savané, allerdings
nicht, sich beim Kongreß seiner Partei im Dezember 1987 ebenfalls als Kandidat
für die Präsidentschaftswahlen nominieren zu lassen. Eine Beteiligung seiner
Partei an den Parlamentswahlen lehnte er hingegen ab.

Die *PDS*, die bei den Wahlen 1983 mit fast 14% der Stimmen acht der insgesamt 120 Parlamentssitze erringen konnte, ist mit Abstand bedeutendste Oppositionspartei. Durch Übertritte zur PS, Parteiaustritte und die Gründung von zwei
Splitterparteien, der Union Démocratique Sénégalaise - Renovation (UDS-R)
1985 unter Mamadou Fall "Puritain" und der Parti Démocratique Sénégalais -
Rénovation (PDS-R) 1987 unter Serigne Diop, vorher Nationalsekretär der PDS
und Abgeordneter, hat sie im Laufe der Zeit jedoch drei Parlamentssitze verloren. Die PDS und ihr Generalsekretär lehnen das vom IWF diktierte wirtschaftliche Reformprogramm und den Rückzug des Staates aus der Wirtschaft ab und
fordern eine von staatlichem Interventionismus begleitete Liberalisierung. Obwohl
ideologisch der Sozialdemokratie nahestehend, ist die PDS Mitglied der Liberalen
Internationale, zu deren Vizepräsidenten Wade gehört, und hat gute Kontakte zu
liberalen Parteien Westeuropas.

Für die nationalistische *Parti pour la Libération du Peuple (PLP)*, eine Splitterpartei der von dem anerkannten Wissenschaftler Cheikh Anta Diop gegründeten Rassemblement National Démocratique (RND), wurde ihr Generalsekretär,
Babacar Niang, beim Parteitag im Dezember 1987 zum Präsidentschaftskandidaten
nominiert. Die PLP beabsichtigte, sich auch landesweit an den Parlamentswahlen
zu beteiligen. Babacar Niang, der nach den Wahlen 1983 als einziger Abgeordneter der RND in das Parlament eingezogen war und seinen Sitz auch nach der
Abspaltung von der RND im August 1983 beibehalten hatte, betonte bei seiner
Parteitagsrede, daß die PLP keiner Klasse oder Ideologie verpflichtet sei, sondern
die Errichtung einer demokratischen Regierung auf der Basis einer breiten
nationalen Einheit anstrebe.

Bedrohlicher für die Regierung als die Angriffe der Opposition waren die *sozialen Konflikte* in der ersten Jahreshälfte. Am 22.1. riefen die *Studenten* der Universität Dakar aus Protest gegen unzumutbare Lebensbedingungen und nicht termingerechte Auszahlung der Stipendien einen Streik aus, der die Besetzung des Universitätsgeländes durch die Polizei und schwere Auseinandersetzungen mit einer größeren Zahl von Verletzten zur Folge hatte. Schüler der Sekundarschulen schlossen sich dem Streik an. Die Vermittlungsbemühungen des Erziehungsministers Iba der Thiam verhinderten eine weitere Eskalation, doch konnte die Universität ihren Betrieb erst am 26.2. wieder aufnehmen.

Weit kritischer war die Situation, als Mitte April die *Polizei* demonstrierte, wobei es in Thiès zu schweren Ausschreitungen kam, und die Absetzung des Innenministers forderte. Auslöser war die gerichtliche Verurteilung von sieben Polizisten wegen Totschlags, doch stand dahinter die allgemeine Unzufriedenheit der Polizeikräfte. Eine Konfrontation zwischen Polizei und der herbeigerufenen Gendarmerie konnte gerade noch verhindert und damit ein Eingreifen des Militärs vermieden werden. Präsident Diouf ordnete die Auflösung der Polizei an und entließ Innenminister Ibrahima Wone sowie drei Sicherheitsdirektoren. Die interimistische Leitung wurde dem Staatsminister und Generalsekretär des Präsidialamtes, Jean Collin, der von 1971-1981 Innenminister war und als "Graue Eminenz" von Präsident Diouf gilt, übertragen. Aufgrund individueller Anträge wurden bis Anfang September rd. zwei Drittel der 6265 entlassenen Polizeikräfte wieder eingestellt. Neuer Innenminister wurde am 20.10. der bisherige Arbeitsminister André Sonko. Die Polizeiunruhen bedeuteten eine der größten Gefährdungen der Staatsgewalt seit der Unabhängigkeit.

Außenpolitik

Frankreich ist nach wie vor der wichtigste Partner Senegals sowohl in wirtschaftlicher als auch in politisch-militärischer Hinsicht, was sinnfällig in gemeinsamen franko-senegalesischen Manövern im Januar zum Ausdruck kam. Im Gegensatz zu anderen afrikanischen Staaten unterstützt Senegal, das Mitglied des Ad-hoc-Komitees der OAU zur Beilegung des Tschad-Libyen-Konfliktes ist, die französische Interventionspolitik im Tschad. Dennoch machten sich im Verhältnis der beiden Staaten Spannungen bemerkbar, die u.a. auf die Visumspflicht bei der Einreise nach Frankreich, auf das Problem der in Frankreich lebenden senegalesischen Emigranten, aber auch auf die zunehmende Annäherung Senegals an die USA zurückzuführen sind. Premierminister Jacques Chirac, dessen Partei der PDS von Wade näher steht als der PS von Diouf, äußerte sich bei einem Kurzbesuch im März ablehnend zum senegalesischen Mehrparteiensystem, zur gleichen Zeit erschienen in französischen Presseorganen Artikel, die von der senegalesischen Regierung und der PS als Verleumdungskampagne bezeichnet wurden, während französische Unternehmer in Senegal Kritik an der neuen Industriepolitik und der Beendigung des Protektionismus übten.

Lob für die konsequente wirtschaftliche Reformpolitik erhielt Senegal von den *USA*, die in den letzten Jahren zum zweitwichtigsten Geberland Senegals aufgestiegen sind. Als erstes Land im Rahmen einer Afrika-Tournee besuchte US-Außenminister George Shultz am 8./9.1. Senegal, wo er eine vielbeachtete Rede vor dem Conseil National du Patronat Sénégalais hielt. Im September hielt sich Präsident Diouf im Anschluß an den Frankophonie-Gipfel in Québec (Kanada) zwei Wochen in den USA auf, wo er u.a. mit Präsident Reagan und Vizepräsident

Bush zusammentraf und die Ehrendoktorwürde der Central State University von
Ohio entgegennahm. Präsident Diouf fehlte hingegen beim franko-afrikanischen
Gipfel vom 10.-13.12. in Antibes (Frankreich).
Das Bemühen um eine Intensivierung der *Beziehungen zu den arabischen
Staaten* führte zu einer Reise Präsident Dioufs vom 31.5.-3.6. nach Ägypten,
Kuweit und Saudi-Arabien, die im Zeichen der Vorbereitungen auf das für 1990
in Dakar geplante Gipfeltreffen der Organisation der Islamischen Konferenz
stand.
Von *internationaler Bedeutung* waren das Treffen in Dakar vom 9.-12.7.
zwischen Mitgliedern des African National Congress (ANC) und einer Gruppe
südafrikanischer liberaler Buren sowie die Ratstagung der Sozialistischen Internationale (SI) am 15./16.10., der eine Konferenz über "Demokratie und Entwicklung" vorausgegangen war. Die PS ist - sieht man von Mauritius ab - als einzige
afrikanische Partei Mitglied der SI, zu deren Vizepräsidenten Abdou Diouf gehört.
Die *innerafrikanischen Beziehungen* waren durch die Vertiefung der Kontakte
zu den als konservativ geltenden frankophonen Staaten Zaire, Kamerun und
Gabun gekennzeichnet. Der Intensivierung der wirtschaftlichen Beziehungen mit
Kamerun diente eine zwischen senegalesischen und Kameruner Unternehmen im
Juni abgeschlossene Vereinbarung. Kamerun ist auch an den Industries Chimiques
du Sénégal (ICS), dem größten Industriebetrieb Senegals, beteiligt.
Besondere Bedeutung für die regionale Zusammenarbeit haben die Beziehungen zu *Nigeria*. Der Staatsbesuch des nigerianischen Präsidenten Ibrahim B. Babangida vom 23.-25.6. fand entsprechende Beachtung. Präsident Diouf hielt sich
im Februar anläßlich der Verleihung der Ehrendoktorwürde der Universität
Maiduguri in Nigeria auf.
Mit *Gambia* ist Senegal in der seit 1.2.82 bestehenden Konföderation Senegambia verbunden. Das 1968 gegründete senegalesisch-gambische Ständige Sekretariat, das Koordinierungsaufgaben wahrgenommen hatte, wurde am 1.11.87
aufgelöst und seine Kompetenzen der Konföderation übertragen, deren Aufga-
benbereich dadurch erheblich erweitert wurde. Die entscheidende Frage der
Errichtung einer Wirtschaftsunion machte allerdings wenig Fortschritte. Obwohl
bereits im September 1986 eine grundsätzliche Einigung auf Ministerebene über
die Errichtung einer Freihandelszone als Vorstoß zur Wirtschaftsunion erzielt
worden war, zogen sich die weiteren Verhandlungen hin.

Sozio-ökonomische Entwicklung
Im Juli 1985 hatte Senegal mit Unterstützung der Weltbank ein mittel- und langfristiges *wirtschaftliches und finanzielles Anpassungsprogramm* (1985-1992) in
Angriff genommen, in dessen Rahmen unter den Bezeichnungen "neue Agrarpolitik" (1984) und "neue Industriepolitik" (1986) tiefgreifende wirtschaftspolitische
Reformen mit weitgehenden Liberalisierungs- und Privatisierungsmaßnahmen
beschlossen worden waren. Am 31.8./1.9.87 trat in Paris die *Konsultativgruppe der
Weltbank* zusammen, um die Ergebnisse der ersten Phase (1985-1987) des Anpas-
sungsprogrammes zu überprüfen und Maßnahmen für die zweite Phase
(1987/88-1989/90) festzulegen. Der Kreditbedarf Senegals für die drei Jahre
wurde mit $ 600 Mio. jährlich veranschlagt, von denen $ 280 Mio. für Budgethilfe und Zahlungsbilanzausgleich, $ 360 Mio. für öffentliche Investitionen
bestimmt sein sollten. Als Ergänzung zum Anpassungsprogramm legte die Regie-

rung ein dreijähriges Programm der öffentlichen Investitionen (1987/88-1989/90) vor, das die im 7. Entwicklungsplan (1985-1989) vorgesehenen staatlichen Investitionen enthält, und jährlich überprüft und adaptiert werden soll. Es stellt den Übergang zu einem ab 1989 ins Auge gefaßten neuen Planungssystem dar.

In Durchführung der vom IWF geforderten Maßnahmen wurde im Februar ein *Steuergesetz* verabschiedet, das eine völlige Neugestaltung des Steuersystems darstellt mit dem Ziel, die Spar- und Investitionstätigkeit zu fördern. Es sieht eine weitgehende Steuerbefreiung der Landwirtschaft, Steuervergünstigungen für Klein- und Mittelbetriebe sowie Steuerermäßigungen für die unteren Einkommensgruppen vor. Im Juli folgte die Verabschiedung eines *neuen Investitionsgesetzes*, mit dem das administrative Verfahren der Zulassung von Unternehmen vereinfacht, die Dauer der Zoll- und Steuererleichterungen bei Neuinvestitionen von 25 auf zwölf Jahre herabgesetzt und Klein- und Mittelbetrieben Sondervergünstigungen zuerkannt werden. Ein weiteres 1987 verabschiedetes Gesetz dient der Verbesserung der Organisation und Kontrolle der mit hohen staatlichen Subventionen gestützten parastaatlichen Unternehmen. Außerdem wurden nach heftigen Auseinandersetzungen mit den Gewerkschaften arbeitsrechtliche Bestimmungen erlassen, durch die das staatliche Monopol der Arbeitsvermittlung aufgehoben und Einstellungserleichterungen für die Unternehmer geschaffen wurden. Von weitreichendster, an die Prinzipien sozialistischer Ordnungspolitik rührender Bedeutung ist das ebenfalls im Juli 1987 beschlossene *Privatisierungsgesetz*, durch das 26 der 63 gemischtwirtschaftlichen Unternehmen mit direkter Beteiligung des Staates - insgesamt stehen 150 Unternehmen direkt oder indirekt unter staatlicher Kontrolle - ganz oder teilweise in private Hand übergehen sollen. Die Durchführung der Privatisierung begann im Oktober, als die ersten zehn Unternehmen zum Verkauf angeboten wurden. Zum gleichen Zeitpunkt wurde die Liquidierung von sieben gemischtwirtschaftlichen und zwei öffentlichen Betrieben abgeschlossen. Damit wurden die Voraussetzungen für die Auszahlung der 2. Tranche (=$ 33,4 Mio.) des *3. Strukturanpassungsdarlehens der Weltbank* in Höhe von insgesamt $ 93 Mio. für drei Jahre erfüllt. Bei Verhandlungen mit dem *IWF* im September war Senegal außerdem ein weiterer *Bereitschaftskredit* von SZR 21,28 Mio. für zwölf Monate und die 2. Tranche in Höhe von SZR 25,53 Mio. einer dreijährigen Strukturanpassungsfazilität zugesagt worden. Die im Pariser Club zusammengeschlossenen Gläubigerländer gewährten Senegal daraufhin am 18.11. eine *Umschuldung* über einen Zeitraum von 16 Jahren, von denen die ersten sechs Jahre tilgungsfrei sind. Die gesamte Auslandsschuld Senegals wurde 1987 auf F CFA 800 Mrd. (rd. $ 2,6 Mrd.) geschätzt, der Schuldendienst betrug vor der Umschuldung F CFA 115 Mrd., das sind 20-25% der Exporterlöse und 45% der Budgeteinnahmen des Staates. Großbritannien erließ Senegal Anfang Oktober Schulden in Höhe von F CFA 500 Mio.

Auf makroökonomischer Ebene brachte *der wirtschaftspolitische Reformkurs* einige Erfolge mit sich: Die Wachstumsrate des BIP betrug 1986 4,6% und wird für 1987 auf 4,1% geschätzt. Sie übertrifft damit das angestrebte Ziel von 3,5%. Die Situation der öffentlichen Finanzen verbesserte sich, das Handelsbilanzdefizit konnte von F CFA 142 Mrd. (1985) auf 83 Mrd. (1986) gesenkt werden, die Inflationsrate ging von 10,5% (1985) auf 6,6% (1986) zurück. Die öffentliche Inlandsschuld wurde von F CFA 36 Mrd. (1985) auf 22 Mrd. (1987) reduziert. Senegal hat damit zwar die vom IWF gesetzten Ziele erreicht, doch fehlt die erforderliche wirtschaftliche Dynamik speziell des industriellen Sektors. Das

Wachstum des BIP ist v.a. dem Ansteigen der Erdnußproduktion infolge günstiger Witterungsbedingungen zu verdanken. Da die Weltmarktpreise für Erdnüsse zurückgingen, die Ankaufspreise wegen der bevorstehenden Wahlen jedoch nicht verändert wurden, hat der Staat bei einer Rekordernte 1987 von 840 000 t ein Defizit von F CFA 18-20 Mrd. zu tragen. Die Ernteergebnisse von Hirse, Mais, Reis und Baumwolle lagen 1986/87 unter jenen von 1985/86. Die neue Industriepolitik stieß sowohl bei den Gewerkschaften, die ein Anwachsen der ohnedies bereits hohen Arbeitslosigkeit wegen Personalabbau befürchten, als auch bei den Unternehmern, deren auf Importsubstitution ausgerichtete Produktion bisher durch Zölle und Importbeschränkungen geschützt war, auf Widerstand. Zur Milderung der sozialen Härten und zur Erleichterung des Anpassungsprozesses war 1986 von der Regierung ein Fonds zur Eingliederung und Wiedereingliederung von Arbeitern gegründet worden, der Ende 1987 über ca. F CFA 5 Mrd. verfügte, ein Fonds zur Restrukturierung der Industrie wird Anfang 1988 seine Operationen aufnehmen.   *Marianne Weiss*

Chronologie Senegal 1987

08.-09.01.	Besuch des amerikanischen Außenministers George Shultz
08.-21.01.	Franko-senegalesische Manöver
15.-17.01.	4. Nationalkonvent der PDS von Abdoulaye Wade
22.01.-26.02.	Studentenunruhen und Schließung der Universität Dakar
30.01.-01.02.	Besuch des kanadischen Premierministers Brian Mulroney
31.01.-01.02.	Parteitag der PDS von Serigne Diop
01.-02.02.	4. ordentlicher Parteitag der Parti Africain de l'Indépendence (PAI). Wiederwahl von Generalsekretär Majhemout Diop
04.02.	Verabschiedung eines Gesetzes zur Steuerreform
12.-14.02.	Staatsbesuch des zairischen Präsidenten Mobutu
14.03.	Kurzbesuch von Premierminister Chirac
31.03.	Genehmigung des Haushaltsplanes 1987/88 in Höhe von F CFA 455 Mrd. durch den Ministerrat
31.03.-01.04.	2. Treffen der Konsultativgruppe der Weltbank für Senegal in Paris
13./14.04.	Polizeiunruhen, Auflösung der Polizei
18./19.4.	1. ordentlicher Parteitag des RND: Wiederwahl von Generalsekretär Ely Madiodio Fall
31.05.-03.06.	Reise von Präsident Diouf nach Ägypten, Kuweit, Saudi-Arabien
08.06.	Antrag auf Zulassung der PDS-R
09.06.	Besuch des Präsidenten von Guinea, Gen. Lansana Conté
23.-25.6.	Besuch des nigerianischen Präsidenten Gen. Ibrahim B.Babangida
01.07.	Senkung der Preise für Brot und Gas
12.07.	1. Parteitag der UDS-R
23.-30.07.	Verabschiedung des Gesetzes zur Kontrolle parastaatlicher Unternehmen, des revidierten Arbeitsgesetzes, des Privatisierungsgesetzes, des Investitionsgesetzes und des Programme triennal d'investissements publics (1987/88-1989/90) durch die Nationalversammlung
06.09.	Nationalkonferenz der LD/MPT
01.-02.10.	Arbeitsbesuch von Präsident Diouf in Kamerun
15.10.	Wahl Senegals zum nicht ständigen Mitglied des UN-Sicherheitsrates ab 1.1.88
16.10.	Beginn der Privatisierungsmaßnahmen
20.10.	Regierungsumbildung: Ernennung von André Sonko zum neuen Innenminister
18.11.	Umschuldungsverhandlungen mit dem Pariser Club
24.-26.11.	Offizieller Besuch des Generalstabschefs von Guinea-Bissau
11.-13.12.	2. Parteitag der PLP
12.-19.12.	4. ordentlicher Parteitag des AJ-MRDN
22.12.	Begnadigung und Haftentlassung von Augustin Diamacoune Senghor, des Führers der Separatistenbewegung der Casamance

Sierra Leone

Fläche: 71 740 km², Einwohner: 3,75 Mio., Hauptstadt: Freetown, Amtssprache: Englisch, Schulbesuchsquote: 35%, Wechselkurs: $ 1=Leone 22, Pro-Kopf-Einkommen: $ 370, BSP: $ 1,38 Mrd., Anteile am BIP: 44% - 14% - 42%, Hauptexportprodukte: Titanerz 21,8%, Kaffee 20,3%, Diamanten 18,8%, Bauxit 17,6%, Kakao 16%. Staats- und Regierungschef: Joseph Momoh, Einheitspartei: All People's Congress (ACP)

Herausragende Ereignisse waren zum Jahresbeginn ausgedehnte Studentenunruhen mit teilweise regierungsfeindlichem Akzent, Ende März ein gescheiterter Putschversuch, dadurch ausgelöst eine weitreichende Umbesetzung öffentlicher Ämter, eine vom Präsidenten initiierte Anti-Korruptions-Kampagne mit vielfach drastischen Strafen, ein mit 16 Todesurteilen endender mehrmonatiger Hochverratsprozeß aus Anlaß des Umsturzversuches sowie Anfang November die Ausrufung des wirtschaftlichen Notstandes.

Innenpolitik

Im Januar und Februar ereigneten sich vor allem in den Provinzstädten Bo, Kenema und Kono, aber auch in Freetown, *schwere Studentenunruhen*, die sich zu regierungsfeindlichen Ausschreitungen mit Brandanschlägen gegen Gebäude der regierenden ACP sowie Plünderungen von Büros und Geschäften steigerten. Die Gewaltanwendungen, die zu einer mehrtägigen Ausgangssperre, mindestens zwei Todesopfern sowie 77 Verhaftungen führten, waren begleitet von Forderungen nach einer allgemeinen Erhöhung der staatlichen Studienbeihilfen. Die Behörden reagierten mit einer sechswöchigen Schließung dreier Kollegs in Fourah Bay, Njala und Goderich sowie der Einsetzung einer Untersuchungskommission.

Am 23.3. scheiterte ein *Putschversuch* gegen das seit 15 Monaten im Amt befindliche Staatsoberhaupt, Präsident Joseph Momoh. Nach einem mehrstündigen Schußwechsel wurde als Rädelsführer der stellvertretende Polizeidirektor, Mohammed Kaikai, festgenommen. Dieser war früher Leiter der Sondertruppe zum Schutze des ehemaligen Präsidenten Siaka Stevens und zugleich Chef einer Antikorruptionsbrigade gewesen. Außer Kaikai wurden 60 weitere mutmaßliche Putschisten verhaftet, die meisten Angehörige von Polizei und Armee. Aufgrund eines bei den Verschwörern vorgefundenen umfangreichen Waffenlagers wurden Kontakte zu einflußreichen Politikern und Geschäftsleuten in Freetown vermutet. Der anfängliche Verdacht einer Putschbeteiligung des ACP-Vorsitzenden und ehemaligen Staatschefs, Siaka Stevens, ist nicht erhärtet worden.

Nach vorübergehender Schließung der Grenzen zu Guinea und Liberia übertrug Präsident Momoh verschiedene Amtsbefugnisse an den Zweiten Vizepräsidenten, Abu Kamara, der am 25.3. eine Konferenz der ECOWAS eröffnete. Nachdem der Erste Vizepräsident, Francis Minah, wegen angeblicher Putschbeteiligung entlassen und auf Anordnung Präsident Momohs unter Hausarrest gestellt wurde, rückte Kamara in dessen Position auf. An die Stelle von Kamara trat der frühere Finanzminister Sali Jusu-Sheriff, der zugleich das Ressort für Staatsbetriebe übernahm. Abdullai Conteh, ein enger Vertrauter von Ex-Präsident Stevens, wurde zum Chefankläger ernannt und erhielt das Justizministerium, das bis dahin zum Zuständigkeitsbereich von Minah gehört hatte. Eine weitere bedeutende Neubesetzung war die Ernennung von Hassan Kanu, dem früheren Energieminister und Stevens-Vertrauten, zum Finanzminister. Seine ablehnende Haltung zu den wirtschaftspolitischen Auflagen des IWF hat ihm das nachhaltige Wohlwollen von Präsident Momoh eingebracht. Eine loyale Stütze seiner Macht findet Momoh - wie bereits sein Vorgänger - in dem Oberbefehlshaber der Streitkräfte, Mohammed Tarawallie. Das gleiche gilt von der Beziehung des

Präsidenten zum Polizeichef Bambay Kamara. Bei seinen personellen Entscheidungen hat Momoh im übrigen sorgfältig die ethnische Balance zwischen seinem Volk der Limba und den im Süden des Landes ansässigen Mende gewahrt. Momoh hat nicht zuletzt durch eine konsequente *Anti-Korruptions-Kampagne an Profil* gewonnen. Die von ihm angeprangerten "üblen Machenschaften und zerstörerischen Aktivitäten von Wirtschaftssaboteuren" wie auch verschiedene Bestechungsskandale in der Ministerialbürokratie haben zu abschreckenden Strafurteilen geführt.

Der zunächst auf Anfang Mai festgesetzte *Hochverratsprozeß* aus Anlaß des Umsturzversuches vom 23.3. wurde wiederholt verschoben, da ständig weitere Verdächtige festgenommen wurden. Die 16 schließlich unter Anklage gestellten Attentäter, darunter Mohammed Kaikai und Francis Minah, wurden sämtlich am 17.10. von einer zwölfköpfigen Jury des versuchten Mordes an Präsident Momoh und der Beseitigung seiner Regierung für schuldig befunden und zum Tode verurteilt.

Außenpolitik

Sierra Leone pflegte freundschaftliche Kontakte v.a. zu seinen hauptsächlichen Wirtschaftspartnern, unter ihnen neuerdings in verstärktem Maße auch *Iran, Guinea und Nigeria.* Anläßlich des Besuches einer Regierungsdelegation in Lagos versicherte Nigerias Präsident Babangida am 1.9., sein Land werde Sierra Leone weiterhin alle erdenkliche wirtschaftliche Unterstützung gewähren, insbesondere bei der Versorgung mit Erdöl. Die guineisch-sierraleonische Kommission regte während ihrer Sitzung am 18.8. in Conakry den Austausch von Lehrern und Studenten an und ermutigte zur Veranstaltung regelmäßiger Jugendtreffen in den Grenzgebieten. Die Staatsangehörigen beider Länder sollen künftig Pässe und Passierscheine anstelle einfacher Ausweise als Reisedokumente verwenden. Zu erwähnen sind überdies die gleichzeitige diplomatische Anerkennung *Nord- und Südkoreas,* die Verleihung des Botschafter-Status an den Vertreter der *PLO,* aber auch die politische Wiederannäherung Freetowns an *Israel,* dokumentiert durch einen Besuch des Finanzministers Sheka Kanu im Februar.

Sozio-ökonomische Entwicklung

Aufgrund eines Abkommens mit dem IWF vom 14.11.86 hatte Sierra Leone eine Zusage über SZR 50,36 Mio erhalten (davon SZR 23,16 Mio. als Beistandskredit und SZR 27,2 Mio. als Strukturanpassungsfazilität). Sierra Leones IWF-Quote beträgt SZR 57,9 Mio., der *Zahlungsrückstand gegenüber dem Fonds* belief sich Ende 1987 auf SZR 54,58 Mio. Dennoch zeigte der IWF bisher immer noch eine ungewöhnliche Geduld und zögerte eine offizielle Erklärung über den Ausschluß von einer weiteren Inanspruchnahme von IWF-Mitteln hinaus. Der im Juni vorgelegte *Staatshaushalt* fand nicht die Zustimmung des IWF, da keine Verringerung des Defizits zu erkennen war. Im Gegenteil, die fortdauernde Subventionierung des Reisimports, kostenlose Dienstreisen für Beamte und die vorgesehene Schulgeldfreiheit vergrößern den Ausgabenüberschuß bzw. Einnahmeausfall. Angesichts der dadurch neuerlich ansteigenden Rückstände gegenüber dem IWF wird in naher Zukunft mit einer weiteren Umschuldung gerechnet. Die Weltbank verfügte im Juni einen Kreditstopp, da zwei Tilgungsraten über den Zahlungsstichtag hinaus fällig geblieben waren. An bilateral gewährter Kapitalhilfe standen Sierra Leone im Juli rd. $ 408 Mio. Kredite und Zuschüsse zur Verfügung. Bürokratische Hemmnisse in Freetown sowie langwierige Auszahlungsverfahren der ausländischen Kapitalgeber haben allerdings den Anteil der zugesicherten, aber nicht in Anspruch genommenen Kredite bis September auf $ 127,5 Mio.

steigen lassen. Vom Pariser Club wurde dem Land im März eine weitere Umschuldung zugestanden; dennoch vergrößerten sich die Zahlungsrückstände bis Ende September weiter auf $ 132 Mio. Sierra Leones gesamte staatliche Auslandsverschuldung (einschließlich verbürgter Privatkredite) lag Ende September mit $ 613,3 Mio. um 14,2% über dem vergleichbaren Vorjahreswert.

Insgesamt besteht eine starke Diskrepanz zwischen der von einer tiefen Krise gelähmten offiziellen Wirtschaft des Landes und seinem durch Gold-, Diamanten- und Devisenschmuggel florierenden inoffiziellen Sektor. Die stockende Versorgung mit Konsumgütern und Ersatzteilen sowie eine anhaltende Geldschöpfung haben zu einer verstärkten Inflation geführt. Seit seinem Amtsantritt unternahm Präsident Momoh trotz erheblicher Widerstände alle Anstrengungen, durch die Bekämpfung von Korruption und Schmuggel sowie durch eine administrative Reorganisation das mit reichen Ressourcen ausgestattete Land aus dem chronischen Engpaß herauszuführen. Für die laufende Beobachtung der Wirtschaftsentwicklung ist im Präsidialamt ein Kontrollorgan vorgesehen, und zur Reaktivierung des staatlichen Verwaltungsapparates wird ein an der Arbeitsproduktivität orientiertes Lohnsystem vorbereitet. Die Freigabe des Leone-Wechselkurses im Juni 1986 hatte zu einem drastischen Wertverlust der Währung geführt. Trotz des Floatens wurden aber auf dem Parallelmarkt ausländische Devisen weiterhin um rd. 100% höher gehandelt.

Angesichts der tiefgreifenden *ökonomischen Krise* überraschte es nicht, daß Präsident Momoh Anfang November den *Wirtschaftsnotstand* verkündete. Danach blieb der Export von Gold und Diamanten - den wichtigsten Devisenbringern - mit sofortiger Wirkung ausschließlich staatlichen Organen vorbehalten, womit private Ausfuhrlizenzen ihre Gültigkeit verloren. Das Gesetz bezweckt die Eindämmung des auf einen Umfang von $ 110 Mio. pro Jahr geschätzten Devisenschmuggels. Zugleich wurden das Horten lebenswichtiger Konsumgüter wie Reis und Treibstoff unter Strafe gestellt und Fahndungsbeamten bei Hausdurchsuchungen und Beschlagnahmen weitgehende Rechte eingeräumt. Barbeträge über 150 000 Leone (rd. DM 11 400) müssen fortan innerhalb von drei Tagen nach Erhalt bei einer Bank eingezahlt werden. Die Furcht vor Konfiszierungen hat - jedenfalls in den Städten - zu einer Flut von Einzahlungen geführt, wodurch der Wert der einheimischen Währung weiter sank.

Seit Oktober existiert wieder ein eigenständiges Ministerium für Staatsunternehmen. Für die Sanierung dieser Unternehmen ist beim Finanzministerium die Public Enterprises Commission (PEC) gegründet worden, die die Zusammenarbeit zwischen der öffentlichen Verwaltung und den künftig unabhängigeren Staatsbetrieben verbessern soll. Die ebenfalls neue Public Enterprises Monitoring Unit (PEMU) ist für die Kontrolle der Betriebsführung, Finanzbuchhaltung und Planeinhaltung zuständig und soll die staatliche Subventionslast verringern helfen. Defizitäre öffentliche Wirtschaftsunternehmen sollen entweder ein privates Management erhalten, verkauft oder liquidiert werden. *Günter Wiedensohler*

Chronologie Sierra Leone 1987

20.01.	Diplomatische Anerkennung von Nord- und Südkorea
04.02.	Besuch von Finanzminister Sheka Kanu in Israel
06.02.	Völkerrechtliche Anerkennung der PLO
10.02.	Anhaltende Studentenunruhen in Bo, Kenema und Kono: zwei Tote, 77 Festnahmen
23.03.	Gescheiterter Putschversuch gegen Präsident Joseph Momoh
25.03.	Übertragung von Amtsbefugnissen an den Zweiten Vizepräsidenten, Abu Kamara
03.04.	Weitreichende Kabinettsumbildung, Entlassung des Ersten Vizepräsidenten Francis Minah
08.07.	Zwei Minister der Beteiligung am versuchten Staatsstreich vom 23.3. verdächtigt
01.09.	Besuch einer Regierungsdelegation in Nigeria
17.10.	Abschluß des Hochverratsprozesses: 16 Putschisten zum Tode verurteilt
24.10.	Präsident Momoh eröffnet Anti-Korruptions-Kampagne
02.11.	Präsident Momoh verkündet den Wirtschaftsnotstand

Togo

Fläche: 56 785 km², *Einwohner:* 3,04 Mio., *Hauptstadt:* Lomé, *Amtssprache:*
Französisch, Schulbesuchsquote: 72%, *Wechselkurs:* $ 1=Franc CFA 267,88. *Pro-*
Kopf-Einkommen: $ 250, *BSP:* $ 750 Mio., *Anteile am BIP:* 30% - 24% - 47%.
Hauptexportprodukte: Phosphat 55,1%, *Kaffee* 15,3%, *Baumwollfaser* 14,9%, *Kakao*
8,9%, Staats- und Regierungschef: Gen. Gnassingbé Eyadéma, Einheitspartei:
Rassemblement du peuple togolais (RPT)

In der Innen- wie in der Außenpolitik war die Eyadéma-Regierung darum
bemüht, die beim Putschversuch des vergangenen Jahres zutage getretenen
Schwächen des Regimes zu überwinden. Auch die seit mehreren Jahren mit Unterstützung der Weltbank und des IWF durchgeführte Konsolidierungspolitik
konnte nicht verhindern, daß die Auslandsschulden Ende 1986 den höchsten
Stand erreichten. Ursache war vor allem der Preisverfall der Hauptexportprodukte
des Landes.

Innenpolitik

Nur wenige Monate nach den Turbulenzen des Vorjahres, die bei dem fehlgeschlagenen Putschversuch am 23./24.9.86 nach offiziellen Berichten 26 Menschenleben gefordert hatten, war die Ordnung soweit wiederhergestellt worden, daß
Präsident Eyadéma den *20. Jahrestag* seiner *Machtergreifung* am 13.1. mit einer
großen Parade in Gegenwart von Gästen aus über 50 Ländern, darunter zehn
afrikanische Staatschefs, feiern konnte. Erst am 21.12.86 mit 99,95% der abgegebenen Stimmen für weitere sieben Jahre im Amt bestätigt, nutzte er die Gunst
der Stunde zu populären Gesten: Aufhebung des seit 1982 bestehenden Gehalts-
stopps, Lohnerhöhungen um 5% ab 1.1.87, Anhebung auch der Familienzulagen
sowie *Verkündung einer Amnestie.* Die beiden angeblich letzten politischen Häftlinge erhielten die Freiheit, von den 13 am 20.12.86 im Zusammenhang mit dem
Putschversuch im September zum Tode Verurteilten war dagegen nicht die Rede.
Insgesamt 1265 Strafgefangenen wurde Strafminderung zugesichert.

Damit war eine neue Runde des Bemühens um ein besseres Ansehen der 3.
Republik eingeleitet worden. Das mit dem Mord an Staatschef Olympio (1963),
dem ersten gewaltsamen Umsturz im unabhängigen Afrika, belastete Regime
hatte sich durch die rücksichtslose Verfolgung von Dissidenten seit Anfang der
80er Jahre international zunehmender Kritik ausgesetzt gesehen. Um die Legitimationsbasis des Regimes zu verbreitern, wurde der mit der Amnestie einge-
schlagene Weg konsequent fortgesetzt. Nächste Schritte erfolgten mit der am 1.
Jahrestag des Inkrafttretens der "Afrikanischen Charta der Menschen- und Völ-
kerrechte" (21.10.86) vorgenommenen *Einsetzung der nationalen Menschenrechts-*
kommission und der gleichzeitig verkündeten Amnestie der am 20.12.86 zum
Tode Verurteilten.

Durch die *Kommunalwahlen* am 5.7. wurde die mit den Parlamentswahlen
1985 begonnene demokratische Öffnung des Regimes vorsichtig fortgesetzt. Im
Unterschied zu den 1984 durchgeführten Kommunalwahlen wurde nicht eine
Einheitsliste der seit 1969 herrschenden Einheitspartei präsentiert, sondern den
Wählern die Möglichkeit gegeben, aus 388, bzw. 449 Kandidaten 321 Gemeinde-
bzw. 387 Präfekturräte in allgemeiner direkter Wahl zu bestimmen.

Der breiterenn Verankerung des Regimes diente das erste *Treffen Eyadémas*
mit ehemaligen Parteiführern bzw. Ministern der 1963 und 1967 gestürzten Regierungen (3.6.). Während zunächst monatliche informelle Treffen vereinbart wur-

den, einigte man sich beim zweiten Treffen am 27.7. angesichts des fortgeschrittenen Alters der ehemaligen Minister darauf, diese nur alle sechs Monate bzw. in besonderen Fällen zur Teilnahme an den Ministerratssitzungen einzuladen. Einiges deutet darauf hin, daß die von Eyadéma gesetzten Zeichen vor allem bei den in Frankreich lebenden togoischen Exilpolitikern nicht ohne Wirkung geblieben sind. Hierzu gehört die Meldung, daß Edem Kodjo, der aus Togo stammende ehemalige Generalsekretär der OAU, der sich nach seinem Rücktritt 1983 für das Exil in Paris entschieden hatte, im Oktober zum ersten Mal wieder Togo besucht habe.

Die erste *Kabinettsumbildung* nach den Präsidentschaftswahlen am 20.12.86 wurde zu einem umfassenden Revirement und insbesondere zur Heranführung jüngerer Kräfte genutzt. Wichtigste Veränderungen waren der Wechsel des bisherigen Innenministers Kpotivi Tévi Djidjogbe Laclé in das Justizministerium. An seiner Stelle übernahm der bisherige Erziehungsminister Komba Agbetiafa die Zuständigkeit für das Innenressort und damit auch für die Polizei. Dafür steht der aus dem Süden stammende Laclé jetzt protokollarisch an zweiter Stelle der Regierung unmittelbar nach dem in Nordtogo geborenen Präsidenten und Verteidigungsminister. Außerdem wurde der bisherige Außenminister Atsu-Koffi Améga durch Yaovi Adodo abgelöst. Die Erweiterung des Kabinetts um ein Ministerium für Umweltfragen und Tourismus unterstrich den Willen, künftig beiden Bereichen größere Aufmerksamkeit zu schenken. Von den fünf neuernannten jüngeren Ministern gehört nur einer, Erziehungsminister Tschaa-Kozah Tchalim, dem Politbüro der Einheitspartei an. Drei weitere waren auf dem letzten Parteikongreß des RPT im Dezember 1986 in das Zentralkomitee gewählt worden, während der neue Minister für Bau, Post und Fernmeldewesen, der bisherige Direktor für Öffentliche Arbeiten, keine Parteiämter bekleidet. Entgegen der bisherigen Praxis ist damit die enge Verzahnung zwischen Politbüro und Regierung etwas gelockert worden: Von den 16 Mitgliedern der neuen Regierung gehören nur noch acht dem Politbüro an, das seit dem letzten Parteikongreß aus 13 Mitgliedern besteht. Vier der fünf ausgeschiedenen Minister haben Positionen in Staat und Partei übernommen.

Außenpolitik

Außenpolitisch hielt Togo an seiner pro-westlichen Orientierung fest. Die seit der Wahl von Ministerpräsident Chirac besonders engen Beziehungen zu *Frankreich* waren beim Putschversuch im September 1986 deutlich geworden, der nur durch die schnelle Bereitstellung französischer Truppenkontingente niedergeschlagen werden konnte. Französische Militärberater und Materiallieferungen spielen weiterhin eine wichtige Rolle beim Aufbau der togoischen Streitkräfte.

Nach langen Verzögerungen, die sich vor allem aus Rücksichtnahme auf arabische Hilfegeber ergaben, wurde am 9.6. die Wiederaufnahme der seit 14 Jahren unterbrochenen diplomatischen Beziehungen zu *Israel* bekanntgegeben. Der Besuch des israelischen Premierministers bot kurz danach Gelegenheit, über israelische Wirtschaftshilfe besonders im Agrarsektor zu verhandeln. Die Gespräche berührten aber auch die militärische Zusammenarbeit, die Togo die Möglichkeit bieten würde, sich aus der Abhängigkeit von Frankreich etwas zu lösen.

Im engeren westafrikanischen Umfeld blieben die Beziehungen zu *Ghana* und *Burkina Faso* wegen der nach wie vor umstrittenen Beteiligung beider Staaten am Putschversuch gegen Eyadéma gespannt. Die seitdem verfügte Sperrung der

Grenze zu Ghana wurde zwar von Togo am 2.2. wieder aufgehoben. Der für die Wirtschaft beider Staaten wichtige Transitverkehr konnte aber erst aufgenommen werden, nachdem auch Ghana der Öffnung zugestimmt hatte (22.5.). Da ghanaische Dissidentengruppen in Togo und togoische in Ghana Asyl erhalten haben und die Verfolgung von Schmugglern immer wieder lokale Grenzzwischenfälle provozierte, hat auch das von beiden Staaten gemeinsam mit Nigeria und Benin unterzeichnete Sicherheitsabkommen (Dezember 1984) bisher keine Normalisierung gebracht. In den Beziehungen zu Burkina Faso zeichnet sich dagegen seit dem Sturz von Präsident Sankara (15.10.) eine günstigere Perspektive ab. Schon bei dem ersten Besuch des neuen burkinabischen Präsidenten Compaoré in Lomé (27.12.) wurde die Reaktivierung des im April 1984 gegründeten bilateralen Großen Kooperationsausschusses beschlossen. Die traditionell guten Beziehungen zu *Nigeria*, die durch einseitige nigerianische Maßnahmen wie die Ausweisung von über 1 Mio. illegaler Einwanderer vor allem aus Ghana (1983 und 1985) und die Sperrung der Grenzen (1984-86) vorübergehend gefährdet worden waren, konnten auf diplomatischem Wege und vor allem durch den Besuch des nigerianischen Präsidenten Babangida (22./23.6.) wieder gefestigt werden. Als Standort (u.a.) des ECOWAS-Entwicklungsfonds und Veranstalter großer internationaler Konferenzen (vgl. Chronik) betonte Togo erneut seine eigenständige Rolle in den interafrikanischen Beziehungen.

Sozio-ökonomische Entwicklung

Der anhaltende Preisverfall der Hauptexportprodukte, der durch den Rückgang der Phosphaterzeugung und den Kurssturz des Dollar noch verstärkt wurde, hat die Regierung weiterhin zu *drastischen Sparmaßnahmen* gezwungen. So mußten im *Haushalt 1987* (Gesamtvolumen F CFA 89,69 Mrd. = $ 295 Mio.) die Investitionsausgaben gegenüber dem Vorjahr um rd. ein Drittel auf F CFA 3,3 Mrd. gekürzt werden. Um eine weitere Verschärfung der beim Putschversuch deutlich gewordenen sozialen Spannungen zu verhindern, sah sich die Regierung andererseits genötigt, zum ersten Mal seit fünf Jahren wieder Gehälter und Sozialleistungen zu erhöhen.

Trotz der seit 1979 mit Unterstützung von IWF und Weltbank durchgeführten Reformmaßnahmen (2. Strukturanpassungskredit der Weltbank 1985/86 in Höhe von $ 38 Mio.) hat sich die *starke Belastung der togoischen Wirtschaft* durch die im wesentlichen während des Rohstoffbooms Mitte der 70er Jahre eingegangene Auslandsverschuldung weiter erhöht. Sie erreichte Ende 1986 $ 882 Mio. (1985: $ 785 Mio.), die Schuldendienstrate rd. 40% (1985: 27,5%). Ursache war v.a. die ungünstige Entwicklung der "Terms of Trade", deren Verschlechterung sich 1987 fortsetzte. Zusätzliche Belastungen bedeuteten die erhöhten Ausgaben für "innere Sicherheit" nach dem Putschversuch sowie die Gehaltserhöhungen und der dadurch ausgelöste Nachfrageboom für ausländische Konsumgüter. Demgegenüber sind die relativ günstigen Ergebnisse der landwirtschaftlichen und der industriellen Produktion hervorzuheben, die 1986 zu einer Steigerung des BIP (real) um rd. 3% geführt hatten und auch für 1987 eine positive, wenn auch etwas verringerte Wachstumsrate erwarten lassen. Sie bleibt damit jedoch weiterhin unter dem auf 3,3% geschätzten jährlichen Bevölkerungszuwachs.

Nach sechs Umschuldungsabkommen mit dem Pariser und dem Londoner Club (1979-85) und mehreren Bereitschaftskreditabkommen mit dem IWF ist Togo daher *noch stärker als bisher auf schnelle und substantielle Auslandshilfe angewiesen.* Unumgänglich sind weitere Umschuldungsvereinbarungen sowie insbesondere ein erfolgreicher Abschluß der Verhandlungen über einen dritten Strukturanpassungskredit der Weltbank und eine Verlängerung des am 8.4.88 auslaufenden Bereitschaftskredits des IWF in Höhe von $ 38 Mio.   *Harald Voss*

Chronologie Togo 1987

13.01.	Feiern zum 20. Jahrestag der Machtergreifung von Präsident Eyadéma
18.01.	Eyadéma empfängt den ständigen UN-Vertreter Libyens zu Gesprächen über den Tschad-Konflikt
02.02.	Radio Togo: Beschluß über Aufhebung der Grenzsperre gegen Ghana
13.02.	Entscheidung über Ratifizierung des neuen internationalen Kakao-Abkommens
12.03.	Regierungsumbildung
16.04.	Lomé-Erklärung des Direktors der Afrika-Abteilung des IWF, Ouattara Allassane: Togo ist eines der wenigen afrikanischen Länder, die 1986 auf ein Umschuldungsabkommen verzichten konnten und vielleicht auch 1987 dazu in der Lage sein werden
24.04.	Eyadéma empfängt den tschadischen Oppositionsführer Goukouni Weddeye sowie einen Vertreter des tschadischen Präsidenten Habré
06.05.	Ministerrat beschließt Gründung einer Nationalen Menschenrechtskommission (s. 21.10.)
11.-14.5.	Lomé: Interregionales Treffen des Welternährungsrates und des UNDP über die Süd-Süd-Zusammenarbeit in Landwirtschaft und Ernährung
25.05.	Nationalversammlung beschließt: An Stelle des 27.4. (Unabhängigkeitstag seit 1960) wird jetzt der 13.1. (Tag der Machtergreifung durch das Militär) Nationalfeiertag. Dazu: 24.4. "fête de la victoire" (1967 Eyadéma überlebt Flugzeugunfall)
03.06.	Eyadéma empfängt zum ersten Mal seit der Machtergreifung Vertreter der aufgelösten politischen Parteien; zweites Treffen am 29.7.
09.06.	Togo beschließt die Wiederherstellung der diplomatischen Beziehungen zu Israel
15.-17.06.	Besuch des israelischen Premierministers
22./23.06.	Besuch des Präsidenten von Nigeria, Ibrahim Babangida
05.07.	Kommunal- und Präfekturwahlen
05./06.08.	Eyadéma besucht Niger
18.-25.08.	5. Generalversammlung der Allafrikanischen Kirchenkonferenz in Lomé
23.09.	1. Jahrestag des Putschversuchs: Feiertag
21.-25.09.	Lomé: Internationale Konferenz des UN Bevölkerungsfonds über Bevölkerung und Entwicklung
14.10.	Beitritt Togos zur UN Convention Against Torture and Other Cruel, Inhuman and Degrading Punishments sowie zum Protocol to the International Covenant on Civil and Political Rights
21.10.	Lomé: Einberufung der durch Gesetz vom 9.6. gegründeten Nationalen Menschenrechtskommission
09.-11.11.	Lomé: Treffen der OAMCAF (Organisation Africaine et Malgache du Café)
November	Ford Foundation bewilligt $ 150 000 für Centre régional des Nations Unies pour la paix et le désarmement en Afrique (Gründung durch UN-Vollversammlung am 16.12.85), Sitz: Lomé
21.-23.12.	1. Sitzung der Grande Commission Mixte de Coopération Mali-Togo in Bamako
24.12.	Vorlage eines "Sparhaushaltes" für 1988. Gesamtvolumen: F CFA 89,70 Mrd.
27.12.	Besuch des Präsidenten von Burkina Faso, Blaise Compaoré

Zentralafrika

Fast alle Länder der Region waren 1987, wenn auch unterschiedlich, von den anhaltenden *Konflikten in Tschad* und der davon für die Region ausgehenden Destabilisierungsgefahr betroffen. Der kongolesische Staatschef Sassou-Nguesso bemühte sich als Vorsitzender der OAU 1986/87 um eine Konfliktlösung, während Gabuns Präsident Bongo den Vorsitz im Ad-hoc-Komitee der OAU für den Grenzkonflikt Tschad/Libyen führte, dem außerdem Algerien, Kamerun, Moçambique, Nigeria und Senegal angehörten. Das Komitee trat am 23.9. in Lusaka zu einer Sitzung zusammen, an der auch Tschads Präsident Habré und der libysche Außenminister Jadallah Azouz el Talhi sowie Präsident Kaunda als Vorsitzender der OAU teilnahmen. Es beauftragte eine Expertengruppe mit der Überprüfung der rechtlichen Aspekte der Gebietsansprüche auf den Aouzou-Streifen. Während die Mehrheit der afrikanischen Staaten die Auffassung vertrat, das Tschadproblem sei eine innerafrikanische, von den Afrikanern selbst zu regelnde Angelegenheit - was in dem Beschluß der Afrikagruppe der UN, einen von Tschad eingebrachten Antrag nicht auf die Tagesordnung der UN-Generalversammlung im November setzen zu lassen, deutlich wurde -, bestanden Meinungsverschiedenheiten bezüglich der Rolle Frankreichs: Gabun und Kamerun vertraten den Standpunkt Tschads und Frankreichs, die französischen Truppen seien aufgrund bestehender Abkommen von der rechtmäßigen Regierung Tschads zu Hilfe gerufen worden und nicht mit ausländischen Interventionstruppen gleichzusetzen, während Kongo jegliche Form der Einmischung von außen ablehnte.

Politisch wie wirtschaftlich übt *Frankreich* nach wie vor erheblichen Einfluß aus. Von den acht Staatschefs der Region absolvierten 1987 fünf (Biya, Bongo, Habré, Mobutu, Sassou-Nguesso) einen Besuch in Frankreich. Der laufenden Abstimmung auf politischer Ebene dienten Aufenthalte von Premierminister Chirac in Kamerun und Kongo, Kontaktnahmen von Präsidentenberater Jean-Christophe Mitterrand und Besuche französischer Minister in verschiedenen Staaten der Region, während die Kontinuität der Beziehungen auf technischer Ebene durch französische Regierungsberater und bilaterale gemischte Kommissionen erfolgte. Durch die Stationierung französischer Truppen in der ZAR und in Gabun, von wo aus bei Bedarf Einsätze in den Nachbarstaaten erfolgen (so 1987 in Tschad und Kongo), durch die Entsendung von Militärberatern sowie durch militärische und logistische Hilfe, trägt Frankreich zur Stabilisierung der jeweiligen Regime bei.

Mit Ausnahme von Zaire und São Tomé gehören alle Staaten der Region der *Banque des Etats de l'Afrique Centrale (BEAC)* und damit der Franc-Zone an. Frankreich ist für seine ehemaligen Kolonien wichtigster Handelspartner und ausländischer Investor. Kamerun steht als Abnehmerland französischer Waren in Afrika südlich der Sahara an erster Stelle. Die Rolle Zentralafrikas für die Wirtschaftsbeziehungen zwischen Frankreich und Afrika wurde durch die ersten franko-afrikanischen Begegnungen zum Thema Unternehmen und Entwicklung vom 11.-13.1. in Libreville unterstrichen, an der unter Vorsitz Präsident Bongos und des französischen Kooperationsministers Aurillac 600 Vertreter der Privatwirtschaft aus Frankreich und 26 afrikanischen Staaten teilnahmen. Als neue Orientierung der Entwicklungszusammenarbeit wurde das Konzept der privatwirtschaftlichen Partnerschaft vor allem im Bereich der Klein- und Mittelbetriebe entwickelt, mit dem der Privatisierungspolitik der afrikanischen Staaten Rechnung getragen wird. Die Unternehmerbegegnungen sollen mit Sitz in Libreville und einem Generalsekretariat in Paris institutionalisiert werden. Den Vorsitz im ersten Jahr übernahm der Präsident der Confédération Patronale Gabonaise.

Der Förderung der Wirtschaftsbeziehungen zwischen Zentralafrika und den EG-Staaten diente das gemeinsam von UDEAC und EG veranstaltete 2. Industrieforum Zentralafrikas vom 24.-27.11. ebenfalls in Libreville, das Kontakte zwischen europäischen und afrikanischen Unternehmern vermitteln sowie Hindernisse für industrielle Investitionen aufzeigen sollte.

In den letzten Jahren erfolgte, von den Franzosen mit Mißtrauen beobachtet, eine zunehmende Annäherung an die *USA*. Diese griffen durch Waffenlieferungen in den Tschad/Libyen-Konflikt sowie unter Benützung des zairischen Stützpunktes Kamina (Shaba-Provinz) in den Krieg in Angola ein und versuchten, auch wirtschaftlich stärker Fuß zu fassen. Die Staatschefs von Gabun, Tschad und Zaire hielten sich 1987 zu Besuchen in den USA auf, während US-Außenminister Shultz auf seiner Afrika-Tournee im Januar in Kamerun Station machte. Weniger beachtet, aber dennoch bemerkenswert intensiv gestalteten sich die Kontakte zur *VR China* mit Staatsbesuchen der Präsidenten von Gabun, Kamerun und Kongo. Eine geplante Chinareise des Präsidenten der ZAR wurde kurzfristig abgesagt.

Die *Wirtschaftslage* der Region hat sich infolge der Schwankungen der Rohstoffpreise und des Dollarverfalls weiter verschlechtert, wobei die erdölexportierenden Länder Gabun, Kamerun und Kongo besonders schwer betroffen waren. Das Anwachsen der Schuldendienste und der Rückgang der Exporterlöse zwangen alle Staaten außer Kamerun, sich an IWF und Weltbank um Hilfe zu wenden. Kamerun versuchte, ein eigenes Austeritätsprogramm durchzuführen, doch wird ihm der Weg zum IWF auf Drängen v.a. Frankreichs kaum erspart bleiben. Im Gegensatz zu den prinzipiell bilateralen Verhandlungen von IWF und Weltbank führten Vertreter der EG Anfang Juni gemeinsame Gespräche mit den zentralafrikanischen Staaten (außer Tschad), um eine Gesamtstrategie für die Region zu entwerfen. Als prioritäre Bereiche für Förderungsmaßnahmen wurden ländliche Entwicklung, Forstwirtschaft und Fischerei sowie der Ausbau der Kommunikations- und Verkehrsinfrastruktur festgelegt.

Ein erstes Abstimmungsgespräch zur besseren Koordinierung der Projekte und Programme zwischen den zentralafrikanischen Regionalorganisationen CEEAC, CEPGL, UDEAC und KBO einerseits sowie dem UNDP und dem Multinational Programming and Operational Centre (MULPOC) der ECA andererseits fand im Oktober in Gisenyi (Rwanda) statt.

Regionale Organisationen

Die beiden wichtigsten Organisationen, die 1983 gegründete *Communauté Economique des Etats de l'Afrique Centrale* (CEEAC, zehn Mitgliedsstaaten sowie Angola mit Beobachterstatus) und die 1966 aus der Union Douanière Equatoriale (UDE) hervorgegangene *Union Douanière et Economique de l'Afrique Centrale* (UDEAC, Mitglieder: Äquatorial-Guinea (seit 1983), Gabun, Kamerun, Kongo, Tschad, ZAR), die beide die Schaffung eines gemeinsamen Marktes sowie die Zusammenarbeit auf wirtschaftlichem und sozialem Gebiet zum Ziel haben, zeigten wenig Dynamik. Zu den finanziellen Problemen der Organisationen, der schwierigen Wirtschaftslage der Mitgliedsstaaten und dem - trotz gegenteiliger offizieller Beteuerungen - geringen politischen Willen zur regionalen Integration traten als weitere erschwerende Faktoren die wirtschaftlichen Anpassungsprogramme von IWF und Weltbank, die mit ihrer Betonung der Handelsliberalisierung und Exportorientierung und damit der Weltmarktintegration der bisher verfolgten Politik des Protektionismus und der Importsubstitution als Schritten zur regionalen Integration zuwiderlaufen. Ansatzpunkt der IWF-Programme bildete die monetäre Situation der einzelnen Staaten, nicht der regionale Zusammenschluß.

Die für Januar in Bangui geplante *3. Gipfelkonferenz der CEEAC* fand nach mehrmaliger Terminverschiebung vom 27.-28.8. in Libreville statt. Äquatorial-Guinea, Gabun, Kamerun und Kongo waren durch ihre Staatschefs, die übrigen Mitgliedsstaaten sowie Angola durch Regierungsdelegationen vertreten. Wichtigsten Tagesordnungspunkt bildete die Verabschiedung des Budgets 1987 von $ 2,45 Mio. (1986: $ 3,2 Mio.). Kritik erfuhr die schlechte Zahlungsmoral der Mitgliedsstaaten, da nur Gabun, Kamerun und Zaire ihre Beiträge entrichtet hatten. Die Konferenz beschloß, die Einführung neuer nichttarifärer Hemmnisse für den Handel innerhalb der Gemeinschaft zu verbieten und die Gesetzgebung für Straßentransporte zu harmonisieren. Neuer Vorsitzender der CEEAC wurde Präsident Bongo.

An der *23. Gipfelkonferenz der UDEAC* vom 17.-19.12. in N'Djamena nahmen die Staatschefs von nur drei (Äquatorial-Guinea, Gabun, Tschad) der sechs Mitgliedsstaaten teil, denen sich São Tomé mit Beobachterstatus anschloß. Präsident Bongo stellte daher gleich zu Beginn der Konferenz fest, daß es wohl notwendig sein würde, ein weiteres informelles Treffen durchzuführen, da einige Maßnahmen die Anwesenheit aller Staatschefs erforderten. Im Vordergrund der Beratungen stand das Budget 1988, das mit F CFA 2 Mrd. um 22% niedriger war als das von 1987. Darüber hinaus wurden die Gründung einer Communauté du Bétail, de la Viande et des Ressources Halieutiques (CEBEVIRHA) mit Sitz in N'Djamena sowie einer Rückversicherungsgesellschaft prinzipiell beschlossen und eine Änderung der Organisation der Banque de Développement des Etats de l'Afrique Centrale (BDEAC) vorgesehen. Nicht behandelt wurden die heiklen Probleme des freien Personenverkehrs innerhalb der UDEAC, den Kamerun und Gabun aus wirtschaftlichen Gründen einschränken möchten, und des Solidaritätsfonds, der dem Ausgleich zwischen den reicheren Küstenländern und den Binnenstaaten dient. Den Vorsitz der UDEAC für 1988 übernahm Präsident Biya.

Prioritäres Anliegen der 1976 gegründeten *Communauté Economique des Pays des Grands Lacs* (Mitglieder: Burundi, Rwanda, Zaire) war von Anfang an die Aufrechterhaltung der Sicherheit und Stabilität in den Grenzgebieten. Dazu trat als weiteres Ziel die wirtschaftliche Integration der Seenregion. Die Ausweisung einer größeren Anzahl von Zairern aus Burundi hatte 1986 zu erheblichen Spannungen zwischen beiden Staaten geführt, so daß die geplanten Festlichkeiten anläßlich des zehnjährigen Bestehens der CEPGL entfielen. Den Vorsitz für 1986/87 übernahm Präsident Bagaza (Burundi). Nach dessen Sturz am 3.9. wurde bei einem von Präsident Mobutu einberufenen informellen Gipfeltreffen in Goma (Zaire) am 10.9. Präsident Buyoya mit dem Vorsitz betraut. Bedeutendste wirtschaftliche Projekte der CEPGL sind der Bau eines Kraftwerkes am Ruzizi und die Nutzung der Methangasvorkommen im Kivu-See. Die Förderung der Kleinindustrie in den Grenzgebieten war Thema eines vom MULPOC/Gisenyi, das für Projektstudien der CEPGL zuständig ist, im Januar einberufenen Expertentreffens. Die Zusammenarbeit der CEPGL-Staaten erstreckte sich darüber hinaus auf eine Reihe anderer Bereiche: So fanden im Laufe des Jahres u.a. Tagungen der Rektorenkonferenz, der Justizminister, der nationalen Institutionen der sozialen Sicherheit, der Zentralbankgouverneure, des ständigen Komitees der Fluggesellschaften statt. Das Ziel einer Integration der verkehrsmäßig und wirtschaftlich stärker nach Ostafrika hin orientierten Staaten Burundi und Rwanda mit Zaire dürfte allerdings in weiter Ferne stehen. Vom 4.-7.5. trat in Libreville die 1. Ministerratssitzung des 1984 beschlossenen Regionalkomitees für Fischerei im Golf von Guinea, dem Äquatorial-Guinea, Gabun, Kongo, São Tomé und Principe sowie Zaire angehören, zusammen. Ziel ist die Erarbeitung einer gemeinsamen Fischereipolitik in Zentralafrika, die zur Selbstversorgung der Staaten mit Fischereiprodukten führen soll. Mit Hilfe der EG, Italiens und Frankreichs ist die Errichtung gemeinsamer Forschungs- und Produktionseinrichtungen vorgesehen. Geplant sind ein Ausbildungszentrum in Gabun, eine Forschungsstelle im Kongo, eine Werft in São Tomé, Beratungsstellen für traditionelle Fischerei in Äquatorial-Guinea, Kongo, Zaire und eine gemeinsame Verwaltung in Libreville. Kritisch vermerkt wurde von seiten der CEEAC, daß das Vorhaben nicht im Rahmen der bestehenden Regionalorganisationen durchgeführt wird. Das Festhalten der betroffenen Staaten an einer autonomen Struktur macht deutlich, daß auf sektoraler Ebene ein regionaler Zusammenschluß in kleineren, weniger schwerfälligen Gruppierungen für erfolgversprechender gehalten wird. *Marianne Weiss*

Chronologie Zentralafrika 1987

11.-13.01.	Franko-afrikanisches Unternehmertreffen in Libreville (Gabun)
01.03.	Konstituierende Versammlung der Association des Juristes d'Affaires Africaines (AJAA) der UDEAC-Staaten in Yaoundé (Kamerun)
27.-30.04.	6. Tagung der Rektorenkonferenz der CEPGL in Kisangani (Zaire)
04.-07.05.	Ministerratssitzung des Regionalkomitees für Fischerei im Golf von Guinea in Libreville
05.-06.05.	Gründungssitzung der Association des Conférences Episcopales de l'Afrique Centrale (ACERAC) in Yaoundé (Kamerun)
13.-14.05.	2. Tagung der Justizminister der CEPGL in Bujumbura (Burundi)
01.-06.06.	4. Tagung der Verantwortlichen der nationalen Institutionen für soziale Sicherheit in Kinshasa
02.-04.06.	Abstimmungsgespräche zwischen EG (EEF) und zentralafrikanischen Staaten in Yaoundé über eine regionale Entwicklungsstrategie
11.-13.07.	Tagung der Rechtsanwälte Zentralafrikas in Brazzaville; Gründung der Union des Avocats de l'Afrique Centrale (UNAAC), Sitz: Brazzaville (Kongo)
22.-24.07.	10. Tagung der Zentralbankgouverneure der CEPGL in Kigali (Rwanda)
27.-28.08.	3. Gipfelkonferenz der CEEAC in Libreville
10.09.	Informelles Gipfeltreffen der CEPGL in Goma (Zaire)
29.10.	Gemeinsame Gipfelkonferenz der Commission du Bassin du Lac Tchad (CBLT) und der Autorité du Bassin du Niger (ABN) in N'Djamena (Tschad)
20.-21.11.	2. Ministerratssitzung der Conférence des Administrations des Postes et Télécommunications de l'Afrique Centrale (CAPTAC) in Bata (Äquatorial-Guinea)
24.-27.11.	2. Industrieforum Zentralafrikas in Libreville
15.-19.12.	5. Tagung des Comité Permanent Inter-Compagnies Aériennes (COPIC) der CEPGL
17.-19.12.	Gipfelkonferenz der UDEAC in N'Djamena
20.-22.12.	7. Generalversammlung der Banque de Développement des Pays des Grands Lacs (BDEGL) in Bujumbura

Äquatorial-Guinea

Fläche: 28 051 km², Einwohner: 373 000, Hauptstadt: Malabo, Amtssprache: Spanisch, Wechselkurs: $ 1=Franc CFA 267.88, Pro-Kopf-Einkommen: $ 210, BSP: $ 80 Mio., Anteile am BSP (1982): 60% - 5% - 35%, Hauptexportprodukte (1986): Kakao 35%, Holz 30%, Staats- und Regierungschef: Col. Teodoro Obiang Nguema Mbasogo, Regierungspartei: Partido Democrático de Guinea Ecuatorial (PDGE) seit 3.8.87

Die Gründung der Regierungspartei und die Begnadigung politischer Gefangener läßt auf einen langsamen Demokratisierungsprozeß und eine allmähliche Verbesserung der Menschenrechtssituation schließen. Seit dem Eintritt von Äquatorial-Guinea in die Franc-Zone, die mit der politischen und wirtschaftlichen Annäherung an Frankreich verbunden ist, scheint sich die Wirtschaftslage dank großzügiger Entwicklungshilfe geringfügig verbessert zu haben. Nigeria, das von der Insel Bioko ausgehende Destabilisierungsversuche Südafrikas befürchtet, bemühte sich um eine Intensivierung der Beziehungen.

Innenpolitik

Im Hinblick auf die für 1989 vorgesehenen Wahlen gab Präsident Teodoro Obiang Nguema Mbasogo am 3.8., dem 8. Jahrestag seiner Machtübernahme, die *Gründung der Partido Democrático de Guinea Ecuatorial* (PDGE) als Regierungspartei bekannt, womit erstmals nach dem Staatsstreich von 1979 wieder eine politische Partei erlaubt ist. Die Mitgliedschaft ist freiwillig und steht allen offen. Die Finanzierung soll durch eine 3%ige Pflichtabgabe auf alle Löhne und Gehälter erfolgen. Hauptverantwortlich für die PDGE ist der Minister für die Beziehungen zum Parlament, Eloy Elo Nve. Der staatliche Machtapparat liegt in Händen des Fang-Mongomo Clans, dem Präsident Obiang Nguemo ebenso angehört wie sein von ihm gestürzter und hingerichteter Vorgänger Macias Nguema. Obwohl sich die *Menschenrechtssituation* gegenüber dem Terrorregime von Macias Nguema gebessert hat, waren die im Exil in Spanien, Frankreich, Kamerun und Gabun lebenden rd. 110 000 Flüchtlinge bisher aus politischen wie auch wirtschaftlichen Gründen nicht bereit zurückzukehren. Damit ist dem Land der Großteil seiner intellektuellen Schicht entzogen. Die Exilopposition, deren bedeutendste Gruppierung die 1974 gegründete Alianza Nacional de Restauración Democrática (ANRD) sein dürfte, ist zu zersplittert, um eine Gegenkraft gegen das Regime zu bilden. Mitte Dezember erklärte der Wortführer der 1983 in Spanien gegründeten, fünf oppositionelle Gruppierungen umfassenden Junta Coordinadora de las Fuerzas de Oposición Democrática, Severo Moto Nsa, der vor seinem Exil 1982 Staatssekretär für Informationswesen und Tourismus gewesen war und das Vertrauen von Obiang Nguema besessen hatte, die Führer der Opposition hätten die Absicht, einem Aufruf des Präsidenten Folge zu leisten und in der zweiten Märzhälfte 1988 zurückzukehren, um an den nächsten Wahlen teilnehmen zu können.

Anläßlich des 19. Jahrestages der Unabhängigkeit am 12.10. begnadigte Präsident Obiang Nguema ca. 50 politische Gefangene, darunter den früheren nationalen Direktor der BEAC, Damian Ondo Mane, und den stellvertretenden Premierminister Fructuoso Mba Oñana, die nach einem Putschversuch vom 17.7.86 zu Haftstrafen verurteilt worden waren.

Außenpolitik

Mit seinem Festlandsteil Rio Muni zwischen Gabun und Kamerun eingezwängt, mit der strategisch günstig gelegenen Insel Bioko (früher Fernando Poo) nicht weit von der nigerianischen Küste entfernt, wird Äquatorial-Guinea nicht nur von seinen frankophonen Nachbarstaaten, mit denen es seit 19.12.83 in der UDEAC, seit 1.1.85 in der Franc-Zone verbunden ist, und von Nigeria umworben, sondern auch von Frankreich und Südafrika. Die unter Macías Nguema engen Beziehungen zur UdSSR und zu Kuba wurden nach 1979 erheblich eingeschränkt.

Meldungen über südafrikanische Präsenz, begleitet von Gerüchten über eine Militärbasis auf der Insel Bioko und einen geplanten Anschlag auf nigerianische Erdöleinrichtungen, überschatteten den Staatsbesuch von Präsident Obiang Nguema in *Nigeria* vom 29.-31.1.87. Zum Abschluß des Besuchs unterzeichneten die Staatchefs beider Länder ein Kommuniqué, in dem sie die Absicht bekundeten, die Zusammenarbeit in allen Bereichen gemeinsamen Interesses auszuweiten und einen seit längerer Zeit erörterten Nichtangriffs- und Verteidigungspakt abzuschließen. Bei der 2. Sitzung der gemeinsamen Kommission Nigeria/Äquatorial-Guinea im Juni wurde die Unterzeichnung eines Handels- sowie eines Joint-Venture-Abkommens bekanntgegeben. Außerdem erstellte die Kommission einen Programmentwurf für die Bereiche Erziehung und Kultur für 1987-89.

Südafrikanische private Investoren hatten 1985 Land auf der Insel Bioko erworben und führen mit Unterstützung der südafrikanischen Regierung ein Hilfsprogramm von $ 700 000 jährlich durch. Obwohl zwischen Südafrika und Äquatorial-Guinea keine diplomatischen Beziehungen bestehen und Präsident Obiang Nguema eine Zusammenarbeit der beiden Regierungen bestreitet, wurde Ende des Jahres bekannt, daß Südafrika Landerechte in Malabo anstrebe und weitere Projekte vorbereite.

Vom 2.-6.12. besuchte Präsident Obiang Nguema *Marokko*, das die 600 Mann starke Präsidentengarde für Äquatorial-Guinea stellt und damit die Stabilität des Regimes sichert. Als Gegenleistung hatte er die unter Macías Nguema erfolgte Anerkennung der Polisario widerrufen. Bei dem Besuch wurde die Konsolidierung der technischen und wirtschaftlichen Beziehungen vereinbart und die Möglichkeit marokkanischer Direktinvestitionen erörtert.

Der Eintritt Äquatorial-Guineas in die Franc-Zone führte zur politischen Annäherung an *Frankreich* - so nahm Präsident Obiang Nguema am franko-afrikanischen Gipfel vom 10.-12.12. in Antibes (Frankreich) teil - und zu einer erheblichen Steigerung französischer Entwicklungshilfe (1987: FF 167,6 Mio.), verbunden mit der Entsendung von Beratern in wirtschaftliche und finanzielle Schlüsselpositionen. Die wichtigsten Projekte betreffen den Infrastrukturbereich: so wurde insbesondere am 14.10. eine Satellitenbodenstation in Bata mit Telefon- und Telexverbindungen nach Paris und Douala eröffnet.

Sozio-ökonomische Entwicklung

Die nach dem Sturz von Macías Nguema völlig zerrüttete Wirtschaft scheint sich seit dem Eintritt Äquatorial-Guineas in die UDEAC und die Franc-Zone, verbunden mit dem Zustrom ausländischen Kapitals, allmählich zu erholen. Die Exporte von *Kakao*, dem wichtigsten Exportprodukt, stiegen 1986/87 gegenüber dem Vorjahr mengenmäßig um 10% auf 6000 t - die Produktion vor der Unabhängigkeit hatte 38 000 t betragen -, die Einnahmen fielen wegen der ungünstigen Weltmarktpreise jedoch um 20%. Ein gravierendes Problem stellt der Mangel an Arbeitskräften für die Kakaoplantagen dar. Die Holzexporte betrugen 1986 137 963 m³ (54% mehr als 1985) gegenüber einer Produktion vor 1968 von 340 000 m³. Das Defizit der Handelsbilanz hat sich seit 1983 schrittweise von $ 11,7 Mio. auf $ 4,9 Mio. reduziert, die Versorgungslage hat sich verbessert. Dagegen ist das Pro-Kopf-Einkommen äußerst niedrig - Äquatorial-Guinea war vom drittreichsten zum viertärmsten Land Afrikas geworden -, das Haushaltsdefizit wurde zu Jahresbeginn mit F CFA 2393 Mio. veranschlagt (Gesamteinnahmen F CFA 10 817 Mio., Gesamtausgaben F CFA 13 209 Mio.), die Verschuldung betrug Ende 1986 $ 164 Mio. und dürfte damit ungefähr doppelt so hoch wie das BIP sein.

Äquatorial-Guinea ist zur Sanierung seiner Wirtschaft auf Hilfe von außen angewiesen. *Verhandlungen mit IWF und Weltbank* über ein Dreijahresprogramm 1987-1989 mit Investitionen von durchschnittlich F CFA 14 Mrd. pro Jahr waren bereits im September 1986 aufgenommen worden. Die Weltbank gab im April Importkredite von $ 10 Mio. für zwei Jahre frei, im Mai wurde ein IDA-Kredit von $ 5,1 Mio. für die Reorganisation des völlig darniederliegenden Primarschulwesens bereitgestellt. Vom 8.-16.12. hielt sich eine IWF-Mission in Malabo zur Überprüfung der jüngsten Entwicklung der Wirtschaft und der öffentlichen Finanzen im Hinblick auf die Gewährung einer Strukturanpassungsfazilität auf, mit der Anfang 1988 gerechnet wird. Am 2.7. unterzeichnete Äquatorial-Guinea ein Indikativprogramm mit dem EEF für die Jahre 1986-1990, zu dessen Durchführung ECU 12 Mio. zur Verfügung stehen, von denen 80% für die Forstwirtschaft bestimmt sind. Hilfe in Höhe von $ 7,9 Mio. für die Fischerei kam vom ADF, ein Kredit von $ 1 Mio. zum Ausgleich der Zahlungsbilanz vom OPEC Fund for International Development.

Obwohl sich die Beziehungen zu Spanien seit dem Eintritt Äquatorial-Guineas in die Franc-Zone abgekühlt haben, ist es mit 40% des Außenhandels weiterhin wichtigster Handelspartner. Die Entwicklungshilfe Spaniens belief sich 1987 auf ca. $ 14,4 Mio. Die am 6.12. beschlossene Liquidierung der Guinextebank, an der die Banco exterior de España und der äquatorial-guineische Staat mit je 50% beteiligt waren, dürfte zu einem weiteren Rückgang der Wirtschaftsbeziehungen führen. Einzige Handelsbank ist nun die 1986 errichtete Filiale der französischen BIAO (Banque Internationale pour l'Afrique Occidentale). *Marianne Weiss*

Chronologie Äquatorial-Guinea 1987

29.-31.01.	Staatsbesuch von Präsident Obiang Nguema in Nigeria, Unterzeichnung eines Protokolls über einen Nichtangriffs- und Verteidigungspakt
29.06.	2. Sitzung der gemeinsamen Kommission Nigeria/Äquatorial-Guinea in Lagos
02.07.	Unterzeichnung eines Indikativprogramms mit der EG (Lomé-Abkommen)
03.08.	Gründung der PDGE
27.-28.08.	Teilnahme Obiang Nguemas am CEEAC-Gipfel in Libreville (Gabun)
12.10.	Begnadigung politischer Gefangener
02.-06.12.	Besuch Obiang Nguemas in Marokko
10.-12.12.	Teilnahme Obiang Nguemas am franko-afrikanischen Gipfel in Antibes (Frankreich)
19.12.	Teilnahme von Präsident Obiang Nguema am UDEAC-Gipfel in N'Djamena (Tschad)
Dezember	1. Sitzung der gemischten Kommission Frankreich/Äquatorial-Guinea in Malabo

Gabun

Fläche: 267 667 km². *Einwohner: 997 000*, *Hauptstadt: Libreville*, *Amtssprache: Französisch*, *Schulbesuchsquote: 96%*, *Wechselkurs: $ 1=Franc CFA 267,88*, *Pro-Kopf-Einkommen: $ 3340*, *BSP: $ 3,33 Mrd.*, *Anteile am BIP: 9% - 60% - 31%*, *Hauptexportprodukt: Erdöl 83%*, *Staatschef: Omar Bongo*, *Einheitspartei: Parti Démocratique Gabonais (PDG)*

Die Neubildung der Regierung zu Beginn des Jahres und die Wahlen zu den lokalen und regionalen Vertretungsgremien im Juni brachten keine Überraschungen. Außenpolitisch trat Präsident Bongo als Vorsitzender der Ad-hoc-Kommission für den Grenzkonflikt Tschad/Libyen hervor und begann auf regionaler wie internationaler Ebene eine Führungsrolle innerhalb Zentralafrikas zu übernehmen. Die wirtschaftliche Abhängigkeit Gabuns vom Erdöl hatte wegen des Rückgangs der Erdölpreise und des Dollarverfalls den Zusammenbruch der staatlichen Finanzen zur Folge und machte die Durchführung eines mit dem IWF vereinbarten, äußerst restriktiven Sanierungsprogrammes erforderlich.

Innenpolitik

Am 6.1. beauftragte Präsident Omar Bongo den bisherigen Premierminister Léon Mébiame, der nach der Wiederwahl Bongos im November 1986 zum Staatspräsidenten verfassungsgemäß mit seinem Kabinett zurückgetreten war, mit der *Bildung einer neuen Regierung*. Abgesehen von einer Reduzierung der Regierungsmitglieder von 57 auf 45 und der Ernennung eines vierten Vizepremierministers blieb das Kabinett im wesentlichen unverändert, was darauf schließen läßt, daß es Bongo gelungen ist, trotz des wirtschaftlichen Austeritätsprogrammes ein hohes Maß an Konsens innerhalb der Staatsoligarchie zu erhalten. Das oppositionelle Mouvement de Redressement National (MORENA) im Pariser Exil ist durch Führungskämpfe geschwächt und stellt keine Gegenkraft mehr dar. Soziale Unruhen zeigten sich im Juli in Port-Gentil, der Wirtschaftsmetropole Gabuns, wo es wegen Lohnforderungen zu Streiks kam.

Im April erfolgte eine Änderung des Wahlgesetzes vom 9.11.69, die eine Einschränkung des Ausländerwahlrechts bedeutete. Voraussetzung für eine Kandidatur bei Wahlen zu Provinz- und Departementsversammlungen sowie zu Gemeinderäten ist neben gabunischer Staatsbürgerschaft die Mitgliedschaft in der Einheitspartei PDG. Außerdem wurde eine Wahlkaution pro Kandidat festgesetzt. An den *Wahlen* vom 28.6. zu den neun Provinz- und 44 Departmentsversammlungen sowie den zwölf Gemeinderäten beteiligten sich rd. 88% der ca. 900 000 Wahlberechtigten. Am geringsten war die Wahlbeteiligung in Port Gentil, wo nur ein Drittel der Wahlberechtigten ihre Stimme abgaben. Obwohl mehrere Kandidatenlisten zugelassen waren, die jedoch alle von der PDG genehmigt sein mußten, gab es mit Ausnahme der Städte Port-Gentil, Moanda, Makokou und Bitam, wo die Listen der bisherigen Bürgermeister unterlagen, keine nennenswerten Veränderungen.

Bei einer kleinen Regierungsumbildung am 18.11. wurde der Posten eines Staatsministers für Tourismus beim Premierminister geschaffen, was auf die zunehmende Bedeutung dieses Sektors im Rahmen der wirtschaftlichen Diversifizierungspolitik hinweist.

Außenpolitik

Bei einer Pressekonferenz am 1.7., der ersten seit Mai 1985, äußerte sich Präsident Bongo neben innen- und wirtschaftspolitischen vor allem zu internationalen, speziell auf Afrika bezogenen Fragen und bezeugte damit den wachsenden Anspruch Gabuns auf eine außenpolitische Führungsrolle, der bereits 1985 zutage

getreten war, als Bongo vor der Generalversammlung der UN die Forderung nach
einem ständigen Vertreter Afrikas im Sicherheitsrat erhoben hatte. Intensive
afrikapolitische Aktivität entfaltete er als Vorsitzender des *Ad-hoc-Komitees der
OAU* für den Grenzkonflikt Tschad/Libyen. In unmittelbarem Anschluß an einen
Staatsbesuch des OAU-Vorsitzenden, des kongolesischen Präsidenten Sassou-
Nguesso, in Frankreich hielt sich Bongo vom 11.-15.2. zu einem privaten Besuch
in Paris auf, der zu Gesprächen mit Präsident Mitterrand, Premierminister
Chirac, Afrikaberater Foccart und anderen Politikern diente. Wichtigstes Thema
bildete der Tschad-Konflikt, zu dem sich Bongo auch vor dem französischen
Fernsehen äußerte, wobei er ganz im Sinne Frankreichs die Ansicht vertrat, daß
die von der legitimen Regierung des Tschad zu Hilfe gerufenen französischen
Truppen nicht mit einer Intervention ausländischer Truppen gleichgesetzt werden
könnten. In den darauf folgenden Monaten empfing Bongo in Libreville Reprä-
sentanten der wichtigsten politischen Gruppierungen des Tschad: Goukouni
Weddeye, den Präsidenten des GUNT, Acheikh Ibn Omar, den Präsidenten des
Neo-GUNT, und Staatspräsident Hissène Habré. Am 24. und 25.8. führte er in
Franceville nacheinander Gespräche mit dem OAU-Vorsitzenden, Präsident
Kenneth Kaunda von Zambia, und dessen Amtsvorgänger, Präsident Sassou-
Nguesso. Am 19.9. überbrachte der libysche Außenminister Jadallah Azouz el-
Talhi Präsident Bongo eine Botschaft von Präsident Khadhafi. Am 23.9. fand in
Lusaka unter Vorsitz von Bongo ein Gipfeltreffen des Ad-hoc-Komitees der
OAU, das bei der OAU-Gipfelkonferenz im Juli von Minister- auf Staatschef-
ebene aufgewertet worden war, statt. Der Forderung Bongos entsprechend war
erstmals auch Libyen, vertreten durch seinen Außenminister, zur Mitarbeit bereit.
      Sein Interesse an einer Intensivierung der *regionalen Kooperation* bezeugte
Gabun durch die Ausrichtung des ursprünglich für Januar in der ZAR vorgesehenen CEEAC-Gipfeltreffens im August in Libreville, wodurch Präsident Bongo
für 1987 Vorsitzender der Organisation wurde. Einen weiteren Ansatz zur Förderung regionaler Zusammenarbeit bildete das Expertentreffen von fünf Anrainerstaaten des Golfes von Guinea (Gabun, Äquatorial-Guinea, Kongo, São Tomé
und Zaire) im März in Libreville mit dem Ziel, ein Regionalkomitee für Fischerei zu gründen, dessen Ministerrat vom 4.-7.5. ebenfalls in Libreville zusammen-
trat.
      Enge politische, militärische und wirtschaftliche Beziehungen bestehen zu
Frankreich, dem wichtigsten Handelspartner, Investor und Entwicklungshilfegeber. Obwohl die Zahl der in Gabun lebenden Franzosen infolge der Sparmaßnahmen von 25 000 auf 15 000 zurückging, spielen sie weiterhin eine bedeutende
Rolle als Regierungsberater und im wirtschaftlichen und militärischen Management. Frankreich verfügt in Libreville über eine Militärbasis mit mindestens 600
Soldaten, von der aus bei Bedarf Interventionen in den Nachbarstaaten - so im
September in Kongo - erfolgen. Vom 22.-26.6. fanden gemeinsame franko-gabu-
nische Manöver statt. Wie wichtig Präsident Bongo als Gesprächspartner für
Frankreich ist, wird an Besuchen von Jean-Christophe Mitterrand, dem Afrikaberater des französischen Staatspräsidenten, im April und August, von Jacques
Foccart, dem Afrikaberater von Premierminister Chirac, im Juli und von Innenminister Charles Pasqua im April deutlich.
      Gabun, das traditionell der französischen Rechten zuneigt - deutlich am Be-
such des Führers der rechtsextremen Front National, Jean-Marie Le Pen, im
April -, suchte seit 1981, beunruhigt über die Wahl von François Mitterrand zum
französischen Staatspräsidenten, engere *Kontakte zu den USA*. Diese sind wegen
der wichtigen Rolle, die Präsident Bongo nach Aussage eines US-Sprechers in der

politischen Szene Zentralafrikas spielt, ihrerseits an guten Beziehungen zu Gabun interessiert. Auf Einladung von Präsident Reagan hielt sich Bongo vom 30.7.-6.8. zu einem offiziellen Besuch in den USA auf, bei dem neben bilateralen Angelegenheiten - US-Investitionen, Umschuldung von $ 7-8 Mio., die vorwiegend für den Kauf militärischer Güter bestimmt waren - die Entwicklung in Tschad, Angola und dem gesamten südlichen Afrika erörtert wurde. Bongo befürwortete das Bestreben der USA, eine aktive Rolle bei der Herbeiführung einer Lösung der Probleme Angolas und Namibias zu spielen. Vor seinem USA-Besuch hatte er kurz hintereinander den angolanischen Außenminister, Afonso Van Dúnem, und den Vizeminister für auswärtige Angelegenheiten, Velancio de Moura, mit Botschaften von Präsident José Eduardo Dos Santos empfangen.

Trotz der engen Zusammenarbeit mit Frankreich und den USA blieb Gabun - wie u.a. offizielle Besuche von Bongo vom 16.-21.2. in China und des sowjetischen Vizeministers für auswärtige Angelegenheiten in Gabun zeigen - nach allen Seiten offen.

Sozio-ökonomische Entwicklung

Die Wirtschaft Gabuns, die einseitig vom Erdöl abhängt, das 1985 83% der Exporterlöse, 40% des BSP und 65% der Staatseinnahmen erbrachte, war durch den Rückgang der Ölpreise und den Dollarverfall schwer getroffen. 1986 ging das BSP nominal um rd. 30% (real um ca. 4,7%) zurück, die Exporte fielen um 57% auf F CFA 365 Mrd., wobei der Anteil des Erdöls nur noch 65% betrug. Der Rückgang der Exporterlöse hatte ein Leistungsbilanzdefizit von F CFA 366 Mrd. zur Folge. Die Auslandsverschuldung, die 1985 $ 1133,6 Mio. betragen hatte, stieg 1986 auf $ 1568 Mio. Der Schuldendienst betrug 1986 $ 209,1 Mio. und wurde für 1987 auf $ 319,8 Mio. berechnet. Gabun mußte deshalb die Hilfe des IWF suchen, mit dem im Oktober 1986 ein *Bereitschaftskreditabkommen* abgeschlossen wurde, das als zentrale Maßnahme eine erhebliche Reduzierung der Ausgaben des Staatshaushaltes 1987 auf F CFA 360 Mrd. (revidierter Ansatz 1986: F CFA 670 Mrd.) vorsah, wobei die laufenden Ausgaben von 1986 F CFA 243 Mrd. auf 1987 F CFA 196 Mrd., die Investitionsausgaben von 1986 F CFA 320 Mrd. auf 1987 F CFA 100 Mrd. vermindert wurden. Wegen des erwarteten Einnahmerückgangs - die Erdöleinnahmen, die 1985 F CFA 400 Mrd. betragen hatten, wurden für 1987 mit F CFA 60 Mrd. veranschlagt -, wies der Haushaltsansatz trotzdem ein Defizit von F CFA 84 Mrd. auf. Zur Realisierung der erforderlichen Einsparungen wurden im November 1986 erhebliche Kürzungen von Aufwandsentschädigungen, Einstellungsbeschränkungen und eine Begrenzung der Subventionen für den öffentlichen Wirtschaftssektor beschlossen. An strukturellen Maßnahmen sah das Programm eine Diversifizierung der Wirtschaft v.a. zugunsten der Landwirtschaft, die nur 25% des Nahrungsmittelbedarfs deckt, die Überprüfung der Steuerpolitik und die Neuordnung des defizitären öffentlichen Unternehmensbereiches vor. Zur Durchführung der Maßnahmen gewährte der IWF Ende Dezember 1986 einen Bereitschaftskredit von SZR 98,7. Verhandlungen mit dem Pariser Club, an denen zwölf Gläubigerstaaten teilnahmen, führten am 21.1. zu einer Umschuldung öffentlicher Schulden von F CFA 100 Mrd. über zehn Jahre mit vier Freijahren. Mit dem Londoner Club der Gläubigerbanken wurden Ende Mai ähnliche Vereinbarungen getroffen, deren Ratifizierung allerdings erst am 8.12. zusammen mit der Unterzeichnung eines Abkommens über einen separaten "Club-Kredit" von $ 50 Mio. erfolgte.

Die schwierige Finanzlage machte Ende März weitere Haushaltseinsparungen von F CFA 15 Mrd. erforderlich. Eine Steigerung der Einnahmen sollte durch

eine zeitlich von Juni 1987 bis Dezember 1988 begrenzte Zwangsanleihe von 3%
auf alle Löhne und von 1,5% auf Unternehmensumsätze erzielt werden. Zur
Stabilisierung des Preisniveaus wurde vom 1.7.87-30.6.88 ein Preisstopp für alle
Güter und Dienstleistungen angeordnet. Im August erfolgte die Aufhebung der
Preisstützung für Getreide und Zucker.

Mitte des Jahres nahm Gabun Verhandlungen mit der Weltbank über ein
Strukturanpassungsprogramm auf, das eine Kürzung der Löhne und Gehälter im
öffentlichen, halböffentlichen und privaten Sektor, eine Liberalisierung des
Außenhandels und die Reorganisation der halbstaatlichen Unternehmen vorsah.

Wirtschaftspolitische Bedenken gegen die zu restriktiven Auflagen des IWF
äußerte der Hochkommissar für den Plan, als bei den Vorbereitungen für den
Staatshaushalt 1988 eine Reduzierung der Investitionsmittel auf F CFA 70 Mrd.
verlangt wurde. Der im Dezember verabschiedete Haushaltsplan sah schließlich
bei Gesamtausgaben von F CFA 325 Mrd., d.s. 10% weniger als 1987, Investitionsmittel von F CFA 83 Mrd. vor.   *Marianne Weiss*

Chronologie Gabun 1987

06.01.	Bildung einer neuen Regierung
21.01.	Umschuldungsvereinbarung mit dem Pariser Club
11.-15.02.	Privatbesuch Präsident Bongos in Paris
16.-21.02.	Staatsbesuch Bongos in China
11.-14.03.	Tagung der gemischten Kommission Gabun-Zimbabwe in Libreville
09.-11.04.	Besuch des algerischen Außenministers Dr. Ahmed Taleb Ibrahimi
14.-17.04.	Besuch von Goukouni Weddeye
18.04.	Änderung des Wahlgesetzes
24.-26.04.	Offizieller Besuch des sowjetischen Vize-Außenministers Anatoli Adamichine
April	Besuch des Generalstabschefs Gen. Idriss Ngari in Belgien
Mai	Umschuldungsverhandlungen mit dem Londoner Clubs der Gläubigerbanken
11.-18.05.	Tagung der großen gemischten Kommision Gabun-Senegal in Libreville
15.-21.06.	Besuch des chilenischen Vizeministers für auswärtige Angelegenheiten, Gen. Francisco Ramirez Migliassi, Tagung der gemischten Kommission Gabun-Chile (15.-19.6.)
18.06.	Besuch der kanadischen Außenministerin Monique Landry mit einer offiziellen Einladung von Premierminister Brian Mulroney zur Teilnahme am Frankophonie-Gipfel in Quebec (Kanada)
22.-26.06.	Franko-gabunische Manöver
24.-26.06.	Besuch des belgischen Verteidigungsministers François-Xavier de Donnea; Unterzeichnung einer Konvention über militärische Zusammenarbeit
25.06.	Einführung einer Zwangsanleihe
25.06.	Angolanischer Außenminister Afonso Van Dúnem mit einer Botschaft von Präsident Dos Santos bei Präsident Bongo
28.06.	Wahlen zu den Provinz- und Department-Versammlungen und den Gemeinderäten
29.06.-03.07.	Offizieller Besuch von Premierminister Léon Mébiame in Tunesien, Tagung der gemischten Kommission Gabun-Tunesien in Tunis: Unterzeichnung eines Abkommens über Zusammenarbeit im Gesundheitswesen
Juli	Streiks in Port-Gentil
25.-26.07.	Präsident Hissène Habré bei Präsident Bongo
27.-28.07.	Teilnahme von Präsident Bongo am OAU-Gipfel in Addis Abeba: Rücktritt vom Vorsitz des Ad-hoc-Komitees für den Grenzkonflikt Tschad/Libyen wegen mangelnder Kooperationsbereitschaft Libyens. Das Komitee wird von Minister- auf Staatschefebene aufgewertet und der Vorsitz später von Bongo wieder übernommen
30.07.-06.08.	Staatsbesuch von Präsident Bongo in den USA
27.-28.08.	CEEAC-Gipfel in Libreville
01.-04.09.	Teilnahme von Präsident Bongo am 2. Frankophonie-Gipfel in Quebec (Kanada)
23.09.	Sitzung des Ad-hoc-Komitees der OAU über den Grenzkonflikt Tschad-Libyen in Lusaka (Zambia) unter Vorsitz von Präsident Bongo
18.11.	Kleine Regierungsumbildung
30.11.-02.12.	3. Tagung der großen gemischten Kommission Gabun-Frankreich in Libreville
02.12.	Tagung von Vertretern der Privatwirtschaft Gabuns und Frankreichs in Libreville
10.-12.12.	Teilnahme Bongos am franko-afrikanischen Gipfel in Antibes (Frankreich)
19.12.	Teilnahme Bongos am UDEAC-Gipfel in N'Djamena (Tschad)

Kamerun

Fläche: 475 442 km^2, *Einwohner:* 10,2 Mio., *Hauptstadt:* Yaoundé, *Amtssprachen:*
Französisch und Englisch, Schulbesuchsquote: 69%, *Wechselkurs:* $ 1=Franc
CFA 267,88, *Pro-Kopf-Einkommen:* $ 810, *BSP:* $ 8,3 Mrd., *Anteile am BIP:* 21%
- 37% - 42%, *Hauptexportprodukte (1986):* Erdöl 52%, Kaffee 13%, Kakao 12%,
Staats- und Regierungschef: Paul Biya, *Einheitspartei:* Rassemblement Démocra-
tique du Peuple Cameronais (RDPC) / Cameroon People's Democratic Movement
(CPDM)

Die innenpolitische Liberalisierung wurde - bei gegenläufigen Tendenzen - fortgesetzt, obwohl eine Wirtschaftskrise über Kamerun hereinbrach. Um der Krise
Herr zu werden, warb Präsident Biya um erhöhte bilaterale Hilfe Frankreichs und
der BRD. Sie machten ihre Unterstützung von einem IWF-Abkommen abhängig,
das Biya - wegen der innenpolitischen Brisanz - zu vermeiden suchte.

Innenpolitik

Ohne den im Kern *repressiven Charakter* zu verlieren, hielt das Biya-Regime
trotz wachsender wirtschaftlicher Probleme an dem von ihm begonnenen Kurs
vorsichtiger *demokratischer Öffnung* fest. Der autokratisch regierende Präsident
legte nicht nur sein Veto gegen eine Gesetzesvorlage ein, die die Rechte von
Anwälten bei Gerichtsverhandlungen zu beschneiden beabsichtigte (Januar) und
nahm einige prominente Politiker des Ahidjo-Regimes wieder in die Partei auf
(28.2.), sondern ließ auch - nach einer Verwaltungsreform und als Test für die
für 1988 geplante Parlamentswahl - am 25.10. Gemeinderatswahlen abhalten. Da
die Bevölkerung unter bis zu drei Listen wählen konnte, erlebte das Regime
einige Überraschungen: so unterlagen in großen Städten wie Douala und Garoua
die amtierenden Bürgermeister ihren Gegenkandidaten. Die Wahlfreiheit war
allerdings durch zwei Faktoren eingeschränkt: es waren nur Kandidaten der Einheitspartei RDPC zugelassen, und die Kandidaten mußten ein Bewerbungsdeposit
von F CFA 50 000 (ca. DM 300) hinterlegen. Daß sich die politische Liberalisierung in Kamerun in engen Grenzen bewegte, zeigte nicht nur der Wahlakt,
sondern auch die Festnahme Oppositioneller; im Januar und April wurden mehrere mißliebige Journalisten, Dozenten und Lehrer verhaftet (allerdings zumeist
bald wieder freigelassen). Im Juni wurde die Chefetage der Zeitung "Cameroon
Tribune" personell verändert, um den Zugriff des Regimes zu stärken. Kurz vor
Jahresende (17./18.12.) kam es auf dem Universitätsgelände von Yaoundé zu
Zusammenstößen zwischen Studenten, die gegen die Verzögerungen bei der Zahlung staatlicher Stipendien aufbegehrten, und der Polizei, die Ruhe und Ordnung
wiederherstellte.
   Durch zwei *Kabinettsumbildungen* suchte Biya seine Kontrolle über den Regierungsapparat zu festigen. Am 23.1. entließ er Außenminister William Eteki
Mboumoua, der angeblich zu eigenmächtig die Aufnahme diplomatischer Beziehungen zu Ungarn angebahnt hatte (tatsächlich aber wohl gehen mußte, weil Biya
in ihm einen potentiellen Konkurrenten um das Amt des Staatschefs erblickte).
Das Revirement vom 4.12. stand ganz im Zeichen der Wirtschaftskrise und der
Kontakte mit dem IWF; Biya löste Finanzminister Booto a N'gon, der offensiv
für ein Bereitschaftskreditabkommen eintrat, durch Sadou Hayatou ab und richtete ein (ihm direkt unterstelltes) Ministerium für den Stabilisierungsplan ein, das
er mit dem Technokraten Emmanuel Zoa Oloa besetzte.

Außenpolitik

Außenpolitisch kam es im Mai mit dem Nachbarland *Nigeria* zu einem Grenzkonflikt, als kamerunische Gendarmen nigerianische Dörfer (nahe dem Tschad-
see) überfielen, um von Bauern eine Art Zehnten einzutreiben. Beide Regierungen bemühten sich jedoch, die Geschehnisse als Mißverständnis herunterzuspie-
len; die Wogen glätteten sich, weil Biya umgehend seinen Kultusminister Ibrahim
Mbombo Njoya mit einer Entschuldigungsnote nach Lagos entsandte. Vom 24. bis
27. August tagte die gemeinsame Kommission für Wirtschaftskooperation; im
September und Oktober besuchten die Generalstabschefs beider Länder die
Hauptstadt des jeweiligen Nachbarn, um eine gemeinsame Grenzkontrolle vorzu-
bereiten, die bewaffneten Konflikten vorbeugen und die gegenseitige Verständigung fördern sollte. Am 8.12. traf der nigerianische Präsident Babangida zu
einem dreitägigen Staatsbesuch in Yaoundé ein.

Zu einem immer bedeutenderen Partner für Kamerun entwickelte sich
1986/87 *Israel* - vorwiegend aus militärischen Gründen: seit 1984 unterstützt
Jerusalem das Biya-Regime bei Aufbau und Ausrüstung der Präsidentengarde.
Der Kamerun-Besuch des israelischen Premiers Shamir am 17./18.6. bekräftigte
die Kooperation, die 1986 durch die Wiederaufnahme diplomatischer Beziehungen
zementiert wurde.

Von *Frankreich*, der ehemaligen Kolonialmetropole, und von der *Bundesrepu-
blik Deutschland* erhoffte sich Kamerun Hilfe bei der Bewältigung der Wirt-
schaftskrise. Die engen Bande zu Paris dokumentierten sich in einer Kamerun-
Visite von Premierminister Chirac (14.3.), einem Frankreich-Besuch Biyas
(4.-6.5.), Sondierungsgesprächen von Kooperationsminister Aurillac in Yaoundé
(Ende Juli und im Dezember) und der Tagung der Französisch-Kamerunischen
Kommission in Paris (23./24.11.). Biya unterstützte die französische Tschad-
Politik. Die französische Regierung sagte zu, die finanzielle Unterstützung für
Kamerun im Finanzjahr 1987/88 um 12-14% aufzustocken, aber die Zusicherung
war an eine für das Land ungewohnte Bedingung geknüpft: angesichts der ökonomischen Schwierigkeiten, so die Auflage, mußte sich das Biya-Regime zuvor
an den IWF wenden und ein Stabilisierungsprogramm zur Begutachtung vorlegen.

Ebenso verwies auch die Bonner Regierung Yaoundé an den IWF. Bundeskanzler Kohl, der während seiner Afrika-Reise vom 15. bis 17.11. in Kamerun
Station machte, u.a. das 1985 mit deutscher Unterstützung fertiggestellte kamerunische Fernsehen besichtigte und die Fortschritte des Landes bei der Demokratisierung lobte, stellte für 1988/89 die Erhöhung der bilateralen Hilfe um 10% (auf
DM 87 Mio.) in Aussicht, sofern sich Kamerun der Stabilisierungspolitik des
Fonds verschrieb.

Sozio-ökonomische Entwicklung

Obwohl die beiden wichtigsten Geberländer dem Biya-Regime dringend naheleg-
ten, sich der Austeritätspolitik des IWF zu unterwerfen und dessen Siegel der
Kreditwürdigkeit zu erwerben, versuchte Kamerun, die Wirtschaftskrise ohne
IWF-Auflagen zu meistern. Noch nie seit der Unabhängigkeit hatte sich Yaoundé
die Rezepte des Fonds verordnen lassen müssen, und die soziale und politische
Brisanz von IWF-Sparprogrammen war aufgrund der Erfahrungen vieler subsaha-
rischer Länder auch in Kamerun ein innenpolitisch sensibles Thema geworden.
Allerdings konnte und durfte Biya nicht übersehen, daß sich die Wirtschaftslage
des Landes 1986/87 dramatisch verdüsterte. Als die streng kontrollierten staat-

lichen Medien noch skandierten, Kamerun erhalte "seinen Entwicklungsrhythmus aufrecht" (so die "Cameroon Tribune" am 14.1.87), hatte der Staatschef seine Landsleute bereits in der Neujahrsansprache auf ein schwieriges Jahr eingestimmt.

Grund hatte er genug: allein der Verfall des Weltmarktpreises für das Hauptexportgut Mineralöl (1985 ca. zwei Drittel der Ausfuhrerlöse) ließ die Deviseneinnahmen aus dem Ölabsatz 1986 von $ 1,5 Mrd. auf knapp $ 1,2 Mrd. schrumpfen; beschleunigt durch den Sturz des Dollarkurses nahmen die entsprechenden Steuereinnahmen des Staates noch stärker ab, von F CFA 406 Mrd. auf F CFA 264 Mrd. Da auch andere wichtige Exportprodukte wie Kaffee und Kakao unter einer Weltmarktbaisse litten, war der Einbruch im Mineralölsektor nicht zu kompensieren - im Gegenteil: Kamerun glitt zunehmend in die Wirtschaftskrise. Die Zielsetzung des 6. Nationalen Entwicklungsplans 1986/87 - 1990/91 - 6,7% p.a. BIP-Zuwachs bei Investitionen von F CFA 4148 Mrd. - entpuppte sich als unrealistisch.

Wohl oder übel mußte sich Kamerun an die neue Situation anpassen. An dem F CFA 800 Mrd.-Budget 1986/87 machte die Regierung noch keine Abstriche, geriet allerdings, infolge der Mindereinnahmen, gegenüber privaten Auftragnehmern öffentlicher Bauvorhaben zunehmend in Zahlungsverzug. Da sich die staatliche Liquiditätskrise erheblich verschärfte, verkündete Biya am 20.6. mit dem Haushalt ein *Sparprogramm*, das empfindliche Einschnitte vorsah. Zwar konnte Finanzminister Booto a N'gon seinen auf F CFA 550 Mrd. gekürzten Ausgabenvorschlag nicht durchsetzen, aber der Chef des Präsidentenamtes Robert Mbella Mbappé, zugleich Interessenvertreter der auf Besitzstandswahrung orientierten Segmente der Staatsklasse, ebensowenig seine Absicht, die Ausgaben auf dem Vorjahresstand einzufrieren. Der von Biya abgesegnete Etat stellte mit einem Ausgabenansatz von F CFA 650 Mrd. einen Kompromiß dar. In dem um 19% gekürzten Etat wurden die öffentlichen Investitionen mit 26% am stärksten zusammengestrichen, von F CFA 340 Mrd. auf F CFA 250 Mrd. Bedeutendste Posten des Haushalts blieben der externe Schuldendienst, die Bildungsausgaben und die Aufwendungen für das Militär.

Das Regime setzte den Rotstift nicht nur da an, wo es die "kleinen Leute" betraf, sondern rührte auch an den Privilegien höherrangiger Staatsbediensteter. Die Möglichkeit, Diensttelefone für ausgiebige Privatgespräche zu nutzen, Dienstwagen für ausgedehnte private Autotouren zweckzuentfremden und private Reisen im Inland oder ins Ausland als Dienstreisen abzurechnen, wurde drastisch beschnitten; mehrere Pkw des staatlichen Fuhrparks wurden versteigert. Die öffentlichen Planstellen sollten überprüft, Karteileichen entfernt und korrupten Beamten die Chance zum Doppel- und Dreifachverdienst genommen werden.

Ausdrücklich zielte das von Biya vorgestellte Sparprogramm darauf ab, die Steuereintreibung, den Zoll und die Staatsunternehmen zu effektivieren und die Korruption zu bekämpfen. Der Präsident setzte eine Kommission zur Untersuchung der Staatsunternehmen ein. Alsbald wurde der ineffiziente Fonds National de Développement Rural (FONADER) liquidiert; seine Aufgabe, gezielt die ländliche Entwicklung zu fördern, sollte eine neugegründete staatliche Agrar-Kreditanstalt besser erfüllen.

So einschneidend das Austeritätsprogramm des Juni 1987 war, so wenig hätte es ausgereicht, den IWF zum Abschluß eines Bereitschaftskreditabkommens zu bewegen. Zweifelhaft ist auch, ob es ausreicht, die Wirtschaftskrise zu bewältigen oder wenigstens die wichtigsten Geberländer großzügig zu stimmen.

Finanzminister Booto a N'gon sah im September für Kamerun Schwierigkeiten heraufziehen, den Zins- und Tilgungsverpflichtungen für die $ 3,6 Mrd. Auslandsschulden 1988 termingerecht und in vollem Umfang nachzukommen; er befürwortete daher den Gang zum IWF, um nicht nur dessen Siegel der Kreditwürdigkeit zu erwerben und Entwicklungshilfe zu mobilisieren, sondern auch die Chance zu eröffnen, mit den Gläubigern des Pariser Clubs eine Umschuldungsvereinbarung zu treffen (die in aller Regel von einem Bereitschaftskreditabkommen abhängt). Biya favorisierte offenbar eine Zwischenlösung: keine (innenpolitisch brisante) formelle Übereinkunft mit dem IWF, sondern ein Austeritätsprogramm, das der Fonds informell absegnet und den Gläubigern als kreditwürdig empfiehlt.   *Peter Körner*

Chronologie Kamerun 1987

09.01.	Kurzbesuch des US-Außenministers Shultz in Yaoundé
12.01.	Teilnahme von Präsident Biya an der 20-Jahr-Feier des Eyadéma-Coups in Togo
23.01.	Regierungsumbildung
28.02.	Wiederaufnahme prominenter Politiker des Ahidjo-Regimes in die Partei
14.03.	Besuch des französischen Premiers Chirac in Yaoundé
16.-23.03.	Yaoundé: internationale Konferenz über die Giftgaskatastrophe am Niyos-See 1986 (keine Klärung der Ursache)
25.-31.03.	Besuch von Präsident Biya in der VR China
14.-15.04.	Besuch von Präsident Biya in Marokko
04.-06.05.	Besuch von Präsident Biya in Frankreich
17.-18.06.	Besuch des israelischen Premiers Shamir
20.06.	Verkündung eines Austeritätsbudgets und Sparprogramms
24.-27.08.	Tagung der Nigerianisch-Kamerunischen Kommission für Wirtschaftskooperation
01.10.	Besuch des senegalesischen Präsidenten Abdou Diouf, Gegenbesuch von Außenminister Mataga in Dakar (November)
25.10.	Gemeinderatswahlen
05.11.	5. Jahrestag der Amtseinführung Präsident Biyas (durch seinen Vorgänger Ahidjo)
15.-17.11.	Besuch von Bundeskanzler Kohl
23.-24.11.	Tagung der Französisch-Kamerunischen Kommission in Paris
01.12.	Gründung einer Britisch-Kamerunischen Kommission
04.12.	Regierungsumbildung
08.-11.12.	Staatsbesuch des nigerianischen Präsidenten Babangida
17.-18.12.	Studentenunruhen in Yaoundé
19.-21.12.	Besuch des französischen Präsidentschaftskandidaten Raymond Barre

Kongo

Fläche: 342 000 km², Einwohner: 1,87 Mio., Hauptstadt: Brazzaville, Amtssprache: Französisch, Schulbesuchsquote: 80%, Wechselkurs: $ 1=Franc CFA 267,88, Pro-Kopf-Einkommen: $ 1020, BSP: $ 1,91 Mrd., Anteile am BIP: 8% - 54% - 38%, Hauptexportprodukt: Erdöl 90%, Staats- und Regierungschef: Col. Denis Sassou-Nguesso, Einheitspartei: Parti Congolais du Travail (PCT)

Während Präsident Denis Sassou-Nguesso als Vorsitzender der OAU von Juli 1986 bis Juli 1987 die internationale Position Kongos stärken konnte, geriet das Land infolge des Rückganges der Erdöleinnahmen und der daraus resultierenden Zunahme der Verschuldung in eine immer tiefere wirtschaftliche Krise. Hatte die wachsende Unzufriedenheit 1985 und 1986 zu Unruhen der Schüler und Studenten geführt, so wurden im Juli 1987 mehrere als rechtsgerichtet bezeichnete Offiziere wegen eines angeblichen Putschplanes verhaftet. Eine dadurch ausgelöste Revolte wurde Anfang September mit französischer militärischer Hilfe niedergeschlagen und damit zumindest an der Oberfläche Ruhe und Ordnung wiederhergestellt. Dennoch ist unübersehbar, daß der liberaleren Haltung nach außen eine Verschärfung der Spannungen und zunehmender Druck der Staatsgewalt im Innern gegenüberstehen.

Innenpolitik

Das politische Leben wird einerseits durch ethnisch-regionale Gegensätze, andererseits durch ideologische Differenzen innerhalb der Einheitspartei PCT zwischen einem pro-sowjetischen, einem pro-chinesischen und einem liberalen, westlich orientierten Flügel bestimmt, die ein ständiges Lavieren der Staatsführung zwischen verschiedenen Machtinteressen erforderlich machen. Drei der prominentesten Parteimitglieder waren im November 1986 aus dem Politbüro ausgeschieden, als dieses von 13 auf zehn Mitglieder reduziert worden war: Pierre Nzé, der dem pro-sowjetischen Flügel angehörte, unter Präsident Marien Ngouabi den zweiten Platz im Staat innehatte und als einer der Theoretiker der Partei galt, Außenminister Antoine Ndinga-Oba, ebenfalls einer der Parteiideologen und von 1977-1984 einflußreicher Erziehungsminister, sowie Gesundheits- und Sozialminister Bernard Cambio-Matsiona, der dem pro-chinesischen Mouvement du 22 Février (M-22) angehörte. Mitglieder dieser Gruppe bildeten seit 1980 eine Stütze von Präsident Sassou-Nguesso gegenüber dem pro-sowjetischen Flügel, dessen Führer, Col. Francois-Xavier Katali, zu einem gewichtigen Gegenspieler geworden war. Katali, der bis 1984 Minister für Inneres und Staatssicherheit gewesen war, dann Minister für ländliche Entwicklung wurde und dem Politbüro der PCT angehörte, erlag am 5.5. mit 45 Jahren einem Herzinfarkt. Sein Tod machte eine Neubesetzung der Parteigremien erforderlich. In der Sitzung des ZK der PCT vom 16.-22.7. verlor Camille Bongou, der bis dahin zweite Mann in der Parteiführung, der als Führer des M-22 gilt, seine Funktion als Vorsitzender des ständigen Komitees der Partei. Bei der *Regierungsumbildung* am 20.8. wurde der bisherige Finanzminister, Justin Lekoundzou Itihi-Ossetoumba, zum neuen Minister für ländliche Entwicklung ernannt. Das Finanzministerium wurde mit dem Planungsministerium unter Pierre Moussa zusammengelegt. Beide Minister gelten als Vertreter einer gemäßigten pro-westlichen Orientierung. Überraschend kam die Ernennung von Col. Emmanuel Elenga, dem bisherigen Generalstabschef der Nationalen Volksarmee zum Minister für Verteidigung und Sicherheit beim Präsidialamt, da diese Funktion seit 1984 von Präsident Sassou-Nguesso selbst wahrgenommen worden war. Zum Kabinettsdirektor des Präsidenten wurde Basile Ikouebe bestimmt. Er löste Joseph Elenga-Ngaporo, ein weiteres prominentes

M-22-Mitglied, ab. Während Sassou-Nguesso somit bestrebt war, sich verstärkt auf den gemäßigten Parteiflügel zu stützen und durch ein Zurückdrängen des Einflusses der bedeutendsten Vertreter sowohl der pro-sowjetischen als auch der pro-chinesischen Richtung seine Manövrierfähigkeit in den Entscheidungsgremien der Partei und in der Regierung zu erhalten, setzte er sich gleichzeitig gegen "rechtsgerichtete Abweichler" zur Wehr.

Am 25.7.87 überraschte die oppositionelle Exilgruppe Mouvement Patriotique Congolais (MPC) in Paris mit der Meldung, daß Anfang Juli kongolesische Offiziere, darunter der stellvertretende Generalstabschef, verhaftet worden seien. Eine offizielle Bestätigung der *Verhaftungen* von kongolesischer Seite erfolgte erst Anfang September, nachdem es in Owando, im Norden des Kongo, zu blutigen Auseinandersetzungen zwischen einer Gruppe von Rebellen unter dem ehemaligen Hauptmann Pierre Anga und dem Militär gekommen war. Die Revolte scheint sich über mehrere Wochen hingezogen zu haben. Der Militäreinsatz am 6.9. erfolgte, wie später bekannt wurde, mit französischer Unterstützung von der Militärbasis in Gabun aus im Rahmen des zwischen Frankreich und Kongo bestehenden Abkommens über militärische Kooperation. Während Anga entfliehen konnte, wurde der ehemalige Staatspräsident Yhombi Opango festgenommen. Nach offiziellen Angaben sollen die Verhaftungen im Juli wegen Gefährdung der Staatssicherheit durch rechtsgerichtete Anhänger von Yhombi erfolgt sein.

Außenpolitik
Ungeachtet der offiziellen marxistischen Ideologie und der engen Beziehungen zu den Staaten des Ostblocks suchte Präsident Sassou-Nguesso die *Verbindungen zum Westen* weiter auszubauen. Nach einem Besuch in den USA - dem ersten eines kongolesischen Staatschefs seit der Unabhängigkeit - und in Kanada vom 27.9.-10.10.86 hielt er sich in seiner doppelten Funktion als Staatschef und Vorsitzender der OAU vom 9.-11.2.87 zu einem Staatsbesuch in Frankreich auf, bei dem neben Fragen der bilateralen Zusammenarbeit und der Schuldenproblematik Afrikas die französische Intervention im Tschad das wichtigste Gesprächsthema bildete. Die Meinungsverschiedenheiten zwischen Sassou-Nguesso, der die Lösung des Tschaddramas als innertschadische Angelegenheit ansah, die ohne äußere Einmischung erfolgen müsse, und Präsident Mitterrand waren unübersehbar. Weitere Stationen dieser Reise bildeten Belgien, Großbritannien und Spanien. Sanktionen gegen Südafrika stellten neben den wirtschaftlichen Schwierigkeiten des Kongo die wichtigsten Probleme dar, die bei einem Aufenthalt in der Bundesrepublik Deutschland vom 14.-15.5. und daran anschließend in Finnland, Schweden und Norwegen erörtert wurden. Im Gegensatz zu den nordischen Staaten kam es in der Frage der Sanktionen in Bonn zu keiner Übereinstimmung.

Mit der *Sowjetunion*, deren Zusammenarbeit sich v.a. auf die Armee, die innere Sicherheit und die Ausbildung erstreckt, wurde am 29.8. ein Abkommen über die Entsendung von 95 Hochschul- und Sekundarschullehrern für den Zeitraum 1987-1990 abgeschlossen. Vom 16.-20.4. absolvierte Präsident Sassou-Nguesso einen Staatsbesuch in der Volksrepublik China, von der Kongo umfangreiche Entwicklungshilfe erhält.

Sozio-ökonomische Entwicklung
Obwohl Kongo seit 1985 bemüht ist, durch ein selbst erstelltes Strukturanpassungsprogramm die wirtschaftliche Krise aufzuhalten, sah sich die Regierung trotz heftigen innenpolitischen Widerstands gegen eine Preisgabe marxistischer Prinzipien gezwungen, Mitte 1986 ein Bereitschaftskreditabkommen mit dem IWF

abzuschließen. Die wirtschaftspolitischen Maßnahmen, zu denen sich der Kongo verpflichtete, sahen Einstellungsbeschränkungen im öffentlichen Dienst, die Sanierung der Staatsbetriebe und eine Ausweitung des Privatsektors, die Anhebung der Agrarproduktion und die Förderung der Exporte vor.

Die Wirtschaft ist entscheidend vom *Erdölsektor* bestimmt, der 1984 fast die Hälfte des BIP und rd. zwei Drittel der Staatseinnahmen erbrachte. Der Anteil des Erdöls an den Exporten erreichte 1985 90%. Infolge der nachlassenden Ergiebigkeit der Erdölfelder, der Ölpreisschwankungen und des Dollarverfalles ging die Erdölproduktion wertmäßig von F CFA 200 Mrd. 1985 auf F CFA 72 Mrd. 1986 zurück und wurde für 1987 auf F CFA 34 Mrd. geschätzt. Dies machte eine Reduzierung des Staatshaushaltes von F CFA 360 Mrd. 1985 auf F CFA 163 Mrd. 1986 und F CFA 159 Mrd. 1987 erforderlich und hatte eine erhebliche Einschränkung der staatlichen Investitionstätigkeit zur Folge, für die 1987 nur F CFA 48,7 Mrd., d.s. 42% weniger als 1986, veranschlagt wurden.

Die Mitte 1987 vorgelegte Bilanz des Entwicklungsplanes 1982–1986, der Investitionen in Höhe von F CFA 1109 Mrd. vorgesehen hatte, ergab eine Realisierungsquote von 67%, wobei die Investitionssumme von F CFA 788 Mrd. zur Gänze vom Staat aufgebracht worden war. Das durchschnittliche jährliche Wirtschaftswachstum betrug 3% und lag damit weit unter den erwarteten 10%. 1986 ging das BIP um 30% gegenüber 1985 zurück. Ein neuer Entwicklungsplan ist erst für Mitte der 90er Jahre zu erwarten; bis dahin sollen jährliche Strukturanpassungsprogramme erstellt werden.

Ein seit Jahren umstrittenes Problem stellt die *Sanierung der Staatsbetriebe* dar, die mit hohen Verlusten arbeiten. Anfang 1987 wurde eine teilweise Privatisierung beschlossen, von der zehn Unternehmen betroffen sind. Drei Betriebe wurden geschlossen, von drei weiteren will sich der Staat ebenfalls lösen. Außerdem erfolgte eine weitgehende Aufhebung der staatlichen Handelsmonopole. Sechs Unternehmen in Schlüsselsektoren der Wirtschaft, die in staatlicher Hand bleiben, unterliegen einem Sanierungsprogramm. Eine Wiederbelebung der Wirtschaft wird neuerdings von Klein- und Mittelbetrieben erwartet, die durch ein 1986 beschlossenes Investitionsgesetz und einen Fonds de Garantie et de Soutien besonders gefördert werden sollen.   *Marianne Weiss*

Chronologie Kongo 1987

09.-20.02.	Staatsbesuche Präsident Sassou-Nguessos in Frankreich, Belgien, Großbritannien, Spanien
11.-13.03.	Besuch Sassou-Nguessos in Ägypten; Unterzeichnung eines Handelsabkommens
01.-03.04.	Besuch des rumänischen Staatspräsidenten Ceauscescu in Kongo
16.-20.04.	Staatsbesuch Sassou-Nguessos in der VR China
05.05.	Tod des Ministers und Politbüromitgliedes Col. François-Xavier Katali
14.-18.05.	Besuch Sassou-Nguessos in der BRD, Finnland, Schweden, Norwegen
25.-28.05.	Internationales Literatursymposion gegen Apartheid in Brazzaville
25.-30.06.	1. afrikanischer Wissenschaftskongreß in Brazzaville
16.-22.07.	6. Sitzung des Zentralkomitees der PCT
23.-25.07.	Aufenthalt des französischen Ministerpräsidenten Chirac in Brazzaville anläßlich der Generalversammlung der Association Internationale des Maires Francophones (AIMF)
25.07.	Meldung über Verhaftungen höherer Offiziere im Kongo Anfang Juli
27.-30.07.	Teilnahme Sassou-Nguessos an der OAU-Gipfelkonferenz in Addis Abeba (Äthiopien), Übergabe des OAU-Vorsitzes an Präsident Kenneth Kaunda von Zambia
20.08.	Regierungsumbildung
27.-28.08.	Teilnahme Sassou-Nguessos an der CEEAC-Gipfelkonferenz in Libreville (Gabun)
06.09.	Niederschlagung einer Revolte im Norden des Kongo
09.09.	Verhaftung des früheren Staatspräsidenten Yhombi Opango
11.09.	Umbesetzung des Postens des Generaldirektors für öffentliche Sicherheit
03.11.	Meldung über die Verhaftung zairischer Flüchtlinge im Kongo wegen angeblicher Kontakte zu Libyen
09.-11.12.	Nationales AIDS-Symposion

São Tomé und Príncipe

Fläche: 996 km², *Einwohner: 108 000*, *Hauptstadt: São Tomé*, *Amtssprache:* *Portugiesisch*, *Schulbesuchsquote: 84%*, *Wechselkurs: $ 1=Dobra 76,76*, *Pro-Kopf-Einkommen: $ 310*, *BSP: $ 30 Mio.*, *Anteile am BIP (1984): 26% - 19% - 55%*, *Hauptexportprodukte: Kakao 89%*, *Staats- und Regierungschef: Manuel Pinto da Costa*, *Einheitspartei: Movimento de Libertação de São Tomé e Príncipe (MLSTP)*

Die Vereinbarungen mit IWF und Weltbank über ein Strukturanpassungsprogramm prägten nicht nur die Wirtschaftspolitik, sondern auch die Innen- und Außenpolitik. Durch eine Verfassungsreform soll eine breitere demokratische Basis geschaffen werden, während nach außen eine stärkere Anbindung an den Westen erfolgte.

Innenpolitik

Die seit 1985 durchgeführten Liberalisierungsmaßnahmen scheinen bei der den Staatsapparat beherrschenden Einheitspartei MLSTP nicht durchwegs Zustimmung gefunden zu haben. Darauf deutet zumindest die *Regierungsumbildung* am 1.1.87 hin, bei der Präsident Manuel Pinto da Costa neben anderen Veränderungen den bisherigen Minister für Planung und Handel, Agostinho Silveiro Rita, der als maßgeblich für die Liberalisierungspolitik galt, entließ und das Planungs- und Wirtschaftsressort selbst übernahm. Das bisherige Außen- und Kooperationsministerium wurde geteilt. Fradique de Menezes, der Inhaber dieses Ressorts, der wesentlich zur Verbesserung der Beziehungen zum Westen beigetragen hatte, blieb Kooperationsminister - er schied jedoch bald danach aus Gesundheitsgründen aus -, das Außenministerium übernahm der bisherige Botschafter in Brüssel, Guilherme Posser da Costa. Das neu errichtete Finanzministerium wurde dem Zentralbankgouverneur, Prudencio Rita, zusätzlich übertragen. Dieses spektakulär erscheinende Revirement brachte allerdings keine Änderung der in Abstimmung mit IWF und Weltbank verfolgten Politik mit sich. Präsident da Costa bemühte sich vielmehr um eine breite Zustimmung der Bevölkerung und der Parteikader zu den erforderlichen wirtschaftspolitischen Maßnahmen.

Als Einleitung eines Demokratisierungsprozesses galt der Beschluß des ZK der MLSTP vom 18.10., eine *Verfassungsreform* durchzuführen und eine Neubestimmung der Rolle der Partei vorzunehmen. Der Staatspräsident und die Abgeordneten sollen künftig in allgemeiner, direkter, geheimer Wahl gewählt werden, wobei die Kandidaten nicht der MLSTP angehören müssen. Dieser Beschluß erfuhr allerdings am 25.10. eine Korrektur durch Präsident da Costa: einziger Kandidat für das Amt des Staatspräsidenten soll der Vorsitzende der MLSTP sein, der vom Parteitag aus zwei vom ZK zu präsentierenden Kandidaten zu wählen ist.

Außerdem wurde der 1979 abgeschaffte Posten des Premierministers wieder eingeführt. Dieser wird vom Präsidenten ernannt und hat dem Parlament sein Regierungsprogramm vorzulegen. Gleichzeitig erfolgten vorsichtige Kontaktnahmen mit Oppositionellen im Ausland, insbesondere mit dem in Gabun im Exil lebenden Dr. Carlos de Graça, Mitbegründer der MLSTP und ehemaliger Gesundheitsminister, der am Jahresende als Premierminister im Gespräch war.

Außenpolitik

Im Rahmen einer pragmatischen, nicht paktgebundenen Außenpolitik orientiert sich São Tomé nach anfänglichen Kontakten zur UdSSR, DDR und zu Kuba zunehmend nach dem Westen. Mit Portugal wurde im Februar 1987 ein Protokoll über militärische Zusammenarbeit unterzeichnet. Ein stark reduziertes angolanisches Militärkontingent soll wegen der von Südafrika ausgehenden Destabilisierungspolitik trotzdem aufrechterhalten werden. Den Vorwurf der militärischen Ausbildung einer Gruppe von Flüchtlingen aus São Tomé mit dem Ziel, die MLSTP-Regierung zu stürzen, wies das südafrikanische Außenministerium im Mai 1987 zurück. Die Gruppe, die unter der Führung eines Mitgliedes der illegalen FRNSTP (Frente da Resistência Nacional de São Tomé e Príncipe) stehen soll, war nach ihrer Ausweisung aus Gabun 1986 in Walvis Bay gelandet.

Neben guten Kontakten zu den lusophonen Staaten Afrikas - Präsident da Costa nahm im Mai am lusophonen Gipfel in Maputo teil -, suchte São Tomé zunehmend Anschluß an die frankophonen Nachbarstaaten und war an den UDEAC-Gipfeln 1986 und 1987 mit Beobachterstatus vertreten. Der erwartete Aufnahmeantrag in die UDEAC wurde bisher jedoch nicht gestellt. Auf die engen Beziehungen zu Frankreich weist die Teilnahme von Präsident da Costa am franko-afrikanischen Gipfel in Antibes (Frankreich) im Dezember hin.

Sozio-ökonomische Entwicklung

Die wirtschaftliche Entwicklung der letzten Jahre ist gekennzeichnet durch einen Rückgang der Ernteergebnisse von Kakao von ehemals 10 000 t jährlich auf 4000 t, ein steigendes Nahrungsmitteldefizit (einer Getreideernte 1986 von 1000 t stand ein Bedarf von 11 000 t gegenüber), ein wachsendes Defizit des Staatshaushalts und zunehmende Auslandsverschuldung, die 1985 mit $ 72 Mio. 217% des BIP ausmachte und damit die höchste Verschuldungsrate der Welt darstellte. Der Schuldendienst 1986 wäre mit $ 10 Mio. ohne eine Umschuldung Portugals ebenso hoch gewesen wie die Exporterlöse.

Ein mit IWF und Weltbank ausgehandeltes *Strukturanpassungsprogramm* wurde Mitte Juni vom Ministerrat beschlossen. Es sah folgende Maßnahmen vor: eine Abwertung des Dobra per 1.7. um 55% sowie die Schaffung der Voraussetzungen für eine flexible Wechselkurspolitik, die Freigabe des Binnen- und Außenhandels, der bisher in staatlichen Händen lag, die Aufhebung von Preiskontrollen außer bei einigen Grundnahrungsmitteln. Zum Ausgleich für Preissteigerungen wurden die Löhne der auf den Staatsplantagen beschäftigten Arbeiter - der Hauptgruppe der Lohnempfänger - rückwirkend zum 1.6. angehoben. Dagegen erhielten die Unternehmen erstmals das Recht, Arbeitskräfte zu entlassen. Der staatliche Haushaltsplan 1987 sah Kürzungen der Personalausgaben und eine Anhebung der Steuern vor. Das Management der 15 Staatsplantagen, die 80% der bebauten Fläche einnehmen, soll ausländischen Unternehmen übertragen, andere Staatsbetriebe sollen reorganisiert oder privatisiert werden. Höchste Priorität im Rahmen des Strukturanpassungsprogrammes gilt der Verbesserung der Kakaoproduktion als wichtigstem Devisenbringer. Zur Durchführung des Programms gewährte die Weltbank am 23.6. Kredite von $ 5,4 Mio. sowie einen zusätzlichen IDA-Kredit von SZR 6,1 Mio. für die Rehabilitierung des Kakaosektors. Die AfDB sagte einen Kredit von $ 10 Mio. zu, der IWF sah eine Strukturanpassungsfazilität von SZR 1,9 Mio. für drei Jahre vor. Darüber hinaus wurden mit Inkrafttreten des Strukturanpassungsprogramms bereits bewilligte Kredite anderer bi- und multilateraler Geber freigegeben.   *Marianne Weiss*

Chronologie São Tomé und Príncipe 1987

17.01.	Regierungsumbildung
11.02.	Unterzeichnung eines Protokolls über militärische Zusammenarbeit mit Portugal
21.-22.05.	Teilnahme Präsident da Costas am Gipfeltreffen der lusophonen Staaten in Maputo (Moçambique)
20.06.	Erlaß eines Rahmengesetzes zur Durchführung des Strukturanpassungsprogramms
23.06.	Gewährung von Strukturanpassungskrediten durch die Weltbank
01.07.	Abwertung des Dobra
18.10.	Beschluß einer Verfassungsreform durch das ZK der MLSTP
10.-12.12.	Teilnahme von Präsident da Costa am franko-afrikanischen Gipfel in Antibes (Frankreich)

Tschad

Fläche: 1 284 000 km², Einwohner: 5 Mio., Hauptstadt: N'Djamena, Amtssprache: Französisch, Schulbesuchsquote: 24%, Wechselkurs: $ 1=Franc CFA 267,88, Pro-Kopf-Einkommen: $ 130, BSP: $ 650 Mio., Anteile am BIP: 46% - 19% - 35%, Hauptexportprodukte (1986): Baumwolle 44,4%, Vieh 36,2%, Staats- und Regierungschef: Hissène Habré, Einheitspartei: Union Nationale pour l'Indépendance et la Révolution (UNIR)

Die politische Zersplitterung des Landes hielt weiter an, obgleich viele oppositionelle Exilorganisationen inzwischen zu einer konstruktiven Mitarbeit beim Wiederaufbau des Tschad bereit sind und Präsident Hissène Habré verschiedene ehemalige politische Gegner rehabilitiert und sogar in Regierungsämter berufen hat. Das außenpolitische Geschehen wurde beherrscht durch eskalierende militärische Auseinandersetzungen mit Libyen über die Hoheitsrechte am Aouzou-Grenzstreifen sowie die Aktivitäten innerhalb der OAU zur friedlichen Beilegung des Konflikts, die schließlich zu einem von beiden Seiten akzeptierten Waffenstillstand führten. (Vgl. die vertiefte Darstellung des Konflikts mit Libyen im parallel erschienenen "Jahrbuch Nahost").

Innenpolitik

Das ehemalige *Gouvernement d'Union Nationale de Transition* (GUNT) unter Ex-Präsident Goukouni Weddeye sowie die meisten seiner Mitgliedsorganisationen einschließlich der Dissidenten des Néo-GUNT verhandelten im April in Algier mit einer offiziellen tschadischen Regierungsdelegation unter Leitung von Innenminister Mahmat Itno über die konstitutionelle Zukunft des innenpolitisch zerrütteten Landes. Bereits im Februar hatte Oberst Wadal Abdelkader Kamougué, ehemaliger Vizepräsident des GUNT, seine Opposition gegen Staatschef Habré aufgegeben und war nach vierjährigem Exil aus Libreville nach N'Djamena zurückgekehrt, "um nur noch an der Wiederherstellung des Friedens und der nationalen Versöhnung zu arbeiten".

Exilpolitiker Goukouni Weddeye machte für das Stagnieren seiner über mehr als zwei Monate mit offiziellen tschadischen Repräsentanten geführten *Verhandlungen* vor allem drei Gründe verantwortlich: Die provisorische Verfassung des Tschad von 1982, die alle Gewalt dem Staatschef übertrage; den Status der UNIR, die durch eine andere, alle Tschader umfassende politische Partei ersetzt werden müsse; den Zustand der FANT (Forces Nationales Tchadiennes), die nicht nur aus Privilegierten bestehen dürfe und insbesondere auch der Beteiligung der Kombattanten Goukounis an den militärischen Erfolgen gegen Libyen gebührend Rechnung tragen müsse. Die Forderung Goukounis nach einer Auflösung der Einheitspartei UNIR als Voraussetzung für seine Rückkehr nach N'Djamena wurde von Innenminister Gouara Lassou zurückgewiesen.

Anläßlich einer *Regierungsumbildung* im August zeigte Präsident Habré eine versöhnliche Geste, indem er verschiedene Kampfgefährten Goukounis ins Kabinett berief. So wurde Oberst Kamougué Landwirtschaftsminister; Oberst Alphonse Kotiga, früher zeitweilig Rebellenführer der im Süden agierenden Codos (=Commandos), erhielt das Ministerium für Bergbau und Energie. GUNT-Expräsident Weddeye vertrat gleichwohl die Ansicht, daß nach der Kabinettsumbildung die Chancen für eine nationale Aussöhnung geringer geworden seien. Zugleich beendete die *FROLINAT* (Front de Libération Nationale du Tchad) ihre Aktivitäten als externe Opposition, um - so der Vorsitzende Abdelkader Yacine -

fortan verstärkt an der Schaffung von Stabilität und territorialer Unabhängigkeit des Tschad mitzuarbeiten. Um die nationale Aussöhnung bemühten sich auch andere oppositionelle Gruppierungen, so vor allem das *Néo-GUNT* und der *Conseil Démocratique Révolutionnaire* (CDR). Der Vorsitzende dieser Organisationen, Acheikh Ibn Oumar, erklärte sich in Ouagadougou ohne Vorbedingungen zu Verhandlungen mit Habré bereit. Die zwei verfeindeten Hauptrepräsentanten der tschadischen Opposition, Goukouni Weddeye und Acheikh Ibn Oumar, legten schließlich unter Mitwirkung des damaligen burkinabischen Präsidenten Thomas Sankara ihre langjährigen Differenzen bei. Ein weiterer Teilerfolg auf dem Wege zur innenpolitischen Stabilisierung war die fortschreitende Integration der Einheiten der ANL (Armée Nationale de Libération) des GUNT in die regulären Streitkräfte FANT, die dem Oberbefehl von Präsident Habré unterstehen.

Außenpolitik

Nach erneuten heftigen Angriffen libyscher Streitkräfte gegen tschadische Stellungen im Norden des Landes Ende 1986 und einer folgenden Serie kleinerer bewaffneter Konflikte wurde die von *Libyen* 1973 annektierte Stadt Aouzou, Verwaltungssitz des gleichnamigen Grenzstreifens, am 7.8. von der tschadischen Armee zurückerobert, wobei nach tschadischen Angaben 650 Libyer getötet wurden. Libyen informierte daraufhin den UN-Sicherheitsrat und die OAU über "die tschadische Aggression gegen das libysche Gebiet von Aouzou". Nach fortgesetzten libyschen Luftangriffen auf Ziele im Norden des Tschad erklärte der französische Verteidigungsminister Giraud am 12.8., im Interesse der territorialen Integrität des Tschad und zur Wahrung humanitärer Anliegen könnten französische Maßnahmen der Luftverteidigung erforderlich werden. Unterdessen betonte Frankreichs Außenminister Raimond das vorrangige Interesse seines Landes an einer diplomatischen Regelung des libysch-tschadischen Konflikts "unter grundsätzlicher Wahrung der tschadischen Rechte an Aouzou".

Am 29.8. wurde die Oasenstadt *Aouzou* von libyschen Truppen zurückerobert, wobei 460 Tschader getötet und mehr als 800 verwundet wurden. Ein libysches Bombenflugzeug wurde am 7.9. über N'Djamena von französischer Luftabwehr abgeschossen, eine weitere Maschine entkam. Die Flüge waren vermutlich eine Reaktion auf die am Vortag erfolgte Zerstörung der südlibyschen Militärbasis von Maaten es-Sara durch tschadische Streitkräfte, wobei mehr als 1700 libysche Soldaten gefallen sein sollen, während die tschadischen Verluste angeblich vergleichsweise gering waren. Die libysche Botschaft in Paris verbreitete daraufhin eine Erklärung, in der Frankreich beschuldigt wurde, "für die Ausweitung der Aggression gegen libysches Territorium unmittelbar verantwortlich" zu sein. Das französische Verteidigungsministerium bedauerte die Eskalation der militärischen Gewalt, sah jedoch keinen Anlaß zu einer Änderung der sog. "Operation Sperber", in deren Rahmen etwa 1000 französische Soldaten im Süden des Tschad stationiert sind. Mitte September erklärte Libyens Staatschef Khadhafi den Krieg mit dem Tschad für beendet, woraufhin aus N'Djamena verlautete, der Krieg könne nur beendet werden, "wenn Libyen sich aus dem besetzten Territorium des Tschad zurückzieht und für immer seine expansionistischen Ziele aufgibt".

Westlichen diplomatischen Quellen zufolge haben die *USA* und *Frankreich* ihre materielle Unterstützung des kriegführenden Tschad beträchtlich erhöht. US-Außenminister Shultz erklärte im Januar anläßlich einer Reise durch mehrere afrikanische Länder, die USA hofften auf einen militärischen Sieg von Präsident

Habré, wollten jedoch nicht direkt in den Konflikt eingreifen. Bei einem Treffen mit Habré in Washington am 19.6. erklärte US-Präsident Reagan, der Tschad müsse weiterhin vor Übergriffen des libyschen Revolutionsführers Khadhafi auf der Hut sein. Die sowjetische Presse attackierte Franzosen und Amerikaner als die angeblichen Hauptakteure des Konfliktes Libyen/Tschad, der mehr und mehr die Merkmale eines Krieges annehme.

Die Mehrzahl der *afrikanischen Staaten* unterstützte den Standpunkt des Tschad. Nigeria verurteilte die libysche Besetzung des Nord-Tschad und empfahl eine Konferenz der Anrainerstaaten des Tschad mit dem Ziel, N'Djamena und Tripolis an den Verhandlungstisch zu bringen. Kameruns Präsident Biya begrüßte den französischen Beitrag zur Stabilität in der Region durch aktive Unterstützung des Tschad. Togo empfahl eine sofortige Waffenruhe zwischen den Parteien mit anschließendem Truppenabzug aus dem Aouzou-Streifen, die Entsendung einer neutralen Interventionstruppe und die Zustimmung beider Seiten zu einer Schlichtung durch den Internationalen Gerichtshof in Den Haag. Enttäuschung löste auf tschadischer Seite die Haltung des Politbüros der algerischen FLN aus, das "die Verletzung der territorialen Integrität Libyens" (nämlich durch den tschadischen Überfall auf den Stützpunkt Maaten es-Sara) bedauerte. Die Regierung des Sudan schließlich wies den tschadischen Vorwurf zurück, sie gestatte libysche Truppenkonzentrationen auf sudanesischem Territorium. Allerdings räumte das sudanesische Innenministerium ein, daß im Dezember an der Grenze zum Tschad prolibysche Guerilla-Einheiten, bestehend aus Söldnern verschiedener afrikanischer Nationalitäten, aktiv geworden seien. Gegen die Äußerung des Generalsekretärs der Arabischen Liga, Chadli Klibi, Libyen besitze die Souveränität über den Aouzou-Streifen, hat der Tschad förmlich protestiert.

Im Rahmen der *OAU* gab es vielfältige Bemühungen mit dem Ziel einer friedlichen Konfliktlösung. So bemühte sich eine OAU-Ministerdelegation unter Leitung von Gabuns Außenminister Martin Bongo im Juni vergeblich, den libyschen Staatschef Khadhafi zur Mitwirkung an einer einvernehmlichen Regelung zu bewegen. Erfolglose Anstrengungen in dieser Richtung unternahmen wenig später auch der Staatschef von Burkina Faso, Sankara, und der amtierende OAU-Vorsitzende Kaunda. Die Sitzungen des Tschad-Komitees der OAU wurden von Libyen weitgehend boykottiert. Unter strenger Geheimhaltung begann am 30.6. in Libreville eine Sitzungsperiode des OAU-Unterausschusses für die friedliche Lösung der tschadisch-libyschen Grenzstreitigkeiten. Der von sechs Experten gebildete Ausschuß sollte die rechtlichen und geographischen Aspekte des Konfliktes untersuchen. Auf der OAU-Gipfelkonferenz Ende Juli in Addis Abeba stellte der Vorsitzende des Tschad-Komitees, Gabuns Präsident Bongo, sein Amt wegen der "negativen Haltung" Libyens zunächst zur Verfügung, war dann aber doch wieder zur Übernahme eines neuen Mandats bereit. Aus dem libyschen Außenministerium verlautete hierzu, der Aouzou-Streifen sei integraler Bestandteil Libyens und könne nicht Gegenstand der Vermittlung durch irgendein Gremium sein.

Am 11.9. nahmen Libyen und der Tschad die Aufforderung der OAU zu einem *Waffenstillstand* an und vereinbarten am 24.9. im Rahmen einer Sondersitzung des Tschad-Komitees in Lusaka eine Fortdauer der Waffenruhe, die bis zum Ende des Berichtszeitraums eingehalten wurde. Ebenfalls im September wurde auf Antrag des Tschad "die libysche Aggression und Okkupation des Tschad" auf die Tagesordnung der UN-Generalversammlung gesetzt.

Sozio-ökonomische Entwicklung

Zur Unterstützung des mittelfristigen *Finanz- und Wirtschaftsprogramms* 1987–1990 bewilligte der IWF dem Tschad am 2.11. eine Strukturanpassungsfazilität in Höhe von SZR 19,4 Mio. Für das erste Jahr der Laufzeit ist vereinbarungsgemäß der Gegenwert von SZR 6,2 Mio. sofort abrufbar; aus früheren Beistandsaktionen hat der Tschad gegenwärtig Verbindlichkeiten im Werte von SZR 7,3 Mio. gegenüber dem IWF. Noch in der Schwebe war eine Kreditzusage der Weltbank über $ 25-40 Mio. für die weitere Sanierung der Société Cotonnière du Tchad (Cotontchad) und zur Diversifizierung der Agrarproduktion. Als Gegenleistung erwarten IWF und Weltbank vom Tschad die Einhaltung folgender wirtschafts-politischer Prioritäten: Erhöhung der Produktivität des Baumwollsektors durch Preissenkungen, Anpassung von Vertrieb und Qualität an die Weltmarktsituation sowie organisatorische Verbesserungen innerhalb des Staatsunternehmens Cotontchad; Ausbau der unzulänglichen Transport-Infrastruktur (v.a. des Straßennet-zes); effizientere Ausgestaltung des Steuersystems, insbesondere durchgreifendere Maßnahmen der Betriebsprüfung, Erhöhung des Ausbildungsstandes der Finanz-beamten in den Präfekturen und ein konsequenteres Vorgehen bei der Erhebung von Zöllen und Einfuhrabgaben auch im Hinblick auf eine Eindämmung des informellen Wirtschaftssektors. Überdies hat die Regierung den Geberorganisatio-nen zugesagt, ein reales Wirtschaftswachstum von 1,2% pro Jahr anzustreben, die Inflationsrate nach Möglichkeit auf 4% zu beschränken und das Zahlungsbilanz-defizit einschließlich offizieller Transfers nicht über die Grenze von 35% des BIP hinaus ansteigen zu lassen.

Die Wirtschaft hat begonnen, sich von der Rezession im *Baumwollsektor* (der wichtigsten Branche) allmählich zu erholen, zumal die Weltmarktpreise für Baumwolle im Laufe des Jahres merklich anstiegen. Die im Mai des Vorjahres begonnene, mit $ 47 Mio. durch Weltbank und EG unterstützte Sanierung der Cotontchad brachte erste Erfolge. Durch einen drastischen Personalabbau, Steuer-erleichterungen und die Rationalisierung des betrieblichen Rechnungswesens konnten die Produktionskosten reduziert werden. Auch wesentliche Korrekturen im Management waren offenbar ein Schritt in die richtige Richtung.

Der Entspannung im Baumwollsektor standen erhöhte Aufwendungen im Verteidigungsbereich gegenüber. Etwa 40% des Staatshaushalts wurden für die kriegerischen Auseinandersetzungen in einem Lande ausgegeben, dessen Pro-Kopf-Einkommen nur etwa $ 130 beträgt. An Verteidigungslasten hatte jeder Arbeitnehmer 10% seines Einkommens und jeder Unternehmer 5% seines Umsat-zes aufzubringen, nachdem die kleinen und mittleren Staatsbediensteten bereits Gehaltskürzungen von 40% hatten hinnehmen müssen. Für die Wirtschaft beson-ders nachteilig war die Tatsache, daß viele qualifizierte Techniker und Verwal-tungsexperten zum Militär einberufen sind. Unter diesen Umständen lag die wirtschaftliche Entwicklung weitgehend in den Händen von Ausländern sowie staatlichen und privaten Geberorganisationen, deren Aktivitäten freilich durch kein hinlänglich klares politisches Konzept gesteuert und koordiniert wurden.

Das wohl auffallendste Symptom für die Schwäche des Staates war das rapide *Anwachsen des informellen Sektors*, der schätzungsweise 40% zum BIP beitrug. Es ist ein offenes Geheimnis, daß die in N'Djamena angebotenen Konsumgüter zum überwiegenden Teil illegal aus Nigeria und Kamerun eingeführt werden. Der informelle Sektor sicherte zwar Tausenden von Tschadern den Lebensunterhalt, er erschwerte aber zugleich die lokale Produktion und beschnitt das Steueraufkom-men des Staates; außerdem bedeutet er ein ernstes Hindernis für die Koordinie-rung der Handelspolitiken im Rahmen der UDEAC.   *Günter Wiedensohler*

Chronologie Tschad 1987

02.01.	Aufforderung der OAU zur Einstellung der Feindseligkeiten Libyen/Tschad
09.01.	Pro-tschadische Stellungnahme der USA zum Konflikt mit Libyen
18.01.	Frankreich lehnt Tschads Ersuchen einer militärischen Intervention ab
06.02.	Nigeria verurteilt die libysche Besetzung des Nord-Tschad
10.02.	Rehabilitierung politischer Gegner durch Präsident Habré
27.03.	Eroberung libyscher Stützpunkte im nördlichen Tschad durch Regierungstruppen
01.04.	Gespräche mit Exilpolitiker Goukouni Weddeye zur Überwindung der innenpolitischen Krise
30.04.	Außenminister Lassou bekräftigt tschadischen Anspruch auf Aouzou
18.05.	OAU-Unterausschuß zur Lösung des Konflikts Libyen/Tschad nimmt Arbeit auf
20.05.	Stellungnahme der Opposition zur Frage der nationalen Aussöhnung
06./07.06.	OAU-Ministerdelegation vermittelt in N'Djamena und Tripolis
18.-23.06.	Staatsbesuch von Präsident Habré in den USA
13.07.	Staatsbesuch von Präsident Habré in Frankreich
07.08.	Rückeroberung von Aouzou durch die tschadische Armee: 650 Libyer getötet
10.08.	Regierungsumbildung, Aufnahme ehemaliger politischer Gegner
14.08.	Präsident Habré erklärt sich zu Friedensgesprächen mit Libyen bereit
24.08.	Inhaftierung von Regimegegnern in N'Djamena unter dem Vorwurf des Tribalismus
27./28.08.	OAU-Vorsitzender Kenneth Kaunda führt Vermittlungsgespräche in N'Djamena und Tripolis
29.08.	Rückeroberung von Aouzou durch libysche Truppen: 460 Tschader getötet
01.09.	Unterstützung der libyschen Gebietsansprüche durch die Arabische Liga
07.09.	Zerstörung der südlibyschen Militärbasis von Maaten es-Sara: 1700 Libyer gefallen
09.09.	Prolibysche Stellungnahme der algerischen Einheitspartei
11.09.	Beiderseitige Annahme eines Waffenstillstands-Appells der OAU
16.09.	Libyens Staatschef Khadhafi erklärt den Krieg für beendet; Aufnahme des Konflikts in die Tagesordnung der UN-Generalversammlung
23./24.9.	Vereinbarung einer Fortdauer der Waffenruhe
29.10.	Gipfeltreffen der Tschad-See-Becken-Kommission in N'Djamena
02.11.	Genehmigung einer Strukturanpassungsfazilität von SZR 19,4 Mio. ($ 25,8 Mio.) durch den IWF
15.12.	Libyen informiert die OAU über westliche Waffenlieferungen an Tschad

Zaire

Fläche: 2 344 885 km², Einwohner: 30,6 Mio., Hauptstadt: Kinshasa, Amtssprache: Französisch, Schulbesuchsquote: 78%, Wechselkurs: $ 1=Zaire 122,76, Pro-Kopf-Einkommen: $ 170, BSP: $ 5,22 Mrd., Anteile am BIP: 31% - 34% - 36%, Hauptexportprodukte: Kupfer 37%, Mineralöl 17%, Kobalt 13%, Diamanten 11%, Kaffee 10%, Staatschef: Mobutu Sésé Séko, Einheitspartei: Mouvement Populaire de la Révolution (MPR)

Nach zähen Verhandlungen schloß Zaire ein neues IWF-Abkommen, dem eine großzügige Pariser-Club-Umschuldung und umfangreiche Mittelzusagen der Weltbank-Konsultativgruppe folgten. Voraussetzung für das Entgegenkommen der Gläubiger waren Regierungsumbildungen, bei denen Präsident Mobutu "Technokraten" in Spitzenpositionen brachte, und Mäßigung des Regimes im Umgang mit Oppositionellen, von denen ein Dutzend Gruppen eine Exilregierung bildeten. Um die einseitige Abhängigkeit von wenigen westlichen Gebern langfristig zu vermindern, suchte Mobutu die Kontakte zu lateinamerikanischen und östlichen Staaten zu intensivieren. Mit den Nachbarstaaten Angola und Uganda kam es zu beträchtlichen Spannungen.

Innenpolitik

Durch zwei *Kabinettsumbildungen* (die 32. und 33. seit 1965) suchte Mobutu seine Position nicht nur intern, sondern auch gegenüber den Gläubigern und dem IWF zu stärken. Am 22.1. ernannte er den Wirtschaftsprofessor Mabi Mulumba zum Premierminister, am 10.2. auch zu seinem Stellvertreter im Conseil National de Sécurité; am 29.7. richtete Mobutu zudem das Amt des stellvertretenden Premiers ein, das dafür bestimmt ist, fünf mit Finanzfragen befaßte Ressorts - die Ministerien für Planung, Finanzen, Budget, Wirtschaft und Industrie sowie Staatsunternehmen - zu koordinieren; diesen Posten übernahm Sambwa Pida Nbagui, früher Planungsminister und davor jahrelang Zentralbankgouverneur. Mit Mabi und Sambwa gelangten zwei "Technokraten" bzw. Pragmatiker in Schlüsselpositionen; sie repräsentieren jene - durch den Druck des IWF und der USA gestärkte - Richtung in der Staatsklasse, die erkannt hat, daß die hemmungslose Selbstbereicherung das Land ruiniert und langfristig auch die eigene Reproduktionsbasis zerstört.

In Fragen der *Menschenrechte* und im Umgang mit politischen Gegnern zeigte sich das Regime - nicht zuletzt auf Druck der westlichen Geberstaaten - taktisch geschickt. Zwar: Am 14.1. starb der Regimekritiker Kazar Mbisha unter ungeklärten Umständen an Bord eines belgischen Linienflugzeugs auf dem Weg von Brüssel nach Kinshasa; am 6.3. verschied das Gründungsmitglied der verfolgten UDPS (Union pour la Démocratie et le Progrès Social) Makanda Mpinga in einem Brüsseler Krankenhaus - laut offiziellen zairischen Quellen an AIDS, laut Opposition an den Folgen schwerer Mißhandlungen durch zairische Sicherheitsorgane; am 10.2. entließ Mobutu den Minister für Territorialverwaltung Vunduawe, weil er sich für den Dialog mit der verfolgten UDPS ausgesprochen hatte.

Aber: Mobutu ließ durch das 1986 geschaffene Ministerium für Bürgerrechte Menschenrechtsverletzungen untersuchen (und namhaft machen), 165 ohne Gerichtsverfahren Inhaftierte freikommen, am 1.7. das Département des Droits et Libertés des Citoyens die Arbeit aufnehmen und im Oktober "Arbeitsbeziehungen" zur jahrelang unwillkommenen Amnesty International knüpfen (die 1980 und 1986 mit erschütternden Berichten über Menschenrechtsverletzungen in Zaire an die Öffentlichkeit getreten war). Mehr noch: Er nahm führende UDPS-Mitglieder als "verlorene Söhne" wieder in die Einheitspartei MPR auf: am 27.6. -

gut einen Monat nach der pompösen 20-Jahr-Feier der MPR in Kinshasa (20.5.) - empfing Mobutu die durch jahrelangen Kampf und Verfolgung zermürbten UDPS-Führer Ngalula, Kibassa und Tshisekedi in Zaires heimlicher Hauptstadt Gbadolite (Mobutus Herkunftsort), am 31.10. ernannte er Kibassa und Ngalula gar zu Mitgliedern des MPR-Zentralkomitees.

Das Arrangement der UDPS-Führer mit dem Regime führte zum Ausschluß der Partei aus der (zersplitterten) Oppositionsbewegung. Als am 6.9. ein Dutzend ideologisch sehr verschiedene Oppositionsgruppen in der Schweiz eine - von Beginn an von Finanzsorgen und organisatorischen Problemen geplagte - *Exilregierung* bildeten, um forciert für den Sturz des Mobutu-Regimes zu arbeiten (ohne eine Verhandlungslösung auszuschließen), war die UDPS nicht mit von der Partie. Zwar ließen die UDPS-Führer verlautbaren, sie kämpften - als Fraktion innerhalb der MPR - weiterhin für eine pluralistische Demokratie in Zaire, doch war die Partei diskreditiert. Zusätzliche Schatten fielen auf sie, als in Belgien ruchbar wurde, daß ihr ehemaliger Vorsitzender Dikonda Spendengelder, die der Organisation zugute kommen sollten, in seine Privatschatulle hatte fließen lassen.

Der Tag, an dem die Exilregierung gegründet wurde, war nicht zufällig gewählt: Es war der Tag der *Parlamentswahl*, bei der allein Kandidaten der MPR, allerdings 1075 Bewerber für 210 Abgeordnetensitze, zugelassen waren. Durch die Wahl von 143 Neulingen sank das Durchschnittsalter der Abgeordneten von über 60 auf 35-45 Jahre; Beobachter erwarteten dadurch eine Belebung des eintönigen politischen Geschehens. (Vorangegangene Regional- und Lokalwahlen ließ Mobutu wegen zahlreicher Regelverstöße annullieren und für 1988 neu ansetzen.)

Im Laufe des Jahres erhielten (erneut) Gerüchte Auftrieb, daß es mit der Gesundheit des Staatschefs nicht zum besten stehe und in absehbarer Zukunft mit seinem Rückzug von der Staatsspitze zu rechnen sei. Nahrung erhielten die Spekulationen, als er im November fast einen Monat lang in die Schweiz reiste (wo er sich schon früher medizinisch hatte betreuen lassen) und - erstmals in 22 Jahren - nicht am Jahrestag seiner Machtübernahme bei der obligatorischen Feier in Kinshasa zugegen war. Mobutu trat den Gerüchten, die sich in der Vergangenheit oft als unrealistisches Wunschdenken von Regimekritikern entpuppt hatten, energisch entgegen. Im Vorfeld seiner Abreise in die Schweiz jedenfalls hatte er sich auf der Höhe gezeigt - nicht nur im Umgang mit der UDPS: seinem Gespür folgend, daß häufige Ämterrotation die Entstehung einer konkurrierenden Hausmacht verhindere, tauschte er am 31.10. rasch noch den Generalstabschef der Armee, Eluki, gegen Lomponda wa Botende aus. Nach seinem Schweizaufenthalt verlief die 14. Ordentliche Sitzung des MPR-Zentralkomitees keineswegs geruhsam: Zur besseren Koordination der Parteiaktivitäten gründete Mobutu ein Generalsekretariat (7.12.) und kündigte für 1990 eine Verwaltungsreform an, die die Verkleinerung "übergroßer" Regionen wie Shaba, Equateur, Haut-Zaire und Kivu zum Gegenstand haben soll.

Außenpolitik
Daß mit seiner Vitalität nach wie vor zu rechnen ist, bewies Mobutu durch eine kaum gekannte Reiseaktivität über das ganze Jahr. Er besuchte die USA, Kanada, Belgien, Frankreich, die Bundesrepublik Deutschland, Italien, den Vatikan, die Schweiz, Brasilien, Argentinien, Angola, Zambia, Senegal, Togo, Tschad, Ägypten, Kenya, Moçambique und die Zentralafrikanische Republik. Eine ausgedehnte Tournee führte ihn ab 12.2. über Senegal, Brasilien (16.-19.2.) und Argentinien (19.-21.2.) in die USA (21.-28.2.), von wo aus er am 1.3. in Paris, am 4.3. in Bonn eintraf. Von dort reiste er nach Italien und Ägypten weiter. In Washington,

Paris und Bonn suchte Mobutu die *westlichen Geberländer*, den IWF und die Weltbank für eine großzügig finanzierte Rehabilitation der krisengeschüttelten Ökonomie zu gewinnen. Die Verhandlungsposition Zaires war zunächst nicht günstig: 1986 hatte Mobutu das laufende IWF-Abkommen gebrochen und verkündet, ab 1987 werde Zaire nurmehr 10% der Exporterlöse für den Schuldendienst verwenden, nachdem die Austeritätsanstrengungen und die Schuldendisziplin seit 1983 nicht durch Neuzuwendungen der Geberstaaten honoriert worden waren. Er hatte mit dem Affront jedoch zugleich Verhandlungsbereitschaft signalisiert und war bereits im Dezember 1986 zu Sondierungsgesprächen nach Washington geflogen, wo er die US-Regierung - wie erneut im Februar - mit seinem prowestlichen Engagement umwarb.

Argumentieren konnte er mit dem (eher symbolischen) Einsatz zairischer Truppen für das Habré-Regime im Tschad (wo Mobutu am 4.4. zum Sieg über libysche Verbände gratulierte) und für den togoischen Autokraten Eyadema (gegen einen Putschversuch im September 1986) sowie mit der Bereitstellung des zairischen Stützpunktes Kamina (Shaba-Provinz) als Drehscheibe für Waffenlieferungen des US-Geheimdienstes CIA an die angolanische UNITA. (An der offiziellen Nutzung der Basis durch die US-Armee zeigte Washington allerdings kein Interesse.) Mobutus Reise lohnte sich: In den westlichen Hauptstädten - in Bonn wurde er u.a. von Bundeskanzler Kohl, Außenminister Genscher und Bundespräsident von Weizsäcker empfangen - wurde ihm Unterstützung zugesichert, doch mußte sich Zaire mit dem IWF arrangieren, auf den die USA kompromißstiftenden Einfluß ausübten.

Die Besuche in Südamerika nutzte Mobutu zu einem Erfahrungsaustausch in der Schuldenpolitik mit den Präsidenten Alfonsín und Sarney - im Vorfeld der Flüge nach Washington, Paris und Bonn. In *Brasilien* bahnte er zudem den Ausbau der Süd-Süd-Kooperation an, um die einseitige Abhängigkeit von der ehemaligen Kolonialmacht Belgien und einer Handvoll Industrieländer zu vermindern. Er besichtigte die brasilianischen Rüstungsfirmen Embraer und Engesa, deren Produkte in der Dritten Welt zunehmend Verbreitung finden, und brachte ein Abkommen über brasilianische Unterstützung für die Rehabilitation des zairischen Goldbergbaus und Transportwesens mit nach Hause. Eine gemeinsame Handelskammer wurde gegründet. Brasilien stellte im Laufe des Jahres für die Entwicklung des zairischen Kleingewerbes (Schmuck, Energie, Ersatzteile, Computerisierung) $ 1 Mio. bereit. Vom 24.-29.11. fand in Kinshasa eine gemeinsame Kultur- und Wirtschaftswoche statt. Eine Direktverbindung zwischen den Seehäfen Matadi (Zaire) und Rio de Janeiro (Brasilien) ist geplant.

Die Versuche Zaires, sich von der einseitigen Abhängigkeit von westlichen Ländern zu befreien, führten auch zu vermehrten Kontakten mit *sozialistischen und prosozialistischen Staaten*. Nicht nur hielt das Regime an den langjährigen Kontakten mit der VR China fest, die im Februar einen 1,9 Mio. $-Kredit für den Kauf von Uniformen durch die zairische Armee bereitstellte; auch verstärkte es die Beziehungen zu Rumänien, dessen Alleinherrscher Ceauscescu am 30.3./1.4. in Kinshasa weilte. Nach dem Besuch des nicaraguanischen Außenministers Miguel d'Escoto Brockman im April nahm Kinshasa diplomatische Beziehungen zu Managua auf; im Juni schloß Zaire ein Kooperationsabkommen mit Kuba in den Bereichen Landwirtschaft, Zuckerverarbeitung und Bildungswesen.

Mobutu begnügte sich nicht damit, die USA durch die Kontakte mit Nicaragua und Kuba zu brüskieren, sondern knüpfte auch Drähte nach Moskau. Im Januar weilte eine sowjetische Delegation in Kinshasa und bekundete Interesse an einem Auftrag zum Ausbau der Voie Nationale - einer Eisenbahnlinie von der

Bergbauprovinz Shaba an die zairische Atlantikküste, die den Kupfer- und Kobaltexport Zaires (ca. 50% der Exporterlöse) von den Verkehrswegen durch Angola, Moçambique, Tanzania und Südafrika unabhängig machen könnte. (Das Eisenbahnprojekt, $ 1 Mrd. teuer, war in den 70er Jahren auf das Interesse britischer und japanischer Konzerne gestoßen, aber an dem Finanzkollaps Zaires 1975 gescheitert.) Im Juli besuchte eine Delegation sowjetischer Parlamentarier - wenige Wochen nach DDR-Kollegen - Kinshasa. Doch wenige Tage nach der Visite, noch im Juli, steckte Mobutu, mit Blick nach Washington, dem Flirt mit Gorbatschow Grenzen: Er verwies drei Sowjetbürger wegen angeblicher Spionage aus Zaire, worauf Moskau drei zairische Staatsangehörige zu personae non gratae erklärte.

Die Ambivalenz der zairischen Außenpolitik, die sich in den Kontakten mit westlichen und östlichen Staaten manifestierte, zeigte sich auch im Verhältnis zum Nachbarland *Angola*, mit dem Kinshasa offiziell geregelte Beziehungen unterhält. Einerseits darauf bedacht, die Beziehungen positiv zu entwickeln und die Wiedereröffnung der von der UNITA bedrohten Benguela-Bahn zu ermöglichen - im April verabschiedeten die Staatschefs von Zaire, Angola, Zambia und Moçambique eine entsprechende gemeinsame Absichtserklärung, von deren Realisierung der zairische Bergbau profitieren könnte -, gingen vom Mobutu-Regime andererseits Impulse aus, die das Verhältnis zur MPLA-Regierung belasteten. Während angolanische Flugzeuge und Hubschrauber auf dem Flug zur Enklave Cabinda Notlandungen auf zairischem Territorium vollführen mußten (und die Souveränität Zaires verletzten), warf Angola Kinshasa wiederholt vor, den Stützpunkt Kamina für US-Waffenlieferungen an die UNITA zur Verfügung zu stellen und dort Kämpfer der UNITA ausbilden zu lassen. Mobutu antwortete - zuletzt am 3.12. - jeweils mit Dementis, die erkennbar mit der Wahrheit kollidierten, und betonte, eine Politik der Verständigung zu verfolgen.

Auch mit *Uganda* gab es Spannungen: im Grenzgebiet ereigneten sich ab Ende Mai mehrere Scharmützel, in die die zairische Armee, zairische Regimegegner (angeblich vom Mouvement National Congolais Lumumba, MNC/L) und ugandische Soldaten verwickelt waren - kurz nachdem ein Programm zur Repatriierung ugandischer Flüchtlinge aus Zaire erfolgreich beendet worden war. Während reguläre zairische Verbände von Uganda aus operierende Regimegegner auch im Nachbarland bekämpften und dabei ugandische Soldaten töteten, brüstete sich das MNC/L damit, der zairischen Armee im Juli Verluste von 200 Mann zugefügt zu haben. Im Verhältnis zu Uganda setzte Mobutu allerdings auf Schadensbegrenzung: nach mehreren anderen Kontakten zur Regierung in Kampala traf sich Mobutu am 8.10. mit Ugandas stellvertretendem Außenminister Amanya Mushega, der ganz im Sinne des zairischen Staatschefs die zairischen Übergriffe dementierte.

Alle außenpolitischen Begebenheiten, zu denen auch die Entspannung im Verhältnis zu Zambia zählte, können freilich nicht darüber hinwegtäuschen, daß im Vordergrund der Außenkontakte das Verhältnis zu den westlichen Gläubigerstaaten und zu den Bretton-Woods-Organisationen stand. Aus der Bundesrepublik Deutschland verhandelte am 27.10. Staatsminister Helmut Schäfer über die bilaterale Hilfe, deren Aufstockung Zaire wünschte. Besonders rege Aktivitäten gab es zwischen Frankreich und Zaire: Anfang März fanden Gespräche zwischen Premier Chirac und Mobutu sowie Unterredungen von Kooperationsminister Aurillac im zairischen Verteidigungsministerium statt (Frankreich leistete u.a. Hilfe beim Aufbau von Fallschirmspringer-Einheiten). Im Mai weilte eine Delegation des zairischen Unternehmerverbandes ANEZA in Frankreich, am 22.6. tagte die

Zairisch-Französische Kommission in Paris, im Dezember nahm Mobutu am
Französisch-Afrikanischen Gipfel in Antibes teil. Für 1987 plante Frankreich, die
bilaterale Hilfe von zuletzt FF 260 und 100 Mio. (1985 und 1986) auf
FF 500 Mio. zu erhöhen, doch zeigte sich die Exportkreditversicherung Coface
zögerlich, neue Geschäfte mit dem seit Jahren kreditunwürdigen Zaire zu finanzieren.

Sozio-ökonomische Entwicklung

Die Basis für Verhandlungen über bilaterale Hilfe legte das *Kreditabkommen mit
dem IWF* vom 15.5. Diese Übereinkunft kam zustande, weil die USA Mobutus
prowestliche Orientierung honorierten und den IWF zur Absegnung eines Wirtschaftsprogramms bewegten, dem bei strenger Anwendung der Fonds-Kriterien
das Gütesiegel der Kreditwürdigkeit versagt geblieben wäre. IWF-Direktor David
Finch, auf die reine IWF-Lehre bedacht, trat - wirksam ab 1.4. - mit dem
Vorwurf von seinem Posten zurück, die USA hätten im Falle Zaires (und Ägyptens) unzulässigen politischen Einfluß auf den vom Selbstverständnis her unpoliti-
schen IWF ausgeübt.

Das Kreditabkommen besaß ein Volumen von SZR 282 Mio., von denen 136,8
auf einen dreijährigen Kredit der Strukturanpassungsfazilität, 100 auf einen
Bereitschaftskredit und 45,2 auf einen Kredit der Kompensatorischen Finanzierungsfazilität entfielen. (Die Strukturanpassungsfazilität wurde später auf
SZR 184,8 Mio. aufgestockt.) Mit diesem Paket unterstützte der Fonds ein *Strukturanpassungsprogramm*, das die Handschrift des IWF und der Weltbank trug,
welche am 29.6. einen 123,6 Mio. SZR Strukturanpassungskredit bereitstellte
(erste Auszahlung: 30.9.). 1987-90 steuert das Programm, umfangreiche externe
Finanzmittel für seine $ 2,3 Mrd. Investitionen voraussetzend, ein Wirtschafts-
wachstum von 3,5% p.a. an; die Investitionsquote soll von 12% auf 18% des BIP
steigen, die Inflation von 46,7% (1986) auf 15% (1990) sinken. Schwerpunkte
bilden die Rehabilitation des Transportsektors, der Landwirtschaft, des Bergbaus
und des Energiesektors, Eckpfeiler sind Finanzdisziplin im Staatshaushalt und in
der Zahlungsbilanz, die Förderung der Exportökonomie, die Privatisierung, Effektivierung und Liquidierung von Staatsunternehmen. (Im August wurden zehn
überwiegend darniederliegende Staatsunternehmen aufgelöst, im Juli das neben
GECAMINES existierende Kupferunternehmen SODIMIZA, seit Anfang der 70er
Jahre von einem japanischen Konsortium betrieben und wegen hoher Defizite
1983 dem zairischen Staat überantwortet, in GECAMINES eingegliedert.)

Finanziellen Spielraum erhielt das Strukturanpassungsprogramm durch
Umschuldungen: am 18.5. erzielte Zaire im Pariser Club (öffentliche Gläubiger)
die Vereinbarung, $ 884 Mio. Fälligkeiten des Zeitraums Mai 1987/April 1988,
bei sechs Freijahren, über 15 Jahre umzuschulden; zwei Tage später verlängerten
die privaten Banken des Londoner Clubs das "Gentlemen's Agreement", das Zaire
gestattete, Zinsrückstände aus dem Umschuldungsabkommen von 1980 in monat-
lichen 3 Mio. $-Raten abzustottern; am 25.8. gewährte der erstmals zusammen-
getretene sog. Kinshasa Club die Umschuldung von $ 163 Mio. Lieferantenkredi-
ten, die nicht öffentlich garantiert waren, über eine Periode von zwölf Jahren
(fünf Freijahre). Überdies gelang es dem Mobutu-Regime (vertreten durch
Sambwa, s.o.) erstmals, auf dem Treffen der Weltbank-Konsultativgruppe für
Zaire (22.5.) umfangreiche *Mittel-Neuzusagen* von $ 770 und 705 Mio. für 1987
und 1988 zu gewinnen.

Ob das Strukturanpassungsprogramm in der Lage sein wird, die wirtschaftliche Dauerkrise zu beheben und den drastischen Verfall des allgemeinen Lebens-
standards - seit 1975 sank das Pro-Kopf-Einkommen um mehr als ein Viertel -

aufzuhalten, muß selbst bei großzügiger externer Finanzierung (die trotz der Zusagen der Geber keineswegs sicher ist) zweifelhaft bleiben. Zwar übte Zaire 1987 - bei Ausgaben von fast ZZ 106 Mrd., einem Defizit von nur ZZ 6 Mrd. und einem Etat-Entwurf für 1988 von ZZ 139 Mrd. (Defizit ZZ 5 Mrd.) - strenge Haushaltsdisziplin, jedoch hat der Kampf gegen die Inflation wenig Chancen. Binnen Jahresfrist verlor die floatende Landeswährung gegenüber dem (selbst von drastischem Kursverfall betroffenen) US-Dollar die Hälfte ihres Wertes, 1987 lag die Inflationsrate nach vorläufigen Schätzungen bei 70-75%.

Dem Programm sind auch deshalb nur begrenzte Chancen einzuräumen, weil es im Kern auf die Rehabilitation der traditionellen Exportökonomie abstellt, die langfristig den Abbau des Schuldenberges von $ 6,9 Mrd. (davon ca. 20% kapitalisierte Umschuldungsbeträge) ermöglichen soll. Kupfer, Kobalt, Diamanten und Kaffee eröffnen nur begrenzte Weltmarktperspektiven. Auch der Vorschlag der Weltbank, verstärkt auf Mineralöl und Holz zu setzen, erschließt kaum Aussichten - selbst wenn die 1987 an transnationale Konzerne neu erteilten Bohrkonzessionen an den großen Seen im Osten Zaires den einen oder anderen Prospektionserfolg zeitigen sollten. (Bei Holz sollte der ökologische Aspekt nicht vergessen werden.)

So wurde bereits der Nutzen des aktuellen IWF-Programms in der MPR hinterfragt. Als am 11.10 für 1988 eine erneute *Zairianisierung* von Kleinhandel und -gewerbe angekündigt wurde, war dies eine Konzession an jene Klientel des Regimes, die sich bisher zu kurz gekommen glaubte. Ab 1.1.88 dürfen an Ausländer für die genannten Bereiche keine neuen Lizenzen ausgeteilt werden; Ausländer, die bereits in Zaire Kleinunternehmen betreiben (Griechen, Libanesen, Pakistani, Westafrikaner u.a.), müssen zairische Staatsbürger zu Teilhabern machen, wenn sie weiterhin in Zaire Geschäfte machen wollen. Auch wenn Enteignungen nicht vorgesehen sind, erinnert dies fatal an die katastrophale Zairianisierungswelle 1973-75, die wesentlich zum Ausbruch der Krise 1975 beitrug. Die neuerliche Zairianisierungspolitik dürfte daher auch das Verhältnis des Mobutu-Regimes zum IWF und zur Weltbank belasten.   *Peter Körner*

<u>Chronologie Zaire 1987</u>

22.01./29.07.	Kabinettsumbildungen
12.02.-16.03.	Reise Mobutus nach Senegal, Brasilien, Argentinien, in die USA, nach Frankreich und in die BRD, nach Italien und Ägypten
16./30.04.	Treffen Mobutus mit den Staatschefs von Angola, Zambia und Moçambique in Luanda bzw. Lusaka
15.05.	Kreditabkommen mit dem IWF
18.05.	Pariser-Club-Abkommen
20.05.	20-Jahr-Feier der MPR
22.05.	Weltbank-Konsultativgruppen-Treffen ($ 1,5 Mrd. Mittelzusagen für 1987/88)
27.06.	Wiederaufnahme führender UDPS-Mitglieder in die MPR
29.06.	Weltbank-Strukturanpassungskredit-Abkommen
01.07.	Arbeitsbeginn des Département des Droits et Libertés des Citoyens
25.08.	Abkommen über die Umschuldung von Lieferantenkrediten ("Kinshasa-Club")
28.08.	Besuch Mobutus in Frankreich, von dort Weiterflug zum frankophonen Gipfel in Quebec (Kanada) (2.-4.9.)
06.09.	Parlamentswahl in Zaire und Gründung einer zairischen Exilregierung in der Schweiz
10.09.	Zusammenkunft Mobutus mit den Staatschefs von Rwanda und Burundi in Goma (Zaire)
11.10.	Ankündigung neuer Zairianisierungsmaßnahmen (per 1.1.88)
17.10.	Ankündigung der Aufnahme von "Arbeitsbeziehungen" zu Amnesty International
31.10.	Aufnahme von UDPS-Führern in das MPR-Zentralkomitee
31.10.	Auswechslung des Generalstabschefs der Armee
01.12.	Besuch Mobutus in der Zentralafrikanischen Republik
07.12.	Schaffung eines MPR-Generalsekretariats während der 14. Ordentlichen Sitzung des Zentralkomitees der MPR
10.-12.12.	Teilnahme Mobutus am Französisch-Afrikanischen Gipfel in Antibes (Frankreich)

Zentralafrikanische Republik

Fläche: *622 984 km²*, *Einwohner:* *2,58 Mio.*, *Hauptstadt:* *Bangui, Amtssprache:*
Französisch, Schulbesuchsquote: *45%, Wechselkurs:* *$ 1=Franc CFA 267,88, Pro-*
Kopf-Einkommen: *$ 270, BSP: $ 700 Mio.*, *Anteile am BIP:* *39% - 20% - 41%,*
Hauptexportprodukte (1986): *Diamanten 27%, Kaffee 23%, Holz 18%, Staats- und*
Regierungschef: *Gen. André Kolingba, Einheitspartei: Rassemblement Démocra-*
tique Centrafricain (RDC) seit 7.2.87

Mit der Volksabstimmung über eine neue Verfassung im November 1986, der
Gründung der Einheitspartei RDC im Februar 1987 und den Parlamentswahlen
im Juli versuchte Präsident Gen. André Kolingba seinem Regime eine legale
Basis zu verleihen. Dessen Überleben hängt dennoch weiterhin primär vom
Wohlwollen Frankreichs ab, das an der inneren Stabilität und der Kooperations-
bereitschaft des strategisch wichtigen Landes besonders interessiert ist. Wirtschaftlich ist die ZAR auf die Hilfe der internationalen Gebergemeinschaft
angewiesen, der ein Entwicklungsprogramm für die Jahre 1986-1990 zur Finanzierung vorgelegt wurde.

Innenpolitik
Am 6./7.2. fand die *Gründungsversammlung der Rassemblement Démocratique
Centrafricain (RDC)* statt, die in der Verfassung vom 21.11.86 als Einheitspartei
vorgesehen ist. Aufgabe der Partei soll es sein, alle Kräfte der Nation in einer
einzigen Bewegung zu vereinigen. Die Mitgliedschaft steht jedem frei. Eine
Verquickung von Partei und Staatsapparat ist nicht vorgesehen. Allerdings bestimmt die Verfassung, daß die Kandidaten für die Parlamentswahlen von der
Partei aus ihren Mitgliedern zu nominieren sind. Die Gründungsversammlung, an
der 842 Delegierte aus Bangui und aus den 16 Präfekturen des Landes teilnahmen, verabschiedete die Parteisatzung und beauftragte Präsident Kolingba, ein
provisorisches, 44 Mitglieder (22 Vertreter der Präfekturen, 22 Vertreter verschiedener Sektoren) umfassendes Exekutivkomitee zur Erledigung der laufenden
Parteiarbeit und zur Vorbereitung eines außerordentlichen Parteitags, auf dem das
Politbüro gewählt werden sollte, einzusetzen. Zum Exekutivsekretär der RDC
ernannte Präsident Kolingba Erziehungsminister Jean-Paul Ngoupande, zur
Schatzmeisterin Danielle Limbassa aus dem Erziehungsministerium. Ngoupande
war vor seiner Berufung im September 1985 zum Erziehungsminister Dekan der
philosophischen Fakultät gewesen und gehörte dem oppositionellen Mouvement
pour la Démocratie et l'Indépendance (MDI) an, dessen Führer François Guéret
im Juli 1985 wegen Gefährdung der Staatssicherheit zu zehnjähriger Haftstrafe
verurteilt worden war. Die wichtigsten Organe der RDC sind ein alle drei Jahre
stattfindender ordentlicher Parteitag, der das Politbüro wählt, das mindestens
einmal jährlich zusammentritt, und ein sieben Mitglieder umfassendes Exekutiv-
komittee mit einem Generalsekretär.
    Die verfassungsmäßig vorgesehenen *Parlamentswahlen* - die ersten seit rd. 20
Jahren - fanden am 31.7. statt. Um die 52 Parlamentssitze bewarben sich 142 von
der RDC nominierte Kandidaten. Die Wahlbeteiligung war mit 48%, teils aus
Desinteresse, teils aufgrund eines Boykottaufrufs der Opposition, gering. Das
Parlament wurde für fünf Jahre gewählt. Die Bestätigung von Präsident Kolingba
als Staatschef für weitere sechs Jahre war bereits im November 1986 im Rahmen
des Verfassungsreferendums erfolgt. Zum Parlamentspräsidenten wurde im Oktober Maurice Méthot, der Präsident der Landwirtschaftskammer, gewählt.

Die beiden wichtigsten *Oppositionsparteien im Exil*, die von Abel Goumba gegründete FPO-PT (Front Patriotique Oubangien - Parti du Travail) und das vom ehemaligen Premierminister Ange Patassé gegründete MLPC (Mouvement pour la Libération du Peuple Centrafricain), die sich im Juli 1986 zu einer gemeinsamen Front zusammengeschlossen hatten, verurteilten die Gründung einer Einheitspartei und warfen Präsident Kolingba Staatsterrorismus und Veruntreuung öffentlicher Gelder vor. Obwohl die Opposition, der wiederholt Putschversuche vorgeworfen wurden, durch widerstreitende persönliche und ideologische Interessen geschwächt ist, wird in ihr eine ständige latente Gefahr für das Regime von Kolingba gesehen, das zu seinem Überleben auf die Unterstützung Frankreichs angewiesen ist. Eine entscheidende Rolle kommt dabei dem französischen Kommandanten der Präsidentengarde Lt.-Col. Jean-Claude Mansion zu, der den Sicherheits- und Geheimdienst kontrolliert und auch auf andere Bereiche der Regierungspolitik Einfluß ausübt.

Nach einem Streik der Studenten, Lehrer und eines Teiles der Polizei im November fand am 3.12. eine *Regierungsumbildung* statt, bei der das Erziehungsministerium und das Ministerium für Hochschulwesen zusammengelegt wurden. Jean-Paul Ngoupande schied aus dem Kabinett aus. Nicht mehr in der Regierung vertreten ist außerdem Lt.-Col. Jean-Louis Gervil Yambala, der als eine der wichtigsten Stützen des Militärregimes von Kolingba galt und seit dem Militärputsch 1981 dem Kabinett zuerst als Außenminister, dann als Staatsminister für Finanzen und Wirtschaft und seit 1986 als Justizminister und Siegelverwahrer angehörte. Gervil Yambala wurde verdächtigt, hinter der Verbreitung regierungsfeindlicher Flugblätter in Bangui zu stehen, was darauf hindeutet, daß ein Teil des Militärs nicht mit der Errichtung einer Zivilregierung einverstanden ist.

Der *Strafprozeß gegen Exkaiser Jean-Bedel Bokassa*, dessen unplanmäßige Rückkehr aus dem französischen Exil im Oktober 1986 für Aufsehen gesorgt hatte, endete nach mehr als sechsmonatiger Dauer am 12.6. mit seiner Verurteilung zum Tod. Bokassa, dessen Verteidigung von zwei französischen Rechtsanwälten übernommen worden war, wurde in einem korrekten Verfahren in vier von 13 Anklagepunkten für schuldig befunden. Der gegen das Urteil erhobene Einspruch wurde am 14.11. vom Obersten Gerichtshof zurückgewiesen, doch wird nicht damit gerechnet, daß Präsident Kolingba das Todesurteil vollstrecken läßt. Der Ausgang des Prozesses, der bei seinem Beginn großes Interesse ausgelöst hatte, wurde von der Bevölkerung mit Gleichgültigkeit aufgenommen.

Außenpolitik

Die Außenpolitik wird im wesentlichen von drei eng miteinander verwobenen Faktoren bestimmt: dem Tschad-Konflikt, der Präsenz Frankreichs, für das die ZAR eine strategisch wichtige Rolle spielt, und der Abhängigkeit des Landes von ausländischer Hilfe.

Frankreich, mit dem seit 1960 ein Verteidigungsabkommen besteht, hat in den Militärbasen in Bouar im Nordwesten der ZAR und in Bangui 1300 Mann als Interventionstruppe v.a. für Einsätze im Tschad stationiert und unterstützt außerdem die Präsidentengarde mit 80 Offizieren. Zwischen französischen Soldaten und der Bevölkerung kam es seit 1986 wiederholt zu Spannungen, die sich verschärften, als einige Zentralafrikaner versehentlich erschossen wurden. Auf Wunsch von Präsident Kolingba wurde der Kommandant der französischen Streitkräfte daraufhin ausgewechselt.

Gute Beziehungen bestehen zu Hissène Habré im Tschad, der im Februar den Außenminister der ZAR Jean-Louis Psimhis zu einem Gespräch empfing. Vom 29.6.-4.7. fand in Bangui die 10. Tagung der gemischten Kommission ZAR-Tschad statt. Die Kontakte zu den Nachbarstaaten, die wegen des Gütertransits für die ZAR von besonderer Bedeutung sind, gestalteten sich problemlos, während die regionale Zusammenarbeit stagnierte. Die für Januar 1987 in Bangui geplante CEEAC-Gipfelkonferenz konnte aus finanziellen Gründen nicht durchgeführt werden. Am UDEAC-Gipfel am 19.12. in N'Djamena nahm Präsident Kolingba ebensowenig teil wie seine Amtskollegen aus Kamerun und Kongo. Einen vom 8.-15.12. geplanten Staatsbesuch in China sagte Präsident Kolingba ab. Gründe hierfür sind nicht bekannt, doch dürfte die innenpolitische Situation dabei eine Rolle gespielt haben.

Sozio-ökonomische Entwicklung

Ohne umfangreiche ausländische Hilfe wäre die Regierung der ZAR nicht mehr funktionsfähig. Diese Überzeugung wird von Geberländern, allen voran von Frankreich, das mit rd. 40% (1986: FF 450 Mio.) den Hauptanteil der Hilfsleistungen erbringt, und internationalen Organisationen geteilt. Obwohl die ZAR die Auflagen des IWF nicht erfüllt hatte, gewährte dieser am 3.6. einen neuen Bereitschaftskredit von SZR 8,3 Mio. für ein Jahr und eine dreijährige Strukturanpassungsfazilität von SZR 14,3 Mio. Am 18./19.6. fand in Genf eine Geberkonferenz unter Vorsitz des UNDP statt, an der Präsident Kolingba selbst teilnahm. Der den Gebern vorgelegte *Entwicklungsplan 1986-1990* sieht Investitionen von F CFA 280 Mrd. vor, von denen F CFA 243 Mrd. durch ausländische Hilfe erbracht werden sollen. Ende 1987 galten davon F CFA 84 Mrd. als gesichert. Die Prioritäten des Planes liegen neben der Reform der Verwaltung auf der Förderung der ländlichen Entwicklung (26% der Gesamtinvestitionen), speziell der Regeneration der Exportkulturen Kaffee und Baumwolle, und der Verbesserung der internationalen Verkehrsverbindungen (43,6% der Gesamtinvestitionen, davon ein erheblicher Teil für den Ausbau des Flughafens von Bangui). 24,1% der Investitionen sind für soziale Infrastruktur, 6,3% für die Industrie bestimmt.

Die Weltbank hatte bereits im September 1986 einen Strukturanpassungskredit von $ 30 Mio. genehmigt, dessen 2. Tranche von $ 18 Mio. im Juni 1987 ausbezahlt wurde. Ein Teil des Weltbankkredites dient zur Instandsetzung von zwei der größten, vom Ausland kontrollierten Kaffeeplantagen, was zur Besorgnis Anlaß gab, die Kleinbauern, die bisher 80% der Produktion erbrachten, könnten längerfristig nicht mehr konkurrenzfähig sein. Ein IDA-Kredit von $ 15 Mio. ist für ein Programm zur Sanierung des Baumwollsektors bestimmt, das die Umstrukturierung der defizitären staatlichen Vermarktungsorganisation und die Entlassung von 1500 ihrer 2500 Angestellten, die Stillegung von rd. 25% der Anbaufläche, die Schließung von drei der sieben Baumwollentkernungsanlagen und die Reduzierung der Subventionen für Produzenten vorsieht. Dafür sollen neue Preisanreize geschaffen werden.

Die Hilfe der EG für 1986-1990 beträgt ECU 70 Mio. (= rd.F CFA 24,1 Mrd.) und soll v.a. der Förderung der Viehwirtschaft und der ländlichen Entwicklung im Norden des Landes dienen. Weitere Unterstützung wird von der BRD (rd. DM 40 Mio. jährlich), den USA, Japan, China, Saudi-Arabien, der AfDB und der BDEAC erwartet. Frankreich gewährte außerdem eine Budgethilfe für 1987 von FF 93 Mio., d.s. rd. 10% des Staatshaushaltes der ZAR, der mit Einnahmen von F CFA 46,2 Mrd. und Ausgaben von 54,6 Mrd. 1987 ein Defizit von F CFA 8,4 Mrd. vorsah.

Während Präsident Kolingba auf der Genfer Konferenz den Verfall der Rohstoffpreise und die hohen Zinssätze für die wirtschaftliche Misere seines Landes verantwortlich machte, bestehen die Hauptprobleme aus der Sicht des IWF in der unzureichenden Exportdiversifizierung, der Belastung des Staatshaushalts durch den aufgeblähten öffentlichen Sektor und der geringen Rentabilität der Investitionen. Im Rahmen des mit dem IWF vereinbarten wirtschaftlichen und finanziellen Reformprogramms soll besonders gegen Steuerbetrug und Schmuggel - etwa zwei Drittel der Diamantenproduktion werden außer Landes geschmuggelt - vorgegangen und Personal im öffentlichen Dienst abgebaut werden. Im Zuge der Liberalisierungsmaßnahmen erfolgte im September die Freigabe der Einzelhandelspreise für lokal hergestellte sowie für Importwaren mit einigen Ausnahmen.

Eine Verbesserung der Wirtschaftslage war bisher nicht auszumachen. Die Produktion von Kaffee, dem wichtigsten Exportprodukt mit einem Anteil von einem Drittel am Gesamtexport betrug 1986 111 000 t (d.s. 33,5% weniger als 1985) und dürfte 1987 kaum höher sein. Die Baumwollproduktion ging von 35 000 t 1986 auf ca. 32 500 t 1987 zurück (1985: 45 516 t). Die Produktion von Holz, dem drittwichtigsten Exportprodukt, stagnierte. Nur die registrierte Diamantenproduktion nahm als Folge strengerer Kontrollen leicht zu. Der Anteil der Diamanten am Export lag 1986 bei 27%. Aufgrund des Rückgangs der Exporterlöse 1987 und einer Zunahme der Importe zur Durchführung des Sanierungsprogrammes wird mit einer Vergrößerung des Leistungsbilanzdefizits gerechnet, das 1986 schätzungsweise $ 57 Mio. betrug. Die Auslandsverschuldung wird für Ende 1987 mit $ 430 Mio. veranschlagt (1986: $ 370 Mio.). Die Schuldendienstrate stieg von rd. 16% 1986 auf ca. 25% 1987.   *Marianne Weiss*

Chronologie Zentralafrikanische Republik 1987

07.02.	Gründung der Einheitspartei RDC
Febr.	Besuch von Außenminister Psimhis im Tschad zu Gesprächen mit Präsident Habré
Febr.	Kooperationsabkommen mit Marokko zwecks Errichtung eines gemeinsamen Handelsunternehmens mit privatem Kapital
03.06.	Gewährung neuer IWF-Kredite
12.06.	Verurteilung von Exkaiser Bokassa zum Tod
18./19.06.	Geberkonferenz in Genf
29.06.-04.07.	Tagung der gemeinsamen Kommission ZAR-Tschad in Bangui
31.07.	Parlamentswahlen
19.10.	Errichtung einer gemeinsamen Kommission ZAR-Guinea
30.11.-06.12.	Einberufung des aus den Abgeordneten der Nationalversammlung und den Mitgliedern des Wirtschafts- und Regionalrates bestehenden Kongresses durch Präsident Kolingba
03.12.	Tagung der gemeinsamen Kommission ZAR-Frankreich in Bangui
09.12.	Regierungsumbildung

Östliches Afrika

1987 hat es in dieser Region keine wesentlichen Veränderungen oder neuen Initiativen bezüglich der zwischenstaatlichen Beziehungen und multilateralen Organisationen gegeben. Der *einzige Regierungswechsel* - der Umsturz in Burundi im September - hatte außer gewissen temporären Spannungen zwischen Burundi und Uganda, da der abgesetzte Staatschef Bagaza zunächst Asyl in Kampala erhielt, keine besonderen Auswirkungen auf die Beziehungen zu den Nachbarstaaten. In allen anderen Ländern der Region blieben die gesamtpolitischen Verhältnisse weitgehend unverändert. Für die verschiedenen miteinander verwobenen *Konfliktfelder am Horn von Afrika* (Bürgerkriege in Äthiopien und Sudan sowie zwischenstaatliche Spannungen zwischen Äthiopien und Sudan einerseits und Äthiopien und Somalia andererseits) wurden auch im abgelaufenen Jahr keine erfolgversprechenden Lösungsansätze erkennbar. Eine *wesentliche Verschlechterung* - praktisch schon während des gesamten Jahres, aber zum Jahresende eskalierend in mehrtägigen Schießereien an der Grenze - erfuhren die *bilateralen Beziehungen zwischen Kenya und Uganda*. Diese Zuspitzung schon weiter zurückgehender Spannungen, die vorwiegend mit der Art der Machtübernahme Präsident Musevenis in Uganda zum Jahreswechsel 1985/86 und mit den damaligen Bemühungen des kenyanischen Präsidenten Moi um eine politische Lösung in Uganda zusammenhängen, hatte auch weitere regionale Auswirkungen, da darunter ebenfalls der Transitverkehr für Burundi, Rwanda und östliche Landesteile von Zaire zu leiden hatte.

Verstärkt spürbar wurde die *südafrikanische Strategie*, angesichts zunehmender internationaler Sanktionsmaßnahmen und Unsicherheiten über die weitere Entwicklung nützliche *Brückenköpfe im Indischen Ozean* aufzubauen, über die Verkehrs- und Handelsbeziehungen abgewickelt und von denen aus eventuell auch "sicherheitspolitische" Aktivitäten durchgeführt werden können. Derartige Avancen Südafrikas wurden auf den Komoren und den Seychellen besonders deutlich, aber auch in Mauritius blieb der südafrikanische Einfluß unübersehbar.

Regionale Organisationen

Die PTA (Preferential Trade Area for Eastern and Southern Africa) umfaßt insgesamt 15 Staaten sowohl im östlichen wie im südlichen Afrika; weitere 5 Staaten (Angola, Botswana, Madagaskar, Moçambique, Seychellen) gelten seit längerem als potentielle Beitrittskandidaten, haben diesen Schritt aber noch nicht vollzogen. Völlig außerhalb der PTA befinden sich also nur Südafrika, Namibia und Réunion. *Mauritius* hatte im April 1986 angekündigt, seine *PTA-Mitgliedschaft wieder aufgeben* zu wollen, da es nur hohe Mitgliedsbeiträge zu zahlen habe, aber keine Vorteile aus dieser Organisation ziehen könne; zusätzlich gab es auch Hinweise auf einen möglichen südafrikanischen Druck in dieser Beziehung. Eine Delegation mehrerer anderer PTA-Mitglieder versuchte im März, die Regierung von Mauritius noch umzustimmen, die dann auch im April den Austrittsbeschluß wieder zurückzog. Insgesamt ist die bisherige Erfolgsbilanz der PTA tatsächlich nicht sehr beeindruckend. Dies kam auch beim 6. *Gipfeltreffen* am 3./4.12. in Kampala deutlich zum Ausdruck, an dem lediglich vier auswärtige Präsidenten bzw. Regierungschefs (aus Äthiopien, Rwanda, Zambia und Zimbabwe) teilnahmen und bei dem Ugandas Staatschef Museveni den PTA-Vorsitz übernahm.

Kernpunkt der Präferenzhandelszone ist die Absicht zur Steigerung des intra-regionalen Handelsaustauschs der Mitgliedsländer durch eine graduelle gegenseitige Einräumung präferentieller Zölle und sonstiger Vorzugshandelsbedingungen. Bisher sind aber kaum praktische Fortschritte in dieser Richtung erzielt worden. Nach Aussage des zambischen Präsidenten Kaunda beim PTA-Gipfeltreffen ist sogar der Anteil des Regionalhandels am Gesamtaußenhandel der Mitgliedsländer gegenüber dem Stand Anfang der 80er Jahre zurückgegangen. Lediglich 15-20% des Handels innerhalb der PTA werden über die *multilaterale Finanzabwicklungsstelle* (Clearing House) in Harare durchgeführt, die speziell zur Umgehung der drastischen Devisengpässe aller Mitgliedsstaaten eingerichtet worden war. Bei der Ministerratssitzung im Juni in Addis Abeba war die für eine Präferenzbehandlung in Frage kommende Güterliste auf 411 Positionen erweitert worden; elf Mitglieder hatten bis dahin ihr Grundkapital für die *PTA-Entwicklungsbank* eingezahlt, die 1986 in Bujumbura den Betrieb aufgenommen hatte. Beim Gipfeltreffen im Dezember wurde ein Zeitplan beschlossen, der jeweils zehnprozentige Zollsenkungen in zweijährigen Schritten von 1988 bis 1996 vorsieht; dann soll eine Zwischenbilanz gezogen und über das Vorgehen bezüglich der verbleibenden Hälfte der bisherigen Zölle entschieden werden. Ein wesentlicher Konfliktpunkt ist noch immer die *Regelung bezüglich des Ursprungs der unter die Präferenzbehandlung fallenden Güter*. Die generelle Vorschrift besagt, daß sie von Firmen in PTA-Ländern produziert sein müssen, die sich zumindest zu 51% im Besitz von Staatsangehörigen oder öffentlichen Körperschaften der PTA-Staaten befinden; damit soll eine Ausnutzung der PTA-Vorteile durch multinationale Konzerne verhindert werden. Auf Druck derjenigen Staaten, deren Wirtschaftsstruktur stark von der Existenz ausländischer Unternehmen geprägt ist (insbesondere Kenya, Zambia, Zimbabwe), mußten aber Ausnahmeregelungen für längere Übergangszeiträume zugestanden werden, um auch den vorhandenen Tochterfirmen internationaler Konzerne den Zugang zu den PTA-Märkten zu erhalten. Aufgrund ihrer wesentlich stärker entwickelten Industriesektoren erzielen Kenya und Zimbabwe hohe Handelsüberschüsse auf dem regionalen Markt, was potentiell zu *Spannungen wegen der ungleichmäßigen Verteilung der aus der PTA erwachsenden Vorteile* führt.

Die IOC (Indian Ocean Commission), der die vier selbständigen Inselstaaten im Indischen Ozean sowie Réunion (damit faktisch Frankreich) angehören, hielt vom 7.-10.2. unter Vorsitz des komorischen Außenministers Said Kafe ihr 5. reguläres *Außenministertreffen* in Moroni ab. Die Intensivierung der konkreten Zusammenarbeit zwischen den Mitgliedsländern macht weiterhin nur langsame Fortschritte. Die wichtigsten Projekte betreffen Flugzeugwartung in Madagaskar, Thunfischfang und erneuerbare Energien. Eine Krise der Beziehungen und auch der IOC ergab sich aus der Abhaltung von Jugendspielen in Réunion vom 29.8. bis 5.9., an denen neben Delegationen aus Madagaskar, Mauritius und den Seychellen auch Sportler der Insel Mayotte teilnahmen. Die Komoren sahen die Teilnahme der anderen drei IOC-Länder als faktische Anerkennung des französischen Hoheitsanspruchs auf Mayotte und insofern als Affront gegen den von der Regierung Abdallah vorgebrachten - und von der OAU voll unterstützten Protest - an. Ein komorischer Minister deutete daraufhin im September an, daß die *Komoren* angesichts der mangelnden Solidarität der anderen Mitglieder ihre *Mitgliedschaft in der IOC* überdenken müßten. Dies wurde im November vom komorischen Präsidenten Abdallah erneut zum Ausdruck gebracht, aber es erfolgte kein konkreter Austrittsschritt.

Die 1986 gegründete IGAAD (Inter-Governmental Authority on Drought and Development) hielt am 17./18.3. an ihrem Sitz in Djibouti unter Vorsitz von Präsident Gouled ihre *erste Geberkonferenz* ab. Diese Organisation, die die vier

Länder am Horn von Afrika sowie Kenya und Uganda umfaßt, stellt das einzige regionale Forum dar, in dem trotz aller zwischenstaatlichen Spannungen Regierungsvertreter aus Äthiopien, Djibouti, Somalia und Sudan kontinuierlich zusammenarbeiten. Hauptansatzpunkt sind gemeinsame, grenzüberschreitende Anstrengungen zur Bekämpfung von Dürre, Vordringen der Wüste und Heuschreckenplagen. Bei dem Jahrestreffen wurden von verschiedenen internationalen und bilateralen Hilfsorganisationen umfangreiche projektbezogene Hilfszusagen für die IGAAD ausgesprochen, doch ergaben sich im Verlaufe des Jahres erhebliche Probleme bei Projektdurchführung und Finanzierung des laufenden Betriebs der Organisation.

Die KBO (Kagera Basin Organization), deren Ziel die *Erschließung und Entwicklung des Kagera-Beckens* im Grenzgebiet zwischen Burundi, Rwanda, Tanzania und Uganda ist, verabschiedete anläßlich des 24. Treffens ihrer Kommission am 18./19.12. in Bujumbura den Haushalt für 1988 im Umfang von $ 2,3 Mio. und bekräftigte die Absicht zur Weiterverfolgung des Projekts zum Bau einer Eisenbahnlinie vom tanzanischen Hafen Kemondo Bay am Victoria-See bis zum Länderdreieck mit Burundi und Rwanda bei den Rusumo-Fällen, wobei eine Hoffnung auf italienische Entwicklungshilfe besteht.

Andere Formen regionaler Zusammenarbeit

Für eine Rückkehr zu der ehemals besonders engen und über viele Jahrzehnte wirksamen *Zusammenarbeit zwischen den ostafrikanischen Kernländern* Kenya, Tanzania und Uganda gibt es seit dem Auseinanderbrechen der Ostafrikanischen Gemeinschaft (OAG) im Jahre 1977 noch immer keine ausreichenden Voraussetzungen. Dem stehen vorwiegend politische Spannungen und persönliches Mißtrauen zwischen den Staatschefs - derzeit insbesondere zwischen Kenya und Uganda - entgegen, obgleich eine Menge wirtschaftlicher und technischer Gründe weiterhin für eine Zusammenarbeit sprechen. Daher wird trotz aller politischen Dissonanzen doch immer wieder nach Ansatzpunkten für eine pragmatische Kooperation gesucht. Diesem Zweck diente ein von der EG initiiertes Seminar im März in Arusha ebenso wie ein Ministertreffen am gleichen Ort Anfang Mai, bei dem eine Einigung über einen *Vertragsentwurf für die zukünftige Form der Zusammenarbeit* (insbesondere im Bereich Verkehrs- und Kommunikationswesen) erzielt werden konnte. Demnach wird eine Institutionalisierung in Form einer "Tripartite Joint Commission of Cooperation" angestrebt. Außerdem mußten bei dieser Gelegenheit - ebenso wie bei einem Ministertreffen in Nairobi im Februar - noch immer *Regelungen bezüglich der Hinterlassenschaft der OAG* getroffen werden. Die einzige aus dieser Zeit noch verbliebene Institution ist die EADB (East African Development Bank) in Kampala, die ihre Aktivitäten in jüngster Zeit wieder verstärkte und eine Verdoppelung ihres bisherigen Grundkapitals von SZR 40 Mio. anstrebte, wovon die Hälfte 1987 (vorwiegend durch Mobilisierung externer Entwicklungshilfemittel) erreicht werden sollte.

Die seit einigen Jahren bestehende *technisch-wirtschaftliche Zusammenarbeit zur Verbesserung der Verkehrsanbindungen und des Transithandels* der Binnenländer (Burundi, Rwanda und Ost-Zaire) über die ostafrikanischen Seehäfen Dar es Salaam und Mombasa wurde trotz verschiedener politischer Spannungen fortgesetzt (u.a. Treffen des Exekutivkomitees der Transit Transport Coordination Authority vom 4.-7.5. in Kigali). Bei diesen gemeinsamen Bemühungen der betroffenen Länder selbst und verschiedener internationaler Geberorganisationen, wobei insbesondere die EG koordinierend aktiv ist, geht es sowohl um Ausbau

der physischen Infrastruktureinrichtungen wie um die Erleichterung und Vereinheitlichung komplizierter administrativer Regelungen des zwischenstaatlichen
Handelsverkehrs. Schon seit längerem wird durch derartige Maßnahmen die
faktische Anbindung von Burundi und Rwanda an Ostafrika - entgegen der
sprachlichen und historischen Orientierung nach Zaire - schrittweise immer mehr
verstärkt.

Vom 3.-8.12. kamen Vertreter aller *Nilanliegerstaaten* (Ägypten, Burundi,
Kenya, Rwanda, Sudan, Tanzania, Uganda sowie Äthiopien als Beobachter) in
Kigali zusammen, um eine Zwischenbilanz des seit 20 Jahren existierenden
hydro-meteorologischen Untersuchungsprojektes des Oberlaufs des Nil (mit Sitz
in Entebbe/Uganda) zu ziehen. Das langfristige Ziel dieses Projekts besteht in der
Erhebung notwendiger wissenschaftlicher Unterlagen für den Abschluß zwischenstaatlicher Abkommen über die Nutzung und Regulierung der Wasserressourcen
des Nil.

Der Behandlung *regionaler und zwischenstaatlicher Sicherheitsfragen* diente
das 5. *Treffen ost- und zentralafrikanischer Regierungschefs* in Khartoum am
9./10.6., dem im Vorjahr nach der Machtübernahme Musevenis in Uganda in
rascher Folge bereits vier derartige Treffen vorausgegangen waren. Das gemeinsame Bemühen stellt darauf ab, eine wechselseitige Destabilisierung durch Unterstützung politischer Dissidenten oder aufgrund von Grenzstreitigkeiten und
Flüchtlingsproblemen nach Möglichkeit zu vermeiden. Dies war 1986 durch den
Machtwechsel in Uganda besonders akut geworden. In Khartoum waren Burundi,
Rwanda, Sudan, Tanzania, Uganda und Zaire vertreten, während Kenya in
diesem Jahr ostentativ jegliche Beteiligung - auch auf niedriger protokollarischer
Ebene - verweigerte, obwohl gerade erst wenige Tage vorher eine Beilegung der
Spannungen mit Uganda vereinbart worden war.   *Rolf Hofmeier*

Chronologie Östliches Afrika 1987

07.-10.02.	5. Außenministertreffen der IOC (Indian Ocean Commission) in Moroni (Komoren)
18.02.	Ministertreffen von Kenya, Tanzania, Uganda in Nairobi zur Regelung der Hinterlassen-schaft der früheren Ostafrikanischen Gemeinschaft
12.03.	Unterzeichnung einer Absichtserklärung zur Schaffung einer gemeinsamen Fluglinie durch 5 ost- und südafrikanische Staaten in Arusha (Tanzania)
17.-18.03.	1. Geberkonferenz der IGAAD (Inter-Governmental Authority on Drought and Devel-opment) in Djibouti
18.-21.03.	Besuch einer PTA-Delegation in Mauritius, um dessen beabsichtigten Rückzug aus der PTA abzuwenden.
23.03.	Eröffnung eines EG-Seminars in Arusha über Neuansätze regionaler Zusammenarbeit in Ostafrika
Mitte April	Entscheidung für den Verbleib von Mauritius in der PTA
04.-07.05.	Treffen des Exekutivkomitees der Transit Transport Coordination Authority in Kigali
06.-07.05.	Ministertreffen von Kenya, Tanzania, Uganda in Arusha zur Diskussion zukünftiger regionaler Zusammenarbeit
09.-10.06.	5. Treffen ost- und zentralafrikanischer Regierungschefs über regionale Sicherheits-fragen in Khartoum
Mitte Juni	PTA-Ministerratssitzung in Addis Abeba
Juli	Vorlage des Jahresberichts 1986 der EADB (East African Development Bank), Absicht der Verdoppelung des Grundkapitals
29.07.-03.08.	2. PTA-Handelsmesse in Lusaka
29.08.-05.09.	Internationale Jugendspiele in Réunion mit Teilnahme einer Mannschaft aus Mayotte. Anschließend Androhung eines möglichen Austritts der Komoren aus der IOC.
03.11.	Treffen des PTA Verkehrs- und Kommunikationskomitees in Lusaka mit kritischer Bestandsaufnahme über Nichterreichung der Ziele
03.-04.12.	6. PTA-Gipfeltreffen in Kampala, Übernahme des Vorsitzes durch Präsident Museveni
03.-08.12.	Treffen der Nilanliegerstaaten in Kigali
18.-19.12.	24. Treffen der Kommission der KBO (Kagera Basin Organization) in Bujumbura

Äthiopien

Fläche: 1 221 900 km², Einwohner: 42,3 Mio., Hauptstadt: Addis Abeba, Amtssprache: Amharisch, Schulbesuchsquote: 24%, Wechselkurs: $ 1=Birr 2,07, Pro-Kopf-Einkommen: $ 110, BSP: $ 4,63 Mrd., Anteile am BIP: 44% - 16% - 39%, Hauptexportprodukte: Kaffee ca. 60%, Häute und Felle ca. 12%, Staatschef: Mengistu Haile-Mariam, Einheitspartei: Workers' Party of Ethiopia (WPE)

Mit der Selbstauflösung des Derg und der Wahl Mengistus zum Präsidenten durch die Nationalversammlung hat der jahrelange Prozeß der Gründung einer Demokratischen Volksrepublik seinen Abschluß erreicht. Die beiden Hauptprobleme des Landes blieben jedoch ungelöst: die eingeleitete Bildung autonomer Regionen hat keine Grundlage für einen Verhandlungsfrieden in Eritrea und Tigray geschaffen, und die Agrarkrise spitzte sich erneut zu einer drohenden Hungersnot zu.

Innenpolitik

Der nach den landesweiten Konsultationen der Bevölkerung Mitte 1986 erwartungsgemäß nur in Einzelheiten veränderte Verfassungsentwurf wurde am 1.2. zum *Referendum* vorgelegt. Nicht durchgeführt wurde die Abstimmung wie auch später die Wahlen zur Nationalversammlung - in den ländlichen Gebieten Tigrays und Eritreas sowie in einigen anderen ländlichen Distrikten, wo Guerilla- Organisationen aktiv sind; im übrigen verlief sie ohne Zwischenfälle und soweit bekannt unter Wahrung des Wahlgeheimnisses. Der Anteil der Nein-Stimmen war mit 18% relativ hoch. Die nächste Etappe war die *Wahl der Nationalversammlung*, der Shengo, am 14.6. Eine Woche vor dem Wahltermin stellten sich alle 2500 Kandidaten in ihren Wahlbezirken vor, offenbar selbst Mitglieder des Politbüros der Partei; daß die Shengo nicht 835, sondern nur 813 Mitglieder haben würde, da in 22 Wahlkreisen nicht gewählt worden war, wurde erst kurz vor ihrer Einberufung mitgeteilt. Nach der Auflösung des seit 1974 regierenden Militärrates, des Derg, am 9.9. trat die Shengo am 9.9. zusammen und wählte am nächsten Tag Mengistu Haile-Mariam zum Präsidenten. Die Besetzung der Führungspositionen (Premier- und Vizepremierminister, Vizepräsidenten, Staatsrat, Ministerrat) war bereits mit einer Regierungsumbildung am 16.3. und Umbesetzungen in der Parteiführung, der Verwaltung und der Armee vorbereitet worden und führte dementsprechend nicht zu überraschenden Veränderungen. Das Militär wird weiterhin eine führende Rolle spielen, wenn auch dadurch verdeckt, daß Armeeangehörige, die Regierungs-, Verwaltungs- oder Parteiämter innehaben, ihren Dienstgrad i.d.R. nicht öffentlich führen.

Einer der wichtigsten Beschlüsse der Shengo war die Verabschiedung einer Gesetzesvorlage des Instituts für Nationalitätenfragen über die *Bildung von fünf autonomen und 24 administrativen Regionen*. Mit den Vorbereitungen für die Implementierung, wozu die Errichtung von regionalen Parlamenten gehören wird, wurde gegen Jahresende begonnen. Die autonomen Regionen Eritrea, Tigray, Assab, Dire Dawa und Ogaden werden begrenzte legislative Vollmachten haben, aber auch der "besondere Status" Eritreas, dessen Parlament Gesetze ohne förmliche Zustimmung des nationalen Parlamentes in Kraft setzen kann (soweit sie nicht nationalen Gesetzen widersprechen), bleibt hinter den Kompetenzen des Bundesstaates Eritrea in der kurzlebigen Föderation 1952-62 weit zurück. Daß regionale Autonomie in der bisher erkennbaren Form ein Ansatz für eine politi-

sche Lösung der Bürgerkriege sein kann, scheint wenig wahrscheinlich; alle
nationalen Befreiungsbewegungen haben, wenn auch mit unterschiedlicher Schärfe, mit Ablehnung reagiert, lediglich die Afar-Befreiungsfront (ALF) äußerte
sich zunächst positiv. Die Afar sind die einzige Nationalität, die in ihrer überwiegenden Mehrheit in einer Region (Assab) zusammengefaßt ist. Die Somali sind
dagegen aufgeteilt worden auf die autonomen Regionen Dire Dawa (Issa) und
Ogaden (Ogadeni) und zwei administrative Regionen, Ost- und West-Haraghe,
beide mit einer ethnisch gemischten Bevölkerung. Die Oromo, deren Anteil an
der Bevölkerung zwischen 40 und 50% liegt, sind auf eine Vielzahl von administrativen Regionen verteilt; die Oromo-Befreiungsfront (OLF) hat verlauten lassen, sie betrachte die neue Verwaltungsgliederung als irrelevant. Die autonome
Region Tigray ist etwas kleiner als die bisherige, da einige Distrikte im Osten an
Assab angegliedert wurden, und erheblich kleiner als das von der Tigray-Volks-
befreiungsfront (TPLF) beanspruchte Gebiet, das den Nordwesten von Begemdir
und Semien einschließt.

Die autonome Region *Eritrea* ist als einzige noch in drei administrative Regionen unterteilt worden. Die bereits 1978 vollzogene Abtrennung der Provinz
Dankal mit dem Hafen Assab wurde festgeschrieben, Dankal in die Region Assab
eingegliedert. Beides ist für die Eritreische Volksbefreiungsfront (EPLF) nicht
akzeptabel. Die formale Anerkennung des "besonderen Status'" Eritreas markiert
anscheinend bis auf weiteres die Grenze, bis zu der die Regierung Zugeständnisse
machen will. Die EPLF ihrerseits verstärkte ihre Bemühungen, politische Unterstützung für ihren Friedensvorschlag (Abhaltung eines Referendums unter internationaler Aufsicht über die Alternativen regionale Autonomie, Wiederherstellung
der Föderation oder Unabhängigkeit) zu finden.

Die Zentren des bewaffneten Widerstandes gegen die Zentralregierung liegen
seit langem im Norden, in Eritrea und Tigray. Größere Veränderungen des
Kräfteverhältnisses hat es im Lauf des Jahres ebensowenig gegeben wie Ansätze
zu ernsthaften Verhandlungen. Wie schon 1984/85 hat die Regierung es abgelehnt, einen befristeten Waffenstillstand abzuschließen, der Transport und Verteilung von Nahrungshilfe erleichtern würde; die Sicherheit der Transportwege
würde nötigenfalls durch die Armee gewährleistet. Nach einer längeren Zeit
relativer militärischer Ruhe war mit dem Abschluß der Republikgründung ohnehin eine Intensivierung der Kämpfe zu erwarten gewesen. Diese wurde anscheinend seitens der Armee in *Tigray* mit der Sprengung der Straßenblockade der
TPLF bei Adigrat (zwischen Asmara und Mekelle) im Dezember begonnen.
Dieser lokale Geländegewinn veränderte die grundsätzliche Situation jedoch nicht:
in Tigray sind seit Jahren nur die Städte unter Kontrolle der Armee, während die
TPLF, mit oft fließenden Übergängen, die ländlichen Gebiete kontrolliert.

Die *EPLF* hat im März ihren mehrfach verschobenen Kongreß mit rd. 1300
Delegierten aus dem In- und Ausland durchgeführt. Das 1977 verabschiedete
Programm wurde revidiert und die Führung neu gewählt. Das Politbüro wurde
von 13 auf neun Mitglieder verkleinert, die einzige weitere Veränderung in der
Führung war die Wahl des bisherigen Vize-Generalsekretärs Isayas Afeworki zum
Generalsekretär. Das ZK wurde von 37 auf 71 Vollmitglieder und sieben (vorher
sechs) Reservemitglieder erweitert, der militärische Bereich deutlicher als bisher
vom zivilen getrennt und erstmals ein Rechtsdepartment eingerichtet. Der im
November 1986 vereinbarte Anschluß einer der Fraktionen der Eritreischen

Befreiungsfront (ELF) wurde bestätigt und mit der Wahl von sieben ihrer Vertreter in das ZK honoriert. Gespräche über ein eventuelles Bündnis wurden nach dem Kongreß mit einigen anderen ELF-Fraktionen geführt, die auch untereinander erneut über einen Zusammenschluß verhandelten; beides hat bislang nicht zu konkreten Ergebnissen geführt. Ab Ende Juni verstärkte die EPLF, die sich in den letzten Jahren auf die politische wie militärische Sicherung ihrer Basen im Westen konzentriert hatte, ihre Guerilla-Aktionen im Hochland, wobei im Oktober und November auch Lkw-Konvois angegriffen wurden; Mitteilungen der EPLF, daß in ihnen neben Hilfsgütern auch militärischer Nachschub transportiert würde, wurden von in Äthiopien tätigen Hilfsorganisationen dementiert.

Alle anderen bewaffneten Organisationen sind erheblich kleiner als EPLF und TPLF, sie binden jedoch allein schon durch ihre Zahl einen Teil der Armee. Die *Westsomalische Befreiungsfront/Somali Abo Befreiungsfront* (WSLF/SALF) gab zwar im November bekannt, sie habe seit Anfang Oktober zahlreiche Gefechte mit Armee-Einheiten geführt; aber selbst wenn sie tatsächlich ihre Guerilla-Aktionen wieder aufgenommen hat, bleibt sie militärisch unbedeutend, wie auch die ALF. Die ebenfalls relativ kleine *OLF* geriet anscheinend im Laufe des Jahres in offene Konflikte mit der südsudanesischen SPLA, deren Basen in Äthiopien an das Aktionsgebiet der OLF in Wollega angrenzen; vermutlich hat die SPLA mehr als in den Vorjahren Kontrollfunktionen für die äthiopische Armee übernommen. Die *Revolutionäre Partei des Äthiopischen Volkes* (EPRP), die, von blutigen inneren Auseinandersetzungen zermürbt, so gut wie aufgelöst schien, hat sich offenbar in Gondar soweit konsolidiert, daß sie im Sommer ausländische Journalisten zum Besuch ihrer befreiten Gebiete einlud. Die mit der TPLF verbündete *Demokratische Bewegung des Äthiopischen Volkes* (EPDM) blieb auf ihre Aktionsgebiete im Westen Wollos beschränkt. Die von den USA alimentierte, nicht als Guerilla aktive *Demokratische Allianz des Äthiopischen Volkes* (EPDA) hat im Juli mit der Ausstrahlung eines Rundfunkprogramms vom Sudan aus begonnen und damit für zusätzliche Spannungen zwischen beiden Ländern gesorgt.

Außenpolitik

Mit Ausnahme von Sudan und Somalia, zu denen die Beziehungen weiterhin sehr gespannt blieben (vgl. entsprechende Länderbeiträge), zeigte sich die äthiopische Außenpolitik um den Abbau von Spannungen mit Staaten der Region und um bessere diplomatische und ökonomische Beziehungen zu konservativen bzw. westlich orientierten Staaten sowie zu EG-Mitgliedern bemüht. Die Einbindung Äthiopiens in das sozialistische Lager wurde dadurch nicht beeinträchtigt, vielmehr durch eine Reihe von Kooperationsabkommen auf staatlicher Ebene und auf Parteienebene noch gestärkt.

Die Gründung der Volksrepublik war auch außenpolitisch ein wichtiges Thema. Im April und Mai machten mehrere Delegationen Rundreisen, um zu den Gründungsfeiern einzuladen. Im November und Dezember folgten weitere Rundreisen des Präsidenten und von Mitgliedern des Staatsrates, um, wie es hieß, die Regierungen der besuchten Länder wie auch die äthiopischen Flüchtlinge und Emigranten über die konstitutionellen Veränderungen und die Beschlüsse des Parlamentes zu informieren. Die erhoffte Aufwertung der Republikgründung durch die persönliche Anwesenheit möglichst vieler afrikanischer Staatsoberhäupter gelang nicht; neben den befreundeten Staaten Zimbabwe, Zambia, Moçam-

bique, Tanzania, Uganda, Djibouti und Burkina Faso war nur *Ägypten* auf höch-
ster Ebene vertreten, worin sich die deutlich verbesserten Beziehungen ausdrückten. Mengistu machte im April seinen ersten Besuch in Kairo, und am 28.7.
wurde die Bildung einer gemeinsamen Kommission beschlossen. Das Verhältnis zu
Saudi-Arabien hat sich ebenfalls merklich entspannt; vom 25.-28.4. besuchte eine
Gesandtschaft des Ministerrates Äthiopien und Mitte Oktober, nach einem Besuch
des Außenministers in Saudi-Arabien im Juli, eine Delegation des saudischen
Entwicklungsfonds. Der Kurswechsel Saudi-Arabiens, das seit den 60er Jahren
die Eritreische Befreiungsfront (ELF) finanziell unterstützt hatte, ist durch den
Tod des konservativen eritreischen Politikers Ousman Saleh Sabbe am 4.4. noch
bestärkt worden; die Versuche, eine konservativ-islamische Alternative zur EPLF
aufzubauen, waren hauptsächlich an seine Person geknüpft gewesen.

Die *äthiopisch-kenyanische Ministerkommission* tagte zum ersten Mal seit
sieben Jahren vom 3.-5.3., wobei Abkommen über Handel, Verkehr und Grenzsicherheit geschlossen wurden. Anläßlich des Besuchs des kenyanischen Außenministers Onyonka vom 27.-28.8. wurde der gegenseitige Verteidigungspakt von
1963 erneuert.

In den Beziehungen zu Westeuropa und den USA waren der Ost-West-Kon-
flikt einerseits, wirtschaftspolitische Differenzen andererseits die bestimmenden
Momente. Anzeichen für eine Lockerung des Bündnisses mit der *UdSSR* gab es
nicht, ungeachtet dessen, daß Mengistus bei seinen Besuchen in Moskau im April
und November nicht die erwünschten Zusagen auf Militärhilfe erhielt. Die Beziehungen zu den *USA* blieben ambivalent. Die Vereinigten Staaten waren auch 1987
wieder der größte bilaterale Geber von Nahrungshilfe, lehnten aber jede Art von
Entwicklungshilfe weiterhin ab. Entspannungssignale gab es dagegen aus *Frankreich*: vom 22.-25.6. machte zum ersten Mal seit 1974 wieder ein Schiff der
französischen Kriegsmarine in Massawa Station, und Sonderbotschafter Rouleau
hielt sich im Juli und August zu mehrtägigen Besuchen im Land auf.

Sozio-ökonomische Entwicklung

Nach guten Ernteergebnissen sowohl auf den Staatsfarmen wie im kleinbäuerlichen Sektor und höheren Exporterlösen aufgrund des Anstiegs der Kaffeepreise
1986 waren die Prognosen für die wirtschaftliche Entwicklung 1987 zunächst
recht optimistisch. Mit einem Seminar vom 5.-8.1. und einer programmatischen
Rede Mengistus wurde ein Plan zur baldigen Erreichung der Nahrungsmittelselbstversorgung gestartet. Die *Landwirtschaft* erhielt mit 34,5% der Investitionen
im Haushalt 1986/87 einen größeren Stellenwert, im Nachtragshaushalt waren rd.
40% der Ausgaben für diesen Bereich vorgesehen. Schwerpunkt blieben allerdings
die Staatsfarmen, wenn auch die Kleinbauern und Kooperativen mehr als in den
Vorjahren gefördert werden sollten. Ertragsverluste durch Heuschrecken, deren
effektive Bekämpfung zudem durch den Kriegszustand in Eritrea und Tigray
behindert wurde, und das weitgehende Ausbleiben der großen Regenzeit im
Norden führten dann jedoch dazu, daß die Relief und Rehabilitation Commission
(RRC) ihre im Januar auf 410 000 t nach unten revidierte Schätzung des Getrei-
dedefizits am 14.8. auf rd. 950 000 t erhöhte und zehn der 14 Regionen zu Not-
standsgebieten erklärte. Gegen Jahresende lagen die Schätzungen bei 1,05 bis
1,3 Mio. t. Die sich abzeichnende *Hungersnot*, deren Ausmaß ähnlich wie 1984/85
ist, ließ auch die Kontroverse um die beiden Hauptpfeiler der äthiopischen

Agrarentwicklungspolitik in den westlichen Geberländern wieder aufleben, die Umsiedlung und die Verdorfung. Die *Umsiedlung* von Bauern aus dem Hochland in den dünner besiedelten Südwesten und Westen wurde im Februar wieder aufgenommen, zunächst in geringerem Umfang als 1985. Die Gesamtzahl derer, die in den nächsten Jahren umgesiedelt werden sollen, wurde jedoch mehr als verdoppelt, auf rd. 7 Mio. Menschen, und erstmals wurde im November auch Eritrea als Umsiedlungsgebiet genannt. In der *Dorfansiedlungskampagne* 1986/87 wurden nach offiziellen Angaben 8,35 Mio. Menschen, rd. 22% der ländlichen Bevölkerung, in geschlossenen Dörfern angesiedelt, mit der Kampagne 1987/88 soll der Anteil der "Verdorften" auf 31% erhöht werden. Die Versorgung mit staatlichen Dienstleistungen wie Schulen, Kliniken, Strom und sauberem Trinkwasser ist recht unterschiedlich; soweit es Strom und Trinkwasser betrifft, ist sie auch nach den offiziellen Zahlen insgesamt kaum besser als vorher. Daß dieses Programm offenbar auch weiterhin nicht in Eritrea durchgeführt wird, erklärt sich daraus, daß es in den Gebieten unter Kontrolle der Regierung kaum Streusiedlungen gibt und seine Durchführung in den zugänglichen Gebieten voraussichtlich die EPLF stärken würde. Ein Bereich der Landwirtschaft, der in Zukunft weiter ausgebaut werden soll, ist der Bewässerungsanbau. Dem Mangel an einheimischen Fachkräften soll das Ende Mai eröffnete Institut für Wassertechnologie in Arba Minch (Sidamo) abhelfen. Für eine Reihe von ländlichen Entwicklungsprojekten wurden Kredit- und Hilfsabkommen geschlossen, darunter auch einige bilaterale Abkommen und mit dem Welternährungsprogramm dessen mit $ 76 Mio. bisher größtes Einzelabkommen in Afrika; die Hauptkreditgeber blieben jedoch Weltbank/IDA, EG und AfDB/ADF. Eine Ausnahme machte *Italien*, das in allen Ländern des Horns von Afrika einschließlich Sudan ein wichtiger Geldgeber geworden ist. Nach der Tagung der italienisch-äthiopischen Kommission vom 26.11.-2.12. in Rom wurden Kredite und Zuschüsse von über $ 600 Mio. für die nächsten drei Jahre zugesagt, womit Italien im Bereich der längerfristigen Projekthilfe an die erste Stelle der Geber rückte.

Die Entwicklung der Industrie machte kleine Fortschritte, wobei das Schwergewicht auf der Versorgung des Binnenmarktes und der Förderung der Kleinindustrie lag. Ab September traten Exportbeschränkungen für Häute und Felle in Kraft, um den Export von Lederfertigwaren zu fördern. Längerfristige Aussichten auf eine Reduzierung der Abhängigkeit vom Kaffee-Export eröffnen die umfangreichen Goldvorkommen in Sidamo, für deren Abbau im November Finanzierungsabkommen geschlossen wurden. Ein von der UdSSR geförderter Betrieb zur Herstellung von Ätznatron soll ebenfalls für den Export produzieren.

Vom 29.9.-2.10. fand in Addis Abeba die erste gemeinsame Tagung Äthiopiens mit einer *Comecon*-Delegation statt, im Anschluß tagte die äthiopisch-sowjetische Kommission. Die Delegation machte eine prinzipielle Zusage für die Finanzierung einer Bahnverbindung von Addis Abeba nach Assab, die (wenn sie wirklich realisiert wird) Äthiopien vom Hafen Djibouti unabhängig machen wird. Mit der UdSSR wurden Projektabkommen geschlossen (u.a. im Bereich der Landwirtschaft), bis Jahresende folgten mehrere bilaterale Abkommen mit anderen Comecon-Mitgliedern. Außerdem scheint die Regierung mehr als früher bereit zu sein, Empfehlungen und Forderungen der *Weltbank* und der *EG* zumindest in der Agrarpolitik entgegenzukommen. Anfang November wurden zugesagte Mittel aus Lomé III storniert, da Äthiopien die bei der Bewilligung akzeptierten

Auflagen (Erhöhung der Erzeugerpreise, Lockerung des staatlichen Einflusses im Binnenhandel u.a.) nicht erfüllt hatte. Ein der Weltbank und der EG am 10.12. übergebenes Dokument enthält agrarpolitische Veränderungen, die voraussichtlich die Freigabe dieser Mittel und weitere Weltbank-Kredite sichern werden.

Kathrin Eikenberg

*Insbesondere zur innenpolitischen und sozio-ökonomischen Entwicklung siehe auch den Beitrag von Stefan Brüne in diesem Band.

Chronologie Äthiopien 1987

28.12.86-15.01.87	Besuche Fisseha Destas (Derg- u. Politbüro-Mitglied) in der VR China und Nord-Korea
23.-29.01.	Tagung der äthiopisch-südjemenitischen Kommission in Aden (Erneuerung der Handels- und Kooperationsabkommen)
01.02.	Referendum über die Verfassung
09.-19.02.	Besuch des Ministers für Bauwesen Kassa Gebre in Indonesien wegen des Umsiedlungsprogramms
20.-26.02.	Sitzung der äthiopisch-nordkoreanischen Kommission (Abschluß von Handels- und Kooperationsabkommen)
12.-19.03.	2. Kongreß der EPLF in ihrem Basisgebiet
16.03.	Regierungsumbildung
08.-09.04.	Besuch des angolanischen Präsidenten Dos Santos
09.-18.04.	Besuche Mengistus in Ägypten, Nord-Korea und der UdSSR
15.-18.05.	Besuch des zimbabwischen Premierministers Mugabe
Juni	EG-Mission zur Begutachtung von Projekten zur Finanzierung aus Lomé III
14.06.	Wahlen zur Shengo (Parlament)
04.-12.07.	Besuch des Außenministers Berhanu Bayeh in der AR Jemen, der VR Jemen und Saudi-Arabien
01.-18.08.	Besuch Fisseha Destas in Burkina Faso
12.08./20.08.	Beschuldigung privater Händler, durch Horten die Lebensmittelpreise hochzutreiben
09.-18.09.	Sitzungsperiode des Parlamentes: 10.09. Wahl Mengistus zum Präsidenten, Proklamation der Volksrepublik, 13.09. Gründungsfeiern, 18.09. Gesetz über die Bildung autonomer und administrativer Regionen
25.-29.09.	Besuch Mengistus in der AR Jemen
Oktober	Besuch einer Weltbank-Mission zur Evaluierung des ersten Jahres des Dreijahresplans 1986/87-88/89
20.10.-06.11.	Besuch einer Delegation des Rechnungshofes der EG
25.10.-16.12.	Besuche des Vizepräsidenten des Staatsrats Amdemikael in Ägypten, Algerien, Djibouti, AR Jemen, Kenya, Kuwait, Saudi-Arabien, Sudan, Syrien
30.10.-01.12.	Besuche des Vizepräsidenten der Republik Fisseha Desta in den Niederlanden, Belgien/EG, BRD, Spanien, Frankreich, Italien, Griechenland
01.-22.11.	Besuche Präsident Mengistus in der CSSR, UdSSR, Mongolische SR, Rumänien, Jugoslawien
02.-24.11.	Besuche des Außenministers und Staatsratsmitglieds Berhanu Bayeh in Australien, Neu-Seeland, VR China, Indien
28.11.-06.12.	Besuch des Politbüro-Mitglieds Legesse Asfaw in der VR Jemen
08.-10.12.	Besuch des neuernannten Direktors von US-Aid, Wood
Ende Dezember	Besuch Mengistus in Zimbabwe

Burundi

Fläche: 27 834 km², *Einwohner:* 4,7 Mio., *Hauptstadt:* Bujumbura, *Amtssprachen:*
Französisch und Kirundi, *Schulbesuchsquote:* 24%, *Wechselkurs:* $ 1=Franc Burundi
122,04, *Pro-Kopf-Einkommen:* $ 240, *BSP:* $ 1,11 Mrd., *Anteile am BIP:* 61% -
15% - 24%, *Hauptexportprodukt (1986):* Kaffee 88%, *Staatschef:* Major Pierre
Buyoya (seit 9.9.87) Einheitspartei: Union pour le Progrès National (UPRONA),
Oberstes politisches Gremium: Comité Militaire pour le Salut National (CMSN)
(seit 3.9.87)

Auseinandersetzungen zwischen Staat und katholischer Kirche, denen ihrerseits
ethnisch-soziale Konflikte zugrunde lagen und die sowohl die innenpolitische
Situation wie auch die außenpolitischen Beziehungen belasteten, führten zusammen mit Spannungen innerhalb der Armee am 3.9.87 zu einem als Palastrevolte
bezeichneten Militärputsch, bei dem Präsident Bagaza abgesetzt wurde und das
CMSN unter Vorsitz von Major Buyoya die Herrschaft übernahm. Buyoya stellte
die Religionsfreiheit wieder her und versprach eine baldige Rückkehr zu demokratischen Strukturen. Die wirtschaftspolitischen Vorstellungen der neuen Regierung blieben zwar vage, doch ist davon auszugehen, daß sie die 1986 mit IWF
und Weltbank vereinbarten Maßnahmen weiterführen wird.

Innenpolitik

Während seiner Teilnahme am Frankophonie-Gipfel in Quebec (Kanada) wurde
Präsident Bagaza am 3.9. von Major Pierre Buyoya gestürzt. Einer der Hauptgründe für den unblutig verlaufenen *Putsch* lag in den zunehmenden Spannungen
zwischen Staat und katholischer Kirche, der rd. 65% der Bevölkerung angehören.
Die Kirche, die neben religiösen auch soziale Aufgaben wahrnimmt und v.a. auf
dem Gebiet des Bildungswesens aktiv ist, übt unter der ländlichen Hutu-Bevöl-
kerung großen Einfluß aus. Das Bagaza-Regime, das eine Mobilisierung der von
höherer Bildung und politischer Verantwortung weitgehend ausgeschlossenen
Bevölkerungsmehrheit der Hutu und dadurch eine Gefährdung der Machtposition
der Tutsi befürchtete, warf der katholischen Kirche und insbesondere den in
Burundi lebenden ausländischen Missionaren subversive Tätigkeit vor. Die ethnischen Gegensätze, die für das Bagaza-Regime offiziell nicht existierten, sondern
als Erfindung der belgischen Kolonialherren galten, wurden dabei überlagert von
einem Machtkampf zwischen Kirche und laizistischem Staat, der seinen Einfluß
in allen Lebensbereichen zur Geltung bringen wollte und daher die Strukturen,
auf die sich die Kirche stützte, zu beseitigen suchte. Zu den vom Staat seit 1986
ergriffenen Maßnahmen gehörten neben Verhaftungen von Priestern, Ausweisungen ausländischer Missionare und der Schließung von Kirchen v.a. die Verstaatlichung kirchlicher Sekundarschulen, die Schließung der Katechismusschulen und
der Alphabetisierungszentren auf dem Land, das Verbot katholischer Organisationen und Pfarrgemeinderäte sowie die Untersagung der Meßfeier an Werktagen.
Während sich die katholischen Bischöfe um einen Ausgleich mit dem Staat bemühten, führte die antikirchliche Politik innerhalb der Tutsi-Elite in Regierung
und Armee zum Dissens. Hinzu kamen allgemeine Unzufriedenheit, persönliche
Animositäten und Rivalitäten zwischen verschiedenen Tutsi-Gruppen in der
Armee, die für die Durchführung des Putsches letztlich ausschlaggebend waren.
Eine Säuberung der Armee Mitte des Jahres deutete darauf hin, daß sich Präsi-

dent Bagaza der Spannungen bewußt war. Die Tatsache, daß Präsident Buyoya
erst zwei Tage nach dem Putsch eine erste öffentliche Erklärung abgab, ließ
darauf schließen, daß dieser zunächst nicht die Unterstützung aller Garnisonen
im Land gefunden hatte.

In einem kurz nach dem Staatsstreich veröffentlichten Kommuniqué wurde
die Absetzung von Präsident Bagaza, die Aufhebung der Verfassung, die Auflösung des ZK der UPRONA (jedoch nicht der lokalen Parteigremien), die Entlassung der Regierung, die Auflösung der Nationalversammlung sowie die Bildung
eines aus 31 höheren Offizieren bestehenden und als oberste staatliche Instanz
fungierenden *CMSN* unter Vorsitz von Major Pierre Buyoya bekanntgegeben.
Einige prominente Politiker, darunter der Präsident der Nationalversammlung und
Generalsekretär der UPRONA, Emile Mworoho, wurden unter Hausarrest gestellt.
Auf seiner ersten Sitzung am 9.9. wählte der CMSN ein zehnköpfiges Exekutiv-
komitee und bestellte Major Buyoya zum Präsidenten der Republik.

Zu den ersten Maßnahmen des CMSN gehörte die Freilassung mehrerer hundert politischer Gefangener und die Aufhebung einiger Einschränkungen, von
denen die katholische Kirche betroffen war. Buyoya hatte in seiner ersten öffentlichen Erklärung die Religionsfreiheit garantiert und sich damit die Unterstützung der katholischen Hierarchie gesichert. Er betonte jedoch bald darauf, daß
Burundi ein laizistischer Staat bleiben würde, in dem die Kirchen ihre Tätigkeit
nur im Rahmen der bestehenden Gesetze ausüben könnten. Zur Förderung des
Dialogs zwischen Staat und Kirche fand am 19.12. eine Unterredung zwischen
Präsident Buyoya und allen Religionsgemeinschaften des Landes statt. Auch wenn
sich das Verhältnis zwischen Staat und Kirche entspannt hat, so ist nicht damit zu
rechnen, daß Präsident Buyoya, der ebenso wie seine Amtsvorgänger einer weniger bedeutenden Untergruppe der Tutsi, den Tutsi-Hima im Süden des Landes,
angehört, eine grundsätzlich andere Politik einschlägt als Präsident Bagaza. Die
politischen Machtverhältnisse wurden durch den Wechsel an der Spitze nicht
angetastet. Buyoya sieht das Ziel seiner Regierung zwar in der Herstellung größerer sozialer Gerechtigkeit und einer wahren Demokratie, doch stellen ethnische
Gegensätze für ihn - wie für Bagaza - nur ein Klischee dar, das den soziologischen Realitäten nicht entspricht. Die eigentlichen Probleme des Landes bleiben
somit unangetastet.

Ohne Angabe eines Zeitplans, hatte Präsident Buyoya Mitte September angekündigt, daß das Militär nicht an der Macht bleiben würde. Priorität habe die
Regierungsbildung und die Wiederbelebung der Partei. Wahlen zu einer neuen
Nationalversammlung könnten in ein bis zwei Jahren stattfinden. Am 1.10. stellte
Präsident Buyoya die neue, überwiegend aus Zivilpersonen bestehende *Regierung*
vor, der jedoch niemand aus dem letzten Kabinett von Bagaza angehörte. Buyoya
übernahm das Verteidigungsressort. Um die Unterstützung der Bevölkerung für
das neue Regime zu gewinnen, besuchte Präsident Buyoya von Mitte September
bis Mitte November alle 15 Provinzen des Landes. Mit der Ausarbeitung einer
neuen Parteisatzung und der Schaffung neuer Parteistrukturen beauftragte das
CMSN Libère Bararunyeretse, der zum Koordinator des Ständigen Nationalen
Sekretariats der UPRONA bestellt wurde. Im Dezember bestimmte das CMSN die
Auflösung der ZKs der angeschlossenen Organisationen der UPRONA.

Außenpolitik

Die Maßnahmen gegen die katholische Kirche und die Ausweisung mehrerer hundert Missionare seit 1979 hatten v.a. in *Belgien* heftige Kritik ausgelöst, die von der Regierung Bagaza mit schweren Angriffen auf den belgischen Kolonialismus und dem Vorwurf, durch eine feindselige internationale Pressekampagne dem Ansehen Burundis zu schaden, beantwortet wurde.

Während die Spannungen mit Belgien sich immer weiter zuspitzten, bemühte sich die Regierung Bagaza, einen sich abzeichnenden Konflikt mit *Tanzania* auf diplomatischem Weg zu lösen. Die tanzanischen Behörden hatten Anfang April begonnen, angeblich illegal im tanzanischen Grenzgebiet lebende Burunder zwangsweise zu repatriieren. Anfang Mai waren bereits 3000 Personen, von denen einige bereits seit Jahrzehnten in Tanzania lebten oder dort geboren waren, nach Burundi gekommen. Die Ausweisungen erhielten besondere Brisanz, weil etwa 75 000 Hutus, die Burundi während der Massaker 1972 verlassen hatten, als Flüchtlinge in Tanzania leben und ihre Rückkehr die Gefahr neuer Spannungen heraufbeschwor. Besuche des Außenministers Anfang Mai und des burundischen Innenministers im Juli in Tanzania führten zu einer einvernehmlichen Lösung der Probleme.

Zu den wichtigsten Zielen Buyoyas nach der Machtübernahme gehörte die Wiederherstellung guter *Beziehungen zu den europäischen Staaten*. Eine diplomatische Mission unter Leitung eines CMSN-Mitgliedes begab sich bereits im September nach Belgien, Frankreich, Italien, in die Bundesrepublik Deutschland und zum Vatikan, während im Oktober der burundische Außenminister anläßlich der Teilnahme an der UN-Generalversammlung Belgien, Kanada, die USA und Frankreich besuchte. Entsprechend dem von Buyoya vertretenen Grundsatz positiver Blockfreiheit besuchten weitere Delegationen Moskau und Libyen. Ebenso bemühte sich Buyoya um eine Verbesserung der Beziehungen zu den Nachbarstaaten. Zum Konflikt kam es allerdings mit Uganda, das Bagaza zunächst Asyl gewährt hatte und ihm bei einem gescheiterten Einreiseversuch nach Burundi am 25.11. Hilfe geleistet haben soll.

Sozio-ökonomische Entwicklung

Von dem im August 1986 mit dem IWF abgeschlossenen Abkommen über einen Bereitschaftskredit von SZR 21 Mio. und eine Strukturanpassungsfazilität von SZR 20 Mio. hatte Burundi bis Ende 1987 nur die erste Tranche der Strukturanpassungsfazilität von SZR 8,5 Mio. beansprucht, was darauf hindeutet, daß die Regierung zögert, die IWF-Auflagen, die teilweise in Widerspruch zu UPRONA-Beschlüssen stehen, durchzuführen. Dennoch zeigt die Wirtschafts- und Finanzpolitik deutlich den Einfluß des IWF: der Haushaltsplan 1987 wurde mit F Bu 20,5 Mrd. gegenüber 1986 kaum erhöht, die Währung, die im Juli 1986 um 15% auf SZR 1 = F Bu 141 abgewertet worden war, erfuhr bis Ende März 1987 eine schrittweise weitere Abwertung auf SZR 1 = F Bu 161; außerdem wurden Preiskontrollen gelockert, die öffentlichen Unternehmen einer Reform unterworfen, der Zolltarif vereinfacht und ein neues, größere Vergünstigungen enthaltendes Investitionsgesetz verabschiedet. Im Rahmen eines im Mai 1986 mit der Weltbank vereinbarten Kreditpaketes von $ 50 Mio. für Strukturanpassungsmaßnahmen stellten der Saudi Development Fund, Japan und die IDA in der ersten Jahreshälfte 1987 Kredite bereit. Eine gemeinsame IWF/Weltbank-Mission, die Burundi im August besuchte, bezeichnete die Ergebnisse der wirtschaftspolitischen Maßnahmen als zufriedenstellend.

Um sich die Unterstützung der Bevölkerung zu sichern, machte Präsident Buyoya bald nach seiner Machtübernahme einige besonders unpopuläre Maßnahmen der Bagaza-Regierung rückgängig: das ländliche Zwangssparen und die Abgaben auf Agrarprodukte wurden abgeschafft, die Viehsteuer und die Abgaben auf lokales Bier gesenkt, der Beförderungsstopp im öffentlichen Dienst und in den staatlichen Unternehmen ab 1.1.88 aufgehoben. Außerdem erfolgte eine Anhebung der Produzentenpreise für Baumwolle. Obwohl die wirtschaftspolitischen Ziele der neuen Regierung noch unklar blieben, erhielt Burundi im Dezember einen weiteren Weltbankkredit von SZR 7,9 Mio. zur Förderung der Agrarproduktion, einen IDA-Kredit von SZR 23 Mio. zur Durchführung des Entwicklungsprogrammes für das Bildungswesen sowie einen EEF-Kredit von ECU 36,7 Mio. für ländliche Entwicklungsprogramme.

Das wirtschaftliche Wachstum, das 1986 mit real 4% geringer war als das von 1985 (8%), verteilte sich gleichmäßig auf alle Sektoren. Die Hauptprobleme liegen in der einseitigen Abhängigkeit vom Kaffee-Export und der in dem dicht besiedelten, landwirtschaftlich intensiv genutzten Bergland großen Gefahr der Bodenerosion.   *Marianne Weiss*

Chronologie Burundi 1987

April	Zwangsdeportationen von in Tanzania lebenden Burundern
Juni	Maßnahmen gegen die katholische Kirche
03.06.	Treffen der Staatschefs von Rwanda und Burundi in Cyangugu (Rwanda)
09.-12.06.	Offizieller Besuch des Innenministers von Rwanda
18.-19.06.	Besuch des Afrikaberaters des französischen Premierministers, Jacques Foccart
25.06.	Verabschiedung eines neuen Investitionsgesetzes
Juli	Auseinandersetzungen mit Belgien
07.-10.07.	Tagung der frankophonen Minister in Bujumbura zur Vorbereitung des Frankophonie-Gipfels in Quebec (Kanada) im September
12.08.	Änderung des Wahlgesetzes im Hinblick auf die für den 23.10. geplanten Wahlen (Anhebung der Zahl der Abgeordneten von 65 auf 100)
03.09.	Sturz Präsident Bagazas während seiner Teilnahme am Frankophonie-Gipfel in Quebec
05.09.	Bildung des CMSN
09.09.	Ernennung von Major Buyoya zum Präsidenten der Republik, Bildung eines Exekutivkomitees des CMSN
10.09.	Informelles Gipfeltreffen der CEPGL in Goma (Zaire); Buyoya übernimmt den Vorsitz der Organisation
September	Haftentlassung politischer Gefangener
01.10.	Regierungsbildung
Oktober	Aufhebung antikirchlicher Restriktionen
06.10.	Aufhebung des ländlichen Zwangssparens
16.11.	Arbeitsbesuch des tanzanischen Staatspräsidenten Mwinyi
25.11.	Rückkehrversuch Präsident Bagazas

Djibouti

Fläche: 21 783 km², Einwohner: 362 000, Hauptstadt: Djibouti, Amtssprachen: Arabisch und Französisch, Schulbesuchsquote: 27%, Wechselkurs: $ 1=Djibouti-Franc 178,16, Pro-Kopf-Einkommen: $ 980, BSP: $ 350 Mio., Anteile am BIP (1984): 4,5% - 19% - 76,5%, Hauptexportprodukte: Nahrungsmittel und Vieh ca. 25% (einschl. Transit und Re-Exporte) Staats- und Regierungschef: Hassan Gouled Aptidon, Einheitspartei: Rassemblement Populaire pour le Progrès (RPP)

Wahlen ohne Zwischenfälle und eine Regierungsumbildung ohne Veränderungen in den zentralen Bereichen waren Anzeichen einer im regionalen Kontext bemerkenswerten inneren Stabilität. Trotz eines kleinen Booms am Rande des Golfkrieges und erhöhter Finanzhilfe Frankreichs dauerte die Wirtschaftskrise an.

Innenpolitik

Nach dem blutigen Bombenanschlag auf eine Bar am Ende der 1. Geberkonferenz der IGADD (Intergovernmental Agency for Drought and Development) am 18.3. (elf Tote, rd. 40 Verletzte) wurde die Aufrüstung der Sicherheitskräfte weiter forciert. Der erste Verdacht richtete sich auf die illegale Opposition; bereits am 29.3. wurde jedoch überraschend ein Tunesier vor Gericht gestellt, und die befürchtete Mobilisierung der Opposition blieb aus. Die *Wahlen* des Präsidenten und der Nationalversammlung am 24.4. verliefen, unter strikten Sicherheitsvorkehrungen, ohne Zwischenfälle. Präsident Gouled erhielt rd. 90%, die Einheitsliste der 65 Abgeordneten der Nationalversammlung 87,4% der abgegebenen Stimmen; die Wahlbeteiligung lag unter 50%.

In der Nationalversammlung gab es kaum Veränderungen. Neu aufgenommen wurden u.a. zwei Afar-Politiker, die 1981 eine binnen kurzem verbotene Partei zur besseren Vertretung ihrer Volksgruppe gegründet hatten. Schwierigkeiten in der Konsensbildung und die häufige Abwesenheit des Präsidenten verzögerten die angekündigte Umbildung und Erweiterung des Ministerrates bis November. Trotz einiger personeller Veränderungen blieb das Kräfteverhältnis stabil: die einflußreichsten Minister (Finanzen, Justiz, Inneres, Äußeres) und auch Premierminister Gourad, dessen Ablösung erwartet worden war, blieben im Amt.

Außenpolitik

Seit *Frankreich* ein Drittel seiner Seestreitkräfte in der Golfregion stationiert hat, ist Djibouti als Faktor französischer Außenpolitik aufgewertet worden. Die Besuche von Präsident Mitterrand im Dezember und einer Reihe weiterer Delgationen (u.a. Kooperationsminister Aurillac vom 15.-17.2., Verteidigungsminister Giraud vom 1.-3.3.) demonstrierten dies ebenso wie die Erhöhung der direkten Finanzhilfe um über ein Drittel gegenüber 1986. Die Sitzung der gemeinsamen Kommission vom 16.-19.11. erbrachte auch für 1988/89 umfangreiche Zusagen.

Präsident Gouled unternahm zahlreiche Auslandsreisen, v.a. im Rahmen von Gipfelkonferenzen und anderen international besuchten Anlässen. Eine weitere Diversifizierung der Quellen von Finanz- und Wirtschaftshilfe (außer multilateralen Organisationen u.a. Italien, BRD, USA, Golf-Staaten) gelang trotz reger diplomatischer Tätigkeit nicht.

Die Bemühungen Präsident Gouleds um Vermittlung in den regionalen Konflikten trugen ebenfalls keine Früchte, aber auf bilateraler Ebene gab es einige Erfolge. Nach der Wiederaufnahme diplomatischer Beziehungen im September

1986 wurde im Februar mit *Ägypten* ein Protokoll über militärische Kooperation unterzeichnet. Ebenfalls im Februar wurden mit *Somalia* Abkommen über Handel, Verkehr, Grenzsicherheit und technisch-wissenschaftliche Zusammenarbeit geschlossen, eine weitere Flugverbindung nach Hargeisa wurde Anfang Juli eröffnet. Die Beziehungen zur *VR Jemen* wurden mit Besuchen des Außenministers und des Staatspräsidenten weiter konsolidiert. In den Beziehungen zu *Äthiopien* herrschten betont freundliche Töne, aber mehrere Treffen der Präsidenten, der Besuch einer äthiopischen Handelsdelegation vom 21.-27.5. und die Sitzung der gemeinsamen Ministerkommission vom 28.-30.12. blieben ohne wesentliche Verbesserungen hinsichtlich Djiboutis Anteil am äthiopischen Außenhandel.

Sozio-ökonomische Entwicklung

Die *Austeritätspolitik* wurde mit einer Kürzung der Staatsausgaben um 3,14% gegenüber 1986 fortgesetzt, u.a. durch Einfrieren der Gehälter der Staatsangestellten. Ein Ausgleich der Zahlungsbilanz gelang nur mit erheblichen Zuschüssen Frankreichs.

In der zweiten Jahreshälfte wurde der Dienstleistungssektor durch die zunehmende Zahl von Kriegsschiffen, die in Djibouti Station machten, belebt, aber insgesamt dauerte die Wirtschaftskrise, bei einem Rückgang des Außen- und Transithandelsvolumens und wachsender Staatsverschuldung, an. Die Regierung zeigte daher Zurückhaltung beim Eingehen neuer Kreditverpflichtungen; so wurde die Modernisierung des Flughafens Ambouli erneut zurückgestellt und im Umfang gekürzt. Die meisten Hoffnungen richten sich zur Zeit auf die Nutzbarmachung geothermischer Energiequellen, nachdem die Anfang des Jahres wiederaufgenommenen Probebohrungen ab Ende August endlich erfolgreich waren.

Anfang Juni wurde die *Visumspflicht* eingeführt, der Innenminister kündigte eine Reihe von verschärften Maßnahmen gegen illegale Einwanderer an. Da die Visumspflicht zahlreiche Ausnahmeregelungen enthält, stellt dieser Maßnahmenkatalog ein flexibles Instrument dar, das je nach innen- und außenpolitischen Gegebenheiten gegen die nicht-registrierten Flüchtlinge und Migranten aus Äthiopien und Somalia wie zu umfassenden Polizeikontrollen der einheimischen Bevölkerung eingesetzt werden kann.   *Kathrin Eikenberg*

Chronologie Djibouti 1987

18.-20.02.	Besuch des ägyptischen Außenministers Boutros-Ghali
24.-26.02.	Besuch von Präsident Gouled in Somalia
18.03.	Bombenanschlag auf die Bar "Historil"
29.03.	Treffen Präsident Gouleds mit Mengistu in Dire Dawa (Äthiopien); Urheber des Bombenanschlags vor Gericht gestellt
24.04.	Wahlen des Präsidenten und der Nationalversammlung
07.06.	Ankündigung schärferer Maßnahmen gegen illegale Einwanderer, Einführung der Visumspflicht
29.06.-01.07.	Besuch des Außenministers der VR Jemen, al-Dali
30.10.-01.11.	Besuch des Präsidenten der VR Jemen, al-Attas
23.11.	Bekanntgabe des neuen Ministerrates
22.-23.12.	Besuch des französischen Präsidenten Mitterrand

Kenya

Fläche: 582 646 km², Einwohner: 20,4 Mio., Hauptstadt: Nairobi, Amtssprachen: Kiswahili und Englisch, Schulbesuchsquote: 78%, Wechselkurs: $ 1= Shilling 17,5, Pro-Kopf-Einkommen: $ 290, BSP: $ 5,96 Mrd., Anteile am BIP: 31% - 20% - 49%, Hauptexportprodukte: Kaffee 35%, Tee 22%, Erdölprodukte 12%, Staats- und Regierungschef: Daniel arap Moi, Einheitspartei: Kenya African National Union (KANU)

Trotz der für afrikanische Verhältnisse seltenen wirtschaftlichen und politischen Stabilität des Landes war eine deutliche Zunahme tieferliegender Spannungen nicht zu übersehen. Die Regierung verschärfte die Repressionsmaßnahmen gegen die politische Opposition. Menschenrechtsverletzungen, die von Amnesty International und anderen Organisationen angeprangert wurden, trübten die außenpolitischen Beziehungen zu einigen westlichen Partnerländern. Die Wirtschaftslage verschlechterte sich deutlich gegenüber dem sehr zufriedenstellenden Vorjahr.

Innenpolitik

Die Regierung von Präsident Moi zeigt seit längerem beträchtliche Nervosität über sozialrevolutionäre Kräfte, die des Umsturzversuchs verdächtigt und massiv verfolgt werden. Die harten *Repressionsmaßnahmen* der Sicherheitsorgane gegen die eher schwache Mwakenya-Untergrundbewegung bei geringfügigen Delikten wie der Verbreitung oder dem Besitz subversiver Flugblätter erscheinen überzogen, dienen aber offensichtlich dazu, jegliche politische Opposition gegen die Machtinteressen der Elite einzuschüchtern. Häufig wurden Verdächtige ohne Gerichtsverfahren inhaftiert und schwer mißhandelt. Die im März 1986 begonnenen öffentlichen Kampagnen gegen die Mwakenya-Bewegung hielten 1987 zunächst unvermindert an, wurden auf Anweisung Mois aber etwa ab Jahresmitte deutlich zurückgenommen, um die weit verbreitete Unzufriedenheit mit dem politischen System nicht noch mehr zu betonen. Größere Gruppierungen oppositioneller Kräfte befinden sich in England und Skandinavien. Im Februar formierte sich in London Ukenya (Bewegung für Einheit und Demokratie) als offene Oppositionsgruppe; im Oktober schlossen sich dort verschiedene Widerstandsgruppen und im Exil befindliche Intellektuelle zur gemeinsamen Organisation Umoja (Einheit) zusammen, deren prominentester Vertreter der angesehene Schriftsteller Ngugi wa Thiong'o ist.

Einen wichtigen politischen Unruheherd bildete auch weiterhin - wie schon in der Vergangenheit - die Studentenschaft. Die (zumindest verbal) radikale Studentenführung wurde im November - kurz nach ihrer Wahl - verhaftet; dadurch provozierte Proteste der Studenten wurden brutal niedergeschlagen und führten schließlich zur mehrwöchigen Schließung der Universität. Auch der unbequeme oppositionelle Politveteran Oginga Odinga geriet erneut in die Schlagzeilen, als er der Unterstützung der Mwakenya-Bewegung verdächtigt wurde und die Forderung nach Rückkehr zu einem Mehrparteiensystem erhob, die von Moi brüsk zurückgewiesen wurde. Zudem exponierten sich mehrfach Kirchenführer als Kritiker der als zunehmend autoritär, undemokratisch und sozial unsensibel empfundenen politischen Führung.

Schon seit 1986 gab es eine öffentliche *Kontroverse über den Wahlmodus* für die 1988 anstehenden Parlamentswahlen. Danach sollen die parteiinternen Vorwahlen für die Aufstellung der Wahlkreiskandidaten nicht mehr durch geheime Stimmabgabe, sondern durch Schlangestehen und offenes Abzählen der jeweiligen Anhänger erfolgen. Erhält ein Kandidat mehr als 70% der Stimmen, so gilt er bei der Parlamentswahl als Bewerber ohne Gegenkandidaten und braucht sich keiner

Stimmabgabe mehr zu stellen. Dieses Wahlverfahren, das von seinen Verfechtern als genuin afrikanisch dargestellt wird, wurde von Kritikern, insbesondere Kirchenvertretern, als verfassungswidrig gebrandmarkt. Präsident Moi hatte offensichtlich selbst die Schwächen dieses Wahlsystems erkannt, als er im Juli Änderungen (u.a. die Eliminierung der 70%-Klausel) vorschlug. In der folgenden äußerst ungewöhnlichen öffentlichen Debatte unter führenden Politikern bildeten sich zwei Lager von Befürwortern und Gegnern jeglicher Änderungen. Moi erlitt einen deutlichen Prestigeverlust, als er nach zwei Wochen seinen Vorschlag aufgrund heftiger Opposition aus der Politikerklasse wieder zurückziehen mußte.

Sein Führungsstil wurde in jüngerer Zeit zunehmend autokratisch, und die *Einheitspartei KANU* erhob Anspruch auf politische Dominanz gegenüber Parlament und Regierung. Diese Angleichung an Verhaltensmuster anderer Einparteisysteme ist für Kenya eine relativ neue Erfahrung, da bisher die Partei nur sehr schwach ausgeprägt war. Bei den anhaltenden Konkurrenzkämpfen innerhalb der politischen Führungselite verquickten sich häufig lokale Konfliktstoffe mit der Ebene der nationalen Politik. So wurden mehrere Abgeordnete aufgrund lokaler Streitigkeiten zeitweise von der Parteimitgliedschaft suspendiert und verloren daraufhin auch ihre Regierungsämter. Eine immer wichtigere Rolle bei der Regelung innerparteilicher Streitigkeiten hatte sich das Disziplinarkomitee der KANU angeeignet, das zur Erleichterung vieler Politiker von Moi am 11.9. aufgelöst wurde. Verschiedene Veränderungen des Kabinetts, insbesondere eine größere Regierungsumbildung am 1.6., waren auch als Neuarrangements der Machtverhältnisse im Vorfeld der 1988 anstehenden Wahlauseinandersetzungen zu sehen.

Um von inneren Schwierigkeiten abzulenken, unternahm das Regime Polizeiaktionen gegen illegale Ausländer aus Nachbarstaaten, wies im November sieben amerikanische Missionare aus und verbot die Zeugen Jehovas sowie vier lokale religiöse Vereinigungen. Zu tatsächlich religiös verursachten Spannungen kam es bei Unruhen von Muslims in Mombasa Mitte November.

Insgesamt blieb die Machtposition von Präsident Moi keineswegs unumstritten, war aber in dem komplexen System von Klientelbeziehungen auch nicht akut gefährdet. Die verstärkte Repression und verschiedentliche Verschwörungsgeschichten ließen aber die Unsicherheit der Regierung erkennen, ob die politische Stabilität des Landes und die Pfründenwirtschaft der Elite aufrechtzuerhalten sind, und die Sorge, daß latent vorhandene soziale Konflikte ausbrechen und intellektuelle Oppositionskräfte wirksam werden könnten.

Außenpolitik

Von Amnesty International und anderen Organisationen wurden scharfe Vorwürfe wegen anhaltender *Menschenrechtsverletzungen* bei der Verfolgung politischer Dissidenten erhoben. Die kenyanische Regierung reagierte hierauf zunehmend gereizt; sie empfand die Schärfe der Kritik, für die sie die Anwesenheit zahlreicher westlicher Journalisten in Nairobi verantwortlich machte, als unangemessen und drohte die Tätigkeit von Korrespondenten einzuschränken. Das Kenya-Bild der Weltöffentlichkeit ist für die Regierung zu einem heiklen Problem geworden.

Hieraus entstanden auch ernsthafte *außenpolitische Verstimmungen* mit wichtigen Partnerländern. In Reaktion auf kritische Äußerungen zur Menschenrechtssituation, die der US-Abgeordnete Wolpe anläßlich eines Kenya-Besuchs machte, gab Präsident Moi am 22.1. die Anweisung, daß Abgeordnete und höhere Regierungsvertreter fortan eine Genehmigung zum Besuch ausländischer Botschaften benötigten. Ein Besuch Mois in den *USA* im März war von heftigen Presseangrif-

fen und einer kritischen Äußerung des State Department zur Menschenrechtssituation überschattet, woraufhin Moi den privaten Teil des Besuchsprogramms
verärgert vorzeitig abbrach. Wesentlich positiver verlief dagegen der anschließende Besuch in Großbritannien, bei dem er eine Hilfszusage über £ 50 Mio. und
das Wohlwollen der Thatcher-Regierung erhielt. Anfang September vorgesehene
Besuche in Norwegen und Schweden wurden von Moi wegen kritischer Presse-
berichte und angeblich ungenügender Distanzierungen der Regierungen sogar
abgesagt, obwohl beide Länder traditionell wichtige Entwicklungshilfegeber
Kenyas sind; der kenyanische Außenminister drohte am 4.9. gar für den Fall
weiterer feindseliger Kampagnen, jegliche Entwicklungshilfe zurückzuweisen und
die diplomatischen Beziehungen abzubrechen. Als positive Unterstützung verbuchen konnte Moi hingegen den Besuch von Bundeskanzler Helmut Kohl in Kenya
vom 18.-21.11.
    Auch im regionalen Umfeld verschärften sich die *außenpolitischen Spannun-
gen* erheblich. Insbesondere die seit Machtantritt von Präsident Museveni eher
unterkühlten Beziehungen zu *Uganda* verschlechterten sich dramatisch. Offene
Feindseligkeiten im April/Mai konnten nach Regierungsgesprächen Anfang Juni
zunächst beigelegt werden, doch ab Ende August eskalierten die Spannungen
erneut und kulminierten im Dezember in dreitägigen Schießereien (mit mindestens 15 Toten auf ugandischer Seite), in zeitweiliger Grenzschließung und Unterbrechung des ugandischen Im- und Exports. Bei einem Treffen der Präsidenten
beider Staaten an der Grenze am 28.12. konnte dann jedoch eine Einigung über
die Normalisierung der Beziehungen erreicht werden. Hinter dem Konflikt standen gegenseitige Vorwürfe über die Aufnahme und Unterstützung von politischen
Dissidenten des Nachbarlandes, kenyanische Befürchtungen über vermeintlich
radikale außenpolitische Neuorientierungen Ugandas (in Richtung Libyen und
Nordkorea), aber auch handfeste ökonomische Eigeninteressen der kenyanischen
Führungselite, die Einbußen bei dem lukrativen Lkw-Transitverkehr nach Uganda befürchtete, den Museveni auf die kostengünstigere Eisenbahn und z.T. auf
die alternative Route durch Tanzania zu verlagern beabsichtigte.
    Ebenfalls stark belastet waren die Beziehungen zu Libyen, wobei dies eng
verknüpft war mit dem Konflikt mit Uganda und mit der Furcht vor der inneren
Opposition (insbesondere der Studenten). Die Regierung erhob mehrfach Vorwürfe, daß Libyen politische Unruhe in Kenya schüre, Spionage betreibe und junge
Dissidenten in Libyen ausbilde (mit ugandischer Unterstützung beim Transit). In
diesem Zusammenhang wurden am 23.4. fünf libysche Diplomaten und am 4.12.
der libysche Geschäftsträger ausgewiesen. Am 18.12. wurde die Schließung der
libyschen Botschaft verfügt.

Sozio-ökonomische Entwicklung
Innerhalb Afrikas steht Kenya wirtschaftlich noch immer gut da. 1986 hatte es
eine beachtliche Wachstumsrate von 5,7% erzielt, war aber wegen Rückzahlung
früherer Kredite und geringeren Neuzuflüssen erstmals zu einem Nettokapital-
exporteur geworden. Vornehmlich wegen drastisch gefallener Weltmarktpreise für
Kaffee und Tee hat sich die *gesamtwirtschaftliche Situation 1987 verschlechtert*;
die Wachstumsrate wird voraussichtlich nur bei etwa 4% liegen. Zur Deckung
eines erwarteten Zahlungsbilanzdefizits von über $ 100 Mio. mußten im Herbst
Verhandlungen mit dem IWF über eine größere Finanzstütze aufgenommen werden, deren Abschluß für Anfang 1988 erwartet wurde; 1986 hatte die Zahlungsbilanz noch einen Gesamtüberschuß von $ 117 Mio. ausgewiesen. Das Volumen

von Entwicklungshilfeleistungen geht tendenziell zurück; gerade wegen seiner Prosperität werden Kenya keine weichen Vorzugsbedingungen eingeräumt. Erhebliche Probleme gab es weiterhin im einheimischen Finanzwesen, nachdem mehrere im August 1986 wegen Zahlungsunfähigkeit suspendierte Banken erst am 13.4. ihren Geschäftsbetrieb wieder aufnehmen durften. Im Juni geriet eine weitere Finanzierungsgesellschaft in Zahlungsschwierigkeiten. Auch verschärfte öffentliche Kontrollmechanismen, die nach der Krise im Vorjahr eingeführt worden waren, schienen nicht ausreichend zu greifen. Im September wurde ein großer Finanzskandal publik, in dessen Folge die Biashara Bank und die Bank of Commerce and Credit International von jeglichem Devisenhandel ausgeschlossen wurden. Mehrere Bankmanager und Exporteure, alle asiatischer Abstammung, wurden angeklagt, Devisenerlöse von annähernd Shs. 1000 Mio. aus Kaffeeausfuhren nicht ordnungsgemäß nach Kenya transferiert zu haben. In der Folge erließ die Zentralbank neue Bestimmungen über die Repatriierung von Devisen. Präsident Moi schaltete sich selbst in die skandalträchtige Angelegenheit ein und setzte einen Termin (13.11.), bis zu dem alle illegalen Konten im Ausland nach Kenya transferiert werden sollten; er zeigte sich anschließend sehr zufrieden über die dabei zusammengekommene Summe von über $ 6 Mio. Nach Studien des IWF sollen allerdings Kenyaner Auslandskontononten im Gesamtwert von $ 1,3 Mrd. besitzen, wovon der größte Teil illegal ist. Die Verfolgung der Devisenbetrüger führte zu erheblicher Verunsicherung der Geschäftswelt. Aber auch die staatlichen Devisenkontrolleure wurden der Korruption verdächtigt.

Der im Juni eingebrachte *Haushaltsplan* 1987/88 war mit Senkungen der Einkommensteuer und von Zöllen für Rohstoffimporte und einige Industrieprodukte - sowie Anhebung einiger Verbrauchssteuern - auf eine Stimulierung der Wirtschaft ausgerichtet, sollte aber wohl auch für die bevorstehenden Wahlen ein günstiges Klima schaffen. Die Regierung erklärte ihre Absicht, verschiedene staatliche Unternehmen weiter zu straffen und teilweise zu privatisieren. Am 26.8. gab Präsident Moi bekannt, daß zunächst 20% (später 30%) der Anteile von Kenya Commercial Bank und National Bank of Kenya an Private verkauft werden sollen. Angesichts der am 25.5. angekündigten Auflösung der KPCU (Kenya Planters' Cooperative Union) und der Absicht der Regierung, eine neue Ersatzorganisation zu schaffen, kam es zur Mobilisierung heftigen Widerstands gegen die versuchte Begrenzung der Interessen der Pflanzer im wichtigen Kaffeesektor und schließlich am 15.7. zur Rücknahme dieses Schrittes. Ähnliche Interessenkonflikte zwischen Produzentenorganisationen und zentralstaatlich-bürokratischen Elementen der Politik wurden auch in anderen Bereichen immer wieder deutlich.

Rolf Hofmeier

Chronologie Kenya 1987

26.02.	Verhaftung des Anwalts Gibson Kamau Kuria wegen Verteidigung politischer Häftlinge
28.02.	Tod eines der Mwakenya-Zugehörigkeit verdächtigten Häftlings in Polizeigewahrsam
05.03.	Abkommen mit Äthiopien über gegenseitige Nichteinmischung
05.03.	Unterzeichnung eines Vertragsentwurfs über eine permanente Kooperationskommission Kenya-Uganda
11.-17.03.	Besuche von Präsident Moi in den USA und Großbritannien
17.03.	Bekanntgabe des geflüchteten früheren Assistenzministers Andrew Ngumba in Schweden, daß er die Mwakenya-Bewegung führen wolle
17.03.	Ermächtigung der Regierung durch das Parlament zur Inhaftierung aller Personen, die die Regierung unterminieren. Zurückweisung ausländischer Presseberichte über Menschenrechtsverletzungen
31.03.	Verdächtigung durch den Staatsanwalt in einem Mwakenya-Prozeß, daß Andrew Ngumba mit Shs. 370 Mio. geflohen sei und daß Oginga Odinga Mwakenya finanziell unterstützt habe

März	Razzien und Ausweisung von illegalen Ausländern aus Nachbarländern
März	Öffentliche Debatte über angeblichen Kikuyu-Stammeshintergrund bei der Mwakenya-Bewegung
April	Wachsende Spannungen mit Uganda
01.05.	Anhebung der Mindestlöhne um 11%, für Farmarbeiter um 13%
13.05.	Statement des Außenministeriums über libysche Konspiration, Ausbildung von 200 Dissidenten zu Guerillas in Libyen und ugandische Unterstützung beim Transit nach Libyen
15.05.	Abschluß einer mehrmonatigen juristischen Auseinandersetzung (bis zum obersten Court of Appeal) über Beerdigungsrechte, die zu heftigen öffentlichen Debatten führte. Bestätigung der Wirksamkeit traditioneller Stammesrechte
Mai	Deutliche Herausstellung der Dominanz der Partei gegenüber Parlament und Regierung. Unterordnung der bisher unabhängigen Frauenorganisation Maendeleo ya Wanawake unter die Partei
01.06.	Regierungsumbildung, Schaffung von drei neu geschnittenen Ministerien, Versetzung von elf Ministern, Ablösung von Außenminister Elijah Mwangale durch Zachary Onyonka
04.-05.06.	Regierungsgespräche in Nairobi zur Beilegung der Spannungen mit Uganda
14.06.	Arbeitsbesuch von Präsident Moi in Zambia
15.06.	Beginn der Wählerregistrierung für die Parlamentswahlen. Kontroversen über die 1986 neugeschaffenen 30 Wahlkreise
01.07.	Pressekonferenz von Oginga Odinga und Bekanntgabe eines offenen Briefes an Präsident Moi mit heftiger Kritik am Einparteisystem und Plädoyer für mehrere Parteien
10.07.	Moi gibt beabsichtigte Änderungen der Wahlprozedur bekannt (Maximum drei Kandidaten per Wahlkreis; Streichung der Vorschrift, daß jemand mit mehr als 70% der Stimmen bei Vorwahlen ohne Gegenkandidat automatisch gewählt ist)
22.07.	Bericht von Amnesty International zu Kenya mit Vorwürfen von Folter und Verhaftungen ohne Rechtsverfahren (im letzten Jahr mindestens zwei Tote in Gefängnissen und über 100 Verhaftungen)
22.07.	Moi zieht seinen Vorschlag zur Änderung der Wahlprozedur nach kontroverser öffentlicher Debatte zurück
01.-12.08.	4. All-Afrikanische Spiele in Nairobi
18.08.	Entlassung von Technologieminister Odongo Omamo wegen positiver Bemerkungen über Odinga
20.08.	Verhaftung eines für ausländische Sender arbeitenden kenyanischen Journalisten, als er über die Verhandlung im High Court wegen des Todes eines Häftlings in Polizeigewahrsam berichten wollte
28.08.	Erneuerung eines Verteidigungsabkommens mit Äthiopien
03.-06.09.	Besuche von Präsident Moi in Finnland, Rumänien und bei der Leichtathletik-WM in Rom
15.09.	Minitreffen der Weltbankberatungsgruppe über Notwendigkeiten der Entwicklungshilfe, Vorbereitung eines regulären Treffens im nächsten Jahr in Paris, Einigkeit über die Erfordernis stärkerer Zahlungsbilanzunterstützung
01.10.	Neue Bestimmungen der Zentralbank über die Repatriierung von Devisenkonten im Ausland
21.-25.10.	Besuch des nigerianischen Präsidenten Ibrahim Babangida
Mitte Nov.	Unruhen von Muslims in Mombasa
13.11.	Ausweisung von sieben amerikanischen Missionaren
15.11.	Verhaftung von sieben radikalen Studentenführern nach ihrer Wahl und Schließung der Universität nach zweitägigen Studentenprotesten (16.11.)
18.-21.11.	Besuch von Bundeskanzler Helmut Kohl
19.-23.11.	Ministergespräche mit Somalia in Mogadishu über Stärkung der Beziehungen und Unterzeichnung eines Kommuniqués über freundschaftliche Kooperation
05.12.	Wiedereröffnung der Universität, aber Ausschluß von 40 mutmaßlichen Rädelsführern vom Studium
11.12.	Vorwürfe des Sicherheitsministers gegen Uganda wegen Übergriffen ugandischer Soldaten an der Grenze seit 19.11.
12.12.	Freilassung von drei politischen Häftlingen (unter ihnen der am 26.2. verhaftete Rechtsanwalt Kuria) anläßlich des Nationalfeiertags. Warnungen an Amnesty International
14.-16.12.	Heftige Schießereien zwischen kenyanischer Polizei und ugandischen Soldaten beim Grenzposten Busia. Zeitweilige Schließung der Grenze
28.12.	Treffen zwischen Moi und dem ugandischen Präsidenten Museveni am Grenzposten Malaba; Einigung über Normalisierung der Beziehungen

Komoren

Fläche: 2166 km², *Einwohner:* 395 000, *Hauptstadt: Moroni, Amtssprache: Französisch, Schulbesuchsquote: 73%, Wechselkurs: $ 1=Franc CFA 267,88, Pro-Kopf-Einkommen: $ 280, BSP: $ 110 Mio., Anteile am BIP (1986): 37% - 14% - 49%, Hauptexportprodukte: Vanille 65%, Gewürznelken 19%, Ylang-Ylang 9%, Staats-und Regierungschef: Ahmed Abdallah Abderamane, Regierungspartei: Union Comorienne pour le Progrès (UCP)*

Die von weißen Söldnern gestützte Regierung Ahmed Abdallahs war nicht in der Lage, sich eine demokratische Legitimationsbasis zu verschaffen. Außenpolitisch sahen sich die Komoren einer erneuten Isolation ausgesetzt. Der Handlungsspielraum des Staates wurde darüber hinaus durch die Fortdauer des ökonomischen Desasters weiter eingeengt.

Innenpolitik

Um den Makel eines von ausländischen Söldnern gestützten autokratisch-feudalen Einparteisystems abschütteln zu können, wurden für März Parlamentswahlen angekündigt, bei denen neben der Einheitspartei UCP (Union Comorienne pour le Progrès) auch die überwiegend im französischen Exil arbeitenden Oppositionsparteien eine faire Chance erhalten sollten. Da sich jedoch nach wie vor führende Funktionäre der FDC (Front Démocratique des Comores) in Haft befanden, lehnte diese Partei eine Wahlbeteiligung ab. Die zersplitterte Opposition konnte sich auf kein gemeinsames Vorgehen einigen. Lediglich die URDC (Union pour une République Démocratique aux Comores) bereitete sich intensiv auf den Wahlkampf vor. Doch je näher der Termin rückte, desto mehr nahm Abdallah Abschied von seinem ursprünglichen Versprechen, kompetitive, freie und geheime Wahlen zu garantieren. Nachdem am 27.2. die Nominierungslisten geschlossen worden waren, entzog der Oberste Gerichtshof wenige Tage später der Opposition auf Mohéli und Anjouan ohne Begründung das Recht zur Kandidatur. Lediglich auf Grande Comore durften sich Oppositionspolitiker zur Wahl stellen. Unmittelbar vor dem Termin der Stimmabgabe wurden über 400 Regimegegner in Vorbeugehaft genommen. Am Wahltag selbst (22.3.) wurden allen Komorern, die im Verdacht standen, mit der Opposition zu sympathisieren, die Wahlausweise entzogen. Durch Manipulation der Wahlurnen, Überwachung der Stimmabgabe durch die Söldnertruppe, "verschwundene" Stimmzettel etc. konnte die UCP 41 der 42 Parlamentssitze für sich verbuchen. Der einzige Oppositionskandidat, der sich in einem Wahlkreis auf Grande Comore durchsetzen konnte, der ehemalige Staatsminister Ali Bazi Selim, verzichtete aus Protest gegen diese Wahlmanipulation auf sein Mandat. Die Wahlbeteiligung auf allen drei Inseln lag nach offiziellen Angaben bei 65%, nach Schätzungen aus Oppositionskreisen jedoch nur bei 20%. Präsident Abdallah sah sich durch die uneingeschränkte Vorherrschaft seiner Partei im Parlament, das sich am 3.4. konstituierte, politisch gestärkt. Wie brüchig die Legitimationsbasis des Regimes jedoch war, zeigte u.a. der Umstand, daß sich Abdallah im Mai gezwungen sah, die für Juni angesetzten Neuwahlen der Inselgouverneure auf unbestimmte Zeit zu verschieben. Am 3.7. erhoben sich in Tsidjé auf Grande Comore Bauern gegen die Enteignung ihres Landes, das unter die Söldner verteilt werden sollte. Der Bauernaufstand konnte nur mit einem großen Aufgebot an Gendarmerie und Einheiten der FAC (Forces Armées Comoriennes) blutig niedergeschlagen werden.

Angesichts der schwindenden Legitimation des Regimes mußten die Bemühungen Abdallahs, sich durch Änderung des Verfassungsartikels 16 eine dritte
Amtsperiode als Präsident zu sichern - bisher war die Wiederwahl des direkt
gewählten Präsidenten nur einmal möglich - und die immer schamlosere Bereicherung der Söldner den Widerstand gegen Abdallah geradezu zwangsläufig stärken. Die wachsende Unzufriedenheit fand ihren Ausdruck in weiteren Bauern-
demonstrationen, wie in Nzahani auf Grande Comore im November, und eskalierte am 30.11. in einem allerdings fehlgeschlagenen Putschversuch. Ehemalige
Mitglieder der Präsidentengarde und einzelne Einheiten der FAC hatten den
Söldnerstützpunkt Itsoundzou angegriffen. Das Komplott gegen Abdallah wurde
jedoch von der loyalen Söldnertruppe blutig niedergeschlagen.

Außenpolitik
Hatte die französische Regierung den Plan demokratischer Wahlen auf den
Komoren nachhaltig unterstützt und nach deren offensichtlicher Manipulation die
Einberufung einer komorischen Versöhnungskonferenz, an der alle politischen
Kräfte des Landes teilnehmen sollten, verlangt und durch diese Position an
Einfluß verloren, so kam es zwischen den USA und den Komoren zu einem
ernsten diplomatischen Konflikt. Die erst 1985 von den USA in Itsandra eröffne-
te Botschaft wurde nach offizieller Begründung aus "wirtschaftlichen" Gründen
geschlossen. In Wirklichkeit war die Schließung ein Protest seitens der USA gegen
die Verwicklung der Komoren in Waffengeschäfte zwischen Südafrika und Iran.
Die Komoren hatten als Transferland nicht nur eine wichtige Funktion für den
Waffennachschub der RENAMO in Moçambique, sondern auch für den Iran
wurden von Südafrika wichtige Rüstungsgüter über den Flughafen Hahaya geliefert. Diesem Umstand allein verdankte die Regierung der Komoren im Juni auch
den Besuch einer hochrangigen iranischen Regierungsdelegation in Moroni. Weitere Fakten sprechen für eine Zunahme der Bedeutung Südafrikas: Sein Ge-
währsmann, der international berüchtigte Söldner Bob Denard, konnte seinen
vorübergehend verlorenen Einfluß auf die Söldnergarde zurückgewinnen. "Com-
mandant Charles", der als Vertrauensmann Frankreichs galt, wurde abgesetzt, aber
umgehend von Präsident Abdallah zum persönlichen Sicherheitsberater ernannt.
Von größerer Bedeutung waren jedoch die militärischen Sicherheitsgarantien, die
der südafrikanische Verteidigungsministers Magnus Malan im August und September der komorischen Regierung gab.
    Während die einseitige Abhängigkeit des Abdallah-Regimes von den Söldnern
und Südafrika wuchs, nahm die Beunruhigung der Nachbarstaaten hierüber zu.
Insbesondere Tanzania befürchtete, daß Südafrika von den Komoren aus einen
militärischen Schlag gegen Einrichtungen des ANC in Dar es Salaam unternehmen
könnte. Wurde das alljährliche Außenministertreffen der IOC (Indian Ocean
Commission), das diesmal vom 6.-10.2. in Moroni stattfand, noch als Beleg für
eine relativ problemlose Zusammenarbeit der IOC-Mitglieder gewertet, so verschlechterten sich die bilateralen Beziehungen zwischen den Komoren und den
übrigen Ländern, nachdem die Regierung ohne Erfolg gegen die Teilnahme von
Mauritius, Madagaskar und den Seychellen an einem Jugendsportfest auf Réunion
protestiert hatte, zu dem auch Athleten aus Mayotte kamen. Die OAU hatte den
Protest der Komoren nachhaltig unterstützt. Die Teilnahme der übrigen IOC-
Länder kam faktisch einer Anerkennung des französischen Hoheitsanspruchs auf
Mayotte gleich. Im November bestätigte Präsident Abdallah Pläne der Regierung,
aus der IOC auszutreten.

Sozio-ökonomische Entwicklung

Die wirtschaftliche Lage der Komoren hat sich gegenüber dem Vorjahr weiter verschlechtert. War es der Regierung bisher noch dank massiver Finanzhilfen aus Frankreich gelungen, dem langen Arm des IWF zu entkommen, so zeichnete sich zum Jahresende ein Übereinkommen mit der Weltbank ab. Vom 14.-21.11. hielt sich eine Weltbank-Mission in Moroni auf, um ein Strukturanpassungsprogramm auszuarbeiten. Ihr ging es v.a. darum, den Willen der komorischen Regierung zu erkunden, notwendige Reformmaßnahmen auch wirklich zu implementieren. Diese würden zuallererst in einem Abbau des staatlichen Verwaltungsapparats, einer Sanierung der parastaatlichen Unternehmen, die sich in einem desolaten Zustand befinden, und einer Aufhebung der Subventionierung des Grundnahrungsmittels Reis bestehen. Sollte ein derartiger Maßnahmenkatalog tatsächlich durchgesetzt werden, müßte das Abdallah-Regime um seinen Bestand fürchten. Auf der anderen Seite ist der Handlungsspielraum der Regierung äußerst begrenzt, da v.a. die arabischen Gläubigerländer die Refinanzierung der Auslandsschulden - die Schuldendienstquote machte 85% der Exporteinnahmen aus dem Vanilleexport aus - von einem Übereinkommen über ein Strukturanpassungsprogramm mit der Weltbank abhängig gemacht haben.

Nicht allein die Verschlechterung der Terms of Trade, sondern auch rückläufige Exporte verschärften das komorische Entwicklungsdilemma. Die gesamten Exporteinnahmen lagen in der ersten Jahreshälfte um 47% unter denen des Vorjahres. Die Weltmarktpreise für Gewürznelken, die innerhalb der vergangenen vier Jahre um über 70% gesunken waren, setzten ihre beispiellose Talfahrt fort. Obwohl sich die Komoren in einer schwierigen wirtschaftlichen Lage befanden, weigerte sich die Regierung, an den Verhandlungen des Internationalen Vanille-Abkommens zwischen Produzenten- und Konsumentenländern am 29.3. in Paris teilzunehmen. Die Vanilleexporte waren aufgrund fehlender Bestellungen von 256 t im Vorjahr auf ganze 7 t zusammengeschrumpft. Da sie 1986 77% zu den Deviseneinnahmen beigetragen hatten, sah sich die Regierung mit einem wirtschaftlichen Bankrott des Landes konfrontiert.

Frankreich blieb die wichtigste Quelle zur Finanzierung des Staatshaushalts. Anläßlich eines Staatsbesuchs Abdallahs in Paris wurden allein vier Finanzierungsprogramme unterzeichnet, die der Deckung des komorischen Budgets galten. Mit der Nationalisierung der Ylang-Ylang-Plantagen der französichen Gesellschaft Bambao, der Importfirma SAGC (Société Anonyme de la Grande Comore), einer Bambao-Tochter, und des Importunternehmens Socovia, das bisher von ausländischen Söldnern kontrolliert wurde, versuchte die Regierung, ihren politischen Handlungsspielraum durch die Verteilung von Pfründen an konkurrierende Eliten im Staatsapparat zu erweitern.   *Ulrich Leffler*

Chronologie Komoren 1987

22.03.	Parlamentswahl
06.-09.04.	Staatsbesuch Abdallahs in Südkorea und Japan
Juni	Besuch einer iranischen Regierungsdelgation in Moroni
20.-21.06.	Bündnis der komorischen Jugendorganisation, der FNUK-UNIKOM (Front National pour la Unification des Comores - Union Comorienne) und der Befreiungsbewegung der Komoren in Paris. Teilnahme von Prinz Said Ali Kemal und der CHUMA (Einheits- und Freundschaftspartei)
Ende Juli	Besuch einer südafrikanischen Handelsdelegation unter Leitung des Wirtschafts- und Technologieministers in Moroni
September	Vereinigung der gemäßigten Opposition in der UFPC (Union des Forces Populaires des Comores)
23.10.	Abschluß eines Fischereiabkommens zwischen der EG und den Komoren
11.11.	Generalversammlung der UN bekräftigt den Souveränitätsanspruch der Komoren auf Mayotte mit 128:1 Stimmen
30.11.	Gescheiterter Putschversuch

Madagaskar

Fläche: 587 041 km², Einwohner: 10,2 Mio., Hauptstadt: Antananarivo, Amtssprachen: Französisch und Malagasy, Schulbesuchsquote: 74%, Wechselkurs: $ 1=Franc Malgache 1235,4, Pro-Kopf-Einkommen: $ 250, BSP: $ 2,51 Mrd., Anteile am BIP: 42% - 16% - 42%, Hauptexportprodukte (1986): Kaffee 44%, Vanille 16%, Gewürznelken 11%, Staatschef: Didier Ratsiraka, Oberstes politisches Organ: Conseil Suprême de la Révolution Malgache (CSR)

Die zunehmende Verelendung der Bevölkerung schmälerte die Legitimationsbasis der sozialistischen Regierung. Wachsende Auseinandersetzungen zwischen den politischen Parteien um den zukünftigen Kurs der Regierung prägten die innenpolitische Szene ebenso wie der Widerstand der Bevölkerung gegen die auf Druck des IWF verfolgte Austeritäts- und Stabilisierungspolitik. Auch innerhalb der Militärs wuchsen die Divergenzen zwischen politisch unterschiedlich ausgerichteten Fraktionen.

Innenpolitik

Unruhen in Toamasina und Mahajanga im Dezember 1986, bei denen insgesamt 30 Hafenarbeiter ums Leben gekommen waren, hatten der Regierung und dem Obersten Revolutionsrat (CSR) deutlich vor Augen geführt, daß sich die unter der Ägide von IWF und Weltbank eingeleiteten marktwirtschaftlichen Reformen nicht ohne Widerstand der Bevölkerung durchsetzen ließen. Die Unzufriedenheit im Lande nahm ein Ausmaß an, das den Bestand der Regierung ernsthaft gefährdete. Anfang Januar kam es an der Universität von Antananarivo zu gewalttätigen Auseinandersetzungen zwischen streikenden Studenten und Mitgliedern der Jugendorganisation der AREMA (Avantgarde de la Révolution Malgache) Präsident Ratsirakas. Am 3.2. intervenierte das Militär in diesen Konflikt, und drei Studenten wurden erschossen. Daraufhin kam es am 25.2. auf einer Großkundgebung auf dem Campus von Ankatso zu Studentenprotesten gegen das brutale Vorgehen des Militärs und gegen die Regierungspolitik. In Antsirabé, Toliary, Farafangana, Fianarantsoa und Toamasina brachen im Februar Hungerrevolten und Proteste gegen die Privatisierung der Reisvermarktung aus. Die gewalttätigen Ausschreitungen hatten am 26.2. in Antsirabe begonnen und breiteten sich bis zum 10.3. auf immer mehr Städte aus. Sie richteten sich hauptsächlich gegen die 'karanas', die indo-pakistanische Minderheit, die von der Freigabe des Reishandels profitiert hatte. Nachdem sich die Unruhen auch noch auf Taolanaro, Maevatanana, Sakaraha und Ankazaobo ausgeweitet hatten, entschlossen sich mehrere tausend 'karanas', das Land in Richtung Réunion zu verlassen. Allein in Toliary waren bis zu 90% ihrer Geschäfte und Wohnhäuser von Plünderern zerstört worden. Diese gesellschaftliche Minorität mußte für den Unmut über das Wirtschaftschaos herhalten, für das allein die Regierung die Verantwortung trug. Daher wurde angenommen, daß die Februar- und Märzunruhen gezielt vom linken Velonjora-Flügel der AREMA angefacht worden waren, um von den eigentlich Verantwortlichen abzulenken. Die Studenten, die nicht bereit waren, Beschlüsse über Einsparungen im Erziehungswesen zu akzeptieren, suchten die offene Konfrontation mit der Regierung Ratsiraka. Nachdem Verhandlungen mit dem Erziehungsminister über die November 1986 erlassene Universitätsreform gescheitert waren, verkündete die nationale Studentenvereinigung (KIM) am 31.3. einen Generalstreik. Sie verlangte die Annullierung von Bestimmungen, die das Recht auf Wiederholung von Prüfungen stark einschränkte, den Abzug militärischer Ordnungskräfte vom Campus, sowie die Freilassung von 40 inhaftierten

Kommilitonen. Nach dem Scheitern der Verhandlungen rief sie die Bevölkerung
der Hauptstadt zu Solidaritätsstreiks im Falle einer Schließung der Universität
auf. Der Konflikt eskalierte, am 12.4. kam es in Antananarivo zu blutigen
Zusammenstößen zwischen Jugendlichen und den Ordnungskräften. 43 Demon-
strationsteilnehmer wurden zum Teil schwer verletzt. Im Verlauf der Protest-
kundgebungen wurden erstmals auch Geschäfte von Madagassen, Chinesen und
Europäern geplündert. Zulauf erhielt die Demonstration vor allem von sozial
deklassierten Jugendlichen, die ein Fußball-Länderspiel zwischen Madagaskar und
Kenya zum Anlaß genommen hatten, ihrer sozialen Frustration Luft zu verschaffen. Die Kontrolle über die Hauptstadt konnte nur durch eine in Alarmbereit-
schaft versetzte Armee aufrechterhalten werden. Doch schon am 27.4. kam es zu
neuen Demonstrationen der Studenten, die die Aufforderung der Regierung, den
Studienbetrieb unverzüglich wieder aufzunehmen, abgelehnt hatten. Über 100 von
ihnen wurden im Verlauf der Kundgebungen inhaftiert. Dem Vorsitzenden des
Studentenkomitees KIM, Aimé Francis, Adoptivsohn des Vorsitzenden der
MONIMA (Mouvement National pour l'Indépendence de Madagascar), Monja
Jaona, gelang es unter tatkräftiger Mithilfe einiger Militäroffiziere, aus dem
Militärgefängnis der Hauptstadt zu entkommen und in die Antandroy-Region,
eine der Hochburgen der MONIMA, zu flüchten. Die Mehrzahl der Inhaftierten,
die sich an den Ausschreitungen im Februar, März und April beteiligt hatten,
wurde zu fünf Jahren Arbeitslager verurteilt. Die Regierung Ratsiraka sah sich
1987 mit der schwersten innenpolitischen Krise konfrontiert, seit sie vor zwölf
Jahren an die Macht gekommen war. Die Form der sozialen Unruhen wies deutliche Parallelen zur innenpolitischen Lage vor dem Sturz der Regierung Tsiranana
1972 auf.

Innerhalb der in der FNDR (Front National pour la Défense de la Révolution
Socialiste Malgache) zusammengeschlossenen Parteien war ein Zerwürfnis nicht
mehr zu überbrücken. Die MONIMA und das MFM/MFT (Mouvement pour le
pouvoir prolétarien) zählten zu den entschiedensten Gegnern der von Ratsiraka
verfolgten Politik der wirtschaftlichen und politischen Öffnung gegenüber dem
Westen. Ratsiraka konnte sich, nachdem sich auch die VITM (Vonjy Iray Tsy
Mivaky-Elan Populaire pour l'Unité Nationale) der MONIMA und dem MFM/
MFT angeschlossen hatte, nur noch auf die politische Unterstützung der AREMA
und der AKFM (Parti du Congrès de l'Indépendance de Madagascar) sowie der
kleinen christdemokratischen Partei UDECMA (Union Démocratique Chrétienne
Malgache) verlassen. Die FNDR war damit de facto aufgekündigt. Am 22.3.
nahmen über 15 000 Menschen an einer Veranstaltung der drei Oppositionsparteı-
en in Antananarivo teil, die Ratsiraka bis zuletzt zu verhindern versucht hatte.
Das lose Oppositionsbündnis verlangte den Rücktritt der Regierung, die Rücknahme der "verfassungswidrigen" Wirtschaftsreformen und den Schutz nationaler
Interessen gegenüber den Interventionen des IWF. Ihm schloß sich am 1.5. auch
die VS MONIMA (Vondrona Sosialista) an. Zur wichtigsten Stütze Ratsirakas
wurde angesichts der breiten Ablehnung, auf die seine Politik stieß, das Militär.
Doch auch innerhalb der Offiziersränge war die Unterstützung für die Regierung
keineswegs ungeteilt. Während eine Fraktion älterer Offiziere, die ihre Militär-
ausbildung noch in Frankreich erhalten hatten, die Politik der wirtschaftlichen
Reorientierung an marktwirtschaftlichen Prinzipien unterstützte, lehnte eine
Gruppe jüngerer Offiziere, die ihre militärische Schulung in der UdSSR und in
Nordkorea erhalten hatten, den politischen Richtungswechsel strikt ab.

Am 22.5. besuchte der Oberkommandierende der Streitkräfte, General Lucien
Rakotonirainy, ein Befürworter der neuen Reformpolitik, Frankreich, um über
eine engere militärische Zusammenarbeit zwischen beiden Ländern zu verhandeln.
Es ging u.a. auch um das Interesse Frankreichs, den militärpolitischen Einfluß
der Sowjetunion zurückzudrängen, auf jeden Fall jedoch die Installation elektro-
nischer Horchposten auf madagassischem Territorium zu verhindern. Am 26.6.
wurde der Brigadegeneral bei einer Militärparade anläßlich der Feierlichkeiten
des Unabhängigkeitstages ermordet. Ratsiraka hatte im engsten Führungszirkel
einen weiteren Vertrauten verloren und sah sich einer wachsenden politischen
Isolation ausgesetzt.

Nachdem am 29.6. auf Druck des IWF die madagassische Währung abgewertet
worden war, rechnete man mit dem Aufflammen neuer Unruhen. Vorsorglich war
ausländischen Journalisten bereits ab Mai die Einreise verweigert worden.

Am 25.8. hatte die MONIMA auf ihrem 13. Parteikongreß in Toliary das
Oppositionsbündnis aus VS MONIMA, VITM und MFM/MFT ausdrücklich
gebilligt und Monja Jaona erneut im Amt des Parteivorsitzenden bestätigt. Jaona
verlangte den Rücktritt Ratsirakas, der die Konsequenzen aus seiner verfehlten
Politik zu ziehen hätte. Die MONIMA forderte die sofortige Bildung einer Regierung der nationalen Einheit und kündigte die Aufstellung Jaonas bei den für
1989 vorgesehenen Präsidentschaftswahlen an. Am 15.9. wurde in der Hauptstadt
ein Mordanschlag auf den Vizepräsidenten der VITM und das frühere Mitglied
des CSR Radio Celestine unternommen, der jedoch fehlschlug. Eine Konfrontation zwischen der Regierung und den Oppositionsparteien schien unausweichlich.
Zwei Wochen nach dem Mordanschlag wurden sämtliche Telefon- und Telexverbindungen des Landes mit dem Ausland gekappt und erst am 27.10. wieder
hergestellt.

Am 3.11. sah sich die Regierung derart in die Enge gedrängt, daß der Präsident anläßlich der Eröffnung eines Automobilwerkes eine Verschiebung der für
1988 vorgesehenen Parlamentswahlen und der Neuwahlen für die kommunalen
Selbstverwaltungskörperschaften auf 1989 verkündete. Er begründete diesen
Schritt mit den wirtschaftlichen Schwierigkeiten des Landes und dem 1988 bevorstehenden Besuch von Papst Johannes Paul II.

Außenpolitik

Angesichts des eingeschränkten innenpolitischen Handlungsspielraums versuchte
die sozialistische Regierung ihre Handlungsfähigkeit auf außenpolitischem Gebiet
zu erweitern. Präsident Ratsiraka ging es bei zwei Staatsbesuchen in Frankreich
am 10.4. und 21.4. vor allem darum, den Nimbus eines "enfant terrible" unter den
ehemaligen französischen Kolonialgebieten abzuschütteln und Frankreich auf eine
politische und wirtschaftliche Stabilisierung seiner Regierung zu verpflichten.
Gleichzeitig sollten Staatsbesuche in der Sowjetunion am 15.4. und in Nordkorea
dazu dienen, die politischen Bündnispartner vergangener Jahre davon zu über-
zeugen, daß Madagaskar trotz einer Einigung mit dem IWF den sozialistischen
Entwicklungsweg beizubehalten beabsichtige. Um diesen politischen Kurs zu
unterstreichen, wurde zwischen Ratsiraka und dem nordkoreanischen Präsidenten
Kim Il-Sungs für 1988 ein Staatsbesuch ins Auge gefaßt. Die Intensivierung der
bilateralen Beziehungen zu Saudi-Arabien, den USA, Japan, der BRD, Libyen
und Irak dienten vor allem dem Zweck, zusätzliche Finanzhilfen für die desolate
Wirtschaft zu erhalten.

Sozio-ökonomische Entwicklung

Die Regierung setzte die von IWF und Weltbank abgesteckten Stabilisierungs- und Strukturanpassungsmaßnahmen fort. Diese beinhalteten vor allem eine umfassende Außenhandelsliberalisierung, die Wechselkursanpassung des stark überbewerteten Franc Malgache (FMG), die Beseitigung von Importhindernissen, die Vereinfachung der Zolltarifstruktur und den Abbau bzw. Wegfall von Preiskontrollen. Die Weltbanktochter IDA gewährte am 30.6. hierfür einen Kredit in Höhe von $ 16 Mio., und im Rahmen der Sonderfazilität $ 67 Mio. für ein Strukturanpassungsprogramm in Handel und Industrie. Einen Tag vorher war die Währung um 55% abgewertet worden. Diese Wechselkursänderung - der IWF hatte gar eine Abwertung um 100% verlangt - war nicht nur Voraussetzung für den IDA-Kredit, sondern auch für eine Umschuldung kommerzieller Bankkredite, die nicht durch staatliche Kreditversicherung abgesichert waren. Der Londoner Club traf sich am 27.7. unter der Federführung der Chase Manhattan Bank und der BNP (Banque Nationale de Paris) und schloß mit der Regierung ein Abkommen über die Aufteilung der Rückzahlungsfristen für Verbindlichkeiten in Höhe von $ 136,6 Mio. $ 77,2 Mio. sollten danach bis 1992, $ 59,4 Mio. im Zeitraum 1992-96 zu reduzierten Zinssätzen zurückbezahlt werden. Gleichzeitig wurde die Möglichkeit eingeräumt, die Schulden in lokale Investitionsbeteiligungen zu konvertieren. Am 31.8. schloß der IWF mit der Regierung ein Strukturanpassungsabkommen mit einem Umfang von SZR 42,16 Mio. und einer Laufzeit von drei Jahren, von dem SZR 13,3 Mio. sofort gezogen werden konnten. Im Oktober führten Rationalisierungspläne der Regierung für den Hafen Antsirana zu erneuten Zusammenstößen zwischen Hafenarbeitern und Sicherheitskräften. Die Hafenarbeiter verlangten insbesondere, die vom IWF durchgesetzte Ratenauszahlung der Jahresboni abzuschaffen.

Finanzminister Pascal Rakotomavo erläuterte bei einem privaten Zusammentreffen mit madagassischen Ökonomen und Journalisten in Ambohitsimeloka Anfang Juli, daß trotz aller schwerwiegenden sozialen Folgekosten der Anpassungspolitik, die Einigung mit dem IWF das kleinste Übel gewesen wäre. Eine vollständige Autarkie, nach albanischem oder burmesischem Muster, wäre angesichts der fehlenden natürlichen Ressourcenausstattung des Landes nicht praktikabel gewesen. Ein Wiedereintritt in die Franc-Zone wäre politisch nicht zu vertreten und nicht durchsetzbar gewesen und hätte zudem schwerere Auflagen zur Folge gehabt als das Übereinkommen mit dem IWF. Zudem wäre ein Wiedereintritt mit einer Einbuße nationalstaatlicher Souveränität verbunden gewesen. Dasselbe hätte auch für einen Eintritt in den RGW (Rat für gegenseitige Wirtschaftshilfe) gegolten. Ein solcher Beitritt hätte zu nichtvertretbaren wirtschaftlichen Härten geführt, aber auch soziale und politische Wandlungsprozesse erfordert, die die Regierung nicht hätte verantworten können. Darüber hinaus wäre trotz der hochgeschraubten Forderungen des RGW eine Zustimmung der Mitgliedsländer zum Beitritt keineswegs sicher gewesen.

Der Oppositionsblock teilte diese Einschätzung des Finanzministers nicht. Seine Mitglieder stimmten im Parlament gegen das von Ratsiraka am 5.12. präsentierte Budget für das Jahr 1988. Da eine Besserung der wirtschaftlichen Lage in Madagaskar vorerst nicht zu erwarten war, aber gleichzeitig die Armut der Bevölkerung dramatisch zunahm, riefen französische Hilfsorganisationen am 14.12. zu einer sofortigen Nothilfe für das Land auf, nachdem bereits 1986 mehrere zehntausend Menschen im kargen Süden der Insel verhungert waren.

Ulrich Leffler

Chronologie Madagaskar 1987

12.01.	Präsident Ratsiraka betont in einer Rede die Notwendigkeit, mit dem IWF und der Weltbank gute Beziehungen aufrechtzuerhalten
14.02.	Einführung der 5-Tage und 40-Stunden Woche für staatliche Bedienstete
Ende Feb.	UNDP-Projektkredit in Höhe von $ 400 000 zur Steigerung der agrarischen Selbstversorgung
08.03.	Die ersten 'karanas' verlassen das Land
10.03.	Der Vorsitzende der MONIMA weist in einer Pressekonferenz Vorwürfe zurück, seine Partei habe die Unruhen angefacht
17.03.	Neues Fischereiabkommen mit der EG
28.03.	Zwei Finanzierungsabkommen mit Frankreich zur Förderung der Landwirtschaft in Höhe von FF 77,6 Mio.
März	Finanzhilfeabkommen der USA in Höhe von $ 300 000 für den Bau eines Wasserkraft- und eines Eisenstahlwerkes
29.04.	8 Mio. DM-Kredit der BRD für die Sanierung der Textilfabrik SOTEMA
09.05.	Unterzeichnung von drei Finanzierungsabkommen zwischen der EG und Madagaskar in Höhe von ECU 12,06 Mio.
05.06.	Verurteilung von 56 Demonstranten zu fünf Jahren Arbeitslager
03.07.	Kabinettsumbildung, Justizminister Sambson verläßt die Regierung
14.09.	Erneuter Staatsbesuch Ratsirakas in Frankreich
06.10.	Außenminister Bemananjara fordert von den USA ein Schuldenmoratorium für Afrika bis zum Jahr 2000
12.10.	Zusammenschluß der Exilopposition in der UOME (L'Union des Opposants Malgaches à l'Extérieur)
03.11.	Eröffnung eines Automobilwerkes, das mit Finanzhilfe Libyens und des Irak in Höhe von $ 4 Mio. gegen den Einspruch der Weltbank gebaut wurde
11.11.	Foccart, Afrika-Berater des französischen Ministerpräsidenten, weilt zu Verhandlungen in Antananarivo
November	12 Mio. Riyal-Kredit Saudi-Arabiens für die Modernisierung der Industrie
03.12.	Erstes Zusammentreffen der gemischten ägyptisch-madagassischen Kommission

Mauritius

Fläche: 2040 km², *Einwohner:* 1,04 Mio., *Hauptstadt:* Port Louis, *Amtssprache:* Englisch, *Schulbesuchsquote:* 81%, *Wechselkurs:* $ 1=Rupee 12,82, *Pro-Kopf-Einkommen:* $ 1070, *BSP:* $ 1,11 Mrd., *Anteile am BIP:* 15% - 29% - 56%, *Hauptexportprodukte:* Zucker 41%; *Ausfuhren der Export Processing Zone:* 47%, *Staatsoberhaupt:* Königin Elisabeth II, vertreten durch den Generalgouverneur Sir Veerasamy Ringadoo, *Regierungschef:* Anerood Jugnauth, *Regierungsparteien:* Mouvement Socialiste Mauricien (MSM), Mauritius Labour Party (MLP), Parti Mauricien Social Démocrate (PMSD), Organisation du Peuple Rodriguais (OPR)

Während das erste Halbjahr von der Verwicklung der Regierungsparteien in eine internationale Drogenschmuggelaffäre geprägt war und sich die Regierung im Parlament nur noch auf die Unterstützung einer beständig kleiner werdenden Gruppe von Abgeordneten stützen konnte, war das zweite Halbjahr nach vorgezogenen Neuwahlen im August durch eine konstruktive Zusammenarbeit zwischen Regierung und Opposition gekennzeichnet. Dissens zwischen den politischen Blöcken bestand allein in der Frage, wie der wirtschaftliche Wachstumserfolg der vergangenen Jahre gesichert werden könnte und in der Frage der Beziehungen zu Südafrika.

Innenpolitik

Anfang des Jahres war bereits absehbar, daß die Regierung Jugnauth, die im Parlament zuletzt nur noch auf die Unterstützung einer Minderheit von 28 Abgeordneten bauen konnte, die Ermittlungen der Rault-Untersuchungskommission über die Verwicklung der Regierungsparteien in die Drogenschmuggelaffäre von Amsterdam, das sogenannte 'Amsterdamgate', politisch nicht überstehen würde. Wenn auch die Kommission in ihrem Bericht, den sie am 3.3. der Öffentlichkeit präsentierte, keine Beweise für eine direkte Verwicklung des Ministerpräsidenten und anderer Kabinettsmitglieder gefunden hatte, so ließen sich doch Hinweise substantiieren, daß der Wahlkampf des MSM 1983 und 1985 zu wesentlichen Teilen von einer mauritischen Drogenmafia finanziert worden war. Finanzmittel waren dem MSM im Büro des Ministerpräsidenten zur Verfügung gestellt worden. Die Enthüllungen des ehemaligen Generalsekretärs und Fraktionsvorsitzenden des MSM, Boodhoo, dem ebenfalls eine direkte Verstrickung in die Affäre nicht nachgewiesen werden konnte, hatten sich damit bewahrheitet. Gerüchte über eine Verwicklung des Vizepremiers und Parteivorsitzenden der PMSD, Sir Gaetan Duval, hatten sich ebenfalls nach Anhörung von Belastungszeugen nicht erhärten lassen. Das RTM (Rassemblement Travailliste Mauricien) dagegen stand nach den Ermittlungen der Polizei und der Untersuchungskommission vor einem politischen Scherbenhaufen: zwei Parlamentsabgeordnete hatten wegen versuchten Heroinschmuggels ihr Mandat Ende 1986 niederlegen müssen. Die Reputation der Regierung war auf den Nullpunkt gesunken und immer mehr Abgeordnete verweigerten dem Kabinett Jugnauth die parlamentarische Unterstützung. Vorgezogene Neuwahlen waren unausweichlich. Doch Jugnauth spielte auf Zeit: Nachwahlen für drei vakant gewordene Parlamentsmandate, die für den 5.7. festgesetzt wurden, sollten das politische Überleben der Regierung sichern. Doch als für die Mitte-Rechts-Koalition absehbar war, daß diese Nachwahlen in einem politischen Fiasko enden und das oppositionelle MMM (Mouvement Militant Mauricien) zusätzlich stärken würden, löste der Stellvertreter des Generalgouverneurs Ringadoo, Sir Cassam Moolan, das mittlerweile auf elf Franktionen angewachsene mauritische Parlament am 3.7. auf Antrag des Ministerpräsidenten auf. Das

'Amsterdamgate' hatte sich für die Regierung als politische Überdosis erwiesen. Jugnauth selbst und dem MSM war es dennoch trotz aller innerparteilichen Auseinandersetzungen und Abspaltungen gelungen, sich als politischer Faktor zu behaupten. Boodhoo, heftigster Widersacher Jugnauths und bereits 1986 aus dem MSM ausgeschlossen, signalisierte im Vorwahlkampf seinen Rückzug aus der aktiven Politik. Der 1986 ins Kabinett reintegrierte Parteivorsitzende der MLP Boolell war mit einer tiefen Zerrissenheit seiner Partei konfrontiert, als er diese bereits im Mai auf eine Erneuerung des Mitte-Rechts-Bündnisses mit dem MSM und der PMSD festlegen wollte. 18 Mitglieder des Exekutivkommitees der MLP traten am 9.5. aus der Partei aus und gründeten am 6.6. das MTD (Mouvement Travailliste Démocrate), deren Mitglieder für ein politisches Bündnis mit dem MMM optierten. Das RTM, das von der Drogenaffäre am schwersten betroffen war, verzichtete auf eine eigenständige Kandidatur. Seine Minister erhielten Plätze auf der Liste des MSM.

Bei der Parlamentswahl am 30.8. standen sich zwei große politische Blöcke gegenüber: Auf der einen Seite die Parteienallianz aus MSM, MLP und PMSD und auf der anderen Seite das Oppositionsbündnis L'Union pour l'Avenir aus MMM, MTD und FTS (Front de Travailleurs Socialiste). Die Allianz präsentierte erneut Anerood Jugnauth als Kandidaten für das Amt des Ministerpräsidenten, die Union Prem Nababsingh aus dem Politbüro des MMM. Innerhalb der Allianz einigte man sich auf folgende Verteilung der Kandidatenplätze: MSM 31, MLP 19 und PMSD 10. Um die zwei Mandate auf Rodrigues konkurrierten das RPR (Regroupement du Peuple Rodriguais) und die OPR. In der Union dominierte das MMM mit 45 Plätzen, während das MTD zehn und die FTS drei Plätze erhielt.

Wirklich politisch fundamentale Unterschiede in der Programmatik existierten zwischen beiden Parteienblöcken nicht. Während die Allianz hoffte, von ihrer positiven wirtschaftlichen Entwicklungsbilanz der vergangenen Jahre politisch profitieren zu können, hoffte die Union aus der Verwicklung der Regierungsparteien in zahlreiche Skandale politisches Kapital zu schlagen. Das Kalkül des Mitte-Rechts-Bündnisses ging auf, denn es konnte die absolute Mehrheit der Sitze auf sich vereinigen. Von insgesamt 70 Mandaten entfielen auf die Allianz einschließlich der Korrektivmandate 46, auf die Union 24. Für das MMM hatte sich das Bündnis mit dem MTD und der FTS politisch nicht ausgezahlt. Kein einziger Kandidat dieser Parteien hatte sich durchsetzen können. Als politische Sensation wurde die Tatsache gewertet, daß es Paul Bérenger, Generalsekretär des MMM, nicht gelungen war, auch nicht über ein Korrektivmandat, ins Parlament zurückzukehren. Doch die Verteilung der Parlamentssitze nach dem Mehrheitswahlrecht vermittelte ein trügerisches Bild über die eigentliche Stärke der beiden Parteienbündnisse. Der Vorsprung der Allianz mit 49,48% aller abgegebenen Stimmen war gegenüber der Union mit 47,75% nur äußerst knapp. Erstmals in der politischen Geschichte von Mauritius wurde eine Regierung gebildet, die sich auf weniger als 50% der Stimmen der Wahlberechtigten stützen konnte. Am 4.9. präsentierte Jugnauth sein neues Kabinett, eine Koalition aus MSM, MLP, PMSD, RTM und OPR. Das MSM hatte zehn, das RTM zwei, die MLP und die PMSD je drei und die OPR einen Ministerposten inne. Das politische Gewicht in der Regierung verschob sich am 12.9. nochmals zugunsten des MSM, als sich das RTM auflöste und in das MSM integrierte. Nach Jahren innenpolitischer Krise und Konfrontation war eine deutliche Entspannung der innenpolitischen Lage nach den Augustwahlen zu spüren. Die Präsentation des Budgets am 9.10. im Parlament wurde zwar kontrovers diskutiert, jedoch ohne die Polemik der früheren Jahre.

Außenpolitik

Vom 18.-21.3. hielt sich eine Delegation der PTA zu Verhandlungen mit der Regierung in Port Louis auf, da von mauritischer Seite seit längerem ein Austritt aus der Organisation erwogen wurde. Es war beklagt worden, daß mauritische Exporte in Mitgliedsländer diskriminiert würden, Importe aus den PTA-Ländern grundsätzlich in Devisen zu bezahlen und daß im Verhältnis zum Beitragsaufkommen Mauritier in der Organisation kraß unterrepräsentiert seien. Der Streit konnte beigelegt werden, und im September kam es zu einem formalen Übereinkommen zwischen dem Ministerium für Handel und Schiffahrt und dem Sekretariat der PTA, das eine erhebliche Ausweitung mauritischer Exporte in die übrigen Mitgliedsländer beinhaltete.

Zu außenpolitischen Verwicklungen besonderer Art führte ein ökumenischer Trauergottesdienst am 5.12. für die Opfer eines Flugzeugabsturzes einer Maschine der südafrikanischen Luftverkehrsgesellschaft SAA, der sich am 28.11. nordöstlich von Mauritius ereignet hatte. An ihm nahmen u.a. auch der Außen- und der Verkehrsminister Südafrikas, Botha und Louw, teil. Gegen die Teilnahme Bothas, der sich nach dem 5.12. eine weitere Woche zu politischen Gesprächen in Mauritius aufhielt, hatten die Botschafter Indiens, der Sowjetunion und Madagaskars protestiert und waren der Veranstaltung ferngeblieben. Auch der Botschafter Südkoreas blieb den Trauerfeierlichkeiten fern. Das MMM kritisierte die indirekte politische Aufwertung des Apartheidstaates.

Sozio-ökonomische Entwicklung

Trotz eines leicht geringeren realen Wirtschaftswachstums von 5,7% gegenüber dem Vorjahr (7,9%) gehörte Mauritius zu den raren Beispielen wirtschaftlicher Entwicklungsfortschritte in der Dritten Welt. Motor des ökonomischen Erfolges waren, wie schon in den vergangenen vier Jahren, die weltmarktorientierten Produktionsbetriebe der MEPZ (Mauritius Export Processing Zone). Mit insgesamt 472 Unternehmen und über 82 000 Beschäftigten (Stand: Juni) hatten sich die MEPZ-Betriebe zum wichtigsten Arbeitgeber auf der Insel entwickelt. Während die Zuckerindustrie erneut eine leichte Wachstumseinbuße um 1% hinnehmen mußte, expandierte die Zahl der MEPZ-Betriebe um 25%. Allein die Exporte der ersten acht Monate überstiegen die des Vergleichszeitraumes des Vorjahres um 35%. Die Expansion dieser Betriebe hatte auch unmittelbare Effekte auf die Bauindustrie, die ebenfalls eine Wachstumsrate von 6% zu verzeichnen hatte. Für Weltbank und IWF galt Mauritius daher als Beispiel einer erfolgreichen Austeritäts- und Stabilisierungspolitik, als Land, in dem die bittere Medizin des IWF positive Folgen gehabt habe. Die Reduzierung des Budgetdefizits, die Sanierung der Zuckerindustrie, die Liberalisierung der Importe und die Förderung des exportorientierten Entwicklungsweges seien auf fruchtbaren Boden gefallen. Auf dem Treffen des Pariser Clubs am 17.-18.2. wurde ein neues $ 170 Mio. umfassendes und auf vier Jahre angelegtes Modernisierungsprogramm für die Zuckerindustrie und zur Erweiterung der Energiegewinnung aufgelegt. Angesichts des Lobes von allen Seiten verkündete Finanzminister Lutchmeenaraidoo in Paris selbstbewußt, Mauritius benötige keine weiteren Bereitschaftskredite des IWF mehr. Trotz einer insgesamt positiven Entwicklungsbilanz (das Budgetdefizit konnte auf 2,8% des BIP gesenkt, die Inflationsrate auf 1% gedrückt, ein Zahlungsbilanzüberschuß von $ 200 Mio. ausgewiesen und die Arbeitslosenrate auf 7,9% reduziert werden) hatte auch diese Erfolgsgeschichte ihre Achillesferse. Die im letzten Quartal einsetzende weltwirtschaftliche Rezession kann die positive Bilanz in den kommenden Jahren konterkarieren, da in den wichtigsten Industrieländern Bestrebungen wachsen, die eigenen Märkte vor der Konkurrenz aus Ländern der Dritten Welt mit protektionistischen Maßnahmen zu schützen. In der Budgetdebatte wies das oppositionelle MMM besonders auf diese Unwägbarkeiten des Weltmarktes hin und verlangte von der Regierung Maßnahmen, die Diversifizierung in der MEPZ stärker zu unterstützen. Der Finanzminister betonte, die günstigen wirtschaftlichen Entwicklungsdaten hätten eine Ausgabensteigerung des Staates um 4% für investive Zwecke ohne Steuererhöhungen ermöglicht und eine Fortsetzung sozialstaatlicher Politik erlaubt.

In eine schwierige wirtschaftliche Lage gerieten die über 4500 Teepflanzer. Sinkende Weltmarktpreise hatten sie an den Rand des Ruins geführt. Aus Protest gegen ihre mißliche Lage traten alle Pflanzer am 9.10. in den Streik. Landwirtschaftsminister Dulloo sah sich aber nicht in der Lage, die alljährliche Subventionierung der Teepflanzer mit 60 Mio. MR (mauritische Rupie) weiter zu erhöhen. Eine gewisse Erleichterung ergab sich aus ersten Stabex-Zahlungen der EG an Mauritius.   *Ulrich Leffler*

Chronologie Mauritius 1987

Januar	Industrie-Sektoranpassungskredit der Weltbank in Höhe von $ 61 Mio. zur Förderung der Exportindustrien
17.02.	Kultur- und Wissenschaftsabkommen mit der Sowjetunion
17.-18.03.	Verhandlungen über Textilquoten mit den USA
22.03.	Weltbankmission in Mauritius zur Analyse der wirtschaftlichen Entwicklung und der Sanierung der Zuckerindustrie
Ende März	Der französische Minister für internationale Zusammenarbeit Aurillac kündigt eine 25%ige Erhöhung der Kapitalhilfe an
02.04.	Aufhebung der Importzölle für Näh- und Strickmaschinen, Textilausrüstungsgüter, Stoffe und Garne
05.04.	Regierungsdelegation aus Malaysia verhandelt über wirtschaftliche Kooperationsprojekte
08.04.	Vizepremier Duval bietet seinen Rücktritt an
14.-16.04.	Die britische Staatsministerin im Außenministerium unterzeichnet mehrere Projektfinanzierungsabkommen
11.05.	Entlassung des Industrieministers Bhundun nach Meinungsverschiedenheiten mit dem Ministerpräsidenten
25.-29.5.	UNIDO-Forum zur Förderung von Investitionen in der Region des westlichen Indischen Ozeans
31.05.	Delegation der FNLKS, der Befreiungsbewegung von Kanaky, auf Mauritius
14.-18.06.	Parteikongreß der MLP. Neuwahl des Vorsitzenden Boolell, eines 75 Mitglieder umfassenden Exekutivkommitees und eines 24-köpfigen Politbüros
22.06.	Zusammenschluß der Gewerkschaftsverbände MLC (Mauritius Labour Congress), SEF (State Employees Federation), FSCC (Fédération des Syndicats des Corps Constitués) und der FTU (Confédération des Travailleurs Unis) in einem gemeinsamen Dachverband MTUF (Mauritius Trade Union Front)
05.09.-05.11.	Festival International de la Mer mit Beteiligung Frankreichs, Großbritanniens, Indiens, der Sowjetunion, Australiens, der BRD etc.
07.10.	Unterzeichnung eines Protokolls über wirtschaftliche, wissenschaftliche und technische Zusammenarbeit zwischen Mauritius und Pakistan
08.10.	Delegationen der MLP, des MSM und MMM nehmen an der Tagung der Sozialistischen Internationale in Dakar (Senegal) teil 23.10. Verabschiedung des Budgets 1987/88
10.11.	Aufhebung des 'Muslim Personal Law', nach dem es der moslemischen Minderheit erlaubt war, in Übereinstimmung mit islamischen Traditionen die Eheschließung vorzunehmen
15.11.	Reaktivierung des MCA (Muslim Commitee of Action) durch Yousuf Mohammed
06.12.	Parteikongreß der PMSD ("Erneuerungsparteitag")

Réunion

*Fläche: 2512 km², Einwohner: 530 000, Hauptstadt: Saint-Denis, Amtssprache:
Französisch, Schulbesuchsquote: 100%, Wechselkurs: $ 1=Französische Franc 5,35,
Pro-Kopf-Einkommen: $ 3580, BSP: $ 1,8 Mrd., Anteile am BIP: 10% - 15% -
75%, Hauptexportprodukte: Zucker 12%, Präfekt des Departements: Auguste
Legros, Oberstes polisches Organ: Conseil General*

Die sich beständig verschlechternde wirtschaftliche und soziale Lage in dem
Überseedepartement führte zu heftigen Kontroversen zwischen den politischen
Parteien. Auch gelang es nicht, die sich vertiefende Kluft in der Entwicklung
Réunions im Vergleich zu den übrigen Departements Frankreichs zu vermindern.

Politische Entwicklung
Partielle Kantonswahlen im Mai hatten die politische Teilung des DOM (Départe-
tement d'Outre Mer) in zwei annähernd gleich starke politische Lager fortgeschrieben. Während die bürgerlichen französischen Regierungsparteien den Erfolg
ihres Kandidaten in Saint-Paul im zweiten Wahlgang als Bekräftigung ihres politischen Kurses feierten, hatte sich der Kandidat der PCR (Parti Communiste
Réunionnaise) in Saint-Suzanne mühelos im ersten Wahlgang durchsetzen können.
Am 7.7. präsentierten die beiden kommunistischen Abgeordneten Réunions in der
französischen Nationalversammlung vor der Presse in Paris zwei Offsetdruckplat-
ten, die zur Herstellung falscher Identitäts- und Sozialversicherungspapiere
gedient hätten und untermauerten damit ihren Vorwurf, daß gefälschte Personal-
papiere gezielt zu Wahlmanipulationen auf Réunion eingesetzt worden wären.
Paul Vergès, der Vorsitzende der PCR, beschuldigte darüberhinaus die französischen Untersuchungsbehörden, die Aufklärung dieses Falles gezielt zu verschlep-
pen. Dabei sei ein Ratsmitglied der Stadt Saint-Marie, der dem MPR (Mouvement Progressiste Réunionnaise) nahesteht, verdächtig, die Fälschung der Papiere
initiiert zu haben.
Im September entschlossen sich die beiden PCR-Abgeordneten Vergès und
Hoareau, ihr Mandat in der Nationalversammlung aus Protest gegen die Sozialpolitik der Regierung Chirac niederzulegen. Die von der Regierung verabschiedeten Sozialgesetze würden die Entwicklungsunterschiede zwischen Frankreich und
den Überseedepartements festschreiben. Diese Politik würde zwangsläufig in einer
"sozialen Apartheid" münden und zwei Kategorien von Franzosen schaffen, die
entweder in Frankreich oder in den DOMs lebten.
Ministerpräsident Chirac wies diese Vorwürfe anläßlich eines Besuches in
Réunion im November als schamlose Propaganda zurück. Im Vergleich zur Regie-
rungszeit der Sozialisten und Kommunisten sei die Bilanz der Politik der bürgerlichen Regierungsparteien gegenüber den DOMs eindeutig positiv. Diese Äußerungen trafen auf energischen Widerspruch des ersten Sekretärs der PS (Parti
Socialiste) Jospin, der der Regierung Chirac eine Abkehr von dem Ziel größerer
Autonomie und Selbstbestimmung der DOMs vorwarf. An die Stelle einer Politik
der politischen Dezentralisierung sei längst eine Unterordnung der Überseedepartements unter die Pariser Zentralregierung getreten. Besondere Empörung
rief der Teil der Rede Chiracs hervor, in dem er die Bürger der DOMs als
"Outranciers" titulierte. Die PCR boykottierte daraufhin ein Zusammentreffen der
politischen Kräfte der Insel mit dem Ministerpräsidenten.
Pläne der Regierungspartei RPR (Rassemblement pour la République), die
Kantonsgrenzen neu festzulegen, stießen im Conseil Régional auf den einhelligen
Widerstand der PS, der PCR und der politischen Gefolgsleute Raymond Barres.

Sozio-ökonomische Entwicklung

Die wirtschaftlichen Entwicklungsdaten und beständig steigende Arbeitslosenzahlen waren Indizien einer wachsenden Diskrepanz in der Entwicklung zwischen Frankreich und Réunion. Die Arbeitslosenquote lag mit 33% dreimal so hoch wie in Frankreich. In fast allen Sektoren der Wirtschaft - in Handel, Landwirtschaft und Zuckerindustrie - waren die Beschäftigtenzahlen rückläufig. Lediglich in der Bauwirtschaft und im Tourismussektor wurden neue Arbeitskräfte eingestellt. Die Importabhängigkeit Réunions von Frankreich war evident: Die Exporte der Insel deckten lediglich 12% des Importwertes. Die Vanilleproduktion hingegen vervierfachte sich gegenüber dem Vorjahr auf 200 t. Angesichts der wirtschaftlichen Entwicklungserfolge der Nachbarinsel Mauritius wurde auch in Réunion daran gedacht, Freie Produktionszonen einzurichten. Allerdings wurden erste Pläne der ADIR (Association pour le développement industriel de La Réunion) aufgrund fehlender Koordination mit der französischen Regierung nicht konkretisiert.

Ulrich Leffler

Chronologie Réunion 1987

11.-20.07.	Industriemesse auf Réunion unter Beteiligung Madagaskars, Mauritius und der Seychellen
August	Gründung der neuen Partei MMR (Mouvement Militant Réunionnais), die sich politisch am MMM (Mouvement Militant Mauricien) aus Mauritius und dem Flügel Michel Rocards in der PS orientiert
28.08.-05.09.	"Jeux des Jeunes". Die Teilnahme von Athleten aus Mayotte führt es zu diplomatischen Verwicklungen mit der Regierung der Komoren
01.-09.09.	Vanillekonferenz auf Réunion unter Beteiligung der wichtigsten westlichen Konsumentenländer und der Produzentenländer des Indischen Ozeans, die allein 80% der Weltjahresproduktion auf sich vereinigen
September	Gründung der UAR (L'Union pour l'Autonomie de La Réunion)

Rwanda

Fläche: 26 338 km², Einwohner: 6 Mio., Hauptstadt: Kigali, Amtssprachen Französisch und Kinyarwanda, Schulbesuchsquote: 45%, Wechselkurs: $ 1=Franc Rwandais 76,76, Pro-Kopf-Einkommen: $ 290, BSP: $ 1,73 Mrd., Anteile am BIP: 45% - 21% - 34%, Hauptexportprodukt: Kaffee 71%, Staats- und Regierungschef: Generalmajor Juvénal Habyarimana, Einheitspartei: Mouvement Révolutionnaire National pour le Développement (MRND)

Die Freilassung einer großen Zahl von Häftlingen Mitte des Jahres kann als Zeichen innenpolitischer Stabilität gewertet werden. Das in den vergangenen Jahren immer wieder durch Flüchtlings- und Sicherheitsprobleme an den Grenzen getrübte Verhältnis zu den Nachbarstaaten entwickelte sich 1987 positiv. Hauptprobleme bilden die Überbevölkerung, die Binnenlage und die Abhängigkeit der Wirtschaft vom Kaffee-Export. Der Rückgang der Weltmarktpreise für Kaffee, verbunden mit dem Dollar-Verfall, machte Haushaltskürzungen und die Einsetzung eines wirtschaftlichen Krisenstabs zur Durchführung eines Notprogramms erforderlich.

Innenpolitik

Anläßlich der Feiern zum 25. Jahrestag der Unabhängigkeit am 1.7. gab Präsident Juvénal Habyarimana einen Überblick über die Entwicklung des Landes und wies besonders auf das Problem der *Überbevölkerung* hin, das kurz darauf auch Thema einer Woche der Beratung sozialer und demographischer Probleme war. Mit 250 Einwohnern pro km² und einem jährlichen Bevölkerungswachstum von 3,6% ist Rwanda das am dichtesten besiedelte Land Afrikas. Maßnahmen der Geburtenkontrolle stießen bisher auf den Widerstand der einflußreichen katholischen Kirche. Eine Lösung des Problems sieht die Regierung in der Auswanderung von 50 000 Personen pro Jahr. Entsprechende Verhandlungen mit den Nachbarstaaten verliefen bisher jedoch ergebnislos. Mit Tanzania, wo eine größere Zahl von Flüchtlingen aus Rwanda ansässig ist, wurde im April eine Vereinbarung über die Regelung des Status der Immigranten getroffen.

Der Unabhängigkeitstag bot Präsident Habyarimana außerdem Anlaß zur Ankündigung einer *Amnestie* für 4662 der insgesamt 13 000 Häftlinge, zur Umwandlung von 537 Todesstrafen in lebenslängliche Haft und zur Reduzierung von Gefängnisstrafen. Unter den Haftentlassenen befanden sich Angehörige religiöser Sekten, die 1986 wegen Störung der öffentlichen Ordnung verurteilt worden waren. Den deshalb erhobenen Vorwurf religiöser Verfolgung wies Präsident Habyarimana entrüstet zurück und bekräftigte das Prinzip der Religionsfreiheit. Eine Delegation des Internationalen Komitees vom Roten Kreuz, die am 19.10. zu einem Besuch der Gefängnisse nach Rwanda gekommen war, brach ihren Aufenthalt am 4.11. wegen Unstimmigkeiten mit der Regierung vorzeitig ab. Am 24.12. erfolgte die bedingte Freilassung von vier politischen Gefangenen, die wegen Beteiligung an einem 1980 von rechtsextremen Hutus versuchten Staatsstreich verurteilt worden waren. Wenn Präsident Habyarimana sich somit einerseits bemüht, sein Image in bezug auf Toleranz und Einhaltung der Menschenrechte zu verbessern, so ist er andererseits nicht bereit, Kritik, von welcher Seite immer sie kommen mag, zuzulassen. In diese Richtung weist auch der zweite Nationalkongreß der dem MRND angeschlossenen, 64 000 Mitglieder zählenden *Gewerkschaftszentrale Cestrar* (Centrale syndicale des travailleurs du Rwanda) am 21./22.12., zu deren oberstem Ziel die Produktionssteigerung erklärt wurde. Das Streikrecht steht ihr ebensowenig zu wie den übrigen Lohnempfängern. Der Kongreß wählte das erste nationale Exekutivbüro und verabschiedete ein Aktionsprogramm für die nächsten zwei Jahre.

Außenpolitik

Gute Beziehungen zu den Nachbarstaaten spielen für Rwanda als Binnenland eine entscheidende Rolle. Wichtigste Themen der häufigen bi- und multilateralen Kontakte bildeten Transit-, Flüchtlings- und Sicherheitsprobleme. Während bei einem Besuch von Präsident Habyarimana in Tanzania im April die Anbindung Rwandas an den Hafen Dar es Salaam über den Zentralkorridor (Rusumo/ Rwanda - Isaka/Tanzania) Gesprächsgegenstand war, ging es auf dem Treffen des Exekutivkomitees der Transit Transport Coordination Authority im Mai in Kigali um die Verbesserung des Straßenzustands des Nordkorridors über Uganda zum Hafen Mombasa in Kenya, auf dem der Großteil des rwandischen Güterverkehrs abgewickelt wird. Rwanda war von der Schließung der Grenze zwischen Kenya und Uganda im Dezember infolge der Streitigkeiten zwischen den beiden Staaten schwer betroffen. Eine Öffnung Rwandas nach Zentral- und Westafrika soll durch die auf der ersten Tagung der gemeinsamen Kommission Rwanda-Kamerun vom 5.-7.3. vereinbarte Einrichtung einer Fluglinie Douala-Kinshasa-Kigali erreicht werden.

Die Sicherheit in den Grenzgebieten und das damit verbundene Flüchtlingsproblem wurde bei Gesprächen mit den Innenministern von Uganda im Januar und Tanzania im April sowie bei einem Treffen der Staatschefs von Rwanda und Burundi am 3.6. und einem Besuch des rwandischen Innenministers in Burundi vom 9.-12.6. behandelt.

Als Zeichen für das gute Verhältnis zur ehemaligen Kolonialmacht *Belgien* ist die Teilnahme von König Baudouin und Königin Fabiola an den Feiern zum Unabhängigkeitstag und der anschließende Staatsbesuch zu sehen. Als Geberland stand Belgien 1985 an zweiter Stelle hinter der Bundesrepublik Deutschland, die seit 1984 auch Hauptabnehmer rwandischer Exporte ist. Trotz der engen Beziehungen zum Westen verstand es Rwanda, eine nach allen Seiten hin offene Außenpolitik zu verfolgen, wie die Zusammenarbeit mit Libyen, die im Dezember durch die Unterzeichnung eines Protokolls über weitere Kooperation in den Bereichen Landwirtschaft, Hotelwesen und Erziehung bekräftigt wurde, sowie die Besuche einer chinesischen Wissenschaftsdelegation und einer sowjetischen Parteidelegation im November zeigen.

Sozio-ökonomische Entwicklung

Im Jahresbericht 1986 der Banque de Kigali wurde die wirtschaftliche Entwicklung des Landes trotz struktureller Schwächen infolge des Vorherrschens des Primärsektors als im großen und ganzen zufriedenstellend bezeichnet. In der Tat betrug das reale Wirtschaftswachstum 6%, die Inflationsrate lag bei 1%, der Produktionszuwachs der überwiegend der Selbstversorgung dienenden Landwirtschaft war höher als das Bevölkerungswachstum. Trotz der vorsichtigen Wirtschafts- und Finanzpolitik - Rwanda mußte bisher keine Umschuldung beantragen - und trotz der Verabschiedung eines von einer erheblichen Reduzierung der Angestellten des öffentlichen Dienstes ausgehenden Sparhaushalts für 1987 von F Rw 32,2 Mrd. mußte im Juni wegen des Rückgangs der Weltmarktpreise für Kaffee und des gleichzeitigen Dollarverfalls eine *Haushaltskürzung* von F Rw 788 Mio. vorgenommen werden, die besonders die Investitionsausgaben (minus F Rw 538 Mio.) betraf. Am 16.6. setzte Präsident Habyarimana einen *Krisenstab* zur Kontrolle der beschlossenen Sanierungsmaßnahmen ein. Wichtigste Punkte eines Notprogramms bildeten die Verbesserung der Importbewirtschaftung, die Förderung der Exportkapazität, die Kontrolle des Transportwesens, die Verbesserung der Schuldenverwaltung und die richtige Verwendung der Nahrungsmittelhilfe. Im September begann die Diskussion des 4. Entwicklungsplans (1987-1991), dessen Hauptziel die Selbstversorgung mit Nahrungsmitteln bildet. Die vorgesehenen agrarpolitischen Maßnahmen umfassen Flurbereinigung, Erosionsschutz, landwirtschaftliche Beratung. Auf dem industriellen Sektor liegt das Schwergewicht bei der Förderung der Klein- und Mittelbetriebe sowie der Agroindustrie. Als besonders dringend gilt die Schaffung nicht landwirtschaftlicher Arbeitsplätze. Private Investitionen und Handwerkergenossenschaften sollen unterstützt, staatliche Unternehmen privatisiert werden. Bereits im März war eine Revision des Investitionsgesetzes erfolgt, das Industriegründungen im ländlichen Raum sowie Klein- und Mittelbetriebe besonders begünstigt.

Auf einer Sitzung des ZK des MRND im Oktober wies Präsident Habyarimana erneut auf die *schwierige Wirtschaftslage* und das zu erwartende hohe Budgetdefizit 1987 von F Rw 4,6 Mrd. hin, das etwa zur Hälfte durch Zahlungen an den Kaffeeausgleichsfonds bedingt ist. Aus politischen Gründen ist die Regierung nicht bereit, die Produzentenpreise für Kaffee trotz des Preisverfalls auf dem Weltmarkt herabzusetzen. Eine Reduzierung des Defizits soll durch die Einführung von Studiengebühren für Hochschüler und einen Einstellungsstopp im öffentlichen Dienst erreicht werden. Ende Dezember schlug die Regierung eine Anhebung von Verbrauchssteuern vor, die jedoch noch vom Parlament bestätigt werden mußte. *Marianne Weiss*

Chronologie Rwanda 1987

07.01.	Treffen der Innenminister von Rwanda und Uganda in Kigali
05.-07.03.	1. Tagung der ständigen gemischten Kommission Rwanda-Kamerun in Kigali
13.03.	Verabschiedung eines Gesetzentwurfs für ein neues Investitionsgesetz
31.03.-03.04.	Besuch des tanzanischen Innenministers
April	Tagung der gemeinsamen Kommission Rwanda-Frankreich
09.04.	Regierungsumbildung: Neubesetzung der Ministerien für Finanzen und Wirtschaft, für Industrie, Bergbau und Handwerk sowie für Gesundheit und Soziales
24.-27.04.	Offizieller Besuch Präsident Habyarimanas in Tanzania
01.-05.05.	Offizieller Besuch des kenyanischen Außenministers
04.-07.05.	Treffen des Exekutivkomitees der Transit Transport Coordination Authority in Kigali
13.-23.05.	Reise von Außenminister François Ngarukiyintwali in die BRD, die Schweiz und nach Österreich
03.06.	Treffen der Staatschefs von Rwanda und Burundi in Cyangugu (Rwanda); Tagung der gemischten Kommission Rwanda-Burundi
09.-12.06.	Besuch von Innenminister Thomas Habanabakize in Burundi
11.-13.06.	Tagung der gemeinsamen Kommission Rwanda-BRD in Kigali
16.-18.06.	Besuch des Afrikaberaters des französischen Premierministers, Jacques Foccart
16.06.	Einsetzung eines wirtschaftlichen Krisenstabs
23.06.	Unterzeichnung eines Abkommens mit Zaire über die gemeinsame Nutzung der Methangasvorkommen im Kivu-See
01.07.	25. Jahrestag der Unabhängigkeit. Weitreichende Amnestie für Häftlinge
10.-14.07.	Tagung der großen gemischten Kommission Rwanda-Uganda, Unterzeichnung eines Abkommens über kulturelle Zusammenarbeit
01.-04.09.	Teilnahme von Präsident Habyarimana am Frankophonie-Gipfel in Quebec (Kanada)
10.09.	Informelles CEPGL-Gipfeltreffen in Goma (Zaire)
22.10.	Sitzung des ZK des MRND
November	Besuch einer chinesischen Wissenschaftsdelegation
27.11.-04.12.	Besuch einer sowjetischen Parteidelegation
03.-04.12.	Teilnahme von Präsident Habyarimana am 6. PTA-Gipfeltreffen in Kampala (Uganda)
03.-08.12.	Treffen der Nilanliegerstaaten in Kigali
10.-12.12.	Teilnahme von Präsident Habyarimana am 14. franko-afrikanischen Gipfeltreffen in Antibes (Frankreich)
21.-22.12.	2. Nationalkongreß der Cestrar
24.12.	Bedingte Entlassung von vier wegen eines versuchten Staatsstreichs verurteilten Häftlingen

Seychellen

Fläche: 444 km², *Einwohner:* 65 000, *Hauptstadt:* Victoria, *Amtssprache:* Englisch, *Schulbesuchsquote:* 97%, *Wechselkurs:* $ 1=Rupee 5,5, *Pro-Kopf-Einkommen:* $ 2490, BSP: $ 160 Mio., *Anteile am BIP (1984):* 7% - 14% - 79%, *Hauptexportprodukte (1986):* Fisch 3,8%, Kopra 3,8%, Reexporte von Ölprodukten 85,5%, *Staats- und Regierungschef:* Albert René, *Einheitspartei:* Seychelles People's Progressive Front (SPPF)

Die Stabilisierung des sozialistischen Einparteisystems der SPPF der Regierung Albert Renés und eine Besserung der wirtschaftlichen Lage gegenüber dem Vorjahr waren die wichtigsten Determinanten der Entwicklung. Vor diesem Hintergrund war es Präsident René gelungen, seinen unabhängigen, sozialistischen Kurs fortzusetzen.

Innenpolitik

Die Verwicklung des einflußreichen damaligen Jugend- und Verteidigungsministers Berlouis in ein Komplott gegen Präsident René Ende 1986 hatte Zweifel an der Stabilität der Regierung genährt. Am 5.6., dem 10. Jahrestag der Machtübernahme Renés, konnten sich die SPPF und die Regierung dennoch angesichts einer überzeugenden Entwicklungsbilanz sozialreformerischer Maßnahmen gestärkt präsentieren. Allerdings verwies René in seiner Rede auf das wachsende Problem der Arbeitslosigkeit, das gerade bei den gut ausgebildeten Jugendlichen die Unzufriedenheit stärken und oppositionellen Kräften im Exil ein Einfallstor bieten würde. Dabei war die Exilopposition zersplittert wie eh und je, und die vermutete Verwicklung der Oppositionsgruppen in Pläne, führende Mitglieder des südafrikanischen ANC aus London nach Johannesburg zu entführen, hatte diese nachhaltig diskreditiert. Im Zusammenhang mit den Ermittlungen in Großbritannien in diesem Fall verstärkten sich Hinweise, daß die Regierung nach dem letzten ernsthaften, von Südafrika initiierten Putschversuch Ende 1981 durch Vermittlung des ehemaligen Sicherheitsberaters und Vertrauten Renés, des italienischen Geschäftsmanns Ricci, ein Geheimabkommen mit der südafrikanischen Regierung geschlossen hatte. Inhalt des Abkommens soll zum einen die Beschneidung der Wirkungsmöglichkeiten der Exilopposition und zum anderen die Verpflichtung der Seychellen gewesen sein, im Falle eines Wirtschaftsboykotts gegen Südafrika als Plattform zur Umgehung dieser Sanktionen, insbesondere für von Südafrika benötigte Ölimporte, zu dienen. Nachdem sich die Gerüchte substantiierten, verließ Ricci die Seychellen und ließ sich in Pretoria nieder.

Die Stabilisierung des politischen Systems ging mit einer wachsenden Bedeutung des Militärs Hand in Hand. Am 25.11. wurde erstmals seit sechs Jahren eine Militärparade veranstaltet, an der sich eine neu formierte Eliteeinheit beteiligte, die außer von belgischen Söldnern auch von 130 sowjetischen Militärberatern ausgebildet wird, die die tanzanischen und nordkoreanischen Experten auf den Seychellen ersetzten.

Am 5.12. beteiligten sich 66% der Wahlberechtigten an der Neuwahl des Parlaments. 36 Kandidaten bewarben sich um 23 Direktmandate. Von den Gewählten gehörten lediglich sieben auch dem bisherigen Parlament an. Zwei weitere Abgeordnete wurden als Interessenvertreter der dünn besiedelten Inseln von Präsident René ernannt.

Am 13. und 14.12. wurde der achte Parteitag der SPPF, an dem 127 Delegierte
der 23 Wahlkreise, der National Workers Union, der Youth League und der
Seychelles People's Defence Forces teilnahmen, in Victoria abgehalten. Die Delegierten bestätigten René einstimmig als Generalsekretär und wählten ein neues,
13 Mitglieder umfassendes Zentralkomitee. Der Parteitag faßte den Beschluß,
zukünftig nur noch alle drei Jahre zu tagen, um den örtlichen Gliederungen
genügend Zeit für die Implementierung von Beschlüssen zu lassen.

Außenpolitik

Obwohl die Entsendung von sowjetischen Militärberatern erneut Spekulationen
über mögliche Militärbasen der UdSSR auf den Seychellen ins Kraut schießen
ließ, war es Präsident René durch geschicktes Lavieren gelungen, den blockfreien
Kurs seines Landes fortzusetzen. Die Beziehungen zu den USA und den EG-
Ländern haben sich ebenso intensiviert wie die zur Sowjetunion. Eine Delegation
des ZK der KPdSU besuchte vom 12.-26.8. die Seychellen und vereinbarte mit
der SPPF eine enge Zusammenarbeit. Dieser Besuch stand aber wohl eher im
Zusammenhang mit dem erfolgreichen Abschluß eines Thunfischfangabkommens
am 26.6., das auch mit einer Erhöhung der sowjetischen Entwicklungshilfe verbunden wurde. Auf bilateraler Ebene intensivierte sich die Zusammenarbeit mit
Frankreich (Unterzeichnung von drei Kooperationsabkommen Ende Februar), den
USA (Kooperationsabkommen in Höhe von $ 2 Mio. am 16.4.), Japan (Entwick-
lungsprojekt zur Förderung der Küstenfischerei in Höhe von $ 2,5 Mio. im Mai)
und der BRD (u.a. Beteiligung der DEG an der Development Bank of Seychelles
in Höhe von 5% der Kapitalanteile am 26.5.). Besuche des Ministers für Planung
und Nationale Entwicklung Hodoul in Malaysia, Katar und Kuweit in der zweiten Jahreshälfte sowie die Aufnahme diplomatischer Beziehungen u.a. mit Zimbabwe, Finnland und den Kapverden im März dienten der Stärkung des blockfreien Kurses der Regierung.

Sozio-ökonomische Entwicklung

In der Wirtschaftspolitik setzte die Regierung neue Akzente in Bezug auf den
Tourismus, die wirtschaftliche Diversifizierung und im staatlichen Sektor. Die
Teilprivatisierung des parastaatlichen Sektors war gewiß die wichtigste politische
und wirtschaftliche Kurskorrektur 1987.
Die Wiederbelebung des 1986 stark rückläufigen Tourismus war von großer
Bedeutung, da z.B. allein die Zahl der Touristen aus der BRD um 42% gesunken
war. Die Eröffnung neuer Flugverbindungen, des Mahé-Beach Hotels, das
gemeinsam vom amerikanischen Hotelkonzern Sheraton und dem African Safari
Club gemanagt wird, die Beteiligung der IFC (International Finance Corporation)
mit $ 7,6 Mio. und anderer Kapitalgeber am Bau eines 200-Betten-Hotels auf
Mahé und intensivierte Bemühungen der Regierung, neue Märkte zu erschließen,
genügten nicht, das angeschlagene Tourismus-Image der Seychellen zu reparieren.
Zwar stieg die Zahl der Touristen 1987 gegenüber dem Vorjahr um über 4% an,
die Zahl der Übernachtungen sank jedoch erneut.
Die Eröffnung eines großen Thunfischverarbeitungskomplexes am 6.6. in
Victoria (mit finanzieller Hilfe der EG errichtet) war Teil der wirtschaftlichen
Diversifizierungspolitik. Die Kapazität dieses neuen Unternehmens macht die
Seychellen zu *dem* Verarbeitungszentrum von Thunfisch im westlichen Indischen
Ozean.

Am 24.8. wurde das staatliche Vermarktungsmonopol des SMB (Seychelles Marketing Board) für Früchte und Gemüse aufgehoben, um den lokalen Produzenten mehr Anreize zur Erhöhung und Qualitätssteigerung der Produktion zu geben. Zudem trug diese Teilprivatisierung des parastaatlichen Sektors der Tatsache Rechnung, daß bereits der Großteil der lokal erzeugten Früchte und Gemüse von den Produzenten nicht mehr an das SMB verkauft, sondern illegal, quasi durch die Hintertür, direkt an die Hotels abgegeben wurde. Sie war aber auch Teil eines staatlichen Strukturreformprogramms, da der parastaatliche Sektor eine der wesentlichen Quellen des wachsenden Budgetdefizits darstellt. Die Privatisierung verfolgte zusätzlich das politische Ziel, die wachsende Unzufriedenheit in der Bevölkerung mit der staatlichen Vermarktungspolitik zu besänftigen und darüber hinaus Anreize für weitere Produzenten zu schaffen.

Mitte Dezember stimmte das Parlament dem von Präsident René vorgelegten Budget für das Jahr 1988 zu. Mit $ 25 Mio. hatte das Erziehungs-, Informations- und Jugendministerium den höchsten Einzelanteil am insgesamt $ 152 Mio. betragenden Budget.   *Ulrich Leffler*

Chronologie Seychellen 1987

10.01.	Verlängerung des Thunfischabkommens mit der EG
30.03.	Commonwealth-Seminar über die Entwicklungsprobleme von Kleinst- und Inselstaaten
17.-20.05.	Besuch einer Handelsdelegation aus Réunion
Juni	Die Seychellen setzen sich für die Einrichtung einer Umweltkommission des Indischen Ozeans unter dem Dach der UNEP (United Nations Environment Program) ein
12.-26.08.	Besuch einer Delegation des ZK der KPdSU
24.08.	Aufhebung des staatlichen Vermarktungsmonopols für Früchte und Gemüse
25.11.	Erste Militärparade seit dem gescheiterten Putschversuch 1981
Dezember	Abschluß eines Kulturabkommens zwischen den Seychellen und Indien
Dezember	Kreditabkommen mit der VR China in Höhe von $ 1,2 Mio.
Dezember	Die BRD finanziert kleinere Entwicklungsprojekte in den Bereichen Erziehung, Gesundheit und Landwirtschaft mit $ 100 000

Somalia

*Fläche: 637 657 km², Einwohner: 5,38 Mio., Hauptstadt: Mogadishu, Amtsspra-
che: Somali, Schulbesuchsquote: 18%, Wechselkurs: $ 1=Somali Shilling 100,
Pro-Kopf-Einkommen: $ 270, BSP: $ 1,45 Mrd., Anteile am BIP: 58% - 9% -
34%, Hauptexportprodukte: Vieh 73%, Bananen 15%, Staats- und Regierungschef:
Mohammad Siad Barre, Einheitspartei: Somali Revolutionary Socialist Party
(SRSP)*

Machtkämpfe um die Nachfolge Präsident Barres und Auseinandersetzungen um
den wirtschaftspolitischen Kurs in der Führungsschicht wie mit den Gläubigern
Somalias führten zu vielen personellen Veränderungen und zur Suspendierung des
neuen Abkommens mit dem IWF, ohne daß die innenpolitische und ökonomische
Dauerkrise einer Lösung nähergebracht wurde.

Innenpolitik
Bei der *Regierungsumbildung* vom 30.1., die auf die erste Direktwahl des Präsidenten am 23.12.86 folgte, wurden ein Premierminister und drei Vize-Premier-
minister ernannt, deren Rangfolge in den folgenden drei Tagen noch zweimal
geändert wurde. Die in der geltenden Verfassung nicht vorgesehene Position des
Premierministers erhielt der damit weitgehend entmachtete bisherige Verteidigungsminister Ali Samatar; ihm übertrug Präsident Barre die Wahrnehmung der
laufenden Regierungsgeschäfte. Die Routinearbeiten der Parteiführung übergab er
einem erstmals seit 1982 wieder eingesetzten Vize-Generalsekretär. Die Bereiche
Verteidigung und Sicherheit übernahm er zunächst selbst.
   Bei der *zweiten Regierungsumbildung* am 22.12. gab es wieder eine Reihe von
Um- und Neubesetzungen, und die Rangordnung innerhalb des Kabinetts wurde
weiter ausdifferenziert. Am 27.12. wurde die Kabinettsliste korrigiert, zwei der
drei entlassenen Fachminister wurden als Minister im Präsidialamt ohne Ressort
wieder aufgenommen. Der langjährige Außenminister, Siad Barres Halbbruder
Jama Barre, wurde Finanzminister, sein bisheriges Amt übernahm der Staatsminister für Auswärtiges im Präsidialamt. Die Position von Siad Barres ältestem
Sohn Maslah, der seit seiner Ernennung zum Kommandanten des neu eingerichte-
ten 77. Militärsektors am 27.5. faktisch die Hauptstadt kontrolliert, wurde indirekt durch die Ernennung von A. Abdullahi Nuur zum Verteidigungsminister
gestärkt.
   Zu den ersten Unruhen in Südsomalia seit Barres Machtübernahme kam es
Anfang Juli in Kismayu und Mitte August in Mogadishu. Der Anlaß in Kismayu
war, daß ein Offizier aus dem Marehan-Clan einen Ogadeni getötet hatte und
nicht entsprechend bestraft worden war; in Mogadishu dagegen wurden die
Unruhen durch Benzinpreiserhöhungen und Versorgungsschwierigkeiten ausgelöst
und trugen damit Merkmale von "IWF-Unruhen". Den Personalveränderungen im
staatlichen Sektor Ende August (u.a. Zentralbank, Entwicklungsbank, Kooperati-
venbewegung, Petroleum-Agentur, Management verschiedener Unternehmen)
fielen auch einige Verwandte Präsident Barres zum Opfer. Die dominierende
Position des Marehan-Clans blieb jedoch erhalten.
   Während die Reaktionen in Mogadishu eher zurückhaltend waren - trotz
Militäraufgebotes kam es nicht zu Schießereien -, griff die Regierung im Norden
angesichts zunehmender Guerillatätigkeit der SNM (Somali National Movement),
die sich überwiegend aus dem Isaaq-Clan rekrutiert, wieder stärker zu *Repressio-
nen gegen die Bevölkerung.* In Hargeisa, das im Januar nach Unruhen mehrere

Wochen durch Militäreinheiten von den Straßenverbindungen abgeschnitten war, und anderen Orten wurden zeitweise Ausgangssperren verhängt. Die Authentizität eines im Mai bekanntgewordenen Strategiepapiers des Militärkommandanten Said Hirsi 'Morgan' wurde zwar dementiert, die darin vorgesehenen Maßnahmen (Zerstörung von Siedlungen und Wasserstellen im Grenzgebiet, Verdrängung von Isaaq aus Verwaltung, Polizei und Sicherheitsdienst, Sperrung der Geschäftskonten von Isaaq-Händlern) wurden aber im Laufe des Jahres zumindest teilweise durchgeführt.

Gegen Opposition aus den Moscheen ging die Regierung ebenfalls mit größerer Härte vor. Am 8.4. wurden neun Geistliche wegen Verschwörung zum Tode verurteilt; vermutlich um das ohnehin schwierige Verhältnis zu Saudi-Arabien nicht zu verschlechtern, begnadigte Barre die Verurteilten am 4.8. zu lebenslanger Haft.

Außenpolitik

Anfang August fanden die zweijährlichen Manöver mit den US-Truppen statt; die militärische Kooperation wurde seitens der USA mehr als sonst betont, für 1988 wurde eine Erhöhung der 1987 sehr niedrigen Militärhilfe in Aussicht gestellt, aber die vorsichtige Wiederannäherung an die Sowjetunion reicht als Druckmittel sicher nicht aus, um eine Erfüllung der Wünsche des somalischen Militärs nach schweren Waffen und Panzern zu erreichen. Bemühungen Barres, diese Waffenhilfe von anderen Staaten (u.a. Italien, Türkei, Rumänien) zu bekommen, blieben anscheinend erfolglos; in anderen Bereichen kamen jedoch verschiedene Abkommen zustande.

Mit der *Türkei* wurde bei Barres erstem Besuch im Juni ein technisches Kooperationsabkommen geschlossen. Medienkooperation wurde im Dezember mit Ägypten und Oman vereinbart. Die zweite Tagung der *kenyanisch-somalischen Ministerrunde* (20.-22.11.) verlief einvernehmlich; die neben Stärkung des Handels und Verbesserung der Verkehrsverbindungen vereinbarte Bekämpfung des lebhaften Schmuggels im Grenzgebiet liegt im beiderseitigen Interesse. Ähnliche Vereinbarungen waren im Februar auch mit *Djibouti* getroffen worden, das die Zahl der somalischen Einwanderer und Flüchtlinge gerne reduzieren möchte. Mit der *VR Jemen* wurde bei mehreren gegenseitigen Besuchen eine Intensivierung der Beziehungen vereinbart. Im September nahm Somalia diplomatische Beziehungen zu Südkorea auf.

Bei seinem wohl dringendsten außenpolitischen Problem machte Somalia keine Fortschritte. Das Verhältnis zu *Äthiopien* bewegte sich zwischen scharfen verbalen Angriffen und zögernden Ansätzen zur Fortführung der Anfang 1986 begonnenen Gespräche. Eine Eskalation nach dem gemeinsamen Angriff der SNM und äthiopischer Truppen Mitte Februar, der von den durch Agenten des Sicherheitsdienstes vorgewarnten somalischen Armee schnell zurückgeschlagen wurde, blieb aus; ein Treffen von Premierminister Samatar und Präsident Mengistu in Sana'a Ende September führte jedoch über Äußerungen prinzipieller Gesprächsbereitschaft nicht hinaus.

Sozio-ökonomische Entwicklung

Im Anschluß an eine IWF-Mission Mitte März gab die *Konsultativgruppe* Anfang April ihre grundsätzliche Zustimmung zum vorgelegten Öffentlichen Investitionsprogramm. Für 1987/88 wurden $ 835 Mio. zugesagt, die Geber behielten sich eine regelmäßige Kontrolle der Mittelverwendung vor. Ein sehr freizügiges Investitionsgesetz wurde Anfang Mai erstellt und trat im September in Kraft. Mitte Juni wurden die Bestimmungen für die seit September 1986 durchgeführten Devisenauktionen den Vorstellungen des IWF angenähert. Daraufhin kam Ende Juni ein neues Kreditabkommen über insgesamt knapp $ 68 Mio. zustande. Das Abkommen selbst wurde mit dem Abbruch der Devisenauktionen am 18.9. wieder ausgesetzt. Somalia konnte, abgesehen von der Deckung eines Überbrückungskredites zur Begleichung seiner Zahlungsrückstände beim IWF, keinen Gebrauch davon machen, aber es ermöglichte im Juli *Umschuldungen* im Rahmen des Pariser Clubs. Umgeschuldet wurden Rückstände seit 1985 sowie Zinsen und Tilgungen bis 1988 von insgesamt $ 170 Mio., aber auch danach waren die fälligen Zahlungen höher als die projektierten Exporterlöse. Ein Ausgleich der Zahlungsbilanz blieb in weiter Ferne, da Kredite und Zuschüsse überwiegend projektgebunden oder in Sachmitteln zugesagt wurden. Wachsender Widerstand in der Parteiführung gegen die vom IWF geforderten Maßnahmen (u.a. eine 60%ige Kürzung der Militärausgaben, ohne daß die geringste Aussicht auf eine Übereinkunft mit Äthiopien in näherer Zukunft bestünde), die Unruhen in Mogadishu Mitte August und der stetige Kursverfall des SoSh waren offenbar die Hauptgründe für die Wiedereinführung eines festen Wechselkurses weit über dem freien Marktkurs; letzteres lag am chronischen Devisenmangel, der zum Teil auf die verzögerte Auszahlung zugesagter Mittel zurückging. Gespräche mit dem IWF Anfang Oktober und eine Weltbank-Mission im November, die parallel zu einem Besuch des neuen US-Oberbefehlshabers der Region stattfand, blieben ohne Ergebnis; Kredite der Weltbank sind damit vorerst storniert, die IDA gab dagegen noch weitere Kreditzusagen.

Eine mittelfristige Erhöhung der Exporterlöse soll durch Produktionssteigerungen in der Bewässerungslandwirtschaft und in der Küstenfischerei sowie durch Qualitätsverbesserungen in der Viehzucht erreicht werden: diese Bereiche sind Schwerpunkte des Investitionsprogramms. Zur Evaluierung des Baardheere-Damm-Projektes, das hinsichtlich der Rentabilität wie der ökologischen Konsequenzen umstritten ist, war Mitte November eine Weltbank-Mission in Somalia, von deren Votum die Finanzierung abhängt. Die einzige Raffinerie wurde nach neunmonatiger Betriebspause am 1.9. wieder in Betrieb genommen, so daß eventuell wieder Raffinerieprodukte exportiert werden können.

Zur *Kontrolle des Schmuggels* sollen Grenzsicherheitsabkommen mit Djibouti und Kenya und härtere Strafen beitragen. Die *Devisenbestimmungen* wurden im September dahingehend geändert, daß 40% der Devisen zum Umtausch auf dem freien Markt ausgezahlt, 60% zum offiziellen Kurs einbehalten werden sollten. Diese häufig umgangene Regelung wurde per 9.12. wieder abgeschafft und jede Devisentransaktion außerhalb der Banken unter Strafe gestellt.

Während die seit längerem von der Parteizeitung 'Ogaal' geführte Anti-Korruptionskampagne anscheinend v.a. der Austragung von Machtkämpfen in der Führungsschicht dient, wurden auf unterer Ebene in einzelnen Fällen Todesurteile wegen Unterschlagung öffentlicher Gelder verhängt. Die Liquidierung unproduktiver Staatsbetriebe wurde zurückhaltend betrieben, bildete jedoch eine der im September angekündigten Austeritätsmaßnahmen. Auch in seiner Rede zum Jahrestag der Revolution am 21.10. kündigte Präsident Barre Sparmaßnahmen an; er rief außer zu Produktivitätssteigerungen und besserer Steuermoral zu nationaler Einheit und Besinnung auf die eigenen Kräfte und den Nationalstolz auf.

Die Inflationsrate blieb mit geschätzten 25% stabil; trotz einer Erhöhung der Gehälter der Staatsangestellten um 25-40% Anfang des Jahres blieben die realen Lebenshaltungskosten in den Städten erheblich über den offiziellen Einkommen. Die Dürreperiode hat in den am stärksten betroffenen Gebieten in Zentralsomalia zu Viehverlusten geführt; da die Regierung und die wichtigsten Hilfsorganisationen sich nicht über die Zahl der Betroffenen einigen konnten, entwickelte sich eine regional begrenzte Hungersnot, woraufhin dann ab Mitte des Jahres doch die Nahrungsmittelhilfe aufgestockt wurde.   *Kathrin Eikenberg*

Chronologie Somalia 1987

30.01.	Regierungsumbildung auf der Sondersitzung des ZK der SRSP
Anf.Feb.	Außenminister Jama Barre besucht Frankreich; Besuch Präsident Barres in Italien
12.02.	Gemeinsamer Angriff der SNM und äthiopischer Truppen
24.-26.02.	Besuch von Djiboutis Präsident Gouled
28.02.-09.03.	SNM-Kongreß in Harar (Äthiopien)
01.-03.04.	Treffen der somalischen und äthiopischen Außenminister in Addis Abeba
06.-07.04.	Sitzung der Konsultativgruppe in Paris
29.04.	Ausrufung des nationalen Notstands wegen Dürre
Anf.Juni	Präsident Barre besucht Rumänien, Nord-Jemen und die Türkei
30.06.	Kreditabkommen mit dem IWF
22.07.	Umschuldungen durch den Pariser Club
15.-17.08.	Unruhen in Mogadishu
27.09.	Treffen von Premierminister Samatar und Äthiopiens Präsident Mengistu in Sana'a (AR Jemen)
17.09.	ZK der SRSP beschließt Abbruch der Devisenauktionen
18.09.	Bekanntgabe des 24-Punkte-Wirtschaftsmemorandum des Präsidenten und Erläuterung vor Botschaftern der westlichen (23.9.) und arabischen (26.9.) Staaten
Ende Okt.	SNM und Äthiopien beschuldigen die somalische Armee der Zwangsrekrutierung von Flüchtlingen; UNHCR protestiert bei der Regierung Somalias
01.-03.11.	Besuch des Präsidenten der VR Jemen, al-Attas
19.-23.11.	Zweite kenianisch-somalische Ministerrunde
28.11.	Verabschiedung des Budgetentwurfs für 1988: Kürzungen um ca. 10% vorgesehen
09.12.	Verbot aller Devisentransaktionen außerhalb von Banken
22./27.12.	Regierungsumbildung

Sudan

Fläche: 2 505 805 km², *Einwohner:* 21,9 Mio., *Hauptstadt: Khartoum, Amtssprache: Arabisch, Schulbesuchsquote (1985):* 33%, *Wechselkurs:* $ 1=Sudanesisches Pfund 4,5, Pro-Kopf-Einkommen:* $ 330, *BSP:* $ 7,35 Mrd., *Anteile am BIP:* 26% - 18% - 57%, *Hauptexportprodukte: Baumwolle ca. 45%, Vieh ca. 16%, Staatsratsvorsitzender: Sayed Ahmad Ali al-Mirghani, Premierminister: Sadiq al-Mahdi, Regierungsparteien: Umma, Democratic Unionist Party (DUP), Sudan Federal Party, South Sudan Political Association, People's Progressive Party*

Angesichts der desolaten Wirtschaftslage, des eskalierenden Bürgerkrieges und einer starken fundamentalistischen Opposition hat sich die in parteipolitische Streitigkeiten verstrickte Regierungskoalition als brüchig erwiesen. Der Bürgerkrieg ist, trotz einiger Ansätze zu Gesprächen mit Äthiopien und der SPLA (Sudanese Peoples Liberation Army), einer Lösung nicht nähergekommen; die Kosten des Krieges lassen es zweifelhaft erscheinen, ob sich das innenpolitische Risiko einer Annäherung an den IWF in absehbarer Zeit in Form einer wirtschaftlichen Stabilisierung auszahlen wird.

Innenpolitik

Vermutungen und Gerüchte, daß ein erneuter Militärputsch die Koalitionsregierung stürzen könnte, erwiesen sich als so hartnäckig, daß sie mehrmals offiziell dementiert wurden. Mindestens einmal erhielt der Sicherheitsdienst konkrete Informationen über einen für den 16.4. (angeblich von der Kommunistischen Partei nahestehenden Offizieren) *geplanten Militärputsch*. Die nachträgliche Beförderung gefallener und als vermißt gemeldeter Offiziere um zwei Dienstgrade (27.8.) und die Einrichtung eines Spendenfonds für die Armee im Rahmen der Generalmobilmachung im November sollten offenbar sowohl die Kampfmoral stärken wie die Loyalität zur Regierung erhalten.

Die erste *Regierungskrise* im Mai wurde noch relativ schnell beigelegt; Anlaß war vor allem die scharfe Kritik des Handelsministers an der Wirtschaftspolitik der Regierung. Premierminister al-Mahdi forderte den Staatsrat, das kollektive Staatsoberhaupt, am 13.5. zur Entlassung des Ministerrates auf, dem er Inkompetenz, Obstruktion und Faulheit vorwarf. Das am 3.6. neugebildete Kabinett war aber in der personellen Zusammensetzung kaum verändert, so daß es sich anscheinend hauptsächlich um eine Machtprobe zwischen al-Mahdi und dem Ministerrat handelte. Während Streiks im staatlichen Sektor und Demonstrationen mit vielen Verletzten die wachsende Unzufriedenheit der städtischen Bevölkerung mit den Versorgungsengpässen und den Querelen in der Regierung anzeigten, bereitete sich die nächste Regierungskrise vor, die sich schließlich an der Besetzung des am 22.6. vakant gewordenen fünften Sitzes im Staatsrat entzündete. Die Umma-Partei al-Mahdis lehnte am 21.7. den Kandidaten der Demokratischen Unionspartei (DUP) wegen dessen enger Verbindung zum Numairi-Regime ab und setzte am 8.8. die Wahl ihres Kandidaten, des parteilosen Mirghani al-Nasri, durch das Parlament durch. Letztlich gab die DUP zwar nach, aber zunächst trat sie am 21.8. aus der Koalition aus. Der Staatsrats-Vorsitzende al-Mirghani (DUP) rief zur Bildung einer großen Koalition der nationalen Einheit auf und forderte den Rücktritt al-Mahdis bis zum 7.9. Da eine andere mehrheitsfähige Koalition erwartungsgemäß nicht zustande kam und weder Umma noch DUP Neuwahlen riskieren wollten, die mit Sicherheit zu einer Stärkung der Nationalen Islamischen Front (NIF) führen würden, gaben sie am 8.9. die Wiederherstellung der Koalition bekannt. Der am 28.10. wiedergebildete Ministerrat blieb abgesehen von der Ersetzung des am 5.9. zurückgetretenen Außenministers Tawfiq Ahmad unverändert.

Die Aufhebung der *"September-Gesetze"*, der 1983 von Numairi eingeführten Version des islamischen Gesetzes (Sharia), war schon Bestandteil der ersten Koalitionsvereinbarungen vom April 1986 gewesen; dies ist auch eine der Hauptforderungen der SPLA. Al-Mahdi bekräftigte mehrmals seine Absicht, die sich aus den September-Gesetzen ergebenden Probleme "baldigst" zu lösen - auf der Grundlage islamischer Prinzipien. Am 22.6. beschloß der Staatsrat, daß eine Sonderkommission sich einzelnen Fällen widmen und Vorschläge zu deren Regelung vorlegen solle, und am 14.12. wurden die Bestimmungen aufgehoben, die besondere Härten verursachten und z.T. schon seit dem Sturz Numairis nicht mehr angewendet worden waren. Mit dieser schrittweisen Modifikation der Sharia ist das Problem nur vertagt worden. Als Tendenz wurde der Versuch erkennbar, einen Kompromiß zwischen Säkularisierung und Islamisierung dahingehend zu finden, daß die Sharia in den überwiegend islamischen Regionen, weltliche Gesetze in den überwiegend nicht-islamischen Regionen gelten sollen. Eine derartige Regelung wird jedoch von fast allen politischen Kräften abgelehnt und dürfte daher kaum durchsetzbar sein.

In der sich anbahnenden Koalitionskrise verhängte der Staatsrat am 25.7., am Tag der Ankunft einer IWF-Delegation, für ein Jahr den *Ausnahmezustand*; da dieser ohnehin seit dem Sturz Numairis nie aufgehoben worden war, handelte es sich im wesentlichen um eine Verschärfung der geltenden Bestimmungen. Im August wurden in der Hauptstadt Sondergerichte eingesetzt, und am 27.9. wurde das Notstandsgesetz mit einer Abänderung auch vom Parlament verabschiedet. Zur Begrenzung oder gar Verhinderung von Unruhen und blutigen Ausschreitungen hat sich der Ausnahmezustand als ungeeignet erwiesen; er hat im Gegenteil neue Demonstrationen und Unruhen ausgelöst, die z.T. von Schülern und Studenten ausgingen und häufig Tote und Verletzte forderten. Weder mit Ausgangssperrungen und Schulschließungen noch mit einem am 25.10. ausgesprochenen Demonstrationsverbot ließ sich auch nur der Anschein von Ruhe herstellen.

Am 3.10., gleichzeitig mit der Bekanntgabe der Vereinbarung mit dem IWF, erhielt die Polizei Sondermittel von S£ 312 Mio., und der Polizeichef wurde beauftragt, al-Mahdi bei seinem Staatsbesuch in Japan zu Gesprächen mit der dortigen Polizeiführung zu begleiten. Am 7.11. wurden für Khartoum und andere Städte, in denen es Unruhen gegeben hatte, zusätzliche Notstandsmaßnahmen bekanntgegeben, u.a. nächtliche Patrouillen und Kontrollposten an den Zufahrtsstraßen. Unter dem Schock der Einnahme von Kurmuk durch die SPLA, die damit den Bürgerkrieg näher an die Hauptstadt brachte, verkündete der Staatsrat am 24.11. eine *Generalmobilmachung zur zivilen Verteidigung*, womit anscheinend die Einführung der Wehrpflicht verbunden sein soll.

Der *Bürgerkrieg* folgte in militärischer Hinsicht dem saisonalen Zyklus der Vorjahre mit Vorstößen der Armee während der Trockenzeit, in der sie beweglicher ist, und ausgedehnteren Aktionen der SPLA während der Regenzeit. Er ist allerdings in mehrfacher Hinsicht eskaliert. Die SPLA hat im Laufe des Jahres mehrere kleinere Städte in den Regionen Oberer Nil und Äquatoria eingenommen und, mit Ausnahme von zwei Städten an der äthiopischen Grenze in der Region Blauer Nil (Kurmuk und Gizein), auch gehalten, und sie hat relativ erfolgreiche Vorstöße nach Süd-Kordofan unternommen, wo im Februar 1988 die Ölbohrungen wieder aufgenommen werden sollen. Die Kriegführung beider Seiten ging immer deutlicher zu Lasten der Zivilbevölkerung. Die SPLA griff mehrmals Versorgungstransporte an (u.a. am 14.10. einen Eisenbahnzug), wenn auch mit der

Begründung, es handele sich um militärischen Nachschub. Die Regierung ihrerseits wies im Juli und September eine Reihe von Hilfsorganisationen aus, da diese
gegen die Interessen des Landes handelten, d.h. mit der SPLA in irgendeiner
Form zusammenarbeiteten. Die Region Bahr al-Ghazal wurde am 29.10. zum
Hungergebiet erklärt. Ferner war eine zunehmende Brutalisierung der Kriegführ-
rung und Fragmentierung der Kriegsparteien festzustellen. Die Strategie der
Entlastung der regulären Armee durch die Bewaffnung sog. Stammesmilizen ist
wohl die Hauptursache, aber auch ein Mangel an Kohäsion in der SPLA, der nur
z.T. geographisch bedingt ist, spielt eine Rolle. Massaker an Dinka-Flüchtlingen
durch Baggara-Milizen unter Beteiligung der Polizei fanden am 27./28.3. in
Ed-Da'ein statt. Diese wurden, anders als die von Mitarbeitern von Hilfsorganisationen bestätigten Massaker an Flüchtlingen durch Armee-Einheiten in Wau am
11./12.8., offiziell zugegeben, wenn auch mit erheblich niedrigeren Angaben über
die Zahl der Getöteten. SPLA-Einheiten und Milizen haben ebenfalls offenbar
mehrfach Dörfer überfallen, geplündert und die Bewohner getötet; in zwei Fällen
in Süd-Äquatoria (16.7., 28.8.) benutzten die Täter anscheinend die von der SPLA
erhaltenen Waffen für private Racheaktionen.

   Ungeachtet wiederholter Äußerungen von Premierminister al-Mahdi, daß der
Bürgerkrieg nur politisch beendet werden könne, waren die Ansätze der Regierung für eine politische Lösung bestenfalls halbherzig. Am 7.2. bildete al-Mahdi
einen *Verwaltungsrat* aus den drei Regionalgouverneuren des Südens und Vertretern von fünf Parteien; elf Berater mit Ministerrang wurden im April ernannt.
Selbst die am Süd-Rat beteiligten Parteien beklagten sich über mangelnde Kon-
sultation; der Arbeitsminister und Vorsitzende des nicht beteiligten Sudan African
Congress trat zurück. Der Süd-Rat erwies sich als weitgehend machtlos, woran
auch die nach langem Hin und Her am 17.12. erfolgte Gründung eines christ-
lich-islamischen Hilfskomitees für den Südsudan wenig ändern wird. Die am
29.12. vorgestellte "Übergangs-Charta für den Süden", die am 3.1.88 unterzeichnet
werden soll, wird voraussichtlich keine Verhandlungsgrundlage bilden: neben der
Beibehaltung der Dreiteilung des Südens bis zu einer Verfassungskonferenz und
der Absichtserklärung, mittels des neugegründeten Komitees schnelle Hilfe für
die notleidende Bevölkerung zu organisieren, legt sie u.a. Arabisch als Verwal-
tungssprache fest. Über den Inhalt eines Treffens zwischen einer Regierungs-
und Armeedelegation und SPLA-Vertretern, das Anfang Dezember in London
stattgefunden hat, sind keine Einzelheiten bekanntgeworden; daß es Fortschritte
erbracht haben könnte, scheint wenig wahrscheinlich.

   Zwischen den südsudanesischen Parteien (einschließlich der an der Regierungskoalition beteiligten Parteien) und der SPLA haben im August und September mehrere Gesprächsrunden stattgefunden. Ergebnis der Gespräche in Addis
Abeba, Nairobi und Kampala war im wesentlichen eine *Bekräftigung der Koka-
Damm-Erklärung* vom März 1986 als Verhandlungsgrundlage. Dieser Minimal-
konsens der organisierten Kräfte des Südsudans mit Ausnahme der Anyanya II
änderte jedoch wenig am Status quo. Umma-Partei, DUP und NIF blieben bei
der Ablehnung dieser Erklärung, und das Bündnis der Anyanya II mit der Armee
erwies sich vorerst als stabil.

   Die SPLA ihrerseits zeigte sich ebenfalls nicht zu Kompromissen geneigt;
einen Waffenstillstand zur Einberufung einer Verfassungskonferenz will sie
offenkundig erst nach erheblichen politischen Vorleistungen der Regierung
eingehen.

Außenpolitik

Der Premierminister, einige Staatsratsmitglieder und eine Reihe von Ministern unternahmen eine fast ununterbrochene Kette von Auslandsreisen. Ein großer Teil dieser Reisediplomatie diente Gesprächen und Verhandlungen über bilaterale Finanz- und Sachhilfe, Umschuldungen und Kredite. Ohne daß sich an der Gesamtverschuldung des Sudan und seiner Zahlungsunfähigkeit etwas geändert hätte, waren die Reisen doch recht erfolgreich; einige Schulden wurden annulliert oder umgeschuldet, neue Kredite wurden gewährt, und mit verschiedenen Ländern wurden Kooperations- und Tauschhandelsabkommen geschlossen.

In den Beziehungen zu den europäischen Staaten gab es keine Konflikte, und das Verhältnis der *USA* zur sudanesischen Regierung hat sich offenbar wieder etwas entspannt, zumal die enge Bindung an Libyen sich als problematisch erwiesen hat. Mit der *UdSSR* wurde im Februar ein Handelsabkommen über drei Jahre geschlossen, dessen Implementierung jedoch Schwierigkeiten machte, so daß im Juli nochmals Handelsgespräche stattfanden. Die vom Stabschef der Armee am 22.1. angekündigte Waffenhilfe aus der UdSSR hat sich anscheinend nicht materialisiert, aber trotz Berichten über eine Beteiligung sowjetischer und kubanischer Fachleute bei Angriffen der SPLA gab es keine offenen Spannungen. Mit der *VR China* bestehen Wirtschaftskontakte, und nach dem Besuch einer Parlamentarier-Delegation im November reiste al-Mahdi im Dezember erstmals nach Peking. *Japan* ist zu einem wichtigen Handelspartner und Kreditgeber geworden; beim Besuch al-Mahdis in Tokyo im Oktober wurden mehrere Kredit- und Hilfsvereinbarungen geschlossen.

Der Versuch, gute Beziehungen zum Irak wie zum *Iran*, mit dem im Dezember 1986 eine engere Zusammenarbeit und Informationsaustausch in verschiedenen Bereichen vereinbart worden waren, zu pflegen, führte zeitweilig zu Schwierigkeiten im Verhältnis zu *Saudi-Arabien*, einem der größten bilateralen Gläubiger des Sudan. Nachdem der iranische Rundfunk verbreitet hatte, al-Mahdi habe dem iranischen Vize-Außenminister bei dessen Besuch in Khartoum vom 8.-9.8. seine Unterstützung hinsichtlich der blutigen Unruhen in Mekka vom Juli versichert, bedurfte es einiger diplomatischer Bemühungen, um die daraufhin gekürzten Öllieferungen Saudi-Arabiens wieder zu erhöhen. Ende des Jahres waren diese Spannungen offenbar wieder beseitigt: Saudi-Arabien beteiligte sich mit dem Irak, Libyen, Ägypten und den Vereinigten Arabischen Emiraten an der "konzertierten Aktion" zur Aufrüstung der sudanesischen Armee, die die Rückeroberung von Kurmuk am 22.12. ermöglichte. Militärhilfe erhielt der Sudan auch aus *Jordanien*; diese wurde Anfang November vereinbart, nachdem schon im Januar ein Handelsabkommen geschlossen worden war. Mit *Libyen* wurden mehrere Abkommen geschlossen, und beim Besuch einer großen Delegation unter Leitung des Armeechefs Jabir Yunis in Khartoum vom 27.9.-4.10. wurde das schon im Frühjahr gegebene Versprechen umfangreicher Öllieferungen (auf Kreditbasis) erneuert; entscheidender für die Beziehungen ist aber wohl die von Libyen geleistete Militärhilfe. Zumindest hat das Angebot, vier Mig-23 zur Verfügung zu stellen, dazu geführt, daß der Rückzug der libyschen Truppen aus Darfur am 6.4. für beendet erklärt wurde; am 7.3. hatte al-Mahdi mitgeteilt, die libyschen Truppen, deren Präsenz er selbst eine Woche vorher noch dementiert hatte, hätten nun nach entsprechender Order der sudanesischen Armeeführung den Rückzug angetreten. Die regierungsamtlich nicht mehr, real aber nach wie vor vorhandenen libyschen Truppen in Darfur haben dazu geführt, daß das Verhältnis zum *Tschad* sich rapide verschlechterte. Eine Entspannung der Bezie-

hungen wurde auch dadurch nicht erreicht, daß die "Sicherheitsprobleme" in
Darfur gegen Jahresende nicht mehr auf Stammeskonflikte oder Kämpfe zwischen nicht näher bezeichneten versprengten Resten tschadischer Gruppierungen
zurückgeführt wurden, sondern auf Anhänger von Adsheikh Ibn Oumar, der
(pro-libyschen) Neo-GUNT; dieser benutze Darfur als Rückzugsgebiet und werde
von der tschadischen Armee, der FANT, auf sudanesisches Territorium verfolgt.

Die Beziehungen zu *Uganda* haben sich insgesamt positiv entwickelt. Beim
Besuch von Präsident Museveni in Khartoum Mitte Juni wurden ein Grenzsicherheitsabkommen und ein Auslieferungsvertrag geschlossen, außerdem ein Handelsabkommen. Die durch den Bürgerkrieg im Südsudan erheblich beschleunigte
Rückkehr ugandischer Flüchtlinge nach Uganda hat ebenfalls zu einer Entspannung beigetragen.

Die unter Numairi zwischen Sudan und *Ägypten* abgeschlossene Integrations-
Charta wurde nach langen Verhandlungen im Februar, beim ersten Besuch al-
Mahdis in Kairo, durch eine "Bruderschafts-Charta" ersetzt. Bereits vorher war
zwischen Khartoum und Kairo eine Städtepartnerschaft vereinbart worden, und
im Laufe des Jahres kamen verschiedene Kooperationsabkommen zustande. Der
Status des Verteidigungspaktes von 1976, dessen Auflösung u.a. von der SPLA,
aber auch von der NIF gefordert wird, blieb allerdings unklar, da er nicht Teil
der Integrations-Charta war.

Trotz ägyptischer Vermittlungsversuche hat sich das Verhältnis zu *Äthiopien*
weiter verschlechtert. Nach dem Austausch schriftlicher Botschaften kündigte
al-Mahdi am 5.9. ein baldiges Treffen mit Präsident Mengistu an, und Staats-
ratsmitglied Taj al-Din sprach während der Revolutionsfeiern in Addis Abeba
von den historischen Bindungen beider Völker. Daraufhin konstatierte die
Armeeführung am 24.9. einen spürbaren Rückgang der äthiopischen Verletzungen
des sudanesischen Luftraumes und bezeichnete nicht die Unterstützung der SPLA,
sondern die Verfolgung von Eritreern als deren Ursache. Nach der Einnahme der
Grenzstadt Kurmuk durch die SPLA am 12.11. sagte al-Mahdi wegen der Beteiligung äthiopischer und kubanischer Einheiten seinen Besuch in Äthiopien im
Rahmen des OAU-Sondergipfels wieder ab. Eine Eilaktion des ägyptischen Premierministers Atif Sidqi brachte wenige Tage später, am 3./4.12, doch noch ein
Treffen zwischen Mengistu und al-Mahdi in Kampala zustande; das dort
beschlossene gemeinsame Ministerkomitee ist allerdings zum angekündigten Termin nicht zusammengetreten.

Sozio-ökonomische Entwicklung

Die *Verhandlungen mit dem IWF* verliefen schleppend, da die Regierungskrisen
zu Terminverschiebungen führten. Am 26.9. kam schließlich eine Grundsatzver-
einbarung zustande: wenn die Forderungen nach Sparmaßnahmen, Privatisierung
und Abwertung erfüllt und die Zahlungsrückstände von rd. $ 600 Mio. gegenüber
dem IWF beglichen würden, könnte der Sudan wieder für kreditwürdig erklärt
werden, was wiederum Umschuldungen durch den Pariser Club möglich machen
würde. Am 3.10. wurde das S£ dementsprechend um 80% abgewertet, die Preis-
subventionen für Zucker, Benzin und Zement wurden aufgehoben, für andere
Grundnahrungsmittel und Bedarfsgüter jedoch beibehalten. Trotz der (vom IWF
zurückgewiesenen) Behauptung des Finanzministers, der IWF habe Kredite von
$ 4,8 Mrd. für die nächsten vier Jahre zugesichert, kam es daraufhin zu Demon-
strationen und Unruhen. Die Gehälter der Staatsangestellten mit niedrigem Einkommen wurden zum 1.11. um S£ 40 monatlich erhöht, womit die Preiserhöhun-

gen jedoch kaum ausgeglichen werden. Immerhin wurden Kreditverhandlungen mit der Weltbank für Agrarimporte, ein ländliches Entwicklungsprogramm in Kordofan und die Rehabilitierung der Eisenbahn zügig abgewickelt. Anfang Dezember fanden erste Gespräche über eine eventuelle Umschuldung durch die Geschäftsbanken und eine Sitzung einer "Mini"-Konsultativgruppe statt, die $ 125-135 Mio. für laufende Ausgaben im Haushaltsjahr 1987/88 zusagte. Umschuldungen sind noch nicht in Sicht, würden allerdings auch wenig daran ändern, daß der Sudan mit $ 10,6-13 Mrd. eines der höchstverschuldeten Länder des Kontinents ist (bei einem BSP von geschätzten $ 7,35 Mrd.).

Ein im September unternommener Versuch, die Devisenknappheit und die Versorgungslücken durch die Wiedereinführung privater Importkredit-Briefe zu lösen, blieb umstritten. Die Genehmigung für private Geschäftsleute, sich die Devisen für den Import der auf einer entsprechenden Liste aufgeführten Bedarfsgüter auf dem Schwarzmarkt zu verschaffen, wird von manchen als eine Ursache des weiteren Falls des Schwarzmarktkurses gesehen.

Die *Reorganisierung des staatlichen Wirtschaftssektors* erwies sich als ebenso problematisch wie die von Berufsverbänden und Gewerkschaften geforderte "Säuberung" der staatlichen Institutionen von Mitgliedern des Numairi-Regimes. Es gab vor allem in der zweiten Jahreshälfte zahlreiche Streiks; in einigen Fällen folgten darauf Neubesetzungen in Führungspositionen (u.a. im Medienbereich im Oktober). Während die Einführung von Dreijahresverträgen für Manager anscheinend keine breiteren Gegenreaktionen auslöste, wurde die Privatisierung der defizitären Sudan Airways durch einen Streik vom 29.10.-18.11. verhindert. Der Wechsel des Managements der Eisenbahngesellschaft kam offenbar unter dem Druck der Weltbank zustande. Auch das Bankwesen wurde von den Reorganisationsbestrebungen erfaßt. Im November wurde das im Dezember 1984 eingeführte Zinsverbot aufgehoben, und am 25.11. teilte Finanzminister Beshir Omar mit, daß in der Untersuchung des Banksektors erhebliche Unregelmäßigkeiten aufgedeckt worden seien.

Die Exporterlöse des Sudan sind weltmarkt- und wetterabhängig, so daß sie 1987 erheblich unter denen von 1986 liegen dürften. Der Streit mit Chevron über die Wiederaufnahme der Arbeit auf den Ölfeldern im Südsudan endete vorläufig mit dem Kompromiß, daß das Unternehmen nördlich dieser großen Vorkommen weitere, voraussichtlich wenig erfolgreiche Probebohrungen durchführen wird; eine Selbstversorgung mit Öl wird vor dem Ende des Bürgerkrieges nicht möglich sein. Positiver sind dagegen die Aussichten, aus dem Abbau der reichhaltigen Mineralvorkommen an der Küste des Roten Meeres Gewinn zu erzielen. Mit dem Abbau von Gold wurde im Sommer begonnen, weitere Mineralvorkommen wurden genauer erforscht und vorläufige Vereinbarungen über Joint Ventures mit ausländischen Unternehmen abgeschlossen.

Am 30.9. appellierte al-Mahdi an die internationalen Organisationen, den nach den Erfahrungen von 1984/85 erneut zu erwartenden Zustrom von *Flüchtlingen* aus Äthiopien zu verhindern und den im Land befindlichen (1 - 1,2 Mio.) mehr Hilfe zu leisten; am 3.11. gab der Flüchtlingskommissar des Sudan einen Aufnahmestopp für äthiopische Flüchtlinge bekannt. Ein weiteres soziales und innenpolitisches Problem ist die wachsende Zahl der Südsudanesen, die sich vor dem Bürgerkrieg in die scheinbare Sicherheit des Nordens flüchten. Besonders in der Hauptstadt, wo einige hunderttausend Bürgerkriegsflüchtlinge leben, sind sie immer deutlicher unwillkommen. Die gewaltsame "Slumbereinigung" durch Zerstörung der Behelfshütten und Vertreibung der Bewohner führte am 30.6. zu

blutigen Auseinandersetzungen zwischen Polizei und Squattern; wenige Tage
später wurde die Nachricht verbreitet, der Sicherheitsdienst habe einen Plan
(dessen Autoren unbenannt blieben) aufgedeckt, die Slumbereinigung zur Ent-
fachung von Unruhen auszunutzen. Gegenseitiges Mißtrauen, Ängste und Ressen-
timents zwischen Nord- und Südsudanesen wurden mit teils übertriebener, teils
erfundener Propaganda von Regierung, Armee und SPLA gleichermaßen ge-
schürt; Opfer der zunehmenden Polarisierung sind die Flüchtlinge.

Kathrin Eikenberg

* Vgl. den Länderbeitrag Sudan im parallel erscheinenden Jahrbuch Nahost

Chronologie Sudan 1987

07.02.	Einsetzung eines Süd-Rates durch die Regierung
17.-22.02.	Besuch al-Mahdis in Ägypten, Unterzeichnung der Bruderschafts-Charta am 21.2.
06.04.	Al-Mahdi ruft die SPLA zu einem zweiwöchigen Waffenstillstand zwecks Vorbereitung einer Verfassungskonferenz auf; Presseerklärung der SPLA als Antwort am 27.7.
13.05.	Al-Mahdi fordert den Staatsrat zur Entlassung des Kabinetts auf; dieser stimmt am 19.5. zu
03.06.	Bildung einer neuen Koalitionsregierung; Sudan Airways stellt Flüge nach Juba (Äquatoria) ein
24.-30.06.	Besuche in Ägypten beginnen Staatsratsmitglieder al-Mirghani und al-Din, Informationsminister Sinadah, NIF-Vorsitzender al-Turabi, Premierminister al-Mahdi
Juli	SPLA eröffnet ein Büro in Harare (Zimbabwe)
05.-11.07.	Besuche al-Mahdis im Irak, Kuwait, Qatar, den Vereinigten Arabischen Emiraten und Saudi-Arabien
13.-26.07.	Besuche al-Mahdis in Jugoslawien und Großbritannien (dort Gespräche mit SPLM-Vertretern)
17.-23.07.	Schüler- und Studentenproteste in Khartoum, daraufhin Schließung aller Bildungseinrichtungen am 23.7.; Streiks bei Radio, Fernsehen und meteorologischem Dienst (20.-22.7.)
25.07.	Staatsrat erklärt für ein Jahr den Ausnahmezustand
25.07.-02.08.	IWF-Mission in Khartoum
16.-24.08.	Besuch des Staatsratsmitglieds al-Banna in Saudi-Arabien
19.-23.08.	Gespräche zwischen südsudanesischen Parteien und SPLA in Addis Abeba (Äthiopien), fortgesetzt vom 6.-8.9. in Kampala (Uganda) und 19.-22.9. in Nairobi (Kenya)
21.08.	DUP erklärt Austritt aus der Koalition bei Fortführung der Regierungsgeschäfte bis 7.9.
01.-06.09.	Tagung der ugandisch-sudanesischen Ministerkommission in Kampala
02.-05.09.	Besuch von Staatsratsmitglied al-Din in Libyen
08.09.	Al-Mahdi kündigt Fortsetzung der Koalition von Umma und DUP an
12.-14.09.	Besuch von Staatsratsmitglied al-Din in Äthiopien
03.10.	Bekanntgabe einer Vereinbarung mit dem IWF vom 26.9., Abwertung und Preiserhöhungen; Besuch einer Weltbank-Mission
04.-05.10.	Demonstrationen und Unruhen in Khartoum, daraufhin Schließung der Schulen bis 27.10.
12.-17.10.	Besuch al-Mahdis in Japan
19.11.	Schließung der Universität Khartoum
24.11.	Generalmobilmachung zur zivilen Verteidigung im Staatsrat beschlossen, Einrichtung eines Spendenfonds für die Armee; Ankündigung eines nationalen Wehrdienstes am 21.12.
Anf. Dez.	Gespräche zwischen SPLA und Armee- und Regierungsdelegationen in London
Anf. Dez.	Besuche des Staatsratsvorsitzenden al-Mirghani im Irak, in Saudi-Arabien und Ägypten
01.-02.12.	Tagung einer "Mini"-Konsultativgruppe in Paris im Anschluß an den Besuch einer Weltbank-Mission in Khartoum und Umschuldungsverhandlungen mit dem Londoner Club
03.-04.12.	Gespräche al-Mahdis mit dem äthiopischen Präsidenten Mengistu in Kampala (Uganda)
14.12.	Unterzeichnung von Gesetzesänderungen durch den Staatsratsvorsitzenden al-Mirghani
16.-19.12.	Besuche al-Mahdis in Jordanien und Libyen
21.12.	Abreise al-Mahdis in die VR China
29.12.	Staatsratsmitglied Lado Lolik kündigt Unterzeichnung einer Übergangs-Charta für den Südsudan für den 3.1.88 an

Tanzania

Fläche: 945 087 km², *Einwohner:* 22,2 Mio., *Hauptstadt:* Dodoma (*faktisch Dar es Salaam*), *Amtssprache:* Kiswahili (*Geschäftssprache: Englisch*), *Schulbesuchsquote:* 55%, *Wechselkurs:* $ 1=Shilling 82, *Pro-Kopf-Einkommen:* $ 270, *BSP:* $ 5,84 Mrd., *Anteile am BIP:* 58% - 8% - 33%, *Hauptexportprodukte:* Kaffee 40%, Baumwolle 13%, Cashewnüsse 8%, Tee 6%, *Staatschef:* Ali Hassan Mwinyi, *Einheitspartei:* Chama Cha Mapinduzi (*=Partei der Revolution*) (CCM)

Zwei Themenbereiche dominierten das Geschehen im abgelaufenen Jahr: der Fortgang des Mitte 1986 eingeleiteten wirtschaftspolitischen Reformprogramms sowie die spannenden Spekulationen im Vorfeld des CCM-Kongresses über die Person des Parteivorsitzenden und die schließliche Wiederwahl von Julius Nyerere für eine weitere fünfjährige Amtsperiode. Die für politische Systeme Afrikas äußerst ungewöhnliche Arbeitsteilung zwischen dem Parteivorsitzenden, der bereits seit Jahrzehnten die Politik des Landes dominiert, und seinem Nachfolger im Amt des Staatspräsidenten, Ali Hassan Mwinyi (seit November 1985), behielt somit trotz offensichtlicher Unterschiede bei der Orientierung der Wirtschaftspolitik weiterhin Bestand.

Innenpolitik

Im März begannen auf der untersten Ebene der Nachbarschaftszellen *Parteiwahlen*, die hintereinander alle Stufen des Parteiaufbaus durchliefen und im 3. CCM-Kongreß kulminierten, der im Oktober erstmals in der seit 1973 designierten neuen Hauptstadt Dodoma stattfand. Die Selektionsmechanismen der Parteirepräsentanten blieben - ebenso wie die tatsächliche Meinungsbildung innerhalb der führenden Parteizirkel - für Außenstehende weitgehend undurchschaubar. Bis zum Vorabend des Kongresses wucherten die Spekulationen über die zukünftige Regelung des Parteivorsitzes, wobei überwiegend von einem Rückzug Nyereres ausgegangen wurde, um damit wieder die Zusammenlegung der beiden wichtigsten politischen Ämter in einer Hand zu ermöglichen. Dies war beim freiwilligen Rückzug Nyereres vom Präsidentenamt 1985 seine erklärte Absicht gewesen. Aber schon ab 1986 wurde deutlich, daß wesentliche Teile der alten Parteigarde sich um Nyereres Verbleib im Parteiamt bemühten, um einen totalen Durchbruch des reformpolitischen Flügels von Mwinyi zu blockieren und damit die Beibehaltung der seit 1967 durch die Arusha-Erklärung angestrebten sozialistischen Ziele, aber auch der damit verbundenen Privilegien der bürokratischen, über die Partei abgesicherten Führungsschicht zu gewährleisten. Der Parteivorsitz bedeutet insofern eine entscheidende Schlüsselposition, da nach der Verfassung die Partei der Regierung und dem Parlament übergeordnet ist. Nyerere selbst hatte sich während des Jahres nicht öffentlich über seine persönlichen Absichten geäußert und damit die Spannung bis zuletzt offengehalten.

Zur Überraschung der meisten Beobachter wurde aber Nyerere vom Nationalen Exekutivkomitee (NEC) der CCM in seiner alten Zusammensetzung doch wieder für den *Parteivorsitz* nominiert und vom Parteikongreß mit überzeugender Stimmenzahl gewählt, während Mwinyi die Stellvertreterposition erhielt. Allerdings liefen bald Gerüchte von Manipulationen bei der Stimmenauszählung um, da angeblich mehrere hundert Delegierte gegen Nyerere votiert haben sollen. Letzten Endes hatte wohl Nyereres eigener Entschluß zum Weitermachen, den er in den Parteigremien dann auch durchsetzen konnte, den Ausschlag gegeben. Vom neuen NEC wurden anschließend Rashidi Kawawa, ein Parteiveteran und Exponent des bürokratischen Establishments, als Generalsekretär bestätigt und ein *neues ZK* gewählt. Nicht wieder gewählt wurden Finanzminister Cleopa Msuya und Zanzibar-Chefminister Seif Shariff Hamad, die beide als entschiedene Verfechter der Liberalisierung der Wirtschaftspolitik gelten. Bei der Aufgabenverteilung innerhalb des ZK konnte Premierminister Joseph Warioba seine Position etwas stärken, so daß es zu Gerüchten kam, daß er Favorit für den zukünftigen Parteivorsitz und Präsidentschaftskandidat sein könnte. Offensichtlich hielt Nyerere die Zeit noch nicht für reif, die politischen Zügel aus der Hand zu geben. Er wollte seine hauptsächlichen Ziele sichergestellt wissen, insbesondere die Erhaltung der politischen Stabilität, die dauerhafte Einbeziehung Zanzibars in die Union, die Unterordnung des Militärs unter die politische Führung, die Verfolgung einer möglichst egalitären Gesellschaftsordnung sowie die Vermeidung einer allzu weiten Kluft zwischen den verschiedenen sozialen Gruppen. Seit seinem Rückzug vom Präsidialamt bemühte sich Nyerere mit großer Energie um eine Konsolidierung der Partei, mußte dabei aber sehr ernüchternde Feststellungen in bezug auf ihre unbefriedigende organisatorische und ideologische Realität machen. Seine Hauptbegründung für die Fortführung des Parteiamtes stellte darauf ab, daß er sich voll darauf konzentrieren und damit Mwinyi für die Regierungsarbeit den Rücken freihalten könnte. Es gibt sehr differierende Interpretationen über das Ausmaß vorhandener Konflikte und Rivalitäten zwischen beiden Personen, zwischen der Rolle von Partei und Regierung und zwischen den vermeintlichen Lagern der wirtschaftspolitischen Pragmatiker und der ideologischen Doktrinäre in den politischen Führungsgremien. Das Gespann Nyerere/Mwinyi bietet aber auch Möglichkeiten zur Ausbalancierung der praktischen Erfordernisse der Regierungsarbeit und der weiterbestehenden sozialistischen Zielvorstellungen der Partei, allerdings mit der Gefahr eines ständigen unentschiedenen Hin-und-Her-Lavierens. Auf dem CCM-Kongreß wurde ein Parteiprogramm als Orientierungsrahmen für die nächsten 15 Jahre verabschiedet, das eine deutliche Rückbesinnung auf die sozialistische Zielorientierung vornimmt.

Die *Beziehungen zwischen Zanzibar und dem Festland* blieben weiterhin latent gespannt, teilweise auch akzentuiert durch interne Konfliktpotentiale innerhalb Zanzibars, die aus dessen Geschichte und der Verarbeitung der Revolution von 1964 herrühren. Vor diesem Hintergrund kam es auf Zanzibar z.B. durch regierungsfeindliche Flugblätter zu Manifestationen politischer Unzufriedenheit mit dem Kurs der wirtschaftlichen Liberalisierung. Unter den CCM-Mitgliedern des Festlandes mögen manche Vorbehalte gegen Mwinyi auch von seiner Herkunft aus Zanzibar und seiner Islamzugehörigkeit herrühren. Die politischen Führungsämter zwischen Vertretern Zanzibars und des Festlandes auszutarieren, bleibt ein schwieriger Balanceakt.

Im März erfolgte eine erste kleinere *Kabinettsumbildung* der Regierung Mwinyi, die in Abgrenzung zur früheren Nyerere-Ära häufig als Regierung der zweiten Phase bezeichnet wird. Hauptsächlicher Auslöser war eine Gerichtsentscheidung, nach der Industrieminister Mramba sein Abgeordnetenmandat aufgrund einer Wahlanfechtung wegen Unregelmäßigkeiten beim Wahlkampf 1985 abgesprochen wurde; daraufhin verlor er auch sein Ministeramt. Eine nach dem CCM-Kongreß am 12.12. vorgenommene Kabinettsumbildung brachte das Ausscheiden von zwei profilierten Vertretern des linken Parteiflügels (Ngombale-Mwiru und Mwakawago), die sich fortan ganz auf ihre Parteifunktionen konzentrieren sollten.

Außenpolitik
Die Hauptaufmerksamkeit galt weiterhin der Aufrechthaltung gutnachbarlicher Beziehungen im regionalen Umfeld, dem Engagement für die Entwicklungen im

südlichen Afrika und der Vertiefung der Beziehungen mit anderen blockfreien Staaten der Dritten Welt. Trotz eines dichten Geflechts verschiedenartiger bilateraler Beziehungen und Einrichtungen mit allen Nachbarstaaten, gab es - wie immer wieder im Laufe der Jahre - zeitweilige Spannungen mit Burundi, Zaire und Kenya über die Probleme von Schmugglern, Flüchtlingen und illegalen Ausländern. Die aktive Mitwirkung Tanzanias bei der Gruppierung der Frontlinienstaaten und bei der SADCC wurde unverändert fortgesetzt. Schon seit Herbst 1986 wurden tanzanische Truppen zur Unterstützung der Regierung von Moçambique beim Kampf gegen die RENAMO-Rebellen eingesetzt. Anfang Dezember brachte eine große Konferenz zur Unterstützung des ANC in Arusha das besondere Engagement für den Befreiungskampf in Südafrika zum Ausdruck. Im März absolvierte Präsident Mwinyi Staatsbesuche in Indonesien, China und Nordkorea, während Parteichef Nyerere in seiner neuen Rolle als Vorsitzender der Süd-Kommission der Blockfreienbewegung (vorgeschlagen bei der Blockfreienkonferenz in Zimbabwe im September 1986) mehrere ausgedehnte Reisen in alle Kontinente unternahm. Die Süd-Kommission nahm offiziell am 2.10.1987 in Genf ihre Arbeit auf.

Sozio-ökonomische Entwicklung

Die Wirtschaftspolitik stand ganz im Zeichen des im Juni 1986 von der Regierung vorgelegten *"Economic Recovery Programme"* (ERP) für die Jahre 1986/89 und des *IWF-Beistandskreditabkommens* vom August 1986. Trotz gewisser Abstimmungsprobleme zwischen der Unionsregierung und Zanzibar wurde schließlich auch für die Insel ein eigenständiges ERP in die Wege geleitet. Bei einem im Juli unter Führung der Weltbank in Paris veranstalteten Treffen aller internationalen Entwicklungshilfegeber erhielt die Regierung volle Unterstützung für ihren wirtschaftspolitischen Reformkurs und Hilfszusagen für die beiden folgenden Finanzjahre von jeweils knapp $ 1 Mrd. Eine weitere Bestätigung brachte die positive Bewertung der bisherigen Durchführung des ERP durch den IWF und die Gewährung eines Kredits von $ 89 Mio. im Rahmen der IWF-Strukturanpassungsfazilität Ende Oktober.

Zentrale Elemente der neuen, seit 1986 praktizierten Wirtschaftspolitik waren die starke Abwertung der Landeswährung und die Bereitschaft zu weiteren graduellen Wechselkurskorrekturen, fiskalische Sparmaßnahmen und die Einschränkung der inländischen Kreditaufnahme, der Abbau von Subventionen sowie eine generelle Liberalisierung, die den staatlichen Einfluß auf das Wirtschaftsleben reduzieren und Freiräume für den Privatsektor schaffen soll. Angesichts der festverwurzelten dirigistischen Traditionen und des Beharrungsvermögens der bürokratischen und politischen Führungsschicht können Veränderungen allerdings nur schrittweise zum Tragen kommen. Die Vielzahl staatlicher und halb-staatlicher Unternehmen soll einem schärferen Effizienztest unterworfen werden. Selbst eine Veränderung der bisherigen wohlfahrtsstaatlichen Orientierung des Gesundheits- und Erziehungswesens erscheint möglich (z.B. Wiederzulassung privater Arztpraxen und Gebührenerhebung für Ausbildungsleistungen).

Insgesamt sind seit 1986 deutliche Anzeichen einer Verbesserung der meisten Wirtschaftsindikatoren sichtbar geworden. Allerdings sind auch die erheblichen sozialen Härten und Kosten dieser wirtschaftlichen Anpassungspolitik nicht zu verkennen. Das gesamtwirtschaftliche Wachstum betrug 1986 3,8%; dies ergab erstmals in den 80er Jahren wieder eine geringfügige Erhöhung des Pro-Kopf-Einkommens. Die Nahrungsmittelsituation war besser als seit vielen Jahren; von einem Maisüberschuß von annähernd 200 000 t konnte sogar ein Teil exportiert werden. Ebenso wie in den meisten anderen Bereichen kam es auch in der Landwirtschaftspolitik zu offensichtlichen Widersprüchlichkeiten: verbesserte Preisanreize für Bauern, Ermunterung großbetrieblicher Landbewirtschaftung, aber gleichzeitig Unterbindung des Aufkaufs landwirtschaftlicher Produkte durch private Händler und Festschreibung des Monopols der Genossenschaften und Staatsorganisationen. Trotz Wiederbelebung der Wirtschaft auf breiter Front bleibt die Zahlungsbilanz- und Devisensituation außerordentlich kritisch. Das Leistungsbilanzdefizit wird voraussichtlich zunächst weiter ansteigen von $ 538 Mio. 1986 auf $ 665 Mio. 1987. Ausfuhren von lediglich $ 348 Mio. 1986 standen Einfuhren von $ 1050 Mio. gegenüber. Diese Zahlen machen eindringlich deutlich, daß ein beträchtlicher äußerer Finanztransfers erforderlich ist.

Insgesamt ist noch keineswegs erwiesen, inwieweit und wie schnell die neue wirtschaftspolitische Orientierung tatsächlich zu einer Wiederbelebung der Ökonomie führen kann und ob die makro-ökonomischen Projektionen des ERP tatsächlich aufgehen können. Parteichef Nyerere kritisierte bei vielen Gelegenheiten weiterhin die schädliche Rolle des IWF für afrikanische Länder, betonte jedoch gleichzeitig seine Unterstützung für die unumgänglich notwendigen Maßnahmen der Regierung. Vorläufig wird es daher bei einer vorsichtigen Gratwanderung zwischen Reformmaßnahmen im Sinne einer Liberalisierung und Fortbestand von Elementen einer bürokratischen Staatswirtschaft bleiben.

Rolf Hofmeier

Chronologie Tanzania 1987

02.-15.03.	Staatsbesuche von Präsident Mwinyi in Indonesien, VR China und Nordkorea
23.03.	Kleinere Kabinettsumbildung, Veränderung des Zuschnitts einiger Ministerien
21.04.	Außerplanmäßige Anhebung von Verbrauchssteuern (auf Bier, Getränke, Zigaretten) zur Deckung von Steuermindereinnahmen
24.-27.04.	Staatsbesuch von Präsident Juvenal Habyarimana von Rwanda
01.05.	Anhebung des städtischen Mindestlohns von Shs. 810 auf Shs. 1260 im Monat mit Wirkung ab 1.7.
18.06.	Einbringung des Haushaltsplans 1987/88 durch Finanzminister Msuya im Parlament, orientiert an den Zielsetzungen des Economic Recovery Programme 1986/89
01.07.	Beginn eines separaten ERP für Zanzibar für die Periode 1987/90, eingebettet in das ERP der Unionsregierung für die Periode 1986/89
06.-07.07	Treffen der Tanzania-Weltbankberatungsgruppe in Paris mit Hilfszusagen verschiedener Geber von $ 955 Mio. für 1987/88 und $ 978 Mio. für 1988/89
06.07.	Warnungen des Zanzibar-Chefministers Seif Shariff Hamad an Oppositionelle als Reaktion auf den Umlauf regierungsfeindlicher Flugblätter und Pamphlete in Zanzibar
23.07.	Aufhebung des seit 1974 bestehenden Sonntagsfahrverbots für Kraftfahrzeuge
31.07.-03.08.	Staatsbesuch von Präsident Mwinyi in Zambia
14.08.	Start einer Kampagne zur Erreichung der nationalen Nahrungsmittelversorgung in Zanzibar bis zum Jahr 2000 durch Zanzibar-Präsident Wakil
25.-22.08.	Staatsbesuch von Präsident Mwinyi in Zimbabwe
26.09.	Entscheidung des ZK der Partei, daß die Armee einen eigenen Vertreter im Nationalen Exekutivkomitee und ähnlichen Status wie die Regionen (mit Parteivorsitzendem und Sekretär) erhält
16.10.	Bekanntgabe eines erstmaligen Kredits durch ein internationales Bankensyndikat über $ 50 Mio. zur Finanzierung der Kaffeeausfuhr
22.-31.10.	3. Parteikongreß der CCM in Dodoma. Wahl von Julius Nyerere zum Parteivorsitzenden (1878 von 1908 Stimmen) und von Präsident Mwinyi zum Stellvertreter (1907 von 1908 Stimmen)
30.10.	IWF-Kredit von $ 89 Mio. (Strukturanpassungsfazilität)
06.11.	Gesetzesänderungen zur verschärften Bekämpfung von Wirtschaftsdelikten
16.11.	Arbeitsbesuch von Präsident Mwinyi in Burundi
20.11.	Regierungsdirektive über Verbot des Ankaufs landwirtschaftlicher Produkte durch private Händler
27.11.	Ankündigung von Präsident Mwinyi für eine Verbesserung der Bedingungen des Militärs
07.-10.12.	Staatsbesuch von Präsident Kaunda von Zambia
12.12.	Kabinettsumbildung
31.12.	Besuch von Präsident Mwinyi in Zimbabwe zur Amtseinführung von Präsident Mugabe

Uganda

Fläche: 236 036 km², *Einwohner:* 15,5 Mio., *Hauptstadt:* Kampala, *Amtssprache:* Englisch, *Schulbesuchsquote:* 40%, *Wechselkurs:* $ 1=Shilling 60,06, *Pro-Kopf-Einkommen:* $ 370, *BSP:* $ 5,5 Mrd., *Anteile am BIP:* 57% - 6% - 37%, *Hauptexportprodukt:* Kaffee 94%, *Staatschef:* Yoweri Museveni, *Führende politische Organisation:* National Resistance Movement (NRM)

Auch im zweiten Jahr nach der Machtübernahme der NRM unter Präsident Yoweri Museveni ist noch keine umfassende politische Konsolidierung und wirtschaftliche Rehabilitierung des Landes gelungen. Während im Süden und Westen eine allmähliche Rückkehr zur Normalität zu konstatieren ist, hat im Norden und Osten die Intensität bewaffneter Auseinandersetzungen mit verschiedenen Oppositionsgruppierungen wieder deutlich zugenommen. Von einer vollständigen Befriedung ist Uganda noch immer weit entfernt. Verschärft haben sich auch die Spannungen mit dem wichtigen Nachbarn Kenya. Ein Programm zum grundlegenden Wiederaufbau der Wirtschaft wurde in Angriff genommen und erhielt wohlwollende internationale Unterstützung.

Innenpolitik

Trotz Musevenis Anspruch auf *Überwindung der tiefsitzenden, historisch bedingten Spaltungen der ugandischen Gesellschaft* (in ethnischer, regionaler, religiöser, parteipolitischer Hinsicht) ist es bisher nicht gelungen, dem Ziel einer nationalen Aussöhnung entscheidend näherzukommen. Gegenüber der jüngeren Vergangenheit sind lediglich die Fronten vertauscht worden: während die politische und militärische Macht nun in den Händen der bantusprachigen Bevölkerungsgruppen im Süden und Westen liegt, leisten Teile der überwiegend nilotischen Bevölkerung im Norden, aber auch in ehemals von Obotes UPC (Uganda People's Congress) beherrschten Gebieten des Nordostens erheblichen bewaffneten Widerstand gegen die Zentralregierung. Widersprüchliche Erfolgsmeldungen beider Seiten über den Verlauf der Kampfhandlungen sind nicht überprüfbar. Äußerst unübersichtlich bleiben auch die *politischen Konstellationen und Führungsansprüche der verschiedenen Oppositionsgruppen*, an deren Spitze überwiegend ehemalige hohe Funktionsträger aus der Obote-Ära stehen, die aus dieser Zeit politisch belastet, in Gruppeninteressen und persönliche Machtrivalitäten verstrickt sind und keine glaubwürdige Alternative zur Regierung darstellen.

Die ursprünglich breite *Regierungskoalition* aus den meisten Gruppierungen, die in Opposition zu Obote gestanden hatten, *bröckelte 1987 weiter auseinander*, als wesentliche Teile von UFM (Uganda Freedom Movement) und Fedemo (Federal Democratic Movement) Museveni die Gefolgschaft aufkündigten und wieder den bewaffneten Kampf aufnahmen. Am 7.1. wurden einige ihrer Mitglieder wegen Umsturzplänen verhaftet. Eine Anklage wegen Hochverrats gegen acht am 4.10.86 verhaftete Personen (u.a. Ex-Vizepräsident P.Muwanga, Energieminister und UFM-Führer A.Kayiira, Umweltminister D.Lwanga von der Fedemo) wurde am 24.2. zwar zurückgezogen, Lwanga wurde jedoch am 20.11. erneut verhaftet; Kayiira wurde am 6.3. unter ungeklärten Umständen ermordet. Am 4.8. begann der *Hochverratsprozeß* gegen sieben weitere der im Oktober 1986 verhafteten Personen, die der Absicht zur Wiederherstellung tribaler Königreiche beschuldigt wurden. Hauptpartner der NRM blieb die hauptsächlich im Mehrheitsvolk der Baganda verankerte DP (Democratic Party), die über keine bewaffneten Einheiten verfügt. Sie konnte sich begrenzt über das Verbot öffentlicher Betätigung hinwegsetzen, das nach der NRM-Machtübernahme gegenüber den alten Parteien ausgesprochen worden war.

Der *bewaffnete Widerstand* gegen die Regierung Museveni, der sich etwa ab August 1986 im Norden geregt hatte, stützte sich vorwiegend auf Angehörige der ehemaligen Nationalarmee (zu Zeiten Obotes und des Übergangsregimes Okello), die zunächst in den Sudan geflüchtet waren. Diese Kräfte bilden den Kern der UPDA (Uganda People's Democratic Army), des bewaffneten Zweiges der im Herbst 1986 entstandenen UPDM (Uganda People's Democratic Movement), die hauptsächlich von Acholi getragen und von Otema Allimadi, dem ehemaligen Premierminister Obotes, geführt wird.

Als weitere Absplitterungen der *bewaffneten Opposition* bildeten sich in der ersten Jahreshälfte 1987 die vornehmlich von Langi getragene und von Ex-Verteidigungsminister Peter Otai geführte UPF/UPA (Uganda People's Front/Army) sowie die im Osten im Gebiet um Soroti aktive UNF (Uganda National Front) unter Führung des Oberst William Omaria, Staatsminister für Innere Angelegenheiten unter Obote. Der UPA gelang es Anfang Dezember, einen Minister und zwei stellvertretende Minister gefangenzunehmen. Präsident Museveni verweigerte jedoch einen Austausch gegen den kurz zuvor festgenommenen UPA-Oberbefehlshaber Opon-Acak. Auch die von Museveni abgefallenen Teile von UFM und Fedemo, die beide überwiegend bei den Baganda verankert sind, beanspruchten bewaffnete Widerstandsaktionen für sich, während andere Teile beider Gruppierungen in der Regierung Museveni verblieben. Besondere Aufmerksamkeit der Medien erregten wegen ihres ungewöhnlichen Charakters zeitweise die Widerstandskämpfer der Heilig-Geist-Bewegung unter ihrer 27-jährigen "Prophetin" Alice Lakwena, die im Vertrauen auf übernatürliche Kräfte hymnensingend und mit einfachsten Waffen Armeepositionen angriffen. Diese vorwiegend aus Acholi bestehende Bewegung hatte Ende 1986 in Verbindung zur UPDA ihren Ausgang genommen, sich dann aber verselbständigt; bis Oktober hatte sie weit in den Südosten vordringen können, war dann jedoch vernichtend geschlagen und weitgehend aufgerieben worden. Alice Lakwena floh am 26.12. nach Kenya und wurde dort in Haft genommen. Das Aufkommen der mystischen Heilig-Geist-Bewegung kann als Ausdruck der allgemeinen Ausweglosigkeit und der psychischen Belastungen durch dauernde Kämpfe und Verfolgungen angesehen werden.

Trotz mehrfacher Aufrufe verschiedener Seiten (u.a. von Kirchenführern, DP und UPDM) zur Aufnahme nationaler Versöhnungsgespräche mit allen Oppositionsgruppen verweigerte sich Museveni diesen Vorschlägen und bestand auf einer militärischen Lösung der Konflikte. Dabei sind zunehmende Spannungen zwischen Armee und Zivilbevölkerung in den umkämpften Landesteilen nicht zu übersehen. Die während des jahrelangen Guerillakampfes gegen das Obote-Regime gerühmte Disziplin und Moral der NRA-Einheiten hat seit der Machtübernahme durch Integration ehemaliger Armeeangehöriger und Verstärkung auf über 50 000 Mann, Zermürbung durch die anhaltenden Kämpfe und die schwierige Versorgungslage erheblich nachgelassen. Unter anderen erhob Amnesty International Vorwürfe einer steigenden Zahl von *Menschenrechtsverletzungen*. Eine Untersuchungskommission der Regierung ging Menschenrechtsverletzungen seit der Unabhängigkeit bis zum Januar 1986 nach. Die obersten Regierungsinstanzen versuchten durchaus, gegen Rechtsübergriffe und allgegenwärtige Korruption vorzugehen (u.a. durch Einsetzung eines Generalinspektors der Regierung und drastische Urteile bei Vergehen von Soldaten), doch sind die praktischen Erfolge begrenzt. Ein Amnestieangebot vom 11.6. an alle Widerstandskämpfer, die sich binnen dreier Monate ergeben würden, hatte wenig Erfolg.

Während des gesamten Jahres blieb somit die innere politische Situation unübersichtlich und schwer durchschaubar. Obgleich die Regierung überall die Kontrolle über die größeren Städte behielt, konnten bewaffnete Dissidenten in ländlichen Gebieten des Nordens und Nordostens deutliche Erfolge erzielen. Die weitere Zersplitterung der Opposition ließ allerdings kein gemeinsames Erfolgsrezept erkennen. Auch die Anfang November in London erfolgte Benennung einer Exilregierung blieb ohne größeres Echo. Dennoch steht die Regierung unter anhaltendem Druck und wird somit an einer Konzentration auf die Lösung der wirtschaftlichen und sozialen Probleme gehindert.

Außenpolitik

Außenpolitisch war Uganda erheblichem Druck insbesondere *Kenyas* ausgesetzt. Zwischen März und Anfang Juni war es bereits zu einer ersten Phase der *Eskalation von Spannungen* zwischen beiden Ländern gekommen, die nach einem Treffen von Regierungsdelegationen am 4./5.6. in Nairobi zeitweilig beigelegt werden konnten. Aber schon ab Ende August verschärfte sich die Konfrontation erneut, bis es Mitte Dezember sogar zu mehrtägigen Schießereien an der Grenze (mit mindestens 15 getöteten ugandischen Soldaten und Zivilisten), zur zeitweiligen Grenzschließung (mit sofortigen Versorgungsengpässen in Kampala, u.a. bei Benzin), zu Behinderungen des beiderseitigen diplomatischen Personals und schließlich am 28.12. zu einer Übereinkunft über die Wiedereröffnung der Grenze kam. Hintergrund der Konflikte zwischen den beiden politisch unterschiedlich ausgerichteten Nachbarstaaten sind wechselseitige Vorwürfe über die Aufnahme von Flüchtlingen und Unterstützung von jeweiligen Oppositionskräften, aber auch wirtschaftliche Interessen, da Museveni den für kenyanische Geschäftsleute (und Politiker) äußerst lukrativen Transitverkehr ugandischer Güter durch Kenya von der Straße auf die Eisenbahn zu verlagern und teilweise über Tanzania umzuleiten versuchte.

Ähnliche Konflikte mit dem Sudan wegen der gegenseitigen Aufnahme von Flüchtlingen und Unterstützung von Dissidentengruppen konnten durch ein Abkommen über Grenzsicherheit nach einem Besuch von Museveni in Khartoum am 9./10.6. zumindest entschärft werden. Auch mit Rwanda (Anfang Januar) und Zaire (23.2.) wurden Absprachen über Grenzsicherheit getroffen. Eine Belastung erfuhren die Beziehungen mit Burundi durch die Aufnahme des Ex-Präsidenten Bagaza nach seinem Sturz im September. Von allen Nachbarländern sind die Beziehungen zu Tanzania am freundschaftlichsten. Ein Staatsbesuch von Museveni in Nordkorea im April und seine Teilnahme am Jahrestag der Revolution in Libyen am 1.9. verstärkten bei manchen westlichen Beobachtern Besorgnisse über seine außenpolitische Orientierung, dennoch bestanden korrekte Beziehungen mit allen westlichen Ländern, die sich u.a. in einer Wiederaufnahme entwicklungspolitischer Aktivitäten ausdrückten.

Sozio-ökonomische Entwicklung

Über die wirtschaftspolitische Orientierung der Regierung hatte lange Zeit Unklarheit bestanden. Mitte 1986 waren einschneidende Reformmaßnahmen noch auf Ablehnung gestoßen. Nach langwierigen Verhandlungen mit IWF und Weltbank und in Anbetracht des dringenden Devisenbedarfs wurde schließlich Mitte Mai ein *umfassendes Wirtschaftsreformprogramm* bekanntgegeben; ein zentrales Element dabei war die Einführung einer neuen Währungseinheit (neuer Shilling), verbunden mit einer Abwertung um 77% und einer Sondersteuer von 30% auf alle umgestellten Geldbeträge zur Abschöpfung von überschüssiger Liquidität. IWF-Unterstützung wurde nur im Rahmen der Strukturanpassungsfazilität in Anspruch genommen, ein regulärer Beistandskredit dagegen nicht, um die damit verbundene härtere Konditionalität zu vermeiden. Die Übereinkunft mit dem IWF war innerhalb der NRM-Führung heftig umstritten; letztlich setzten sich die pragmatischen Reformer gegen die orthodoxen Sozialisten durch. Wiederholt hat sich Museveni zu einem *gemischten Wirtschaftssystem* bekannt und Absichten zur Herbeiführung einer staatlichen Planwirtschaft bestritten, gleichzeitig aber auch eine totale Liberalisierung abgelehnt.

Im Juni erhielten das Reformprogramm und der Rehabilitierungs- und Entwicklungsplan für die Jahre 1987/88-1990/91 (mit einem vorgesehenen Finanzvolumen von $ 1,289 Mrd.) eine wohlwollende Unterstützung von der Gesamtheit der westlichen Entwicklungshilfegeber beim Treffen der Weltbankberatungsgruppe. Die *Hilfszusagen* für das erste Jahr der Planperiode beliefen sich auf über $ 300 Mio.; es stellte sich allerdings heraus, daß es erhebliche Probleme und Verzögerungen bei der schnellen Realisierung der vorgesehenen Vorhaben gab. Auch der im Juli vorgelegte Haushaltsplan 1987/88 stand ganz im Zeichen der Reformanstrengungen, u.a. durch Verringerung des Haushaltsdefizits, Verbreiterung der Steuerbasis und Erhöhung der Finanzdisziplin. Größter Ausgabeposten mit einem Anteil von 17% blieb der Verteidigungssektor. Die Staatsangestellten erhielten im Mai Lohnerhöhungen um 100% und im Juli um weitere 50%, um wenigstens annähernd die Inflation auszugleichen und die Notwendigkeit der Korruption einzudämmen.

Zur Umgehung der Devisenknappheit wurden im Laufe des Jahres mit mehreren Ländern (u.a. Libyen zur Deckung des Ölbedarfs) und Firmen umfangreiche *Kompensationshandelsabkommen* abgeschlossen, wobei fraglich ist, wie weit Uganda die dabei vereinbarten Exportmengen überhaupt erfüllen kann.

Die Wirtschaft kommt auch in den nicht umkämpften Landesteilen nur langsam wieder in Gang. 1986 hatte die reale Wachstumsrate nur noch -0,2% (nach jeweils ca. -5% in den beiden Vorjahren) betragen. Die Regierung erwartet jetzt Wachstumsraten von durchschnittlich 5% für die nächsten fünf Jahre. Ein- und Ausfuhren waren 1986 mit jeweils $ 415 Mio. genau ausgeglichen gewesen. Als Folge der Entwicklungshilfezusagen steigen zunächst die Einfuhren schneller an, während die Wiederankurbelung von Landwirtschafts- und Industrieproduktion mehr Zeit erfordern wird.   *Rolf Hofmeier*

Chronologie Uganda 1987

24.02.	Rückziehung der Hochverratsanklage gegen acht am 4.10.86 verhaftete Personen, aber Aufrechterhaltung der Anklage gegen elf weitere Personen, die am 20.3. der Absicht zur Wiederherstellung tribaler Königreiche beschuldigt werden
06.03.	Ermordung von UFM-Führer Andrew Kayiira. Unklarheit und widerstreitende Vermutungen über Hintergrund des Mordes
März	Ausweisung von rund 1000 Ugandern aus Kenya
02.04.	Aufruf der Regierung an alle Ugander in Kenya, wegen Sicherheitsproblemen nach Uganda zurückzukehren. Vorwürfe wegen Todes eines ugandischen Lehrers in Kenya am 23.3. in Polizeihaft
13.04.	Veröffentlichung der Uganda Human Rights Activists in Kampala über massive Menschenrechtsverletzungen beim Kampf gegen die Rebellen
14.-19.04.	Staatsbesuch von Präsident Museveni in Nordkorea
15.04.	Treffen in Kampala mit afro-arabischen Hilfegebern. Hilfszusagen von $ 494 Mio. (davon $ 390 Mio. durch AfDB)

17.04.	Bekanntgabe des stellvertr. UFM-Vorsitzenden Francis Bwengye in London, daß UFM sich aus der Regierungskoalition zurückzieht und wieder den bewaffneten Kampf aufnimmt
15.05.	Bekanntgabe des Wirtschaftsreformprogramms durch Präsident Museveni (u.a. Währungsumstellung, drastische Abwertung)
27.-28.05.	Besuch von Präsident Museveni in Moçambique
09.-10.06.	Teilnahme von Präsident Museveni an regionalem Gipfeltreffen in Khartoum
11.06.	Zustimmung des National Resistance Council zu einem Amnestiegesetz für Rebellen, ohne gleichzeitige Ausrufung einer Feuereinstellung
11.-12.06.	Treffen der Weltbankberatungsgruppe für Uganda in Paris mit äußerst positiver Reaktion der Geber auf das anvisierte Wirtschaftserholungsprogramm und Hilfszusagen über $ 310 Mio. für das erste Jahr
18.06.	Bekanntgabe der Gewährung eines IWF-Kredits von $ 92 Mio. im Rahmen der Strukturanpassungsfazilität
18.06.	Umschuldung im Rahmen des Pariser Clubs von fälligen Schulden von $ 66 Mio.; Erwartung weiterer Umschuldung von $ 45 Mio. außerhalb des Pariser Clubs (d.h. Ostblockländer)
30.06.	Verabschiedung eines Gesetzes mit weitreichenden Festnahmekompetenzen für die People's Resistance Committees
01.07.	Beschluß der Bildung einer gemeinsamen Front von UPDM und Fedemo gegen die Regierung
Anf.Juli	Bekanntgabe der Gründung der UPF (Uganda People's Front) als weitere Oppositionsgruppe, geführt von Peter Otai, ehemals Verteidigungsminister unter Obote
24.07.	Einbringung des Haushaltsplans 1987/88 mit wesentlichen Elementen zur Umsetzung des Wirtschaftserholungsprogramms
04.08.	Beginn des Hochverratsprozesses gegen sieben am 4.10.86 verhaftete Personen, darunter Ex-Handelsminister Evaristo Nnyanzi
25.08.	Bekanntgabe über permanente Stationierung ugandischer Truppen an der Kenya-Grenze und neue Anschuldigungen wegen kenyanischer Unterstützung für Rebellen
28.08.	Erste öffentliche Äußerung in Lusaka von Ex-Präsident Milton Obote nach seinem Sturz mit massiven Angriffen auf Präsident Museveni wegen Verantwortung für Massaker und Terror. Distanzierung der zambischen Regierung von Obotes Äußerungen
01.09.	Teilnahme von Präsident Museveni an den Revolutionsfeierlichkeiten in Libyen
Ende Sept.	Neue Drohungen gegen Kenya wegen Unterstützung von Rebellen und Ankündigung von Verfolgung auf kenyanisches Territorium
12.-27.10.	Besuche von Präsident Museveni in Kanada, USA, Frankreich, Algerien, Ghana
13.10.	Gewährung eines Weltbankkredits über $ 105 Mio. im Rahmen des Economic Recovery Programme
30.10.	Veröffentlichung eines kritischen Berichts von Amnesty International wegen weitgehender Menschenrechtsverletzungen
01.11.	Bildung einer 11-köpfigen Exilregierung in London durch Teile von UFM, Fedemo und Uganda National Union Movement
Anf.Dez.	Gefangennahme des früheren Armeeoberbefehlshabers General Smith Opon-Acak, der die UPA befehligte
03.-04.12.	Gipfeltreffen der PTA in Kampala
14.-16.12.	Heftige Kämpfe zwischen kenyanischer Polizei und ugandischen Truppen beim Grenzposten Busia. Zeitweilige Grenzschließung
26.12.	Flucht von Alice Lakwena nach Kenya und Verurteilung zu vier Monaten Haft wegen illegalen Grenzübertritts
28.12.	Treffen der Präsidenten Moi und Museveni am Grenzposten Malaba; Einigung über Normalisierung der Beziehungen
31.12.	Teilnahme von Präsident Museveni an der Amtseinführung von Präsident Mugabe in Zimbabwe

Südliches Afrika

Auswirkungen der südafrikanischen Verflechtungs- und Destabilisierungsstrategie
Die Entwicklungen in dieser Region - sie umfaßt Südafrika und Namibia sowie
acht von neun Ländern der SADCC (Southern African Development Coordination
Conference), d.h. die sog. Frontlinienstaaten Angola, Botswana, Moçambique,
Zambia, Zimbabwe (aber ohne Tanzania) und zusätzlich Lesotho, Malawi, Swaziland - waren auch 1987 im wesentlichen von der *Strategie Südafrikas zur Etablierung eines Gürtels abhängiger und kontrollierbarer Staaten* in seinem Vorfeld
überschattet. Dabei kamen weiterhin die beiden durchaus im Widerspruch zueinander stehenden Grundkomponenten dieser Strategie zur Anwendung. Zum einen
handelt es sich um Maßnahmen zur stärkeren gegenseitigen Verflechtung im
ökonomischen Bereich, ausgerichtet auf den Ausbau eines von Südafrika beherrschten Großwirtschaftsraumes, zum anderen geht es um die militärische und
wirtschaftliche Destabilisierung der übrigen Länder dieser Region. Sie soll die
Ausschaltung jeglicher von außen kommender bzw. als von außen kommend
vermuteter Bedrohung des südafrikanischen Herrschaftssystems bewirken, um auf
diese Weise den gegenwärtigen Zustand im Inneren aufrecht erhalten zu können.

Dem hinter dieser Doppelstrategie stehenden *Hauptziel eines Abschlusses von
Anti-Subversionspakten* Südafrikas mit Ländern dieser Region, um die südafrika-
nischen Befreiungsbewegungen von vermuteter Unterstützung sowie möglichen
Anmarsch- bzw. Nachschubwegen abzuschneiden, war 1987 kein Erfolg beschieden. Seitdem die nachgewiesenen permanenten Verletzungen des Nkomati-
Abkommens mit Moçambique (1984) den Wert solcher Verträge zunehmend in
Frage gestellt hatten, waren 1987 Fortschritte in dieser Beziehung noch nicht
einmal im näheren Umfeld zu verzeichnen, d.h. bei den besonders abhängigen
"Geiselstaaten" Botswana, Lesotho und Swaziland (auch BLS-Staaten genannt), die
mit Südafrika in der Zollunion SACU (Southern African Customs Union) verbunden sind. Selbst das im Schatten einer südafrikanischen Wirtschaftsblockade
Anfang 1986 durch einen Putsch an die Macht gekommene Militärregime in
Lesotho war lediglich zum Abschluß eines Vertrages zur Errichtung von Handelsmissionen (30.4.) zu bewegen, wofür ein gewisser Sachzwang wegen des
Hochland-Wasserbauprojektes bestand. Ansonsten versuchte es jedoch, die südafrikanische Umklammerung behutsam zu lockern. Das ähnlich abhängige *Swaziland* demonstrierte im Zeichen einer Machtkonsolidierung des 1986 gekrönten
neuen Königs zunehmend Unwillen, das bereits 1982 abgeschlossene "Sicherheitsabkommen" weiterhin als Freibrief für südafrikanische Übergriffe mißbrauchen
zu lassen, und stand unbeirrt potentiell bedrohliche Verschlechterungen der
gegenseitigen Beziehungen durch. Und auch die von südafrikanischer Seite als
besonders aussichtsreich eingeschätzten Versuche, *Botswana* zu einem Vertragsabschluß zu nötigen, schlugen fehl. Weder die Behinderung des Eisenbahnverkehrs nach Südafrika zu Anfang des Jahres (stellvertretend betrieben durch das
südafrikanische 'Homeland' Bophuthatswana) oder die von vernehmlichem Säbelrasseln begleiteten verschärften südafrikanischen Grenzkontrollaktionen ab 1.12.
noch die Bestrebungen, eine Einigung über das Sua-Pan-Großprojekt (Abbau von
Soda-Asche) mit einem "Sicherheitspakt" zu befrachten, zeitigten Erfolge.

Darüber hinaus wurde deutlich, daß sogar als völlig sicher angesehene Ein-
flußgebiete sich dem Griff Südafrikas zu entziehen anschickten. Selbst *Malawi* -
einziger afrikanischer Staat mit diplomatischen Beziehungen zu Südafrika - führte
deutliche Absetzbewegungen mit der Wiederannäherung an seine Nachbarn (v.a.
Moçambique und Tanzania) durch, da die Blockierung der Transportwege zu den

nächstgelegenen Häfen dem Land schweren Schaden zugefügt hat. Und in *Namibia*, nicht ohne Grund oft als fünfte Provinz Südafrikas bezeichnet, zeigten sich
im Konflikt über einen Verfassungsentwurf Entfremdungserscheinungen zwischen
Übergangsregierung und Südafrika, die das Verlangen nach einer Abkopplung
statt einer künftigen "Unabhängigkeit" von Südafrikas Gnaden anwachsen ließen.

Auch hinsichtlich der *Strategie wirtschaftlicher Verflechtungen mit dem Ziel
eines Großwirtschaftsraumes* war die Jahresbilanz nicht durchweg positiv für
Südafrika. Zwar können das durch erste Kontraktvergaben angelaufene Hochland-Wasserbauprojekt mit Lesotho und das gegen Ende des Jahres gegebene
Startsignal für das Sua-Pan-Projekt mit Botswana als wichtiger Durchbruch
gewertet werden, und auch die Beteiligung südafrikanischer Firmen wie z.B. an
der nunmehr in Gang gekommenen Industrial Development Corporation von
Swaziland haben zweifellos diesen Trend verstärkt. Aber ein beträchtlicher Teil
der sonstigen neuen Verflechtungen war weniger dieser Gesamtstrategie zuzu-
schreiben, sondern vielmehr Ausdruck von Präventivmaßnahmen angesichts
drohender Wirtschaftssanktionen gegen Südafrika, indem südafrikanische Firmen
in die BLS-Staaten (v.a. Swaziland, z.T. auch Botswana) auswichen. Denn aufgrund ihrer Mehrfachmitgliedschaft sowohl in der Zollunion SACU als auch der
SADCC-Gruppierung und der PTA (Präferenzhandelszone des südlichen und
östlichen Afrika; Botswana ist allerdings nur Beitrittskandidat), bieten diese
Länder Gewähr dafür, daß dorthin übergewechselte Firmen auch die nördlich
liegenden Märkte weiterhin bedienen können. Einige solcher Ausweichmanöver
waren indes auch deutlich als Absetzbewegungen transnationaler Unternehmen im
Zeichen der Disinvestmentpolitik gegenüber Südafrika zu werten, wie beispielsweise die aufsehenerregende Verlagerung der Coca-Cola-Zentrale für das südliche Afrika nach Swaziland. Ob die spektakuläre Aktienbeteiligung der zur
Hälfte im Besitz der Regierung Botswanas befindlichen Diamantenförderungs-
gesellschaft Debswana am südafrikanischen Renommierkonzern De Beers im
Sinne dieser Verflechtungsstrategie betrieben worden ist, blieb fraglich, da es sich
um eine umgekehrte Stoßrichtung mit einer möglichen Zunahme der Einflußmög-
lichkeit Botswanas handelte.

Insbesondere jenseits der BLS-Staaten liefen jedenfalls die *Gegenmaßnahmen
zur Abkopplung von Südafrika* deutlich verstärkt weiter. Die Übernahme von
durch südafrikanische Konzerne gehaltenen Aktienanteilen wie in Zimbabwe
(Astra Corp., Delta Corp.), die Bestrebungen zur Reduzierung des mit Südafrika
abgewickelten Handelsvolumens, die Abkopplung Zimbabwes von südafrikanischen Kokskohlelieferungen (Ausbau der Wankie Colliery) oder die Lockerung
der Verflechtungen im Energiesektor wie im Fall von Botswana (Eröffnung des
Kraftwerks Morupule; SADCC-Projekte zur Integrierung in einen Stromverbund
mit Zimbabwe und auch Zambia) können als klare Anzeichen dafür gewertet
werden, daß die Gegenbewegung zum Verflechtungstrend 1987 an Stärke gewonnen hat.

Ähnliches gilt v.a. auch für die *Abhängigkeit vom südafrikanischen Transportsektor*, deren Höhepunkt mit dem Jahr 1987 eindeutig überschritten worden ist.
Die im Rahmen der SADCC-Projekte nachhaltig in Gang gekommene Rehabilitation der Transportwege durch Moçambique und Tanzania ließ erstmals deutliche
Anzeichen für eine allmähliche Umorientierung des Außenhandels insbesondere
von Zimbabwe, Zambia und Malawi von südafrikanischen Eisenbahnen und
Häfen weg erkennen. Die 1986 eingeleiteten Änderungen der Tarifpolitik der

Eisenbahnen Moçambiques, einhergehend mit einer ab 1.1. gültigen Reduzierung der bisherigen Seefrachtzuschläge der Schiffahrtslinien für die Häfen, ließen - trotz Dumpingtarifen der südafrikanischen Eisenbahnen - die aufgrund weitaus kürzerer Entfernung bestehenden Kostenvorteile der Moçambique-Verkehrswege deutlicher zum Tragen kommen und vergrößerten auch ohne politischen Druck der Anrainerstaaten den ökonomischen Anreiz zur Umorientierung (allein die in Beira umgeschlagene Tonnage stieg um 42% gegenüber 1986 an). Daß die südafrikanische Eisenbahnverwaltung Anfang des Jahres die politisch inspirierten Pressionsversuche Bophuthatswanas gegenüber Botswana hinsichtlich der Eisenbahnverbindung (Verkehrsaufkommen v.a. aus Zimbabwe, Zambia, Zaire) von sich aus unterlief und gegen Ende des Jahres Zimbabwes Ersuchen um eine Ausleihe von Lokomotiven nicht wie früher politisch ausschlachten ließ, waren unmißverständliche Indizien dafür, daß die SADCC-Länder sich erstmals wieder Manövrierraum im Transportsektor verschaffen konnten - jedenfalls solange die südafrikanische Regierung nicht zur militärischen Notbremse zu greifen wagt, etwa durch Sabotage oder Zerstörung der Häfen und Eisenbahnlinien Moçambiques. Deren Schutz gegen RENAMO-Anschläge, die eine wichtige Rolle in der südafrikanische Doppelstrategie spielen, konnte durch Truppen aus anderen SADCC-Ländern (v.a. Zimbabwe, aber auch Tanzania und Malawi) zumindest besser als bisher gewährleistet werden, wenngleich Störungen nach wie vor nicht völlig ausgeschlossen werden konnten. Die drei nach Maputo führenden Bahnlinien - insbesondere auch die in der Rehabilitation begriffene Limpopo-Bahn (Verbindung nach Zimbabwe) - wurden gegen Jahresende verstärkt Ziel von Angriffen, wohl auch deswegen, weil sich die RENAMO nach der Anfang des Jahres erfolgten Großoffensive gegen sie weiter in den Süden zurückgezogen hatte.

Auch die *militärisch-ökonomische Destabilisierungsstrategie Südafrikas* war nicht in allen Aspekten so wirksam wie geplant. Abgesehen von den Aktionen an der Grenze mit Botswana, das sich jedoch unbeeindruckt zeigte, wurde 1987 *ökonomischer Druck* kaum noch angewandt, und das gleiche gilt für Vergeltungssanktionen, für die jeglicher Anlaß fehlte. Im Bereich der SACU, wo Südafrika durch die willkürliche Festsetzung des jeweiligen Zolleinnahmenanteils der anderen Mitgliedsstaaten freie Hand zum Ausüben von Druck gegenüber den BLS-Staaten hat, wurden die Zügel sogar durch eine Erhöhung um 23% im Gesamtdurchschnitt leicht gelockert. Lediglich gegenüber Namibia (informelles Mitglied der SACU) wurde durch die Beibehaltung des bisherigen Anteils Druck ausgeübt, was offensichtlich im Zusammenhang mit den gravierenden Meinungsverschiedenheiten über die künftige Verfassung stand.

Das *Mittel der militärischen Intervention* behielt seinen wichtigen Stellenwert in der Strategie. Während in Namibia die erdrückende Truppenpräsenz Südafrikas anhielt, wurde gegenüber Angola der Einsatz des südafrikanischen Militärs (zusammen mit Truppen Namibias) erheblich verstärkt, bis hin zur quasi-permanenten Besetzung weiter Landesteile im Süden und direkter Kriegsführung gegen die angolanischen Streitkräfte. Die damit bezweckte Rettung der UNITA-Verbündeten ließ sogar die Aufrechterhaltung der jahrelang gepflegten Fiktion, Südafrikas Militär interveniere in Angola lediglich zur Verfolgung von SWAPO-Guerillas, als zweitrangig erscheinen. Die Truppenpräsenz wurde am 3.10. offiziell zugegeben, wohlweislich jedoch erst einen Tag nach der Bekanntgabe des US-Präsidenten, daß er sich gegen eine Verschärfung der Sanktionsmaßnahmen gegenüber Südafrika entschlossen habe. Die einstimmig angenommene Resolution des UN-Sicherheitsrates vom 25.11. mit der Aufforderung zum sofortigen Rückzug aus Angola beeindruckte die südafrikanische Führung wie üblich nicht; stattdessen wurde - möglicherweise auch zur Ablenkung - noch während der Beratungen des Sicherheitsrates mit erneuten Drohgebärden gegenüber Botswana begonnen (24.11.).

Die Heftigkeit der *Intervention in Angola* hatte offenbar auch damit zu tun, daß 1987 eine Art Wasserscheide in der militärischen Auseinandersetzung erreicht wurde: die mit sowjetischer und kubanischer Unterstützung erheblich aufgerüsteten und besser ausgebildeten angolanischen Streitkräfte scheinen sich zu einem ernstzunehmenden Gegner entwickelt zu haben. Einige Indizien wie südafrikanische Verluste und der äußerst hartnäckige Versuch zum Festkrallen im Gebiet um Cuito Cuanavale deuten darauf hin, daß Südafrikas bisher fast uneingeschränkte Luftüberlegenheit - und damit die Beliebigkeit von Interventionen - zur Disposition stehen könnte; von Cuito Cuanvale aus könnte Angola den Luftraum bis zur südlichen Grenze gegebenenfalls in den Griff bekommen. Die Befürchtung, durch überlegene militärische Ausrüstung Angolas - oder auch Zimbabwes - diesen entscheidenden Teilbereich der Destabilisierungsstrategie nicht mehr voll zur Geltung bringen zu können, grassierte schon seit einiger Zeit unter südafrikanischen Militärs. Sie erklärt wohl auch das möglicherweise von südafrikanischer Seite betriebene Hochspielen von offensichtlich unzutreffenden Gerüchten, Zimbabwe habe Ende März einen Vertrag mit der Sowjetunion zur Lieferung von MiG-23-Flugzeugen abgeschlossen. Die von Zimbabwe mit großer Besorgnis betrachtete Eröffnung eines neuen südafrikanischen Luftwaffenstützpunktes am 14.10. im Norden der Provinz Transvaal, versuchte Südafrika zwar als Reaktion auf den angeblichen Vertrag hinzustellen, doch ist nicht auszuschließen, daß das Überdimensionieren der Gerüchte lediglich dazu dienen sollte, einen geeigneten Vorwand für die provozierende Grenznähe (100 km von der Zimbabwe-Grenze) zur Hand zu haben.

Außerhalb Angolas waren direkte militärische Interventionen nur bei zwei *Kommandounternehmen* gegen Livingstone/Zambia (19.4.) und Maputo/Moçambique (29.5.) zu verzeichnen, wobei es auffallend war, daß in beiden Fällen enge Verwandte von prominenten Militärs unter den Todesopfern waren (in Zambia war der Verteidigungsminister und in Moçambique der Generalstabschef betroffen). Der erste Zwischenfall stellte eher eine Kraftdemonstration im Vorfeld der Wahlen in Südafrika (6.5.) dar, wie auch ein vorangegangener Bombenanschlag in Botswana am 9.4. Der zweite Zwischenfall fügte sich jedoch in eine unmittelbar nach der Wahl einsetzende *Welle beträchtlich intensivierter "schmutziger Kriegsführung"* ein. Neben Moçambique war diese Art der Kriegsführung - gekennzeichnet durch zunehmend ausgeklügelte Sprengsätze und immer provokantere Überfälle von Killerkommandos vor Ort - hauptsächlich gegen Zimbabwe (11. und 17.5.) und Swaziland (23.5. und 9.7.) gerichtet. Sie kam offenbar erst nach dem die Aufmerksamkeit der Weltöffentlichkeit erregenden Massaker der RENAMO in Homoine / Moçambique (18.7.) zum Abebben. Kleinere Bombenexplosionen in Zambia blieben jedoch an der Tagesordnung (wenngleich einige auch innenpolitische Ursprünge gehabt haben können), und ein weiterer Anschlag in Zimbabwe (13.10.) sowie eine Serie von Handgranatenexplosionen in Botswana (11./14.12.) waren offenbar als "Begleitmusik" zu anderen Vorgängen gedacht (Eröffnung der Commonwealth-Gipfelkonferenz bzw. Einschüchterungskampagne gegen Botswana ab 1.12.). Gemeinsamer Nenner der Aktionen war durchweg deren Zielrichtung gegen Personen aus dem Umkreis der südafrikanischen Befreiungsbewegungen und gegen von diesen Organisationen genutzte Gebäude bzw. das, was von südafrikanischer Seite jeweils dafür gehalten wurde. Diese Welle intensivierter schmutziger Kriegsführung korrespondierte auffällig mit den Ende Mai begonnenen *grenzüberschreitenden Aktionen von RENAMO-Banden* gegen Zimbabwes östliche Flanke sowie mit einer sprunghaften Zunahme von Übergriffen bewaffneter Banditen im Südwesten Zimbabwes (ab 9.5.), bei denen südafrikanische Patronage nicht auszuschließen war. Deren Ausnutzen der latenten Spannungen zwischen den beiden Hauptparteien Zimbabwes ist jedoch mit dem Abschluß eines Abkommens zu deren Vereinigung (22.12.) der Wind aus den Segeln genommen worden, was die bisher sehr kostengünstigen südafrikanischen Destabilisierungsversuche in diesem Gebiet zumindest erheblich erschweren wird. Demgegenüber lief die südafrikanische Unterstützung für die RENAMO- und UNITA-Banden in Moçambique bzw. Angola offenbar weitgehend ungehindert weiter, wenngleich Südafrika in beiden Fällen kein Monopol hat. Im Falle der UNITA blieben auch die USA und vermutlich Zaire involviert, und die RENAMO verfügte offensichtlich weiterhin auch über andere Unterstützungskanäle, v.a. durch jene Kreise, die nach der Unabhängigkeit die Subversion gegen die FRELIMO-Regierung insbesondere von Portugal aus betrieben.

Frontlinienstaaten und Sanktionen gegen Südafrika
Die der Frontlinienstaatengruppierung (FLS) bzw. der SADCC angehörenden Länder setzten weiterhin einerseits auf weltweite finanzielle und wirtschaftliche Unterstützung, um die ihnen durch die südafrikanische Destabilisierungsstrategie entstandenen Schäden (SADCC-Schätzungen für 1980-86: ca. $ 30 Mrd. Minderung des BIP), ausgleichen zu können, sowie andererseits auf internationalen Druck zur Verhängung von Wirtschaftssanktionen gegen Südafrika. Trotz vieler gegenläufiger Argumente kann ihrer Einschätzung nach das Regime Südafrikas auf diese Weise aus dem Sattel gehoben bzw. zu einer grundlegenden Kurskorrektur im Innern gezwungen werden, womit die Quelle der Destabilisierung versiegen würde.
Die Zeichen zu Anfang des Jahres schienen günstig zu sein: die Eröffnungssitzung des AFRICA-Fonds der Blockfreienbewegung in Indien (24.-25.1.) gab ermutigende Rückendeckung, und in der festgefahrenen Politik der USA, deren Regierung nach wie vor eine Schlüsselposition bei der Lösung des Südafrika-Konflikts innehat, schien sich eine Änderung anzubahnen. Nicht nur wurde erstmals der ANC-Präsident Tambo vom US-Außenminister empfangen (28.1.), sondern es hatte auch den Anschein, als käme im US-Kongreß ein umfangreiches Hilfsprogramm für das südliche Afrika auf den Weg (5.2.). Zudem legte eine 1985 eingesetzte Kommission zur Überprüfung der US-Politik gegenüber Südafrika ihren Bericht vor (10.2.), in dem sie ein totales Scheitern der sog. "Politik des konstruktiven Engagements" konstatierte und - wenn auch nicht einstimmig - konzertierte internationale Anstrengungen zur Verhängung von Sanktionen und zur wirtschaftlichen Isolierung Südafrikas empfahl. Am Tag zuvor hatte in Zambia ein Treffen zwischen Vertretern der FLS und der UNO stattgefunden, bei dem Vorkehrungen für den Fall einer Anforderung von Notstandshilfe seitens der FLS gemäß der Resolution 41/199 (8.12.86) der UN-Vollversammlung besprochen worden waren. Bereits zuvor hatte das OAU-Befreiungskomitee auf seiner 47.

Sitzung in Arusha (22.-24.1.) die Mitglieder der OAU auf ihre Verpflichtung hingewiesen, den Sanktionsbeschlüssen der OAU nachzukommen, und der amtierende OAU-Vorsitzende, Kongos Präsident Sassou-Nguesso, machte während seiner Europa-Tour (9.-20.2.) die Notwendigkeit von Sanktionen zu einem Hauptthema.

In dieser Situation wurde von einer Gruppe blockfreier Mitglieder (u.a. Zambia, Kongo, Ghana) im *UN-Sicherheitsrat* erneut ein Vorstoß zur Verhängung internationaler Sanktionen unternommen, diesmal in Anlehnung an die begrenzten US-Sanktionsmaßnahmen vom Oktober 1986. Die Resolution wurde am 20.2. jedoch durch das Veto der USA und Großbritanniens zu Fall gebracht. Lediglich die Tatsache, daß die vier anderen westlichen Mitglieder nicht als Block abstimmten (BRD: Ablehnung; Frankreich und Japan: Enthaltung; Italien: Zustimmung), wurde als Teilerfolg verbucht. Ermutigt sowohl durch eine Resolution der 45. Sitzung des OAU-Ministerrates (24.-28.2.) zur Intensivierung des politischen und bewaffneten Kampfes zusammen mit der Forderung nach Verhängung von umfassenden und bindenden Sanktionen als auch durch Beschlüsse zur Verhängung begrenzter Sanktionsmaßnahmen, die während des Monats März in Schweden, Norwegen und sogar Israel - dem engen Alliierten Südafrikas - gefaßt worden waren, wurde am 9.4. ein zweiter Anlauf im UN-Sicherheitsrat unternommen. Aber auch die Befrachtung einer im Prinzip eher konsensfähigen Resolution über Namibia mit der Sanktionsfrage fruchtete nichts; es blieb beim gleichen Ablehnungs- und Enthaltungsblock (zu dem Italien sogar noch dazu kam).

Dem Auflaufen der Initiativen folgte zunächst eine stärkere Konzentration auf eigene Aktivitäten der FLS. Verhandlungen über eine Wiedereröffnung der Benguela-Eisenbahn wurden bis zu einem konkreten Ergebnis vorangetrieben (16.-30.4.), und eine Außenminister-Delegation der FLS (außer Botswana) bereiste ab 20.4. sechs Ostblockländer (DDR, CSSR, Bulgarien, Ungarn, Polen, Sowjetunion), um dort die Situation zu erläutern und Unterstützung zu suchen. Doch die nach den Wahlen (6.5.) einsetzende heftige Destabilisierungswelle Südafrikas verfehlte ihre Wirkung ebensowenig wie eine aufsehenerregende Abstimmung im US-Senat (77:15), die Hilfeleistungen an die Länder des südlichen Afrika von deren Absage an den "Terror" des ANC sowie von einer Distanzierung von der berüchtigten "Halskrausen"-Praktik abhängig machen wollte (21.5.). Der innerhalb des Kongresses im Juni schließlich ausgehandelte Kompromiß sah dann zwar "nur" einen Ausschluß Angolas und Moçambiques von den Hilfeleistungen vor, doch war das Warnsignal einer zunehmenden Verhärtung der US-Haltung gegenüber den Frontlinienstaaten deutlich genug, die sich auch darin ausdrückte, daß von dem 1986 in Aussicht gestellten Hilfsprogramm ($ 500 Mio. über einen Zeitraum von fünf Jahren) nicht mehr die Rede war.

Unter diesen Vorzeichen war es wenig verwunderlich, daß am 23.7. das erste *FLS-Gipfeltreffen* des Jahres in Lusaka, das der jährlichen SADCC-Gipfelkonferenz vorgeschaltet war, ohne Abschlußkommuniqué und ohne den so häufig als unmittelbar bevorstehend angekündigten Beschluß zur Verhängung von Sanktionsmaßnahmen endete. Der FLS-Vorsitzende Kaunda appellierte jedoch an die Staaten, die es sich leisten könnten, in dieser Frage voranzugehen. Zu dieser Kategorie zählten sich Zimbabwe und insbesondere Zambia, die beiden Hauptbefürworter von Sanktionen innerhalb der FLS, offensichtlich nicht mehr - nicht zuletzt wegen der beträchtlichen wirtschaftlichen Turbulenzen, in die sie in der ersten Hälfte des Jahres geraten waren. Premierminister Mugabe (Zimbabwe) und

Präsident Kaunda (Zambia) hatten sich bei einem vorangegangenen Treffen in Victoria Falls/Zimbabwe (20.7.), das den Charakter einer Krisensitzung hatte (Mugabe war kurz zuvor zum Staatsbesuch in Zambia gewesen), noch nicht einmal zur Aufgabe der Flugverbindungen mit Südafrika durchringen können, obwohl beide unter einem gewissen Zugzwang standen, weil sie auf dem Mini-Gipfel von sieben Commonwealth-Staaten im August 1986 ein Paket von Sanktionsmaßnahmen propagiert und akzeptiert hatten, das u.a. den Abbruch der Flugverbindungen vorsah. Das überraschende Ergebnis vom 20.7. wurde mit der Sinnlosigkeit eines Alleingangs begründet: Moçambique und Botswana hatten abgewunken, und für Tanzania und Angola ergab sich - wie auch bei anderen Sanktionsmaßnahmen - kein Entscheidungsbedarf, da sie sich schon seit längerem von Südafrika abgekoppelt haben.

Im Anschluß an den FLS-Gipfel wurde die Initiative wieder auf die internationale Ebene verlagert. Zwar wurden vom 1986 eingesetzten Ad-hoc-Ausschuß der OAU zum südlichen Afrika auf seiner Sitzung am 25.7., die gemeinsam mit den FLS abgehalten wurde, sowie von der 23. Gipfelkonferenz der OAU (27.-29.7.) Sanktionen gefordert, doch wurde eine Konkretisierung offensichtlich auf den Commonwealth-Gipfel verschoben, zu dessen Vorbereitung ein weiteres FLS-Gipfeltreffen nach Dar es Salaam (17.9.) einberufen wurde. Es endete mit einer nachdrücklichen Unterstreichung der Notwendigkeit zur Verhängung von Sanktionen und einer Verurteilung der Besetzung Namibias sowie der südafrikanischen Aggression in Angola.

Die in Vancouver/Kanada abgehaltene 26. *Gipfelkonferenz der Commonwealth-Staaten* (13.-17.10.) gab im Abschlußkommuniqué der Meinung Ausdruck, Sanktionsmaßnahmen hätten bereits signifikante Auswirkungen auf Südafrika gezeigt, doch stand dies in deutlichem Kontrast zur gegenteiligen Feststellung des US-Präsidenten, mit dem dieser am 2.10. die Ablehnung zusätzlicher Sanktionsmaßnahmen der USA begründet hatte. Die Commonwealth-Staaten einigten sich - bei nur einer Gegenstimme (Großbritannien) - auf eine umfassendere und striktere Anwendung von Sanktionen und die Einsetzung eines Außenministerkomitees zur Lenkung von Anti-Apartheid-Maßnahmen, dem neben Kanada (Vorsitz), Australien, Guyana, Indien und Nigeria auch Tanzania, Zambia und Zimbabwe angehören (Großbritannien verweigerte die Teilnahme). Konkretere Maßnahmen hinsichtlich der Anwendung von Sanktionen wurden nicht beschlossen, wohl aber wurde die Verpflichtung auf das Maßnahmenbündel der letzten Gipfelkonferenz (Nassau/Bahamas 1985) - auf das sich die Beschlüsse des Londoner Mini-Gipfels im wesentlichen bezogen hatten - bekräftigt. Allerdings wurde ein erweitertes Hilfsprogramm für die FLS beschlossen, das v.a. Moçambique (erstmals Beobachterstatus bei der Konferenz) zugute kommen soll, insbesondere durch den Ausbau der Limpopo-Bahnlinie.

Eine neue und ungewöhnliche - offenbar aus Enttäuschung über die verhältnismäßig zurückhaltenden Commonwealth-Beschlüsse gestartete - Initiative kam von der am 29.-30.10. in Kingston/Jamaica abgehaltenen *Außenminister-Konferenz der AKP-Staaten*, der ersten seit der Gründung dieser Gruppierung vor zwölf Jahren. Von diesen mit der EG assoziierten 66 Ländern Afrikas, der Karibik und des Pazifiks sind 45 zugleich OAU-Mitglieder, darunter alle SADCC- bzw. FLS-Länder. Sie verabschiedeten eine Deklaration über Menschenwürde und ein Aktionsprogramm gegen Apartheid, in denen die EG zur Ächtung von Neuinvestitionen und Krediten für Südafrika und zügigem Disinvestment aufgefordert wurde. Zusätzlich wurde Übereinstimmung über die Forcierung dringlicher Maßnahmen zur Ächtung von Lufttransport- und Handelsbeziehungen sowie zum Abbruch aller anderen Beziehungen mit Südafrika erzielt, wobei jedoch Verständnis für eine langsamere Gangart der von Südafrika abhängigen Länder aufgebracht wurde. Diese Beschlüsse sowie die erstmalige Aufforderung an die EG zur Abhaltung einer gemeinsamen Außenministerkonferenz mit den AKP-Staaten nur über die Apartheid-Frage wurde von der 43. AKP-Ministerratskonferenz in Brüssel (23.-25.11.) nach wirkungsvollen Plädoyers v.a. von Zimbabwe und Zambia übernommen und zur Vorbereitung eigens eine zwölf Minister umfassende Gruppe eingesetzt.

Das zum Zeichen der Solidarität mit dem kriegsgeschüttelten Angola in Luanda abgehaltene letzte *FLS-Gipfeltreffen* des Jahres am 15.11. - am Tag zuvor war der provozierende Besuch des südafrikanischen Staatspräsidenten in Südangola bekanntgegeben worden - wiederholte zwar noch einmal die Notwendigkeit für bindende Sanktionen als friedlichem Mittel zur Lösung des Namibia-Konflikts und zur Abschaffung der Apartheid, widmete sich jedoch vorrangig der südafrikanischen Aggression im südlichen Afrika, deren Ziel es sei, die internationalen Bemühungen um eine Lösung der Probleme dieser Region zu torpedieren. Die dramatisch zugespitzte Situation in Angola lenkte die Aufmerksamkeit bis Jahresende etwas von der Sanktionsfrage ab, obwohl die *UN-Vollversammlung* am 20.11. ein Bündel von acht Südafrika betreffenden Resolutionen beschloß, die allerdings im wesentlichen eine Wiederholung der Resolutionen vom 10.11.86 waren. Sie enthielten u.a. eine Bestätigung der Legitimität des Befreiungskampfes in Südafrika und des Rechts zur Wahl der notwendigen Maßnahmen einschließlich des bewaffneten Widerstandes sowie einen Appell zur Unterstützung von FLS und SADCC (Res. 42/23 A), ferner die Aufforderung zur Verhängung umfassender und bindender Sanktionen einschließlich eines Embargos von Öl und Petroleumprodukten und deren Verschiffung (Res. 42/23 B, F), gekoppelt mit der Aufforderung an den Sicherheitsrat, diese zu beschließen und das Waffenembargo zu stärken (Res. 42/23 C, G).

Die Entwicklungen des Jahres 1987 haben erneut überdeutlich gemacht, daß ein Vorpreschen oder gar ein Alleingang in der Sanktionsfrage den FLS-Ländern aufgrund ihrer wirtschaftlichen Schwäche - z.T. Folge der südafrikanischen Destabilisierung - und der zumindest in vier Ländern noch viel zu starken Abhängigkeit von Südafrika insbesondere im Transportsektor ein allzu hohes Risiko bedeuten würde. Die Doppelgegenstrategie der FLS blieb jedenfalls geprägt vom Versuch, einerseits die internationale Staatengemeinschaft zur Verhängung von Sanktionen bzw. zu deren Verschärfung oder tatsächlichen Einhaltung zu bewegen und andererseits über die Konsolidierung der SADCC ein solideres Fundament für die eigene wirtschaftliche Entwicklung sowie für den Kampf gegen die Apartheidspolitik und deren Folgen im gesamten südlichen Afrika zu gewinnen.

Die SADCC als Teil der Gegenstrategie

Entsprechend einem Beschluß der Ministerratskonferenz vom Juni 1986 stand bei der *7. Konsultativkonferenz der SADCC* in Gaborone/Botswana (5.-6.2.) das Thema "Investition in die Produktion" im Vordergrund. Mit der Hinwendung zu den Bereichen der landwirtschaftlichen und industriellen Produktion und der Ausweitung des zwischenstaatlichen Handels versuchte sich die SADCC ein zweites Standbein zu schaffen. Die Programme des bisherigen Schwerpunkts (Verkehrswege und Energie), die z.T. schon relativ weit fortgeschritten sind, sollen jedoch weiterlaufen. Verbunden mit der neuen Akzentsetzung war auch eine Öffnung der SADCC-Aktivitäten für den privaten Sektor, der bislang wenig ins Spiel gekommen war, weil die Infrastrukturmaßnahmen notwendigerweise vom öffentlichen Sektor dominiert waren. Die Bemühungen um den privaten Sektor wurden durch eine großangelegte vorgeschaltete Tagung mit ca. 150 auch von außerhalb der SADCC kommenden Geschäftsleuten demonstriert (4.2.). Um Beratungen zwischen Geschäftswelt und SADCC zu verstärken, wurde die Gründung nationaler Beratungskomitees des privaten Sektors angeregt, die mit einem noch zu gründenden regionalen Komitee in Verbindung stehen sollen. Bis Jahresende waren jedoch nur in Zimbabwe konkrete Vorbereitungen für ein nationales Komitee in Gang gekommen.

Auf der jährlichen *Gipfelkonferenz der SADCC* in Lusaka (24.7.) wurde Botswanas Präsident Masire für drei weitere Jahre zum Vorsitzenden gewählt, während Tanzanias Präsident Mwinyi für zwei Jahre die Vizepräsidentschaft in Nachfolge des verstorbenen Präsidenten von Moçambique übernahm. Auch der aus Zimbabwe stammende Generalsekretär S.Makoni wurde erneut im Amt bestätigt (drei Jahre). Daß dem SADCC-Gipfel die Gipfelkonferenz der FLS vorgeschaltet war (23.7.), machte deren enge Verzahnung plastisch, wobei die FLS vornehmlich den politischen und die SADCC den wirtschaftlichen Part spielt.

Wie üblich stand auch bei dieser Gipfelkonferenz anläßlich der Vorlage des Jahresberichts die Erfolgsbilanz der SADCC im Vordergrund. Bis Ende des Jahres 1987 war das Gesamtvolumen des SADCC-Aktionsprogramms auf $ 6,3 Mrd. für 493 Projekte angewachsen, wobei für 34% der Summe bereits Zusagen vorlagen und über 5% noch Verhandlungen geführt wurden. Allein der Sektor Verkehrswege und Kommunikation war bis dahin auf $ 4,6 Mrd. angewachsen, die drei Verkehrskorridore durch Moçambique standen dabei mit $ 1,65 Mrd. zu Buche. Während die Finanzierungslücken für den Maputo-Korridor noch 71% ausmachten, betrugen sie für den Beira-Korridor nur noch 43% und für den Nacala-Korridor 6%. Der Nord-Korridor durch Tanzania wies noch eine Finanzierungslücke von 30% auf. Neben den erheblichen Fortschritten in diesem Sektor stand im Mittelpunkt der Diskussion die Bestätigung der neuen Akzentsetzung auf die Produktion sowie die Sicherung der Nahrungsmittelversorgung, beides auch Maßnahmen, um die Abhängigkeit von Südafrika zu reduzieren. Der Schuldenstand der SADCC-Länder wurde für Ende 1986 auf $ 14,6 Mrd. beziffert, was etwa 50% des gesamten BIP entspricht. Verhältnismäßig langsames Wirtschaftswachstum (1986: 2,4%), hohes Bevölkerungswachstum (3,2%), verheerende Dürreschäden und geschätzte jährliche Kosten von $ 2 Mrd. durch die südafrikanische Destabilisierung gaben wenig Anlaß zu Optimismus, aus der lähmenden Verschuldungskrise und ihren Folgen herauszukommen.

Auf einer Reihe von *Konferenzen der SADCC-Agrarminister* (Mai: Lesotho; Juli und Oktober: Zimbabwe) wurden die Pläne für die Errichtung eines regionalen Reservefonds zur Sicherung der Ernährung (etwa $ 200 Mio. für einen Zeitraum von drei Jahren, mit einer Jahreskapazität von 365 000 t Getreide) vorangetrieben, der von einem eigens eingerichteten Kontrollgremium überwacht werden und der Überbrückung von Engpässen, u.a. auch in Dürrezeiten, dienen soll. Darüber hinaus wurde die Identifizierung von 13 Projekten im Bereich der Nahrungsmittelsicherung unter Federführung Zimbabwes abgeschlossen, von denen sich fünf bereits in der Umsetzungsphase befinden. Der Schwerpunkt soll auf der Steigerung der Nahrungsmittelproduktion in den bisherigen Defizitländern liegen.

Zusätzliche Unterstützung hatte dieser Bereich bereits bei der Gründungssitzung des *AFRICA (Action For Resisting Invasion, Colonialism and Apartheid) -Fonds der Blockfreienbewegung* am 24.-25.1. in Neu Delhi/Indien erhalten, als von den $ 1,1 Mrd. des verabschiedeten Aktionsplanes $ 20 Mio. für einen Getreidereservefonds (150 000 t) und $ 75 Mio. für den Bau von 15 Getreidesilos in sechs Ländern veranschlagt wurden. Es blieb allerdings während des Jahres unklar, wie dieser Aktionsplan, der sich in weiten Teilen mit den SADCC-Programmen überschneidet, konkret umgesetzt werden soll, außer daß die Projektvorauswahl einem Komitee unter Vorsitz Zambias übertragen wurde. Der Löwenanteil des Aktionsprogramms, für das bis Ende des Jahres ca. $ 240 Mio. an Zusagen eingegangen waren, ist jedoch mit $ 750 Mio. für 19 Projekte des Transportsektors vorgesehen, darunter immerhin $ 187 Mio. für die Rehabilitierung der Benguela-Eisenbahn und des Lobito-Korridors.

Die *Pläne zur Wiederaufnahme des Verkehrs auf der Benguela-Bahnlinie*, die durch Angola und Zaire nach Zambia führt und seit vielen Jahren lediglich noch auf der Strecke Lobito-Huambo (423 km) befahrbar ist, waren seit einem Beschluß der FLS (Juli 1986) und einer Konferenz der Präsidenten von Angola, Moçambique, Zambia und Zaire in Mbala/Zambia (19.10.86) ernsthafter betrieben worden. Nachdem Belgien Ende 1986 Angola seine Bereitschaft zur Unterstützung bei Verhandlungen signalisiert hatte, wurde nach Gesprächen zwischen dem Unterstaatssekretär im US-Außenministerium, Ch. Crocker, und Belgiens Premierminister grünes Licht für den Konzessionsträger Société Générale de Belgique (SGB) gegeben, der 70% seiner bis zum Jahr 2001 währenden 90%-Konzession (10% hält Angola) den drei Ländern angeboten hatte, durch die die Bahnlinie führt. Zu diesem Zeitpunkt kamen auch die Anfang 1986 abgebrochenen offiziellen Gespräche zwischen Angola und den USA (6.4., Crocker in Brazzaville) wieder in Gang. Ob das vorangegangene Angebot (26.3.) des UNITA-Chefs Savimbi - im Anschluß an einen USA-Besuch des Präsidenten von Zaire - zur Einhaltung eines Waffenstillstands entlang der Bahnlinie unter bestimmten Bedingungen (keine Militärtransporte; Aufstellung einer Inspektorengruppe) auf Druck der USA oder durch Konzessionen von dieser Seite, etwa einer Art Garantie zur weiteren Versorgung der UNITA über Zaire (Kamina-Basis) - zustande gekommen war, blieb ungeklärt. Die Staatschefs von Angola, Zaire, Zambia sowie von Moçambique (wegen dessen Vorsitz in der Transportkommission der SADCC) trafen sich am 16.4. in Luanda und beschlossen ein Programm zur Rehabilitation der Bahnlinie. Nach einem Treffen von Transportexperten der vier Länder und der SGB in Brüssel (23.4.) sowie der Transportminister in Zambia (29.4.) wurde am 30.4. von den Staatschefs von Angola, Zaire und Zambia eine Absichtserklärung zur Rehabilitation der Bahn in Lusaka unterzeichnet, mit dem erklärten Ziel, alternative Exportwege für die Länder des südlichen Afrika insbesondere in Anbetracht möglicher südafrikanischer Vergeltungssanktionen gegen sie zu erschließen.

Die prompte Beschädigung der Bahnlinie durch eine Minenexplosion in der Nähe von Benguela (1.5.) und die Sprengung einer Bahnbrücke (30.12.) machte nicht nur deutlich, daß Südafrika eine Erweiterung der Transportoptionen der SADCC als ernstzunehmendes Durchkreuzen der eigenen Strategie ansieht, sondern auch, daß die Politik der USA und Südafrikas in Angola zunehmend auseinanderdriftet. Von der SADCC-Gipfelkonferenz wurde das Benguela-Projekt in die aktive Programmplanung übernommen. Während ein Zehnjahresplan zur

Rehabilitation bearbeitet wurde, bestätigte die SADCC-Ministerratskonferenz in Lesotho (Oktober) die Entscheidung zur Diversifizierung der bisher auf die östlichen Routen konzentrierten Programme des Transportsektors durch stärkere Berücksichtigung der Westroute, für die in der Programmplanung der SADCC nunmehr $ 567 Mio. angesetzt sind. Obwohl Verhandlungen zur Finanzierung des Projektes - v.a. mit der EG - durchaus positiv verliefen, kamen die konkreten Schritte nicht wesentlich voran. Der Hauptgrund lag offenbar im Bestreben Angolas, die Kontrolle über die Bahnlinie durch eine deutliche Mehrheitsbeteiligung in die Hand zu bekommen. Aber auch die Nichteinhaltung des selbst vorgeschlagenen Waffenstillstands von Seiten der UNITA spielte dabei eine Rolle.

Innerhalb der SADCC-Gruppierung konkretisierten sich auch die Pläne für eine engere *Zusammenarbeit der Anrainerstaaten des Zambezi* zur gemeinsamen Nutzung des Zambezi-Beckens. Am 27.5. unterzeichneten Botswana, Moçambique, Zambia und Zimbabwe sowie Tanzania einen entsprechenden Vorvertrag in Harare; Angola und Malawi haben die Option, später beizutreten. Die erste, im wesentlichen der Informationssammlung vorbehaltene Phase des Programms (1987-89) ist mit $ 12 Mio. veranschlagt.   *Goswin Baumhögger*

Chronologie Südliches Afrika 1987

24.-25.01.	Eröffnungssitzung des AFRICA-Fonds der Blockfreienbewegung in Neu Delhi/Indien mit Konkretisierung eines Hilfsprogramms für die SADCC/FLS-Länder
05.-06.02.	7. Konsultativkonferenz der SADCC in Gaborone/Botswana
20.02.	Scheitern einer Resolution im UN-Sicherheitsrat über Verhängung von Sanktionen gegen Südafrika
09.04.	Scheitern einer Resolution im UN-Sicherheitsrat über Namibia und Sanktionen gegen Südafrika
16.04.	Treffen der Staatschefs von Angola, Zaire, Zambia und Moçambique Luanda/Angola: Beschluß über ein Programm zur Rehabilitation der Benguela-Eisenbahn
19.04.	Südafrikanisches Kommandounternehmen gegen Livingstone/Zambia
20.-30.04.	Rundreise einer Außenminister-Delegation der FLS durch sechs Ostblockstaaten
30.04.	Unterzeichnung eines Abkommens zur Rehabilitation der Benguela-Bahn durch die Staatschefs von Angola, Zaire und Zambia in Lusaka/Zambia
30.04.	Vertragsabschluß zwischen Südafrika und Lesotho über die Einrichtung von Handelsmissionen
27.05.	Unterzeichnung eines Vorvertrages zwischen Botswana, Moçambique, Zambia, Zimbabwe und Tanzania zur Nutzung des Zambezi-Beckens in Harare/Zimbabwe
29.05.	Südafrikanisches Kommandounternehmen gegen Maputo/Moçambique
Ende Mai	Beginn von Übergriffen der RENAMO auf die östlichen Grenzgebiete Zimbabwes
23.07.	Gipfeltreffen der FLS in Lusaka/Zambia
24.07.	8. Gipfelkonferenz der SADCC in Lusaka/Zambia
14.08.	Vertragsabschluß zwischen Malawi und Tanzania über den Nord-Korridor
17.09.	Gipfeltreffen der FLS in Dar es Salaam/Tanzania
Ende Sept.	Südafrikanische Invasion in Angola zur Unterstützung der UNITA
13.-17.10.	26. Gipfeltreffen der Commonwealth-Staaten in Vancouver/Kanada mit Bekräftigung von Sanktionsmaßnahmen gegen Südafrika und Beschluß eines Hilfsprogramms für die FLS
29.-30.10.	Außenministerkonferenz der AKP-Staaten in Kingston/Jamaica mit Aufforderung an die EG-Länder zur Verhängung von Sanktionsmaßnahmen gegen Südafrika
15.11.	Gipfeltreffen der FLS in Luanda/Angola
20.11.	Beschluß von acht Resolutionen der UN-Vollversammlung über Sanktionsmaßnahmen gegen Südafrika
25.11.	Aufforderung des UN-Sicherheitsrats an Südafrika zum Rückzug aus Angola

Angola

Fläche: 1 246 700 km², *Einwohner:* 8,8 Mio., *Hauptstadt:* Luanda, *Amtssprache:*
Portugiesisch, Schulbesuchsquote: 54%, *Wechselkurs:* $ 1=Kwanza 30, *Pro-Kopf-*
Einkommen: $ 1050, *BSP:* $ 9,54 Mrd., *Anteile am BIP:* 10% - 47% - 43%,
Hauptexportprodukt (1986): Erdöl 89%, *Staats- und Regierungschef:* José
Eduardo dos Santos, Einheitspartei: Movimento Popular de Libertação de Angola -
Partido de Trabalho (MPLA-PT)

Die Entwicklung wurde vom Krieg der von Kuba und anderen sozialistischen
Staaten unterstützten MPLA-Regierung in Luanda gegen die von den USA und
Südafrika geförderte UNITA (União Nacional para a Independência Total de
Angola) geprägt. Außerdem kam es zu Auseinandersetzungen mit anderen Oppositionsgruppen und zu Kabinettsumbildungen, die aus der Mitverantwortung
diverser Ministerien für die katastrophale Wirtschafts- und Versorgungslage
resultierten. Im Bereich der Wirtschaftspolitik wurden Ansätze einer Neuorientierung sichtbar.

Innenpolitik

Im Laufe des Jahres tauschte Präsident dos Santos die Minister für Transport und
Kommunikation (März), Binnen- und Außenhandel (Mai/Oktober), Landwirtschaft (Juli) und Fischerei (Oktober) sowie die Ministerin für Wirtschaft und
Soziales (Dezember) aus. Alle *Kabinettsumbildungen* standen in Zusammenhang
mit seiner Kampagne gegen Überbürokratisierung, Mißmanagement und Korruption, die er besonders am Tag der Arbeit (1.5.) und am 17.8., anläßlich seines
Plädoyers für eine weitreichende Wirtschaftsreform, intonierte; immerhin gestand
er den Gemaßregelten mildernde Umstände zu: den jahrelangen Krieg und die
ungünstige Entwicklung der Weltmärkte für Mineralöl, Angolas Hauptdevisen-
bringer.
Anfang Februar standen 29 Personen wegen des Verdachts der Zugehörigkeit
zur verbotenen Oppositionspartei Movimento de Unidade Socialista de Angola
(MUSA) vor Gericht; deren Chef Moisés André Lima, ehemaliger Major der
FAPLA (angolanische Armee), wurde zum Tode verurteilt, andere Angeklagte
erhielten hohe Gefängnisstrafen. Am 15.2. eskalierten *Demonstrationen* der christlichen Sekte der "18 Klassen und 16 Stämme" in blutige Unruhen (vermutlich 32
Todesopfer, darunter nach offiziellen Angaben drei Angehörige der Ordnungskräfte).
Der gewichtigste Konflikt, den die MPLA-Regierung zu bestehen hatte, war
der seit 1975 geführte *Krieg gegen die UNITA* des Jonas Savimbi, die - fast nur
im Volk der südostangolanischen Ovimbundu verankert - in den vergangenen
Jahren große Teile der ländlichen Gebiete Angolas infiltriert hatte und bestrebt
war, in Luanda ein prowestliches Regime zu installieren. Ihre Guerillaaktivitäten
verhinderten die Wiederinbetriebnahme der seit 1975 weitgehend stilliegenden
Benguela-Bahn. Dank stillschweigender Unterstützung durch das Mobutu-Regime
in Zaire war es der gut organisierten UNITA gelungen, ihren Krieg auf die
Nordprovinzen Angolas und die Enklave Cabinda auszudehnen, so daß die
MPLA-Regierung vielerorts außerhalb der Städte die Kontrolle über das Territorium verloren hatte. Ausgerüstet mit US-Waffen, darunter (Boden-Luft-) Stin-
ger-Raketen, die US-Transportflugzeuge über die zairische Luftwaffenbasis
Kamina in UNITA-kontrolliertes angolanisches Gebiet lieferten, ging die UNITA
mit großer Brutalität vor. Sie schikanierte und quälte Zivilisten, rekrutierte durch
Entführungen und mit Waffengewalt neue Kräfte, verminte Wege, die von Bauern auf dem Weg zur Feldarbeit benutzt wurden. Die von der UNITA gelegten
Minen amerikanischer Herkunft waren so konstruiert, daß sie Menschen selten

töteten, dafür aber grausam verwundeten und verstümmelten. (Im Verhältnis zur Gesamtbevölkerung soll es in keinem Land der Welt mehr Beinamputierte geben als in Angola.) Das Ziel der UNITA: die Bevölkerung zu demoralisieren und die Kosten des Krieges für das Regime in Luanda ins Unermeßliche zu steigern. Als Folge des UNITA-Terrors flohen 10% der ländlichen Bevölkerung in die von der MPLA-Regierung kontrollierten Städte.

Gleichermaßen zur Vergeltung und Provokation startete die UNITA am 12.5. einen Angriff auf das nahe der zairischen Grenze gelegene Maquela do Zombo, wo tags zuvor dos Santos der Bevölkerung versprochen hatte, die "Banditen" der UNITA zu besiegen. Um dies zu realisieren, begann die MPLA-Regierung im Juli Vorbereitungen für eine *Großoffensive* mit dem Ziel, den strategisch wichtigen Flugplatz von Mavinga einzunehmen und von dort aus zum Hauptquartier Savimbis in Jamba nahe der Grenze zu Namibia vorzudringen. Offiziell als Routineoperation ausgegeben, rückten ab Mitte September vier FAPLA-Brigaden mit 18 000 Mann, unterstützt durch 150 von der UdSSR gelieferte Panzer und von kubanischen Piloten geflogene MiG-Kampfflugzeuge gegen die auf 8000 Mann geschätzte UNITA vor. Kubanische Verbände, seit der Jahreswende 1975/76 im Lande, griffen in die Kämpfe nicht direkt ein, sicherten aber die großen Städte und wichtige Infrastruktur gegen die UNITA. Die UdSSR engagierte sich mit Militärberatern, ähnlich andere Warschauer-Pakt-Staaten, darunter die DDR.

Bereits im November war die FAPLA-Offensive, infolge der *Intervention südafrikanischer Truppen* (ca. 2000-5000 Mann) und des Einsatzes ihrer Artillerie zugunsten der UNITA, zum Stillstand gekommen. Trotz heftiger, verlustreicher Kämpfe mit nach Tausenden zählenden Todesopfern gelang es bis zum Jahresende, als die Regenzeit einsetzte und militärische Auseinandersetzungen erschwert waren, keiner Seite, eine Entscheidung herbeizuführen. Aus der Sicht der FAPLA kam der Ausgang der Kämpfe einer Niederlage gleich, aber auch die UNITA konnte das Resultat - obwohl sie es tat - kaum als Sieg verbuchen, hatte sie doch kein Terrain gewonnen, sondern - mit südafrikanischer Hilfe - lediglich einer Offensive widerstanden.

Außenpolitik
Der Konflikt mit *Südafrika* und die Konfrontation mit dessen Destabilisierungspolitik ist für die MPLA-Regierung so alt wie die Unabhängigkeit Angolas (11.11.75). Im August 1981 besetzte der Apartheidstaat eine 130 km tiefe Pufferzone in Südangola unter dem Vorwand, gegen Schlupfwinkel der namibischen Befreiungsbewegung SWAPO vorzugehen. Zahlreiche Angriffe galten allerdings nicht der SWAPO, sondern zielten darauf, angolanische Infrastruktur und Ökonomie zu beschädigen. Am 16.2.84 trafen Luanda und Pretoria in der sambischen Hauptstadt Lusaka eine Vereinbarung, derzufolge Südafrika seine Truppen aus den besetzten Gebieten abziehen und Angola der SWAPO den Boden entziehen sollte. Doch das Abkommen blieb Makulatur: Südafrika zog seine Truppen - mit dem Hinweis auf die Präsenz kubanischer Einheiten in Angola - nur schleppend ab, verletzte die angolanische Souveränität 1985 und 1986 erneut und startete 1987 zahlreiche Übergriffe. Bereits im Januar kam es zu einer blutigen Konfrontation angolanischer und südafrikanischer Soldaten in der Cunene-Provinz, am 20.5. beschädigten südafrikanische Helikopter bei einer Attacke die Namibe-Bahnlinie, im Juni wurden mindestens sieben Angriffe der südafrikanischen Streitkräfte auf FAPLA-Basen registriert. Nachdem noch am 7.9. in Maputo ein Gefangenenaustausch arrangiert worden war, lieferten sich beide Armeen zwischen September und Dezember heftige Kämpfe, bei denen Südafrika - mit dem

(aus der Luft gegriffenen) Vorwurf, sowjetische Truppen seien direkt an der militärischen Auseinandersetzung beteiligt - der UNITA zur Hilfe kam und 250 km tief auf angolanisches Gebiet vordrang (dabei sogar Ziele bis zu 500 km Tiefe angriff). Im November machte der südafrikanische Präsident P.W. Botha dem UNITA-Hauptquartier die Aufwartung (so jedenfalls äußerte sich der Verteidigungsminister des Apartheidregimes, Magnus Malan).

Die südafrikanische Intervention wurde am 2.10. von der OAU verurteilt; die Frontlinienstaaten warfen anläßlich einer Zusammenkunft in Lusaka (15.11.) Südafrika eine "kriegerische Haltung" vor. Am 25.11. und 23.12. verurteilten Resolutionen des UN-Sicherheitsrates die südafrikanische Intervention und forderten das Apartheidregime zum sofortigen Truppenabzug auf. Südafrikas Außenminister Roelof Botha verlangte daraufhin den Abzug aller fremden Truppen aus Angola, da Pretoria die Anwesenheit kubanischer Soldaten, sowjetischer Militärberater und sowjetischer Waffen als ständige Bedrohung empfinde.

Die Frontlinienstaaten, die Südafrikas Intervention verurteilten, nannten zugleich die Politik der *USA* "unrealistisch". In der Tat war die Haltung Washingtons gegenüber Luanda zwiespältig: einerseits unterstützte es - über das CIA-Budget, teilweise angeblich mit "Irangate"-Geldern - die UNITA mit Waffenlieferungen (1987 für $ 15 Mio.), um ein prowestliches Regime zu installieren, andererseits suchte es den Kontakt mit der MPLA-Regierung, die es im Unterschied zu westeuropäischen Ländern wegen der Stützung durch Kuba bisher nicht anerkannt hatte. Im April, Juni, Juli und September traf der US-Unterstaatssekretär für Afrikanische Angelegenheiten Chester Crocker mit Vertretern der angolanischen Regierung, am 25.9. erneut in Brüssel mit dos Santos persönlich zusammen. Die Gespräche verliefen so schleppend, daß am 17.7. der US-Senat beschloß, die Meistbegünstigungsklausel für Angola ein halbes Jahr lang zu suspendieren. Eine Woche zuvor war allerdings der Antrag konservativer Abgeordneter, ein Handelsembargo gegen Luanda zu verhängen und US-Firmen zum Abbruch ihrer Geschäftsaktivitäten in Angola zu zwingen, abschlägig beschieden worden. Immerhin avisierte im September der US-Ölmulti Chevron, der den größten Teil des angolanischen Öls fördert und in die USA liefert und dessen Anlagen von kubanischen Sicherheitskräften vor Übergriffen der UNITA geschützt werden, seinen Kapitalanteil in Cabinda um ein Fünftel - angeblich, um die Unternehmensbilanz zu verbessern, tatsächlich wohl auf Druck aus Washington. (Für die Beteiligung interessierte sich der italienische AGIP-Konzern.)

Die MPLA-Regierung war bereit, der Forderung der Reagan-Regierung nach dem Abzug der kubanischen Soldaten unter der Bedingung entgegenzukommen, daß Washington und Pretoria die Unterstützung der UNITA aufgäben, die südafrikanischen Truppen ihre Intervention in Angola beendeten und das Apartheidregime Namibia gemäß der UN-Resolution 435-78 die Unabhängigkeit gewährte. Obwohl Angola signalisierte, in diesem Fall einen (gegenüber früheren Angeboten beschleunigten) Abzug kubanischer Einheiten zu ermöglichen, kam es nicht zu einer entscheidenden Annäherung zwischen Luanda und Washington. (Ein für Dezember geplanter Besuch von Crocker in Angola wurde verschoben.) Die Reagan-Regierung verweigerte auch die Zustimmung zum Aufnahmeantrag Angolas an den IWF und die Weltbank. Die Begründung der USA war fadenscheinig: das Argument, die zentralisierte Ökonomie Angolas sei unvereinbar mit den marktwirtschaftlichen Prinzipien des IWF, die Bereitschaft der MPLA-Regierung zur Berichterstattung an den Fonds zweifelhaft, hätte 1984 auch auf Moçambique angewandt werden können. Die Bevorzugung der FRELIMO-Regierung durch Washington lag wohl darin begründet, daß in Moçambique - im Unterschied zu Angola - keine kubanischen Truppen präsent waren.

Bereits im Juni hatte Angolas Außenminister Van Dúnem in Washington wegen der IWF-Mitgliedschaft vorgefühlt, im Oktober erging ein formeller *Aufnahmeantrag an IWF und Weltbank*. Nachdem ein Versuch, auf internationalen Kapitalmärkten $ 1 Mrd. Refinanzierungskredite aufzunehmen, gescheitert war, ist Angola auf das IWF-Gütesiegel der Kreditwürdigkeit angewiesen, um westliche Hilfe für sein Wirtschaftsreformprogramm zu mobilisieren und die dringend erforderliche Umschuldung der 1988-90 anfallenden Auslandsverbindlichkeiten im Pariser Club zu erreichen.

Im Unterschied zu den USA wurde der IWF-Aufnahmeantrag von *westeuropäischen Ländern* befürwortet, die zunehmend, um sich als Partner beim Wiederaufbau des kriegszerstörten Landes zu empfehlen, auf die MPLA-Regierung setzten. Positive Äußerungen empfing Präsident dos Santos bei Besuchen in Paris (21.-24.9.), Brüssel (24./25.9.), Rom (26./27.9.) und Lissabon (28.9.-2.10.) ebenso wie anläßlich einer Stippvisite von Bundesaußenminister Genscher in Luanda (29./30.10.), der bei der Gelegenheit Gespräche über ein bilaterales Investitionsschutzabkommen führte. In Belgien traf dos Santos neben Ministerpräsident Martens auch mit dem Chef der EG-Kommission Delors, mit Crocker und mit Vertretern der Société Générale de Belgique zusammen, im letzteren Fall, um über die Rehabilitation der von ihr betriebenen Benguela-Bahn zu verhandeln. Die Kosten für die Reparatur und Wiederinbetriebnahme der Bahn, im April von den Präsidenten Angolas, Zaires, Zambias und Moçambiques in einer gemeinsamen Absichtserklärung angekündigt, wurden auf $ 280 Mio., für das erweiterte (SADCC-)Projekt "Lobito-Korridor" gar auf $ 340-400 Mio. geschätzt. (Am 26.3. hatte Savimbi angeboten, die Benguela-Bahn vor Angriffen zu verschonen, wenn eine internationale Inspektorengruppe garantierte, daß auf ihr nur zivile und keine militärischen Güter transportiert würden.)

Das Verhältnis zur ehemaligen Kolonialmacht *Portugal*, die früher mehr auf die UNITA gesetzt hatte, entspannte sich (wiewohl dos Santos in Lissabon eine Pro-UNITA-Demonstration zur Kenntnis zu nehmen hatte). Eine Zusammenkunft der fünf lusophonen Staaten Afrikas hatte zuvor die Bedeutung der Kooperation mit Portugal und Brasilien betont und eine Delegation zum portugiesischen Präsidenten Soares entsandt. Nach der Tagung der Portugiesisch-Angolanischen Kommision (23.6.) hatte Lissabon Luanda einen 140 Mio. $-Kredit gewährt, für den Angola als Gegenleistung jährlich 500 000 t Mineralöl nach Portugal liefern soll. Auch Brasilien half durch einen 100 Mio. $-Kredit, zu decken durch Öllieferungen von 20 000 Barrels pro Tag.

Obwohl die MPLA-Regierung sich dem Westen öffnete, weil sie von dort umfangreichere Finanzhilfe für den Wiederaufbau erhoffen konnte als von den *sozialistischen Partnern*, blieb sie ökonomisch und v.a. militärisch auf Kuba, die UdSSR und andere Warschauer-Pakt-Staaten angewiesen. Die häufigste Angabe über die Zahl kubanischer Soldaten in Angola lautete 37 000; nach der südafrikanischen Intervention zugunsten der UNITA sprach die kubanische Regierung von 40 000. Kubanische Experten helfen überall in Angola: als Militärberater, Ärzte, Ingenieure, Bauarbeiter, Lehrer etc. Vom 30.7. bis 2.8. weilte dos Santos in Havanna, um mit Fidel Castro das weitere Vorgehen gegen die UNITA abzustimmen, das Verhältnis zu den USA zu erörtern und über die angestrebte IWF-Mitgliedschaft zu sprechen. Die UdSSR, in Angola durch Militärberater, nicht aber durch kämpfende Einheiten präsent, lieferte 1987, nach wahrscheinlich überhöhten US-Schätzungen, Waffen für $ 1 Mrd. an die FAPLA; anläßlich der 70-Jahr-Feier der russischen Oktoberrevolution am 7.11. machte dos Santos in Moskau seine Aufwartung, wo seit der Amtsübernahme durch KPdSU-Generalsekretär Gorbatschow Bestrebungen aufgekommen sind, sich schrittweise (und ohne Gesichtsverlust) aus Regionalkonflikten wie Afghanistan oder Angola zurückzuziehen.

Bei dreiseitigen Konsultationen (10./11.3.) in Moskau bekräftigten Kuba und die UdSSR ihre "totale Unterstützung für die gerechten und selbstlosen Kämpfe des angolanischen Volkes um die Verteidigung seiner Würde, Unabhängigkeit und Souveränität", doch bewegte sich die aktuelle Wirtschaftshilfe auf bescheidenem Niveau. Im Mai besuchte eine COMECON-Delegation Luanda, um Hilfsprojekte der Bereiche Landwirtschaft, Industrie, Transport, Bildung, Gesundheit und Handel im Rahmen des Kooperationsabkommens vom Oktober 1986 und des fünfjährigen Handelsabkommens (1986-90) Angolas mit der UdSSR zu erörtern. Anläßlich eines offiziellen Besuchs in Nordkorea (5.-8.4.) schloß dos Santos ein Kooperationsabkommen für die Bereiche Landwirtschaft, Phosphatförderung, Dammbau und Kultur. Dos Santos kam direkt von einem Staatsbesuch in Indien (1.-4.4.), wo ihm die Gandhi-Regierung eine revolvierende Kreditlinie von 100 Mio. Rupien (ca. $ 7,7 Mio.) für den Kauf indischer Waren bereitstellte. Für die Zukunft erhofft Angola überdies indische Hilfe für die Öl- und Diamanten-industrie.

Sozioökonomische Entwicklung

Auf Wirtschaftshilfe sind die *darniederliegende Ökonomie* und die *notleidende Bevölkerung* Angolas dringend angewiesen. Der Krieg hat bisher einschließlich Folgekosten nach amtlichen Angaben $ 12 Mrd. verschlungen; 60 000 Menschen haben ihr Leben verloren, ungezählte sind verstümmelt worden, 150 000 ins Ausland, 690 000 Landbewohner in die sichereren Städte geflüchtet. UNICEF berichtete über einen drastischen Anstieg der Säuglings- und Kindersterblichkeit (auf 200 bzw. 325 je 1000) und eine Lebenserwartung von nur 43 Jahren; nur 30% der Bevölkerung haben Zugang zu Gesundheitsdiensten. Im Mai 1987 for-derte eine Choleraepidemie in den Provinzen Luanda, Bengo und Zaire (nahe der Hauptstadt) zahlreiche Todesopfer, bevor Impfstoff aus Frankreich, Spanien und der UdSSR für Abhilfe sorgte.

1986 hatte die Baisse des Weltmarktes für Mineralöl Angola zusätzliche Pro-bleme gebracht. Die Exporterlöse waren gegenüber 1985 um 35% gesunken, die Importe hatten jedoch nur um 23% gedrosselt werden können. Infolgedessen war das Leistungsbilanzdefizit von $ 236 auf 447 Mio. hochgeschnellt, die Jahresend-bilanz 1986 wies Zahlungsrückstände gegenüber dem Ausland von $ 378 Mio. aus. Auf die Auslandsschulden von $ 4,4 Mrd. (ohne die nach Milliarden zählende Militärhilfe Kubas und der UdSSR) mußte Angola 1987 $ 638 Mio. Schulden-dienst an die Gläubiger leisten - dies entsprach 50% der Exporterlöse von 1986 und war nicht aufzubringen, obwohl Öl- und Diamantenförderung 1987 wieder einen leichten Aufschwung erlebten. (Am 23.12. gewährte die UdSSR Angola in einem Umschuldungsabkommen Zahlungsaufschub für zivile Lieferantenkredite.)

Das Budgetdefizit wuchs angesichts der Mindereinnahmen - trotz Ausgaben-beschränkungen bei dringend notwendigen öffentlichen Investitionen im Etat vom 30.1. - um 50%, verschlang doch der Militärhaushalt kriegsbedingt allein 40% der Ausgaben. Die zunehmende Devisennot beeinträchtigte den Import von Maschi-nen, Ersatzteilen und Vorprodukten für die industrielle Fabrikation und die Rohstofförderung, mehr noch aber die Einfuhr von Nahrungsmitteln, die für die Bevölkerung angesichts der kriegsbedingt völlig unzureichenden Inlandsproduk-tion lebenswichtig ist. Die FAO stufte Angola in die Reihe der afrikanischen Länder ein, denen 1987/88 eine Hungersnot drohte; im August erließ Luanda ein Ersuchen an die internationale Öffentlichkeit, die Nahrungsmittelhilfe, die den Bedarf nicht deckte, beträchtlich zu steigern. Die Deckungslücke wurde bis zum Jahresende nicht geschlossen, Hunger war die Folge.

Mit Ausnahme der exportorientierten Öl- und Diamantenindustrien geriet die angolanische Ökonomie in einen Zustand der Agonie; *Tauschhandel und*

Schwarzmarkt blühten, Bier, Alkohol und der US-Dollar entwickelten sich zu Reservewährungen. Der Kwanza, seit 1978 in fester Parität an den Dollar gebunden ($1 = ca. Kz30), war im ersten Halfjahr nur ein Vierzigstel, zum Jahresende nur ein Sechzigstel seines amtlichen Kurses wert.

Um den Zerfall der offiziellen Ökonomie aufzuhalten und den Wiederaufbau einzuleiten, verkündete dos Santos am 17.8. ein tiefgreifendes *Wirtschaftsreformprogramm*, das unter dem Kürzel SEF (saneamento económico e financeiro) publik wurde und am 1.1.88 begann. Mit Bezug auf den 2. Kongreß der MPLA-PT vom Dezember 1985 und unter Berücksichtigung westlicher Kritik wetterte der angolanische Präsident, beiläufig Krisenursachen wie Krieg und Ölbaisse erwähnend, gegen "exzessive Zentralisation sozialistischer Planungsmethoden", "fortschreitende Bürokratisierung des Managements", gegen Korruption und Mißmanagement, besonders in Staatsunternehmen. Er sprach von der Notwendigkeit, die Ökonomie grundlegend zu restrukturieren, die Staatsfinanzen zu ordnen, das inländische Preissystem und das Steuerwesen zu reformieren, die Finanzmärkte zu "normalisieren", Wechselkurs und Zinsraten zu revidieren, die Lohnpolitik neu zu definieren, (weniger bedeutsame) Staatsbetriebe zu privatisieren - all dies gestützt auf eine Zusammenkunft des ZK der MPLA-PT (24.-27.6.). Selbst die Abwertung der grotesk überbewerteten Landeswährung - in anderen afrikanischen Ländern ein innenpolitisch sensibles Thema - schließt das SEF ein (voraussichtlich 60% in einem ersten Schritt, dem weitere folgen sollen). 9% Produktionszuwachs lautet für 1988 das Programmziel.

Die wirtschaftspolitische Programmatik des dos-Santos-Regimes lag genau auf der Linie, die im Falle Moçambiques ausgereicht hatte, um die Unterstützung des IWF, der Weltbank und der westlichen Länder einschließlich der USA zu gewinnen. Daß die westeuropäischen Länder den Kurswechsel Luandas zu honorieren gedachten, war folgerichtig; daß die USA sich dem bisher widersetzten, ist nur mit dem Stichwort "Kuba" zu erklären.
Peter Körner

Chronologie Angola 1987

24.-28.01.	Heftige Kämpfe zwischen angolanischer und südafrikanischer Armee (danach weitere südafrikanische Übergriffe)
26.-28.01.	Teilnahme Angolas an der Gründungssitzung der African Petroleum Producers Association in Lagos
30.01.	Konstituierende Sitzung des im Dezember 1986 gewählten Parlaments (Vorsitz: dos Santos)
	Verabschiedung des Etats 1987
15.02.	Blutige Unruhen als Folge einer Demonstration einer christlichen Sekte
22.03.	Kabinettsumbildung, wie auch am 08.05., 02.07., 28.10.
01.-04.04.	Staatsbesuch von Präsident dos Santos in Indien
05.-08.04.	Staatsbesuch von Präsident dos Santos in Nordkorea
07.04.	Sondierungsgespräche von US-Unterstaatssekretär für Afrikanische Angelegenheiten Crocker mit der angolanischen Regierung (weitere Treffen im Juni, Juli und September)
23.06.	Tagung der Portugiesisch-Angolanischen Kommission (Gewährung eines 140 Mio. $-Kredits durch Portugal)
30.07.-02.08.	Besuch von Präsident dos Santos in Kuba
17.08.	Verkündung eines weitreichenden Wirtschaftsreformprogramms
21.09.-02.10.	Besuch von dos Santos in Frankreich, Belgien, Italien, Portugal und bei der EG-Kommission in Brüssel; in Brüssel Zusammenkunft mit US-Unterstaatssekretär Crocker
02.10.	OAU-Verurteilung der südafrikanischen Intervention gegen die FAPLA-Offensive wider die UNITA
16.10.	Offizieller Aufnahmeantrag Angolas an IWF und Weltbank
29.-30.10.	Besuch von Bundesaußenminister Genscher in Luanda
07.11.	Teilnahme von dos Santos an der 70-Jahr-Feier der russischen Oktoberrevolution in Moskau
06.-15.11.	Wirtschaftsmesse Feira Internacional de Luanda mit Beteiligung aus Kuba, der UdSSR, DDR, CSSR, Rumänien, Bulgarien, der VR China, Brasilien, Portugal, Spanien, Schweden, Südkorea, Zimbabwe, Moçambique und der Bundesrepublik Deutschland
25.11./23.12.	Verurteilung der südafrikanischen Intervention durch den Weltsicherheitsrat
23.12.	Umschuldungsabkommen mit der UdSSR

Botswana

Fläche: 581 730 km², Einwohner: 1,07 Mio., Hauptstadt: Gaborone, Amtssprache: Englisch, Schulbesuchsquote: 67%, Wechselkurs: $ 1=Pula 1,56, Pro-Kopf-Einkommen: $ 840, BSP: $ 900 Mio., Anteile am BIP: 6% - 49% - 46%, Hauptexportprodukte: Diamanten 76%, Kupfer-Nickel-Konzentrat 9%, Fleisch 7%, Staats- und Regierungschef: Quett Masire, Regierungspartei: Botswana Democratic Party (BDP)

Innenpolitik

Ermöglicht durch ein neues Gesetz, wurde am 26.9. erstmals seit der Unabhängigkeit ein Referendum abgehalten. Es ging dabei um eine kurz zuvor vom Abgeordnetenhaus beschlossene *Verfassungsänderung*, die die Herausnahme des Wahlleiteramtes aus dem Amt des Präsidenten sowie die Festlegung betraf, daß die Posten von Präsident und Vizepräsident nur von Bürgern mit durch Geburt oder Abstammung erworbener Staatsangehörigkeit gehalten werden dürfen; in diese Kategorie fallen nun auch im Ausland geborene Kinder von Eltern mit der Staatsangehörigkeit Botswanas (bisher galt das erst ab 1982), nicht jedoch Kinder aus Ehen mit ausländischen Ehemännern. Das *Referendum* fand eine Zustimmung von 78% der Teilnehmenden, und die Verfassungsänderung trat am 20.11. in Kraft. Die innenpolitische Kontroverse um das Referendum stand in einem gewissen Mißverhältnis zum Inhalt der Verfassungsänderung und erreichte einen Höhepunkt durch den Boykottbeschluß (19.9.) der eher linksgerichteten Oppositionspartei BNF (Botswana National Front), die die Einsetzung eines Allparteienkomitees zur Überwachung des Wahlsystems forderte, um einem eventuellen Machtmißbrauch der regierenden Partei BDP bei Wahlen entgegenzuwirken.

Aufgrund der sehr geringen Beteiligung am Referendum (deutlich unter 20% der Wahlberechtigten und nur etwa ein Viertel der Beteiligung bei der letzten Wahl am 8.9.84) konnte sich die BNF in gewisser Weise bestätigt fühlen, und dieses traf auch auf ihre während des Jahres mit Nachdruck betriebene Kampagne zu, angesichts von Dürre und drückender Arbeitslosigkeit eine Abkehr von der restriktiven Ausgabenpolitik der Regierung zu fordern, denn der Haushaltsnachtrag vom 26.11. war ein Schritt in diese Richtung. Das Kräfteverhältnis zwischen den beiden Hauptparteien - BDP: 28 Sitze; BNF: 5 Sitze, aber 20% der Stimmen - veränderte sich anläßlich einer *Nachwahl* am 15.8. für 5 der 34 Wahlsitze nicht, aber das gespannte Verhältnis zwischen ihnen verschlechterte sich erheblich nach Unruhen in der BNF-dominierten Hauptstadt (März) und dem am 7.5. erstmals erhobenen Vorwurf, die Entsendung von BNF-Jugendligisten zur militärischen Ausbildung in Libyen und der Sowjetunion deute auf Umsturzpläne hin. Von Regierungsseite wurde diese Thematik zwar zunächst heruntergespielt, dann jedoch im Vorfeld der Nachwahlen und auch nach dem Referendumsboykott erneut bemüht. Darüberhinaus blieben die innenpolitischen Kontroversen von der Intensität des von südafrikanischer Seite ausgeübten außenpolitischen Drucks geprägt, da behutsames Taktieren auf Regierungsseite durchaus Ansatzpunkte für Kritik bot.

Außenpolitik

Bestimmender außenpolitischer Faktor blieben weiterhin die Beziehungen zu Südafrika, geprägt von permanenter Sorge vor erneuten Kommando-Unternehmungen von dort oder gar Grenzblockaden nach dem Lesotho-Muster (Anfang 1986, mit nachfolgendem Putsch). Letzteres schien sich auch gegenüber Botswana anzubahnen, als sich *Komplikationen mit dem südafrikanischen 'Homeland' Bophuthatswana* einstellten. Diese standen mit der für den 1.1.87 vorgesehenen, seit

1974 angestrebten Übernahme des durch Botswana führenden Teilstücks der Eisenbahnlinie von Zimbabwe nach Südafrika in Zusammenhang. Nachdem sich Bophuthatswana, durch das die Eisenbahn eine kurze Strecke verläuft, Ende 1986 im offenkundigen Bemühen um - bisher nur von Südafrika gewährte - diplomatische Anerkennung massiv in die laufenden Verhandlungen zwischen Botswana und Südafrika einzuschalten versucht hatte, verhängte es einen *Visumszwang* für Staatsangehörige von Botswana (9.1.) sowie von Zimbabwe (9.2.), das die Bahnlinie nach der sehr kurzfristig angekündigten Aussetzung der Übertragung an Botswana (30.12.86) weiter betrieb. Allerdings wurden diese Maßnahmen, die zeitweilig zum Stillstand des Eisenbahnverkehrs führten, am 9.2. durch die südafrikanische Eisenbahnverwaltung unterlaufen - möglicherweise infolge des Besuches einer hochrangigen Botswana-Delegation in Pretoria (26.-27.1.) -, die einer befristeten Übernahme der Züge innerhalb Botswanas bei Rakhuna zustimmte, wo mit chinesischer Hilfe sehr schnell eine Bahnwende gebaut wurde. Zum 1.8. wurde der Visazwang offiziell aufgegeben, wohl auch deswegen, weil Bophuthatswana die wirtschaftlichen Einbußen durch den Ausfall des kleinen Grenzverkehrs unterschätzt hatte.

Die Verletzbarkeit Botswanas hinsichtlich der Lebensader Eisenbahn - über die auch die Exporte der Staaten Zaire (zu ca. 60%), Zimbabwe (zu ca. 54%) und Zambia (zu ca. 40%) laufen - war damit nachhaltig demonstriert worden. Dieses war vermutlich die eigentliche Absicht der südafrikanischen Regierung, ohne deren Zustimmung das Bophuthatswana-Regime, das schon des öfteren als Mittel zum Zweck einer Einschüchterung Botswanas hatte dienen dürfen (z.B. Invasionsdrohung 1985), wohl kaum in Aktion getreten wäre. Denn Botswana ist nicht nur - im Gegensatz zu den in ähnlicher Weise von Südafrika abhängigen Staaten Swaziland und Lesotho - Mitglied der Gruppierung der Frontlinienstaaten (FLS), sondern hat auch den Vorsitz der SADCC-Gruppierung inne, deren Sitz sich in Gaborone befindet. Neben der Einschüchterungstaktik, die Botswana die Grenzen seines Manövrierraums innerhalb dieser Gruppierungen verdeutlichen soll, hat auf südafrikanischer Seite weiterhin das Bestreben im Vordergrund gestanden, die *Infiltration von Guerillakämpfern* v.a. des ANC über die durch Botswanas 3 500 Soldaten im Grunde nicht kontrollierbare außerordentlich lange Grenzlinie zu unterbinden, und zwar tunlichst im Rahmen eines Sicherheitsabkommens nach Moçambique-Muster (Nkomati-Abkommen 1984). Obwohl Botswana durch das Inkrafttreten des Staatssicherheitsgesetzes (23.5.86) sein offizielles Bemühen um stärkere Kontrolle demonstriert und zusätzlich quasi-permanente Straßenkontrollsysteme um die Hauptstadt herum aufgestellt hat, gehörten südafrikanische Beschuldigungen über den Aufenthalt von ANC- oder PAC-Anhängern auch weiterhin zur Alltagsroutine. Eine erneute Drohkampagne dieser Art im Febuar wurde ungewöhnlicherweise von Seiten der US-Botschaft in Gaborone durch eine energische, die Einschüchterung und ungerechtfertigte Einmischung in Botswanas Angelegenheiten scharf kritisierende Protestnote (10.2.) an die südafrikanische Regierung unterlaufen; der Anfang März folgende Besuch einer US-Militärdelegation zu Verhandlungen über ein Militärhilfeprogramm war eine weitere deutliche Geste.

Einen Tiefpunkt erreichten die Beziehungen zu Südafrika in der Folge einer *Bombenexplosion* (drei Tote, sechs Verletzte) in Gaborone am 9.4., insbesondere nachdem die Regierung auf der Grundlage der Untersuchung dieses Zwischenfalls einen südafrikanischen Agenten dafür verantwortlich gemacht (9.6.) und die südafrikanische Seite mit zunehmend stärkeren Drohgebärden per Notenwechsel reagiert hatte. Eine Zurückstufung des Konflikts erfolgte offenbar erst mit dem

zunächst geheimgehaltenen "Privatbesuch" des südafrikanischen Außenministers in
Jwaneng (29.6.), bei dem er angeblich mit dem Bruder von Präsident Masire
zusammentraf. Die vorübergehende Reduzierung der Spannungen mag auch mit
Gerichtsverfahren gegen mehrere als südafrikanische Agenten angesehene Personen in Zusammenhang stehen, die im Juli/August zu Gefängnisstrafen verurteilt
wurden. Offenbar lag Südafrika nicht sehr viel an einem Hochspielen der dabei
zur Sprache gekommenen Sachverhalte.

Die nächste ernstere Krise wurde am 24.11. mit einer südafrikanischen Note
vom Zaun gebrochen, in der Botswana Mitwisserschaft bei angeblichen Plänen
des ANC für Sabotage-Akte in Südafrika vorgeworfen wurde. Nach einer Zurückweisung der Unterstellungen wurden Vorwürfe einer willentlichen Kooperation mit dem militärischen Arm des ANC erhoben und den Straßenverkehr erheblich verzögernde *Kontrollaktionen an der Grenze* (1.12.) eingeleitet. Versuche
des Botswana-Armeechefs, die Krise bei einem Besuch in Pretoria (2.12.) zu
entschärfen, blieben offenbar erfolglos. Die Beschwerde des südafrikanischen
Außenministers am 11.12., Botswana habe Spezialausrüstung zur Übermittlung
kodierter Botschaften zurückgewiesen, ließ auf erneute Versuche schließen, Botswana in ein Sicherheitsabkommen hineinzupressen; wirksam unterstrichen wurden
diese Absichten durch verschiedene Handgranatenexplosionen (11.-14.12.) in
Gaborone und Umgebung sowie erneute Warnungen Südafrikas, man werde einen
Mißbrauch Botswanas durch Südafrikas Feinde nicht hinnehmen (16.12.)

Die Krise hielt beim Jahreswechsel noch an und verdeutlichte Botswanas sehr
geringfügigen außenpolitischen Spielraum, der das Engagement innerhalb der
FLS- und SADCC-Gruppierungen zu einer schwierigen Gratwanderung macht.
Mit Zimbabwe blieben die Beziehungen trotz einiger Komplikationen (s. Zimbabwe) eng, Präsident Masire stattete drei Kurzbesuche ab (1.2., 4.5. und 30.12.)
und empfing Premierminister Mugabe zu einem Besuch (21.12.). Moçambiques
Präsident Chissano kam zu seinem ersten Staatsbesuch nach Botswana (9.-12.8.),
wobei die Einsetzung einer ständigen gemeinsamen Kommission beschlossen
wurde. Trotz der nur geringfügigen diplomatischen Kontakte mit Ostblockländern
wurde deren Rolle und Kooperation bei der Stärkung der wirtschaftlichen Unabhängigkeit der FLS von Vizepräsident P.Mmusi besonders hervorgehoben (24.3.).
Mit China wurden zwei Kreditabkommen (März, Mai) unterzeichnet, u.a. für die
weitere Rehabilitierung der Bahnlinie, und mit der Sowjetunion wurde am 20.5.
erstmals ein Handelsabkommen abgeschlossen.

Sozio-ökonomische Entwicklung

Die wirtschaftliche Ausnahmestellung des Landes im Kontext des afrikanischen
Kontinents wurde mit der Vorlage des Haushaltsentwurfs am 18.2. gleich mehr-
fach unterstrichen. Obwohl der *Haushaltsüberschuß* des letzten Finanzjahres statt
angesetzter 24,4% des Gesamtvolumens immerhin 29% erreicht hatte, wurde der
Haushalt für 1987/88 durch eine gleichmäßige Erhöhung des Einnahmen- und
Ausgabenansatzes um knapp 20% praktisch nur fortgeschrieben, was bei einer
Inflationsrate von durchschnittlich 10% eine reale Steigerung um knapp 10%
bedeutete, die weit unter den finanziellen Möglichkeiten lag. Die überraschende
Fortführung der in den letzten drei Jahren betriebenen *zurückhaltenden Ausga-
benpolitik* angesichts voller Kassen - allein die Devisenreserven reichten zur
Deckung der Importe für zwei Jahre, während die Schuldendienstrate fallende
Tendenz gegenüber 1986 (4,3%) aufwies - wurde begründet mit der instabilen
Situation im südlichen Afrika, dem sechsten Dürrejahr in ununterbrochener Folge
sowie der Ungewißheit über die Exporteinnahmen, die zu 75% durch Diamanten

bestritten werden. Lediglich der Höchstsatz bei der Einkommensteuer wurde von 60% auf 50% reduziert und die untere Besteuerungsgrenze auf P 5 000 angehoben, während die Besteuerung von Firmen von 35% auf 40% erhöht wurde. In Anbetracht der anhaltenden exzellenten Finanzlage und wohl auch mit dem Ziel, den lästigen Argumenten der Oppositionspartei BNF Wind aus den Segeln zu nehmen, wurde jedoch am 26.11. ein *Nachtrag zur Erhöhung des Haushaltsansatzes* für die laufenden Ausgaben um 17,2% beschlossen, was einer Anhebung des gesamten Ausgabenansatzes um etwa 10% entsprach. Zusätzlich zu diesen P 109 Mio. wurde der Ausgabenansatz des 6. Nationalen Entwicklungsplanes (1985/86 - 1990/91), dessen Schwerpunkt im Gegensatz zu den früheren Entwicklungsplänen statt auf dem Ausbau des Bergbausektors auf der Schaffung von Arbeitsplätzen und der Förderung der ländlichen Entwicklung liegt, um P 650 Mio. auf nunmehr P 1 870 Mio. erhöht (+ 53,3%).

Dieser Nachschlag hing offenkundig mit dem am 2.7. bekanntgegebenen *Vertragsabschluß zwischen der Regierung und dem südafrikanischen Konzern De Beers* zusammen, durch den die Liquidität zusätzlich gesteigert wurde. Gegen einen nicht bezifferten, aber offenbar beträchtlichen Bargeldbetrag (Schätzungen: $ 250 Mio.) sowie die Übertragung von 20 Mio. neuer Aktien des Konzerns (Wert ca. £ 150 Mio.) übernahm De Beers die während der Jahre 1982-85 angehäuften Diamantenvorräte (Schätzungen: $ 300-500 Mio.) der *Debswana*, an der De Beers und die Regierung von Botswana je zur Hälfte beteiligt sind und deren Umsatz inzwischen den der restlichen Bergwerke von De Beers in Südafrika und Namibia übersteigt. Die Debswana hält nun 5,27% des erweiterten Aktien-Kapitals von De Beers und hat Anspruch auf zwei Direktorenposten sowohl von De Beers als auch von DTC (Diamond Trading Co.), dem Hauptelement von De Beers Central Selling Organisation (CSO), die 90% des Weltdiamantenhandels kontrolliert. Dieses sensationelle Geschäft ist angeblich auf Betreiben der Anglo-American Corporation, mit 30% Hauptaktionär von De Beers, zustande gekommen, die offenbar angesichts des anhaltenden Drucks zur Verhängung internationaler Wirtschaftssanktionen gegen Südafrika eine Abschwächung der südafrikanischen Einfärbung der CSO erreichen möchte. Andererseits ist jedoch unübersehbar, daß über den alles entscheidenden Diamantensektor, der derzeit etwa 60% der staatlichen Einnahmen einbringt, eine noch engere Verklammerung von Botswanas Schicksal mit dem von Südafrika bewirkt wurde. Die außenpolitischen Drohgebärden von dieser Seite während des Monats Juni mögen mit dieser Transaktion in Zusammenhang gestanden haben.

Die Verklammerung mit Südafrika wird auch durch das *Großprojekt Sua Pan* intensiviert, das während des ganzen Jahres eines der Hauptthemen bildete. Der Abbau von Soda-Asche und Salz (geschätzte jährliche Fördermenge: 0,35 bzw. 0,7 Mio. t) in den reichen Lagerstätten 100 km nordwestlich von Francistown, seit 1984 in einer Testanlage von Soda Ash Botswana (BP-Tochter) betrieben, soll laut einer regierungsamtlichen Mitteilung vom 24.12. nun doch im Einvernehmen mit der AEIC (African Explosives and Chemical Industries) geregelt worden sein, an der die Anglo-American Corporation sowie die südafrikanische Filiale des britischen ICI-Konzerns je 30% halten und auch der Konzern De Beers beteiligt ist; sie soll an die Stelle der rückzugswilligen BP treten. Baubeginn soll demnach 1988 und Produktionsbeginn 1991 sein, die Projektkosten werden unterschiedlich hoch zwischen $ 180 bis $ 385 Mio. angegeben. Botswana verspricht sich neben der Schaffung von ca. 500 Arbeitsplätzen jährliche Einnahmen in Höhe von $ 60 Mio., während die südafrikanische Seite eine Deckung des gesamten jährlichen Bedarfs erwartet.

Die Verhandlungen haben sich lange hingezogen, da Botswana angesichts einer Weltmarktüberproduktion auf einer Abnahmegarantie Südafrikas - des einzigen potentiellen Großabnehmers - unter dem Schutz der Zollunion SACU bestand, der offenbar, trotz des sehr heftigen Protests bisheriger Lieferanten aus den USA, während eines Besuches einer vom Außenminister angeführten südafrikanischen Delegation am 14.10. auch gegeben worden ist. Andererseits hat Südafrika seit langem versucht, den Vertrag mit dem Abschluß eines Sicherheitsabkommens zwischen den beiden Ländern zu koppeln, doch ist diese Bedingung nun offenbar angesichts der vor dem Hintergrund von Wirtschaftssanktionen wichtiger werdenden Rohstoffsicherung fallengelassen worden. Es ist indes nicht auszuschließen, daß das südafrikanische Säbelrasseln gegen Ende des Jahres dem Erreichen dieses Zieles auf anderen Wegen diente.

Auch wenn der Abbau von Rohstoffen und die damit verbundenen Einnahmesteigerungen grundsätzlich sinnvoll erscheinen mögen, so werden durch das Sua Pan-Projekt doch zwei für Botswana eigentlich ungünstige Trends verstärkt: zum einen die *Abhängigkeit von Südafrika*, die ohnehin aufgrund von Wirtschaftsbeteiligungen, beim Bezug von Importen (zu 85%) und Elektrizität (zu 41%) sowie bei der Nutzung von Transportwegen (das Hauptexportprodukt Diamanten wird allerdings per Flugzeug befördert) und hinsichtlich der Touristenzahlen (zu 60%) schon recht hoch ist, wobei Botswana andererseits bisher nur wenig vom Disinvestment-Trend in Südafrika profitieren konnte. Lediglich im Energiesektor konnte mit der Eröffnung des Morupule-Kraftwerks (90 MW) am 1.5. die Abhängigkeit reduziert werden.

Zum anderen ist das Sua-Pan-Projekt ein weiterer Schritt auf dem Weg zu einer erdrückenden *Abhängigkeit vom Bergbausektor*, der jetzt schon 47% des BIP ausmacht - neben Diamanten v.a. Kupfer-Nickel-Konzentrat mit 8% der Exporte -, aber nur 6,2% der 117 000 Lohnbeschäftigten im Land aufnimmt, neben denen es noch ca. 26 000 in Südafrika beschäftigte Wanderarbeiter gibt. Parallel dazu ist ein weiteres Zurückfallen des Agrarsektors (4% BIP) festzustellen, zumal die *anhaltende Dürre* auf zwei Dritteln der bebauten Fläche eine Ernte verhinderte und die um die Hälfte zurückgegangene Getreideproduktion nur noch ca. 10% der benötigten Menge erbringt, während der Viehbestand weiter fiel (seit 1983 um ein Drittel), mit deutlichen Folgen für das dritte Exportprodukt (Fleisch; Hauptabnehmer: EG). Von auch mit internationaler Unterstützung eingeleiteten Maßnahmen zur Linderung der Dürre waren rund zwei Drittel der Bevölkerung betroffen.   *Goswin Baumhögger*

Chronologie Botswana 1987

09.01.	Verhängung eines Visumzwangs durch Bophuthatswana; Beeinträchtigung des Eisenbahnverkehrs
18.02.	Haushaltsentwurf mit zurückhaltender Ausgabenpolitik trotz erheblicher Überschüsse
09.04.	Bombenexplosion in Gaborone; in der Folge Verschlechterung der Beziehungen zu Südafrika (Juni)
20.05.	Erstes Handelsabkommen mit der Sowjetunion
02.07.	Bekanntgabe eines Abkommens über die Beteiligung der Debswana am Konzern De Beers mit erheblichen finanziellen Transaktionen
09.-12.08.	Staatsbesuch des Präsidenten von Moçambique, Chissano
15.08.	Nachwahlen für 15% der Wahlsitze ohne Kräfteverschiebung
26.09.	Referendum über eine Verfassungsänderung
14.10.	Besuch einer südafrikanischen Delegation im Zusammenhang mit dem Sua-Pan-Großprojekt
24.11.	Beginn eines erneuten Konflikts mit Südafrika; Verzögerungen bei der Grenzabfertigung (ab 1.12.)
26.11.	Nachtrag zum Haushalt und zum 6. Nationalen Entwicklungsplan
24.12.	Mitteilung über Konkretisierung des Sua-Pan Projektes

Lesotho

Fläche: 30 355 km², Einwohner: $1,52 Mio., Hauptstadt: Maseru, Amtssprache: Englisch, Schulbesuchsquote: 77%, Wechselkurs: $ 1=Maloti 1,94, Pro-Kopf-Einkommen: $ 480, BSP: $ 730 Mio., Anteile am BIP: 23,5% - 24% - 52,5%, Hauptexportprodukte (1983): Mohair 20,5%, Wolle 16%, Staatschef: König Moshoeshoe II, Regierungspartei: keine

Innenpolitik

Das Militärregime unter General Lekhanya konnte sich ohne ernste Anfechtungen an der Macht halten. Die Abkehr von den seit dem Putsch verbotenen parteipolitischen Aktivitäten wurde zum ersten Jahrestag des Putsches am 20.1. auch symbolisch verdeutlicht: die *neue Landesfahne* weist nun nicht mehr die Farben der früheren Regierungspartei BNP (Basotho National Party) auf. Die zur gleichen Zeit vorgenommene *Neuverteilung der Kontrollfunktionen* innerhalb des sechsköpfigen Militärrates über die Ressorts des untergeordneten Ministerrates (Zivilisten und Militärs) machten die Vorherrschaft der Obristen Thaabe und Sekhobe Letsie - Vettern des Königs und mit ihm zusammen als eigentliche Drahtzieher des Putsches angesehen - auch nach außen hin deutlich (u.a. Außen-, Innen- und Finanzressorts). Daß nun auch Verteidigung und Sicherheit, die Gen. Lekhanya als Ressortchef unterstehen, ihrer Kontrolle anheimfielen, machte die Vermutung plausibler, daß Lekhanya trotz Beibehaltung des Vorsitzes von Militär- und Ministerrat wenig mehr als ein Aushängeschild für die *Letsie-Brüder als eigentliche Machthaber* ist.

Nachdem die Versuche des gestürzten Premierministers (1965-86) Chief Lebua Jonathan, sich wieder eine Machtbasis aufzubauen, durch die Ermordung seiner engsten Vertrauten D.Sixishe und V.Makhele (15.11.86) im Keim erstickt worden waren, wurde jegliche Beunruhigung über solche Pläne durch den *Tod von Jonathan* am 5.4. in einem Krankenhaus in Pretoria hinfällig. Daß ihm zuvor die Weiterreise von südafrikanischen Behörden verweigert worden sein soll, wurde zwar nicht hochgespielt, doch blieb die *Forderung nach Aufklärung der Morde an Sixishe und Makhele* ein wichtiges Thema. Es wurde u.a. von Ch.Mofeli, dem Vorsitzenden von einer der sechs Oppositionsparteien, am 2.6. in einer "Petition gegen den Machtmißbrauch" aufgegriffen, deren Hauptpunkt jedoch die *Forderung nach Rücknahme der Suspendierung parteipolitischer Aktivitäten* betraf. Zwar wurde Mofeli daraufhin einige Tage lang inhaftiert, doch begann das Militärregime Mitte September tatsächlich eine erste Dialogrunde mit den Parteien (selbst die BNP nahm teil, wenn auch nur in Beobachterfunktion).

Zuvor war jedoch von Gen. Lekhanya am 21.8. deutlich gemacht worden, daß sich die *Vorbereitungen für die Errichtung eines National Advisory Council* in der Abschlußphase befänden. Dieser soll dem Militärrat beraten und an der Spitze eines neuen Systems von demokratischer Mitbestimmung stehen, das auf einer unter Kontrolle der traditionellen Chief stehenden *Wiederbelebung von Dorfentwicklungskomitees* basieren und offenbar die Rolle der meist städtisch ausgerichteten Parteien endgültig aushebeln soll. Vorbereitungen für eine Rückkehr zur Zivilherrschaft sind unter diesen Vorzeichen schwerlich zu erkennen, zumal die fortschreitende Privilegierung des Militärs ihr Interesse an einem Machterhalt gesteigert haben dürfte. Die Gewinnung eines nennenswerten Rückhaltes in der Bevölkerung ist nicht zu erkennen, vielmehr hat das Regime die Entfremdung von wichtigen Teilen des gesellschaftlichen Spektrums - wie den kirchlichen Kreisen im Zusammenhang mit der Ausweisung des Generalsekretärs des Kirchenrates im September 1986 - nicht beheben können. Vertreter von drei Oppositionsparteien (darunter die BNP) haben inzwischen beim Obersten Gerichtshof eine gemeinsame Klage eingereicht, die darauf abzielt, die Machtübernahme-Proklamation des Regimes für ungültig erklären und die von Premier Jonathan 1970 außer Kraft gesetzte Verfassung von 1966 wieder einsetzen zu lassen. Generell gesehen ist zwar das Ausmaß der politischen Verfolgung und Unterdrückung im Vergleich zur Jonathan-Ägide eindeutig zurückgegangen, aber die Furcht vor Übergriffen durch Greiftrupps ist latent vorhanden, wobei unklar blieb, inwieweit Südafrika dabei direkt involviert war.

Außenpolitik

Für das von Südafrika völlig umschlossene Land blieben die Beziehungen zum übermächtigen Nachbarn das entscheidende Existenzkriterium. Vorrangig ist dabei die *Haltung zu den südafrikanischen Befreiungsbewegungen* ANC und PAC, die in den letzten Jahren des Jonathan-Regimes zunehmend unterstützt worden waren. Das hatte schließlich zur südafrikanischen Wirtschaftsblockade ab Ende 1985 geführt, in deren Schatten der Militärputsch stattfand. Das Grundprinzip einer vorübergehenden Aufnahme der Flüchtlinge aus Südafrika bei gleichzeitiger Unterbindung von Übergriffen vom eigenen Territorium aus wurde formell beibehalten und von Regierungsseite am 15.7. noch einmal nachdrücklich bekräftigt. Zugleich wurde kein Zweifel daran gelassen, daß die Deportation der Flüchtlinge in Drittländer beibehalten wird.

Als nach der Unterzeichnung des Hochland-Wasserbauprojekts (24.10.86) am 30.4. auch noch ein Abkommen über die *Etablierung von Handelsmissionen mit Südafrika* abgeschlossen wurde, fühlte sich Gen. Lekhanya bemüßigt, dem Eindruck einer vollständigen Beherrschung durch das Nachbarland entgegenzutreten. Am 21.8. verdeutlichte er, daß die wegen der wirtschaftlichen Abhängigkeit notwendige friedliche Koexistenz nicht dazu führen werde, eine Reduzierung auf den Status eines südafrikanischen "Homelands" hinzunehmen. Als ein weiteres Indiz dafür, daß auch das Militärregime nicht unbegrenzt willens ist, nur nach der südafrikanischen Pfeife zu tanzen, ist Gen. Lekhanyas Ersuchen an die UNO zu werten, die Ende des Jahres auslaufende Amtszeit jenes Repräsentanten des UN-Generalsekretärs automatisch zu verlängern, der die Entwicklungen hinsichtlich der Bewahrung der territorialen Integrität des Landes überwacht.

Bei den weiteren Außenbeziehungen waren keine wesentlichen Änderungen zu verzeichnen. Gen. Lekhanya stattete im Mai den USA einen Besuch ab, und König Moshoeshoe II. vertiefte die Beziehungen zu Botswana durch seinen ersten Staatsbesuch dort (17.-20.5.). Die unter Premier Jonathan in den letzten Jahren zum Entsetzen der südafrikanischen Regierung intensivierten *Kontakte zu Ostblockländern* haben nach dem Abbruch der Beziehungen zu Nordkorea (wegen dessen Unterstützung der BNP-Jugendliga, die einen wesentlichen Faktor der innenpolitischen Unterdrückung dargestellt hatte) und der Aufnahme von Beziehungen zu Südkorea im Februar 1986 keine weitere Veränderung erfahren. Einige Stipendiaten durften wieder in die Sowjetunion ausreisen, was noch 1986 unterbunden worden war. Die Königin und eine Staatsministerin besuchten sogar China, zu dem die Beziehungen gut geblieben sind - noch im Dezember 1986 war mit einer Firma aus Shanghai ein Vorabkommen über ein Joint-Venture-Projekt ($ 6,2 Mio.) abgeschlossen worden, was von südafrikanischer Seite prompt als feindseliger Akt gebrandmarkt wurde und über dessen weiteres Schicksal nichts verlautete.

Sozio-ökonomische Entwicklung

Im Mittelpunkt der Aktivitäten stand das seit 30 Jahren projektierte gigantische *Hochland-Wasserbauprojekt*, das langfristig die Wasserversorgung des industriellen Ballungsraumes im südafrikanischen Vaal-Dreieck durch ein Verbundnetz von sechs neuen Talsperren (Überflutung von 6,6% der nutzbaren Landfläche in Lesotho und Umsiedlung von 1% der Bevölkerung) sicherstellen und das Land durch den Bau von drei Kraftwerken von südafrikanischen Stromlieferungen unabhängig machen soll. Nach dem Abschluß des Vertrages mit Südafrika (24.10.86) wurde am 5.5. der erste Kontrakt über $ 6,5 Mio. des auf insgesamt ca. $ 2 Mrd. veranschlagten Projektes (Bauzeit bis zum Jahr 2013) vergeben. Mit der Weltbank als Konsortialführer wurden für technische Vorarbeiten im Rahmen der ersten, bis 1995 angelegten Bauphase ($ 700 Mio.) bereits Kredite der IDA ($ 9,7 Mio.) und EIB (ECU 3,5 Mio.) bereitgestellt.

Zwar ist das Projekt nach wie vor v.a. deswegen sehr umstritten, weil es die Verklammerung mit Südafrika potenziert und im wesentlichen für Südafrika von Interesse ist, aber andererseits ist eine Aufbesserung der *defizitären Staatsfinanzen* von Lesotho - es werden jährliche Wasserverkaufserlöse in der Höhe von Dreiviertel der derzeitigen Haushaltseinnahmen erwartet - dringend notwendig. Das wachsende Defizit hat bereits zu *Verhandlungen mit dem IWF* über einen Kredit in Höhe von SZR 7,1 Mio. (Strukturanpassungsmittel) Anlaß gegeben, die jedoch noch nicht zum Abschluß gekommen sind; die Schuldendienstrate lag 1986 allerdings bei nur 4,2% der - sehr geringfügigen - Exporte. Darüber hinaus wurden die Verhandlungen mit der Weltbank über Kredite für Maßnahmen zur städtischen Entwicklung ($ 20 Mio.) sowie zur Landverbesserung ($ 15 Mio.) vorangetrieben.

Im Gegenzug zum Abschluß des Vertrages über das Wasserbauprojekt soll Lesotho von Südafrika u.a. eine Zusicherung zur Anhebung der Zahl der hauptsächlich in den südafrikanischen Minen beschäftigten *Wanderarbeiter* erhalten haben, die mit etwa 124 000 fast Dreiviertel der Lohnbeschäftigten von Lesotho ausmachen. Die aufgrund der Wanderarbeit nach Lesotho fließenden Devisen finanzieren zu ca. 80% die Importe, die in der Regel ungefähr den 14fachen Wert der Exporte ausmachen. Es ist jedoch gerade das Fehlen dieses Arbeitskräftepotentials, das neben der gravierenden Bodenerosion Hauptgrund für den anhaltenden Niedergang der Landwirtschaft ist, die die Selbstversorgung bei weitem nicht sicherstellen kann. Zur Behebung dieses Mangels wurden Anfang September neue *Maßnahmen zur besseren Nutzung des Landes* (nur ca. 14% sind nutzbar) angekündigt, die auch die Vorgabe von Mindestproduktionszielen mit Preisanreizen im Falle einer Mehrproduktion sowie eine regelmäßige, jeweils für den Oktober geplante Bekanntgabe von Verkaufspreisen vorsehen. Neue Maßnahmen wurden auch im Bereich des *Kleinhandels* eingeleitet, in dem sich zunehmend Ausländer (u.a. Taiwanesen und Inder) engagiert haben, deren Ausweichen in den Bereich des produzierenden Gewerbes gewünscht wird, während der Kleinhandel Bürgern von Lesotho vorbehalten sein soll.   *Goswin Baumhögger*

Chronologie Lesotho 1987

Januar	Neuverteilung der Zuständigkeiten innerhalb des Militärrates
20.01.	Feiern zum 1. Jahrestag des Militärputsches mit Hissung einer neuen Landesflagge
05.04.	Tod des früheren Premierministers Chief Lebua Jonathan
30.04.	Abkommen mit Südafrika über die Errichtung von Handelsmissionen
05.05.	Erste Auftragserteilung im Rahmen des Hochland-Wasserbauprojektes
17.-20.05.	Staatsbesuch des Königs in Botswana
02.06.	"Petition gegen den Machtmißbrauch" von Ch.Mofeli
September	Ankündigung von Maßnahmen zur landwirtschaftlichen Produktionssteigerung

Malawi

Fläche: 118 484 km², *Einwohner:* 7,04 Mio., *Hauptstadt: Lilongwe, Amtssprache: Englisch, Schulbesuchsquote: 48%, Wechselkurs: $ 1=Kwacha 2,01, Pro-Kopf-Einkommen: $ 170, BSP: $ 1,16 Mrd., Anteile am BIP: 38% - 19% - 44%, Hauptexportprodukte: Tabak 43%, Tee 22%, Zucker 11%, Staats- und Regierungschef: Hastings Kamuzu Banda, Einheitspartei: Malawi Congress Party (MCP)*

Innenpolitik

Die mittlerweile zu einem Grundcharakteristikum gewordene *Fixierung auf die Nachfolgefrage* und damit auf das Befinden des etwa 90jährigen, fast unumschränkt herrschenden Präsidenten auf Lebenszeit, Hastings Kamuzu Banda, prägte weiterhin das mit nur wenig Freiraum ausgestattete politische Leben. Die im Kampf um Positionsgewinne bisher als am aussichtsreichsten gehandelte, aber mit einem beträchtlichen Popularitätsdefizit behaftete Gruppierung um C.Kadzamira (Lebensgefährtin des Präsidenten), J.Tembo (Präsidentendolmetscher, 1971-84 Chef der Zentralbank) und J.Ngwiri (bis 1985 Chef der Beamtenschaft) vermochte ihre Stellung offensichtlich zu konsolidieren. Seit Ende 1986 tritt die bisherige Graue Eminenz J.Tembo immer deutlicher aus dem Hintergrund heraus; obwohl ohne Ministeramt, wurde er mit der sehr heiklen, aber entscheidenden Aufgabe eines Ausgleichs mit den Nachbarstaaten betraut. Seine Nichte C.Kadzamira, die den Zugang zum Präsidenten unter Kontrolle hat, festigte ihren Zugriff auf die Anfang 1986 gegründete CCAM (Chitukuko cha aMai m'Malawi). Diese auf die städtische Mittelschicht zugeschnittene Frauenorganisation steht in Konkurrenz zur eher ländlich-konservativ ausgerichteten Frauenliga der MCP. Das Verhältnis der beiden Organisationen zueinander war bislang weitgehend undefiniert geblieben, doch verkündete Präsident Banda im Juli die Anbindung der CCAM an das Präsidialamt (mit eigenem Staatssekretär) und nährte damit Deutungen, daß es sich bei der CCAM um ein Vehikel für die politischen Ambitionen von C.Kadzamira handelt.

Aufsehenerregend war Präsident Bandas Rede am 13.9. vor dem Jahreskonvent (500 Delegierte) der MCP, in der er - offenbar genötigt durch die Welle von Gerüchten und Spekulationen - sich entgegen sonstiger Gepflogenheiten zur Nachfolgefrage äußerte. Im Gegensatz zu den Verfassungsbestimmungen bezeichnete er den Konvent als das im Falle seines Ablebens zuständige Gremium und bestritt zugleich vehement jegliche politischen Ambitionen von C.Kadzamira. Auch wenn das von einigen Seiten als Rückschlag für diese Gruppierung gedeutet wurde, so kann es sich indes auch um ein Ablenkungsmanöver handeln, um J.Tembo in Ruhe seine politischen Fäden knüpfen zu lassen. Unklar blieb auch, ob die bemerkenswerten *Änderungen in der Führung der Polizei* als Machteinbuße für die mit ihr eng liierte Kadzamira/Tembo/Ngwiri-Gruppierung zu werten ist. Die Pensionierung des mächtigen Polizeichefs M.Kamwana (Januar) sowie seines Nachfolgers (August), des bisherigen Special-Branch-Chefs L.G.Ngwata, kann durchaus auf Betreiben der Armee erfolgt sein, die sich im Gegensatz zur Polizei weitgehend aus den Repressionsmaßnahmen gegen die Bevölkerung heraushalten konnte und zunehmend als Gegenpol mit relativ viel politischem Spielraum (Armee-Chef M.Khanga) etabliert hat. Bezeichnend für die Verhärtung der Fronten war eine - kaum nachprüfbare - Meldung, Soldaten hätten ein Ausbildungslager für eine von J.Tembo unterhaltene Geheimarmee angegriffen und Waffen entfernt (Januar). Im Verhältnis zwischen Armee und Polizei wird der noch nicht einschätzbaren Rolle des neuen Polizeichefs E.Mbedza erhebliche Bedeutung zuzumessen sein.

Im Kontrast zu diesen Machtkonstellationen sind Parlament und Kabinett, die am 15.4. aufgelöst wurden, vergleichsweise bedeutungslos; wie üblich übernahm der Präsident vorübergehend alle Ressorts selbst. Am 27./28.5. wurden die dritten *Wahlen* seit der Unabhängigkeit (zuletzt 1978, 1983) für das von 101 auf 112 Wahlkreise erweiterte Parlament abgehalten. Für 107 Wahlkreise gab es Kandidaten, in 38 davon nur jeweils einen, in den restlichen standen sich mehrere MCP-Mitglieder gegenüber (223 Kandidaten). 65% der Abgeordneten konnten ihre Mandate erneuern, einen Wahlkampf gab es ebensowenig wie Angaben über die Wahlbeteiligung. Die *Besetzung des neuen Kabinetts* (3.6.), dem nur eine halbjährige Amtszeit beschieden war, folgte dem üblichen Muster: vier Ressorts behielt der Präsident selbst, bei den restlichen zehn Ressorts schieden drei Minister aus, zwei neue kamen hinzu, und nur drei durften ihre Posten behalten (R.Chirwa, K.Phiri, R.M.Banda). Bei den nachfolgenden Nominierungen zum *Nationalen Exekutiv-Komitee der MCP* (19.6.) wurde R.Chirwa als Sekretär für Administration bestätigt und K.Phiri als sein neuer Stellvertreter bestellt. Eine Besetzung des seit 1983 vakanten Postens des MCP-Generalsekretärs erfolgte wieder nicht, da diesem eine Schlüsselposition in der Nachfolgefrage zukäme und der Präsident keine offiziellen Aspiranten zu dulden gewillt ist - aus demselben Grund kommt die laut Verfassung mögliche Einführung des Postens eines Premierministers nicht in Frage.

Einen nachhaltigen Schock für das ansonsten festgefügte politische System löste der seit 20 Jahren erste bewaffnete *Guerilla-Angriff* auf den Polizeiposten in Kaporo (10.1.) im Norden aus, da er den sorgsam gehüteten Mythos eines perfekten Sicherheitssystems erschütterte. Verantwortlich war die Anfang 1986 gegründete MANLA (Malawi National Liberation Army), der militärische Arm der MAFREMO (Malawi Freedom Movement), einer von drei Exilgruppierungen. Nach ihrem Rückzug wurden die Guerillas in Tanzania verhaftet und der MAFREMO-Führer E.Yapwantha aus Tanzania ausgewiesen (er wich nach Zimbabwe aus). In der Folge kam es offenbar im September zu einem Zerwürfnis zwischen ihm und den MANLA-Führern B.Kaunda und M.Ndau, dem Schwiegersohn des früheren MAFREMO-Chefs und ursprünglichen MCP-Gründers, O.Chirwa. Seit seiner Entführung aus Zambia (1981) mit nachfolgender Verurteilung zum Tode und Begnadigung sitzt Chirwa zwar im Gefängnis, aber seine Reputation ist noch immer groß. Bezeichnend dafür war, daß Präsident Banda sich am 27.1. bemüßigt fühlte, Chirwa als Drahtzieher für gegen die CCAM gerichtete Flugblätter (Vorwurf der Zwangsarbeit nach Art der Kolonialherrschaft) hinzustellen.

Ob die Einsetzung von *Verwaltern der drei Regionen* im Staatssekretärsrang (März) vor diesem Hintergrund als zusätzliche Maßnahme einer noch direkteren Kontrolle zu werten ist, bleibt unklar. Die Distriktskommissare sind nun nicht mehr dem Staatssekretär im Präsidialamt berichtpflichtig, sondern den Verwaltern, die auch den Vorsitz der neueingeführten Entwicklungs-Komitees der Regionen (Juli) übernahmen.

Außenpolitik

Die Ende 1986 begonnene *Kehrtwende* in der Außenpolitik des in den letzten 20 Jahren in eine fast totale Isolierung geführten Landes wies außergewöhnliche Erfolge auf. Auslöser war das Drängen der Nachbarstaaten Zimbabwe und Zambia zur Verhängung von Wirtschaftssaktionen gegen Südafrika. Die dem Binnenland Malawi nach dem Ausfall der entscheidenden Transportwege durch Moçambique (RENAMO-Einwirkungen) verbliebenen Außenhandelsrouten führen jedoch durch eben diese Länder zu südafrikanischen Häfen, die derzeit 95% des Außenhandels von Malawi abwickeln. Eine Mischung von Kooperationsangeboten (v.a. Zimbabwe und Tanzania) sowie heftigen militärischen Drohgebärden im Herbst 1986 (Moçambique, mit Unterstützung von Zimbabwe und Zambia) hatten Malawi dazu veranlaßt, eine Annäherung zu den Nachbarstaaten in die Wege zu leiten.

Mit *Moçambique* entwickelten sich wieder engere Beziehungen, insbesondere nach dem Abschluß eines Abkommens (18.12.86), in dessen Folge Truppen aus Moçambique entlang der Grenze innerhalb des Gebiets von Malawi patrouillieren dürfen (ab Januar) und ca. 300-500 Soldaten aus Malawi zum Schutz der zum Moçambique-Hafen Nacala führenden, in der Rehabilitation begriffenen Bahnlinie entsandt wurden (ab Ende März). Nach einem ernsteren Zwischenfall mit der RENAMO bei Malema (Ende Mai), in dessen Folge Malawi eine Protestnote an Südafrika geschickt haben soll, scheint es zu einer Stabilisierung der Lage entlang der Bahnlinie gekommen zu sein. Verschiedene Delegationsbesuche in Moçambique haben die Beziehungen offensichtlich vertiefen können, die auch durch den über Moçambique-Gebiet erfolgten Abschuß eines Privatflugzeugs aus Malawi (6.11.) nicht wesentlich getrübt worden sind, zumal eine Entschuldigung von Präsident Chissano (16.11.) jenen Kreisen in Malawi, die noch Mißtrauen gegen Moçambique hegen, den Wind aus den Segeln nahm. Ein Problem in den gegenseitigen Beziehungen stellen nach wie vor die Flüchtlinge aus Moçambique dar, deren offizielle Zahl von ca. 70 000 zu Anfang des Jahres auf ca. 400 000 anwuchs. Eine Kollaboration zwischen ihnen und der RENAMO ist nach wie vor nicht auszuschließen, doch wird von der Seite Moçambiques nicht mehr wie noch im Herbst 1986 der Vorwurf einer vorsätzlichen staatlichen Unterstützung der RENAMO erhoben. Die Regierung Malawis hat diese Anschuldigungen zwar stets mit dem Hinweis auf den Schaden, der dem Land durch die Zerstörung der Transportwege zugefügt wird, zu entkräften versucht, aber der Verdacht eines - möglicherweise nicht offiziell sanktionierten - Mitmischens hielt sich lange und wurde oft an der Person von J.Tembo festgemacht, der jedenfalls durch seine neue Rolle als Sonderemissär keinen entsprechenden Spielraum mehr hätte.

Bemerkenswert war auch die Verbesserung der Beziehungen zu *Tanzania*, die sich bereits in den prompten Maßnahmen gegen die MAFREMO angekündigt hatte. Die erste hochrangige Delegation seit Aufnahme der diplomatischen Beziehungen (1985) stattete einen Besuch in Tanzania ab (April), und am 14.8. wurde ein Abkommen abgeschlossen, mit dem grünes Licht für eine zukünftige Nutzung des Transportweges zum Hafen Dar es Salaam gegeben wurde. Straßenrehabilitation, Ausbau der Umschlagkapazitäten (Häfen des Malawi-Sees, Bahnstation Mbeya, Hafen Dar es Salaam) sowie Anschaffung eines Bootes (Malawi-See) im Gesamtwert von $ 88 Mio. werden von einem internationalen Konsortium finanziert (u.a. EG und Weltbank). Die Beziehungen zu Tanzania sind jedoch nicht ganz problemlos, da der Streit über den auch von Tanzania beanspruchten Malawi-See (Ölfunde im Norden) noch nicht beigelegt ist und durch den Bau einer Radarstation in Malawi (u.a. mit südafrikanischer Hilfe) eher verschärft wurde.

Die Gratwanderung, trotz Verbesserung der Beziehungen zu den Nachbarstaaten die langjährigen engen Verbindungen mit *Südafrika* nicht aufs Spiel zu setzen, scheint zunächst gelungen zu sein. Zwar kann es für Südafrika kaum von Interesse sein, eine Umorientierung des Außenhandels von Malawi hinzunehmen, andererseits scheint Südafrika jedoch - jedenfalls solange J.Tembo als Nachfolgekandidat im Rennen ist - vor allem aus Prestigegründen nicht offensiv gegen Malawi vorgehen zu wollen, da dieses immer noch der einzige afrikanische Staat ist, mit dem diplomatische Beziehungen bestehen. Auch dürfte die Anwesenheit eines ständigen Militärrepräsentanten im Zentrum der Gruppierung der Frontlinienstaaten (FLS) weiterhin von großer Wichtigkeit sein. Präsident Banda machte am 31.1. eine eindeutige Geste gegenüber Südafrika, als er ein Einschwenken auf den Kurs der FLS hinsichtlich Wirtschaftssanktionen strikt ausschloß. Neue Abkommen über technische Kooperation wurden während eines Besuches des südafrikanischen Außenministers (23.-25.9.) abgeschlossen und ein erstes Bartergeschäft (20 000 t südafrikanischer Mais gegen 10 000 t Erdnüsse) am 18.12. unterzeichnet. Die Entwicklungshilfe aus Südafrika fließt jedoch nicht mehr so reichlich, aber Waffenlieferungen für die Polizei waren zu Anfang des Jahres zu verzeichnen.

Sozio-ökonomische Entwicklung

Die Talfahrt der hauptsächlich von Agrarexporten abhängigen Wirtschaft - allein 80% der Exporte bestehen aus Tabak, Tee und Zucker - wurde durch Preiseinbußen beim Tee und Quotenbeschränkung (USA) beim Zucker beschleunigt, vor allem aber durch die *Umleitung des Handels* über südafrikanische Häfen (2660 km über Moçambique/Zimbabwe, 3760 km über Zambia), die Mehrkosten von ca. $ 50 Mio. pro Jahr verursacht. Hinzu kommt noch der erschwerte Zugang zu Entwicklungshilfegeldern, die auf den Ausbau der Transportwege durch Moçambique und Tanzania konzentriert werden, wodurch Malawi nach Einschätzung von Beobachtern noch einmal dieselbe Summe jährlich entgeht. Allerdings kündigte sich eine gewisse Erleichterung an, da die Nacala-Bahnlinie (807 km) zum Teil wieder passierbar ist - die ersten vier vor Jahren in Moçambique steckengebliebenen Züge erreichten Blantyre am 13.9. - und auch die Beira-Bahnlinie (direkt: 650 km) jedenfalls auf dem Umweg über Zimbabwe wieder in Frage kommt, während die Route durch Tanzania (1784 km) erst langsam in Gang kommen wird.

Die durch Transportkosten, hohe Verschuldung (Schuldendienstrate 1986: ca. 50% der Exporte) und erheblich angestiegene Haushaltsdefizite äußerst *angespannte Finanzlage* hat Malawi veranlaßt, sich dem IWF wieder anzunähern und zu diesem Zweck eine Reihe von Kurskorrekturen vorzunehmen. *Neuverhandlungen über einen IWF-Kredit* in Höhe von SZR 40 Mio. (davon SZR 17,5 Mio. Strukturanpassungsmittel) zogen sich über das ganze Jahr hin, nachdem die Regierung wegen wachsender Meinungsverschiedenheiten mit dem IWF einen erst zu 70% genutzten Kredit in Höhe von SZR 81 Mio. (Erweiterte Fonds Fazilität) am 25.8.86 vorzeitig gekündigt hatte. Offensichtlich reichte dem IWF die *Abwertung* um 20% (7.2.) bei weitem nicht aus, zumal diese - wegen des fehlenden Schutzes bereits abgeschlossener Geschäfte - eher eine Vertrauenseinbuße nach sich zog. Ähnliches traf auf den Versuch zu, das Haushaltsdefizit bei der *Vorlage des Haushaltsentwurfs* für 1987/88 (20.3.) einzudämmen, da die Überziehung der Ausgaben 1986/87 um 21% alarmierend gewirkt hatte und trotz rigoroser Beschneidung der Anforderungen dennoch eine Deckungslücke von etwa 23% (Vorjahr 31%) klafft.

Besonders einschneidende Maßnahmen wurden auf Druck des IWF, v.a. aber auch der Weltbank, mit Wirkung vom 15.4. ergriffen: erstmals seit 25 Jahren wurde das *staatliche Vermarktungsmonopol für Agrarprodukte durchbrochen.* Die in Liquiditätsprobleme geratene ADMARC (Agricultural Development and Marketing Corporation) muß nun die Konkurrenz von privaten Aufkäufern - außer für Tabak und Baumwolle - dulden und sich aus 124 saisonalen Märkten zurückziehen; außerdem werden höhere Preise für die Direktanlieferung zu den Depots gezahlt. Ob indes eine flexiblere Abwicklung und die Belebung privater Handelsaktivitäten die Schwächung der ADMARC durch den Verlust profitabler Märkte aufwiegen kann, bleibt fraglich. Die Befürchtung, auf diese Weise könnten Händler und Bankiers der asiatischen Bevölkerungsgruppe (ca. 10 000 insgesamt) wieder im ländlichen Bereich, aus dem sie in den 70er Jahren ausgeschlossen worden waren, Fuß fassen, hat sich noch nicht bestätigt.

Die Regierung ging schließlich auch noch auf eine der verbliebenen IWF-Hauptforderungen ein: am 21.8. wurde angekündigt, erstmals seit 1983 *Umschuldungsverhandlungen* mit den Pariser und Londoner Clubs in Gang bringen zu wollen. Das Einlenken erfolgte, nachdem deutlich geworden war, daß Malawi nicht mehr zur Selbstversorgung in der Lage sein würde; eine schlechte Maisernte (Dürre im Süden), durch Insekten verursachte Ernteschäden bei Kassava und die Zunahme der Flüchtlingszahlen spielten dabei eine Rolle. Das Zugeständnis eines *Versorgungsengpasses bei Nahrungsmitteln* (4.7. und 30.11.) wog politisch besonders schwer wegen der bisherigen Reputation eines Vorbildes in dieser Beziehung (trotz der Krise von 1981). Die Ankündigung der neuen Erzeugerpreise für Agrarprodukte (16.9.) ließ wenig Hoffnung auf eine Besserung der Lage aufkommen. Zwar ist das Bemühen offenkundig, die ADMARC nicht wieder außer Kontrolle geraten zu lassen und eine noch breitere Diversifizierung zu erreichen, doch daß in dieser kritischen Phase bei einer Inflationsrate von ca. 25% und einem Anstieg der Düngerpreise um 30% die Preise für Mais und Erdnüsse nicht angehoben wurden, wird einen beträchtlichen Einnahmerückgang für Produzenten und Arbeitskräfte bedeuten.   *Goswin Baumhögger*

Chronologie Malawi 1987

20.01.	IDA-Kredit über $ 10 Mio., ergänzt durch Zusagen über $ 30 Mio. durch Japan, Großbritannien und die Bundesrepublik
20.01.	Erster Guerilla-Angriff seit 20 Jahren
20.03.	Einbringung des Haushaltsentwurfs
26.03.	IDA-Kredite für Bildungs- und Gesundheitssektor über SZR 30 Mio.
Ende März	Entsendung von Truppen nach Moçambique
15.04.	Lockerung des Vermarktungsmonopols für Agrarprodukte
27./28.05.	Wahlen
03.06.	Neues Kabinett
14.08.	Abschluß eines Abkommens mit Tanzania (Nord-Korridor)
21.08.	Ankündigung der Aufnahme von Umschuldungsverhandlungen
23.-25.09.	Besuch des südafrikanischen Außenministers, Abschluß von Abkommen

Moçambique

Fläche: 801 590 km², Einwohner: 13,79 Mio., Hauptstadt: Maputo, Amtssprache: Portugiesisch, Schulbesuchsquote: 33%, Wechselkurs: $ Metical 404, Pro-Kopf-Einkommen: $ 160, BSP: $ 3,28 Mrd., Anteile am BIP: 35% - 11% - 53%, Hauptexportprodukte (1986): Garnelen 48%, Cashewnüsse 21,5%, Staatschef: Joaquim Chissano, Einheitspartei: Frente de Libertação de Moçambique (FRELIMO)

Innenpolitik

Der Regierungswechsel nach dem Tod von Präsident Samora Machel am 19.10.86 ließ die politische Kontinuität unangetastet. Joaquim Chissano, Außenminister seit 1975, war am 3.11.86 vom ZK der FRELIMO zum Nachfolger Machels gewählt worden. Eine *Regierungsumbildung* am 20.1. diente der Ersetzung der zusammen mit Machel beim Flugzeugunglück Umgekommenen. Der bisherige Gesundheitsminister P.Mocumbi wurde Außenminister. A.Guebuza, Politbüromitglied, aber seit März 1986 nicht mehr in der Zentralregierung, trat die Nachfolge von A.L.Silva als Minister für Transport und Kommunikation an. M.Matsinhe übernahm den Posten des Sicherheitsministers von S.Vieira, der im Juni Nachfolger des ebenfalls ums Leben gekommenen A.da Bragança, einem der engsten Berater Machels, als Leiter des Instituts für Afrikanische Studien an der Universität Maputo wurde. *Umbesetzungen im ZK-Sekretariat* Anfang Januar - J.O.Monteira und A.Panguene verließen es für P.Mocumbi, E.Arão und J.Carrilho - sollten einer Ämterkonzentration entgegenwirken. Die bereits unter Machel begonnene Entflechtung von Partei, Regierung und Parlament durch die Einführung der Ämter des Premierministers (M.Machungo) und des Präsidenten der Volksversammlung (M. dos Santos) soll nach der Diskussion über einen neuen Wahlmodus für den bislang vom ZK bestimmten Staatspräsidenten 1988 auch konstitutionell verankert werden. Die *neukonstituierte Volksversammlung* zog eine positive Bilanz der im Dezember 1986 abgeschlossenen zweiten allgemeinen Wahlen, da trotz der kritischen Sicherheitslage nur wenige Distrikte nicht teilgenommen hatten.

Bedeutende Veränderungen brachte am 20.6. eine ebenfalls unter Machel eingeleitete *Umstrukturierung der Streitkräfte* mit einem völligen Austausch der Führungsspitze, bei der vielfach jüngere Kräfte an die Stelle derer rückten, die ihre Verdienste im Befreiungskampf erworben hatten. S.Mabote, Generalstabschef seit 1975, verlor sein Amt an den bisherigen Luftwaffenkommandeur A.Hama Thai; die drei Teilstreitkräfte sowie die Grenztruppen erhielten neue Kommandeure; neun der zehn Provinzkommandeure wurden abgelöst. Eine Effizienzsteigerung des Militärs sollte auch durch eine Verringerung der Truppenstärke bei gleichzeitiger Verbesserung von Versorgung und Ausbildung, begleitet von einem Ausbau der Militärgerichtsbarkeit, erreicht werden.

Die *Umstände des Todes von Samora Machel beim Flugzeugabsturz* über südafrikanischem Territorium blieben weiterhin ungeklärt. Wie international üblich, wurde eine Untersuchungskommission der drei beteiligten Parteien Moçambique, Südafrika und UdSSR (als Erbauer des Flugzeugs) gebildet, die zwar einen gemeinsamen Faktenbericht erstellte, an dessen Auswertung Moçambique und die UdSSR jedoch nicht mehr beteiligt waren. Der Grund für den Kurswechsel, der zum Zerschellen der Maschine geführt hatte, blieb umstritten. Südafrika gelangte zu dem Schluß, daß die Maschine irrtümlich dem Flugleitstrahl des Matsapa-Flughafens (Swaziland) gefolgt sei. In ihren Stellungnahmen zum südafrikanischen Abschlußbericht bezeichnete Moçambique diese These als nicht ausreichend bewiesen, während die UdSSR die vieldiskutierte Existenz eines falschen, zur absichtlichen Fehlleitung ausgesandten Flugleitstrahls nachweisen zu können glaubte. Hiervon zeigte sich auch Präsident Chissano überzeugt und beharrte infolgedessen auf einer Fortführung der gemeinsamen Untersuchung, was Südafrika jedoch ablehnte.

Hauptursache für die Notlage des Landes blieb die *massive Destabilisierung durch die RENAMO* (Resistência Nacional de Moçambique). Ungeachtet des im März 1984 unterzeichneten Vertrages von Nkomati, in dem sich Südafrika zur Beendigung seiner Unterstützung der RENAMO verpflichtet hatte, wurde diese weiterhin von Südafrika ausgerüstet und finanziert. Dementis aus Pretoria entkräftete die Regierung Moçambiques erneut mit einer Vielzahl von Beweisen für das südafrikanische Engagement. Allerdings operieren unter dem Namen RENAMO offensichtlich auch verselbständigte Banden. Wesentliches Element der Destabilisierung war weiterhin Terror gegen die Bevölkerung: die Unterwerfung der Anwohner im Umkreis von RENAMO-Basen, Angriffe auf Schulen und Krankenhäuser, Morde und Verstümmelungen sowie Zwangsrekrutierung durch Entführungen, wovon zunehmend auch Kinder betroffen waren, die zu Akten der Brutalität gezwungen wurden. Der Ausbau der Volksmiliz zur Selbstverteidigung der Zivilbevölkerung wurde von Präsident Chissano als vorrangiges Anliegen bezeichnet. Die Volksversammlung verabschiedete Ende des Jahres ein Amnestiegesetz, das RENAMO-Angehörigen, die bis Ende 1988 den Kampf aufgeben, die Wiedereingliederung in die Gesellschaft ermöglichen soll und bereits Verurteilte unter bestimmten Bedingungen begnadigt.

Die *Sicherheitslage* des Landes hatte Ende 1986 ihren bisher kritischsten Punkt erreicht, als es von Malawi aus operierenden Teilen der RENAMO gelungen war, beträchtliche Gebiete in den Provinzen Zambézia, Sofala und Tete unter ihre Kontrolle zu bringen. Auf Druck der Frontlinienstaaten stellte Malawi seine Unterstützung der RENAMO jedoch nach der Unterzeichnung eines Abkommens am 18.12.86 ein, das die gemeinsamen Interessen beider Staaten im Bereich der Verkehrswege unterstrich und eine gemeinsame Sicherheitskommission ins Leben rief. Auch wenn eine Kontrolle der RENAMO im malawischen Grenzgebiet nicht vollständig gewährleistet werden konnte, bildete die politische Wende Malawis doch eine Voraussetzung dafür, daß die *Offensive der gemeinsamen Truppenverbände Moçambiques, Zimbabwes und Tanzanias* vom Dezember 1986 bis April 1987 in den Provinzen Zambézia, Sofala und Tete größter militärischer Erfolg des Jahres 1987 wurde. Alle wichtigen Industriezentren und Verkehrsknotenpunkte entlang des Zambezi sowie andere Zentren an der Küste und im Innern der Provinz Zambézia - deren Infrastruktur allerdings weitgehend zerstört ist - wurden zurückgewonnen. Zwar fanden während des Jahres in diesen Provinzen wie auch in Niassa und Nampula, entlang der auch von malawischen Soldaten gesicherten Bahnlinie zum Hafen Nacala, weiterhin Gefechte statt, die sich Ende des Jahres verstärkten. Aber der Schwerpunkt der Auseinandersetzungen verlagerte sich eindeutig nach Süden: von der Frühjahrsoffensive ausgelöst, setzte ein Rückzug der RENAMO in die südlichen Provinzen Gaza und Inhambane ein, bei gleichzeitiger Infiltration weiterer RENAMO-Verbände aus Südafrika nach Gaza und in die Provinz Maputo. Zum Teil auf Rückzugsgefechte folgend, nahm der Terror gegen die Zivilbevölkerung zu: die zweite Jahreshälfte war von grausamen *Massakern* in den drei südlichen Provinzen geprägt. Am 18.7. wurden in *Homoine* 424 Menschen ermordet. Es folgten weitere Massaker, die größten in Manjacaze am 10.8. (92 Tote), in Muchungue am 16.8. (45 Tote) sowie Angriffe auf Fahrzeugkonvois, die unter unzureichendem Militärschutz die Nationalstraße 1 nördlich Maputos in der Taninga-Region befuhren: am 16.10. (53 Tote), 29.10. (278 Tote) und weiter südlich bei Maluana am 28.11. (71 Tote). Die Bahnverbindungen von Südafrika und Swaziland nach Maputo wurden Ende des Jahres wiederholt unterbrochen (am 31.12. forderte ein Anschlag 23 Tote und 70 Verletzte), und auch die Straßen waren zunehmend gefährdet. Die Armee meldete Ende des Jahres allerdings die Einnahme mehrerer RENAMO-Basen, von denen die Anschläge ausgegangen waren. Die RENAMO-Aktivitäten weiteten sich Ende Mai auf zimbabwisches Territorium im Grenzgebiet aus. Bis zum Jahresende wurde von rd. zwei Dutzend, mit ebensolcher Grausamkeit wie in Moçambique begangenen, Überfällen berichtet, die zumeist der Versorgung der RENAMO-Banden dienten, aber auch Industrieanlagen, eine Schule und ein Krankenhaus betrafen. Ende des Jahres schien der Armee Zimbabwes die Eindämmung der Überfälle gelungen zu sein. Auch Zambia war von einzelnen Grenzübergriffen betroffen.

Außenpolitik
Seine umfassende Reiseaktivität führte Präsident Chissano zunächst in die *Frontlinienstaaten* Tanzania (11.-13.12.86), Zambia (19.-22.2.), Zimbabwe (2.-5.3.), Angola (5.-8.3.) und Botswana (10.-14.8.). Hier, wie auch auf den Gipfeltreffen der Frontlinienstaaten (23.7., 17.9., 15.11.), wurde die Gegnerschaft zum südafrikanischen Apartheidregime unterstrichen. Im Vordergrund standen außerdem militärische Zusammenarbeit und Verkehrsfragen. Tanzanische und zimbabwische Truppen (etwa 1000 bzw. 10 000) wurden nicht nur zur Sicherung der Transportwege, sondern auch in der Frühjahrsoffensive gegen die RENAMO eingesetzt. Beide Staaten sicherten die Fortdauer ihrer Unterstützung zu, die auch eine verstärkte Soldatenausbildung durch die zimbabwische Armee umfaßt. Von der Kooperation im Rahmen der *SADCC* profitierte Moçambique besonders, da der Schwerpunkt der Zusammenarbeit auf dem Transportbereich und nach der Wiederherstellung der Beira-Korridors v.a. auf dem Ausbau der nördlichen Route nach Malawi (Nacala-Bahn) lag. Die Beziehungen zu *Malawi* verbesserten sich mit der Unterzeichnung des Sicherheitsabkommens so erheblich, daß Malawi im April etwa 500 Soldaten zur Sicherung der Nacala-Bahnlinie nach Moçambique entsandte. Eine Belastungsprobe der Beziehungen stellte allerdings der Abschuß eines malawischen Zivilflugzeugs mit 10 Insassen am 6.11. über Moçambique dar.
    Während die Kontakte zur südafrikanische Opposition gepflegt wurden - Besuche u.a. von J.Slovo (SACP), Bischof Tutu, A.Boesak (UDF) - beschuldigten sich Moçambique und *Südafrika* wiederholt des Bruchs des Nkomati-Abkommens. Drohungen des südafrikanischen Verteidigungsministers M.Malan gegenüber den Frontlinienstaaten, denen er Unterstützung militärischer Aktionen des ANC unterstellte, folgte am 29.5. der Anschlag eines südafrikanischen Kommandotrupps auf angebliche ANC-Gebäude in Maputo, dem drei Personen zum Opfer fielen. Der Anschlag war der erste dieser Art seit Unterzeichnung des Nkomati-Abkommens. Nach dem Massaker von Homoine, das zu einer weiteren Eskalation der Beschuldigungen und Dementis geführt hatte, wurde auf Ersuchen Südafrikas bei einem Treffen in Kapstadt am 6.8. ein gemeinsamer Verbindungsausschuß gebildet. Erstmals seit der Suspendierung der gemeinsamen Sicherheitskommission im Anschluß an die Dokumentenfunde in Gorongosa im August 1985 bestand damit wieder eine Einrichtung, die sich mit Sicherheitsfragen im allgemeinen und dem Homoine-Massaker im besonderen beschäftigen sollte und bisher noch zweimal zusammentrat (4.9. und 24.9.).
    Bei seinen Staatsbesuchen in *europäischen Staaten* (Italien 5.5., Großbritannien 6.-8.5., Schweden 19.-21.9., Frankreich 28.-29.9.) warb Chissano mit einigem Erfolg um Militärhilfe. Großbritannien hat seine militärische Unterstützung Moçambiques durch Ausweitung der Offiziersausbildung in Zimbabwe verstärkt. Im November erfolgte ein Vorstoß Spaniens, das Ausbildungshilfe im Bereich der Volksmiliz anbot. Die sog. nichttödliche, keine Waffen beinhaltende Militärhilfe

wurde zunehmend als notwendige Schutzmaßnahme für europäisch finanzierte
Wirtschafts- und Entwicklungssprojekte anerkannt und am 9.11. auch von der EG
beschlossen. Mit der Gewährung von Militärhilfe für Moçambique, das neben
Angola am härtesten von südafrikanischer Destabilisierung betroffen ist, dokumentierten die Geberländer die wachsende Unterstützung der Politik der Frontlinienstaaten, ohne allerdings in der Frage von Sanktionen voranzukommen. Auch
auf dem Commonwealth-Gipfel (13.-17.10.), an dem Moçambique erstmals als
Beobachter teilnahm, wurde zwar ein Sonderfonds für das Land eingerichtet,
doch beharrte Großbritannien als einziges Teilnehmerland auf der Ablehnung von
Sanktionen. Der Kurzbesuch Bundeskanzler Kohls in Moçambique am 17./18.11.
bezeugte ebenfalls eine Aufwertung Moçambiques im Westen.

Der AFRICA-Fonds der *Blockfreienbewegung* beschloß am 24./25.1. ein Not-
programm für Moçambique mit $ 35 Mio. jährlich. Die traditionell freundschaft-
lichen Beziehungen zur *UdSSR* (1986 vor Italien und Schweden größter Hilfegeber Moçambiques) wurden bei einem Staatsbesuch Chissanos (3.-6.8.) bestätigt.
Die Beziehungen zu den *USA*, die sich nach einem Besuch Machels im September
1985 verbessert hatten, litten unter wiederholten Kontakten von Mitgliedern des
US-Außenministeriums mit RENAMO-Repräsentanten in Washington. Zwar
wurde die Bedeutung dieser Treffen im Mai und November von der US-Admini-
stration heruntergespielt, doch erreichte eine konservative Senatsfraktion unter
J.Helms und R.Dole, die direkte Verhandlungen zwischen der moçambiquanischen
Regierung und der RENAMO herbeiführen wollte, immerhin, daß die Senats-
bestätigung der US-Botschafterin in Maputo, M.Wells, um mehrere Monate bis
zum 9.9. verzögert wurde. Die Bemühungen republikanischer Kreise um die
Anerkennung der RENAMO als politische Alternative zur FRELIMO erlitten
einen weiteren Rückschlag, als Präsident Reagan Chissano am 5.10. zu einem
kurzen Gespräch empfing.

Sozio-ökonomische Entwicklung

Als Folge der RENAMO-Aktivitäten - Vertreibung der Bevölkerung vom Land,
Unterbrechung der Transportwege, Zerstörung von Produktionsanlagen - ist die
Ernährungssituation weiterhin kritisch. 4,5 Millionen Menschen, fast ein Drittel
der Gesamtbevölkerung, waren 1987 von *Hunger* bedroht. Ihre Versorgung wurde
z.T. durch Transportprobleme erschwert. Die Kindersterblichkeit war mit 375
von 1000 der unter Fünfjährigen die höchste der Welt. Die UNO berief am 31.3.
eine Hilfskonferenz in Genf ein, auf der die Geberländer die Nahrungsmittelhilfe
auf rd. $ 210 Mio. der erbetenen $ 247 Mio. aufstockten.

Das gravierende *Flüchtlingsproblem* Moçambiques dauerte an. Die Zahl der
Flüchtlinge wird auf 1,5 Millionen geschätzt, von denen sich etwa eine halbe
Million im benachbarten Ausland befindet. Laut UN-Flüchtlingskommissariat,
das die Repatriierung von 500 000 Flüchtlingen unterstützen will, waren von den
Nachbarländern besonders Malawi mit 300 000, aber auch Zimbabwe mit 65 000
und Zambia mit 25 000 Flüchtlingen betroffen. Diese Zahlen dürften eher höher
liegen; hinzu kommen bis zu 72 000 Flüchtlinge in Tanzania.

1987 legte die Regierung ein mit großer Entschlossenheit vertretenes *Dreijahresprogramm zur wirtschaftlichen Erholung* vor, mit dem sie den Forderungen
von IWF und Weltbank, denen Moçambique im Herbst 1984 beigetreten war,
entgegenzukommen bemüht war. Ziele des Programms sind die Wiederankurbe-
lung der landwirtschaftlichen Produktion, v.a. im Bereich des Familiensektors, die
Wiederbelebung v.a. der Leichtindustrie und die Förderung besonders auch des
internationalen Transports auf Schiene und Straße. Einschneidende wirtschafts-
und finanzpolitische Maßnahmen wurden im Laufe des Jahres umgesetzt.

Die Währung wurde in zwei Schritten (am 30.1. und 27.6.) auf ein Zehntel ihres bisherigen Werts abgewertet. Da jedoch nach wie vor eine Diskrepanz zum Schwarzmarktkurs besteht, werden noch weitere Abwertungsschritte erwartet. Erzeugerpreise für Grundnahrungsmittel und wichtige landwirtschaftliche Exportprodukte wurden zweimal angehoben, am 25.2. um durchschnittlich 320% und am 23.9. um gut 50%. Nach Einführung einer neuen Lohnstruktur, die die Arbeitsproduktivität stärker berücksichtigt, fanden am 2.2. und erneut am 1.8. allgemeine Lohnerhöhungen um jeweils 50% statt.

Im Gegenzug wurde eine progressive Besteuerung von Einkommen und Kapitalerträgen neu eingeführt. Preise für Dienstleistungen, Benzinprodukte, Tabak und Bier wurden noch wesentlich stärker angehoben als die Preise für die wichtigsten Konsumgüter, die am 25.2. um ca. 100% und am 1.8. um rd. 50% stiegen. Das Rationierungssystem in den Städten besteht für diese Güter fort. Soweit es die Kriegssituation erlaubt, ist eine weitere Lockerung von kontrollierten Preisen vorgesehen. Die Unterstützung von Staatsfirmen, die zukünftig stärker an Rentabilitätskriterien gemessen werden sollen, soll den bisherigen Stand nicht überschreiten. Privatunternehmen wurden steuerliche Erleichterungen und verbesserte Importlizenzen gewährt; ausländische Investoren reagierten wegen der kritischen Sicherheitslage allerdings kaum.

Nach Verhandlungen mit IWF und Weltbank wurde Moçambique am 8.6. mit SZR 38,7 Mio. in die *Strukturanpassungsfazilität des IWF* einbezogen. Mit den öffentlichen Gläubigern des Pariser Clubs wurde auf der Basis dieses Arrangements und erstmals mit verlängerten Fristen (Rückzahlbarkeit in 20 Jahren mit 10 Freijahren) am 16.6. eine - nach Oktober 1984 - zweite *Umschuldung* erreicht, der am 25.6. eine erstmalige Umschuldung beim Londoner Club der privaten Gläubiger folgte. Moçambique konnte $ 824 Mio. bzw. $ 249 Mio. seiner Auslandsschuld von $ 1,39 Mrd. umschulden. Auch von sozialistischen Staaten wurden Schuldenerleichterungen gewährt. Dennoch betragen die Schuldendienstverpflichtungen für das kommende Jahr mit $ 125 Mio. (bzw. $ 175 Mio. ohne die erhoffte Reduzierung der Zinssätze) noch 119% der erwarteten Exporteinnahmen. Der Schuldendienst ist mit 23,4% hinter den Verteidigungsausgaben (35,2%) der größte Posten des am Jahresende verabschiedeten Haushalts 1988.

Zusätzlich zu einem Weltbankkredit von $ 106 Mio. kamen beim ersten Treffen der *Konsultativgruppe für Moçambique* am 9./10.7. in Paris Hilfszusagen von $ 700 Mio., davon etwa die Hälfte Schenkungen, zusammen. Hiervon soll der Importbedarf Moçambiques, v.a. für Rohstoffe und Ersatzteile zur Ankurbelung der Landwirtschaft, gedeckt werden. Allerdings wird der Importbedarf im Rahmen des Wirtschaftserholungsprogramms auf jährlich $ 800 Mio. veranschlagt, für die Moçambique auf ausländische Hilfe angewiesen bleibt. Nach vorläufigen Angaben zeigte das Wirtschaftserholungsprogramm erste Erfolge mit einer Steigerung des BIP um etwa 4% - von 1980-85 war ein jährlicher Rückgang um 11%, 1986 eine Steigerung von 1,6% zu verzeichnen gewesen.

Die Förderung des *Transitverkehrs* durch Moçambique mit seinen drei Häfen ist zentrales Anliegen der SADCC in ihren Bestrebungen zur Verringerung der Abhängigkeit von Südafrika. Die erste Phase der Strecken- und Hafenrenovierung des Beira-Projekts wurde abgeschlossen. Für eine weitere Vertiefung des Hafenbeckens und den Ausbau der Bahnstrecke konnten auch weitere EG-Mittel gewonnen werden. Obwohl die Sicherheit der Bahnlinie von zimbabwischen Truppen garantiert werden konnte, wurde sie, u.a. wegen fehlender Lokomotiven, nicht zur vollen Kapazität genutzt. Die Arbeiten auf der Strecke Malawi-Nacala mußten Mitte des Jahres wegen RENAMO-Angriffen unterbrochen werden, aber die Hafenrenovierung schritt mit der Errichtung des ersten Container-Terminals

voran. Für den Ausbau zweier weiterer Strecken, von Beira Richtung Malawi
bzw. zu den Kohlegruben in Moatize, erhielt Moçambique Finanzhilfe von Italien
und der UdSSR. Außerdem wurde mit der Wiederherstellung der Limpopo-Linie
von Zimbabwe zum Hafen Maputo begonnen. Dieses Vorhaben erhielt auf der
Commonwealth-Konferenz ausdrückliche Priorität; eine Finanzhilfe von
$ 150 Mio. wurde gewährt, die die Arbeiten an Bahn und Hafen beschleunigen
soll, obwohl die verstärkten Angriffe der RENAMO in der Gaza- und Maputo-
Provinz auch gegen dieses Projekt gerichtet sein dürften. Ein Ende März zuge-
sagter Finanzbeitrag Südafrikas von R 3 Mio. für den Hafen Maputo läßt jedoch
ebensowenig ein Ende der Destabilisierungspolitik absehen wie die Ende November erreichte prinzipielle Übereinkunft zwischen Portugal, Südafrika und
Moçambique über die Wiederherstellung der nach Südafrika führenden Stromlei-
tungen des z.Zt. fast keine Energie mehr produzierenden *Cahora Bassa Wasser-
kraftwerks.* Südafrika hatte bereits seine Entschlossenheit zu "Gegensanktionen"
unter Beweis gestellt, als es am 8.10.86 als "Vergeltung" für eine Landminen-
explosion einen Anwerbestopp moçambiquanischer *Minenarbeiter* verhängte. Die
südafrikanische Bergbaukammer erreichte im Januar zwar eine Rücknahme der
Entscheidung für die etwa 30 000 qualifizierten und langfristig beschäftigten
Arbeiter, doch 30 000 andere werden nach Auslaufen ihrer Verträge zurückge-
schickt.   *Telse Diederichsen*

Chronologie Moçambique 1987

13.-19.01.	Erste Sitzung der neugewählten Volksversammlung: Verabschiedung des Wirtschafts-erholungsprogramms
20.01.	Regierungsumbildung; Umbesetzungen im ZK-Sekretariat (11.1.)
30.01.	Abwertung um 80% ($1=MT200); Lohnerhöhungen um 50%; neues Steuergesetz (31.1.); erste Runde von Preiserhöhungen (1./4.2.); Anhebung der Erzeugerpreise um 320% (25.2.)
19.02.	Staatsbesuche Chissanos in den Frontlinienstaaten Zambia (19.-22.2.), Zimbabwe (2.-5.3.), Angola (5.-8.3.)
31.03.-01.04.	Hilfskonferenz der UNO in Genf mit Zusagen von $ 210 Mio. Nahrungsmittelhilfe
05.05.	Besuche in Italien und Vatikan (5.5.), Großbritannien (6.-8.5.) und Kapverden (10.-13.5.)
21.-22.05.	7. Gipfel der lusophonen Staaten in Maputo
27.-28.05.	Staatsbesuch des ugandischen Präsidenten Museveni
29.05.	Südafrikanisches Kommandounternehmens gegen Gebäude in Maputo; drei Tote
Ende Mai	Erste Übergriffe der RENAMO auf zimbabwisches Territorium
08.06.	Zusage einer Strukturanpassungsfazilität des IWF; Umschuldungsabkommen mit dem Pariser Club (16.6.) und dem Londoner Club (25.6.)
20.06.	Restrukturierung der Streitkräfte
26.06.	Abwertung um 50% ($1=MT400); zweite Runde von Preiserhöhungen (1.7./1.8.); Lohnerhöhung um 50% (1.8.); Erhöhung der Erzeugerpreise um gut 50% (23.9.)
09.07.	Südafrikanischer Untersuchungsbericht zum Flugzeugabsturz von Samora Machel
09.-10.07.	Erstes Treffen der Konsultativgruppe für Moçambique in Paris; Zusagen von $ 700 Mio.
18.07.	Massaker von Homoine (424 Tote), gefolgt von Massaker in Manjacaze am 10.8. (92 Tote)
30.07.	Zusammenkunft Chissanos mit dem äthiopischen Präsidenten Mengistu am Rande des OAU-Gipfels in Addis Abeba
02.-06.08.	Staatsbesuche Chissanos in Bulgarien (2.8.) und der UdSSR (3.-6.8.)
06.08.	Einrichtung eines Verbindungsausschusses für Sicherheitsfragen beim Besuch einer Delegation in Kapstadt; weitere Zusammenkünfte 4.9. und 24.9.
07.08.	Staatsbesuch Chissanos in Nigeria und Botswana (10.-14.8.), Schweden (19.-21.9.), Frankreich (28.-29.9.) und Guinea-Bissau (6.-9.10.)
05.10.	Zusammenkunft Chissanos mit Präsident Reagan in Washington
13.-17.10.	Moçambique nimmt erstmals als Beobachter am 26. Commonwealth-Gipfel in Vancouver teil
29.10.	Massaker bei Überfall auf Konvoi in der Taninga-Region, 278 Tote; weitere große Überfällen auf Konvois am 16.10. (53 Tote) und am 28.11. bei Maluana (71 Tote)
18.-19.11.	Staatsbesuch von Bundeskanzler H.Kohl
17.-21.12.	3. Sitzung der Volksversammlung: Amnestiegesetze

Namibia

Fläche: 824 292 km², Einwohner: 1,13 Mio., Hauptstadt: Windhoek, Amtssprachen: Afrikaans, Englisch, Deutsch, Schulbesuchsquote: 50%, Wechselkurs: $ 1=Rand 1,94, Pro-Kopf-Einkommen: $ 1510, BIP: R 2,53 Mrd., Anteile am BIP: 8% - 45% - 47%, Hauptexportprodukte: Uran 37%, Diamanten 26%, sonst. Bergbauprodukte 18,3%, Staatschef: Völkerrechtlich UNO, vertreten durch UN-Kommissar für Namibia Bengt Carlsson; faktisch Südafrika, vertreten durch Generalverwalter Louis Pienaar, Regierungsparteien: Democratic Turnhalle Alliance (DTA), Labour Party (LP), Nasionale Party van Suidwes-Afrika (NP-SWA), Rehoboth Free Democratic Party (RFDP), South West Africa National Union (SWANU: Flügel unter M.Katjioungua), South West Africa People's Organisation - Democrats (SWAPO-D, von der SWAPO of Namibia abgespaltene Gruppe)

Während die seit 1981 bestehende totale Lähmung des UNO-Planes zur Entlassung Namibias in die staatliche Unabhängigkeit (Sicherheitsrats-Resolution 435 vom 29.9.78) anhielt, liefen die im Schutz dieser Lähmung vorangetriebenen Maßnahmen Südafrikas - das sich trotz Aberkennung der Mandatsrechte durch die UNO (1966) nicht aus Namibia zurückzieht - ungehindert mit dem Ziel weiter, durch eine "interne Lösung" vollendete Tatsachen zu schaffen. Die durch die US-Politik 1981 hergestellte, von Südafrika dankend aufgegriffene und seither zum Dogma hochstilisierte sehr bruchfeste Verbindung zwischen der Namibia-Frage und einem Abzug der Kubaner aus Angola scheint zwar ausreichend Zeit zum Experimentieren zu lassen, doch zeichneten sich 1987 immer deutlicher erhebliche Turbulenzen für die derzeit amtierende Übergangsregierung ab, die durchaus Elemente einer Aushöhlung ihrer Existenzgrundlage enthielten.

Innenpolitik

Nachdem bereits eine erste Übergangsregierung unter Führung der DTA verschlissen worden war (1979-83), hatte Südafrika sechs seit 1983 in der sog. "Vielparteien-Konferenz" gruppierten Parteien die Bildung einer zweiten Übergangsregierung übertragen (17.6.85; tonangebend erneut die DTA mit drei der acht Ministerien und 22 der 62 Sitze in der nach geschätzter Stärke der Parteien zusammengesetzten Nationalversammlung). Wegen ihrer Geburtsdefizite (Einsetzung durch Südafrika ohne vorangehende Wahlen sowie uneingeschränkte Ablehnung durch die UNO) und angesichts des ohnehin fraglichen Rückhaltes der Koalitionsparteien in der Bevölkerung versuchte die Übergangsregierung 1987 auf drei Hauptfeldern Profil und breitere Zustimmung zu gewinnen: durch ein Aktionsprogramm zur Erlangung größerer Eigenständigkeit für das Land, durch die Ausarbeitung einer neuen Verfassung sowie durch den Versuch zur Abschaffung der sog. Rest-Apartheid, jener noch verbliebenen Überbleibsel der nach südafrikanischem Muster angelegten Rassentrennungspolitik. Auf allen diesen Feldern wurde indes statt des angestrebten Nachweises, eine echte Vertretung für die Bevölkerung des ganzen Landes zu sein, eher das Gegenteil erreicht: durch verstärktes Hineinregieren Südafrikas wurde der geringfügige Manövrierraum der Übergangsregierung vorgeführt und dem Verdacht, es handele sich lediglich um eine "Marionetten"-Regierung, kräftig Vorschub geleistet.

Verfassung, Minderheitenschutz und "ethnische Wahlen"

Am deutlichsten wurde dies bei der *Ausarbeitung einer neuen Verfassung.* Der Ende 1985 eingesetzte Verfassungsrat unter V.Hiemstra, in dem alle sechs Koalitionsparteien sowie seit Anfang 1987 auch zwei Repräsentanten der Caprivi-

Bevölkerung vertreten waren, billigte am 6.7. mit 14:4 Stimmen einen Verfassungsentwurf, der unter Beteiligung auch bundesdeutscher Verfassungsexperten zustande gekommen und in einem Vorentwurf am 4.11.86 den Parteien vorgelegt worden war. Die Ablehnung durch die je zwei Vertreter der NP-SWA (weiße Bevölkerung) und der RFDP (Rehobother Mischlingsbevölkerung) hatte sich bereits deutlich abgezeichnet und die Beschlußfassung verzögert, da erst ab dem 13.6. nach Ablauf einer 17-Monate-Frist seit Einsetzung des Verfassungsrates das Konsensprinzip durch eine Zweidrittelmehrheit abgelöst werden konnte. Der Dissens innerhalb der Koalitionsparteien, deren Zusammenarbeit von Beginn an recht spannungsträchtig verlaufen war, führte zu einer ernsthaften Krise, denn die Ausarbeitung ist der eigentliche Existenzzweck der Übergangsregierung, da auf der Grundlage einer solchen Verfassung eine von südafrikanischen Konditionen bestimmte Unabhängigkeit ausgehandelt werden kann. Im Vorwege waren bereits die von der Übergangsregierung noch zu Anfang des Jahres gehegten Pläne für ein Referendum über den Verfassungsentwurf von südafrikanischer Seite abschlägig beschieden worden, und anläßlich eines unerwartet anberaumten Besuches einer hochrangigen südafrikanischen Delegation einschließlich der Außen- und Verteidigungsminister am 19.6. wurde der Stellenwert des Verfassungsentwurfs noch weiter hinuntergespielt (nur noch Grundlage für weitere Beratungen). Schließlich wurden der Nationalversammlung am 30.7. zwei Verfassungsentwürfe präsentiert: der Mehrheitsentwurf sowie ein alternativer Entwurf von NP-SWA und RFDP.

Hauptstreitpunkt war die *Auslassung eines expliziten Minderheitenschutzes*, der bereits verschiedentlich sehr nachdrücklich von Südafrika eingefordert worden war, das nicht zuletzt aufgrund der langjährigen internationalen Diskussionen über eine Verknüpfung der Namibia-Frage mit der Lösung des Konflikts in Südafrika unerwünschte Präzedenzwirkungen für die eigene Situation befürchtet, falls den Wünschen fast aller Parteien Namibias nach einer nicht von Rassenkriterien geprägten Verfassung stattgegeben würde. Trotz der Vorwarnungen war im Mehrheitsentwurf statt eines direkten Minderheitenschutzes lediglich ein bereits 1984 von der "Vielparteien-Konferenz" angenommener Grundrechtekatalog in den Text übernommen worden, der allerdings durch ausgefeilte Zusätze angereichert war, die eine Aberkennung der Grundrechte in bestimmten, recht eindeutig auf die SWAPO zielenden Fällen ermöglichen. Noch deutlicher wurde die Stoßrichtung durch die Festlegung auf die Errichtung eines Einheitsstaates, der die Abschaffung der "Regierungen der Zweiten Ebene" zur Voraussetzung hat, jener 1980 durch das Gesetz AG 8 begründeten, vom Geist des Apartheidsystems Südafrikas durchdrungenen sog. Selbstverwaltungsgremien (mit Kompetenzen insbesondere für den Bildungs- und Gesundheitssektor) für jede der elf "ethnischen Gemeinschaften", einschließlich der weißen mit 6,6% der Bevölkerung. Diese sollen durch ein auf Distrikts- und Stadträten basierendes Lokalverwaltungssystem ersetzt werden. Die *Abschaffung von AG 8* war zwar im April 1986 von der Nationalversammlung einstimmig beschlossen worden, doch hatte es nachfolgend tiefgehende Konflikte innerhalb der NP-SWA gegeben, die schließlich deutlich gemacht hatte, daß eine Abschaffung nur bei Festschreibung von Minderheitsrechten akzeptiert werden würde. Der Gegenentwurf von NP-SWA und RFDP sieht denn auch ein System von "Gruppenräten" (Kompetenzen: Bildungs- und Gesundheitssektor, Sozialdienste, Land etc.) für jede der ethnischen Gemeinschaften vor, ist also letztlich eine Fortschreibung des Systems der Zweiten Ebene. Die Gruppenräte sollen auch die Hälfte der 72 Mitglieder der Nationalversammlung stellen, während im Mehrheitsentwurf eine Nationalversammlung mit 60 auf nationaler Ebene durch allgemeines Wahlrecht gewählten Abgeordneten und ein Senat mit 28 Mitgliedern anvisiert wird.

Nur Stunden nach der Vorlage der Entwürfe erfolgte die Reaktion der südafrikanischen Seite - vertreten durch Generalverwalter L.Pienaar - mit der *Forderung nach Neuwahlen für die Regierungen der Zweiten Ebene* (letzte - sehr umstrittene - Wahlen: November 1980), applaudiert von NP-SWA und RFDP, die in ihren "ethnischen Regierungen" gut verankert sind. Dies trifft auf ihre vier Koalitionspartner nicht zu, die am 11.8. den Vorschlag für Wahlen nach intensiven Kabinettsberatungen mit dem Argument zurückwiesen, ein solches Verfahren sei undemokratisch, solange die Übergangsregierung selbst nicht durch Wahlen legitimiert sei. Ihre Forderung nach nationalen Wahlen auf allen Ebenen (Verhältniswahlrecht, Parteilisten) wurde jedoch vom südafrikanischen Präsidenten Botha am 14.8. abschlägig beschieden, weil diese der UN-Resolution 435 (u.a. Wahlen unter Aufsicht der UNO) zuwiderliefe, zu deren Einhaltung Südafrika sich verpflichtet habe.

Die Fronten verhärteten sich: die Mehrheitskoalitionspartner stellten den politischen Status des Generalverwalters wegen Kompetenzenüberschreitung in Frage und kamen beim Obersten Gerichtshof um eine Rechtsauskunft ein, ob das System der "ethnischen Regierungen" überhaupt mit dem Grundrechtekatalog von 1984 vereinbar sei. Auch das Gipfeltreffen am 6.11. in Pretoria brachte offenbar keine Annäherung der Standpunkte; das Problempaket Minderheitenrechte/ "ethnische Neuwahlen" wurde anschließend in ein Kabinettskomitee abgeschoben, in das zunächst je ein Minister der sechs Koalitionsparteien berufen wurde. Die Lage verschärfte sich durch die erneute Amtszeitverlängerung für die Regierungen der Zweiten Ebene (9.11.), die Ankündigung des Wunsches nach Wahlen für Anfang 1988 durch den Chefminister der weißen Regierung der Zweiten Ebene, die tatsächliche Abhaltung von Wahlen der Rehoboth-Regierung (16.12.) - die dafür aufgrund von Sonderrechten von 1976 keine Genehmigung der Übergangsregierung brauchte - sowie durch die Ankündigung einer endgültigen Frist zur Lösung der Krise über die Verfassung bis 31.3.88 durch M.Katjiuongua (Minister und Chef des einen SWANU-Flügels) mit der gleichzeitigen Andeutung der Möglichkeit eines Rückzugs aus der Übergangsregierung.

Hinter dem Konflikt steht offenkundig die von südafrikanischer Seite nachdrücklich geäußerte *Forderung nach einer Verbreiterung der Basis* der Übergangsregierung. Dies zielt vor allem auf eine Einbindung von P.Kalangula, des ehemaligen DTA-Präsidenten und derzeitigen Chefministers von Ovambo (50% der Gesamtbevölkerung, Hauptrückhaltsgebiet der SWAPO), der sich mit seiner Christian Democratic Action for Social Justice (CDA) sowohl von der "Vielparteien-Konferenz" als auch von der SWAPO ferngehalten hat; gemeint ist aber auch Chief J.Garoeb mit seinem Damara Council (Damara: 7,5% der Bevölkerung), der jedoch mit der SWAPO liiert ist. Die neue Komponente der Forderung nach "ethnischen Wahlen" wurde offenbar eingeführt, um einerseits im Falle einer Einbeziehung nicht mit politisch völlig ausgebrannten Führungsfiguren ins Geschäft kommen zu müssen, und um andererseits kooperationswillige ethnische Politiker herauszufiltern und ihnen durch eine Wahlbestätigung die Beibehaltung des Status quo als ihrer Machtbasis schmackhaft zu machen. Denn eine Abschaffung der an das Modell der südafrikanischen Homelands angelehnten ethnischen "Regierungen der Zweiten Ebene" und eine für die nationale Ebene geltende Akzeptierung des allgemeinen Wahlrechts ungeachtet rassischer Kriterien würde

der in Südafrika selbst betriebenen Politik direkt zuwiderlaufen und könnte
weitreichende Sogwirkungen haben. Ob indes Südafrika die zwischen dem Makel
einer "Marionetten"-Regierung einerseits und dem Fehlen jeglicher Machtmittel
zur Erklärung einer einseitigen Unabhängigkeit andererseits eingeklemmte und
dabei weitgehend verschlissene zweite Übergangsregierung bereits abgeschrieben
hat und gegebenenfalls durch eine dritte, auf Chefministern neugewählter Regierungen der Zweiten Ebene beruhende Übergangsregierung zu ersetzen vorhat,
zeichnete sich noch nicht eindeutig ab.

Aktionsprogramm der Übergangsregierung und Anlauf zur Öffnung der Schulen
Die ganze Palette dieser Strategie - Ablehnung nationaler Wahlen, Forderung
nach "ethnischen Neuwahlen" und Verbreiterung der Machtbasis - war bereits am
24.2. vom Generalverwalter unmißverständlich skizziert worden, als er in einen
ungewöhnlich schroffen Schlagabtausch mit der Übergangsregierung eintrat,
nachdem diese mit ihrem *Aktionsprogramm vom 13.2.* die südafrikanische Tole-
rierungsschwelle allzu offensichtlich überschritten hatte. Die darin enthaltene
Forderung nach Errichtung eines Ministeriums für internationale Zusammenarbeit
und Entwicklung (Zweck: Erlangung eines "deutlichen Maßes an formeller Autonomie in auswärtigen Angelegenheiten") sowie eines Ministeriums für innere
Sicherheit (Zweck: Trennung der Streitkräfte Namibias von denen Südafrikas)
rührte eindeutig an den Geschäftsgrundlagen für die Einsetzung der Übergangsregierung, da Südafrika sich ausdrücklich die Ressorts Auswärtiges und Verteidigung vorbehalten hatte. Sie wurde mit dem Hinweis auf die Notwendigkeit für
Verhandlungen auf Kabinettsebene zunächst beiseitegeschoben, beim Gipfeltreffen am 6.11. dann jedoch abschlägig beschieden, wo lediglich die Forderung des
Aktionsprogramms nach direkter Repräsentation der Übergangsregierung bei
internationalen Verhandlungen Unterstützung erhielt. Die anderen Punkte des
Aktionsprogramms wie Auswahl einer Nationalhymne und -flagge sowie Einführung des Namens Namibia bis Ende des Jahres stießen auf Mißfallen. Es war
jedoch v.a. die im Rahmen des Aktionsprogramms angekündigte Anweisung an
den Grundgesetzausschuß der Nationalversammlung zur Überprüfung, ob das
Gesetz AG 8 oder andere Gesetze gegen den Grundrechtekatalog der Übergangsregierung verstießen, die die alarmierte südafrikanische Seite zur harschen Reaktion veranlaßte. Die Unverblümtheit, mit der der Generalverwalter bei dieser
Gelegenheit seine Rolle als Sachwalter südafrikanischer Interessen umriß, der sich
nicht durchgehend an den Rat der Übergangsregierung zu halten gedenke, führte
zu einer heftigen Gegenreaktion des Kabinetts am 25.2., dessen Mehrheit - bezeichnenderweise jedoch bereits ohne die Vertreter von NP-SWA und RFDP -
dem Generalverwalter "Verwirrung" über seine Rolle, nämlich auf Empfehlungen
des Kabinetts hin zu handeln, vorwarf und scharfe Opposition gegen Pläne für
"ethnische Neuwahlen" anmeldete.
    Die intendierte Überprüfung der Gesetze zielte auch auf einen weiteren
neuralgischen Punkt, nämlich das Unterlaufen der Bemühungen der Übergangsregierung um eine *Zulassung zu Schulen ohne Anwendung von Rassenkriterien*, die
eigentlich zu Anfang des Jahres hatte durchgeführt werden sollen. Über diese für
die Abschaffung der Rest-Apartheid sehr wichtige Frage war es im Oktober 1986
zu einem ernsten Konflikt mit der NP-SWA gekommen, da deren Vorsitzender E.
van Zyl der Öffnung zugestimmt hatte, dann aber mit seiner Anhängerschaft
kaltgestellt wurde, bis hin zu seiner Ersetzung als Mitglied des Kabinetts und des
Verfassungsrates am 2.2. durch den Repräsentanten des rechten Flügels, J. de
Wet. Die Regierung der Zweiten Ebene für Weiße leistete hinhaltenden Wider-

stand angesichts der durch das Weiterbestehen des Gesetzes AG 8 bedingten Machtlosigkeit der Übergangsregierung auch in dieser Angelegenheit. Selbst ein überraschender Mehrheitsbeschluß der Legislativversammlung für Weiße am 13.3. zur Öffnung der Schulen im eigenen Jurisdiktionsbereich - zustandegekommen durch die Stimmen von sieben Vertretern der Republican Party/DTA und drei der NP-SWA gegen sieben Stimmen der NP-SWA vermochte an diesem Kurs nichts zu ändern, so daß der Übergangsregierung auch auf diesem Gebiet ein dringend gewünschter Vorzeige-Erfolg versagt blieb.

Lediglich auf Nebenschauplätzen konnten kleine Erfolge verbucht werden, so bei der Errichtung eines eigenen Geheimdienstes (1.4.) - der jedoch trotzdem noch südafrikanischer Mitarbeit unterliegt - , der Einsetzung eines Ombudsman (1.5.), der Abschaffung der Geltung südafrikanischer Feiertage auch für Namibia (2.6.) sowie einer leichten Verbesserung des rechtlichen Status für unter Notstandsrecht Verhaftete (26.6.).

Problematik der inneren Sicherheit
Die sicherheitspolitische Lage blieb auch 1987 durch die starke *Präsenz südafrikanischer Truppen* geprägt, die von Namibia aus ihre kriegerischen Aktionen gegen Angola sowie Übergriffe auf benachbarte Staaten der Frontlinien-Gruppierung fortsetzten. Allerdings stellen die weiterhin eng mit der Armee Südafrikas verbundenen Streitkräfte Namibias (SWATF, South West African Territorial Forces) inzwischen angeblich ca. 70% der in den Operationszonen stationierten Truppen und werden wie selbstverständlich auch in Angola eingesetzt. In diesem Zusammenhang soll es im Oktober zu verbreiteten Meutereien in den aus Ovambo bzw. Kavango stammenden Battaillonen 101 und 202 der SWATF, möglicherweise auch im Battaillon 701 (Caprivi) gekommen sein; 350 der Meuterer wurden offenbar in Walvis Bay festgehalten.

Die *Übergriffe von Polizei und Militär* gegenüber der Zivilbevölkerung scheinen sich eher verstärkt zu haben. Vermehrt wurden auch wahrscheinlich von Sicherheitskräften verübte Anschläge auf Schulen, Kliniken und Kirchen verzeichnet, die offensichtlich dazu dienen sollen, dem Anwachsen der Unterstützung v.a. auch kirchlicher Kreise für den Befreiungskampf der SWAPO einen Riegel vorzuschieben. Die berüchtigte südafrikanische Söldner-Sondereinheit Koevoet ("Brecheisen"), jetzt trotz ihrer ausschließlich militärischen Aufgaben Teil der Polizei Namibias unter dem Namen COIN (Counter-Insurgency Unit), setzte ihren Terror zur Einschüchterung der Bevölkerung ungehindert fort, offenbar immer häufiger als Guerillas getarnt und mit erbeuteten Waffen ausgerüstet sowie durch Geldprämien für Gefangene und Getötete angespornt. Daß Menschenrechtsverletzungen einschließlich Folter an der Tagesordnung sind, wurde erneut durch zahlreiche Belege untermauert und erstmals während eines Prozesses gegen Guerillas aktenkundig gemacht, als der Oberste Gerichtshof in einer Urteilsbegründung am 21.5. von der Polizei präsentierte Beweismittel aus diesen Gründen für untauglich erklärte.

Die Erfolgsmeldungen der Militärs über die Bekämpfung von *Guerillas der PLAN* (People's Liberation Army of Namibia, militärischer Arm der SWAPO of Namibia) standen auch 1987 in unauflösbarem Kontrast zu entsprechenden Angaben der SWAPO. Als Indiz dafür, daß die Behauptungen des Militärs über eine weitgehende Zerschlagung der PLAN nicht der Realität entsprechen, kann die Tatsache gewertet werden, daß Guerillas am 29.3. erstmals seit vier Jahren wieder Anschläge im weißen Farmgebiet südlich von Ovamboland verübten. Aber auch verschiedene andere spektakuläre Sabotageakte verdeutlichten, daß die Reichweite der PLAN nicht auf das nördliche Grenzgebiet beschränkt blieb: Bombenanschläge am 13.1. in Gobabis (bisher als sichere Zone angesehen), am 16.7. im Zentrum von Windhoek (in der Nähe des Hauptquartiers der südafrikanischen Streitkräfte), am 12.11. in Walvis Bay sowie in der Nähe von Windhoek und im Norden sorgten für beträchtliche Beunruhigung.

Seit der Oberste Gerichtshof im Juli 1986 die *Abhaltung von Versammlungen der SWAPO* ohne vorherige Genehmigung zugestanden hatte, sind eine Reihe von politischen Veranstaltungen durchgeführt worden, die jedoch auch 1987 häufig durch massiven Polizei- und COIN-Einsatz gestört wurden. Allzu offenkundige Übergriffe dieser Art werden neuerdings jedoch auch gerichtlich überprüft; so wird dem am 8.10. begonnenen Prozeß gegen sechs Soldaten wegen Ermordung des SWAPO-Funktionärs J.Shifidi während einer politischen Veranstaltung am 30.11.86 eine wichtige Signalwirkung beigemessen. Die SWAPO hat ihre über den Inlandsflügel laufenden politischen Aktivitäten im Lande während des Jahres offenbar zunehmend auf die Gewinnung von noch breiterem Rückhalt in der Arbeiterschaft durch die Forcierung der Gewerkschaftsbewegung gelenkt.

I n t e r n a t i o n a l e   A k t i v i t ä t e n
Die *Aktivitäten der UNO* in der Namibia-Frage waren auch 1987 vielfältig und weitgehend wirkungslos. In der Folge von Berichten des UN-Generalsekretärs (31.3. und 27.10.) befaßte sich der *Sicherheitsrat* zweimal mit Namibia. Am 9.4. scheiterte eine Resolution, die die Beendigung der illegalen Besetzung mit der Forderung nach einem umfassenden und verbindlichen Wirtschaftsboykott gegen Südafrika verknüpfte, am Veto der USA und Großbritanniens (auch die BRD stimmte dagegen). Nach der Amtsübernahme von B.Carlsson (Schweden) als neuer UN-Hochkommissar für Namibia (1.7.) und einem Besuch des Sonderbeauftragten für Namibia - M.Ahtisaari - in Südafrika, Zimbabwe, Zambia und Angola (15.-29.8.) wurde am 30.10. die Sicherheitsrats-Resolution 601 einstimmig bei einer Enthaltung (USA) angenommen. Sie ermächtigt den UN-Generalsekretär, sich für einen Waffenstillstand zwischen Südafrika und der SWAPO einzusetzen sowie Schritte für die Stationierung der in Res. 435 (1978) vorgesehenen Unterstützungseinheit der UNO für die Übergangszeit (UNTAG) einzuleiten.

Darüber hinaus wurde eine Sondersitzung des *UN-Rates für Namibia* in Angola abgehalten (18.-22.5.), in dessen Schlußdokument insbesondere die Versorgung der angolanischen UNITA-Rebellen auf dem Weg durch Namibia, die bedrohliche Umwandlung des Caprivi-Zipfels in eine Militärbasis für Angriffe auf Nachbarstaaten sowie der illegale Bezug von Uran aus Namibia angeprangert wurden. Letzteres zielte deutlich auf die Urenco (Konsortium für Uran-Anreicherung) in Almelo, an der neben Firmen aus den Niederlanden auch solche aus Großbritannien und der BRD (Uranit, Hauptanteilseigner: Nukem mit 40%) beteiligt sind. Gegen die Urenco wurden am 14.7. gerichtliche Schritte eingeleitet wegen Verstößen gegen das Dekret Nr. 1 des Namibia-Rates von 1974 (nachfolgend von der UN-Generalversammlung gebilligt), das jegliche Ausfuhr von Rohstoffen aus Namibia verbietet. Dem weiteren Verlauf dieses ersten juristischen Versuchs, dem Dekret Nr. 1 Geltung zu verschaffen, wird große Bedeutung beigemessen.

Die *internationalen Aktivitäten der SWAPO of Namibia*, von der UNO als "einziger und authentischer Repräsentant des Volkes von Namibia" anerkannt, waren wie gewohnt weitgespannt, insbesondere im Hinblick auf Dritte-Welt-

Länder und Teilnahme an Konferenzen aller Art - v.a. im afrikanischen Kontext - sowie an den Beratungen der UNO (die im März bereits angereisten zwei Vertreter der Übergangsregierung wurden erneut nicht zugelassen). Besonders bemerkenswert war eine längere Reise des SWAPO-Chefs S.Nujoma durch Süd- und Mittelamerika (März) sowie die Akkreditierung eines SWAPO-Repräsentanten in Moskau (16.10.).

Die *Beziehungen der SWAPO zu den Westmächten*, denen immer heftiger Kollaboration mit Südafrika vorgeworfen wurde, blieben weiterhin unterkühlt, gegenüber den USA und der BRD verschlechterten sie sich deutlich, im Falle der USA vornehmlich wegen deren Politik gegenüber Angola (Unterstützung der UNITA, Beharren auf Abzug der kubanischen Truppen), im Falle der BRD aus mehreren Gründen. So sorgten die von S.Nujoma trotz regelmäßiger BRD-Dementis kontinuierlich thematisierten Warnungen vor Plänen für den Bau einer Atomabfälledeponie in der Namib-Wüste sowie scharfe Angriffe gegen deutsche Entwicklungshilfeleistungen für Namibia für erhebliche Verstimmung, die den gegen die SWAPO laufenden Propagandakampagnen Auftrieb gab. Diese wurden mit beachtlicher Wirkung über PR-Agenturen in Südafrika und Namibia betrieben und insbesondere von der rechtsgewirkten Internationalen Gesellschaft für Menschenrechte (IGFM) in Frankfurt, auch über Zweigstellen in den USA und Großbritannien, unterstützt. Schwerpunktthema dieser Kampagnen war 1987 die Inhaftierung von ca. 100 Personen in Angola, die von der SWAPO der Spionage beschuldigt werden. Auch wenn sie zunehmend bei Politikern vor allem des rechten Lagers verfangen haben, so konnten diese intensiven Kampagnen doch auch 1987 noch keine Änderung der offiziellen Regierungspolitik irgendeines Landes in Richtung auf eine internationale Anerknnung der Übergangsregierung bewirken. Im Gegenzug hat die SWAPO am 28.11. eine eigene Nachrichtenagentur, NAMPA (Namibia Press Agency), aus der Taufe gehoben.

Die *Grundlinie der SWAPO* blieb während des Jahres unverändert auf eine Intensivierung des Guerillakampfes und der diplomatischen Bemühungen ausgerichtet. Fortlaufend betont wurde die Bereitschaft zu Gesprächen über eine Lösung des Namibia-Konflikts sowie den Abschluß eines Waffenstillstands mit der südafrikanischen Regierung (von dort jedoch weiterhin zurückgewiesen); über die Ablehnung der Übergangsregierung sowie ihrer Experimente mit dem Entwurf für eine Verfassung wurde kein Zweifel gelassen. Auffallend war die von der SWAPO-Führung betriebene *Intensivierung der Kontakte zu Delegationen aus Namibia*, insbesondere durch Treffen mit hochrangigen Kirchenvertretern (Genf, 16.2.), mit zwei Gruppen von Geschäftsleuten, Akademikern und Rechtsanwälten (Lusaka, 2.-4.3. bzw. 8.-10.5.) sowie mit der Interessengemeinschaft Deutschsprachiger Südwester (IG), einer Teilvertretung der deutschen Bevölkerungsgruppe in Namibia (Lusaka, 12.-14.3.).

Sozio-ökonomische Entwicklung
Anwachsen des Haushaltsdefizits und Erholung des Bergbausektors

Die einmonatige Verspätung bei der Vorlage des Haushaltsentwurfs (14.7.) hatte ihren Grund in der völlig überraschenden, im Zusammenhang mit dem südafrikanischen Budget vom 3.6. stehenden sehr kurzfristigen Bekanntgabe von erheblichen *Kürzungen des von Südafrika zu zahlenden Finanzzuschusses*, der 1981 hauptsächlich wegen Verlagerung bestimmter Regierungsfunktionen von Südafrika nach Namibia eingeführt worden war. Statt bereits eingeplanter R 508 Mio. (Vorjahr: R 467 Mio.) wurden nur R 308 Mio. gewährt, was zusammen mit dem

gleichfalls unerwarteten Einfrieren des Zolleinnahmenanteils (R 350 Mio. wie im
Vorjahr), der von Südafrika im Rahmen der Zollunion SACU willkürlich festgesetzt wird, einen empfindlichen Rückschlag für die Bemühungen um Konsolidierung der Staatsfinanzen darstellte. Trotz südafrikanischer Dementis, die auf eine
generelle Einsparungspolitik des südafrikanischen Haushaltsentwurfs verwiesen,
drängte sich der Eindruck einer politischen Disziplinierungsmaßnahme wegen der
Unbotmäßigkeit in der Frage des Verfassungsentwurfs auf. Denn zur gleichen
Zeit wurden die Finanzhilfen an die vier "selbstregierenden" Homelands Südafrikas um etwa 41% angehoben, und es wurde eine Erhöhung der Zolleinnahmen-
anteile für die anderen SACU-Mitglieder um 23% im Gesamtdurchschnitt angekündigt.

Auf diese Weise wuchs die Deckungslücke des Haushaltsentwurfs auf 23,4%
statt 12,8% des Gesamtvolumens von R 1897 Mio. an. Gemildert wurde das
Defizit lediglich durch einen Überschuß aus dem letzten Finanzjahr in Höhe von
R 277 Mio. Dieser war ganz wesentlich durch eine kräftige *Erholung des Bergbausektors* zustande gekommen, der 1986 erstmals seit sieben Jahren wieder eine
reale Wachstumsrate (7%) aufwies und entscheidend zu einem realen Anstieg des
BIP um 3,5% (Faktorkosten zu Preisen von 1980) beitrug. Die günstige Entwicklung schlug sich auch in der erneut positiven Handelsbilanz (R 512 Mio. Überschuß für 1986) nieder, da die beiden Hauptexportprodukte einen beträchtlichen
Preisaufschwung verzeichnen konnten, v.a. Diamanten mit einer Zunahme von
11%, die nun dem wichtigsten Exportprodukt nur noch wenig nachstehen (31%
der Exporte gegenüber 38% für Uran).

Die übermäßige Abhängigkeit vom Bergbausektor (83% der Exporte, 36% des
BIP) hat sich damit allerdings noch verstärkt und wird wohl noch weiter anhalten:
im Oktober wurden von der Anglo-American Corporation und der CDM (Con-
solidated Diamond Mines, De Beers Konzern) *Pläne zur Aufnahme der Goldför-
derung* in der Nähe von Karibib (Navachab-Projekt) bekanntgegeben; die Kosten
für die für 1989 anvisierte Inbetriebnahme (ohne Explorationskosten) werden auf
ca. R 90 Mio. geschätzt. Dementsprechend wird der Pflege der im Bergbausektor
engagierten Konzerne großes Gewicht beigemessen, was sich deutlich bei der
Vorlage eines Weißbuches am 30.10. zeigte, mit dem ein Regierungskomitee
verschiedene Feststellungen des im März 1986 vorgelegten Berichts der Thirion-
Kommission zur Überprüfung der Bergbauindustrie zu entkräften versuchte, v.a.
einige schwerwiegende Vorwürfe gegen die CDM.

Abgesehen vom Bergbausektor blieb die wirtschaftliche Situation des Landes
wenig ermutigend angesichts der Unsicherheit über die verfassungsmäßige Entwicklung und des fortdauernden Guerillakrieges - beides deutliche Hindernisse
für Investitionen aus dem Ausland -, hoher Inflation (1986: 13% mit leicht
steigender Tendenz für 1987) und beträchtlicher Arbeitslosigkeit sowie geringer
Verbrauchernachfrage aufgrund sinkender Reallöhne (lediglich die Beamtenschaft
erhielt zum 1.7. eine Lohnerhöhung von 12,5% zugestanden). Ein Hoffnungs-
schimmer wurde jedoch in der *Erschließung des Kudu-Gasfeldes* vor der Küste
gesehen, wo riesige Gas- und Ölvorkommen vermutet werden. Mit Probebohrungen, ausgeführt durch eine französische Firma, wurde im September begonnen,
die Gesamtkosten der Erschließung werden jedoch auf R 600 Mio. geschätzt und
übersteigen damit die finanziellen Möglichkeiten des Landes.

Erstarken der Gewerkschaften, Streiks und Repression

Zu den wichtigsten Entwicklungen des Jahres zählten die Zunahme der Arbeits-
auseinandersetzungen und das *Erstarken der Gewerkschaftsbewegung* in der Folge

des am 1.7.86 in Kraft getretenen "Gesetzes über unselbständige Erwerbstätig-
keit", mit dem erstmals die Bildung multi-rassischer Gewerkschaften erlaubt und
zugleich gewerkschaftliche Aktivitäten von Ausländern verboten worden waren.
Mit Hilfe des Gewerkschaftsdachverbandes NUNW (National Union of Namibian
Workers), der Anfang 1986 auf Betreiben der SWAPO und weitgehend mit kirchlichen Finanzmitteln wiederbelebt worden war, waren bereits die Nahrungsmittel-
gewerkschaft NAFAU (Namibia Food and Allied Workers' Union) und die Berg-
arbeitergewerkschaft MUN (Mineworkers' Union of Namibia) im Sept. bzw. Nov.
1986 gegründet worden. Zwei weitere Gewerkschaften wurden 1987 gegründet:
am 24.5. die Metallarbeitergewerkschaft MANWU (Metal and Allied Namibian
Workers' Union) und am 6.12. die NAPWU (Namibian Public Workers' Union)
für den Öffentlichen Dienst. Die landesweiten Demonstrationen am Tag der
Arbeit (1.5.) waren zahlenmäßig die bisher größten in der Geschichte Namibias
und verdeutlichen die wachsende Macht der Arbeiterbewegung.

Die *zunehmende Militanz in den Arbeitsbeziehungen*, hervorgerufen durch
Rezession, statische Löhne bei hoher Inflation und z.T. verheerenden Kriegsein-
wirkungen auf die Kleinbauernlandwirtschaft v.a. im Norden (mit Rückwirkungen auf von dort kommende Wanderarbeiter) zeigte sich besonders deutlich bei
Streiks wie jenen im Bergwerk Klein Aub (März), in den Schlachthöfen Windhoek und Okahandja der größten Fleischverarbeitungsfabrik Swavleis (Mai/Juni)
und in der Fisch- und Fischkonserven-Industrie in Lüderitzbucht (Juni). Den
Höhepunkt bildete der am 27.7. begonnene Streik von 4600 Bergarbeitern in den
Bergwerken Tsumeb, Kombat und Otjihase des Tsumeb-Konzerns (TCL), des
größten privaten Arbeitgebers im Land, dessen Kontrolle zu Anfang des Jahres
an den Konzern Gold Fields of South Africa übergegangen war. Insbesondere die
politischen Untertöne dieses größten Bergarbeiterstreiks seit 1979 - neben Lohn-
anhebungen wurde auch die Beendigung des verhaßten Systems der Wanderarbeit
sowie eine klare Stellungnahme gegen Südafrikas Besatzungskrieg im Land gefordert - waren offenbar der Grund für eine harte Gangart der Arbeitgeberseite.
Indem die MUN nicht als Verhandlungspartner anerkannt und somit am derzeitigen Schwachpunkt der bereits über sehr breiten Rückhalt verfügenden Gewerkschaftsbewegung angesetzt wurde, konnte der Streik als illegal erklärt und durch
Massenentlassungen gebrochen werden; zugleich wurde die Ausweisung der
entlassenen Arbeiter aus den besetzt gehaltenen Massenunterkünften durch
Gerichtsbeschluß erwirkt.

Am gleichen Tag (18.8.) erfolgte eine *landesweite Verhaftungsaktion* gegen
wichtige Funktionäre des Inlandsflügels der SWAPO und der Gewerkschaftsbewegung, verbunden mit intensiven, gegen Kirchen- und Studentenführer gerichteten
Durchsuchungsaktionen. Auch wenn von der Seite des Generalverwalters (21.8.)
und der Übergangsregierung (26.8.) - die Aktionen waren Berichten zufolge am
zuständigen Minister vorbeigelaufen - die seit 1979 umfassendste Repressions-
welle nachträglich mit der Bombenexplosion vom 16.7. begründet wurde, so gab
es doch keinen Zweifel daran, daß sie mit dem Streik in Zusammenhang stand
und wohl auch zum Unterlaufen der für den Namibia-Tag (26.8., Jahrestag der
Aufnahme des bewaffneten Kampfes 1966) befürchteten Solidaritätsaktionen
gedacht war. Scharfe Proteste der Kirchen sowie am 21.8. auch des Präsidenten
des UN-Sicherheitsrates und der EG vermochten keine Milderung zu bewirken,
doch wurde die schließlich noch im Arrest verbliebenen Funktionäre -
H.Witbooi, N.Bessinger, D.Tjongagero (alle SWAPO) sowie A.Lubowski (NUNW
und SWAPO), J.Pandeni (NAFAU), B.Ulenga (MUN und NUNW, am 26.8.

verhaftet) und A.Kapere (MUN, bereits am 23.7. verhaftet) - am 11.9. durch einen *Spruch des Obersten Gerichtshofes* freigelassen. Dieser erregte sehr großes Aufsehen: erstmals wurden unter dem südafrikanischen Terrorismusgesetz von 1967 vorgenommene Verhaftungen für ungültig erklärt, und zwar nicht nur wegen schwerwiegender Verfahrensfehler, sondern auch, weil die anhaltende Anwendung dieses Gesetzes, das eindeutig dem Grundrechtekatalog widerspreche, als unbegreiflich bezeichnet wurde - trotz eines Sonderdekrets des südafrikanischen Präsidenten vom Sept. 1986, das es Gerichtshöfen in Namibia untersagt hatte, die Gültigkeit südafrikanischer Gesetze für Namibia in Frage zu stellen.

Die Reaktion der Übergangsregierung erfolgte auf zwei Feldern. Zum einen wurde am 15.9. eine aus acht Mitgliedern bestehende *Kommission zur Untersuchung von Arbeitsfragen* eingesetzt und die Leitung dem Hauptarchitekten des südafrikanischen Arbeitsbeziehungssystems, Prof. N.Wiehan, übertragen. Zum anderen erfolgte trotz weitverbreiteter Proteste am 9.10. der *Abriß der zentralen Arbeitermassenunterkünfte* in Katutura (Windhoek); die den ca. 5000 Wanderarbeitern angebotenen Ersatzunterkünfte reichten bei weitem nicht aus. Gegen die Massenunterkünfte hatten sich bereits zuvor Polizeiaktionen mit umfangreichen Verhaftungen gerichtet (Katutura 4.6., Lüderitzbucht 3.7.), da sie zunehmend zum fruchtbaren Rekrutierungsfeld für die Gewerkschaften und die SWAPO geworden waren.   *Goswin Baumhögger*

Chronologie Namibia 1987

02.02.	Amtsantritt von Vertretern des rechten Flügels der NP-SWA in Kabinett und Verfassungsrat
13.02.	Ankündigung eines Aktionsprogramms der Übergangsregierung mit nachfolgender kontroverser Stellungnahme des südafrikanischen Generalverwalters (24.2.)
29.03.	Guerillaanschläge im weißen Farmgebiet südlich von Ovamboland
06.04.	Scheitern einer Resolution des UN-Sicherheitsrates am Veto der USA und Großbritanniens
18.-22.05.	Sondersitzung des UN-Rates für Namibia in Angola
22.05.	2. Gipfeltreffen zwischen Übergangsregierung und südafrikanischer Regierung in Pretoria
24.05.	Gründung der Metallarbeitergewerkschaft MANWU
19.06.	Besuch einer hochrangigen südafrikanischen Delegation in Windhoek
01.07.	B.Carlsson löst B.Mishra als UN-Hochkommissar für Namibia ab
06.07.	Abstimmung des Verfassungsrates über den Verfassungsentwurf
14.07.	Verspätete Vorlage des Haushaltsentwurfs; erhebliches Defizit wegen Kürzungen der Finanzzuschüsse von Südafrika
14.07.	Einleitung von gerichtlichen Schritten des UN-Rates für Namibia gegen die niederländische Urananreicherungsanlage Urenco
16.07.	Bombenanschlag im Zentrum Windhoeks mit erheblichem Sachschaden
27.07.	Beginn des Streiks in den Bergwerken des Tsumeb-Konzerns
30.07.	Präsentierung von zwei Verfassungsentwürfen und Forderung des Generalverwalters nach "ethnischen Neuwahlen" mit nachfolgender Ablehnung durch die Mehrheitsparteien des Kabinetts (11.8.)
15.-29.08.	Sondierungsreise des UN-Sonderbeauftragten M.Ahtisaari (Südafrika, Zimbabwe, Zambia, Angola)
18.08.	Verhaftungs- und Durchsuchungsaktionen gegen Funktionäre der Gewerkschaften, SWAPO, Kirchen und Studentenschaft
11.09.	Freilassung der inhaftierten Gewerkschafts- und SWAPO-Funktionäre durch ein Urteil des Obersten Gerichtshofes
15.09.	Einsetzung einer Kommission zur Untersuchung von Arbeitsfragen
Sept.	Beginn von Probebohrungen im Kudu-Gasfeld
09.10.	Abriß der Arbeitermassenunterkünfte in Katutura/Windhoek
30.10.	Vorlage eines Weißbuches zur Entkräftung von Vorwürfen gegen die Bergbauindustrie
30.10.	Einstimmige Annahme der Resolution 601 des UN-Sicherheitsrates
06.11.	3. Gipfeltreffen zwischen Übergangsregierung und südafrikanischer Regierung in Pretoria
28.11.	Gründung einer Nachrichtenagentur der SWAPO
06.12.	Gründung einer Gewerkschaft für den Öffentlichen Dienst (NAPWU)

Südafrika

Fläche: 1 222 000 km², Einwohner: 32,4 Mio., Hauptstadt: Pretoria (Regierung), Kapstadt (Parlament), Amtssprachen: Afrikaans und Englisch, Wechselkurs: $ 1=Rand 1,94, Pro-Kopf-Einkommen: $ 2010, BSP: $ 65,3 Mio., Anteile am BIP: 5% - 45% - 50%, Hauptexportprodukte: Mineralische Rohstoffe 62%, davon Gold 42%, Kohle 8%, Staats- und Regierungschef: Pieter Willem Botha, Regierungspartei: Nasionale Party (NP)

Aus den Maiwahlen zum Abgeordnetenhaus der weißen Minderheit ging die NP unter Staatspräsident Botha erwartungsgemäß als eindeutige Siegerin hervor, während die Progressive Federal Party (PFP) ihren Status als offizielle Oppositionspartei an die Conservative Party (CP) verlor, die ihren Anteil an Sitzen ausbauen konnte. Angesichts der Stimmengewinne der Konservativen war der Spielraum der Regierung für Reformen gering. Mit Hilfe des im Juni verlängerten Ausnahmezustands konnte das Apartheidregime den Widerstand in den Townships eindämmen. Zu einem neuen Machtfaktor hingegen wurden die schwarzen Gewerkschaften, die im August im Bergbau den wohl größten Streik in der Geschichte Südafrikas organisierten. International gewann der African National Congress (ANC) weiter an Ansehen, und die Sanktions- und Disinvestment-Politik des Auslands wurde fortgesetzt. Die Hoffnungen der Regierung auf einen wirtschaftlichen Aufschwung realisierten sich nicht.

Innenpolitik
Wahlsieg der NP und Rechtsruck in der weißen Wählerschaft
Bei den vorgezogenen Neuwahlen zum weißen Abgeordnetenhaus des Parlaments am 6.5. konnte die regierende NP einen überwältigenden Wahlsieg erringen. Sie erhielt 123 der 166 Parlamentssitze, fünf mehr als bei den Wahlen 1981. Zur zweitstärksten Kraft wurde die CP, die 22 Mandate (bisher 17) gewann. Deutliche Niederlagen erlitten die PFP und die NRP (New Republic Party); sie erhielten lediglich 19 (bisher 25) bzw. einen (bisher fünf) der Sitze. Die Herstigte Nasionale Party (HNP) verlor ihr einziges Mandat in Sasolburg im Oranje-Freistaat an die NP. Von den acht unabhängigen Kandidaten konnte sich nur der im Januar aus der NP ausgetretene Wynand Malan in seinem Wahlkreis Randburg durchsetzen. Da neben den 166 direkt gewählten Mandatsträgern noch zwölf weitere nach dem Parteienproporz vom Staatspräsidenten ernannt (vier) bzw. vom Parlament gewählt (acht) werden, sind die Sitze im Abgeordnetenhaus wie folgt verteilt: NP 133, CP 23, PFP 20, NRP 1 und Unabhängige 1.

Ein deutlicheres Bild des Wählerverhaltens ergibt sich bei der Betrachtung der Stimmenverteilung. Bei einer Wahlbeteiligung von 68% erhielt die NP 52,4% der Stimmen, mithin 3,6% weniger als 1981. Sie hat Wähler der afrikaanssprechenden Bevölkerung sowohl an die CP als auch an die Unabhängigen verloren, die insbesondere von burischen Intellektuellen gewählt wurden. Ihren hohen Wahlsieg verdankte die NP nicht zuletzt dem gewandelten Wahlverhalten vieler englischsprachiger Weißer, v.a. in den Ballungsgebieten. 15% der ehemaligen PFP-Wähler und ca. 40% der NRP-Wähler von 1981 haben diesmal für die NP votiert. In der Provinz Natal, Hochburg der englischsprachigen Weißen, wurde die NP erstmals stärkste Partei. Die CP konnte ihre größten Stimmengewinne in Transvaal verbuchen. Hier unterlag sie der NP in manchen Wahlkreisen nur knapp. In allen anderen Provinzen konnte sie jedoch keinen Sitz gewinnen.

Insgesamt haben die Maiwahlen gezeigt, daß selbst der bisherige vorsichtige Reformkurs der Regierung vielen Weißen zu weit ging. Nimmt man die Stimmenanteile von CP (26,4%) und HNP (3,1%) zusammen, haben fast 30% der Wähler, überwiegend Buren, für die rechten Oppositionsparteien gestimmt. So standen wohl auch Befürchtungen vor weiteren Stimmenverlusten an das konservative Lager hinter der von Staatspräsident Botha angekündigten Vorlage einer Verfassungsänderung, die eine Verschiebung der 1989 fälligen Parlamentswahlen auf 1992 ermöglichen soll.

PFP in der Krise

Seit der Wahlniederlage halten die innerparteilichen Auseinandersetzungen über den künftigen Kurs der PFP an. Meinungsverschiedenheiten über das Dakar-Treffen, an dem Anfang Juli führende Mitglieder des ANC und eine Delegation aus 52 überwiegend burischen Akademikern, Geschäftsleuten, Politikern, Schriftstellern und Priestern unter der Leitung des ehemaligen PFP-Vorsitzenden Frederik van Zyl Slabbert teilgenommen hatten, führten Mitte August zum Austritt des PFP-Abgeordneten für Claremont, Jan van Eck. Er begründete seinen Schritt mit der politischen Unentschlossenheit seiner Partei, eine stärkere Zusammenarbeit mit außerparlamentarischen Organisationen wie dem IDASA (Institute for a Democratic Alternative for South Africa) einzugehen. Ihm folgten Anfang Oktober drei weitere führende PFP-Mitglieder mit ähnlicher Begründung. Sie schlossen sich der am 7.10. gegründeten National Democratic Movement (NDM) unter dem unabhängigen Parlamentsmitglied Wynand Malan an.

Wachsende politische Heterogenität im Lager der Buren

Nicht nur die Wahlergebnisse waren ein Anzeichen für die größer werdenden politischen Diskrepanzen innerhalb des burischen Lagers. Ende März unterzeichneten 301 Dozenten der Universität Stellenbosch, die bisher als intellektuelle Hochburg der NP galt, eine Solidaritätserklärung für 28 Professoren, die die Regierung zuvor zur Abschaffung der Apartheid gedrängt hatten. Aus Protest gegen die Entscheidung der 16. Synode der Nederduitse Gereformeerde Kerk (NGK), die Kirche allen Rassen zu öffnen, sagten sich am 27.6. ca. 1500 konservative Mitglieder von ihr los und gründeten die Afrikaner Protestaante Kerk (APK), die nur Weißen offenstehen soll. Auch der burische Schriftstellerverband spaltete sich in Befürworter und Gegner des Dakar-Treffens, und am 6.10. löste sich die größte burische Studentenorganisation auf.

Grundlegende Reformen wurden nicht verwirklicht

Abgesehen von einigen Homeland-Führern, neuen Parteien wie der UCCP (United Christian Conciliation Party) und der FIDA (Federal Independent Democratic Alliance) sowie wenigen anderen schwarzen Organisationen ist eine Zusammenarbeit mit der Regierung von der außerinstitutionellen Opposition und auch von Konservativen wie dem Chefminister von KwaZulu, M.G.Buthelezi, immer wieder von der Freilassung der politischen Führer der Schwarzen und der Legalisierung ihrer Organisationen abhängig gemacht worden.

Der von der Regierung geplante National Statutory Council (NSC) wird sowohl von UDF (United Democratic Front) und ANC als auch vom Inkatha-Führer Buthelezi abgelehnt, da er keine wirkliche Teilhabe Schwarzer an der politischen Macht vorsieht und das Gewaltmonopol der Weißen unangetastet läßt.

Entgegen der ursprünglichen Fassung vom Mai 1986 sieht die revidierte Regierungsvorlage vom September 1987 das Wahlrecht für städtische Schwarze vor. Die Homelands sollen durch ihre Chefminister oder von ihnen delegierte Kabinettsmitglieder vertreten sein. Eine Beteiligung der international nicht anerkannten "unabhängigen" TBVC-Staaten (Transkei, Bophuthatswana, Venda, Ciskei) ist nicht vorgesehen. Dem NSC sollen ferner der Staatspräsident, der Minister für konstitutionelle Entwicklung und Planung, die Vorsitzenden der drei Ministerräte des Dreikammerparlaments sowie weitere zehn vom Staatspräsidenten ernannte Mitglieder angehören. Insgesamt soll der Nationalrat 30 Mitglieder haben, davon mindestens 15 Schwarze. Er ist als Forum für Verhandlungen über eine neue Verfassung gedacht, die Schwarze am Entscheidungsprozeß über ihre eigenen Angelegenheiten beteiligen soll.

Mitte September hat der Präsidialrat im Parlament einen Bericht vorgelegt, der neben anderen kleineren Reformen der Apartheid - Freigabe der Industrie- und Geschäftsviertel für Unternehmer aller Bevölkerungsgruppen, Aufhebung der Vorschriften über getrennte öffentliche Einrichtungen - auch die Änderung des "Group Areas Act" vorsieht, der nach Rassen getrennte Wohngebiete vorschreibt. Die Empfehlungen gehen dahin, daß die jeweiligen Lokalbehörden im Einvernehmen mit der Bevölkerung und dem Administrator der Provinz selbst darüber entscheiden können, ob ihre Wohngebiete offen sein sollen oder nicht. Für Kommunalwahlen in gemischten Wohngebieten könnte gleiches Wahlrecht gelten. Die schon bisher bestehenden "grey areas" in nominell weißen Gebieten wie Woodstock in Kapstadt und Hillbrow in Johannesburg würden die Möglichkeit erhalten, ihren Status quo zu legalisieren. Botha hat den Bericht über die Änderung des "Group Areas Act" angenommen und entsprechende Gesetzentwürfe für 1988 angekündigt.

Anfang November wurde der zu lebenslanger Haft verurteilte ANC-Veteran Govan Mbeki zusammen mit weiteren vier politischen Gefangenen, Mitgliedern des ANC und PAC (Pan Africanist Congress), nach 23 Jahren aus dem Gefängnis entlassen. Mit dieser Maßnahme wollte die Regierung offensichtlich die Reaktion schwarzer Führer und weißer Konservativer im Hinblick auf eine eventuelle Haftentlassung Nelson Mandelas und anderer Führer verbotener Organisationen testen. Mit Blick auf die Ultrarechten wurden gleichzeitig zwei ehemalige Mitglieder der Afrikaner Weerstandsbeweging (AWB) freigelassen, die wegen geplanter Anschläge auf den anglikanischen Erzbischof Desmond Tutu und Rev. Allan Boesak verurteilt worden waren. Die Regierung beschränkte jedoch die Bewegungs- und Redefreiheit Mbekis bereits Anfang Dezember, so daß sich die Hoffnungen der Opposition auf die Entlassung weiterer politischer Gefangener zerschlugen.

Erhöhte Kontrolle über die Regionalverwaltung

Eine im Februar verabschiedete Gesetzesvorlage sah die Schaffung neuer hoher Regierungsstellen, der sog. ministers' representatives, vor. Bei ihnen handelt es sich um die Stellvertreter der Minister der drei Ministerräte des Parlaments in den Provinzen. Sie werden vom Staatspräsidenten ernannt.

Am 1.7. nahmen die ersten acht Regional Services Councils (RSCs) ihre Arbeit auf. Sie setzen sich aus Nominierten der im Verwaltungsgebiet gelegenen rassisch getrennten Kommunen, d.h. ihrer jeweiligen Stadträte, zusammen und unterliegen der direkten Kontrolle des jeweiligen Provinzadministrators. Die Stimmenanteile richten sich nach der Menge der in Anspruch genommenen Dienstleistungen und begünstigen daher stark die Weißen. Die RSCs verwalten den gesamten Infrastrukturbereich, während die alten Lokalverwaltungen nur noch für die Angelegenheiten ihrer eigenen Rassengruppe zuständig sind. Finanziert werden sie durch Sonderabgaben der Unternehmen. Ihr Ziel ist es, Ressourcen von den wohlhabenden weißen Gebieten in die armen Townships zu transferieren. Mit der Einrichtung der RSCs verbindet die Regierung wohl auch die Hoffnung, die in der Regel völlig ineffektiven und diskreditierten schwarzen Stadträte, soweit sie nicht in den letzen Jahren vom Widerstand in den Townships zerschlagen wurden, aus der Schußlinie der Opposition zu nehmen.

Als gemeinsames Beratungs- und Koordinationsgremium für KwaZulu und Natal wurde am 7.8. die Joint Executive Authority (JEA) geschaffen. Diese Einrichtung, die sich paritätisch aus jeweils fünf Mitgliedern der Regierung KwaZulus und des Exekutivkomitees von Natal zusammensetzt und auf der Basis von Konsens entscheidet, hat keinerlei politische Machtbefugnisse und nur sehr wenig mit dem Indaba-Modell von 1986 zu tun, das ein in allgemeinen Wahlen bestimmtes Parlament für beide Territorien vorsah, aber am Widerstand der Regierung scheiterte.

Verlängerung des Ausnahmezustands

Wie erwartet, wurde der Ausnahmezustand am 10.6. um ein Jahr verlängert und abermals verschärft. Die Rechte der Polizei wurden dahingehend erweitert, daß jeder Polizist jeden ihm verdächtigen Zivilisten festnehmen und ohne Angabe von Gründen bis zu 30 Tagen (bisher 14 Tagen) festhalten kann. Es kann gegen Journalisten vorgegangen werden, die bei "Szenen des Aufruhrs" anwesend sind oder Sicherheitskräfte in Aktion sowie deren Opfer fotografieren. Zufällige Augenzeugenberichte sind nicht mehr erlaubt. Unter Strafe gestellt wurden ferner die "Aufhetzung zum Boykott" sowie die Ausrufung von Streikaktionen. Der Oberbefehlshaber der Polizei kann Publikationen verbieten, die Werbung für die Politik illegaler Organisationen betreiben.

In erster Linie gegen die alternative und Auslandspresse gerichtet war die am 28.8. eingeführte Vorzensur, die es der Regierung ermöglicht, den Druck und Import einer Zeitschrift für die Dauer von drei Monaten zu verbieten. Um dem Protest insbesondere an den liberalen englischsprachigen Universitäten zu begegnen, wurde Ende Oktober die Vergabe von Geldern - ca. 80% der Hochschulmittel entstammen dem Staatshaushalt - an die Bedingung geknüpft, auf dem Campus für Ruhe und Ordnung zu sorgen. Unruhen und Proteste sollten künftig innerhalb von drei Wochen dem Erziehungsminister gemeldet werden.

Der Widerstand der Opposition wurde geschwächt, aber nicht gebrochen

Auch 1987 ist die Regierung mit äußerster Härte gegen Oppositionelle vorgegangen. Zahlreiche Mitglieder politischer Organisationen, Menschenrechtler, Journalisten und Gewerkschaftler verschwanden, wurden verhaftet oder im Extremfall liquidiert. Die Zahl der Personen, die unter dem Ausnahmerecht für 30 Tage und länger in Haft gehalten wurden, lag nach offiziellen Angaben bei 16 000, nach Angaben des Detainees' Parents Support Committee (DPSC) bei 30 000. In Prozessen hatten Oppositionelle hohe Gefängnisstrafen zu erwarten. Bis Ende Dezember wurden 164 Todesurteile vollstreckt, davon allein 155 an Schwarzen und Farbigen. Auf Druck der Weltöffentlichkeit ließ die südafrikanische Regierung allerdings Ende Mai/Anfang Juni Hunderte von schwarzen Kindern frei, die nach den Ausnahmebestimmungen ohne Gerichtsverfahren in Haft gehalten und z.T. schweren Mißhandlungen ausgesetzt worden waren. Ende Juli wurde fast die gesamte Führungsspitze der UDF verhaftet. Im September erfolgten die Festnahmen zahlreicher hoher Funktionäre der schwarzen Befreiungsbewegung AZAPO (Azanian People's Organization), und Anfang Oktober gelang es der südafrikanischen Polizei, die Kommandostruktur des ANC in der westlichen Kapprovinz zu zerschlagen. Der ANC, der nach wie vor hohes Ansehen bei der schwarzen Bevölkerung genießt, kündigte zwar eine Verschärfung seines bewaffneten Kampfes an, scheute aber bislang davor zurück, weiche Ziele anzugreifen. Bombenanschläge wie die vom 20.5. und 30.7. in Johannesburg galten nach wie vor militärischen und polizeilichen Einrichtungen und Personen. Ob die Umbildung der Führungsspitze des militärischen Flügels des ANC, die notwendig wurde, nachdem Joe Slovo Ende April als Stabschef von Umkhonto we Sizwe zurückgetreten war, um das Amt des Generalsekretärs der South African Communist Party (SACP) zu übernehmen, eine veränderte Strategie nach sich zieht, bleibt abzuwarten.

Mit Hilfe der Ausnahmebestimmungen und infolge der Präsenz der Sicherheitskräfte ist es der Regierung weitgehend gelungen, die Kontrolle über die Townships wiederzuerlangen. Dennoch ließen aktuelle Anlässe oder Gedenktage die Opposition politischer und gewerkschaftlicher Organisationen immer wieder aufflammen. Zwar wurde der Schulboykott Anfang des Jahres beendet, aber der Mietboykott hielt unvermindert an. Pläne der Regierung, Mietrückstände von den Löhnen abzuziehen, scheiterten im Oktober am Widerstand der Unternehmer. Die alternativen Strukturen in den Townships waren - wenn auch geschwächt - mehr oder weniger noch vorhanden.

Bei der Wiederherstellung der Kontrolle über die Townships kamen der Regierung die seit 1985 andauernden gewalttätigen Auseinandersetzungen um die politische Vormacht in Natal zwischen Anhängern der UDF und des COSATU (Congress of South African Trade Unions) einerseits und Inkatha und der ihr nahestehenden UWUSA (United Workers' Union of South Africa) andererseits entgegen. Der Konflikt, der sich seit Oktober verschärft hatte, forderte bis Ende des Jahres über 300 Todesopfer. Trotz Friedensgesprächen hielten die Gewalttätigkeiten zwischen den vier Organisationen auch am Jahresende unvermindert an.

Wachsende Macht der Gewerkschaften
Auch 1987 hat es wieder zahlreiche Streiks für höhere Löhne, bessere betriebliche Sozialleistungen und Arbeitsbedingungen, die betriebliche Anerkennung der Gewerkschaften sowie aus Solidarität mit entlassenen oder streikenden Kollegen gegeben. Der wohl massivste Streik in der Geschichte Südafrikas war der dreiwöchige Ausstand im Bergbau, an dem 350 000 Arbeiter beteiligt waren. Die National Union of Mineworkers (NUM) hatte Lohnerhöhungen von 30% gefordert, mußte aber schließlich das Angebot der Bergwerkskammer in Höhe von 17 bis 23,4% akzeptieren, nachdem die Anglo American Corporation 16 000 Arbeiter entlassen hatte. Da in Südafrika keine Streikkassen gebildet werden dürfen und ein Arbeiter durchschnittlich eine fünfköpfige Familie zu ernähren hat, war der Arbeitskampf nicht länger durchzuhalten. Aber auch die Unternehmer gingen aus dieser Kraftprobe nicht als Sieger hervor. Der Streik kostete sie ca. R 250 Mio.

bei gleichzeitigen Lohnausfällen von R 125 Mio. Während des Streiks, am 10.8., wurde ein neues Arbeitsgesetz verabschiedet, das "job reservation" im Bergbau abschaffte und somit Schwarzen formal den Zugang zu qualifizierten Arbeiten öffnete.

Auf dem viertägigen Kongreß des Gewerkschaftsdachverbandes COSATU Mitte Juli, an dem 1500 Delegierte von 13 Industriegewerkschaften teilnahmen, wurde die Freiheitscharta des ANC als Programm angenommen. Die Delegierten befürworteten ferner verbindliche Sanktionen und den Rückzug ausländischer Unternehmen aus Südafrika, forderten aber die Firmen zu Absprachen mit den Gewerkschaften auf.

Krise im Repräsentanten- und Delegiertenhaus

Aus Unzufriedenheit mit dem Kurs ihrer Partei und ihrem Vorsitzenden Allan Hendrickse verließen im Frühjahr sechs Abgeordnete die im Repräsentantenhaus der Farbigen regierende Labour Party (LP) und gründeten die Democratic Party (DP), die zur offiziellen Opposition der Kammer wurde. Ähnliche Auseinandersetzungen über die Rolle der Partei seit der Einfühung des Dreikammerparlaments, der bei den Wahlen vom August 1984 nur 12,5% der Farbigen und 20% der Inder zugestimmt hatten, zeigten sich in der regierenden National People's Party (NPP) des Delegiertenhauses der Inder. Die NPP mußte zwei Abstimmungsniederlagen in der Kammer hinnehmen, nachdem zuvor acht Abgeordnete die Partei verlassen hatten. Einen von der Opposition eingebrachten Mißtrauensantrag konnte sie nur knapp überstimmen, wenn es ihrem Vorsitzenden Achichand Rajbansi später auch gelang, einen Teil der Dissidenten zurückzugewinnen und die Mehrheit seiner Partei zu konsolidieren.

Nach langen Querelen trat Hendrickse, Minister ohne Geschäftsbereich, am 24.8. aus dem Kabinett Botha zurück. Die Gründe lagen in Meinungsverschiedenheiten über den Ausnahmezustand, den "Group Areas Act" und nicht zuletzt über die von Botha avisierte Verschiebung der Parlamentswahlen.

Am 7.11. schloß sich ein Teil der Oppositionsparteien des Repräsentanten- und Delegiertenhauses zur United Democratic Party zusammen. Sie will in beiden Kammern über die Farblinie hinaus tätig sein und tritt für die Erarbeitung einer neuen Verfassung ein.

Machtkämpfe und Korruption in den Homelands

Obwohl sich die gesetzgebende Versammlung von KwaNdebele noch im Herbst 1986 gegen die Unabhängigkeit des Homelands ausgesprochen hatte, entschied sie sich Anfang Mai mit Rückwirkung vom 11.12.86 dafür, nachdem zuvor vier opponierende Versammlungsmitglieder entlassen worden waren. In der folgenden Zeit flammten die gewalttätigen Auseinandersetzungen zwischen Gegnern der Unabhängigkeit und Vigilantengruppen wieder auf. Ein Ersuchen von Chefminister George Mahlangu an Pretoria, KwaNdebele in die Unabhängigkeit zu entlassen, wurde von Staatspräsident Botha von der breiten Zustimmung der Bevölkerung des Homelands abhängig gemacht. Ein Referendum in dieser Frage wurde jedoch von Mahlangu abgelehnt. Gegen die Unabhängigkeit ihrer Homelands haben sich die Mitglieder der Regierungspartei von QuaQua und Mgoboya Ramodike, neuer Chefminister von Lebowa, ausgesprochen.

Im April kam es zur Unterzeichnung eines Friedensabkommens zwischen Südafrika, Transkei und Ciskei. Der Abschluß folgte monatelangen Spannungen zwischen den beiden "unabhängigen" Homelands und der Ausweisung von 28 ehemaligen Selous Scouts aus der Transkei, die die dortige Armee ausgebildet hatten. Ihnen war der Angriff auf den Palast des Präsidenten der Ciskei, Lenox Sebe, am 19.2. zugeschrieben worden. Ende September wurde schließlich der Premierminister der Transkei, George Matanzima, entmachtet, und acht seiner Minister mußten zurücktreten. Vorausgegangen waren diesem Ereignis langwierige Machtkämpfe mit seinem Bruder und Amtsvorgänger Chief Kaiser Matanzima und die Verwicklung in Korruptionsaffären. Die Anfang Oktober neu gewählte Premierministerin Stella Sigcau und ihr Kabinett wurden bereits am 30.12. wegen des Vorwurfs der Bestechlichkeit in einem unblutigen Putsch wieder abgesetzt. Generalmajor Bantu Holomisa, der schon hinter dem ersten Regierungswechsel gestanden hatte, wurde neuer Machthaber der Transkei. Er steht einem Militärrat aus sechs Offizieren und 14 Zivilisten vor und will bis zur endgültigen Klärung der Korruptionsfälle im Amt bleiben.

Aus den am 27.10. in Bophuthatswana stattgefundenen Wahlen ging die regierende National Democratic Party (NDP) mit 66 der 72 Sitze als Siegerin hervor. Die Höhe der Wahlbeteiligung, die 47% betragen haben soll, wurde von der UDF, die zum Wahlboykott aufgerufen hatte, angezweifelt. Nach Angaben der oppositionellen Progressive People's Party (PPP), die nur sechs Sitze gewann, soll es in einigen Wahlkreisen zu Unregelmäßigkeiten gekommen sein.

Außenpolitik
Wachsendes internationales Ansehen des ANC

Außenpolitisch gewann der ANC weiter an Terrain. Als diplomatischer Durchbruch wurde das Treffen zwischen dem amerikanischen Außenminister Shultz und dem ANC-Führer Oliver Tambo am 28.1. in Washington gewertet. Ende Mai trafen sich über 70 Geschäftsleute aus den USA, Großbritannien und anderen europäischen Staaten zu Gesprächen mit Führern des ANC-Büros in London; im Juli forderten die Regierungen von Spanien, Holland, Japan, Kenya und Tanzania den ANC auf, in ihren Hauptstädten Büros einzurichten.

Zu Verstimmungen mit Großbritannien kam es Ende Oktober. Am Rande der Commonwealth-Konferenz in Vancouver (13.-17.10.), auf der wieder keine Einigung zwischen Großbritannien und seinen 48 früheren Kolonien in der Sanktionsfrage erreicht werden konnte, hatte Premierministerin Thatcher den ANC als eine typische Terrororganisation bezeichnet. Diese Äußerung sowie ein in London unter mysteriösen Umständen geplatzter Prozeß gegen zwei Briten und einen Rhodesier, die der geplanten Entführung hoher ANC-Repräsentanten in England beschuldigt wurden, führten am 13.11. auf Wunsch des ANC-Büros in London zu einem klärenden Gespräch mit dem britischen Außenministerium, in dem versichert wurde, daß eine Änderung der Politik bezüglich des ANC nicht beabsichtigt wäre.

Die außenpolitische Initiative lag überwiegend bei den südafrikanischen Oppositionsgruppen. Tambo reiste im Laufe des Jahres nicht nur in die USA, sondern auch nach Australien, Japan, Norwegen, Kanada und in einige Ostblockstaaten. Tutu sowie Vertreter von UDF und PAC trafen sich zu Gesprächen mit dem britischen Außenministerium, Buthelezi besuchte Frankreich und die BRD, Frank Chikane, Generalsekretär des South African Council of Churches (SACC), bereiste die USA und Europa.

Eine diplomatische Schlappe mußte die Regierung Botha im Juni hinnehmen, als sich der französische Staatspräsident Mitterrand wegen der Inhaftierung des französischen Staatsbürgers P.A.Albertini in der Ciskei vorübergehend weigerte, die Akkreditierung des neuen südafrikanischen Botschafters in Paris zu akzeptieren. Die Beziehungen beider Länder entspannten sich erst nach einem Gefangenenaustausch, bei dem Südafrika Anfang September 133 angolanische Soldaten, den Holländer Klaas de Jonge und Albertini gegen den in angolanischer Haft befindlichen südafrikanischen Major Wynand du Toit freiließ.

Auch auf internationaler Ebene hatte die südafrikanische Regierung Mißerfolge zu verbuchen. Die 25. Internationale Konferenz des Roten Kreuzes in Genf schloß die südafrikanische Delegation mit großer Mehrheit von ihren Beratungen aus. Einer Suspendierung seiner Mitgliedschaft in der Internationalen Atomenergieorganisation, die von einer Gruppe von Ländern der Dritten Welt für die 31. Generalkonferenz Ende September beantragt worden war, konnte Südafrika nur dadurch entgehen, daß es kurz zuvor die Unterzeichnung des Atomwaffensperrvertrags in Aussicht gestellt hatte.

Fortsetzung der Destabilisierungspolitik
Trotz des Nkomati-Vertrags mit Moçambique und einer ähnlichen Vereinbarung mit Angola 1984 unterstützte Südafrika weiterhin die RENAMO (Resistência Nacional de Moçambique) und die UNITA (União Nacional para a Independência Total de Angola). Zu schweren Gefechten mit angolanischen Regierungstruppen kam es im Sommer und Herbst in den Provinzen Cunene und Cuando-Cubango, als die südafrikanische Armee auf seiten der UNITA in die Kämpfe eingriff. Hohe Verluste erlitt die SWAPO (South West Africa People's Organization) bei den Ende Juli und Oktober von südafrikanischen Streitkräften durchgeführten Großoffensiven gegen ihre Stützpunkte in Südangola. Nachdem zuvor lediglich kurzfristige Kommandoaktionen bestätigt worden waren, räumte Verteidigungsminister Magnus Malan am 3.10. erstmals ein, daß sein Land Truppen in Angola stationiert hätte. Mitte November gab er überdies bekannt, daß Staatspräsident Botha sowie drei seiner Minister die in Angola kämpfenden Truppen besucht hätten. Trotz des angekündigten Truppenrückzugs bis Jahresende blieben die südafrikanischen Streitkräfte weiterhin im Südosten des Landes präsent.

Obwohl Südafrika Vorwürfe Moçambiques zurückwies, mit für die von der RENAMO verübten Massaker in Homoine (18.7.) und in der Nähe der Stadt Palmeira (29.10.) verantwortlich zu sein, gab es immer wieder Hinweise für seine militärische Unterstützung der Rebellen. Fortgesetzt wurden überdies die Anschläge südafrikanischer Kommandos auf tatsächliche und vermeintliche Büros und Mitglieder des ANC in Moçambique, Zimbabwe, Zambia, Swaziland und Botswana. Eine deutliche Zunahme der Militäraktionen war - vermutlich aus Propagandagründen - vor den Maiwahlen zu verzeichnen.

S o z i o - ö k o n o m i s c h e   E n t w i c k l u n g
Beschluß neuer Sanktionen
Schweden und Norwegen verhängten im März einen umfassenden Handelsboykott gegen Südafrika mit Wirksamkeit ab 1.10. Mit nennenswerten Auswirkungen dieser Maßnahmen wurde wegen des geringen Handels mit beiden Ländern nicht gerechnet. Betroffen reagierte Südafrika auf die ebenfalls im März angekündigten Sanktionen Israels, die auf amerikanischen Druck zurückgeführt wurden. Nachdem zunächst nur der Abschluß neuer Militärverträge untersagt worden war,

verabschiedete das israelische Kabinett Mitte September ein Sanktionspaket, mit dem die Vergabe staatlicher Kredite, der Transport von Rohöl, der Verkauf von Ölprodukten sowie die Einfuhr von Krügerrand-Münzen verboten wurden. Die Importquoten für Eisen und Stahl wurden eingefroren, die sportlichen, kulturellen und wissenschaftlichen Beziehungen reduziert.

Im Juni schloß sich Australien den Sanktionen des Commonwealth an und verbot den Import von Kohle, Eisen und Stahl sowie landwirtschaftlichen Produkten. Überdies wurde am 1.11. das Landeverbot für die South African Airways (SAA) auf australischen Flughäfen wirksam. Ebenfalls im Juni untersagte Spanien Neuinvestitionen in Südafrika. Diesem Schritt folgten die Niederlande Ende Dezember.

Infolge des amerikanischen Handelsboykotts ging der südafrikanische Export in die USA in den ersten sieben Monaten um 31% zurück. Japan übernahm damit erstmals die führende Stelle als Handelspartner. Sein Handel mit Pretoria machte in den ersten sechs Monaten $ 1,9 Mrd. aus, verglichen mit $ 1,2 Mrd. für die USA.

Obwohl die USA im Januar zehn für die Wirtschaft und Verteidigung des Landes wichtige Mineralien sowie fünf überwiegend der Computerbranche angehörige Unternehmen vom Handelsboykott ausgenommen hatten, wurde Anfang Juli die Einfuhr von Uranerzen und Uranoxid gestoppt. Im Oktober wurde allerdings bekannt, daß weiterhin angereichertes Uran die USA erreichte, wobei Großbritannien und die UdSSR als Uranwaschanlagen fungiert haben sollen. Darüber hinaus verabschiedete der amerikanische Kongreß am 22.12. einen Gesetzentwurf, der die Doppelbesteuerung für in Südafrika tätige US-Unternehmen vorsieht.

Bekannt wurde ferner, daß Großbritannien und die BRD entgegen den EG-Bestimmungen vom September 1986 weiterhin Eisen und Stahl aus Südafrika bezogen. Insgesamt sind aber die Eisen- und Stahlimporte der EG aus Südafrika zurückgegangen. Sie betrugen in den ersten sieben Monaten durchschnittlich ca. R 24,4 Mio., verglichen mit durchschnittlich R 39 Mio. im selben Zeitraum des Vorjahres. Auch das Ölembargo der OPEC von 1973 sowie das Waffenembargo der UN von 1977 wurden verschiedentlich durchbrochen. In der BRD sorgte der im November 1986 bekanntgewordene illegale Verkauf von U-Boot-Plänen an Südafrika durch die Howaldtswerke-Deutsche Werft AG (HDW) in Kiel und das Ingenieurkontor Lübeck (IKL) für Aufsehen.

Fortsetzung der Disinvestment-Politik

Bis Oktober hatten 46 amerikanische Unternehmen ihre Tochtergesellschaften oder Firmenanteile in Südafrika verkauft, 14 weitere hatten einen solchen Schritt angekündigt. Darunter befanden sich Konzerne wie Black & Decker, Dow Chemicals, Kentucky Fried Chicken Corporation, das Verlagshaus McGraw-Hill, IBM, Rank Xerox, American Brands, die Großbank Citicorp, ITT und der weltgrößte Autoverleiher Hertz. Anfang Februar schloß die Bank of Tokyo ihre südafrikanische Niederlassung. Britische Großunternehmen wie die Rover Group, Ford und die Standard Chartered Bank zogen sich aus Südafrika zurück, desgleichen einige kanadische und niederländische Unternehmen. Sie begründeten ihren Schritt mit der wirtschaftlichen und politischen Lage in Südafrika sowie mit dem Druck der Verbraucher. Der Rückzug vieler transnationaler Konzerne aus Südafrika beeinflußte nach einer Untersuchung des Wirtschafts- und Sozialrats der

UN die Wirtschaft des Landes kurzfristig nur wenig. Der Verkauf erfolgte in der Regel an südafrikanische Unternehmen und zudem meist zu günstigen Konditionen. Nur einige wenige, wie z.B. Ford, boten ihrer Belegschaft Minderheitsbeteiligungen an. Meistens wurden Verträge mit den neuen Besitzern ausgehandelt, die für einen gewissen Zeitraum weiterhin die Belieferung mit Gütern und Ersatzteilen sowie Know-how-Lizenzen und Technologie vorsahen. Zahlreiche Firmen sicherten sich zudem eine Rückkaufoption für den Fall, daß sich die wirtschaftlichen und politischen Verhältnisse in Südafrika bessern sollten. Der Besitzerwechsel hat also an der Geschäftstätigkeit der Unternehmen zunächst nichts geändert, langfristig könnte das Ausbleiben ausländischen Kapitals und Technologietransfers allerdings Auswirkungen auf die südafrikanische Wirtschaft haben.

Wirtschaftslage

In dem von Finanzminister Barend du Plessis Anfang Juni verspätet vorgelegten Budget für das Finanzjahr 1987/88 wurden die Staatsausgaben mit R 46,9 Mrd. angesetzt. Sie lagen damit um 16,2% höher als die tatsächlichen Ausgaben des vorangegangenen Finanzjahres und entsprachen in etwa der jährlichen Inflationsrate. Der Finanzminister hatte bei erwarteten Einnahmen in Höhe von R 38,4 Mrd. ein Defizit von R 8,5 Mrd. prognostiziert. Tatsächlich lag es nach offiziellen Angaben bereits in den ersten sieben Monaten bei R 5,8 Mrd., so daß die Einhaltung des Budgets fraglich erschien. Ausgabensteigerungen waren insbesondere für die Erziehung Schwarzer (40%), die TBVC-Staaten (60%) sowie für Polizei (42%) und Verteidigung (30%) vorgesehen.

Der Haushalt wurde auf der Grundlage einer prognostizierten Wachstumsrate des BIP von 3% für das Jahr 1987 erstellt. Tatsächlich lag sie trotz der enttäuschenden Leistungen in den Bereichen Landwirtschaft und Bergbau, in letzterem z.T. als Folge des Streiks, bei 2,6%. Positiv entwickelten sich die Bereiche Industrie und Dienstleistungen, die von Januar bis September eine Wachstumsrate von 2,75% gegenüber demselben Zeitraum des Vorjahres aufwiesen.

Die Investitionsausgaben waren weiterhin rückläufig, obwohl sich im 2. Halbjahr 1986 eine Wende abgezeichnet hatte. Die Gründe hierfür lagen einerseits in der Ungewißheit über die künftige politische und soziale Entwicklung des Landes, andererseits in Überkapazitäten der Industrie.

Nach Angaben der Zollstatistik belief sich der Wert der Warenausfuhr in den ersten neun Monaten auf R 31,5 Mrd., der der Importe auf R 20,8 Mrd. Somit ergab sich ein Außenhandelsüberschuß von R 10,7 Mrd., der jedoch im Vergleich zum selben Zeitraum des Vorjahres (R 10,5 Mrd.) praktisch keine Veränderung brachte. Unter Berücksichtigung des traditionellen Defizits im Bereich der Dienstleistungen könnte der Überschuß der gesamten Zahlungsbilanz für 1987 zwischen R 5 und 6 Mrd. liegen.

Die gute Zahlungsbilanz und der günstige Stand der Gold- und Devisenreserven der Zentralbank - R 7 Mrd. Ende Oktober gegenüber einem Tiefststand von R 3,2 Mrd. im April 1986 - ermöglichten es Südafrika, mühelos seinen Schuldendienst zu bedienen. Ganz wesentlich dazu beigetragen hat das Ende März mit 34 ausländischen Gläubigerbanken abgeschlossene Umschuldungsabkommen mit einer Laufzeit von drei Jahren. Bis 1990 muß Südafrika 13% oder $ 1,42 Mrd. der bis dahin insgesamt fälligen $ 13 Mrd. an kurzfristigen Krediten zurückzahlen. Außerdem hat sich Pretoria verpflichtet, die gesamten Zinsen sowie die jeweils fälligen Raten für die etwa $ 10 Mrd. an langfristigen Darlehen pünktlich zu begleichen.   *Andrea Kersebaum*

Chronologie Südafrika 1987

07.01.	Beendigung des Schulboykotts
28.01.	Treffen zwischen dem amerikanischen Außenminister Shultz und Oliver Tambo in Washington
25.02.	Eröffnung des 5. Jahreskongresses der NUM: Annahme der Freiheitscharta des ANC
12.03.	Beginn des dreimonatigen Transportarbeiterstreiks
18.03.	Gründung des Five Freedoms Forum
24.03.	Umschuldungsabkommen
28.03.	Gründung des South African Youth Congress (SAYCO)
01.04.	Verlängerung des Internal Security Act
04.-08.05.	Treffen zwischen SACC, ANC und PAC in Lusaka (Zambia)
05.05.	Beginn eines zweitägigen Proteststreiks aus Anlaß der Wahlen zum weißen Abgeordnetenhaus
06.05.	Wahlen zum Abgeordnetenhaus
23.05.	Gründung der National Union of Metalworkers of South Africa (NUMSA)
29.05.	Eröffnung des 3. Nationalkongresses der UDF: Annahme der Freiheitscharta des ANC
10.06.	Verlängerung des Ausnahmezustands
09.-12.07.	Treffen zwischen führenden Mitgliedern des ANC und einer Delegation weißer Südafrikaner in Dakar (Senegal)
15.07.	Eröffnung des 2. Jahreskongresses der COSATU: Annahme der Freiheitscharta des ANC
22.07.	Verhaftung des Generalsekretärs der UDF, Mohamed Valli, sowie des Sekretärs für Öffentlichkeitsarbeit, Murphy Morobe
29.07.	Beginn des zweimonatigen Postarbeiterstreiks
09.08.	Beginn des dreiwöchigen Bergarbeiterstreiks
16.09.	Bericht des Präsidialrats zur Änderung des "Group Areas Act" und des "Separate Amenities Act"
28.10.	Wahl Chris Hanis zum neuen Stabschef von Umkhonto we Sizwe
05.11.	Haftentlassung des ANC-Veteranen Govan Mbeki
01.-04.12.	Internationale ANC-Konferenz über Apartheid in Arusha (Tanzania)
11.12.	Meuterei schwarzer Polizisten in Lekoa, nahe Johannesburg
30.12.	Militärputsch in der Transkei

Swaziland

Fläche: 17 363 km². Einwohner: 758 000. Hauptstadt: Mbabane. Amtssprache: Englisch. Schulbesuchsquote: 70%. Wechselkurs: $ 1=Lilangeni 1,94. Pro-Kopf-Einkommen: $ 650. BSP: $ 490 Mio.. Anteile am BIP (1983): 25% - 31% - 44%. Hauptexportprodukte: Zucker 37%, Holz/Zellulose 24%, Obstkonserven und Zitrusfrüchte je 7%. Staatschef: König Mswati III. Parteien: keine

Innenpolitik

Kaum ein Jahr nach seiner Krönung (25.4.86) intensivierte König Mswati III (*1968) die Maßnahmen zur Konsolidierung seiner Machtposition. Waren 1986 bereits die Entlassung der Thronratsmitglieder, eine Kabinettsumbildung und die Auswechselung des Premierministers deutliche Markierungen gewesen, so erfolgte nun am 21.5. die bisher einschneidendste Aktion mit der *Verhaftung von zwölf prominenten Persönlichkeiten*, darunter Ex-Premier Prinz Bhekimpi (23.3.83-6.10.86), Arbeitsminister Prinz Phiwokwakhe, vier weitere Angehörige des Königshauses und drei Chiefs. Gegen die genannten Prinzen sowie gegen M.Mnisi, den vorsorglich von einer Dienstreise nicht zurückgekehrten Minister für Naturressourcen (Entlassung: 15.6.), wurde Anklage wegen Hochverrats bzw. Aufwiegelung erhoben.

Als der *Prozeß* am 27.11. begann, befanden sich unter den Angeklagten auch Prinz Mfanasibili und R.Mabila, die im internen Machtkampf während des Interregnums (1982-86) zeitweilig die tragenden Rollen an der Spitze des Liqoqo (Thronrat) gespielt hatten. Kurz vor dem Tod von König Sobhuza II. (1921-1982) war der Thronrat mit Sonderbefugnissen ausgestattet worden und hatte in der Folge seinen Dominanzanspruch gegenüber dem Kabinett durchzusetzen versucht. Absetzungen im Verlauf dieser Auseinandersetzungen betrafen Premierminister Prinz Mabandla (19.3.83), die Regentin Dzeliwe (10.8.83) und die "Gruppe der Fünf" (8.6.84, Finanzminister, Befehlshaber und Stabschef der Armee sowie Polizeichef und Stellvertreter). Von Kräften innerhalb des Königshauses zurückgedrängt, hatte Prinz Mfanasibili schließlich seine Position im Liqoqo eingebüßt (1.10.85), mit anschließender Verhaftung und Verurteilung zu sieben Jahren Gefängnis. Ein angebliches Mordkomplott gegen den Premier und andere Personen, in das prominente Gefängnisinsassen verwickelt gewesen sein sollen, wurde im Januar aufgedeckt und mit Prinz Mfanasibili in Zusammenhang gebracht. In der Folge verlor der Chef der Gefängnisse seinen Posten (12.3.), sein Nachfolger wurde am 11.5. E.Hillary (Gruppe der Fünf), ein klares Indiz für den in Gang befindlichen Prozeß einer *Rehabilitierung* der Opfer der Mfanasibili-Ägide, der sich auch schon in indirekter Form bei der Verleihung von hohen Orden am 29.4. gezeigt hatte, bei der u.a. Ex-Premier Mabandla (seit 1983 im Exil in Bophuthatswana/Südafrika) und Ex-Polizeichef T.Msibi (Gruppe der Fünf) bedacht worden waren.

Daß die Verhaftungen vom Mai v.a. mit den Auseinandersetzungen von 1983 um den Sturz der Regentin Dzeliwe - die Ernennung seiner Mutter zur Regentin hatte zwar den Thronanwärter begünstigt, war aber von ihm offensichtlich nicht gebilligt worden - zu tun hatte, wurde endgültig durch *königliche Dekrete vom 9.11.* deutlich, durch die die Strafe für Aufwiegelung drastisch angehoben und ein Sondertribunal eingesetzt wurde, das fast unbeschränkte Jurisdiktion - kein Rechtsbeistand, keine Berufung - bei Verfahren hat, die den König oder die Regentin betreffen. Zuvor war bereits ein während Prinz Mfanasibilis Ägide erlassenes Dekret (vom 19.8.83), das die Behandlung von Fragen der Nachfolge einer Regentin vor ordentlichen Gerichten ausgeschlossen hatte, für null und nichtig von Beginn an erklärt worden (Königliches Dekret vom 15.9.). Damit konnten nun die Verantwortlichen für die internen Machtkämpfe während des Interregnums, die das Land schwer erschüttert hatten, zur Verantwortung gezogen werden. Prinz Bhekimpi und M.Mnisi waren darüber hinaus zu Anfang des Jahres im Zusammenhang mit der Veruntreuung von Geldern eines Notfonds (Schäden durch den Wirbelsturm Domoina 1984) namhaft gemacht worden.

Im *königlichen Dekret vom 15.9.* bestätigte sich der König zudem noch einmal als oberste Autorität, in der alle exekutive, legislative und judikative Macht gründet, sowie als Oberbefehlshaber. Darüberhinaus wurden die *Befugnisse des Liqoqo* noch stärker beschnitten: war er bereits am 7.10.85 nur noch als Beratungsorgan des Königs in Staatsgeschäften definiert worden, so darf der Thronrat jetzt nur noch auf dessen Wunsch hin tätig werden. Und auch die Funktion der "Autorisierten Person" wurde dahingehend eingeengt, daß sie nur noch während einer attestierten Krankheit der Regentin tätig werden darf - ein scharfer Kontrast zur recht bedeutsamen Rolle dieses traditionellen Amtes während der Interregnum-Zeit.

Die Machtkonsolidierung wurde mit der auf der Grundlage eines neuen Gesetzes ermöglichten vorzeitigen Parlamentsauflösung (28.9.) fortgesetzt, die als Versuch zu bewerten ist, durch *Neuwahlen* einen augenfälligen Neuanfang zu markieren, auch wenn die seit 1973 verbotenen Parteien nicht wieder zugelassen wurden. Bei einer Wahlbeteiligung, die mit 135 000 Personen noch unter den Zahlen von 1983 lag, nominierte jedes der 40 Inkhundla (Lokalverwaltungsgremium) am 5.11. je zwei Mitglieder des Wahlkollegs, das am 14.11. die Namen der 40 neuen Abgeordneten (darunter drei Weiße) bekanntgab. Nach der Nominierung von zehn Abgeordneten durch den König wurden zehn Senatoren vom nunmehr kompletten Abgeordnetenhaus gewählt und weitere zehn vom König nominiert. Nach einer Wahlanfechtung, die eine erneute Wahl der Senatoren notwendig machte, konnte sich das Parlament am 23.11. endgültig konstituieren, wobei von den 70 Mitgliedern des alten Parlaments nur elf ihr Mandat behielten (davon acht durch Nominierung des Königs).

Am 30.11. ernannte der König das *neue Kabinett*. Je fünf der Kabinettsposten gingen dabei an Abgeordnete bzw. Senatoren, die vom König nominiert worden waren; von den 40 gewählten Abgeordneten wurden keine, von den gewählten Senatoren nur zwei berücksichtigt, im Gegensatz zur Kabinettsumbildung nach der Wahl im November 1983, als unter den Kabinettsmitgliedern nur solche mit Abgeordnetenmandat (sechs gewählte, acht nominierte) waren. Außer dem erst seit dem 6.10.86 im Amt befindlichen Premierminister Sotsha Dlamini wurden diesmal nur drei Mitglieder des bisherigen Kabinetts erneut berufen, darunter zwei auf ihren alten Posten (Finanzminister B.Dlamini und Landwirtschaftsminister H.S.Mamba). Bemerkenswert war darüber hinaus, daß der Posten des Verteidigungsministers unbesetzt blieb; der bisherige Amtsinhaber Oberst F.Dube war zunächst - wenn auch irrtümlich - am 21.5. als einer der Verhafteten genannt worden. Erstmals übernahm eine Frau ein Ressort: F.Friedman, die zu den insgesamt sieben Weißen des 70 Mitglieder umfassenden Parlaments zählt, wurde Gesundheitsministerin. Bedeutsam ist auch die Ernennung von B.Nsibandze als Minister für Arbeit und Öffentlichen Dienst, der bisher Vorsitzender des Civil Service Board (Bestallungsgremium für die Beamtenschaft) gewesen war.

Trotz monatelang umlaufender Spekulationen über eine Abdrängung des Königs auf eine nur noch repräsentative Funktion oder gar eine Erhebung gegen die Regierung wiesen das entschlossene Vorgehen gegen prominente Politiker sowie die Neubesetzung von Parlament und Kabinett doch eher auf eine klare Machtkonsolidierung des Monarchen hin, der während seiner Thronanwartschaft ohne eigenes Zutun bedrohlich zwischen die Fronten geraten war.

Außenpolitik

In den Außenbeziehungen sind bislang kaum Akzentverschiebungen zu verzeichnen. Zwar ist die gegenüber Südafrika besonders willfährige Gruppe um M.Mnisi (Außenminister 27.8.84-10.7.86) sowie den Prinzen Bhekimpi und Mfanasibili nicht mehr am Ruder, die das Land verstärkt in den Ruf eines für südafrikanische Greiftrupps idealen Jagdplatzes auf Mitglieder des ANC und diesem zugerechnete Flüchtlinge gebracht hatte, doch bleibt der außenpolitische Spielraum aufgrund der erdrückenden *Abhängigkeit von Südafrika* im Bereich der Wirtschaft und Transportwege sehr gering. Seit dem Abschluß eines Sicherheitsabkommens mit Südafrika (1982) gibt es eine südafrikanische Handelsmission mit botschaftsähnlichem Charakter in Mbabane, die weithin als Geheimdienstzentrale für den weiteren Umkreis verdächtigt wird.

Auch wenn die *Politik der Ausweisung oder Inhaftierung von ANC-Mitgliedern* fortgesetzt wurde, zeigte die Regierung doch zunehmend Unwillen, südafrikanische Übergriffe zu dulden. Anläßlich einer mit Morden verbundenen südafrikanischen Entführungsaktion im Dezember 1986 war erstmals ein scharfer offizieller Protest formuliert worden, der durchaus - wie anläßlich des Besuches des südafrikanischen Außenministers am 22.12.86 deutlich geworden war - zu einer Trübung der Beziehungen geführt hatte. Nach einer erneuten Welle von Verhaftungen und Abschiebungen im Februar wurde eine Delegation mit einer nicht bekanntgemachten Botschaft des Königs zu Präsident Botha entsandt (März). Der südafrikanische Außenminister kam am 10.6. erneut zu Besuch, wobei unklar blieb, ob dies mit erneuten *Übergriffen südafrikanischer Agenten* am 23.5. (drei Tote) in Mbabane oder mit den Verhaftungen vom 21.5. in Zusammenhang stand, denn in seiner Begleitung befand sich der mit dem verhafteten Prinz Phiwokwakhe verschwägerte Zulu-König Zwelithini.

Nach der Verhaftung von vier Angehörigen der südafrikanischen Streitkräfte wegen illegaler Grenzüberschreitung (ca. 15.6.) und der provokativen Ermordung von drei Personen in der Nähe des Königspalastes am 9.7. - offenkundig durch südafrikanische Agenten - verschlechterten sich die Beziehungen derart, daß eilends eine hochrangige südafrikanische Delegation nach Matsapa kam und wohl auch mit dem Premierminister zusammentraf. Dem Anschlag waren mit P.Dikeledi und C.Make hochrangige ANC-Funktionäre zum Opfer gefallen. Der Premierminister verurteilte die Verletzung der territorialen Souveränität am 24.7. in ungewohnt scharfer Form, machte später jedoch auch deutlich, daß die Regierung das Land nicht als Basis für Angriffe auf Nachbarstaaten benutzen lassen will und wiederholte die Ablehnung von Wirtschaftssanktionen gegen Südafrika (2.12.).

Die Verhaftungsaktionen verstärkten sich im Juli und September durch zusätzliche *Maßnahmen gegen illegal im Land befindliche Ausländer*, die sich offenbar vornehmlich auf Personen aus Moçambique bezogen, mit denen wachsende Kriminalität und Waffenschmuggel - der nach Angaben des Innenministers

(Mitte Juli) außer Kontrolle geraten ist - in Zusammenhang gebracht werden. Die Flüchtlinge bereiteten aber auch deswegen ein ernstes Problem, da ihre rapide zunehmende Zahl - nach offiziellen Angaben 12 000 (August) - inzwischen eine für das Land nur noch schwer verkraftbare Dimension angenommen hat.

Die Beziehungen zu Moçambique blieben dennoch allem Anschein nach gut, Ex-Präsident Machel wurde posthum der höchste Orden des Landes verliehen (29.4.), zusammen mit dem König von Lesotho und dem Präsidenten von Zambia, mit dem die Beziehungen offenbar intensiviert werden sollen. Darüber hinaus sind weder bei den engen Bindungen zu den westlichen Staaten sowie zu Israel und Taiwan noch hinsichtlich des Mangels an diplomatischen Beziehungen zu Ostblockstaaten auffällige Veränderungen zu verzeichnen gewesen.

Sozio-ökonomische Entwicklung

Der *Haushaltsentwurf* vom 20.2. spiegelte die nach einem Boom-Jahr optimistische Grundhaltung wieder. Einer erwarteten Einnahmesteigerung um 18% stand eine Erhöhung der Ausgaben um 22% gegenüber. Die Deckungslücke von 7,5% (1986/87: 4,1%) stellt jedoch aufgrund der noch maßvollen Verschuldung - Schuldendienstrate 1985: 8,5% der Exporte - kein gravierendes Problem dar. Vor allem die Steigerung der Zuckerproduktion um 35% hatte einen *beträchtlichen Aufschwung* bewirkt, da Zucker etwa 40% der Exporte ausmacht und größter Devisenbringer ist. Zuwachs hatte 1986 neben dem Agrarsektor (+14%) auch das verarbeitende Gewerbe (+12%) aufgewiesen, das allerdings stark von ebenfalls exportabhängigen, aber nicht sehr arbeitskräfteintensiven Agro-Industrien (Zukkerverarbeitung, Zellulose, Früchte- und Fleischkonserven) geprägt ist.

Der Schub von 1986 (BIP: +7%; Lohnbeschäftigung: +2%) sowie der Inflationsrückgang von 19% auf ca. 9% gab Anlaß für eine fast überschwengliche Bewertung im Bericht eines IWF-Teams (Oktober), doch verschleiern die Daten die zunehmende Misere im von der Monarchie gehaltenen "Swazi Nation Land" (55% der Fläche, 82% der Bevölkerung), das von der positiven Entwicklung praktisch nicht berührt wird und zudem noch Einbußen durch Dürre-Einwirkungen zu verzeichnen hatte. In seiner Thronrede vom 19.2. machte der König denn auch die Notwendigkeit zur Selbstversorgung neben dem Ausbau des Bildungswesens zum Hauptthema.

Ein Grundcharakteristikum der Wirtschaftsstruktur ist jedoch die *Abhängigkeit von Südafrika* geblieben, die in fast allen Bereichen erdrückend ist und sich hinsichtlich der Außenhandelsrouten seit dem Bau der Mpaka-Komatipoort-Bahnlinie (1985/86) sogar noch verstärkt hat, da die alternative Verbindung nach Maputo/Moçambique häufig Ziel von RENAMO-Anschlägen ist (verstärkt wieder gegen Ende des Jahres). Allerdings zieht Swaziland seit einiger Zeit auch Nutzen aus der engen Verbindung zu Südafrika, da in Folge der dortigen inneren Unruhen immer mehr südafrikanische Firmen zumindest mit Zweigniederlassungen in das als *günstiger Industriestandort* angesehene Swaziland ausweichen, zum einen wegen eines 1985 begonnenen Wirtschaftsansiedlungsprogramms mit erheblichen Steueranreizen, zum anderen aber v.a. wegen dessen Mitgliedschaft in den Gruppierungen der SADCC und PTA. Denn Swaziland ist zugleich auch durch eine Zollunion (SACU) mit Südafrika verbunden, so daß einer Verhängung von Wirtschaftssanktionen gegen Südafrika auf diesem Umweg ausgewichen werden kann. Allerdings kam es wiederholt zu Zurückweisungen von Exportprodukten aus Swaziland, weil diese nur wenig mit dem Land zu tun hatten (z.T. nur Umpacken oder geringfügige Weiterverarbeitung). Die Regierung sah sich am 13.8. sogar zu einer Protestnote an Südafrika veranlaßt, weil immer häufiger rein südafrikanische Produkte mit gefälschten, auf Swaziland verweisenden Herkunftszertifikaten versehen wurden. Auch im Rahmen des Rückzuges internationaler Konzerne aus Südafrika gewinnt Sw. zunehmend an Bedeutung. Die *Umsiedlung von Produktionszentralen* wie die des Coca-Cola-Konzerns für das südliche Afrika (September) wurde als entscheidender Durchbruch gewertet. Kurz darauf (1.10.) nahm auch die 1986 gegründete Swaziland Industrial Development Corporation (SIDC) die Förderung der Industrie-Entwicklung auf; das erste große Projektvorhaben war die Beteiligung am Expansionsprogramm ($ 35 Mio.) der National Textile Corporation, deren Hauptaktionär die südafrikanische Kirsh-Gruppe ist.

Auch die *Tourismusindustrie* (zwei Drittel der Touristen kommen aus Südafrika) hat sich nicht zuletzt wegen der gespannten Lage in Südafrika wieder erholen können, nachdem einige südafrikanische Homelands mit ähnlichen Vergnügungsangeboten (Casinos etc.) eine Zeit lang ernsthafte Konkurrenz geboten hatten. Sie mußte jedoch im April durch Brandstiftung in den beiden Spitzenhotels einen empfindlichen Rückschlag hinnehmen. Da eines der Hotels (erst im November 1986 fertiggestellt) nicht versichert und im Regierungsbesitz war, stellt es nun eine zusätzliche Belastung für den Haushalt dar.   *Goswin Baumhögger*

Chronologie Swaziland 1987

20.02.	Haushaltsentwurf vor dem Hintergrund eines Wirtschaftsbooms
12.03.	Entlassung des Chefs der Gefängnisse im Zusammenhang mit einem angeblichen Umsturzversuch
21.05.	Verhaftung von 12 prominenten Persönlichkeiten
10.06.	Besuch des südafrikanischen Außenministers
09.07.	Ermordung von hochrangigen ANC-Funktionären durch südafrikanisches Kommando
15.09.	Dekret des Königs: Bestätigung als oberste Autorität, Beschneidung der Thronrats-Machtbefugnisse
28.09.	Vorzeitige Parlamentsauflösung mit nachfolgenden Neuwahlen (5.-23.11.)
09.11.	Dekrete des Königs: Einsetzung eines Tribunals und Strafverschärfung für Aufwiegelung
30.11.	Ernennung des neuen Kabinetts

Zambia

Fläche: 752 614 km², *Einwohner:* 6,64 Mio., *Hauptstadt: Lusaka, Amtssprache: Englisch, Schulbesuchsquote:* 62%, *Wechselkurs:* $ 1=Kwacha 8,04, *Pro-Kopf-Einkommen:* $ 400, *BSP:* $ 2,62 Mrd., *Anteile am BIP:* 14,5% - 39,5% - 46%, *Hauptexportprodukt: Kupfer* 80%, *Staatschef: Kenneth Kaunda, Einheits- bzw. Regierungspartei: United National Independence Party (UNIP)*

Innenpolitik

Das Personalkarussell drehte sich auch 1987 in gewohnter Weise. Einen besonderen Akzent erhielten die zahlreichen Umbesetzungen jedoch, weil auf allen Ebenen, insbesondere auch im Parastatal-Bereich, kräftig durchgegriffen wurde und - abweichend von der gegen eine Verwurzelung von Amtsinhabern zielenden Rotationsroutine - diesmal im Zeichen des wirtschaftlichen Überlebenskampfes Bemühungen zur Eindämmung von Korruption und Ineffizienz sowie zur Auffrischung der Regierungsspitze mit neuem Sachverstand deutlich erkennbar waren. Anzeichen für eine hinter dieser *Umbesetzungs- und Säuberungswelle* stehende, von innen kommende, ernsthaftere Herausforderung des Regimes gab es nicht einmal bei der Abschiebung des Armeekommandeurs Ch.Tembo auf einen Botschafterposten, die offenbar mit Meinungsverschiedenheiten über den Militäreinsatz während der Unruhen im Dez. 1986 in Zusammenhang stand. Die Beförderung verschiedener Generäle (25./28.1.) anläßlich der Ernennung seines Nachfolgers, des Stabschefs G.Kalenge, wies allerdings deutlich auf *Bemühungen zur Erhaltung der Loyalität von Armee- und Luftwaffenspitze* hin.

Während sich auf der Ebene des der Regierung übergeordneten ZK der Partei keine Verschiebungen ergaben, war auf Kabinettsebene die *Ablösung des Finanzministers* B.Kabwe spektakulär, der nach knapp 10 Monaten Amtszeit wieder ins Bildungsressort zurückkehrte. Premierminister K.Musokotwane übernahm in einer besonders kritischen Phase - am Tag der offensichtlich nicht von allen Regierungsmitgliedern gleichermaßen unterstützten fiskalpolitischen Kurswende (28.1.) - zusätzlich das Finanzressort. Nach dem einschneidenden Bruch mit dem IWF (1.5.) erfolgte am 13.5. eine völlige Neubesetzung der politischen Spitze des Finanzministeriums. Neuer Minister wurde der bisherige Generalstaatsanwalt G.Chigaga. Zugleich wurde Innenminister C.Chibanda wegen Alkoholproblemen entlassen und durch P.Malukutila ersetzt, der seinen bisherigen Posten als Generaldirektor im Präsidialamt beibehielt - eine deutliche Machtkonzentration im Bereich der inneren Sicherheit. Bemerkenswert war ferner eine erneute umfangreiche Umsetzung bei den Staatssekretären sowie auf Provinz- und Distriktsebene, vor allem jedoch die *Entlassung von 13 hohen Amtsträgern der Zentralbank* (darunter der Vize-Gouverneur), die offenbar mit Unregelmäßigkeiten bei der Devisenzuteilung, Unterschlagungen und dem 1986 aufgedeckten sog. "Kobalt-Skandal" zusammenhingen. Kurz darauf wurden noch über 100 hohe Beamte umgesetzt (18.5.).

Dieser zweiten größeren Säuberungswelle des Jahres war am 15.4. bereits eine großangelegte - zuletzt 1979 mit ähnlicher Intensität durchgeführte - Aktion mit der *Entlassung von 20 hohen Funktionären der Parastatals* vorangegangen. Erst am 4.8. wurde ein neuer Vize-Gouverneur der Zentralbank ernannt, zusammen mit der Neubesetzung mehrerer Staatssekretärsposten. Der neue Finanzstaatssekretär C.Fundanga, bisher Wirtschaftswissenschaftler an der Universität, hat offenbar eine entscheidende Rolle in der Planung des neuen Wirtschaftsprogramms gespielt; er wechselte am 25.11. ins Kabinettsamt über, und am selben Tag wurde

der seit seiner Ernennung (4.4.86) wegen seiner Ausbildung in der Sowjetunion
von IWF und Weltbank mit Argwohn betrachtete Zentralbank-Gouverneur L.Chi-
vuno durch F.Nkhoma ersetzt.

Die *innere Sicherheitslage* blieb nach dem Eindämmen der ungeahnt heftigen
und einen tiefen Einschnitt markierenden Unruhen unter der städtischen Bevölkerung (sie macht ca. 45% der Gesamtbevölkerung aus) im Dez. 1986 erstaunlich
stabil. Die Warnsignale waren verstanden worden - sobald sich Unmut regte,
wurde sofort von einem erneuten Überdrehen der Schraube Abstand genommen.
Die Verweigerungshaltung gegenüber den IWF-Rezepten verschaffte Manövrierraum für die wegen der ausufernden Inflation dringend notwendigen Lohnerhöhungen und Preisreduzierungen, so daß der weitreichenden Unzufriedenheit
entgegengewirkt werden konnte, die ihre Ursache in der immer auswegloser
werdenden Lage breiter Schichten der Bevölkerung hat (Fall des Pro-Kopf-Einkommens von 1981: $ 630 auf 1987: $ 200). Die im Februar einsetzende *erste
größere Streikwelle* seit einem Jahr, der sich nach den Lehrern in der zweiten
Märzhälfte auch u.a. Bedienstete des Gesundheitswesens anschlossen, waren Anzeichen für einen drohenden Flächenbrand und haben wohl die Entscheidung für
einen Bruch mit dem IWF mitbeeinflußt. Sie wurden zunächst durch massive
Drohungen Kaundas (15.4.) eingedämmt, der weiteren Streikwilligen Verhaftung
bzw. Entlassung und den Gewerkschaften härteste Maßnahmen einschließlich der
Auflösung des Dachverbandes ZCTU (Zambia Congress of Trade Unions) in
Aussicht stellte. Nach Lohnerhöhungen (6.5., rückwirkend ab Nov. 1986) wurde
vom UNIP-Generalsekretär G.Zulu am 24.6. jedoch ein deutliches Signal mit der
Ankündigung gegeben, die Regierung werde sich Tarifverhandlungen angesichts
des Fortfalls der IWF-Auflagen nicht mehr in den Weg stellen.

Die von Kaunda im April verschiedentlich geäußerten Verdächtigungen,
Gewerkschaftsführer ließen sich durch Organisationen aus den USA und der
BRD zum Streik aufwiegeln oder stünden mit Oppositionellen im Bunde, dienten
offensichtlich zur *Einengung des Bewegungsraums der Gewerkschaften*. Es gab
Hinweise darauf, daß die Absetzung des ZCTU-Vorsitzenden F.Chiluba als Chef
der Bauarbeitergewerkschaft (12.12.) nicht ganz ohne Einwirkung von Seiten der
Regierung erfolgte. Das Balancieren zwischen dem Versuch, die Gewerkschaftsbewegung angesichts der schweren Wirtschaftskrise nicht unnötig herauszufor-
dern, andererseits jedoch den seit längerer Zeit als möglichen Herausforderer im
Kampf um die Präsidentschaft des Landes beargwöhnten F.Chiluba zurückzudrängen, war jedenfalls offenkundig.

Die *Besorgnis über die Zunahme einer oppositionellen Strömung* war offenbar
nicht völlig ohne Grundlage. Von Kaunda am 3.4. bzw. 15.4. geäußerte Verdächtigungen, Geschäftsleute seien mit Unterstützung Südafrikas sogar an die Armee
zur Vorbereitung eines Putsches herangetreten und es gebe eine Verschwörung
von Oppositionellen mit Elementen der Rebellengruppen benachbarter Länder
(UNITA/Angola bzw. RENAMO/Moçambique), müssen zwar in den Kontext der
zu dieser Zeit zunehmenden südafrikanischen Drohgebärden sowie einer generellen Tendenz, oppositionelle Regungen als von außen gesteuert ansehen zu wollen,
eingeordnet werden. Andererseits darf Südafrikas Interesse an einer Destabilisierung Zambias nicht unterschätzt werden, und es ist wiederholt deutlich geworden,
daß es schon seit längerem Bestrebungen von Geschäftsleuten und ehemaligen
hohen UNIP-Funktionären - möglicherweise im Verbund mit Teilen sowohl der
Beamtenschaft als auch der Gewerkschaftsbewegung zur Formierung einer gegen

das Einparteisystem und den UNIP-Einfluß auf wirtschaftspolitische Entscheidungen ausgerichteten Oppositionsbewegung gibt. Daß eine solche Bewegung erneut mit den immer wieder vermuteten Bemühungen um eine Wiederbelebung der früheren Oppositionspartei UPP (United Progressive Party) des 1980 verstorbenen S.Kapwepwe in Verbindung gebracht wurde, ließ sich an der Verhaftung von A.Chambeshi am 14.5. und der Konfiszierung der Pässe von über 100 Geschäftsleuten am 29.5. festmachen. Chambeshi, ehemals enger Vertrauter von Kapwepwe, war im Prozeß gegen den im Februar verhafteten Rundfunkjournalisten M.Malyo (verwandt mit dem UNITA-Chef J.Savimbi) beschuldigt worden, in der Zeit unmittelbar vor den Dezember-Unruhen Drahtzieher eines Komplotts gewesen zu sein.

Dem zunehmenden Unmut auch innerhalb der UNIP ist durch ein *Ausbalancieren der Parteiflügel* entgegengewirkt worden. Die Abkehr vom IWF nahm der Kritik vom linken Flügel Wind aus den Segeln, während das deutliche Zurückstecken hinsichtlich einer Konkretisierung von Wirtschaftssanktionen gegenüber Südafrika dem rechten Flügel entgegenkam. Dennoch zeigten verschiedene Vorstöße das wachsende Aufbegehren gegen die verkrustete Struktur der UNIP, wie z.B. die Kritik an der Anschaffung eines Präsidentenjets (£ 19 Mio.) oder am staatlichen Finanzzuschuß für die UNIP (K 45 Mio.), insbesondere jedoch die sehr massive Kritik an der Parteiführung duch Ex-Premier D.Lisulo (ZK-Mitglied) am 24.8., für die er sich anschließend entschuldigen mußte. Die politischen Saboteuren angelastete Brandstiftung (14.9.) in der im Bau befindlichen neuen UNIP-Zentrale war plastischer Ausdruck des Unmutes, da dieses Bauwerk (Kosten: $ 15 Mio.) weithin als Symbol für die Unfähigkeit der Partei angesehen wird, mit gutem Beispiel auf dem Weg einer so dringend notwendigen Selbstbeschränkung voranzugehen.

Die verschiedentlich zu verzeichnende Tendenz, das Aufbegehren einzelner Prominenter oder mit diesen liierter Politiker als Probeläufe für eine eventuelle Herausforderung Kaundas bei der 1988 anstehenden Präsidentschaftswahl zu werten, ist wenig überzeugend angesichts der Tatsache, daß er nach wie vor außerordentlich fest im Sattel sitzt. Der UNIP-Nationalrat bestimmte ihn auf seiner 22. Sitzung (18.-21.12.) wieder zum einzigen Kandidat für die nächste Präsidentenwahl. Vorangegangen war eine landesweite Registrierung der Wähler (19.10.-15.11.), die offenbar ein über den Zahlen von 1983 (2,37 Mio.) liegendes Ergebnis aufwies. Dies läßt jedoch noch keine Rückschlüsse auf eine eventuelle Abnahme der politischen Apathie zu, wie sie sich zuletzt wieder bei den Wahlen auf unterster Parteiebene (April) gezeigt hatte.

Außenpolitik

Ungeachtet der Wirtschaftskrise spielte Zambia seine durch die Persönlichkeit des Präsidenten außerordentlich stark geprägte *prominente Rolle in der regionalen und internationalen Politik* weiter. Dies wurde augenfällig unterstrichen, als nacheinander eine SADCC-Ministerratssitzung, ein Gipfeltreffen der Frontlinienstaaten (FLS), das 8. SADCC-Gipfeltreffen sowie eine gemeinsame Sitzung von FLS und dem OAU-Komitee für das Südliche Afrika in Lusaka stattfanden (22.-25.7.), sowie durch Kaundas zweiten Amtsantritt als Vorsitzender der OAU (27.7.) zusätzlich zu seiner Funktion als Vorsitzender der FLS. Auch wenn im Land verschiedentlich Kritik wegen des starken, mit häufiger Abwesenheit verbundenen außenpolitischen Engagements aufflammte, so war doch unübersehbar, daß

die internationale Reputation auch einen *Stellenwert bei der Absicherung des
Landes* hatte, indem auf diese Weise einerseits eine stärkere Entfaltung von
Druck und Übergriffen aus Südafrika gehemmt und andererseits eine Reihe von
Geberländern und -organisationen zu vermehrter Rücksichtnahme auf Zambia
bewegt werden sollten.

Abgesehen von Kurzbesuchen in Zimbabwe (30.1., 20.7.) und Ghana (12.-
13.3.) überließ Kaunda die Reiseaktivitäten zunächst Premier Musokotwane, die
jedoch eindeutig im Zeichen der Umstrukturierung der Wirtschaftspolitik standen, so die Reise via Sowjetunion und Nordkorea in die USA zu Gesprächen mit
Weltbank und IWF (April) und nach dem Bruch mit dem IWF die längere Euro-
patour (26.5.-12.6.: Finnland, Norwegen, Niederlande, Belgien) zur Mobilisierung
wichtiger Geldgeber. Ähnlichen Zwecken, nämlich der Erläuterung des Entwicklungsplans vom 14.8., diente die Reise nach Bulgarien, Irak, Großbritannien,
Japan und Frankreich (26.8.-18.9.). Nach dem 14.8. begann eine *ausgedehnte
Reisediplomatie Kaundas*, die z.T. mit seinen internationalen Ämtern in Zusammenhang stand, so eine Kurzreise wegen des Tschad-Konflikts (Gabun, Tschad,
Algerien und Libyen, 24.-28.8.) sowie Besuche in Äthiopien (8.-14.9.), Ungarn
(5.-19.10.), Nordamerika (5.-19.10.) und der Sowjetunion (26.-27.11.).

Daneben wurden die *Beziehungen im regionalen Kontext* keineswegs vernachlässigt. Insbesondere die der FLS-Gruppierung angehörenden Nachbarstaaten
standen im Vordergrund der Bemühungen. Die traditionell sehr engen Beziehungen zu *Tanzania* wurden durch den Staatsbesuch von Präsident Mwinyi (31.7.-
3.8.) und Premierminister Warioba (24.-27.11.) sowie einen Gegenbesuch Kaundas
(7.-10.12.) unterstrichen; mit *Zimbabwe* wurden sie durch den Staatsbesuch von
Premierminister Mugabe (2.-5.7.) sowie Kurzbesuche Kaundas (23. und 31.12.)
intensiviert, wenngleich sich in der Frage der Wirtschaftssanktionen gegen Südafrika und des Kariba-Stromverbundes (s. Zimbabwe) gewisse Mißstimmigkeiten
ergaben. Der neue Präsident von *Moçambique*, J.Chissano, kam zu seinem ersten
Staatsbesuch (19.-22.2.), und Premierminister Musokotwane besuchte Moçambique
(29.6.-17.), offensichtlich auch, um sich über das Funktionieren des Transportweges über Zimbabwe nach Beira zu informieren.

Auch die Beziehungen zum Nachbarland *Zaire* wurden verbessert. Neben den
gemeinsamen Bemühungen um die Wiedereröffnung der Benguela-Eisenbahn
wurden Anfang des Jahres Verhandlungen über die Beilegung des alten Grenz-
konflikts aufgenommen. Im April wurden sogar ein Vertrag zur Intensivierung
des Handels sowie ein Auslieferungspakt abgeschlossen, um die Zunahme der
grenzüberschreitenden Kriminalität (v.a. Schmuggel) einzudämmen, die während
des Jahres des öfteren Zwischenfälle auslöste. Bemerkenswert war schließlich
noch die Intensivierung der Kontakte mit *Kenya*, die offenbar auch mit den
Versuchen in Zusammenhang standen, andere Länder für Sanktionsmaßnahmen
gegen Südafrika zu gewinnen; Präsident Moi kam zu einem Staatsbesuch (13.-
14.6.), und Kaunda legte mehrmals Zwischenlandungen in Kenya ein. Mit
Uganda ergaben sich einige Spannungen im Februar aufgrund der etwas eigen-
willigen Politik des Uganda-Botschafters und erneut im August, als sich Ugandas
Ex-Präsident Obote, dem Zambia Asyl gewährt hat, erstmals wieder zu Wort
meldete. Sie wurden aber durch Präsident Musevenis Kurzbesuch (6.9.) offenbar
so zufriedenstellend beigelegt, daß Uganda gegen Ende des Jahres den OAU-
Vorsitzenden Kaunda um Schlichtung im Konflikt mit Kenya bat (20.12.).

Von besonderer Bedeutung blieb das *Verhältnis zu Südafrika*. Die permanente Sorge vor von dort ausgehenden Bombenanschlägen oder Angriffen wegen Zambias Aufnahme von Flüchtlingen und Beherbergung der ANC-Zentrale sowie des UN-Instituts für Namibia blieb durchaus begründet, da Zambia - obwohl es nicht an Südafrika angrenzt - voll im Zugriffsbereich der im Caprivi-Zipfel Namibias stationierten südafrikanischen Militärs liegt. Von dort wurde am 25.4. erneut ein Kommandounternehmen mit Hubschraubern gestartet, das sich gegen Gebäude in Livingstone richtete und mehrere Menschenleben kostete, darunter Verwandte sowohl des Premier- als auch des Verteidigungsministers. Es war der erste größere Übergriff seit der Bombardierung eines Flüchtlingslagers bei Lusaka am 19.5.86. Inwieweit die ca. elf Bombenanschläge - betroffen waren u.a. ein Postamt (23.2.) und der Bahnhof (30.9.) in Lusaka - während des Jahres auf das Konto Südafrikas gingen, blieb, wie meistens in solchen Fällen, ohne schlüssige Nachweise. Allerdings lehren die Erfahrungen, auch aus den Nachbarländern, daß ein solcher Verdacht meistens berechtigt ist. Zambias Haltung in der Frage der Wirtschaftssanktionen gegen Südafrika blieb ambivalent. Verbal engagierte sich Kaunda weiter, insbesondere auf internationalen Konferenzen, konkret wurde jedoch noch nicht einmal die Aufgabe der Flugverbindungen - sehr zum Ärger Zimbabwes - als durchführbar angesehen. Andererseits hat Zambia, wie am 16.3. bekannt wurde, offenbar erhebliche Anstrengungen unternommen, zumindest die Exporte von Mineralien umzudirigieren. Seit Nov. 1986 soll keine Verladung von Kupfer in südafrikanischen Häfen mehr erfolgt sein, das nun neben Dar es Salaam zunehmend auch über Beira umgeschlagen wird. Die Importe kamen jedoch noch zu ca. 60% über Südafrika.

Sozio-ökonomische Entwicklung

Kupferpreisverfall, eine damit in engem Zusammenhang stehende sprunghaft angestiegene Verschuldung (1976: $ 750 Mio.; 1986: $ 5,1 Mrd.) sowie der ständig drückender werdende Devisenmangel schnürten der Wirtschaft zu Beginn des Jahres die Luft in derart katastrophalem Maße ab, daß die Regierung am 12.1. eine Verschiebung selbst vorgeschlagener Maßnahmen (30.8.86) zur Bereinigung von Handelsschulden in Höhe von $ 430 Mio. ankündigte. Gefolgt wurde dies am 28.1. von einer *Suspendierung des Devisenversteigerungssystems*, das seit seinem Beginn am 11.10.85 zu einer ungebremsten, sich Anfang des Jahres beschleuni- genden Talfahrt des Wechselkurses von $ 1=K 2,25 bis zu $ 1=K 14,92 (24.1.) geführt hatte. Der Wechselkurs wurde auf eine Bandbreite von $ 1=K 9-12 ein- geschränkt und von einem Korb der fünf wichtigsten Währungen abhängig gemacht.

Damit war ein weiteres entscheidendes Element des IWF-Wirtschaftserho- lungsprogramms aufgegeben worden, nachdem am 11.12.86 bereits die eine Woche zuvor abgeschafften Subventionen für höherwertiges Maismehl wieder in Kraft gesetzt worden waren, um die heftigsten Unruhen seit der Unabhängigkeit - nach offiziellen Angaben 15 Tote - wegen der Preiserhöhung um 120% wieder einzu- dämmen. Der erneute, ohne vorherige Konsultationen erfolgte *Verstoß gegen die IWF-Regeln* am 28.1. machte es noch unwahrscheinlicher, daß die dringend benötigte Auszahlung des 6. IWF-Beistandskredits in Höhe von SZR 229,8 Mio. (Laufzeit: 21.2.86 - 28.2.88) erfolgen würde, die nach Zahlung von SZR 35 Mio. im Sept. 1986 wegen Rückzahlungsverzugs für frühere Kredite (SZR 120 Mio.) suspendiert worden war. Hinzu kam, daß die Verstaatlichung der Mühlenindustrie am 9.12.86, das erneute erhebliche Defizit im Haushaltsentwurf vom 30.1. (31,3% des Gesamtvolumens; nur 60% der Ausgaben waren durch Eigeneinnahmen gedeckt) und die darin vorgesehene Verdopplung der Nahrungsmittelsubventionen auf nunmehr 9,7% der Ausgaben sowie schließlich die Reduzierung der Zinssätze am 5.2. von 30% auf 20% den Zielen des IWF - u.a. Liberalisierung der Wirtschaft, Defizitbegrenzung, Zinssatzerhöhung - diametral entgegenliefen.

Nach intensiven Verhandlungsrunden mit nach Lusaka geeilten IWF- und Weltbankvertretern wurde am 17.3. die *Wiederaufnahme der Devisenversteigerungen* angekündigt, allerdings mit einem gespaltenen Wechselkurs, der für Zwecke von Regierung und Zentralbank auf eine Bandbreite von $ 1=K 9-12,5 begrenzt blieb. Der freie Wechselkurs verschlechterte sich jedoch auf alarmierende Weise von 1:15 (28.3.) bis zu 1:21 (25.4.), während sich die Gespräche des Premierministers Musokotwane mit IWF und Weltbank (20.-22.4.) in Washington festfuhren. Der IWF bestand auf einer Beibehaltung des Versteigerungssystems, auf positiven Zinssätzen (d.h. über der etwa 60% betragenden Inflationsrate) und auf einer Reduzierung des Haushaltsdefizits von 30% auf 10% des BIP. Zusätzlich wurde u.a. eine Begrenzung der Lohnanhebungen für den öffentlichen Dienst auf 10% gefordert sowie eine Anhebung der Benzinpreise um 75% (diese hatte am 21.4. wegen beginnender Unruhen jedoch nach nur einem Tag zurückgenommen werden müssen).

Daß die Regierung am 1.5. den *Bruch mit dem IWF* bekanntgab, kam dennoch überraschend, obgleich es aufgrund der überzogenen und die konkrete Situation wohl nicht ausreichend berücksichtigenden Bedingungen des IWF kaum einen anderen Ausweg gab. Der Schuldendienst wurde auf 10% der Nettoexporteinnahmen beschränkt, und zwar nach Abzug prioritärer Zuteilungen für Kupferindustrie, Luftfahrt- und Erölgesellschaft sowie Dünger (am 12.12. wurden noch Medikamente und Produkte des elementaren täglichen Bedarfs in die Liste aufgenommen). Die Zinssätze wurden auf 15% zurückgenommen, und es wurden erneut kontrollierte Preise eingeführt, die dann zur Reduzierung verschiedener Verbraucherpreise (6.5. und 1.6.) führten. V.a. aber wurde die Devisenversteigerung abgeschafft und ein fester Wechselkurs bestimmt ($ 1=K 8), unweit jener Marke, wo sich nach ursprünglichen Annahmen des IWF der Kurs hätte einpegeln sollen. Ein neues Devisenzuteilungskomitee (FEMAC, Foreign Exchange Management Committee) begann am 16.5. mit der zweiwöchentlichen Zuteilung nach einem Prioritätskatalog mit klarer Rangfolge (nationale Notstände; Landwirtschaft; Bergbau; Industrie etc.), und eine Export-Import-Bank (Leitung: F.Nkhoma) mit einem Startkapital von K 50 Mio. wurde gegründet. Zusätzlich wurden einige weitere Maßnahmen zur Devisenbewirtschaftung eingeführt, so am 4.5. u.a. die Reduzierung von Geldtransfermöglichkeiten für die ca. 8000 ausländischen Arbeitnehmer (Experten etc.), die jedoch am 25.7. wieder gelockert werden mußte, oder die Kassierung der seit 1984 bestehenden Regelung über eine direkte Wiederverwendung der Hälfte der Deviseneinnahmen von Exporteuren, was speziell Agrarexporteuren erheblichen Auftrieb gegeben hatte; auch hier wurde später jedoch eine Modifizierung erlaubt (8.12.).

In der *internationalen Einschätzung des Bruchs mit dem IWF* war anfänglich zwar eher eine Panikreaktion oder allenfalls eine Art Theaterdonner zur Kräftigung von Zambias Verhandlungsposition angenommen worden, doch wurde bald deutlich, daß diese Maßnahmen bereits längerfristig vorbereitet und ernst gemeint waren. Denn die seit 1973 gepflegten Beziehungen zum IWF und speziell dessen

Strukturanpassungsprogramm mit drei jeweils nach kurzer Zeit abgebrochenen Beistandskrediten hatten Zambias ernorme wirtschaftliche Probleme in vielen Bereichen noch verschlimmert, so daß der von mancher Seite geäußerte Verdacht nicht als völlig aus der Luft gegriffen abgetan werden konnte, hinter der ungewöhnlich harten IWF-Haltung könnten politische Motive - Destabilisierung zum Unterlaufen von Zambias Haltung im Südafrika-Konflikt - stehen. Insbesondere die Maßnahmen zur Wechselkursanpassung waren nicht zuletzt aufgrund der völlig unzureichenden Ausstattung der Versteigerungen mit Devisen (statt vereinbarter $ 9 Mio. hatten im Schnitt pro Woche nur $ 5 Mio. zur Verfügung gestanden) zum Scheitern verurteilt. Das Auseinanderklaffen von Nachfrage und Versorgung hinsichtlich der Devisen hatte die Talfahrt der Währung beschleunigt, wobei ein Hauptfaktor zweifellos die zögerliche Haltung internationaler Kreditgeber war. So hatte der Pariser Club von den Ende 1985 zugesagten $ 220 Mio. ein Jahr später erst ein Viertel eingebracht.

Daß die Maßnahmen vom 1.5. mittelfristig - mindestens bis nach den Wahlen gegen Ende 1988 - angelegt waren, wurde mit der Bekanntgabe des *Interimistischen Nationalen Entwicklungsplans* (INDP, Laufzeit 1.7.87 - 31.12.88) am 14.8. deutlich. Unter dem Motto "Wachstum aus eigener Kraft" erklärte dieser die Mangelware Devisen zur strategischen Ressource, die nunmehr vorrangig zur Reaktivierung der Produktion von elementaren Gütern oder Exportwaren genutzt werden soll, einhergehend mit einer Reinvestition von Gewinnen in ausgewählten, zur Erhaltung eines Wirtschaftswachstums entscheidenden Sektoren und einer strikten Reduzierung von für die Produktion nicht wichtigen Importen. Die Wirtschaft soll durch Kontrolle der Inflation (Festschreibung von Wechselkurs und Zinssätzen; kontrollierte Preise), Schaffung von Arbeitsplätzen, Diversifizierung der Exporte und Stärkung des staatlichen Managements stabilisiert werden. Auch eine schrittweise Reduzierung von Subventionen, einhergehend mit deutlicherer Ausrichtung auf tatsächlich Bedürftige, sowie die Einführung von Gebühren im Gesundheitsdienst und für Grundschulen sind vorgesehen. Der INDP zielt auf eine Wachstumsrate von 2,2% ab und hat ein Gesamtvolumen von K 3,3 Mio., wovon die Regierung 38%, Parastatals 42% und der private Sektor 20% aufbringen sollen. Obgleich im INDP eine Reihe von Planvorgaben enthalten sind, wurde doch kritisiert, daß er im Aufzeigen von konkreten politischen Maßnahmen zur Durchsetzung eher vage ausfiel und mehr den Charakter eines politischen Dokuments zur Absteckung allgemeiner Ziele hat.

Der Weg ist somit zunächst festgeschrieben, doch besteht wenig Zweifel, daß Zambia mittelfristig die *Bemühungen um ein Arrangement mit IWF und Weltbank* - die Konsultationen liefen in der Tat weiter - wird weiterführen müssen, weil die akuten Kernprobleme (Verschuldung, Rückzahlungsverzug, anhaltender Devisenmangel) allein nicht zu lösen sein werden. Denn die anderen Geberländer und -organisationen hielten sich, wie es bei Konflikten mit IWF oder Weltbank üblich ist, mit Neuzusagen zurück und stellten lediglich projektbezogene oder für spezifische sektorale Inputs bestimmte Mittel (v.a. die skandinavischen Länder und die EG sowie Japan und Italien als wichtige Kupferabnehmer), nicht jedoch die noch dringlicher benötigten Mittel für einen Zahlungsbilanzausgleich zur Verfügung. Nachdem die Weltbank nach Ablauf bestimmter Fristen wegen Rückzahlungsverzugs ($ 40,4 Mio.) zunächst die Auszahlungen eingestellt (1.5.) und sodann das Kreditabkommen suspendiert hatte (Mitte August), folgte der IWF am 2.10. nach und schloß Zambia vom Zugang zu weiteren Mitteln aus (Rückzahlungsverzug: SZR 219,5 Mio.). Nach Gesprächen mit IWF und Weltbank (8./ 11.10) während seines USA-Besuchs deutete Kaunda am 23.10. Verhandlungs- spielraum hinsichtlich der Wechselkursfixierung und der kontrollierten Preise an. Zusätzlich wurde am 25.10. die Regelung vom 14.9. aufgegeben, nach der nur noch 30% der von Parastatals produzierten Verbrauchsgüter über den privaten Handel abgewickelt werden durften; der Versuch, auf diese Weise die *gravieren- den Versorgungsengpässe* in den Griff zu bekommen, war wenig erfolgreich verlaufen. Allerdings verlagerte sich das Problem anschließend nur und führte zum Ausufern des Schwarzmarkts, gegen den im Dezember mit breitangelegten Verhaftungsaktionen vorgegangen wurde. Die Aussichten, wenigstens eine Grundversorgung mit Nahrungsmitteln aus eigener Kraft sicherzustellen, sind durch die neuen landwirtschaftlichen Erzeugerpreise vom 1.6. jedoch nicht gestiegen. Ausgerechnet für Mais (und Sorghum) war die Preisanhebung minimal (unter 3%), offensichtlich im Bemühen, die Subventionsleistungen nicht weiter ansteigen zu lassen; Produktionsanreize sind auf diese Weise kaum zu erwarten.

Völlig unerwartet hat Zambia jedoch eine *Atempause durch den Anstieg der Kupferpreise* in der zweiten Hälfte des Jahres bekommen. Während die Kalkula- tion des INDP noch auf £ 900 pro Tonne basierte, hatte der Weltmarktpreis Ende des Jahres vorübergehend £ 1700 erreicht, was angesichts eines Exportanteils des Kupfers von ca. 87% von außerordentlicher Tragweite ist. Die Hoffnungen sind überdies darauf gesetzt, durch Ölfunde weitere Entlastung zu bekommen. Am 14.9. begannen Probebohrungen der Placid Oil, nachdem am 7.5. die Mobil Oil mit seismologischen Arbeiten in einer anderen Explorationszone begonnen hatte. Darüber hinaus wird versucht, den illegalen Edelsteinabbau, durch den dem Staat seit Anfang der 1980er Jahre ca. $ 100 Mio. entgangen sein sollen, zu unterbin- den, u.a. mit der Abhaltung einer Edelsteinauktion gegen Devisen (5.-9.10.) anstelle des Verkaufs im Ausland.   *Goswin Baumhögger*

Chronologie Zambia 1987

28.01.	Kleine Kabinettsumbildung und Suspendierung der Devisenversteigerungen
30.01.	Haushaltsentwurf mit hohem Defizit
19.-22.02.	Staatsbesuch des Präsidenten von Moçambique, Chissano
17.03.	Wiederaufnahme der Devisenversteigerung mit gespaltenem Wechselkurs; nachfolgend dramatische Talfahrt des Wechselkurses
15.04.	Entlassung hoher Parastatal-Funktionäre; Eindämmung der Streikwelle (seit Febr.) durch massive Einschüchterung; Subversionsvorwurf gegen Oppositionelle
25.04.	Südafrikanisches Kommandounternehmen in Livingstone
01.05.	Bruch mit dem IWF; Begrenzung des Schuldendienstes auf 10% der Nettoexportein- nahmen und feste Wechselkurse
13.05.	Kabinettsumbildung und umfangreiche Umbesetzungen in der Beamtenschaft sowie Entlassungen bei der Zentralbank
13.-14.06.	Staatsbesuch des Präsidenten von Kenya, Moi
26.05.-12.06.	Europareise des Premierministers
02.-05.07.	Staatsbesuch des Premierministers von Zimbabwe, Mugabe, und des Präsidenten von Tanzania, Mwinyi (31.7.-3.8.)
14.08.	Bekanntgabe des Interimistischen Nationalen Entwicklungsplans
26.08.-18.09.	Reise des Premierministers (Bulgarien, Irak, Großbritannien, Japan, Frankreich)
25.-29.09.	Staatsbesuch in Ungarn
02.10.	IWF schließt Zambia vom Zugang zu weiteren Mitteln aus
05.-19.10.	Besuch Kaundas in den USA (u.a. auch IWF, Weltbank, UNO) und in Kanada (Commonwealth-Gipfel)
25.11.	Wechsel in der Zentralbankspitze; Umsetzungen in Kabinett und Beamtenschaft
26.-27.11.	Besuch Kaundas in der Sowjetunion und Staatsbesuch in Tanzania (7.-12.12.)
18.-21.12.	Sitzung des UNIP-Nationalrats: Erklärung Kaundas zum Präsidentschaftskandidaten

Zimbabwe

Fläche: 390 759 km², *Einwohner:* 8,4 Mio., *Hauptstadt:* Harare, *Amtssprache:* *Englisch*, *Schulbesuchsquote:* 91%, *Wechselkurs:* $ 1=Zimbabwe Dollar 1,65, *Pro-Kopf-Einkommen:* $ 650, *BSP:* $ 5,45 Mrd., *Anteile am BIP:* 13% - 43% - 44%, *Hauptexportprodukte:* Tabak 23%, Ferro-Legierungen 12%, Baumwolle 10%, *Staats- und Regierungschef:* Robert Mugabe, *Regierungspartei:* Zimbabwe African National Union - Patriotic Front (ZANU/PF)

Innenpolitik

Die Beendigung der an rassischen Kriterien orientierten Repräsentation im Parlament erfolgte am 21.9. mit der *Abschaffung der für Weiße reservierten Sitze* im Abgeordnetenhaus (20 von 100) und Senat (10 von 40) - ein langgehegtes, jedoch erst nach einer von der Verfassung auferlegten Sperrfrist von 7 Jahren nach der Unabhängigkeit erreichbares Ziel. Diese Regelung zum Schutz einer kleinen Minderheit war auf Druck der abtretenden Kolonialmacht Großbritannien in die Unabhängigkeitsverfassung aufgenommen worden. Die oft geäußerte Befürchtung, die Abschaffung der reservierten Sitze würde das Ende jeglicher parlamentarischer Teilnahme der weißen Bevölkerungsgruppe bedeuten, die trotz ihres Rückgangs auf ca. 1% der Gesamtbevölkerung noch in vielen Bereichen, v.a. der Wirtschaft, sehr einflußreich ist, bewahrheitete sich nicht. Unter den 30 von den Abgeordneten selbst neugewählten Parlamentariern sind immerhin 15 Weiße, davon 10 ohne Parteizugehörigkeit. Sie wurden von der regierenden ZANU (Zimbabwe African National Union) unterstützt, die auf diese Weise ihrer seit 1980 betriebenen und in eine Krise geratenen Aussöhnungspolitik einen neuen Impuls geben wollte. Auswahlkriterium für die Nominierung war, daß diese Weißen in den vergangenen Jahren sichtbare Zeichen einer Abkehr von der überkommenen rassistisch geprägten Politik gesetzt hatten, z.B. durch den Austritt aus der Partei des früheren Premierminister (1964-78) I.Smith, der die Einseitige Unabhängigkeitserklärung von 1965 und den in der Folge entbrannten Krieg mit 30 000 Toten zu verantworten hatte. Smith's Partei wurde damit aus dem Parlament entfernt, wo sie zuletzt noch über 11 Abgeordnete und 8 Senatoren verfügt hatte, er selbst war bereits am 2.4. für ein Jahr aus dem Parlament ausgeschlossen worden (wegen Verächtlichmachung von Regierung und Parlament) und hatte den Vorsitz der CAZ (Conservative Alliance of Zimbabwe) daraufhin niedergelegt (13.5.). Der seiner Partei mittels der reservierten Sitze ermöglichte Aktionsraum war zu einem wesentlichen Hemmnis der Aussöhnungspolitik geworden.

Die sich anschließende *Einführung eines Präsidialsystems* stellte gleichfalls eine lange gewünschte Abkehr von aufoktroyierten Verfassungsbestimmungen dar. Das Premierministeramt wurde abgeschafft, und der seit 1980 amtierende Präsident C.Banana (zeremonielles Staatsoberhaupt) trat zurück, um einem exekutiven Präsidenten Platz zu machen. Der einzige Kandidat, der bisherige Premierminister und amtierende ZANU-Vorsitzende R.Mugabe, übernahm dieses Amt am 31.12., das neugeschaffene Amt des Vizepräsidenten übernahm der bisherige Vizepremier S.Muzenda. Die Kombination der Ämter von Staatsoberhaupt und Regierungschef brachte kaum zusätzliche Machtbefugnisse für das neue Amt. Neu ist lediglich die künftige Wahl des Präsidenten durch das Volk (keine zeitlichen Beschränkungen für eine Wiederwahl), die für den Regelfall festgelegte kollektive Verantwortlichkeit (d.h. Ausübung der exekutiven Autorität durch Präsident *und* Kabinett) sowie ein begrenztes Vetorecht des Präsidenten bei Gesetzgebungsvorhaben.

Das dritte Hauptereignis war das kaum noch erwartete Abkommen zur *Vereinigung der Parteien ZANU und ZAPU* (Zimbabwe African People's Union), deren Beziehungen sich seit den Zeiten einer Allianz (Patriotische Front, 1976-80) und einer Regierungskoalition (1980-82) rapide verschlechtert hatten. Die Versuche der ZANU-Regierung, J.Nkomos ZAPU - ursprünglich Hauptstamm der Nationalbewegung - immer weiter an den Rand zu drücken, hatten zu deren Festkrallen am letzten verbliebenen Rückhaltsgebiet (den beiden Matabeleland-Provinzen im Südwesten) geführt. Die in diesem Gebiet seit 1982 verstärkt aufflammenden Überfälle von bewaffneten Banditen waren der ZAPU angelastet worden, die jedoch eine Involvierung bestritt. Die harten Gegenmaßnahmen der Regierung gegen die Banditen erwiesen sich als wenig erfolgreich und insgesamt gesehen eher kontraproduktiv.

Nach der Wahl von 1985, die eine deutliche und kaum überwindbare Konsolidierung der jeweiligen Einflußbereiche gezeigt hatte (die ZAPU gewann alle 15 Sitze der Matabeleland-Provinzen, die ZANU 64 von 65 Sitzen in den restlichen sechs Provinzen, ein Sitz ging an die Splitterpartei Zanu des früheren ZANU-Führers N.Sithole), hatten die Kontrahenten eingelenkt und seit Okt. 1985 intensive Vereinigungsgespräche geführt. Dem überraschenden Abbruch der Verhandlungen am 17.4. durch die ZANU folgte - hochgeschaukelt durch einige spektakuläre Banditenüberfälle und mißdeutbare Äußerungen von J.Nkomo - eine schrittweise gesteigerte Repressionsphase gegen die ZAPU: Versammlungsverbot (20.6.), Durchsuchung von ZAPU-Büros und deren Schließung (15.-21.9.) sowie Auflösung der Gemeinderäte der Provinz Nord-Matabeleland (30.9.) einschließlich Entlassung der über 100 Ratsmitglieder, überwiegend ZAPU-Politiker, begründet mit dem angeblichen Auffinden von erdrückenden Beweisen für eine ZAPU-Verwicklung in Banditenaktivitäten.

Die ihrer Organisationsstruktur fast vollkommen verlustig gegangene ZAPU lenkte schließlich ein und akzeptierte - was sie lange zu vermeiden gesucht hatte - eine "nationale Einheit unter dem Schirm der ZANU", d.h. ein mehr oder minder bedingungsloses Aufgehen in die ZANU. Das nur eine Willenserklärung zur Vereinigung darstellende Abkommen vom 22.12. sieht ein Beibehalten des Parteinamens ZANU-PF (für: Patriotische Front) vor und die Gewährung eines der beiden Vizepräsidentenposten für J.Nkomo, während R.Mugabe Parteivorsitzender bleibt. Die Integrierung der Parteistrukturen ist für die ersten Monate von 1988 vorgesehen und muß noch von Parteikongressen abgesegnet werden. Das langgehegte Ziel der ZANU, die Errichtung eines de-facto-Einparteisystems, ist damit in greifbare Nähe gerückt, wenn auch eine de-jure-Etablierung aus verfassungsbedingten Gründen vor 1990 nur bei Einstimmigkeit des Abgeordnetenhauses durchgeführt werden kann.

Die mit der Parteivereinigung verknüpfte Hoffnung auf eine Austrocknung des *Banditenunwesens* im Südwesten kann jedoch trügerisch sein, denn die Prämisse dafür ist die Beeinflußbarkeit dieser Aktivitäten durch die ZAPU. Tatsächlich scheint es sich jedoch eher um unabhängig operierende Banden, zum Teil aber auch um von Südafrika unterstützte Gruppen zu handeln. Allerdings hat das Banditentum im Südwesten seit 1985 eindeutig abgenommen; das Jahr 1987 sah eine dramatische Verlagerung des innenpolitischen Sicherheitsproblems in den Osten, wo sich seit Ende Mai die Überfälle bewaffneter Banditen der RENAMO aus Moçambique häuften, die in der Gesamtrechnung für das Jahr weitaus mehr Todesopfer unter der Zivilbevölkerung verursacht haben als die Banditen im

Südwesten. Da die RENAMO-Banditen offenbar auch Vertrauensleute unter den
Flüchtlingen aus Moçambique haben (ca. 100 000, davon etwa 45 000 in Lagern),
wurde deren Bewegungsraum eingeengt. Probatere Mittel zur Eindämmung der
Übergriffe sind offenbar noch nicht gefunden worden, da die Streitkräfte z.T.
noch im Südwesten, v.a. aber auch zur Sicherung des Beira-Korridors in Moçambique selbst stark engagiert sind. Die angesichts der südafrikanischen Bedrohung
ab Juni 1986 neu aufgestellte 6. Armeebrigade (5900 Mann) wurde erst am 11.9.
nach Beendigung ihrer Ausbildungsphase einsatzbereit. Die Bekämpfung der
RENAMO-Banden sowie jener im Südwesten diente neben der südafrikanischen
Destabilisierungspolitik und den Plänen zur Verhängung von Sanktionen als
Argument für die halbjährlich fällige Verlängerung des Ausnahmezustands (20.1.
und 22.7.), der seit der Unabhängigkeit beibehalten worden ist und bei der
Abstimmung im Parlament auch von der ZAPU mitgetragen wurde.

Außenpolitik
Die Wahrnehmung des Vorsitzes der 101 Staaten umfassenden *Blockfreienbewegung* (Non-Aligned Movement - NAM), den R.Mugabe seit der Abhaltung des 8.
Gipfeltreffens in Zimbabwe (Sept. 1986) innehat, prägte die außenpolitischen
Aktivitäten in besonderem Maße. Zahlreiche Delegationen oder Sondergesandte
kamen in diesem Zusammenhang nach Harare, wo überdies unter dem Vorsitz
von Zimbabwe eine Sonderkonferenz der NAM-Außenminister zum Palästina-
Problem (14.-15.4.) sowie die 2. Konferenz der NAM-Informationsminister (10.-
12.6.) stattfanden. R.Mugabe war bei der konstituierenden Sitzung des
AFRICA-Fonds der NAM in Indien anwesend (24.-25.1.) und vertrat die NAM
bei der Weltfrauenkonferenz in Moskau (Juni), der 7. UNCTAD-Konferenz in
Genf (Juli), beim 26. Commonwealth-Gipfeltreffen in Vancouver (Okt.) und vor
der 42. UNO-Vollversammlung (Okt.), während Außenminister W.Mangwende am
NAM-Außenministertreffen in Guyana (9.-12.3.), am Treffen der NAM Mittel-
meeranrainerstaaten in Jugoslawien (3.-5.6.) und an der außerordentlichen
NAM-Außenministerkonferenz in Nordkorea (9.-13.6.) teilnahm. Auch wenn die
Aktivitäten wenig spektakuläre Ergebnisse zeitigten, wuchs das internationale
Ansehen von Zimbabwe doch beträchtlich.
    Der zweite Schwerpunkt der außenpolitischen Beziehungen lag eindeutig im
Bereich der *Frontlinienstaaten* (FLS). Die außerordentlich engen Verbindungen zu
Moçambique wurden durch ein Treffen mit Präsident Chissano in Victoria Falls
(15.1.) sowie dessen ersten Staatsbesuch in Zimbabwe (2.-5.3.) unterstrichen;
verstärkte Anstrengungen zur Bekämpfung der RENAMO sowie die südafrikanische Destabilisierungspolitik im allgemeinen standen dabei im Vordergrund. Die
Ausbildung von Militär aus Moçambique in Zimbabwe - mit britischer Hilfe -
wurde ab 1.5. intensiviert, die in Moçambique hauptsächlich zur Sicherung des
Beira-Korridors stationierten Truppen aus Zimbabwe (ca. 10 000) übernahmen
zusätzlich Aufgaben im Bereich der militärischen Ausbildung. Die Beziehungen
zu *Zambia* wurden durch R.Mugabes Staatsbesuch (2.-5.7.) und Teilnahme an den
Gipfeltreffen von FLS und SADCC in Lusaka (23./24.7.) sowie durch zwei Treffen mit Präsident Kaunda (Victoria Falls, 20.7.; Lusaka, 23.12.) intensiviert,
wobei die geplanten Sanktionsmaßnahmen gegen Südafrika und die Besorgnis
über die südafrikanische Aggression gegen die FLS eine entscheidende Rolle
spielten. Eine Trübung der Beziehungen trat jedoch mit der Aufnahme des vollen
Betriebs (920 MW) des Hwange-Kraftwerks (11.2.) ein, da Zimbabwe am 1.7.

seine Energie-Importe aus Zambia einstellte, die 1986/87 bereits auf 300 MW (Z$ 30 Mio.) reduziert worden waren; über die Kompensationsforderungen Zambias konnte keine Einigung erreicht werden. Nach einem Abkommen über die Nutzung des Zambezi-Flusses (28.7.) wurde die bisher gemeinsam betriebene Central African Power Corp. aufgelöst und am 1.10. durch die Zambezi River Authority (ZRA) ersetzt, die nun für das Zambezi-Wasser und den Kariba-Staudamm verantwortlich ist, während die Versorgung mit der Thermalenergie von den jeweiligen Elektrizitätsunternehmen der Länder betrieben wird (das zimbabwische Unternehmen erhielt am 26.10. einen Kredit über Z$ 36 Mio. zur Rehabilitierung des Energiesektors, zugesagt von Weltbank, EG, Africa Development Bank, Niederlande und Norwegen). Auch mit *Botswana* wurden die engen Kontakte aufrechterhalten. Präsident Masire kam zu zwei Kurzbesuchen nach Zimbabwe (1.2. und 4.5.), und Premierminister Mugabe stattete einen Gegenbesuch in Botswana ab (21.12.), der jedoch hauptsächlich zur Beilegung eines ernsten Konflikts über die von Zimbabwe angekündigte Nichtverlängerung des Ende März 1988 auslaufenden Handelsabkommens diente, das seit 1956 in Kraft ist und 1984 neu ausgehandelt worden war. Da sich seit 1980 zahlreiche Emigranten aus Zimbabwe und seit neuestem auch Zweigstellen südafrikanischer Firmen (um den Zugang zum SADCC/PTA-Markt im Falle von Saktionen zu behalten) als Fabrikanten in Botswana niedergelassen haben, steht dieses Land bei den Importen Zimbabwes inzwischen auf dem 5. Rang; v.a. Textilien - oft nur geringfügig weiterverarbeitete Waren - bereiten Probleme für Industriezweige in Zimbabwe. Der Konflikt wurde zunächst durch eine dreimonatige Terminverschiebung vertagt. Darüber hinaus gibt es hinsichtlich des Dukwe-Flüchtlingslagers ein schon länger schwelendes Problem, bei dem sich Botswana jedoch seit Ende 1985 zugänglicher zeigt. Die Rolle von *Tanzania* in den Außenbeziehungen Zimbabwes wurde durch den ersten Staatsbesuch von Präsident Mwinyi (25.-28.8.) unterstrichen, sie ist jedoch nicht mehr ganz so auffallend wie zu Zeiten von dessen Vorgänger J.Nyerere, da dieser zugleich den FLS-Vorsitz innehatte. Die Beziehungen zu Angola, dem sechsten FLS-Mitgliedsstaat, sowie zu Malawi, Lesotho und Swaziland, den anderen drei Staaten der SADCC-Gruppierung (Kerngruppe FLS), waren von keiner herausragenden Bedeutung, abgesehen von R.Mugabes Teilnahme an einem FLS-Gipfeltreffen in Angola. Die Bedeutung, die Zimbabwe den Gruppierungen der FLS, SADCC und PTA beimißt, wurde durch die Anwesenheit des Premierministers an deren jeweiligen Gipfeltreffen unterstrichen. Dasselbe gilt für die beiden OAU-Gipfeltreffen in Äthiopien, mit dem darüber hinaus das enge noch aus der Zeit vor der Unabhängigkeit herrührende - Verhältnis durch einen Staatsbesuch (15.-18.5.) und einen Kurzbesuch (9.9.) bekräftigt wurde; das während des Staatsbesuches ausgesprochene Angebot Äthiopiens zur Ausbildung von 10 000 ANC-Kadern wurde als großer Erfolg gewertet. Insgesamt gesehen wurde der Schwerpunkt in den außenpolitischen Beziehungen anläßlich Mugabes Übernahme des Präsidentenamtes plastisch vor Augen geführt, bei der die Präsidenten von 4 Frontlinienstaaten - Chissano, Kaunda (OAU- und FLS-Vorsitzende), Mwinyi, Masire (SADCC-Vorsitzender) - sowie von Uganda (Museveni, PTA-Vorsitzender) und Äthiopien (Mengistu) anwesend waren.

Hingegen blieben die Beziehungen zu *Südafrika* weiterhin recht gespannt, das trotz gegenteiliger Bestrebungen Zimbabwes der wichtigste Handelspartner blieb (1986: 21% der Importe, 10% der Exporte) und auf das bei Engpässen verschämt zurückgegriffen werden mußte (Importe von Öl; Ausleihen von Lokomotiven). Lediglich die Abhängigkeit von südafrikanischer Kokskohle wurde mit der Inbetriebnahme weiterer Öfen der Wankie Colliery (27.11.) beendet. Die Bemühungen, die Beira-Eisenbahnlinie als alternativen Transportweg auszubauen, zeitigten Erfolge (1986: 13% Anstieg der Tonnage), aber die weitgehende Abhängigkeit von den südafrikanischen Transportwegen blieb im wesentlichen unverändert. Aufgrund dieser Fakten und wegen des wirtschaftlichen Einbruchs sowohl in Zimbabwe als auch in Zambia kam es nicht zu der für dieses Jahr angekündigten Verhängung von Wirtschaftssanktionen gegen Südafrika; ein entsprechender Kabinettsbeschluß soll am 30.7., nach einer Phase widersprüchlicher Verlautbarungen, gefallen sein. Politisch blieben die Beziehungen brisant, da verschiedene Bombenanschläge in Harare (11.5., 17.5., 13.10.), die augenscheinlich ANC-Vertretern galten, mit guten Gründen Südafrika angelastet wurden. Auch gab es erneut Belege für eine zumindest logistische Unterstützung von Banden im südwestlichen Landesteil, und das Aufflammen der Überfälle der von Südafrika unterstützten RENAMO im Osten wurde als Teil eines südafrikanischen Planes gewertet, Zimbabwe in die Zange nehmen zu lassen. Die Verurteilung von für Südafrika arbeitenden Spionen sowie die Festnahme einiger unter diesem Verdacht stehender Personen (Nov.) fügten sich in das Bild ein.

In den Beziehungen zu den *außerafrikanischen Staaten* veränderte sich nur wenig; Staatsbesuche in China und Nordkorea (18.-22.1.) sowie Pakistan (19.-24.3.) unterstrichen die freundschaftlichen Bande mit diesen Ländern. Die seit einem diplomatischen Eklat im Juli 1986 schwer gestörten Beziehungen zu den USA wurden verbessert, so daß eine Wiederaufnahme der weitgehend eingestellten Entwicklungshilfe in Aussicht gestellt wurde (9.11.). Im Verhältnis zu den nach Südafrika wichtigsten Handelspartnern - Großbritannien und Bundesrepublik - machte sich deren bremsende Haltung zur Sanktionsfrage bemerkbar, doch blieben die Beziehungen eng, zumal sie zu den wichtigsten Entwicklungshilfegebern gehören, unter denen sich v.a. Schweden, Frankreich und Norwegen mit erheblichen Neuzusagen hervortaten. Von Bedeutung war noch der Staatsbesuch des kanadischen Premierministers Mulroney (27.-30.1.), der jedoch die Erwartungen in einen eindeutigen Schwenk in der Sanktionsfrage nicht erfüllte.

Sozio-ökonomische Entwicklung

Aufgrund einer ungünstigen Verkettung verschiedener Faktoren wie sprunghaft angestiegenen Rückzahlungsverpflichtungen (Schuldendienst ca. 30% der Exporterlöse), anhaltendem Rückgang von Kapitalzuflüssen sowie erwarteten Exporteinbußen (Dürre, gefallene Weltmarktpreise) wurde Anfang des Jahres eine drastische *Drosselung der Devisenzuteilung* für Importe eingeleitet. Die länger andauernden Unklarheiten, über deren tatsächliches Ausmaß (Z$ 350 Mio., 33% weniger als im letzten Halbjahr, mit Spitzenwerten für einzelne Wirtschaftssektoren von über 50%) und die Abwiegelungsversuche der Regierung, die erst am 26.2. die Drosselung bestätigte und sich auf einen Vergleich mit dem ersten Halbjahr 1986 (-15%) versteifte, führten zusätzlich zu den direkten Folgen (Engpässe bei Importen - v.a. für Vormaterialien und Ersatzteile -, mangelnde Produktionsauslastung etc.) zu erheblicher Verunsicherung.

Für den besonders hart vom Rückgang der Importinputs getroffenen Exportsektor wurden kurzfristige Sondermaßnahmen notwendig, da die mittelfristig angelegte Ankurbelung der Importsubstitution und Ausweitung des Barter-

Geschäfts über die dafür allein zuständige neugegründete Staatshandelsgesellschaft STC (sie nahm erst am 1.8. ihre Operationen auf) noch keine Entlastung bringen konnten. Am 1.4. wurde von zwei britischen Banken ein *Überbrückungskredit* in Höhe von £ 70 Mio. (Z$ 92 Mio.) gewährt, der in mehreren Tranchen über zwei Jahre ausschließlich zur Vorfinanzierung der Exporte zur Verfügung steht, und zwar sowohl für die Industrie als auch für Landwirtschaft und Bergbau. Dieses war eine improvisierte Notlösung, da die im April 1986 festgefahrenen Verhandlungen mit der Weltbank über einen $ 70 Mio.-Kredit für den Landwirtschafts- und Bergbausektor - ein Kredit für den Industriesektor lief bereits - nicht wieder erfolgversprechend in Gang gekommen sind, u.a. wegen der Weltbank-Bedingungen einer Importliberalisierung, einer Reduzierung des Haushaltsdefizits und evtl. einer Abwertung. Die Übergangslösung brachte zusammen mit zahlreichen Warenimportkrediten verschiedener Geberländer eine gewisse Erleichterung, so daß die Devisenzuteilung für das zweite Halbjahr dann um 20% angehoben werden konnte und Exporteure von Industriegütern sogar gegen Ende des Jahres (17.11.) eine auch für den Binnenmarkt geltende Sonderzuteilung bekamen, die das Warenangebot leicht verbesserte.

Ein *Bündel flankierender Maßnahmen* wurde am 28.5. im Rahmen eines Programms zur wirtschaftlichen Erholung verkündet. Um den Abfluß von Kapital einzuschränken und die Zahlungsbilanz aufzubessern, wurde die Erlaubnis zum Transfer von versteuerten Gewinnen aus Altinvestitionen (d.h. vor Sept. 1979) ausländischer Kapitaleigner auf 25% begrenzt, während seit Anfang 1986 - nach einer anderthalbjährigen Phase des Einfrierens - ein Satz von 50% gegolten und zu einem Abfluß von über Z$ 150 Mio. im Finanzjahr 1986/87 geführt hatte. Zweitens wurde eine Lockerung der Bestimmungen zur Verwendung aufgelaufener, erst nach einigen Jahren transferierbarer Guthaben verfügt, um diese für Re-Investitionen im Land nutzbar zu machen. Auf den dafür bisher notwendigen Fremdwährungsanteil von mindestens 50% wird verzichtet, wenn eine der allerdings erst am 23.9. bekanntgegebenen Voraussetzungen erfüllt ist (Exportorientierung; Erhöhung der Importsubstitution; Anwendung neuer Technologien bei der Nutzung lokaler Rohstoffe; Verwendung für ländliche Wachstumszentren; arbeitskräfteintensiv). Werden mit diesen Guthaben neue Firmenanteile erworben, so wird das Kapital beim Gewinntransfer als Neuinvestition behandelt.

Diese Maßnahmen kamen z.T. der verstärkt seit Okt. 1985 betriebenen Politik in die Quere, durch Erschwerung des Transfers von Erlösen aus dem Verkauf von Firmenanteilen eine stärkere *lokale Kontrolle* zu erreichen und auch den bisweilen mehrfachen Kapitalabfluß zu bremsen, der durch Verkauf an Interessenten in Zimbabwe entstand, die dann emigrierten und ihrerseits einen weiteren Kapitaltransfer ins Ausland bewirkten. Am 23.4. wurden neue Richtlinien bekannt; ein Transfer ist nur bei einem teilweisen Verkauf von Anteilen an Parastatals möglich, oder wenn die neuen Anteilseigner Genossenschaften, Lokalverwaltungsgremien oder Afrikaner als Partner beteiligen. Auch wenn die Restriktionen für Transfers sich schon seit längerem hemmend für den Zufluß von neuen Investitionen aus demAusland auswirken, so konnte der Staat doch auch aus dem Disinvestment-Trend Vorteile ziehen, da durch Zusagen zur Transfererleichterung die *Übernahme von Anteilen* an einigen Firmen zu günstigen Preisen bewirkt werden konnte, beispielsweise am 1.4. am Astra-Konzern (85% von der südafrikanischen Barlow Rand) und am 4.9. an der Delta Corp., dem umsatzstärksten Konzern im Land (31,5% von der South African Breweries).

Die Bemühungen zur Ankurbelung der in eine schwere Rezessionsphase geratenen Wirtschaft hingen jedoch auch stark von einer Reduzierung des erheblichen Haushaltsdefizits ab. Zu diesem Zweck wurde am 24.6. ein befristetes *Einfrieren der Löhne und Gehälter* gegen den scharfen Protest der Gewerkschaften verfügt, zusammen mit der Ankündigung noch schärferer Preiskontrollen. Ergänzt wurden diese Maßnahmen am 21.8. durch das Einfrieren von Preisen, Mieten und Gebühren auf den Stand vom 24.6., was jedoch nicht für Privatverkäufe galt. Auf diese Weise wurde in dem am 29.7. eingebrachten *Haushaltsentwurf* die Zunahme der laufenden Ausgaben gebremst (+9% gegenüber +22% im Vorjahr). Dennoch stiegen die veranschlagten Nettoausgaben (Z$ 4,6 Mrd.) um 14%, so daß das erwartete Defizit mit Z$ 988 Mio. nur um 1% unter dem Vorjahresergebnis liegt und mit ca. 10% des BIP weit über der von der Weltbank bis 1990 geforderten 6%-Schwelle liegt. Da fast 92% des Defizits durch Kapitalaufnahme im Land finanziert werden soll, ist ein erneuter Druck auf den Kapitalmarkt vorprogrammiert. Die Ausgaben für den Bildungs- und Gesundheitssektor (Z$ 1 Mio.) erfuhren zwar nur noch eine maßvolle Steigerung, doch im Verteidigungssektor ist eine beträchtliche - indes noch unter der Inflationsrate von derzeit ca. 15% liegende - Aufstockung zu verzeichnen (+14%, Z$ 720 Mio.), so daß er dem Bildungssektor als traditionell größtem Einzelposten der laufenden Ausgaben kaum noch nachsteht (18,6% gegenüber 20,2%). Der Hauptgrund dafür ist die erhebliche Belastung durch die Truppenstationierung in Moçambique. Ähnlich wie der Schuldendienst (Budgetansatz: Z$ 668 Mio.) lassen sich die Verteidigungsausgaben derzeit nicht reduzieren, so daß zunehmend auf einen *Abbau der Subventionen* gedrängt wird, für die Z$ 364 Mio. veranschlagt wurden (tatsächlich werden zusätzlich noch Z$ 260 Mio. gebraucht, die ins nächste Finanzjahr verschoben wurden), davon Z$ 210 Mio. für die Agrar-Parastatals und Z$ 151 Mio. für Eisenbahn und Fluglinien; hinzu kommen noch Z$ 100 Mio. für den kränkelnden Stahlkonzern ZISCO (90% Regierungsanteil).

Im Rahmen eines mittelfristig angelegten Programms zur *Überprüfung der Regierungsaktivitäten* wurde die am 17.2.86 begonnene Arbeit einer Kommission zur Überprüfung der Parastatals mit dem Ziel einer Effizienzsteigerung fortgesetzt. Nachdem bereits ein Bericht über die Fluglinie vorgelegt worden war, folgten nun Berichte über ZISCO (31.3.) und die Eisenbahn (26.8.), die beide fast vollständig von der Regierung angenommen wurden und zu beträchtlichen Umstrukturierungsmaßnahmen führten, v.a. auch im personellen Bereich (neue Boards 1.5.). Darüber hinaus wurde eine neue Studie über die Landwirtschafts-Parastatals in Auftrag gegeben (4.3.). Zusätzlich wurde eine Kommission zur Überprüfung der Beamtenschaft eingesetzt (10.11.), und der seit April 1986 vorliegende Bericht einer Kommission zur Überprüfung des Steuerwesens wurde von der Regierung angenommen (4.8.), mit der Folge, daß ab April 1988 ein neues Steuersystem in Kraft tritt.

Besondere Probleme bereitete während des Jahres der *Agrarsektor*, der erneut von einer verheerenden *Dürre* getroffen wurde; Maßnahmen zur Linderung der Folgen wurden zeitweise für rund 20% der Bevölkerung, v.a. in der südlichen Landeshälfte, eingeleitet. Beträchtliche Auswirkungen hatte die Dürre insbesondere auf die *Maisernte*, die von 1,6 auf etwa 0,5 Mio. t zurückging - Versorgungsengpässe gab es wegen der Lagerung von Überschüssen aus dem Vorjahr nicht, aber Exporte wurden stark eingeschränkt - und auf die Qualität der *Tabakernte*, was neben anderen Faktoren zu einem Preiseinbruch führte: trotz

einer Verkaufssteigerung von über 12% kam es bei diesem wichtigsten Export-
produkt zu einem Einnahmenrückgang von 22%. Diese Einbußen haben zwar
Folgen für die Devisenlage, aber der Agrarsektor bleibt dennoch - nicht zuletzt
wegen seiner Diversifizierung - insgesamt gesehen verhältnismäßig stabil. Für das
Vertrauen in eine Erholung sprach auch die erneute Überzeichnung der von
Konsortien internationaler Banken besorgten Neuauflagen von zwei Kurzzeit-
Krediten (jeweils ein Jahr) für die Agriculture Marketing Authority (ihr unterstehen die Agrarvermarktungs-Parastatals) in Höhe von £ 35 Mio. (28.5.) bzw.
$ 45 Mio. (1.12.), was gleichzeitig als Honorierung der peniblen Rückzahlungs-
moral der Regierung insgesamt zu werten ist, die es als ein wichtiges Ziel ansieht,
eine Umschuldung zu vermeiden.   *Goswin Baumhögger*

Chronologie Zimbabwe 1987

18.-25.01.	Staatsbesuch Mugabes in China und Nordkorea und NAM-Konferenz in Indien
27.-30.01.	Staatsbesuch des kanadischen Premierministers Mulroney
26.02.	Bekanntgabe der Drosselung von Devisenzuteilungen
02.-05.03.	Staatsbesuch Mugabes in Pakistan
01.04.	Überbrückungskredit von britischen Banken
17.04.	Aufkündigung der Parteivereinigungsgespräche durch die ZANU
15.-18.05.	Staatsbesuch Mugabes in Äthiopien
28.05.	Programm zur wirtschaftlichen Erholung
20.06.	Beginn einer Repressionsphase gegen die ZAPU
24.06.	Einfrieren von Löhnen und Gehältern sowie Preisen und Mieten (21.8.)
02.-05.07.	Staatsbesuch Mugabes in Zambia und erneutes Treffen mit Kaunda (20.7.)
29.07.	Vorlage des Haushaltsentwurfs
25.-28.08.	Staatsbesuch des tanzanischen Präsidenten Mwinyi
21.09.	Abschaffung der reservierten Parlamentssitze
21.09.	Schließung der ZAPU-Büros und Auflösung der Gemeinderäte in Nord-Matabeleland (30.9.)
23.10.	Nachwahl zum Abgeordnetenhaus und Senat (30.10.)
23.10.	Erneute Aufnahme der Parteivereinigungsgespräche
30.10.	Verabschiedung des Gesetzes zur Einführung des Präsidialsystems
22.12.	Abkommen zur Vereinigung von ZANU und ZAPU
31.12.	Amtsantritt von R.Mugabe als Präsident und S.Muzenda als Vizepräsident

Literaturverzeichnis

Neuerscheinungen deutschsprachiger Bücher über Afrika 1986 und 1987

Die folgende Zusammenstellung umfaßt die wichtigsten neueren Buchveröffentlichungen aus dem Bereich der Wirtschafts- und Sozialwissenschaften im weiteren Sinne, einschließlich von Übersetzungen wichtiger fremdsprachiger Titel. Romane, Bildbände, Reiseführer, Spezialliteratur (Landwirtschaft, Technik, Linguistik, Ethnologie etc.) und schwer zugängliche Sonderveröffentlichungen einzelner Institutionen sind darin nicht enthalten.

Weitergehende Literaturhinweise (neben deutsch auch in den wichtigsten europäischen Sprachen) zu Fachliteratur - insbesondere auch aus einschlägigen Zeitschriften - seit Ende der 1960er Jahre sind erhältlich von:

Übersee-Dokumentation, Referat Afrika (AFDOK)
Neuer Jungfernstieg 21, 2000 Hamburg 36

Afrika allgemein

Araszkiewicz, Halina / Apostol, Pavel: Osteuropa und Afrika. Ökonomische und soziokulturelle Aspekte des Technologietransfers zwischen Ost und Süd, München 1986

Augel, Johannes / Hillen, Peter / Ramalho, Luiz (Hrsg.): Die verplante Wohnmisere. Urbane Entwicklung und "armutsorientierter" Wohnungsbau in Afrika und Lateinamerika, Saarbrücken 1986

Bänziger, Andreas: Die Saat der Dürre. Afrika in den achtziger Jahren, Bornheim-Merten 1986

Bös, Berthold / Wörthmüller, Angelika (Hrsg.): Krank heilen. Medizinische Entwicklungshilfe und Verdrängung der traditionellen Heilkunde, Saarbrücken 1987

Borchert, Günter / Krämer, Martin (Hrsg.): Bevölkerungsentwicklung und Nahrungsproduktion in Afrika. Ein Kontinent auf dem Wege zu Hunger und Armut?, Hamburg 1986

Brandt, Hartmut (u.a.): Afrika in Bedrängnis. Entwicklungskrise und Neugestaltung der Entwicklungspolitik, Bonn 1986 (Deutsche Welthungerhilfe)

Braumann, Randolph: Afrika wird totgefüttert. Plädoyer für eine neue Entwicklungspolitik, Hamburg 1986

Breyer, Karl: Chaos Afrika: geht ein Kontinent verloren?, Eßlingen 1986

Bruchhaus, Eva-Maria / Harding, Leonhard (Hrsg.): Hundert Jahre Einmischung in Afrika 1884-1984. Jahrestagung der Vereinigung von Afrikanisten in Deutschland (VAD) 1984, Hamburg 1986

Bundesstelle für Außenhandelsinformation (Hrsg.): Berichte zum Investitionsrecht schwarzafrikanischer Staaten - nebst einer Einführung, Köln 1986 (BfAI-Rechtsinformationen)

Daffa, Paulos (u.a.): Muß das reiche Afrika hungern? Ursachen und Hintergründe der jüngsten Hungerkatastrophen in Afrika, Saarbrücken 1986

Dinham, Barbara / Hines, Colin: Hunger und Profit - Agrobusiness in Afrika. Eine Untersuchung über den Einfluß des Big Business auf die afrikanische Nahrungsmittel- und Agrarproduktion, Heidelberg 1986

Ela, Jean Marc: Vom Beistand zur Befreiung. Die gegenwärtigen Aufgaben der Kirche in der afrikanischen Umwelt, Hamburg ca. 1987 (Kamerun Komitee Hamburg)

Friedl, Reinhold: Erziehung und Ausbildung für Flüchtlinge in Afrika. Möglichkeiten und Grenzen der Ausbildungshilfe des Hochkommissariats für Flüchtlinge der Vereinten Nationen (UNHCR), Hamburg 1987

Gsänger, Hans: Biotechnologischer Fortschritt und bäuerliche Landwirtschaft afrikanischer Länder, Berlin 1987 (Deutsches Institut für Entwicklungspolitik)

Hillebrand, Ernst: Das Afrika-Engagement der DDR, Frankfurt/M. 1987

Hofmeier, Rolf / Schönborn, Mathias (Hrsg.): Politisches Lexikon Afrika, 3. neubearb. Aufl., München 1987

Horlemann, Jürgen: Ein Tag für Afrika oder Wie Hunger verkauft wird. Zur Fernsehberichterstattung über die Hungerkatastrophe in der Dritten Welt am Beispiel Afrika, Berlin 1987

Hücking, Renate / Launer, Ekkehard: Aus Menschen Neger machen. Wie sich das Handelshaus Woermann an Afrika entwickelt hat, Hamburg 1986

Illy, Hans F. (Hrsg.): Staat, Verwaltung und Recht in Afrika 1960-1985. Beiträge zur Verwaltungswissenschaftlichen Arbeitstagung 1985 des Forschungsinstituts für öffentliche Verwaltung bei der Hochschule für Verwaltungswissenschaften Speyer, Berlin 1987

Kapp, Gerald B.: Agroforstliche Landnutzung in der Sahel-Sudanzone. Traditionelle Bewirtschaftung, Nutzungsprobleme, Lösungsansätze durch Projekte und Forschung, München 1987

Lachenmann, Gudrun: Anmerkungen zu den gesellschaftlichen Aspekten der Strukturkrise in Afrika, Berlin 1987 (Deutsches Institut für Entwicklungspolitik)

Lang, Otmar: Zahlungsbilanzfinanzierung afrikanischer Entwicklungsländer unter besonderer Berücksichtigung der Konditionalität des IWF, Spardorf 1986

Loth, Heinrich: Vom Schlangenkult zur Christuskirche - Religion und Messianismus in Afrika, Frankfurt/M. 1987

Maritz, C.J. / Coetzee, C.J.: Wahlen in afrikanischen Stammes-Gesellschaften, Bonn 1986 (Deutsche Afrika-Stiftung)

Meister, Ulrich: Afrika - die verlorene Illusion. Überlebensfragen eines Kontinents, Zürich 1986

Mensching, Horst G.: Die Sahelzone. Naturpotential und Probleme seiner Nutzung, Köln 1986

Nass, Klaus Otto: Stirbt Afrika? Chancen und Gefahren der Entwicklungshilfe, Bonn 1986

Nestvogel, Renate / Tetzlaff, Rainer (Hrsg.): Afrika und der deutsche Kolonialismus. Zivilisierung zwischen Schnapshandel und Bibelstunde, Berlin 1987

Neudeck, Rupert / Gerhardt, Kurt: Sorgenkind Entwicklungshilfe, Bergisch-Gladbach 1987

Sangmeister, Harmut: Produktivitätsentwicklung und Grundbedürfnisbefriedigung in Afrika südlich der Sahara, Heidelberg 1986 (Institut für International Vergleichende Wirtschafts- und Sozialstatistik)

Timberlake, Lloyd: Krisenkontinent Afrika. Der Umwelt-Bankrott; Ursachen und Abwendung, Bonn 1986

Westphal, Wilfried: Geschichte der deutschen Kolonien, Frankfurt/M. 1987

Wrobel-Leipold, Andreas: Konflikt und Massenflucht in Tropisch-Afrika. Die Fallstudien Äthiopien und Tschad, Frankfurt/M. 1986

Westafrika

Barth, Hans Karl: Mali - eine geographische Landeskunde, Darmstadt 1986
Bierschenk, Thomas: Zur Soziologie des Baumwollanbaus in Benin, Bielefeld 1987 (Soziologische Fakultät der Universität Bielefeld)
Borowczak, Winfried: Agrarreform als sozialer Prozeß. Studien zum Agrarreformverhalten landwirtschaftlicher Produzenten in Portugal und Kap Verde, Saarbrücken 1987
Diarra, Abdramane: Politische Sozialisation und Rolle der Frau in Mali, Aachen 1986
Donhauser, Franz: Agrarmärkte und landwirtschaftliche Markt- und Preispolitik in Sierra Leone, Hamburg 1986
Gnielinski, Stefan von: Ghana - tropisches Entwicklungsland an der Oberguineaküste, Darmstadt 1986
Hounkpatin, Philippe: Der Sozialismus als Überwindungsstrategie der "Unterentwicklung" am Fall Benin, Gießen 1987
Kappel, Robert / Korte, Werner / Mascher, Friedegund R. (Hrsg.): Liberia. Underdevelopment and political rule in a peripheral society; Unterentwicklung und politische Herrschaft in einer peripheren Gesellschaft, Hamburg 1986
Oßwald, Rainer: Die Handelsstädte der Westsahara. Die Entwicklung der arabisch-maurischen Kultur von Sinqit, Wadan, Tisit und Walata, Berlin 1986
Rapp, Jean-Philippe / Ziegler, Jean: Burkina Faso. Eine Hoffnung für Afrika; Gespräch mit Thomas Sankara, Zürich 1987
Ritter, Hans: Sahel - Land der Nomaden, München 1986
Rockholz, Armin: Anspruch und Realität in der Entwicklungspolitik Nigerias. Eine wirtschaftspolitische Analyse anhand des Agrar- und des Industriesektors unter besonderer Berücksichtigung der nigerianischen Entwicklungspläne, Bayreuth 1986
Saxer, Ulrich / Grossenbacher, Rene: Medien und Entwicklungsprozeß. Eine empirische Studie im westafrikanischen Benin, Köln 1987
Schaeffer, Jörg: Entwicklungshilfe im Sahel bei den Tuareg des Air. Eine Projektanalyse, Rheinfelden 1986
Schiefer, Ulrich: Guine-Bissau zwischen Weltwirtschaft und Subsistenz. Transatlantisch orientierte Strukturen an der oberen Guineküste, Bonn 1986
Seibel, Hans Dieter: Ländliche Entwicklung als Austauschprozeß. Einheimische Sozialsysteme, staatliche Entwicklungsstrukturen und informelle Finanzsituationen in der Republik Elfenbeinküste, Saarbrücken 1987
Stadler, Thomas: Kapitalbildung in ländlichen Haushalten in Sierra Leone - eine Fallstudie. Ein empirischer Beitrag zur Analyse des langfristig ausgerichteten Verhaltens von Kleinbauern, Hamburg 1986
Traub, Rudolf: Nigeria - Weltmarktintegration und sozial-strukturelle Entwicklung, Hamburg 1986
Weiß, Roland: "Wir haben mehr Geld, aber es geht uns schlechter". Über die Folgen der Entwicklungshilfe am Beispiel Burkina Faso, Saarbrücken 1986
Zdunnek, Gabriele: Marktfrauen in Nigeria. Ökonomie und Politik im Leben der Yoruba-Händlerinnen, Hamburg 1987
Zehender, Wolfgang: Regionale Wirtschaftsgemeinschaften in West- und Zentralafrika. Aussichten für Handels- und Industriekooperation, Berlin 1986 (Deutsches Institut für Entwicklungspolitik)

Zentralafrika

Brandt-Gerbeth, Elisabeth: Frauen und Entwicklung in Kamerun. Die sozio-ökonomische Bedeutung der Frauenarbeit im Subsistenzsektur, dargestellt im
Kontext der ländlichen Entwicklung des Staates Kamerun, Frankfurt/M.
1986
Buschmann, Uwe: Das Bodenrecht in Ruanda, Aachen 1987
Lipeb, Martial: Die Kreditwürdigkeit von Klein- und Mittelbetrieben in Ent-
wicklungsländern Afrikas, dargestellt am Beispiel Kameruns, Göttingen
1986
Markstahler, Jürgen: Die französische Kongo-Affäre 1905/1906. Ein Mittel in der
imperialistischen Konkurrenz der Kolonialmächte, Stuttgart 1986
Schümer, Martin: Sao Tomé und Principe - Ausbruch aus der Isolation, Bonn
1987
Simon, Dagmar: Internationale Abhängigkeit und nationale Entwicklung seit der
Unabhängigkeit am Beispiel Zaire, Frankfurt/M. 1987

Südliches Afrika

Adam, Heribert / Moodley, Kogila: Südafrika ohne Apartheid?, Frankfurt/M.
1987
Albers, Wolfgang: Schulen ohne Rassenschranken. Handeln nach dem Evangelium
in Südafrika, Frankfurt/M. 1986
Alexander, Neville: Wer Wind sät, wird Sturm ernten. Kultur und Politik der
unterdrückten Mehrheit Südafrikas, Frankfurt/M. 1986
Bayerische Landeszentrale für politische Bildung: Südafrika - Krise und Entscheidung, München 1987
Benson, Mary: Nelson Mandela - die Hoffnung Südafrikas, Reinbek b. Hamburg
1986
Bodemeyer, Reinhard: Bürokratie und Politik in Sambia. Zur Modernisierung der
Verwaltung in Entwicklungsländern, Hamburg 1986
Christen für Arbeit und Gerechtigkeit weltweit e.V. (Hrsg.): Die deutsche Wirt-
schaft und Südafrika. Zur Notwendigkeit von Wirtschaftssanktionen, Hei-
delberg 1986
Clausewitz, Bettina von: Ein schwarzes Kind kommt zornig zur Welt - südafrika-
nische Protokolle, Wuppertal 1987
Cleary, Sean; Bill of Rights für multikulturelle Gesellschaften. Eine Untersuchung
zum Namibia-Modell, Bonn 1986 (Deutsche Afrika-Stiftung)
Cohen, Robin: Endspiel Südafrika. Eine Anatomie der Apartheid; mit einem
Beitrag von Jean Ziegler, Berlin 1987
Derrida, Jacques (Hrsg.): Für Nelson Mandela, Reinbek bei Hamburg 1987
Deutsche Afrika-Stiftung (Hrsg.): Entwurf einer Verfassung der Republik Nami-
bia, Bonn 1987
Dias, Patrick V. / Weimar, Regine / Blumör, Rüdiger (Hrsg.): Erziehung und
gesellschaftlicher Konflikt in Südafrika. Die Verantwortung der Erzieher
und Wissenschaftler; eine Dokumentation der Tagung am 7./8. Februar 1986
in der Universität Frankfurt/Main mit einem Anhang zu "alternativen
Erziehungsansätzen", Frankfurt 1986

Literaturverzeichnis353

Dönhoff, Marion: Der südafrikanische Teufelskreis. Reportagen und Analysen aus
    drei Jahrzehnten, Stuttgart 1987
Entwicklungspolitische Korrespondenz (Hrsg.): Unterdrückung oder Widerstand?
    Die Inkatha-Bewegung in Südafrika, Hamburg 1986
Falk, Dieter: Deutsche Direktinvestitionen in der Republik Südafrika aus be-
    triebswirtschaftlicher und steuerlicher Sicht, Offenbach/M. 1986
Falk, Rainer: Nelson Mandela - biographisches Portrait mit Selbstzeugnissen,
    Köln 1986
Falk, Rainer: Südafrika - Widerstand und Befreiungskampf. Darstellung und
    Dokumente; mit einem Anhang zur Rolle der Bundesrepublik, Köln 1986
Frederikse, Julie: Von Soweto nach Pretoria. Der Krieg um die Macht in Südafri-
    ka. Vorwort von Peter Ripken, Bonn 1986
Grüne (Bundesrepublik Deutschland): Im Brennpunkt: Namibia und die Bundes-
    republik Deutschland. Eine Dokumentation der öffentlichen Anhörung der
    Fraktion Die Grünen im Bundestag in Zusammenarbeit mit der Informa-
    tionsstelle Südliches Afrika (issa) 16./17. September 1985 in Bonn, Bonn
    1987
Hanlon, Joseph: Mosambik - Revolution im Kreuzfeuer. Mit einem Nachwort von
    Ursula Semin-Panzer, Bonn 1986
Heidel, Klaus: Kein guter Stern für die Schwarzen. Die Geschäfte von Daimler-
    Benz im Land der Apartheid, Heidelberg 1987
Hetzel, Petra: Das kollektive Arbeitsrecht der Republik Südafrika, Frankfurt/M.
    1986
Hinz, Rudolf / Kürschner-Pelkmann, Frank (Bearb.): Christen im Widerstand.
    Die Diskussion um das südafrikanische KAIROS-Dokument, Stuttgart 1987
Hornhues, K.-H. / Klein, H. / Rühe, V.: Südafrika - und wir, Bonn 1986 (Deut-
    sche Afrika-Stiftung)
Joseph, Helen: Allein und doch nicht einsam. Ein Leben gegen die Apartheid,
    Reinbek b. Hamburg 1987
Kleist, Karsten von: Probleme der Verteilungs- und Armutsmessung. Untersu-
    chung am Beispiel Namibias, Frankfurt/M. 1986
Kruchem, Thomas: Brücken über die Apartheid. Gespräche im Südafrika des
    Ausnahmezustandes. Mit Essays von Arnulf Baring u. Walter Hättig sowie
    einem Glossar v. Robert von Lucius, München 1986
Kuder, Manfred: Zur Landeswissenschaft der Volksrepublik Angola, Bonn 1986
    (Deutsche Afrika-Stiftung)
Lapping, Brian: Apartheid - Südafrika am Scheideweg. Geschichte und Politik
    der Rassentrennung, München 1987
Lelyveld, Joseph: Die Zeit ist schwarz. Tragödie Südafrika, Frankfurt/M. 1987
Löwis of Menar, Henning von: Apostel der Gewalt? Der Namibische Kirchenrat
    (CCN) und die SWAPO, Köln 1986
Luig, Ute / Hundsdörfer, Volkhard (Hrsg.): Südafrika - nur für Weiße? Lesebuch
    zur Apartheid, Berlin 1987
Mandela, Nelson: Der Kampf um mein Leben. Reden und Schriften mit zusätzli-
    chen Dokumenten und Beiträgen zum Befreiungskampf in Südafrika, Dort-
    mund 1986
Mandela, Nelson: Nelson Mandela - ausgewählte Texte. Hrsg. von Hans Christian
    Meiser, München 1986
Meyer-Möller, Susanne: Frauenalltag im Süden Afrikas. Das Paradies muß
    anderswo sein..., Frankfurt/M. 1986

Meyns, Peter: Das Südliche Afrika nach Nkomati. Die Regionalpolitik von Botswana, Mozambique und Zimbabwe, Hamburg 1987

Naude, C.F. Beyers / Imfeld, Al: Widerstand in Südafrika. Apartheid, Kirchliche
Opposition, Solidarität, Freiburg/Schweiz 1986

Otzen, Uwe: Entwicklungsmanagement in Simbabwe. Möglichkeiten der Koordinierung von Entwicklungsplanung und -zusammenarbeit, Berlin 1987
(Deutsches Institut für Entwicklungspolitik)

Peters, Wolff-Christian: Regionale Kooperation und der Konflikt im südlichen
Afrika. Zur Bedeutung der Southern African Development Coordination
Conference (SADCC), Hamburg 1987

Phillips, John A. S.: Deutsch-englische Komödie der Irrungen um Südwestafrika.
Eine Studie zu Bismarcks Kolonialpolitik und deren Folgen, Pfaffenhofen
1986

Pintar, Rüdiger: Die Eskalation des Konflikts in Südafrika. Lösungsansätze und
ihre Realisierungschancen, Bonn 1987 (Friedrich Ebert Stiftung)

Razumovsky, Dorothea: Frauen im Männerstaat Südafrika, Frankfurt/M. 1987

Rothe, Stefan: Kirchen in Südafrika. Mit einem Vorwort und Interviews mit
Allan A. Boesak und Molefe Tsele von Wolfram Weiße, Hamburg 1986

Sampson, Anthony: Weißes Gold und schwarzer Widerstand. Apartheid und Big
Business, Reinbek bei Hamburg 1987

Schinner, Hans-Dieter: Entwicklung durch regionale Zusammenarbeit. Koloniales
Erbe und Zimbabwes Beitrag zu einer Neugestaltung der regionalen Beziehungen in der Southern African Development Co-ordination Conference
und der Preferential Trade Area, Bochum 1986

Schulz, Herbert (Bearb.): Durchrüstung in Südafrika. Bürgerkrieg und militärische
Interventionspotentiale, Frankfurt/M. 1986

Sodemann, Christoph: Die Gesetze der Apartheid. Mit einem Nachwort von
Manfred O. Hinz. Völlig neu erarbeitete Fassung, Bonn 1986

Starnberger Institut zur Erforschung globaler Strukturen, Entwicklungen und
Krisen e.V. (Hrsg.): Sanktionen gegen Südafrika. Wirtschaftliche Auswirkungen von Sanktionen gegen Südafrika; Dokumentation: Erklärungen der
Synode und des Rates der EKD. Mit einem Vorwort von Günter Linnen-
brink, Stuttgart 1987

Steinberg, Heinz Günter: Die Verstädterung der Republik Südafrika, Hamburg
1986 (Geographische Gesellschaft in Hamburg)

Stiff, Peter: Taffy - die unglaubliche und wahre Geschichte eines weißen Killers
in Afrika, Frankfurt/M. 1986

Tutu, Desmond: Desmond Tutu - ausgewählte Texte. Zusammengestellt von John
Webster, hrsg. von Hans Christian Meiser, München 1987

Verheugen, Günter: Apartheid - Südafrika und die deutschen Interessen am Kap,
Köln 1986

Waller, Peter P.: Sanktionen und Abbau wirtschaftlicher Abhängigkeit im südlichen Afrika, Berlin 1987 (Deutsches Institut für Entwicklungspolitik)

Weiss, Ruth / Oesterle, Hannelore: Mandelas zornige Erben. Kampf um die
Macht in Südafrika, Wuppertal 1987

Weiss, Ruth: Die Saat geht auf. Eine neue Politik gegen den Hunger in Afrika.
Das Beispiel Zimbabwe, Wuppertal 1987

Weiss, Ruth: Wir sind alle Südafrikaner. Eine kurze Einführung in die Geschichte
und Gegenwart Südafrikas, Hamburg 1986

Ostafrika

Ballot, Frank: Politische Herrschaft in Kenia. Der neo-patrimoniale Staat 1963-1978, Rheinfelden 1986

Deutsche Gesellschaft für Technische Zusammenarbeit (GTZ) (Hrsg.): Vertrauen in die eigene Kraft. Ländliche Entwicklung am ostafrikanischen Beispiel der Tanga-Region in Tansania, Frankfurt/M. 1986

Herzog, Jürgen: Geschichte Tansanias. Vom Beginn des 19. Jahrhunderts bis zur Gegenwart, Berlin (DDR) 1986

Jeske, Joachim / Leffler, Ulrich (Mitarb.): Die Komoren - wirtschaftsgeographische Strukturen und politisch-ökonomische Dependenzbeziehungen eines kleinen Inselstaates, Hamburg 1987

Kasimila, Bernard Julius: Die Politik Ostafrikas in den ersten zwanzig Jahren nach der politischen Unabhängigkeit, Frankfurt/M. 1987

Kurt, Eva: Tourismus in die Dritte Welt. Ökonomische, sozio-kulturelle und ökologische Folgen. Das Beispiel Kenya, Saarbrücken 1986

Razafimahefa, Andriamampandry: Naturzerstörung durch Wald- und Weidebrände in Entwicklungsländern. Ursachen, Folgen und Gegenmaßnahmen am Beispiel von Madagaskar, München 1986

Schwartz, Sabine: Ökonomie des Hungers. Konsummuster und Vermarktungsverhalten nomadischer Viehhalter Nordkenias, Berlin 1986

Simon, Wieland: Felder ohne Früchte. Ökologie in Afrika am Beispiel Tanzania, München 1987

Teubert-Seiwert, Bärbel: Parteipolitik in Kenya 1960-1969, Frankfurt/M. 1987

Nordostafrika

Boehringer-Abdalla, Gabriele: Frauenkultur im Sudan, Frankfurt/M. 1987

Brüne, Stefan: Äthiopien - Unterentwicklung und radikale Militärherrschaft. Zur Ambivalenz einer scheinheiligen Revolution, Hamburg 1986

Dimetros, Namrud: Die äthiopische Revolution und deren außenpolitische und wirtschaftliche Orientierung. Unter besonderer Berücksichtigung der Europäischen Gemeinschaft, Münster 1986

Falkenstörfer, Helmut: Äthiopien - Tragik und Chancen einer Revolution. Stuttgart 1986

Glucksmann, Andre / Wolton, Thierry: Politik des Schweigens. Hintergründe der Hungerkatastrophe in Äthiopien, Stuttgart 1987

Grüne (Bundesrepublik Deutschland) (Hrsg.): Den Krieg in Eritrea beenden. Dokumentation der öffentlichen Anhörung zum Eritrea-Äthiopien-Konflikt 27.-29. April in Bonn, Bonn 1986

Kalb, Detlev: Fernsehen und ländliche Entwicklung. Der Fall Sudan, Hamburg 1986

Maho Aves, A. / Bechthold, Karl-Heinz W. (Hrsg.): Somalia im Wandel. Entwicklungsprobleme und Perspektiven am Horn von Afrika, Tübingen 1987

Tirfie, Ayele: Regionalisierte Entwicklungsstrategien. Ansätze und Möglichkeiten am Beispiel Äthiopiens, Stuttgart 1986

Zusammengestellt von: Andrea Kersebaum
Gertrud Wellmann-Hofmeier

Angaben zu den Autoren

Goswin Baumhögger, Dr. phil., wissenschaftlicher Mitarbeiter am Institut für Afrika-Kunde (IAK) in Hamburg

Gerald Braun, Dr. rer. pol., wissenschaftlicher Mitarbeiter am Arnold-Bergsträsser-Institut, Freiburg

Stefan Brüne, Dr. phil., wissenschaftlicher Mitarbeiter am FB Kultur und Geowissenschaften der Universität Osnabrück

Telse Diederichsen, wissenschaftliche Mitarbeiterin am IAK

Kathrin Eikenberg, M.A., wissenschaftliche Mitarbeiterin am IAK

Gerhard Heilig, Dr. phil., Akademischer Rat, Lehrstuhl für Bevölkerungswissenschaft der Universität Bamberg

Rolf Hofmeier, Dr. oec. publ., Direktor des IAK

Klaus Hemstedt, wissenschaftlicher Mitarbeiter am IAK

Andrea Kersebaum, Dipl.-Politologin, wissenschaftliche Mitarbeiterin am IAK

Peter Körner, Dr. rer. pol., wissenschaftlicher Mitarbeiter am IAK

Ulrich Leffler, Dipl.-Politologe, wissenschaftlicher Mitarbeiter am IAK

Erich Schmitz, Studienrat, wissenschaftlicher Mitarbeiter am Seminar für Wissenschaftliche Politik der Universität Freiburg und wissenschaftlicher Mitarbeiter am Arnold-Bergsträsser-Institut, Freiburg

Volker Seubert, Student an der Universität Hamburg

Thomas Siebold, Dr. rer. pol., wissenschaftlicher Mitarbeiter am IAK

Harald Voss, Dr. phil., stellvertretender Direktor des IAK

Marianne Weiß, Dr. phil., wissenschaftliche Mitarbeiterin am IAK

Günter Wiedensohler, Dr. jur., wissenschaftlicher Mitarbeiter am IAK